Meines Herzens Schöne

Diethard H. Klein

Meines Herzens *Schöne*

Deutsche Liebesgedichte,
Lieder und Briefe
aus acht Jahrhunderten

Weltbild

Genehmigte Lizenzausgabe
für Weltbild Verlag GmbH, Augsburg

Umschlaggestaltung: Studio Höpfner-Thoma, München
Umschlagmotiv: Artothek, Peissenberg
Gesamtherstellung: GGP Media, Pößneck
Printed in Germany
ISBN 3-8289-0603-6

2004 2003 2002 2001
Die letzte Jahreszahl gibt die aktuelle Lizenzausgabe an.

Vorwort

Schon in einem der ersten Texte unserer hier vorgelegten Sammlung schreibt, um das Jahr 1200, der Minnesänger Gottfried von Straßburg:

So war's von je, so ist's noch heute,
Solang es Liebe gibt und Meinen,
Daß sich einander Liebesleute
Liebwerter stets und schöner scheinen,
Sobald die Liebe wächst und steigt
Und Blüten erst und Früchte zeigt
Und doppelt lieb ist, doppelt süß,
Als sie beim Anbeginn verhieß.

Und wie recht er erfreulicherweise hat, zeigt am Schluß dieses Bandes ein Gedicht unserer Zeitgenossin Marie-Luise Kaschnitz:

Wie du mir nötig bist? Wie Trank und Speise
Dem Hungernden, dem Frierenden das Kleid,
Wie Schlaf dem Müden, Glanz der Meeresreise
Dem Eingeschlossnen, der nach Freiheit schreit.

Gerade die Liebe hat die Menschen zu allen Zeiten zu den schönsten schriftlichen Äußerungen angeregt, und eine reiche Ernte solcher Texte aus achthundert Jahren (von der Mitte des zwölften bis zu der des zwanzigsten Jahrhunderts) haben wir hier zusammengetragen. Dabei schien es uns richtig, die drei Berciche Gedicht – Brief – Lied miteinander zu verknüpfen. Der Einbezug von Liedern nämlich, gerade auch Volksliedern, ergänzt die doch im allgemeinen auf eine bestimmte Schicht begrenzte Lyrik um die Volkspoesie, ganz abgesehen von der Bereicherung durch die Melodien. (Dabei haben wir, um den Charakter des Buches zu wahren und in Abstimmung auf die zumeist älteren und romantischen Illustrationen, bewußt frühere Notenbilder gewählt.)

Ganz entscheidend aber weitet sich das Feld durch die Briefe – sie lassen uns nicht nur teilhaben an den Liebesschicksalen berühmter Männer und Frauen, sondern auch an der Gefühlswelt der verschiedensten Stände und vermitteln uns obendrein in Stimmung und Details lebendige Eindrücke der jeweiligen Epoche. Dabei schien es uns richtig, neben flammenden Zeugnissen der ersten Leidenschaft auch solche der ehelichen Liebe zu stellen oder Rückblicke auf das Glück lebenslanger Verbindung, und auch Dokumente schwerer Prüfungen durch erzwungene Trennung oder die Not des Krieges sollten unserer Meinung nach ihren Platz in einer solchen Auswahl finden.

Ein an den Anfang gestelltes Inhaltsverzeichnis schien uns angesichts der chronologischen Reihenfolge des hier Zusammengetragenen und der Verschränkung von Briefen, Liedern und Gedichten nicht sinnvoll – es findet sich am Schluß des Bandes jedoch ein dreifaches Register: zum einen das Verzeichnis der aufgenommenen Gedichte nach ihren Verfassern, zum zweiten eine alphabetische Liste der Titel und Anfänge von Gedichten und Liedern, und zum dritten schließlich ein alphabetisches Verzeichnis der Absender und Empfänger der Briefe.

Abschließend noch ein Wort zur Schreibweise und Wiedergabe der aufgenommenen Beiträge: Es wäre wenig sinnvoll, sie mit der strengen Elle heutiger Duden-Genauigkeit zu messen. Zwar waren wir um behutsame Anpassung an heutigen Sprachgebraucht bemüht, doch galt es auch, das Zeitkolorit zu wahren und – vor allem bei den Briefen, wo bewußt Schreibfehler, zeit- oder persönlich bedingte Eigentümlichkeiten und typische Formulierungsfehler oder Ausdrucksschwächen erhalten blieben – die Handschrift der Verfasser nicht zu vergewaltigen. – Die Auswahl selbst kann schließlich in einem solchen Fall immer nur persönlich sein, es kann nicht ausbleiben, daß der eine oder andere Leser ebenfalls subjektiv das eine vermißt und das andere vielleicht überflüssig findet; bewußt wurde immer wieder einmal auf das ohnehin Bekannte zugunsten des Briefes einer Unberühmten oder des Gedichtes eines weniger „gängigen“ Dichters verzichtet, und wir können nur hoffen, daß alles in allem die Zielsetzung dieses Bandes angenommen wird: einen eindrucksvollen Querschnitt zu zeigen durch Texte der Liebe aus achthundert Jahren.

Herausgeber, Redaktion und Verlag

Aus den „Tegernseer Liebesbriefen“ (um 1170)

Das Weib an den Geliebten

Ihrem Hartmuot der schönsten Blume, strahlend in der Sitten Ruhme,
Der Tugenden Abbilde, der Tugenden Urbilde,
Wünscht Irmtrut die Honigträgerin, die Turtel mit sanftem Sinn:
Alles, was fröhlich ist, alles was selig ist
In der Erde Gewimmel und was lieblich ist im Himmel,
Und was dem Pyramus Thisbe begehrt. Und zuletzt sei ihm gewährt
Sie selbst, noch einmal sie, und was ihm lieber ist als sie.

Du liebster unter allen Lieben! Wäre ich erfüllt vom Geiste des Maro und strömte aus mir die Redekunst des Cicero oder eines andern großen Redners oder etwa eines rühmlichen Reimers, ich müßte mich doch zu schwach bekennen, Deiner schön gefeilten Rede ebenso zu antworten. Lache mich darum nicht aus, wenn ich für mein Teil etwas vorbringe, weniger zierlich als ich möchte. Du fühlst doch innig mit mir, was ich in meinem Gemüte trage. Es ist guten Sinnen eigen, Vertraulichkeit mit Gleichgesinnten zu begehren, und mir liegt am Herzen, Deinen Vorschriften bei allem Wollen zu gehorchen und dann wollte ich durch gegenwärtiges Schreiben Deinem süßen Briefe doch mit einer Antwort entgegnen, wenn sie ihm auch ungleich ist. Immer war Anfang, Mitte und Ende unserer Unterredung die Freundschaft. Da ist es in der Ordnung, daß ich von der wahren Freundschaft, dem besten, fröhlichsten und lieblichsten aller Dinge spreche. Wahre Freundschaft ist nach dem Zeugnis des Tullius Cicero Einklang in allem Göttlichen und Menschlichen mit Herzlichkeit und zugeneigtem Sinn. Sie ist auch, wie ich von Dir gelernt habe, das trefflichste aller Dinge auf Erden und besser als alle andern Tugenden; denn sie gesellt, was getrennt war, sie bewahrt, was sie gesellt, und was sie bewahrt, hebt sie höher und höher. Nichts ist wahrer als diese Beschreibung oder Erklärung. Wer sich danach richtet, der hat einen Grund von fester Bewährung.

Für sie wollen wir leben, denn durch sie wird fester unser Streben,
Sie ist ein mächtig Ding, tröstet vornehm und gering;
Sie richtet auf die Wankenden und erquickt die Krankenden,

Die Tegernseer Liebesbriefe, etwa um das Jahr 1170 datiert, gelten als die ersten überlieferten Liebesbriefe der deutschen Literatur und weisen auf adeligen Ursprung hin. Ihre Quelle ist nicht eindeutig feststellbar. Die Namen Hartmuot und Irmtrut stammen von Gustav Freytag.

Sie läßt nicht Unrecht üben und fordert, frei zu lieben,
Und kurz zu werden, sie ordnet jedes ohn' Beschwerden.
Sie waltet mächtig und regieret prächtig.

Doch um davon abzukommen, ohne davon zu lassen, an Dich richte ich meine Zeilen, an Dich, den ich in meiner Herzenskammer eingeschlossen trage, der jedes menschenmöglichen Loses würdig ist. Denn seit dem Tage, als ich Dich zum erstenmal sah, fing ich an, Dich zu lieben. Du bist kühn in die Tiefen meines Herzens eingedrungen, dort hast Du Dir, wunderbar zu sagen, durch den Reiz Deines lieblichen Gespräches einen Sitz bereitet, und daß er nicht bei einem Anstoß umgeworfen werde, hast Du durch die Rede Deiner Briefe Dir einen Schemel, ja einen Thron fest gegründet. So ist es gekommen, daß Dich aus meinem Gedächtnis kein Vergessen tilgen, keine Dämmerung verhüllen und kein starkes Stürmen von Wind und Wetter aufstören kann. Doch wie kann man von Beständigkeit reden, wo immer neue Dinge aufeinander folgen? Ich würde es wohl für ein wahres Sein halten, wenn ich immer in Deiner Nähe sein könnte; aber da mir solches Sein versagt ist, wird alles Sein, das mich umgibt, von mir für unwahr erachtet. Mache Du also, daß ich mein Sein für wahr zu halten vermag, und das ist nicht anders möglich, als wenn etwas von Dir mit mir ist...
Du allein bist mir aus Tausenden erlesen, Du allein bist in das Heiligtum meines Geistes aufgenommen, Du allein bist mir Genüge statt allem, wenn Du Dich nämlich von meiner Liebe, wie ich hoffe, nimmer abwendest. Wie Du getan hast, habe ich auch getan, aller Lust habe ich aus Liebe zu Dir entsagt, an Dir allein hange ich, auf Dich habe ich alle meine Hoffnung und mein Vertrauen gesetzt.
Ferner, wenn Du mir rätst, ich soll mich vor den Rittern wie vor gewissen Ungetümen hüten, so hast Du recht. Auch ich weiß, wie ich mich wahre, damit ich nicht sinke auf die Bahre. Aber ohne die Treue gegen Dich zu verletzten, verschmähe ich sie nicht ganz, wenn ich nur nicht dem Fehler unterliege, den Du ihnen Schuld gibst. Denn sie sind es doch, durch welche die Vorschriften höfischer Sitte geübt werden, sie sind Quelle und Ursprung aller Ehre. Soviel über die Herrn, bleiben sie nur unserer Minne fern.
Meines Verlöbnisses eingedenk, habe ich Dich immer und überall in Gedanken, denn dadurch wird die Glorie meines Hauptes völlig und mein Ruhm erneut. Beständigkeit des Geistes und der Treue bewahre ich Dir allein, weil ich dadurch Gold und Silber der Seele, das ist Anmut, mir erwerbe, die ich höher zu schätzen habe als Gold und Silber.

Was dir am wertesten sein mag,
Daran hange ich
Und das für alle Zeit verlange ich,
Dabei zu beharren in Stetigkeit,
Befiehlt mir mein Sinn in Wahrhaftigkeit.
Ich bin sicher dir
Niemand folgt in mir
Jetzt und jemals dir von allen,

Du allein sollst mir gefallen.
Ich hätte mehr gesendet,
Doch tuts nicht not, drum sei geendet.

Du bist min, ih bin din,
Des solt du gewis sin.
Du bist beslossen
In minem Herzen,
Verlorn ist daz slüzzelin,
Du muost och immer dar inne sin.

Der Mann an die Geliebte

Sehr eifrig habe ich Dein vertrauliches Schreiben durchlesen, habe mich an Deinem vielfältigen Lob der Treue und Freundschaft ergötzt und wie die Aue, wenn der Winter vergangen ist, durch die Blüten Deiner Lieblichkeit verjüngt. Wenn alle Glieder meines Leibes in Zungen verwandelt würden, vermöchte ich so großem Lob nicht zu antworten, und wenn ich ganz wie ein löcheriger Schwamm würde, könnte ich soviel Herrlichkeit nicht in mich aufsaugen. Aber Du hast, nach dem Bilde des Horaz, an das Menschenhaupt einen Pferdehals gefügt und der schöne Frauenleib läuft unten in einen häßlichen Fisch aus. Denn Du hast eine sehr seltsame Chimäre mir vor Augen gestellt und hast aus einem Quell zugleich süßes und bitteres Wasser gegossen. Meines Herzens Aue, durch Dich getränkt, fing an, Blumen und Früchte der Treue und Freundschaft zu gewinnen, da strömte plötzlich die salzige Flut herüber und dörrte ihre holde Anmut. Denn Du hast die Zweige Deiner Worte, die zierlich mit Blättern geschmückten, nach mir ausgestreckt und mein Herz angezogen; aber Du hast mich wieder zurückgestoßen, daß ich keine Frucht Deines Baumes zum Kosten pflücken kann. –

Antwort der Geliebten

Ihm Sie, dem Ihren die Seine. – Zwar sagt jemand unter dem Namen Ovids von der Liebe:

Hoffend meint ich geborgen
Mich selbst vor künftigen Sorgen,

aber dieser Verszeile möchte ich eine andere Wendung zuteilen:

Hoffend meint' ich mich geborgen

Vor künftiger Schreiberei.
Da tönt der Ruf: Zu den Waffen, und ich
Muß jetzt singen ein Lied,
Zu dem mich nimmer das Herz zieht,
Doch wer zwänge zurück
Die einmal begonnene Weise!

Ich will aber nicht, daß Du mir zürnst, wenn ich den Eifer stille, der deine Seele ergriffen hat. Ich habe Dir, um die Wahrheit zu gestehen, so vertraulich geschrieben, wie es vor Dir kein Mann jemals von mir zu erreichen vermochte. Aber ihr listigen, oder besser gesagt, erfahrenen Männer pflegt uns einfältige Mädchen mit Worten zu fangen. Weil wir insgemein in Einfalt des Herzens mit euch auf das Schlachtfeld der Worte vorgehen, trefft ihr uns mit den Speeren eurer, wie ihr meint, richtigen Schlüsse. So ist es gekommen, daß Du den Brief, der neulich von mir an Dich gerichtet war, mit ungetümen Tieren verglichen hast, die zwar nicht irdisch, aber doch sinnvoll sind. Und darauf hast Du dasselbe getan, dessen Du ohne Scheu Deine Freundin beschuldigt hast. Denn zu schamlos und dreist hast Du das Maß überschritten und die Zügel der laufenden Rede unvorsichtig gelockert, weil Du Worte, welche nach meiner Meinung gut und ehrlich waren und aus gutem Gewissen und wahrhafter Treue kamen, mit einer Chimäre und Sirene verglichen hast. Das kommt nirgends anders her, wie ich fest glaube, als weil bei euch das Sprichwort gilt: „Daß der Bock von sich selbst weiß, dessen zeihet er die Geiß", und weil ihr glaubt, daß ihr nach jedem freundlichen Worte von uns tätlich werden dürft. So ist es nicht und so soll es nicht sein. Ich möchte Dir freilich um so weniger gefallen, wenn ich gegen jeden hingebend sein wollte, dem ich mit göttlichem Sinn zuspreche. Da Du mir aber dies verkehrt hast, bist du mir tadelnswert geworden. Das sollst Du nimmermehr tun, Freund, folge meiner Lehre, es wird Dir nie schaden. Wärst Du mir nicht lieb, so ließe ich Dich in den Abgrund der Unwissenheit und Blindheit rennen. Dies verdienst Du aber nicht, denn Du zeigst ja Ehren und Zucht. Ich hätte Dir schon mehr geschrieben, aber Du bist ja so klug, daß Du aus wenigem viel entnehmen kannst. Stet und selig sei Du immerdar.

Pyramus und Thisbe – Liebespaar aus der griechischen Sagenwelt. Beide kamen durch ein Mißverständnis ums Leben.
Maro – P. Vergilius Maro (70–19 v. Ch.) römischer Dichter, bekannt als Vergil.
Cicero – Römischer Schriftsteller und Staatsmann (106–43 v. Chr.).
Horaz – Bedeutender römischer Dichter zur Zeit des Augustus (65–8 v. Chr.).
Chimäre – Fabelwesen aus mehreren Tieren.
Sirenen – Figuren der griechischen Mythologie. Locken mit ihrem Gesang Schiffe an, die an den Klippen zerschellen müssen.

Wenn ich steh alleine

Der von Kürenberg (um 1150–1200)

Wenne ich stan aleine
In minem hemede
Und ich gedenke ane dich,
Ritter edele,
So erblüet sich min varwe
Als rose an dorne tuot,
Und gewinnet mir daz herze
Vil manegen trurigen muot.

Wenn ich steh alleine
In meinem Hemde
Und ich an dich denke,
Edler Ritter,
So erblüht mir die Farbe
Wie die Rose am Dorne tut,
Und gewinnt mir das Herze
Gar manchmal traurigen Mut.

Gruß

Kaiser Heinrich VI. (1165–1197)

Ich grüeze mít gesánge de süezen,
Die ích vermîden niht wil noch enmác.
Do ich sí von múnde réhte mohte grüezen,
Ach léides, dés ist máric tíc.
Swer dísiu líet nu sínge vor ír,
Der ich gár unsénfteclîchen enbír,
Ez sî wîp oder mán, der hâbe si gegrûezet von mír.

Ich grüße mit Gesange die Süße,
Die ich vermeiden weder kann noch mag;
Daß ich von Mund zu Mund sie nicht mehr grüße,

Ach leider, das ist mancher Tag.
Der diese Lieder nun singe vor ihr,
Die ich so schmerzlich vermissen muß hier,
Es sei Weib oder Mann, der grüße damit sie von mir.

Es dünket mich wohl tausend Jahr

Dietmar von Aist (um 1150–1200)

Es dünket mich wohl tausend Jahr,
Daß ich an seinem Arme lag;
Gänzlich ohne meine Schuld
Meidet er mich manchen Tag.
Seit ich Blumen nicht mehr sah,
Noch hörte kleiner Vögel Sang,
War all meine Freude kurz,
Dabei der Jammer allzulang.

Siegfried und Kriemhilde

Aus dem Nibelungenlied (um 1200)

Als sie den Hochgemuten
So herrlich vor sich sah,
Wie Feuer war das Antlitz
Kriemhildens plötzlich da.
Da hob sich von dem Gruße
Gar hoch ihm Herz und Mut,
Er neigte sich ihr sittsam,
Als er den Dank ihr bot;
Da zwang sie zu einander
Der Minne alte Not.

Mit liebem Blick der Augen
Sah'n sich die beiden an.
Ob er ihr auch verstohlen
Vielleicht die Hand gedrückt
In herzensfroher Minne,
Das ist mir nicht geglückt
Zu hören, doch ich glaube,
Daß er es wohl getan.
Zwei minnefrohe Herzen
Die tun bloß recht daran!

Nicht in des Sommers Tagen
Und nicht zur Maienzeit

Mocht hegen er und tragen
Solch hohe Freudigkeit,
Als jetzt, wo er von Wonnen
Die Besten ja empfing,
Da ihm die Herzgeliebte
So traut zur Seite ging.

Tagelied

Dietmar von Aist (um 1150–1200)

„Schläfst du noch, mein Leben?
Es ist wohl Zeit uns zu erheben.
Ein Vögelein so wohlgetan
Hebt auf dem Lindenzweig zu singen an."

„Ich schlief so sanft, dein Wecken
So eilig, ist mir, Kind, ein Schrecken.
Lieb ohne Leid mag nimmer sein:
Was du gebietest, leist ich, Freundin mein."

Die Frau begann zu weinen:
„Du reitest, lässest mich alleine.
Wann kommst du wieder her zu mir?
Weh, meine Freude nimmst du fort mit dir."

Dies wären meine schönen Tage

Hartmann von Aue (um 1175–1210)

Dies wären meine schönen Tage,
Dürft' ich sie in Freuden leben.
Doch hat mir Gott ein' schwere Klage
In dieser schönen Zeit gegeben.
Die Klage muß ich ewig tragen.

Ich hab' verloren einen Mann.
Von ihm darf ich euch sagen,
Ein Weib nie lieberen Freund gewann.
Als er noch mein, wie freut' ich mich.
Nun nahm ihn Gott. Der liebt ihn mehr als ich.

Wer meine Schmerzen recht erkannt,
Der weiß, wie sie der Klage wert.
Mein Glück, bei dem ich Treue fand
Und was ein Weib vom Mann begehrt
Hat Gott von mir genommen.
Nun wird mir bis an meinen Tod
Nicht eine Stunde kommen,
Die frei von Leid, die frei von Not.
Die andern, die in Freuden gehen,
Die sollen hell in diesen Tagen sehen.

Der Liebe Ende ist das Leid.
Die, die nicht leidet und nicht liebt,
Die geht mit Freuden hin, die Zeit,
Die Gott der Erde gibt.
Ich habe Klage, wenn der Tag auch licht.
Die Frohe aber geht und lacht,
Versteht mich nicht und glaubt mir nicht.
Die Liebe hat mir viel Glück gebracht.
Nun folgen die schweren Jahre hintennach.
Mit Leid muß ich vergelten tausendfach.

Tristan und Isolde

Gottfried von Straßburg (um 1200)

Die große Königin, Frau Minne,
Sie hatte beider Herz und Sinne
Von Haß so ganz gereinigt,
In Liebe so vereinigt,
Daß eins dem andern mußte sein
Wie Spiegelglas so klar und rein.
Sie hatten beide nur ein Herz,
Isoldens Leid war Tristans Schmerz.

So war's von je, so ist's noch heute,
Solang es Liebe gibt und Meinen,
Daß sich einander Liebesleute
Liebwerter stets und schöner scheinen,
Sobald die Liebe wächst und steigt
Und Blüten erst und Früchte zeigt
Und doppelt lieb ist, doppelt süß,
Als sie beim Anbeginn verhieß.

Zu immer neuer Schönheit schwingt
Sich Liebe, die nun blüht und Früchte bringt:
Das ist der Same, den sie sät,
Durch den sie nimmermehr vergeht.

Die verschwiegene Nachtigall

Walther von der Vogelweide (um 1168–1228)

Unter der linden
An der heide
Da unser zweier bette was,
Da muget ir vinden
Schone beide
Gebrochen bluomen unde gras.
Vor dem walde in einem tal,
Tandaradei!
Schone sanc diu nachtegall.

Ich kam gegangen
Zuo der ouwe
Do was min vriedel komen e.
Da wart ich enpfangen,
Here frouwe,
Daß ich bin saelic iemer me.
Kuste er mich? wol tusentstunt!
Tandaradei!
Seht wie rot mir ist der munt.

Do hate er gemachet
Also riche
Von bluomen eine bettestat.
Des wirt noch gelachet
Innecliche,
Kummt iemen an das selbe pfat.
Bi den rosen er wol mac,
Tandaradei!
Merken wa mirs houbet lac.

Das er bi mir laege
Wesses iemen,
(nu enwelle got!) so schamte ich mich.
Wes er mit mir pflaege,
Niemer niemen
Bevinde das, wan er und ich,
Und ein kleines vogellin,
Tandaradei!
Das mac wol getriuwe sin.

Unter der Linden
An der Heide,
Wo ich mit meinem Trauten saß,
Da mögt ihr finden,
Wie wir beide
Die Blumen brachen und das Gras.
Vor dem Wald mit süßem Schall
Tandaradei!
Sang im Tal die Nachtigall.

Ich kam gegangen
Zu der Aue;
Mein Liebster kam vor mir dahin.
Ich ward empfangen
Als hehre Fraue,
Daß ich noch immer selig bin.
Ob er mir auch Küsse bot?
Tandaradei!
Seht, wie ist mein Mund so rot!

Da ging er machen
Uns ein Bette
Aus süßen Blumen mancherlei;
Des wird man lachen
Noch, ich wette,
So jemand wandelt dort vorbei.
Bei den Rosen er wohl mag,
Tandaradei!
Merken wo das Haupt mir lag.

Wie ich da ruhte,
Wüßt' es einer,

Behüte Gott, ich schämte mich.
Wie mich der Gute
Herzte, keiner
Erfahre das als er und ich.
Und ein kleines Vögelein,
Tandaradei!
Das wird wohl verschwiegen sein.

Nehmet, Fraue, diesen Kranz

Walther von der Vogelweide (um 1168–1228)

„Nehmet, Fraue, diesen Kranz!"
Also sprach ich zu einer wohlgetanen Magd.
„So zieret ihr den Tanz
Mit den schönen Blumen, so ihr's auf euch tragt.
Hätt' ich viel edel Gesteine,
Das müßt' auf euer Haupt,
Ob ihr mir es glaubt.
Seht meine Treue, daß ich es meine!

Fraue, ihr seid so wohlgetan,
Daß ich euch mein Schapel gerne geben will,
Das allerbeste, das ich kann.
Weißer und roter Blumen weiß ich viel;
Die stehn so ferne in jener Heide,
Da sie schön entsprangen
Und die kleinen Vögel sangen,
Da solln wir sie brechen beide."

Sie nahm, das ich ihr bot,
Einem Kinde viel gleich, dem Ehr' geschieht.
Ihre Wangen wurden rot,
Wie die Rose, da man sie bei Lilien sieht;
Des mußten die lichten Augen sich schämen.
Da neigte sie mir viel schöne,
Das ward mir zu Lohne;
Wird mir noch mehr, das will ich schweigend nehmen.

Schapel – Kranz, Kopfschmuck

Die Zauberin

Walther von der Vogelweide (um 1168–1228)

Wunder nimmt mich immer, was erblickt
Wohl dies Weib an mir,
Daß ihr Zauber eben mich bestrickt?
Wie geschah das ihr?
Hat sie denn nicht Augen?
Oder trügt sie ihr Gesicht?
Aller Männer Schönster bin ich nicht,
Leugnen will nicht taugen.

Hat ihr jemand was von mir gelogen,
Schaue sie doch her:
An meiner Schönheit ist sie arg betrogen,
Denn die wiegt nicht schwer.
Schaut den Kopf nur, schauet,
Der ist nicht zu wohlgetan;
Sie betrügt fürwahr ein eitler Wahn,
Wenn sie dem nicht trauet.

Tausend Männer weilen, wo sie weilt,
Schöner von Gesicht;
Kunst ward mir ein wenig zugeteilt,
Aber Schönheit nicht.
Ist die Kunst geringe,
Tu ich doch nicht karg damit.
Mancher freut sich, der an Kummer litt,
Wenn ich Lieder singe.

Nimmt sie Kunst für schönes Angesicht,
Daran tut sie gut;
Will sie das, so tadl' ich fürder nicht
Was sie an mir tut.
So will ich mich neigen
Und ihr ganz zu Willen sein:
Was bedarf es aber Zauberein?
Ich bin doch ihr eigen.

Nun vernehmt von ihrer Zauberlist:
Damit steht es so:
Sie ist ein Weib, die schön und ehrbar ist,
Und mit Andern froh.
Daß sie mehr ersonnen
Wider mich, das kann nicht sein:
Ihres Wesens Lieblichkeit allein
Schafft mir Schmerz und Wonnen.

Bleib noch

Unbekannter Dichter des 13. Jahrhunderts

Bleib noch, mein lieb Gespiel, lieg still;
Es ist noch nicht der Morgen.
Der Wächter uns betrügen will:
Der Mond hat sich verborgen.
Man sieht der Sterne noch so viel
Hell durch die Wolken dringen,
Lieg still bei mir, mein lieb Gespiel,
Und laß den Wächter singen.

Sie sprach: „Die Märe hör ich gern,
darf ich bei Dir noch bleiben.
So bleibt mir Leid und Sehnen fern;
Uns soll die Zeit vertreiben,
Was Dich und mich erfreuen mag,
Wir wollen unterdessen
Den grauen Morgen und den Tag
Und alles Leid vergessen.“

Sie drückt mich an ihr Brüstelein.
Mein Herz wollt' mir zerspringen.
Sie sprach: „Laß Dir befohlen sein
Mein' Ehr' vor allen Dingen.
In Deinen Armen lieg ich tief;
Da ruh' nur ich alleine.“
Der Wächter aber sang und rief:
Ich seh den Tag aufscheinen.

Die Brünnlein, die fließen

Unbekannter Dichter des 13. Jahrhunderts

Die Brünnlein, die fließen,
Die soll man trinken,
Wer einen lieben Buhlen hat,
Der soll ihm winken,
Ja winken mit den Augen
Und treten auf den Fuß:
Es ist ein harter Orden,
Wer seinen Buhlen meiden muß.

Mich hat ein Halm gemachet froh

Walther von der Vogelweide (um 1168–1228)

Mich hat ein Halm gemachet froh;
Er sagt, ich solle Gnade finden.
Ich maß dasselbe kleine Stroh,
Wie ich zuvor gesehn bei Kinden.
Höret und merket, ob sie's denne tu'!

Sie tut nicht, sie tut; sie tut nicht, sie tut; sie tut nicht, sie tut.
Wie oft ich also maß, war stets das Ende gut.
Da gehört auch Glaube zu.

Dem König folg' ich

Markgraf von Hohenburg (um 1190–1225)

Ich folg' dem König, wohin er will.
Mein Herze nur muß hier bleiben.
Das liegt bei meiner Liebsten still,
Kann niemand da vertreiben.

Wenn nun mein Herz nicht mit mir geht,
Soll doch der König nicht schelten.
Sie gibt mir ihres, das zu mir steht.
Das muß für meines gelten.

Trost

Markgraf Heinrich der Erlauchte von Meißen (1234–1288)

Von allen Freuden wollt' ich gehn,
Da gab mir Trost ein roter Mund:
Er sprach, ich sollt' in Freuden stehn,
Er wollte machen mich gesund.
Will er dem Herzen Trost verleihn
Erst mit so freudenreicher Tat,
Ahi! Wie selig wollt ich sein!

Ein Kind an Jahren

Konradin (1252–1268)

Ich freue mich der Blumen rot,
Die nun der Mai uns bringen will.
Die stunden eh in großer Not,

Ihnen schuf der Winter Kummers viel.
Entschäd'gen mag der Mai uns wohl
Mit manchem wonniglichen Tage:
Drum ist die Welt nun freudenvoll.

Was hülfe mir die Sommerzeit
Und diese lichten langen Tage?
Nur eine Frau mir Trost verleiht,
Von der ich großen Kummer trage:
Will sie mir geben hohen Mut,
Sie täte tugendlich daran,
Wenn meine Freude würde gut.

Wenn ich mich von der Lieben scheide,
So ist's um all mein Glück getan,
O weh, so sterb' ich fast vor Leide,
Daß ich es je mit ihr begann.
Ich weiß nicht, Frau, was Freuden sind:
Mich läßt die Liebe sehr entgelten,
Daß ich an Jahren bin ein Kind.

Altdeutscher Liebesbrief (um 1350)

Viel lieber Brief, nun fahr mit Heil,
Du gewinnest aller Saelden Teil,
Als ich dich bescheiden kann,
Dich sieht mein' Fraue selber an,
Das ist dir ein' große Ehr',
Dir widerfährt noch Ehren mehr.

Saelde – Glück

Darum sei froh, daß ich dich sende,
Sie streckt nach dir ihr' weißen Hände,
Dir mag noch mehr werden kund,
Sie liest dich mit ihrem roten Mund.
Wie selig wär mir solche Zeit!
So fahr nun hin, du reist mit Ehre,
Und grüße mir die minnigliche Hehre,
Grüß mir ihr'n rosenfarb'nen Mund,
grüß sie von mir zu tausend Stund,
Grüß mir ihr Wänglein, rosenfarb,
Grüß mir ihr' blanken Äuglein klar,
Grüß mir ihr Hälslein schneeweiß,
Grüß die Liebe mir mit Fleiß,
Grüß mir ihr Herz und ihren Sinn,
Grüß mir meines Herzens Königin.

Taglied

Unbekannter Dichter des 14. Jahrhunderts

In einem Garten unterm Weißdornzelt
Ist die Geliebte mit dem Freund gesellt,
Bis daß des Wächters Warnungszeichen gellt.
„Ach Gott, ach Gott, wie kommt der Tag so früh."

„Blieb' es doch Nacht! O Gott, wenn das geschäh',
Der traute Freund nicht sagen dürft: Ade!
Der Wächter auch nicht Tag noch Morgen säh'!
Ach Gott, ach Gott, wie kommt der Tag so früh.

Schön süßer Freund, gehn wir die Wies' entlang,
Uns dort zu küssen bei der Vöglein Sang;
Der Eifersücht'ge mach uns nimmer bang.
Ach Gott, ach Gott, wie kommt der Tag so früh.

Schön süßer Freund, ein neues Spiel uns winkt,
Im Garten dort, wo manch ein Vöglein singt.
Wohlauf denn, eh des Wächters Pfeife klingt!
Ach Gott, ach Gott, wie kommt der Tag so früh.

Ein sanfter Luftzug, der sich eben rührt,
Hat dort vom Freund, den Lust und Anmut ziert,
Des Odems süßen Trank mir zugeführt.
Ach Gott, ach Gott, wie kommt der Tag so früh.

Hold ist die Frau, von jedem Reiz geschmückt,
Von ihrer Schönheit ist die Welt entzückt;
Sie fühlt sich nur durch treue Lieb beglückt.
Ach Gott, ach Gott, wie kommt der Tag so früh."

Hab ich Lieb

Unbekannter Dichter des 15. Jahrhunderts

Hab ich Lieb, so hab ich Not,
Meid ich Lieb, so bin ich tot:
Nun eh ich Lieb durch Leid wollt lan,
Eh will ich Lieb in Leiden han.

Wenn der Mai

Unbekannter Dichter des 14. Jahrhunderts

Wenn der Mai die tote, kalte Zeit beschließet,
Und der Tau die Blumen auf der Wiese begießet,
Und der Wald von vielen süßen Liedern fließet,
Mein Leib den Mai und Luft und Tanz genießet.

Zur Linde soll mich nun mein Liebster bringen.
Süß will ich ihn an Herz und Brüstlein zwingen.
Tau soll er von meinen schönen Blumen schwingen.
Um einen neuen Kranz will ich mit ihm ringen.

Ich weiß es wohl, nichts Süßes wird er mir verwehren.
Alles darf ich froh von seiner Lieb begehren.
Leid und Kummer soll mein Herz nie mehr beschweren.
Blumen, weiß ich, werden wir noch viel verheeren.

Mit weißen Armen will ich ihn ganz fest umfangen,
Mit meinem roten Mund an seinem hangen.
Meine Augen sagen ihm mein tief Verlangen.
So von Herzen Liebes hab ich nie empfangen.

All mein Gedanken

Aus dem „Lochheimer Liederbuch“, 15. Jahrhundert

„All mein gedancken dy ich hab dy sind pey dir,
Du ausserwelter ayniger trost pleib stet pey mir.“

All meine Gedanken, die ich hab, die sind bei Dir,
Du auserwählter ein’ger Trost, bleib stet bei mir.
Du, du, du sollt an mich gedenken,
hätt ich aller Wünsch Gewalt,
Von dir wollt ich nicht wenken.

Du auserwählter ein’ger Trost, gedenk daran,
Leib und Gut das sollt du ganz zu eigen han.
Dein, dein, dein will ich beleiben,
Du gibst mir Freud und hohen Mut
Und kannst mir Leid vertreiben.

Die allerliebst und minniglich, die ist so zart.
Ihresgleich in allem Reich find’t man hart.
Bei dir, bei dir ist kein Verlangen,
Da ich von ihr scheiden sollt,
Da hätt sie mich umfangen.

Die werte Rein, die ward sehr wein’n, da das geschah;
Du bist mein und ich bin dein, sie traurig sprach.

wenken – wanken, weichen

Wann, wann, wann ich soll von dir weichen,
Ich nie erkannt, noch nimmermehr
Erkenn ich dein geleichen.

Ritterlicher Liebesbrief (um 1450)

Fahr hin, kleines Brieflein und grüße mir die Allerliebste mein. Grüße sie nicht allein mit dem Munde, sondern von mein Herzens Grunde. Ach, liebstes Fräulein zart, ich hab mich gen Dir nie geoffenbart und Dir auch mein Leid nie geklagt, daß ich so gar verborgen Liebe im Herzen nach Dir Allerliebste mein trage. Mein Herze begehrt gar inniglich, daß Dir mein Wille würde kund. So darf ich wohl sprechen, mein Herz ist sehr verwundt von Dir, o mein Granat, mein Paradies bist Du zart liebste Jungfrau mein, meine Wonne, meine Lust, mein Leidvertreib. Vor aller Welt minne ich Dich, und möchtest Du mich zu Deinem Knecht haben, großen Lohn versprech ich Dir. Willst Du es nicht, so bin ich elende. Ich liebe Deine liebliche Güte, und hab keine Ruh, da ich von Dir zu ferne bin. Doch hab ich Dich stet in meinen Gedanken, all mein Sinnen flüchtet zu Dir. Erhörst Du mich, dann lebt mein Herz in Freuden. Ach seliges reins Fräulein zart, trage mit Treuen der Ehren Kleid! Ach Gott, sei ihr ein Hüter, die ich minne, daß ihr stolzer junger Leib nicht betrübt werde. Gott gebe Dir zweihundert und zwei volle gute Nacht. Gedenk an mich, wie ich an Dich, nicht mehr begehr ich. Gewünscht zu Cöllen am Rhein in eim kleinen Kämmerlein.

Dein allein
Elende bin ich, Elende tu Dir kein Leid,
ohne alle Arglist
ich es meine.

Weiß mir ein Blümlein blaue

Volkslied

Weiß mir ein Blümlein blaue
Von himmelischem Schein,
Es steht in grüner Aue,
Es heißt Vergißnichtmein.
Ich konnt es nirgends finden,
War mir verschwunden gar.
Von Reif und kalten Winden
Ist es mir worden fahl.

Das Blümlein, das ich meine,
Ist braun, steht auf dem Ried;
Von Art ist es so kleine,
Es heißt: Nun hab mich lieb!
Das ist mir abgemähet
Wohl in dem Herzen mein;
Mein Lieb hat mich verschmähet,
Wie mag ich fröhlich sein?

Mein Herz, das liegt in Kummer,
Daß mein vergessen ist;
So hoff ich auf den Summer
und auf des Maien Frist.
Der Reif, der ist vergangen,
Dazu der kalte Schnee;
Mein Lieb hat mich umfangen,
Nun, Winter, heißts: Ade!

Allein ohn allen Zweifel dein

Liederbuch der Klara Hätzlerin (1471)

Allein ohn allen Zweifel dein
Will ich, zart Lieb, dein Eigen sein,
Seit ich dich in meines Herzens Schrein
Vor aller Welt hab auserwählt
Gar lieblich fürwahr ohn allen Arg;
Denn mir kein Mensch je lieber ward.
Glaubst du es nicht, das wär mir hart!
Zum Trost bist du mir hier gezählt!

Alle Zerstreuung, die acht ich klein!
Obwohl ich manchmal fröhlich schein
Bei andern lieben Frauen rein,
Das sollst du anderst nicht verstehn,
Da du mir bist die Allerhöchst
Die mich aus kleinen Sorgen löst
Und auch in großen Sorgen tröst;
Ich kann einfach nicht von dir gehn!

Zweifel tun mir viel zu Leid
Wegen dir, meines Herzens Augenweid;

Darum, zarte Frau, geb mir Bescheid,
Wie ich soll verhalten mich,
Daß ich sonst ohne Zweifel leb.
Mein Herz ich dir alleine geb,
Mein höchster Schatz, darum bitt ich dich!

Dein Lieb hat mich so stark verwundt,
Daß mich nach dir zu aller Stund
Verlangt in meines Herzens Grund
Vor all der Welt, das wiß führwahr!
Darum ich nicht vergessen mag
Dich, liebste Frau, meiner Freuden Hag;
An dich denk ich Nacht und Tag,
Das schafft dein guter Wandel zwar!

Charitas Scheurl an ihren Eheherrn Albrecht Scheurl (1450)

Meinen freundlichen Gruß zuvor, lieber Herr, daß Ihr frisch und gesund wäret. Das hört ich allezeit gern von Euch sagen. Wisset, lieber Mann, daß ich von Gottes Gnaden noch frisch bin und auch die Söhne alle drei. Gott behüt uns furbaß, und lieber Mann, ich bitt Euch, wann Ihr Eurer Mutter schreibt, daß Ihr sie mir wollt sehr grüßen und sie bitten, daß sie auch zu mir und zu Euern Söhnen kommen möge. Und lieber Mann wisset, daß die Zimmerleut wollen Geld han, und da Ihr mir nichts befohlen, habe ich ihnen nichts geben wollen. Und wisset, lieber Mann, daß mir Euer Brief von Görlitz wohl worden ist. Darinnen ich wohl vernummen habe, daß Ihr wohl seid hinkommen. Wisset, lieber Mann, daß ich die Leinwand richtig bekommen habe, und wisset, lieber Mann, daß der Sittich artig ist und mir jetzt rufen kann. Und, lieber Mann, ich bitte Euch auf alle Freundschaft, Ihr möcht heim kommen zu mir und zu Euern Söhnen. Kommt aus der Fremd heim, lieber Mann, sonst gibt es nichts besonderes weiter. Ich befehle Euch Gott und seiner lieben Mutter und den Heiligen drei Königen, sie seien Euch Geleiter und helfen Euch gesund nach Hause. Viel guter Nacht an Sant Advent.

Liebeß Scheilerin.

Charitas Scheurl stammte aus einer Nürnberger Patrizierfamilie und war Mitglied eines humanistischen Nürnberger Patrizierkreises.

Innsbruck, ich muß dich lassen

Volkslied

Innsbruck, ich muß dich lassen,
Ich fahr dahin mein Straßen
In fremde Land dahin.
Mein Freud ist mir genommen,
Die ich nit weiß bekommen,
Wo ich im Elend bin.

Groß Leid muß ich jetzt tragen
Das ich allein tu klagen
Dem liebsten Buhlen mein.
„Ach Lieb, nun laß mich Armen
Im Herzen dein erbarmen,
Daß ich muß ferne sein."

„Mein Trost ob allen Weiben,
Dein tu ich ewig bleiben
Stet, treu, der Ehren fromm.
Nun muß dich Gott bewahren,
In aller Tugend sparen,
Bis daß ich wieder komm."

Anna von Sachsen an ihren Gatten Albrecht von Brandenburg

(9. März 1475)

Stete Lieb' mit ganzen Treuen zuvor, Hochgeborener Fürst, mein herzenslieber Herr und Gemahl. Ich laß Euer Lieb wissen mein groß Sehnen und Verlangen, daß ich solch nach Euer Lieb hab, und wollt gern wissen, wie's ist Euer Lieb zur Stund; wenn mir Zeit und Weil lang ist, daß ich solang keine Botschaft von Euer Lieb hab und konnte nicht erharren, bis daß der Künzlin-Bote werde kommen. Und schick Euer Lieb hier eins, wenn ich wohl weiß, daß Euer Lieb blöd und schwach gewesen ist und Euer Lieb gar große Müh und Arbeit dazu hat. Das bringt mir nicht kleinen Kummer und mag mir nicht anders denn durch viel Euer Lieb Botschaft benommen werden. Darum so bitt ich Eurer Lieb, daß Ihr Euer selber schont und bitt: Euer Lieb laß mich ohne Botschaft nicht. Hiermit befehl ich Euch dem allmächtigen Gott, der behüte Euch vor allem Leid. Gegeben zu Ansbach am Donnerstag nach Laetare.

Albrecht Achilles an Anna

Liebe Anna! Alle Vogel, die Du uns geschickt hast, haben uns geschmeckt! Wir wöllen Dir den Pfeffer sparn bis heim, auf neu Jahr! Wir wöllen bald heimkommen – Gott geb mit Freuden! Und flicht Narrenteidinge drein Dein und der Jungfräulein halben und tu sonst recht in allen Sachen! Und wenn Du schreibst, Ihr wärt gern hier mit im burgundischen Feld, so möchte ich gern ein Zauberkäpplein haben und Euch darunter verstecken.

Albrecht III., mit Beinamen Achilles, Kurfürst von Brandenburg (1414–1486), war seit 1468 in zweiter Ehe verheiratet mit Anna von Sachsen. Er hatte insgesamt 19 Kinder.

Tannhäuser

Unbekannter Dichter des 16. Jahrhunderts

Nun will ich aber heben an
Von dem Danhauser singen,
Und was er Wunders hat getan
Mit Venus, der edlen Minne.

Danhauser war ein Ritter gut.
Wann er wollt Wunder schauen,
Er wollte in Frau Venus Berg
Zu andren schönen Frauen.

„Herr Danhauser, Ihr seind mir lieb,
Daran sollt Ihr gedenken!
Ihr habt mir einen Eid geschworen:
Ihr wollt von mir nit wenken."

„Frau Venus! Das enhab ich nit,
Ich will das widersprechen,
Und redt das jemands mehr dann Ihr,
Gott helf mirs an ihm rächen."

„Herr Danhauser, wie redt Ihr nun?
Ihr sollt bei mir gebleiben;
Ich will Euch mein Gespielen geben
Zu einem steten Weibe."

„Und nähm ich nun ein ander Weib,
Ich hab in meinen Sinnen:
So müßt ich in der Hölle Glut
Auch ewiglich verbrinnen."

„Ihr sagt viel von der Hölle Glut,
Habt es doch nie empfunden,
Gedenkt an meinen roten Mund.
Der lacht zu allen Stunden."

„Was hilft mir Euer roter Mund?
Er ist mir gar unmäre;
Nun gebt mir Urlaub, Fräulein zart,
Um aller Frauen Ehre!"

„Danhauser! Wollt Ihr Urlaub han,
Ich will Euch keinen geben;
Nun bleibt hier, edler Danhauser
Und fristet Euer Leben."

„Mein Leben, das ist worden krank,
Ich mag nicht länger bleiben;
Nun gebt mir Urlaub, Fräulein zart,
Von eurem stolzen Leibe!"

„Danhauser, nit redet also!
Ihr tut Euch nit wohl besinnen;
So gehn wir in ein Kämmerlein
Und spielen der edlen Minnen."

„Euer Minne ist mir worden leid,
Ich hab in meinem Sinne:
Frau Venus, edle Frau so zart,
Ihr seid ein Teufelinne."

„Herr Danhauser, was redt Ihr nun,
Und daß Ihr mich tut schelten?
Und sollt Ihr länger hier innen sein,
Ihr müssets sehr entgelten."

„Frau Venus, das enwill ich nit,
Ich mag nit länger bleiben.
Maria, Mutter, reine Maid,
Nun hilf mir von den Weiben!"

„Danhauser, Ihr sollt Urlaub han,
Mein Lob, das sollt Ihr preisen,
Und wo Ihr in dem Land um fahrt,
Nehmt Urlaub von dem Greisen!"

Da schied er wiederum aus dem Berg
In Jammer und in Reue:
„Ich will gen Rom wohl in die Stadt
Auf eines Papstes Treue.

Nun fahr ich fröhlich auf die Bahn,
Gott woll mein immer walten!
Zu einem Papst, der heißt Urban,
Ob er mich möcht behalten. –

Ach, Papste, lieber Herre, mein!
Ich klag Euch hie mein Sünde,
Die ich mein Tag begangen hab,
Als ich Euch will verkünden.

Ich bin gewesen auch ein Jahr
Bei Venus, einer Frauen,
Nun wollt ich Beicht und Buß empfahn,
Ob ich möcht Gott anschauen."

Der Papst hat ein Stäblein in seiner Hand,
Und das war also dürre:
„Als wenig das Stäblein grünen mag,
Kommst du zu Gottes Hulde.“

„Und sollt ich leben nur ein Jahr,
Ein Jahr auf dieser Erden,
So wollt ich Beicht und Buß empfahn
Und Gottes Trost erwerben.“

Da zog er wiederum aus der Stadt
In Jammer und in Leiden.
„Maria, Mutter, reine Maid!
Ich muß mich von Dir scheiden.“

Er zog nun wiederum in den Berg
Und ewiglich ohn Ende:
„Ich will zu meiner Frauen zart,
Wo mich Gott will hin senden.“

„Seind gottwillkommen, Danhauser!
Ich hab Euer lang entbohren;
Seind willekommen, mein lieber Herr,
Zu einem Buhlen außerkoren!“

Es stund bis an den dritten Tag:
Der Stab fing an zu grünen,
Der Papst schickt aus in alle Land:
Wo Danhauser hin wär kommen?

Da war er wiederum in den Berg
Und hat sein Lieb erkoren,
Deß muß der vierte Papst Urban
Auf ewig sein verloren.

wenken – wanken, weichen
unmäre – unlieb

Margarethe von der Sale an den Landgrafen Philipp von Hessen

Rochlitz, 1539.

Herzlieber gnädiger Herr! Ich laß Euer Gnaden wissen, daß mirs gottlob wohl geh. Auch laß ich E. G. wissen, daß mein Mutter meine gnädige Frau gebeten hat, wo sie wieder auf die Fastnacht zu E. G. zögen, daß sie mich nit solle mitnehmen; und hat gesagt sie hab groß Ursach dazu, was aber die Ursach ist, das weiß ich nit, und saget, sie solle mich nur auf die erst Fastnacht holen. Gott behüt und bewahr E. G.

Philipp an Margarethe

Liebe Margarethe, daß Dirs wohl gehet, höre ich von Herzen gern, daß aber Deine Mutter meine Schwester gebeten soll haben, Dich nit auf die Fastnacht mitzubringen, ist mir seltsam, wie es ihr in den Sinn kommt. Ich laß Dich wissen, daß mirs ziemlich wohl gehet. Vergiß mein nit und laß mich Dein Liebsten bleiben. Ich denk stets an Dich, hab Gute Nacht.

Margarethe Kuffner an Melanchthon den Jüngeren

Dem züchtigen und gelehrten Gesellen Philippo Melanchthon dem jüngern meinem guten Gönner zu Händen.

Gottes Gnade und Friede durch Christum wünsche ich Euch und ein glückselig neues Jahr, herzallerliebster Philipp. Ihr traget noch in frischem Gedächtnisse, was Ihr mit mir geredet habt zu Wittenberg, nämlich daß Ihr mir angelobt, mich zu einem ehelichen Gemahl zu nehmen. Und auf daß ich nicht möcht an Euer Zusag zweifeln oder gedenken, es wäre Euer Ernst nicht, habt Ihr mir dieselbige Zusagung, wie Ihr wohl

Philipp der Großmütige lebte mit Margarethe von der Sale in Doppelehe, die nur widerwillig geduldet wurde und sein Verhältnis zur Reformation stark belastete.

Margarethe Kuffner stammte aus einer angesehenen Familie in Leipzig und hatte sich mit dem ältesten Sohn Melanchthons verlobt. Doch die Unreife des erst 18 Jahre alten Philippus ließ eine Ehe unmöglich erscheinen.

wisset, des Morgens erneuert, und endlich die Hand darauf gegeben, auch nachfolgend etliche Geschenk darauf überantwortet, und noch in meinem Abschied dieselbige Ehe in die Faust zugesagt und mit ganz großem ernstem Schwure bestätigt, nämlich daß Ihr immer und in Ewigkeit keine andere zu nehmen willens seid, und ich Euer sei auch nicht von euch mag geschieden werden, denn durch den Tod. Die Ihr solches alles wißt, und dieweil ich von Euch gezogen und mich auf solche ofte Zusagung verlassen, werd ich armes Mägdlein nu nicht allein hie unbillig ausgetragen, als sollt ich mich heimlich hinter meiner Eltern Wissen mit Euch verlobt, auch nachgegangen und kein Ruhe gehabt bis ihr mir die Ehe zugesagt. Welches alles denn so wahr als Gott im Himmel ist, nicht also ist, sondern was ich getan habe, das habe ich mit Vorgedenken meiner Eltern und wohlgedacht aus reinem, fleißigen und steten Anliegen getan, da selbst Ihr mir denn, wie oben gesagt, so mit ernstem trefflichen Schwure die Ehe zugesagt. Aber itzund erfahr ich wie Euer Vater mit dem meinem umgehen will, und gar ein nicht daraus machen, welches ich denn nicht recht verstehen noch ermessen kann, viel weniger mit unser beider gutem Gewissen gehen mag, und dieweil solche Zusagung zwischen uns beiden geschehen, auch anlangen tut unser eigen Gewissen, daß wir es vor Gott am jüngsten Tag verantworten müssen, acht ich kann und mag sie ohne unsre beiden Verwilligung nicht zertrennt noch verhindert werden, wie denn euer Herr Vater wohl zu tun vermeinet. Und machet mich armes Mädglein diese neue Mär zu diesem neuen Jahr ganz betrübt und verrenkt, daß ich nicht weiß, was ich vorhaben soll, kann und mag weder essen noch trinken, weder schlafen noch wachen, also gar bin ich in meinem Gemüt zerrückt, zu welchem allen Ihr eine einige Ursach seid, und ich besteh, so dieser Sach nicht recht geholfen werde, werde es mir großen Schaden tun. Derhalben bitt ich Euch um Gotteswillen, wollet mich verständigen, was Euer Sinn sei und worauf Ihr bestehen wollt, und hierin ansehen die große wichtige Sache, die mich und Euch nicht Leib und Leben, sondern den ewigen Zorn Gottes und seine Strafe und das ewige Nagen des Gewissens betreffen, und wiewohl ich mich mit meinem Gewissen so hoch, das Gott gedankt sei, nicht versündigt hab, auch nicht Gottes ewige Vermaledeiung und Zorn auf mich geladen hab, als Ihr denn getan, und nicht einmal sondern oft euch verflucht, wo solche Zusage von Euch nicht gehalten werde, daß ihr Gottes Antlitz nimmermehr bestehen wollt, auch ewig des Teufels sein. Doch bin ich vor Gott neben Euch und in meinem Gewissen also erhofft, daß ich fürcht, es würde mir armen Wesen nimmermehr wohlgehen, vielmehr aber Euch. Derhalben damit Euer und mein Gewissen rein bleibe vor Gott und ich nicht teilhaftig werden möcht Eurer Ver-

maldeiung und ergeben des Teufels, bitt ich Euch nach und jetzt wie vor um Gottes willen, wollet in solchen wichtigen trefflichen Sachen die unser beider Seelen Seligkeit anlangt, nicht unachtsam sein, oder darin zu Gefallen eurer Freundschaft und etlicher Menschen, Gottes ewigen Zorn, Eure Vermaledeiung und ewiges Nagen des Gewissens auf Euch laden, welches Euch ach Gott im Himmel viel zu schwer würde sein, sondern allhie bedenken Eurer Seele Seligkeit und reines Gewissen vor Gott, mit welchem Ihr sicherlich am jüngsten Tag vor Gott treten möget. Und zwar als ich aus der Rede Eures Herrn Vaters vernommen, gedenkt mich hierin los zu zählen frei und ledig, als möcht ich wohl mich anderswo umsehen, welches einstweilen mir unmöglich ist, und Euch viel mehr. Werde auch mich, darzu mir Gott helfe, so bald nicht abweisen lassen. Darnach Ihr Euch wißt zu richten. Nachdem bitt ich noch und zum letzten wollet Euer Gewissen in dieser Sachen fleißig verwahren und acht geben, daß Ihr Euch selbst nicht ein ewiges Verdammnis, dafür Euch Gott behüt, aufladen möchtet. So denn also wollt ich lieber, daß ich Euch nimmermehr gesehen hätt, denn eine einige Ursach dazu gewest sein. Solches bitt ich, beherziget bei Euch, und schreibet mir eilendst wieder, damit ich nicht also bekümmert, und da Gott vor sei, in ein Unglück fallen möcht, welches mir denn zu schwer wäre, und Ihr eine innere Ursach. Damit Gott befohlen. Geben Leipzig Dienstag nach der heiligen drei Könige Tag. Im 1544.

Margreth Kuffners.

Der junge Melanchthon an M. Kuffner

Der ehrbaren und tugendsamen Jungfrauen Margaretha Kuffner, meiner lieben Schwester zu eignen Händen etc. Leipzig.
Meine ganz willige Dienste und alles gut zuvor an, ehrbare, tugendsame Jungfrau Margreth, ich habe Euer klägliches Schreiben empfangen, in welchem Ihr mich meiner Zusagung erinnert und euer Elend, darin ihr itz stehet, hochbeklaget. Nun gehet mir wahrlich solchs heftig zu Herzen und bekümmert mich nicht ein wenig, daß ihr von meinetwegen, solch Bekümmernis müßt tragen, weil ich aber gleicherweise in solcher Not und Elend stecke, könnt Ihr von mir itz keinen Trost gewarten, denn alleine, daß ich wünsche und bitte Gott, daß er Euch in solcher Betrübnis beistehen wolle. Den Brief, den Ihr mir geschrieben habt, habe ich meinem Vater zu lesen überantwortet, und die Klausel darin Ihr Euch loszählet davon geworfen, gleich als wäre sie sonst darvon verloren, auf daß nicht ein Ärgers daraus folgen möchte; und nach der Vorlesung hat mir mein Vater geantwortet, es nehme ihn sehr Wunder, daß Ihr so sehr itz treiben möcht, weil ihr doch wohl wisset, daß die Mutter noch sehr heftig sei, würde sie aber ein wenig linder, wollt es der Sache bald raten. Ich hab auch nie von meinem Vater aus irgendeinem Wort oder Zeichen vormerken können, daß er solche Ehe zu zerreißen gesinnt sei, wie ihr denn schreibet, wär auch etwas darvon gewesen, hätt er mich wohl angezeigt alsbald, da er von Leipzig kommen ist, was aber eure Meinung sei, verstehe ich nicht. Derhalben will ich euch ganz freundlich und fleißig gebeten haben, liebe Jungfrau Margreth, um unsre beiden Gewissen willen, ihr wollet Euch nicht von mir wissen, auf daß ihr den Zorn Gottes nicht zu hoch auf Euch ladet und darüber zum Teufel fahret, wie uns denn die gemeinen Exempel stetig warnen, denn eure Verheißung ist vor sich selbst ein Sakrament, ob Ihr Euch gleich gegen mich nicht so hoch als ich gegen Euch verbunden habet. Daß Ihr aber von mir begehret, eine gewisse Antwort anzuzeigen, was ich zu tun gesinnet sei, kann ich Euch nichts anders antworten, denn das ich stets geantwortet habe, und solches zu tun noch gänzlich gesinnet bin. Was ich aber mit meinem Vater weiter handeln werde, soll Euch schriftlich auf das allererste durch Wentzel Furman angezeigt werden, denn mein Vater hat seitdem noch nichts mit mir davon geredet. Damit seid Gott befohlen. Grüßet von meinetwegen Euren Vater und Mutter. Datum Wittenberg am 14. Tag Januarii.
Anno 1544. Philippus Melanchthon.

Kann denn ein Aug' erschauen

Volkslied um 1512

Kann denn ein Aug' erschauen,
Ein lieblicher Gebild,
Als euch, o Zier der Frauen,
Die ihr mein Herz erfüllt?
Ihr tragt der Schönheit Krone,
Und wenn es gleich mein Leben gilt,
Ich geb es euch zur Frone!

Ihr seid der junge Maie,
Der alle Welt erfreut,
Da er die Blümlein neue
In alle Lande streut,

Darin Frau Nachtigalle,
In rechter Liebefreud und Leid,
Singt Tag und Nacht mit Schalle.

Könnt von ihr abgewinnen,
Was ihr mein' Lieb gewährt,
Mein Herz möcht schier zerrinnen,
Wenn mir solch Glück beschert.
O Fraue, meine Krone,
Die ich zum Tod getreu verehrt,
Gönnt mir ein solchen Lohne! –

Mir will die Nacht nicht weichen

Volkslied um 1540

Mir will die Nacht nicht weichen,
Ob hell der Himmelsplan;
Mit schwarzen Trauerzeichen,
Weht meine Lebensfahn.

Die ich geliebt ohn Maßen,
Abschied nahm von der Welt,
Ist gangen jene Straßen,
So führt in's Sterngezelt.

O schwere Kummertage,
Darin versenkt mein Glück!
Mir bleibet nur die Klage,
Mein Lieb kehrt nicht zurück.

Daß wir uns wiederfinden,
Wo sie hingangen ist,
Hilf gnädiglich gelingen,
O Jesu, Herre Christ! –

Martin Luther an seine Frau Käthe in Wittenberg

Eisenach, 16. Juli 1540.

Meine liebe Jungfer und Frau Käthe! Euer Gnaden soll wissen, daß wir gottlob frisch und gesund sind. Fressen wie die Böhmen (doch nicht sehr), saufen wie die Deutschen (doch nicht viel), sind aber fröhlich.

Martin Luther war mit Katharina von Bora verheiratet. Am 13. Juni 1523 war ihre Hochzeit.

Denn unser gnädiger Herr von Magdeburg, Bischof Amsdorf, ist unser Tischgenosse. Es ist allhier solche Hitze und Dürre, daß es unsäglich und unträglich ist, Tag und Nacht. Komm, lieber jüngster Tag!

Wach auf!

Unbekannter Dichter des 16. Jahrhunderts

Wach auf, mein's Herzens Schöne,
Zart Allerliebste mein,
Ich hör ein süß Getöne
Von kleinen Waldvögelein,
Die hör ich so lieblich singen,
Ich mein, ich sehe des Tages Schein
Vom Orient herdringen.

Ich hör die Hahnen krähen,
Ich spür den Tag dabei,
Die kühlen Windlein wehen,

Die Sternlein leuchten frei.
Singt uns Frau Nachtigalle,
Singt uns ein süße Melodei;
Sie meldt den Tag mit Schalle.

Der Himmel tut sich färben
Aus weißer Farb in blau,
Die Wolken tun sich färben
Aus schwarzer Farb in grau.
Die Morgenröte tut herschleichen;
Wach auf, mein Lieb, und mach mich frei,
Die Nacht will mir entweichen.

Der Maie

Unbekannter Dichter des 16. Jahrhunderts

Der Maie, der Maie
Bringt uns der Blümlein viel.
Ich trag ein frei's Gemüte.
Gott weiß wohl, wem ichs will.

Ich wills ein'm freien Gesellen,
Derselb der wirbt um mich.
Er trägt ein seiden Hemd an,
Darein so preist er sich.

Er meint, es säng ein Nachtigall,
Da wars ein Jungfrau fein:
Und kann er mein nicht werden,
Trauret das Herze sein.

Schau ich in eure Augen

Volkslied um 1549

Schau ich in eure Augen,
O schöne Fraue mein,
Muß ich wie Bienlein saugen,
Den süßen Honigseim;

Ja schaue drin mit Lüsten!
Wenn sie mich freundlich grüßten,
Könnt mir was Liebers sein?

Sie halten mich gefangen
Mit ihrer Strahlen Licht,
Daß mir auf meinen Wangen
Ein Purpur herfür bricht.
Mein Herz, das zuckt und pochet,
Das Blut in Adern kochet,
Mir wundersam geschicht.

Ich darf es euch wohl sagen:
Ihr seid mein Königin,
Für die ganz ohn Verzagen
Mein Leben geb dahin!
Ihr seid mein Stern und Sonne,
Auf euch, mein Lebensbrunn,
Geht all mein durst'ger Sinn.

Wollt Gott, es brünn desgleichen
In euch so lichterloh,
Es wär in allen Reichen
Nicht einer, wie ich froh!
Wollt eu'r im Liebesgarten,
Als treuer Gärtner warten,
Bis an mein End also.

Kurfürst Moritz von Sachsen an seine Frau

Herzliebes Weib, daß sich Deine Beschwerung zur Besserung schickt, zu erfahren, ist mir eine besondere Freude, daß Du aber den Argwohn gegen mich hegst, ich wäre lieber bei den wilden Sauen, hätte diese auch lieber als Dich, ist mir seltsam zu hören. Und da ich wohl annehmen kann, daß Dir solches durch verlogene Mäuler angezeigt worden ist, sehe ich schon, Du wirst mir zu meiner Ankunft dasselbe sagen. Darum zeige mittlerweile denen an, die das, was oben gemeldet, von mir sagten: ist es ein Mann, der solches lügt, ist er ein Bösewicht; ist es eine Frau, die solches lügt, ist sie eine Hure. Und ich will davon weder groß noch klein Hans ausgenommen haben.
Ich bin, Gott hab Lob, so alt geworden, ohne Zeit meines Lebens wider die Ehre zu handeln, ich weiß mich auch gegen jedermann frei, es wäre billig, daß ich von solchen Dingen verschont bliebe. Daß ich so heiß schreibe, ist mir Notdurft; ich kann mein Gemüt nicht zufrieden stellen,

Moritz (1521–1553) war seit 1541 Herzog und seit 1547 Kurfürst von Sachsen. Fällt im Jahre 1553. Mit dem „neuen Bau" ist wahrscheinlich die Moritzburg gemeint.

eh ich nicht die verlogenen Mäuler erfahre. Ich will hier Abschied nehmen und Dich auf den neuen Bau fordern. Daß Du begehrst, da ich nicht bei Dir war, daß ich Dich im Herzen nicht vergesse, ist mir lieb; allein ich weiß nicht, ob ich nun noch zu diesem Glauben gegen Dich stehe. Hiermit Gott befohlen. Datum Cholditz, 13. November 1548. M. Kurfürst.

Herzliebes Weib, ich habe Dein anderweitiges Schreiben gelesen, in dem Du das Schreiben, das Du mir vormals gesandt hast, dahin deutest, daß solches von Dir in guter, freundlicher Meinung geschehen sei. Da es nun von Dir und nicht durch anderer Anregen geschehen, so mag es wohl sein. Wäre es aber auf anderer Anregung geschehen, so hast Du verstanden, worauf ich in meinem vorigen Schreiben bestehe. Ich habe Dich für Deine Person, wie oben gesagt, entschuldigt, und ich will Dich hiermit Gott befohlen haben.

Datum Roßwen, 16. November im Jahr 1548. Moritz, Kurfürst.

Ich will Dich in wenigen Tagen zu mir fordern und Dir seltsame Dinge sagen von seltsamen Reden.

Sibylla Herzogin von Sachsen an ihren Gemahl Johann Friedrich den Großmütigen

28. Oktober 1551.

Hochgeborner Fürst, mein freundlicher, herzallerliebster Herr und Gemahl, dem ewigen Gott sei ewig Lob und Dank dafür gesagt, der Eure Gnaden so wunderbar erhält. Da sieht man offenbar, was das liebe Gebet tut bei Euren Gnaden, denn ich halte dafür, wenn es nach der Tyrannen Gefallen sollte gehen, Eure Gnaden wären lange tot, da der ewige und barmherzige Gott gnädiglich und lang müsse vor sein, der erhalte Eure Gnaden noch lange um seines lieben Sohnes Jesu Christi willen und um meinetwillen: ich armes betrübliches Weib, die eh nicht hat viel guter Zeit, und es meine größte Freude heißt, wenn mein herzliebster Sohn mit mir ist. So vergeht mir die Schwermut etwas und mir ist die Weile so gar lang nicht als sonst. Das Verlangen nach Euer Gnaden bleibet darum nicht außen, denn es dünket mich je schier gar zu lang: Mich

Der Brief der Herzogin Sibylla von Sachsen stammt aus der Zeit, als ihr Gemahl Johann Friedrich I. in der Gefangenschaft Karls V. war. Nach der Niederlage bei Mühlberg 1547 war er bis 1552 Gefangener des Kaisers und mußte auf die Kurwürde und Teile seines Landes verzichten.

werden Sie – und ich Eure Gnaden – nun schier in fünf Jahren nicht gesehen haben, daß mir die Zeit und Weile noch wohl möchte lang sein und ich immer gehoffet habe, ich würde Eure Gnaden das Jahr sehen, und man mich dazu getröstet hat. Aber es ist nichts daraus geworden. Nun glaub ich's nicht mehr und wenn man's mir zu den Heiligen schwört. Ich will's meinem lieben Gott befehlen, der wird's wohl machen.

Sibylle Herzogin zu Sachsen
Eure Gnaden arme Gemahl

Die Klage

Unbekannter Dichter des 16. Jahrhunderts

1

Nach meiner Lieb viel hundert Knaben trachten,
Allein der, den ich lieb, will mein nicht achten.
Ach, weh mir armen Maid, vor Lieb muß ich verschmachten.

Jeder begehrt zu mir sich zu verpflichten,
Allein der, den ich lieb, tut mich vernichten,
Ach, weh mir armen Maid, was soll ich dann anrichten?

All andre tun mir Gutes viel verjehen,
Allein der, den ich lieb, mag mich nicht sehen,
Ach, weh mir armen Maid, wie muß mir dann geschehen?

Von allen keiner mag mir widerstreben,
Allein der, den ich lieb, will sich nicht geben,
Ach, weh mir armen Maid, was soll mir dann das Leben?

2

Ich bin gen Baden zogen,
Zu löschen meine Brunst,
So find ich mich betrogen,
Denn es ist gar umsunst;
Wer kann das Feuer kennen,
Das mir mein Herz tut brennen!

Ich tu mich vielmals wäschen
Mit Wasser kalt und heiß,
Und kann doch nicht erlöschen,
Ja, mein kein Rat mehr weiß,
Kann nicht das Feuer kennen,
Das mir im Herz tut brennen.

3

Wer sehen will zween lebendige Brunnen,
Der soll mein zwei betrübte Augen sehen,
Die mir vor Weinen schier sind ausgerunnen.

Wer sehen will viel groß und tiefe Wunde,
Der soll mein sehr verwundtes Herz besehen,
So hat mich Lieb verwundt im tiefsten Grunde.

4

Recht wie ein Leichnam wandle ich umher
Zu seiner Türe nachts und seufze schwer
Aus meiner Brust, an Trost und Wohlsein leer.

Mein Atem stöhnet wie ein Fichtenwald,
Ein Unglückszeichen mein Gesang erschallt,
Daß alle Nachbarn sich ergrimmen bald.

Sie lärmen, nicht zu hören all mein Weh,
Sie nehmen Umweg, daß mich keiner seh.
Jetzt fürcht ich nichts, war scheu sonst wie ein Reh.

Wie von dem Ast im Traum ein Vogel fällt,
So flattre ich des Nachts, so ungesellt;
Ein Unglücksvogel nimmermehr gefällt!

Was soll draus werden? fraget alle Welt.
Was ist die Welt? Wer schuf sie unbestellt?
Die schuf allein, die mich so sehr entstellt.

Ich freu mich, wie mein Fleisch so schwinden tut,
Mein festes Land zerreißt der Strom vom Blut,
Der aus dem Herzen kommt und niemals ruht.

O meine Tränen, keiner schätzet euch,
Ihr seid den Himmelsgaben darin gleich;
An allem bin ich arm, in euch so reich.

Es wollt ein Mädchen Wasser holen

Unbekannter Dichter des 16. Jahrhunderts

Es wollt ein Mädchen Wasser holen,
Ein weißes Hemdlein hatt sie an,
Dadurch schien ihr die Sonnen,
Da überm kühlen Bronnen.

Wär ich die Sonne, wär ich der Mond,
Ich bliebe auch, wo Liebe wohnt;
Ich wär mit leisen Tritten
Wohl um Feinslieb geschritten.

Seid ihr so stolz von Sinnen

Volkslied aus dem 16. Jahrhundert

„Seid ihr so stolz von Sinnen,
O edle Fraue mein?
Kann Euch denn nichts gewinnen,
Wollt nicht mein eigen sein?
Bin ich von edlem Stamme,
Und Euch an Ehren gleich,
An Hab und Gut auch reich,
Und meines Herzens Flamme
Brennt stetig nur für euch.“

„Seid ihr zwar hochgeboren,
Von adelichem Stamm,
Eur Müh bleibt doch verloren,
Wir gehen nicht zusamm.
Seid ihr ein brennend Feuer,
Bin ich ein Wasser kühl,
Haben nicht gleiches Ziel;
Solch Lieben macht sich teuer,
Und treibt nicht gutes Spiel.“

In ihrer Kemenaten
Lacht sie ihm hinterher:
„Ei, trag du fein den Schaden,
Mein Sinn geht hoch auf mehr!
Ist’s nicht ein’s Königs Sohne,
Kommt er vergebens an,
Wird nimmer mein Gespan;
Für Lieb, ohn eine Krone,
Geb keinen Heller dran.“

Der Ritter ging in Leide,
Zog fort in fremde Land;
Er ward in manchem Streite
Ein tapfrer Held genannt;
Gewann des Königs Krone,
Dazu sein Töchterlein,
Schön wie ein Ros in Mai’n;
Das war sein Freudelohn,
Der vor mußt traurig sein.

Die hochgeboren Fraue,
Die erst in Übermut
Ihn mochte kaum anschauen,
Die fand es nicht so gut:

Feu'r hat ihr Schloß verzehret,
Ob sie ein Wasser kühl,
Dazu in Armut fiel;
Da ward ihr recht gelehret:
Mit Lieb und Feu'r kein Spiel.

Sabina Scheurl an ihren Eheherrn Christoph Scheurl

16. März 1566.

Freundlicher herzlieber Scheurl, Dein Schreiben ist mir bei Deinem Bruder überantwortet worden, darin ich Dein Gesundheit und mit Freuden vernummen hab, so wisse die Kinder und mich auch noch in ziemlicher Gesundheit, Gott sei Lob. Des Einsteigens halber darfst nit sorgen, ich laß den Knecht alle Nacht in der großen Kammer liegen auf des Hänsles Bett. Ich weiß Dir nichts neus zu schreiben. Heute wird man die Hallerin zu der Erden statten, hat einen toten Sohn gehabt, läßt ihrem Mann acht Kinder, er ist sehr betrübt und auch nicht wohl auf, Gott verleih ihm Geduld. Lieber Scheurl, darfst um die Kinder und um mich nicht sorgen, verhoff zu Gott, Du werdest uns alle mit Gesundheit wiederfinden, meine liebe Mutter, Bruder und Schwestern lassen Dich wiederum freundlich grüßen, desgleichen Deine Söhn lassen ihren Dada und fleißig grüßen, damit, was Dir lieber Scheurl jederzeit lieb ist, befiehl ich Dich und uns alle in die Gnad des Herrn.

Sabina Scheurlin
Dein getreue Ehwirtin.

Ik weet een Frauken amoreus

Unbekannter Dichter des 16. Jahrhunderts

Ik weet een Frauken amoreus,
Die ik van Herten minne;
Ihr Wesen is so gracieus,
Sie steht in mynen Sinne.

Gracieus is sie in aller Stund;
Man findt der nit sehr vele:
Wann sie hat einen lachenden Mund,
Twee Brüstekens rund
Und eene sneewitte Kehle.

Jungbrunnen

Unbekannter Dichter des 16. Jahrhunderts

Bei meines Buhlen Haupte
Da steht ein güldner Schrein,
Darin da liegt verschlossen
Das junge Herze mein,
Wollt Gott, ich hätt den Schlüssel,
Ich würf ihn in den Rhein.
Wär ich bei meinem Buhlen,
Wie möcht mir besser sein.

Bei meines Buhlen Füßen
Da fließt ein Brünnlein kalt,
Und wer des Brünnleins trinket
Der jungt und wird nit alt;
Ich hab des Brünnleins trunken
So manchen stolzen Trunk,
Viel lieber wollt ich küssen
Meins Buhlen roten Mund.

In meines Buhlen Garten
Da stehn zwei Bäumelein,
Das ein das trägt Muskaten,
Das andre Nägelein;
Muskaten, die sind süße,
Die Nägelein, die sind räß,
Die geb ich meinem Buhlen,
Daß er mein nicht vergeß.

räß – bitter, herb

Dort niedn in jenem Holze

Frankfurter Liederbüchlein von 1582

Dort niedn in jenem Holze
Leit sich ein Mühlen stolz.
Sie mahlt uns alle Morgen,
Das Silber und rote Gold.

Dort niedn in jenem Grunde
Schwemmt sich ein Hirschlein fein.
Was führts in seinem Munde?
Von Gold ein Ringelein.

Hätt ich des Goldes ein Stücke
Zu einem Ringelein,
Meinem Buhlen wollt ichs schicken
Zu einem Goldfingerlein.

Was schickt sie mir denn wieder?
Von Perlen ein Kränzelein:
„Sieh da, du feiner Ritter,
Dabei gedenk ich dein!“

Wenn ich des Morgens früh aufsteh

Unbekannter Dichter des 16. Jahrhunderts

Wenn ich des Morgens früh aufsteh,
Zu meinem lieben Buhlen geh,
So kommt mein Herzlieb und wünscht mir einen guten Morgen.

Ein guter Morgen ist bald dahin.
Ich wünsch meinem Buhlen ein steten Sinn
Ein steten Sinn, darzu ein freies Gemüte.

Hätt ich ein Buhlen, als mancher hat,
Ich wollt ihm aufbinden sein gelbes Haar,
Sein gelbes Haar mit eitelbrauner Seiden.

Ich wollts ihm aufbinden in rotes Gold.
Ich bin meinem Buhlen von Herzen hold,
Von Herzen hold, ich könnt ihm nit holder werden.

Ich armes Käuzlein kleine

Unbekannter Dichter des 16. Jahrhunderts

Ich armes Käuzlein kleine,
Wo soll ich fliegen aus?
Bei der Nacht so gar alleine
Bringt mir gar manchen Graus.

Der Ast ist mir entwichen,
Darauf ich ruhen soll.
Die Läublein sein all verblichen,
Mein Herz ist Trauren voll.

Muß ich mich von Dir scheiden,
Herzlieb, ganz traurig bin.
Es geschah mir nie so leide.
Ade, ich fahr dahin.

Balthasar Paumgartner an Magdalene Behaim

3. November 1582 in Lucca.

Der ehrbaren und tugendreichen Jungfrauen Magdalena Behemin, meiner freundlichen herzallerliebsten vertrautesten Braut zu Händen in Nürnberg.

Ehrbare, tugendreiche, Dir sind meine getreue freund- und gutwillige Dienste und Größe jederzeit von mir voraus. Freundliche und herzallerliebste, vertraute Jungfrau Braut. Wiß mich nach langem Herumreiten, viel langweiliger betrübter gehabter Zeit mitsamt meinem Diener auf 19. oder wie man hier schreibt, 29. Oktober in der Früh, Gott gelobt, frisch und gesund hier ankommen sein. Daß ich Dir aber nicht, wie billig gesollt hätt, einmal geschrieben habe, ist allein, um Dich nicht zu betrüben, unterlassen worden, der ich Dir doch anders nichts dann nur Langweil und Betrübnis hätt schreiben können, stets war ich in Sorge, wegen Versperrung der Päß und Straßen, und der Sterbsläuft halber, ich müsse wieder weg unverrichtet, mit Gefahr, Spott und großen Unkosten, wie ich genug Müh und Arbeit gebraucht durchzukommen. Nun bin ich besser, denn ich mir fürgemalet hereinkommen, eben auch schon am Werk, hab auch gewißlich wenig zu feiren, nach meinem Geschäft werd ich auch nicht säumen, sondern aufs ehest zu Dir kommen. Ich hab mir das Scheiden, den letzten Abend ich von Dir ging, ja nicht so schwer fürgesetzt, als es mir hernach getan hat. Daß Du mir in Deinem oberen Stüblein also unter den Armen hinweg sankst, hab ich mir nimmermehr aus dem Sinn schlagen mögen, und sind seither ja wenig, wenig Stund hingangen, in welchen ich nicht an Dich gedacht hätt. Ich habe diesmal eine sehr langweilige und betrübliche Reise gehabt, dergleichen ja nicht mehr begehre, und bitte den lieben Gott Tag und Nacht anders nichts, dann daß er mich nach Wohlverrichtung aller Sachen mit Freuden glücklich wiederum zu Dir verhelfe, Dich und uns alle in frischer Gesundheit gnä-

Balthasar Paumgartner und Magdalene Behaim stammen aus wohlhabenden Kaufmannsfamilien, die hauptsächlich in den Reichsstädten Augsburg und Nürnberg ansässig waren.

dig erhalte. Daß ich ein Bräutigam, weiß hier die ganze Stadt; des Glückwünschens kein Ende. Ich nimm das überall und von allen zu Dank an, darauf getröster Hoffnung bin, daß nimmermehr bei uns manglen soll. Vergangenen Freitag als die erst Nacht ich allhie in unserm Haus geschlafen, hat mir stetig von Dir geträumt; verhoff nichts dann alles guts bedeuten soll.
Ich weiß Dir, freundliche, herzallerliebste, vertraute Braut Magdalene, für diesmal sonst ein mehrers nicht zu schreiben; bitt allein, wöllest mich zu Zeiten auch mit einem kleinen Brieflein besuchen und Deinen Zustand darinnen vermelden. Deinem Bruder Paulus und Schwestern als meinem geliebten Schwager und Schwägerinnen, desgleichen auch der Jungfrau Kathrin Imhoff meinen Gruß und gebührlichen Dienst vermelden. Und sei Du von mir auch zu viel hundertausend Mal freundlich und fleißig gegrüßt und dem lieben Gott in Gnaden befohlen.
Dieweil ich jetzt nun allhier bin, dünkt mich schon mehr als halbgewonnen hab, und ist mir das Herz bei weitem nicht mehr so schwer, als es mir auf der Reis' herein gewest ist, gänzlich getroster Hoffnung, ich woll all mein Tun und Vorhaben zu gutem glücklichen Ende bringen und einst mit Freuden wiederum zu Dir hinauskommen.

Dein getreuer herzlieber
Bräutigam
Balthasar Paumgartner der Jüngere.

Magdalene an Balthasar

25. Dezember 1582.

Ehrbarer, freundlicher, herzlieber und vertrauter Bräutigam. Dein Schreiben hab ich den 22. Dezember nach unserm Kalender mit Verlangen und herzlichen Freuden wohl empfangen und darin vernummen Dein Wohlaufsein mit den Deinen, welchs mir die größte Freud zu vernehmen ist von Dir. Und halt mir solchen Brief und Deine Gesundheit für ein recht Kindlein bescherets und sein mir diese Feiertag wohl desto freudenreicher gewesen. Freundlicher und herzallerliebster Bräutigam, dieweil nunmehr das alte Jahr vorüber ist und Dir solcher Brief im neuen zukommt, so wünsch ich Dir, Du mein herzallerliebster getreuer Bräutigam, von Gott dem Allmächtigen ein glückseliges neues und freudenreiches Jahr, alle Wohlfahrt, Heil und Segen zu allem, was Dir nutz und gut ist, zu Leib und Seel. Das wünsch ich Dir vom Grund meines Herzens. Amen. Und ich danke Dir, mein herzallerliebster Schatz für Deine teure Fürsorg, der Kälten halber. Und da ich Dir, mein liebster Bräutigam, nach diesem nicht mehr schreiben soll, wie ich vernummen hab, möcht ich herzlich gern wissen, wenn es Dir kein Beschwer ist, daß Du mich berichten willst, ob Du nach solch getaner Reis' gen Mantua wiederum gen Lucca oder ob Du alsbald heimkommen wirst. Verhoffe doch, wann ich Dir dieser Zeit nie mehr schreibe, Du möchtest bessere Gelegenheit haben, mich mit Deinem Schreiben zu besuchen. Und wo Du mir schreibst „wir wollen den Zorn zugleich miteinander auflassen gehn", weiß ich von keinem nit, nimms auch nicht anders als scherzweis auf. Gott laß uns auch nimmermehr ein Augenblick solchen versuchen unser Leben lang. Ich hab Dir halt aus Einfalt geschrieben, daß mich nach Deinem Brief so sehr verlanget hat und an das Sprichwort gedacht, wie man pflegt zu sagen: „Ich sterb wohl, ehe du zu mir kommst." Ich hoffe ja auch, wie Du schreibst, Gott werde uns zuvor auch wieder in unser Freudengärtlein zusammenkommen lassen und lang beieinander erhalten. Die Sterbsläuft haben sich Gottlob wieder gewendet, sobald die Kälte ist angangen. Jetzund schreibst Du mir auch, Du habst außer Deinem Geschäft ein gar langweilige Zeit. Glaub ich Dir ja wohl; ich nimms bei mir ab. Ich mag tun, was ich will; die Gedanken nach Dir feiern doch nit, mein allerliebster Schatz ... Und sei von mir, herzallerliebster Bräutigam, viel hunderttausendmal fleißig und freundlich gegrüßt und viel neuer und guter Jahr gewünscht. Und wollst mit meinem gar bösen, krummen Schreiben und kindischen für gut haben. Schick Dir hiermit wieder Blümlein aus unserem Gärtelein, deren ich nit vergiß, da ich ja drin schreib. Und bring Dir auch, herzlieber Schatz, den ersten Trunk, den ich heut tu am heiligen Christtag; tu mir zu Deiner Gelegenheit Bescheid darauf. Und sei damit Gott dem Allmächtigen befohlen.

Magdalena Beheim D.I.B.

Magdalene an ihren Gatten

Altdorf, 1. Juli 1584.

Ehrbarer, freundlicher und herzliebster Paumgartner, Dein Schreiben vom 20. Juni aus Lucca ist mir wohl zukommen zu Altdorf den Samstag vor Peter Paul, weil ich dies Fest hab sehen wolln, und bin gleich heut Mittwoch noch heraus, und hab von Herzen gern vernummen, daß Du Dich in das Bad begeben hast, welches Du nunmehr Deinem Schreiben nach längst wirst verricht haben. Der mächtige ewige Gott verleih sein Hilf und Segen, daß es Dir wohl gedeiht und zu Deiner Gesundheit gereichen möge! Amen! Herzallerliebster Schatz, ich hab nun gestern gesehen, wie man die Rektoren macht und wie das Fest vergangen ist. Hab

sein aber gar genug, so wohl als Du; will ein anders Jahr gern mit Dir daheim bleiben.
Weiß Dir, freundlicher, herzliebster Schatzer, auf diesmal zu Altdorf in der großen Stuben, da ich schreib, ein mehreres nit, denn daß sie Dich von Haus alle miteinander, auch Dein Vater und Mutter, fleißig grüßen, und sei Du, liebster herzeter Schatz von mir auch viel hunderttausend Mal in Dein liebes Herz gegrüßt und dem lieben Gott in Gnaden befohlen.

Magdalena Balthasar Paumgartnerin

Herzliebster Schatz, es zappelt jetzund je länger je mehr. Weiß nit, ist des Fahrens schuld gen Altdorf oder was es ist, daß es sich so unnütz macht in mir. Denk aber, Gott und die Zeit werd uns solches wohl sehen lassen. Erschrick oft recht, wenn es sich so regt. Herzeter Schatz, laß den Brief nit liegen vor jemand: schäm mich sunst!

Ohn dich muß ich mich aller Freuden maßen

Unbekannter Dichter des 16. Jahrhunderts

Ohn dich muß ich mich aller Freuden maßen.
Wo du nit bist, da mag mich nichts erfreuen,
Kommt alles her allein aus deinen Treuen.

Ja, wann ich dich gleich wollte gar verlassen
Und mich um Lieb in ander Weg bewerben,
So müßt ich doch vor Leid gewißlich sterben.

Dann mich dein' Schön' gefangen hat dermaßen,
Daß ich dein nit würd können so vergessen.
So hart hast mir, Jungfrau, mein Herz besessen.

Weil ichs dann mein in Ehren und in Züchten,
So hoff ich noch und fürchte mich mitnichten.
Gott wird es selbst zu keiner Zeit wohl richten.

Weiß ich ein schönes Röselein

Volkslied um 1573

Weiß ich ein schönes Röselein,
Das blühet recht mit Prangen.
O Blümelein,
Sollt' es nicht Gottes Wille sein,
Daß ich dich könnt erlangen?

Es blüht so fein, es blüht so licht
Auf weiter, breiter Heide;
Kein Schön're nicht
Erschauet wo mein Angesicht,
Gibt mir ein größer Freude.

Du Blümlein zart, du Blümlein fein,
Bald kommt der Winter kalte;
Kehr zu mir ein;
In meines Herzen Sonnenschein,
Ich deiner sorglich walte!

Und wann das Abendsternlein winkt
Werd zu dir wiederkommen.
Die Sonne sinkt,
Das gülden Abendsternlein blinkt,
Das soll mir trefflich frommen.

Mein jung frisch Herz ist mir verwundt

Volkslied um 1586

Mein jung frisch Herz ist mir verwundt
Von einer schönen Frauen.
Ihr Wänglein rot, ihr zarter Mund,
Die wie ein Ros zu schauen,
Die haben mir mein Herz bestrickt,
All' meinen Sinn gefangen;
Fürwahr mir wär das Höchst geglückt,
Könnt sie in Lieb umfangen!

„Wollt nur, ihr Eheherr wär tot,
Der Alt' von sieb'nzig Jahren;
Mir wär ein leuchtend Morgenrot
Recht in mein Herz gefahren.
Schaut sie auf mich und ihren Herrn,
Der ihr doch nichts mag taugen,
Hätt' sie getauschet gar wohl gern,
So glanzen ihre Augen."

Und als die dunkle Nacht anbrach,
Der Tag Valet tät sagen,
Der Knabe zu dem Wächter sprach:
„O Wächter, laß dir sagen,
Laß mich ein weillang einigehn,
Ich will dir's wohl vergüten;
Soll dir und mir kein Leid geschehn,
Dein Zünglein nur dörfst hüten."

„Kann tun nach deinem Willen wohl,
Sorg nur, es werd lautmäre,
Daß mir's mein Leib bezahlen soll;

's gilt meiner Frauen Ehre" –
Der Wächter zu dem Knaben sprach –
Ließ ihn fürsichtig eine.
„O Wächter, schau gar fleißig nach,
Wann her der Tag will scheinen!"

Der Wächter führt ein falschen Sinn,
Verschlich alsbald zum Alten:
„Ei Herr, bei eurer Frauen drin
Möcht sich ein Knab verhalten!
Ich ließ ihn ein, daß man ihn hat;
Der Fang der wird sich machen,
So ihr nicht kommet gar zu spat –
Ich hielt gar trefflich Wache."

Es gab ein Gehn und Reden drin,
Die Fraue tät's vernehmen;
Sie kehrt sich zu dem Knaben hin:
„O weh, es geht ans Leben!"
Sie schob ihn eilends in ein' Truh',
Legt wiedrum sich ins Bette,
Stellt sich, als ob sie schlaf in Ruh,
Und nichts vernommen hätte.

Der Alte trat ins Kämmerlein,
Der Riegel der stund offen;
Er sah die Frau im Schlaf allein,
Hat niemand da betroffen.
Der falsche Wächter wurd verzagt,
Weil nichts allda gefunden,
Furcht, daß er fälschlich hab verklagt,
Sein Mut war ihm entschwunden.

„Willt du so üben fälschlich Spiel,
Greifst mir an ihre Ehre,
Setz' ich der bösen Zung ein Ziel,
Hab das für dein Vermären!"
Er zog hervor sein glitzernd Schwert,
Und stach's dem Wächter falsche,
Da er zum Fliehn hinweg sich kehrt,
Recht mitten in den Halse.

Die Frau tat, als ob sie erwacht
Erstlich vom harten Schlafe,
Schrie Morde, daß man mit Verdacht
Also ihr' Treue strafe.
Es wurd ein groß Gelärm und Schrei'n,
Bis zu der Tagesröte;
Die Frau konnt nicht allein mehr sein,
Das gab ihr große Nöte.

Doch als gelegt sich der Rumor,
Sie wiederum alleine,
Sprung sie zur Truhen alsbald vor,
Da kam ihr großes Weinen:
Der Knabe war da kalt und bleich,
Still in der Truh gelegen,
Erstickt darin, und eine Leich,
Kein Fingerlein tät regen.

„Ach großer Gott, welch Angst und Not! –
Herzlieber, lieber Knabe, –
Ist mir gebracht durch deinen Tod,
Wo bring ich dich zu Grabe?
Mein Herz ist als ein Eis erstarrt,
Weiß nicht was soll beginnen;
Dein Tod ist mir gedoppelt hart,
Verwirret alle Sinnen."

Die arge Zofe hat's gehört,
Lief eilends hin zum Alten,
Der sich in großem Zorn herkehrt,
Ein streng Gericht zu halten.
Die Frau allbald gestunde ein,
Was sie Unrecht begangen;
Da büßet sie im Klösterlein
Des jungen Knab Umfangen.

eini – hinein
lautmäre – offenkundig
Vermären – ausplaudern
ersteckt – erstickt

Es ist ein Schnee gefallen

Unbekannter Dichter des 16. Jahrhunderts

Es ist ein Schnee gefallen,
Und ist es doch nit Zeit,
Man wirft mich mit den Ballen,
Der Weg ist mir verschneit.

Mein Haus hat keinen Giebel,
Es ist mir worden alt,
Zerbrochen sind die Riegel,
Mein Stüblein ist mir kalt.

Ach Lieb, laß dich's erbarmen,
Daß ich so elend bin,
Und schließ mich in dein Arme!
So fährt der Winter hin.

Nun bin ich einmal frei von Liebesbanden

Unbekannter Dichter des 16. Jahrhunderts

Nun bin ich einmal frei von Liebesbanden
Und tu jetzund allein nach Kurzweil ringen,
Des mag ich wohl mit Lust ein Liedlein singen.

Kein Trauern ist bei mir nicht mehr vorhanden,
Für Freuden tut mir oft mein Herz aufspringen,
Des mag ich wohl mit Lust ein Liedlein singen.

In Lieb hab ich der Gfahr so viel erstanden,
Drein ich hinfür nicht mehr werd sein zu bringen,
Des mag ich wohl mit Lust ein Liedlein singen.

Drum alle, die ihr seid mit Lieb umgeben,
Zu wenden wiederum befleißt euch eben,
So lieb euch immer ist eur Leib und Leben.

Ursula Freher, des Stadtsyndikus von Nürnberg Tochter, an den Junker Glauburg in Frankfurt

10. Oktober 1598.

... Die Armbänder habe ich empfangen. Tu mich, herzliebster Junker, zum höchsten bedanken! Sie sind gar zu schön an meine schwarzen Hände, sie gefallen mir aber doch wohl.

Was die Kleidung anlangt, so ist sicher, daß der Herr Vater gern eine Tochter wie die andere damit halten wollte; dieweil es aber diesmal nit sein kann, so hat er eingewilligt, ein Übriges zu tun. Ich habe ganz fertig drei taffetne Kleider, das leibfarbene, ein goldgelbes, ein schwarzes. Jetzt haben wir den Schneider im Haus, der macht eins von veilchenfarbenem Damast und noch eins, womit ich zur Kirche gehen soll, und das

Ursula Freher war die Tochter des Stadtsyndikus von Nürnberg und wegen ihrer Schönheit viel gefeiert. Ihr Bräutigam stammte aus einer reichen Frankfurter Patrizierfamilie.

soll sein von rotem Atlas oder von schwarzem Damast. Jetzt bitte ich, Ihr wollet mich wissen lassen, zu welchem Ihr am besten Lust habt.
Herzlieber und vertrauter Junker! Ich darf mich nit unterstehn den Herrn Vater weiter zu treiben, um deswillen, weil keiner von meinen Schwestern soviel und so stattliches gemacht worden ist. Dieweil Ihr mich aber so hoch ermahnt, so muß ich gleich so unverständig sein und den Junker um etwas ansprechen und zuvor freundlich bitten, Ihr wollet mir solches ohne Arg aufnehmen, da ich es auf Euer Geheiß und freundliches Begehren tue, und ist das die Bitte: Herzlieber Junker, Ihr wollet mir etwas zu einem Rock schicken, was Euch beliebt, sei es nun leibfarben oder silberfarben, damit ich mich um so öfters anders kleiden könnte . . .
Schicke Euch hier nach Eurem Begehren ein Maß meiner schönen Länge, wir haben nichts zugegeben, sondern wie das Mensch ist, so ist auch das Maß. Hoffe man soll mich, wills Gott, bald sehen so lang und schön als ich bin . . .

Eure getreue im Herzen
so lange ich lebe.
Ursula Freherin

Ich hört ein Sichlein rauschen

Unbekannter Dichter des 16. Jahrhunderts

Werlins Hdschr. 1646.
Mel.: „Die Amsel dicht zu morgen." Altd. Ldb. S. 270 (mit falschem Schlüssel).

Ich hört ein Sichlein rauschen,
Wohl rauschen durch das Korn,
Ich hört ein feine Magd klagen
Sie hätt ihr Lieb verlorn.

„Laß rauschen, Lieb, laß rauschen,
Ich acht nit, wie es geh,
Ich hab mir einen Buhlen erworben
In Veiel und grünem Klee."

„Hast du ein Buhlen erworben
In Veiel und grünem Klee,
So steh ich hier alleine,
Tut meinem Herzen weh."

Wie schön blüht uns der Maien

Unbekannter Dichter des 16. Jahrhunderts

Wie schön blüht uns der Maien,
Der Sommer fährt dahin,
Mir ist ein schön Jungfräuelein
Gefallen in meinen Sinn.
Bei ihr da wär mir wohl,
Wann ich nur an sie denke,
Mein Herz ist freudenvoll.

Wenn ich des Nachts lieg schlafen,
Mein Feinslieb kommt mir für,
Wenn ich alsdann erwache,
Bei mir ich niemand spür;
Bringt meinem Herzen Pein,
Wollt Gott, ich sollt ihr dienen.
Wie möcht mir baß gesein.

Bei ihr, da wär ich gerne,
Bei ihr, da wär mirs wohl;
Sie ist mein Morgensterne,

Strahlt mir ins Herz so voll.
Sie hat ein roten Mund,
Sollt ich sie darauf küssen,
Mein Herz würd mir gesund.

Ich werf mit Rosenblättern
In Liebchens Fenster ein:
„Ei, schlafe oder wache,
Ich möchte bei Dir sein!“
Das Fensterlein steht auf
Wie bei dem Vogelsteller,
Ich wag mich nicht hinauf.

Wollt Gott, ich fänd im Garten
Drei Rosen auf einem Zweig,
Ich wollte auf sie warten,
Ein Zeichen wärs mir gleich;
Das Morgenrot ist weit,
Es streut schon seine Rosen,
Adie, meine schöne Maid.

Es geht eine dunkle Wolk herein

Volkslied

Es geht eine dunkle Wolk herein,
Mich deucht, es werd ein Regen sein,
Ein Regen aus den Wolken,
Wohl in das grüne Gras.

Und kommst du, liebe Sonne, nicht bald,
So weset all’s im grünen Wald,
Und all die müden Blumen,
Die haben müden Tod.

Es geht eine dunkle Wolk herein,
Es soll und muß geschieden sein,
Ade, Feinslieb, dein Scheiden
Macht mir das Herze schwer.

Sah ich im Abendreihen

Volkslied

Sah ich im Abendreihen
Ein Mägdlein jung und zart,
Die konnt' mein Herz erfreuen,
So fein war sie von Art.
Sie ist so schmuck und drate,
So überaus an Zier;
Stünd' es in Gottes Rate,
Würd' sie zu eigen mir.

Gar freundlich mocht' sie blicken
Mit ihren Äugelein,
Durft' ihr zart Händlein drücken,
Wend't nichts darwider ein.
Es schwungen und es sungen
Die andern allesamt,
Hat mich die Lieb bezwungen,
Hätt' still gern drin gekramt.

Da kam zum Schluß der Reihen,
Ging alles heimgewendt;
Es wollt' mich wenig freuen,
Daß er so bald zu End'.
Sie reicht' ihr Händlein here,
Sprung eilend in ihr Haus,
Da mußt' ich machen kehre,
Für heut das Spiel war aus.

Du feines Mägdlein zarte,
Du lieblichs Röselein,
Dein'r morgen wieder warte,
Kommst her zum Abendreihn,
Heio, der Mai ist kommen,
Hat mir ein Lieb gebracht
Mit Geigenspiel und Trommen –
Ade, zu guter Nacht! –

Das Mühlrad

Volkslied

Dort hoch auf jenem Berge
Da geht ein Mühlenrad,
Das mahlet nichts denn Liebe
Die Nacht bis an den Tag.

Die Mühle ist zerbrochen,
Die Liebe hat ein End:
So gsegn dich Gott, mein feines Lieb!
Jetzt fahr ich ins Elend.

Küß

Georg Rudolf Weckherlin (1584–1653)

Einig süßes Mündelein,
Röter dann ein Röselein,
Das die Sonn durch ihr Ansehen macht aufgehen!
Lefzen, übertreffend weit
Den Tau, so die Erden netzet
Und mit Fruchtbarkeit ergötzet
In der süßen Frühlingszeit!

Mein liebreiches Schätzelein,
Gib mir so viel Schmätzelein,
So viel du gibst meinem Herzen Pein und Schmerzen,
So viel Pfeil der fliegend Gott
Wider mein Herz abgeschossen,
So viel ich leid unverdrossen
Jammer, Trübsal, Angst und Spott!

So viel man wohl Körnlein Sands
Am Ufer des Mohrenlands,
So viel Gras in dem Feld stehen man kann sehen!

So viel Tropfen in dem Meer,
So viel Fisch die Wasser bringen,
Vögel durch den Luft sich schwingen
Und so viel der Herbst Weinbeer!

So viel schöne Lieblichkeit,
Schmollende Holdseligkeit,
So viel Höflichkeit und Lachen lieblich machen
Deinen teuren Purpurmund!
Wie viel Rosen deine Wangen,
Wie viel Lilgen machen prangen
Deinen Busen steif und rund!

So oft küß mich, Nymphelein,
So oft schmätz mich, Schimpfelein!
Laß uns miteinander scherzen und uns herzen,
Bis ich sag, „mein Fried, mein Freud,
Ich kann nicht mehr, laß mich gehen!“,
So sollst du ein Weil abstehen,
Daß ich seufzend halb verscheid.

Darnach küß mich wiederum,
Daß noch größer werd die Summ!
Stüpf mich auch mit deiner Zungen ungezwungen,
Die so süß als Honig ist!
Also laß uns Kurzweil führen,
Damit wir ja nicht verlieren
Der Jugend einige Frist.

Laß uns nach der Lieb Willkur
Wandeln auf der Jugend Spur,
Bis das Alter, krumm gebogen, komm gezogen,
Mit Kält, Zittern, Furcht und Graus,
Welches mit sich auf dem Rucken
Viel Leids bringet, uns zu drucken,
Bis es uns macht den Garaus!

An die Marina
Ein Rundumb

Georg Rudolf Weckherlin (1584–1653)

Ihr wisset, was für schwere Klagen,
Für große Schmerzen, Sorg und Plagen
Mich eure Schönheit zart und rein,
Und eurer braunen Augen Schein
Schon lange Zeit hat machen tragen.
Was sollt ich euch dann weiters sagen,
Weil uns die Lieb zugleich geschlagen,
Dann das uns jetzt kann füglich sein

Ihr wisset was.
Derhalben länger nicht zu zagen,
So wollet mir nun nicht versagen
Viel tausend Küß für tausend Pein;
Und weil wir beed jetzund allein,
So lasset uns auch vollends wagen
Ihr wisset was.

O Sternen Äugelein

Johann Hermann Schein (1567–1643)

O Sternen Äugelein!
O Seiden Härelein!
O Rosen Wängelein!
Korallen Lippelein!
O Perlen Zähnelein!
O Honig Züngelein!
O Perlemutter Öhrelein!
O Elfenbeinen Hälselein!
O Pomeranzen Brüstelein!
Bisher an euch ist alles fein:
Aber o du steinern Herzelein!
Wie daß du tötst das Leben mein?

O grüne Wälderlein!
O Myrten Sträuchelein!
O kühle Brünnelein!
Kristallen Bächelein!
O grüne Wieselein!
O schöne Blümelein!
O Felsenkluft, o Berg und Tal,
O Echo, treuer Widerschall!
O Pan, o Schäfer und Schäferin!
Seht doch wie ich so elend bin!
Der grimmig Tod mich greifet an,
Ach helfet, wer da helfen kann!

O wahre Lieb und Treu!
O falsche Heuchelei!
O Hoffnung, Sicherheit!
O Furcht, Schwermütigkeit!
O süße Lust und Freud!
O Angst und Herzeleid!
O Musik, edler Freuden Schall!
O Seufzen, Heulen, Herzensknall!
O Leben lieb, o bitter Tod!
Ach wechselt umb, es ist die Not!
Wie könnet ihr doch alle sehn
Ein liebend Herz zu Trümmern gehn?

Lied

Julius Wilhelm Zinkgref (1591–1635)

Laßt fahren eur Verlangen,
Die ihr ausforschen wollt,
Ob ich von ihr gefangen
Und sie mir seie hold.

Je mehr mein Flamme brennet,
Je minder ist der Schein,
Je minder sie bekennet,
Je größer ist die Pein.

Sie gleicht dem Donnerstrahle,
Der innerhalb verzehrt,
Auswendig überale
Nicht das geringst versehrt.

Sie hat mich nur im Herzen
So inniglich entzündt,
Also, daß auch kein Schmerzen
Der übrig Leib empfindt.

Ja wenn mein Herz gedächte,
Daß irgend dieser Lieb
Geheimnis man ausbrächte,
Uns beiden zu Betrüb,

Es würde sich verhehlen
Selbst den Gedanken mein,
Auch meinem Mund befehlen,
Hinfort gar stumm zu sein.

Wie könnt mir dann gedeihen,
Glückseliger zu sein?
Was könnt mir mehr verleihen
Zu mindern meine Pein?

Als in der Still zu mehren
Die süße Liebesbrunst
Und so mich zu verehren
Der Allerliebsten Gunst,

Mich insgeheim beschließen
Bei dieser argen Zeit
Und in mir selbst genießen
Meiner Glückseligkeit,

So, Schatz, so werd ich sehen,
Bei dem Verstande dein
Dich mich vielmehr verstehen
Als bei den Worten mein,

So, Schatz, so red mein Herze
Durch eine neue Sprach,
Erzählend seinen Schmerze
Durch ein stillschweigend Klag.

Es deut was es begehret
Und zeiget was es sei
Und will von euch gewähret
Sein einer gleichen Treu.

Nun sagt, tut der nit flehen,
Tut der nit bitten sehr,
Der seine Lieb läßt sehen
Und sonst nichts saget mehr?

Ihr Herz ist gefroren

Georg Rudolf Weckherlin (1584–1653)

Gleich wie ein armer Mensch aus irdischem Verstand
Vermeinet, horchend zu des Aberglaubens Lehren,
Ein schöngemaltes Bild als seines Geists Heiland
Mit Bitten, Opfern, Lob und anderm Dienst zu ehren:

Also und mehr fehl ich – witzlos – durch mein Begehren,
Wann ich für euch erhöb mein Herz, Gesicht und Hand,
Wann ich mich darf ob euch beklagen und beschweren,
Da schuldig doch allein mein eigner Unverstand.

Ja, Göttin, deren Gnad mich könnt allein erlaben,
Euch klag ich an umbsunst, umbsunst hoff ich den Lust,
Daß euer Herz mit Lieb werd meine Lieb begaben.

Dann sollt ich, als ich sah eurer schneeweißen Brust
Bezaubernde Bühl, nicht – klüger – gedacht haben,
Daß unter solchem Schnee ein Herz von Eis sein mußt?

Zwei Wasser

Volkslied aus dem 16. Jahrhundert

„Ach Elslein, liebes Elselein,
Wie gern wär ich bei dir!
So sein zwei tiefe Wasser
Wohl zwischen dir und mir."

„Das bringt mir große Schmerzen,
Herzallerliebster Gsell;
Red ich von ganzem Herzen,
Hab's für groß Ungefäll!"

„Hoff, Zeit werd es wohl enden,
Hoff, Glück werd kummen drein,
Sich in alls Guts verwenden,
Herzliebstes Elselein!"

Willst du dein Herz mir schenken

Unbekannter Dichter des 17. Jahrhunderts

Willst du dein Herz mir schenken, so fang es heimlich an,
Daß unser beider Denken niemand erraten kann.
Die Liebe muß bei beiden allzeit verschwiegen sein,
Drum schließ die größten Freuden in deinem Herzen ein.

Behutsam sei und schweige und traue keiner Wand,
Lieb innerlich und zeige dich außen unbekannt.
Kein Argwohn mußt du geben, Verstellung nötig ist,
genug, daß du, mein Leben, der Treu versichert bist.

Begehre keine Blicke von meiner Liebe nicht.
Der Neid hat viele Tücke auf unsern Bund gericht.
Du mußt die Brust verschließen, halt deine Neigung ein,
Die Lust, die wir genießen, muß ein Geheimnis sein.

Zu frei sein, sich ergehen, hat oft Gefahr gebracht.
Man muß sich wohl verstehen, weil ein falsch Auge wacht.
Du mußt den Spruch bedenken, den ich vorher getan:
Willst du dein Herz mir schenken, so fang es heimlich an.

E.A. v. A. GABER H. MANGER. SCULPS.

Es ist fürwahr ein harte Plag

Volkslied des 17. Jahrhunderts

Es ist fürwahr ein harte Plag,
Wenn man sein Lieb durch so viel Tag
Nit einmal kann erschauen!
Es schleichet Stund für Stund dahin,
Und kommt kein Freud mehr in den Sinn,
Solch Speis hat schwer Verdauen.

Es ist des Übels schon zuviel;
Der Teufel hat ein Widerspiel,

Tratzt jede Freudenstunde.
Braucht's dann die schöne Liebeszeit,
Daß er ihr schafft noch so viel Leid,
Durch böser Kläffer Munde?

Ach Gott wehr doch der argen Rott,
Mach ihr Anschläg zu rechtem Spott,
Und wehr den bösen Zungen!
Mit ihren Dornen scharf und spitz,
Da geben sie mir manchen Ritz,
Und haben mich verdrungen.

Ach Liebste, laß uns eilen

Martin Opitz (1597–1639)

Ach Liebste, laß uns eilen,
Wir haben Zeit:
Es schadet das Verweilen
Uns beiderseit.

Der edlen Schönheit Gaben
Fliehn Fuß für Fuß,
Daß alles, was wir haben,
Verschwinden muß.

Der Wangen Zier verbleichet,
Das Haar wird greis,
Der Augen Feur weichet,
Die Brunst wird Eis.

Das Mündlein von Korallen
Wird ungestalt,
Die Händ wie Schnee verfallen
Und du wirst alt.

Drumb laß uns jetzt genießen
Der Jugend Frucht,
Eh als wir folgen müssen
Der Jahre Flucht.

Wo du dich selber liebest,
So liebe mich,
Gib mir, daß, wann du gibest,
Verlier auch ich.

Als er von seiner Liebsten reisen mußte

Johann Christoph Göring

Ihre Lippen, Wangen, Mund
Schönste, soll ich auch jetzund,
Leider, endlich meiden;
Weil ich reisen muß von ihr:
Aber dieser edlen Zier
Wiedersehn macht Freuden.

Hochzeitslied

Simon Dach (1605–1659)

In seiner Liebsten Armen
Entschlafen und erwarmen,
Ist, was in dieser Zeit
Uns einig noch erfreut,
Wann Gnüge, Scherz und Lachen
Umb unser Bett her wachen
Und man kein Licht erkennt,
Ohn was im Herzen brennt.

Kein Ungemach und Leiden
Entsteht da zwischen beiden,
Ohn was die Lieb erregt,
Die stark zum Feuer legt.
Sie bringt durch tausend Flammen
All ihre Kraft zusammen,
Sucht Reizung im Verdruß,
Im Mangel Überfluß.

So ruht es sich ohn Sorgen,
Bis umb den lichten Morgen
Der helle Tagesschein
Zum Fenster bricht herein.
Der sieht uns im Begnügen
Umarmt zusammen liegen,
Wir blasen Lieb und Ruh
Im Schlaf einander zu.

Wer ihm hat vorgenommen,
Der Heirat zu entkommen,
Der siehet würdig nicht
Der Sonnen guldnes Licht,
Sonst ist ja dieses Leben
Mit Sorg und Qual umbgeben,
Wenn Heirat auch entfällt,
Was soll uns diese Welt?

Nein, laßt uns, weil wir können,
Der keuschen Lieb uns gönnen,
Durch die wir sämtlich sind.
Laßt Venus und ihr Kind,
Eh als wir müssen alten,
In unsern Herzen walten.
Sprecht, wie ein jedes kann,
Im Tanz einander an!

An seine Freundin

Martin Opitz (1597–1639)

Gleich wie der Morgenstern dem Menschen gibt das Licht,
So scheinet mich auch an dein klares Angesicht;
Gleich wie zu Mittagszeit man Sonnenhitz empfindet,
So brennet mein Gemüt in Liebesbrunst entzündet;
Gleich wie die kühle Nacht vertreibt der Hitze Not,
So wird mein brennend Herz nichts löschen als der Tod.

Angst und Hohn der Liebe Lohn

Daniel von Czepko (1605–1660)

Nimm die Rose von den Dörnern,
Zeige dann den Frühling an:
Nimm die Ähren mit den Körnern,
Sage, was der Sommer kann.
Nimm der Trauben süßen Preis,
Sprich darauf, der Herbst ist kommen:
Nimm das Schmelzglas von dem Eis,
Auch der Winter wird genommen.
Nimm der Liebe Qual und Pein,
Liebe wird nicht Liebe sein.

Was ist die Liebe

Ernst Christoph Homburg (1605–1681)

Ein Feuer sonder Feur, ein lebendiger Tod,
Ein Zorn, doch ohne Gall, ein angenehme Not,
Ein Klagen außer Angst, ein überwundner Sieg,
Ein unbeherzter Mut, ein freudenvoller Krieg;

Ein federleichtes Joch, ein nimmerkrankes Leid,
Ein zweifelhafter Trost und süße Bitterkeit,
Ein unverhofftes Gift und kluge Narretei,
Ja, kürzlich: Lieben ist nur bloße Phantasei.

An einen Ring

Paul Fleming (1609–1640)

So reise denn auch du, du freundlicher Smaragd,
Zu meiner Freundin hin und lasse dir behagen,
Daß eine solche Hand dich förderhin soll tragen,
Die auch, wie keusch du bist, dich doch noch keuscher macht.

Sei um sie, wenn sie schläft, sei um sie, wenn sie wacht.
Oft wird sie dich von mir und meiner Liebe fragen.
Halt andrer Steine Brauch, die nichts nicht wiedersagen;
Schweig, was du siehst und hörst und nimm dich selbst in acht.

Geschicht es etwan denn, daß sie dir in Gedanken
Ein feuchtes Küßlein reicht, so heb es auf für mich
Bis morgen gegen Nacht. Und wollten etwan sich

Die Lüfte, die es sehn, hierüber mit dir zanken
Und mir es bringen eh, als ich mich stellet ein,
So send es mir durch sie und laß es heimlich sein.

Das Fieberliedlein

Martin Opitz (1597–1639)

Nächst, als zugleiche lagen
Zwei Lieb in Fiebers Schmerz,
Sprach er: ich bin zu tragen
Für dich, bereit, mein Herz,
Für dich bin ich bereit, zu leiden,
Und soll sich meine Seele scheiden.

Er lag in heißer Flammen,
Die Sprache ließ schon nach,
Die Hitze kam zusammen,
Der Puls schlug sehr gemach;
Empfund doch mitten in dem Leiden,
Weil er bei ihr war, Lust und Freuden.

Sie schlug die Augen nieder,
Als er fiel in den Tod,
Er wandte hin und wieder
Sein Haupt in letzter Not,
Sein Herz wurd matt, die Adern sprungen,
Der Geist würd auszufahrn gezwungen.

Sie sprach: mein Lieb, mein Leben,
Ich schwimme wegen dein,
Und ich, er sagt, muß geben
Für dich mein Seelelein.
So ist er in der Schoß gestorben,
Die er so treulich hat erworben.

Einer Jungfrauen Grabüberschrift

Martin Opitz (1597–1639)

Du wurdest auf Befehl der Venus umgebracht,
Weil deine Zierlichkeit sie schamrot hat gemacht.

Liebesqual

Paul Fleming (1609–1640)

Ist dieses nun das süße Wesen,
Nach dem mich so verlanget hat?
Ist dieses der gesunde Rat,

Ohn den ich konnte nicht genesen,
Und ist dies meiner Wehmut Frucht,
Die ich so emsig aufgesucht?

Wie unverwirrt ist doch ein Herze,
Das nicht mehr als sich selbst nur kennt,
Von keiner fremden Flamme brennt,
Selbst seine Lust ist, selbst sein Schmerze.
Seit daß ich nicht mehr meine bin,
So ist mein ganzes Glücke hin.

Ich schlaf, ich träume bei dem Wachen,
Ich ruh und habe keine Ruh.
Ich tu und weiß nicht, was ich tu;
Ich weine mitten in dem Lachen.
Ich denk, ich mache dies und das;
Ich schweig, ich red und weiß nicht was.

Die Sonne scheint für mich nicht helle,
Mich kühlt die Glut, mich brennt das Eis.
Ich weiß und weiß nicht, was ich weiß,
Die Nacht tritt an des Tages Stelle.
Itzt bin ich dort, itzt da, itzt hier.
Ich folg und fliehe selbst vor mir.

Wie wird mir's doch noch endlich gehen?
Ich wohne nunmehr nicht in mir.
Mein Schein nur ist es, den ihr hier
In meinem Bilde sehet stehen.
Ich bin nun nicht mehr selber ich.
Ach Liebe, wozu bringst du mich!

Isabella Herzogin von Wallenstein an ihren Gemahl

10. August 1624.

Hochgeborner Fürst! Mein allerliebster Herr!
Mit größter Vergnügung hab ich sein mir liebes Briefel empfangen und mit tausend Freuden daraus gehört, daß es sich gottlob wieder gebessert hat mit Ihm. Unser Herr wolle Ihn in Gesundheit und allem Glück auf ewig erhalten! Ich höre wohl gar gern, daß Er wieder fort kann, denn ich hab gar nicht gezweifelt, daß Ihm sein Weil erschrecklich lang dort sein würde. Hätte es sein können, als wie ich mir's in meinem Herzen gewünscht, so war ich wohl bei Ihm gewesen. Ich bitte Ihn aber, seine Geschäfte zu Wien zu befördern, damit Er bald wieder zu mir kommen kann, wie ich Ihm gewiß versichere, daß ich in der Welt nichts Höheres verlange, als Ihn zu sehen und anwesend in seiner Lieb' und Gedächtnis zu bleiben.

Albrecht Wenzel Eusebius von Wallenstein, Herzog von Friedland, heiratete die Gräfin Isabella von Harrach im Jahre 1622 in zweiter Ehe.

Ein getreues Herze wissen

Paul Fleming (1609–1640)

Ein getreues Herze wissen
Hat des höchsten Schatzes Preis.
Der ist selig zu begrüßen,
Der ein treues Herze weiß.
Mir ist wohl bei höchstem Schmerze,
Denn ich weiß ein treues Herze.

Läuft das Glücke gleich zuzeiten
Anders, als man will und meint,
Ein getreues Herz hilft streiten
Wider alles, was ist feind.
Mir ist wohl bei höchstem Schmerze,
Denn ich weiß ein treues Herze.

Sein Vergnügen steht alleine
In des andern Redlichkeit,
Hält des andern Not für seine,
Weicht nicht auch bei böser Zeit.
Mir ist wohl bei höchstem Schmerze,
Denn ich weiß ein treues Herze.

Gunst, die kehrt sich nach dem Glücke,
Geld und Reichtum, das zerstäubt,
Schönheit läßt uns bald zurücke:
Ein getreues Herze bleibt.
Mir ist wohl bei höchstem Schmerze,
Denn ich weiß ein treues Herze.

Eins ist: da sein und geschieden.
Ein getreues Herze hält,
Gibt sich allezeit zufrieden,
Steht auf, wenn es niederfällt.
Ich bin froh bei höchstem Schmerze,
Denn ich weiß ein treues Herze.

Nichts ist süßer als zwei Treue,
Wenn sie eines worden sein.
Dies ist's, des ich mich erfreue,
Und sie gibt ihr Ja auch drein.
Mir ist wohl bei höchstem Schmerze,
Denn ich weiß ein treues Herze.

An eine abwesende Buhlschaft

Andreas Tscherning (1611–1659)

Ein ander möchte pflügen
Sein Feld mit tausend Zügen,
Besitzen Geld und Gut.
Ich wollte es gern leiden,
Wann ich nicht dürfte meiden
Nur dich, o treues Blut.

Nichts kann von allen Ecken
Mir Armen Lust erwecken,
Wann ich nicht bei dir bin.
Du hast zu unerhöret
Das Herze mir versehret,
Bezaubert meinen Sinn.

Wie lange soll ich klagen,
Mich gar zu Grabe tragen?
Es frißt mir Mark und Bein,
Wie ich vorhin geschrieben,
Daß wir einander lieben,
Und nicht beisammen sein.

O Fraue zart und feine

Volkslied des 17. Jahrhunderts

O Fraue zart und feine,
Gleich Perlein und Demant,
Von Eurer Augen Scheine
Ist mir mein Herz entbrannt!
Ihr seid mein's Lebens Freud und edle Zier;
Ihr Schöne, Tugendreine,
Geht selbst Frau Venus für.

Mein jungfrisch Herz unmaßen
Eur' lichte Schön' erfreut;
Könnt nimmer davon lassen,
Wär mir ein tödlich Leid.
In aller Ehr und ritterlicher Treu
Dien ich euch übermaßen,
Bis mich der Tod abscheid't.

Wollt Gott, es brenn imgleichen
Eur' Herz zu mir also,
In allen Erdenreichen
Wär keiner je so froh!
So reicht zum Gruß eur' zartes Händelein,
Führt mich, laßt euch erweichen,
In's Paradeise ein!

An eine Jungfrau, die einen Alten heiratet

Andreas Tscherning (1611–1659)

Wo sind doch deine Sinnen?
Kannst du ein graues Haar,
O Jungfrau, liebgewinnen?
Nimm deiner besser wahr.

Ein Haus, das erst erbauet,
Sieht einer lieber an
Als das vor Alter grauet
Und kaum noch stehen kann.

Will schon ein Widder alten
Und von der Herde ziehn,
Man wird dann höher halten
Sein Fell als selber ihn.

Ein Holz, das schon will fäulen
Taugt auf die Feuerstatt,
Ein Hund kann nichts als heulen,
Der Zeiten auf sich hat.

Du siehest, wie das Eisen
Vor Alter rosten muß:
So auch wann Männer greisen
Verschrumpfet Hand und Fuß.

Wann alte Männer scherzen
Und stellen Buhlschaft an,
So lacht der Tod im Herzen,
Weiß, daß es sei getan.

Bei Alten ist nur Raten,
Ist hoher Worte Pracht.
Bei Jungen ist zu Taten
Und Lieben frische Macht.

Machs wie du willst

Unbekannter Dichter des 17. Jahrhunderts

Ach Fräulein zart, du bist mein Herz und Leben,
Niemand nach Gott, als du, kann Hilf mir geben;
Warum trachtst du denn nur, mich zu betrüben?
Machs wie du willst, so will ich stets dich lieben.

Dein schön Gestalt hat mir mein Herz umfangen,
Nach dir allein hab ich all mein Verlangen;
Warum trachtst du denn nur, mich zu betrüben?
Machs wie du willst, so will ich stets dich lieben.

Du Beherrscher unsrer Sinnen

Unbekannter Dichter des 17. Jahrhunderts

Du Beherrscher unsrer Sinnen,
O du kleiner Liebesgott,
Wer wird deine Macht nicht innen?
Und wen bringst du nicht in Not,
Mit dem Pfeil, damit du oft
Uns verletzest unverhofft?

Jupiter, samt seinen Pletzen,
Samt der starken Donnersmacht,
Weicht dir kleinem Bogenschützen,
Du hast ihn dahin gebracht,
Daß er muß aus Liebespein
In ein'n Schwan verwandelt sein.

Alle Götter und Göttinnen,
Alle Wassernymphen Heer,
Die gelehrten Pierinnen,
Himmel, Hölle, Erd und Meer
Und was man nur finden kann,
Ist dir, Amor, untertan.

Unter diesen aber allen
Muß am meisten, sonderlich,
Venus dir zu Fuße fallen,
Die doch hat geboren dich,
Die dich hat ans Licht gebracht,
Hast du selbst verliebt gemacht.

Nu, du Zwinger harter Herzen,
Hast mich auch gebracht dahin,
Durch den süßen Liebesschmerzen,
Daß ich gänzlich meinen Sinn
Auf ein'n Kavalier gericht,
Ach, was kann die Liebe nicht.

Mein jung frisch Herz ist hoch erfreut

Volkslied (um 1627)

Mein jung frisch Herz ist hoch erfreut,
Und alles Leid weicht jetzo weit,
Da mich ihr Lieb umfangen.
Es ist die allerschönste Zeit,
Der Mai einher tut prangen.

Du schönes Blümlein, grüß dich Gott!
Du bist ein lieblich Rosen rot,
Tust über Lilien prangen.
Nit größer käme je in Not,
Als wenn dein Lieb zergangen.

So bleib getreu, schöns Blümelein,
Wir woll'n im Mai der Lieb uns freun,
Mein's Herzens ein Verlangen!
Kein Winter kalt soll kehren ein,
Und unser Lieb bedrangen.

Ob auch der kalte Tod zerbricht
Mir meinen Leib: mein Angesicht
Schaut nach dir mit Verlangen,
Und mein erstarrend Zunge spricht:
Mein Herz bleibt an dir hangen!

Sehnsucht

Unbekannter Dichter des 17. Jahrhunderts

Ich scheide nun.
Der Sommer ist geschieden,
Mein Herz verlor den Frieden.
Ich sehne mich nach dir,
Du, aller Freuden Zier.

Ach, schöner Mai!
Wirst du bald wieder kommen?
Mir ist das Herz beklommen!
Du, aller Freuden Zier,
Wie sehn ich mich nach dir!

Für dich allein.
Für dich nur will ich leben,
Dir ewig treu ergeben,
Im schönsten Blumenspiel,
Du, meiner Wünsche Ziel.

O schöner Mai!
Entfalte Blumenglocken,
Und laß die Vöglein locken
Zum Neste still vertraut,
Die sanfte Liebesbraut.

Für dich allein.
Du meines Herzens Weide
Du meiner Augen Freude,
Leb ich nur ganz allein
Und will dein eigen sein.

Erscheine bald.
Im grünen Hochzeitskleide,
Auf neu beblümter Weide,
Du aller Freuden Kranz,
Der Fluren Pracht und Glanz!

Ich scheide nun.
Mein Sommer ist geschieden.
Bewahr in stillem Frieden
Des Herzens Heimlichkeit!
Bald kommt die Frühlingszeit.

Auf seine und seiner Ehegeliebten Vermählung

Andreas Gryphius (1616–1664)

Reine Lieb' ist's, die nichts zwinget,
Ob der Erden Abgrund kracht,
Ob durch schwarze Lüfte dringet
Der entbrannten Strahlen Macht.
Keiner Taten Wunderwerke
Dämpfen treuer Liebe Stärke.

Spannt der Tod schon seinen Bogen,
Steckt er Trauerfackeln an:
Sie hat ihre Sehn' gezogen,
Der nichts widerstehen kann;
Ihre Glut brennt, wenn wir Erden
Und zur Handvoll Aschen werden.

Laßt die stolzen Wellen toben,
Schäumt, ihr Meere, braust und schmeißt!
Wenn der strenge Nord von oben
In des Salzes Tief' einreißt,
Wird doch Wind und Wassers Kämpfen
Nicht den Brand der Liebe dämpfen.

Lieb' ist, der nichts gleich zu schätzen,
Wenn man alles Gold der Welt
Gleich wollt' auf die Waage setzen.
Lieb' ist, die den Ausschlag hält;
Lieb' ist trotz der Silberhaufen
Nur durch Liebe zu erkaufen.

Nachtlied

Aus dem „Venusgärtlein" (1656)

Cynthia, du güldnes Licht,
Das nun durch den Abend bricht,
Scheine meiner Liebsten doch!
Blinkt ihr Sterne
Her von ferne,
Helft uns tragen dieses Joch!

Weil wir schon in süßer Ruh
Diesen Abend bringen zu,
Weil mich itzt mein Aufenthalt
In den Armen
Läßt erwarmen,
Mag es immer werden kalt.

Nach der Kälte frag ich nicht,
Wenn ich dies mein Sonnenlicht
Annoch bei mir haben mag,
Das mich quicket
Und anblicket,
Bis sich zeigt der hohe Tag.

Sie ist flüchtig wie ein Reh,
Ihren Haaren weicht der Klee,
Ihrer roten Lippen Zier
Von Korallen
Mir gefallen,
Wann sie neigt ihr Haupt zu mir.

Lieblich klingt es, wann der Bach
Durch die Steine rauscht gemach,
Diesem aber geht sie vor,
Wenn sie singet
Wenn sich schwinget
Ihre Stimme hoch empor.

O wie selig ist die Nacht,
Da mich dieses Licht anlacht,
Da ich ihren roten Mund
Bin geflissen
Stets zu küssen,
Da mir alles ist vergunnt.

Ihre Liebe schenkt sie mir,
Und ich schenke wieder ihr
Meine Liebe, bis die Nacht
Von uns weichet,
Wenn verbleichet
Dieser güldnen Sternen Pracht.

Nun du güldnes Feder-Zelt,
Der für andern uns gefällt,
Laß verschwiegen sein die Lust
Die wir üben
In dein Lieben,
Die nur dir und uns bewußt.

Hans von Khevenhüller an seine Gemahlin

Klagenfurt, 3. Juni 1630.

Meine gar im Herzen allergeliebteste Frau und Gemahlin, wünsche gleichesfalls mein Schatz alles was ihr Herz begehrt, wie groß mir die Weil umb mein herzallerliebsten Schatz und unsere lieben Kindern ist, das weiß Gott wohl, wie hoch ich auch Verlangen habe, sie mit erstem zu sehen, es geht hier bei den Leuten so langsam her, das nicht zu sagen ist.

... ich wollte gern zu Trost meines Schatz alsbalden fort, doch bin ich gleich im besten Werk, meine Sachen zu richten, damit es künftig mein Schatz zum besten gereichen möge. Mein höchster Schatz kümmere umb Gottes Willen nicht zu viel.

Ach Gott, daß mein Kind draußen so geplagt ist, kümmert mich sehr hoch, daß ich nicht bei ihr sein kann. Wann mein Schatz etwa unsere Sachen einschlagen wollte lassen, könnte mein Schatz ein Teil etwa in ein Gewölb geben. Es steht alles bei meinem in der Welt allerliebsten Schatz, wie sie's richt, ist mir alles recht –. Sprich nur der Truhen zu, ich weiß gar wohl, daß mein Schatz nichts unrechts ausgibt.

Ach Gott, es ist mir so leid, daß ich die schöne Zeit in dem Elend muß zubringen, wie soll ich ohne mein Schatz so lang auskommen. Gott helfe mir nur bald auf diesmal hinaus.

Über der Liebsten Gegenliebe

Georg Greflinger (um 1620–1677)

Sei fröhlich, bald ehlich, betrübtes Geblüte,
Bereite dich zur Fröhlichkeit!
Dorinde verändert ihr hartes Gemüte,
Benimmt dir all dein Herzeleid.
Ich habe das purpurrot Mündlein geküßt,
Ihr glaubet nicht, wie übersüßt,
Wie lieb es ist!

Sie rufet mich Liebster, o süßestes Rufen,
O fried- und freudenvolles Wort,
Von welchem aus Freuden die Äderlein buffen!

Ich segle zum gewünschten Port,
Ich komme zum Hafen des Friedens, der Freud
Und aller süßen Lieblichkeit.
O süße Zeit!

Nun mögen mein Vaterfeld andere pflügen,
Mein Lieb ist mir die ganze Welt,
Bei welcher ich freudig und leidig will liegen
Und küssen wie es mir gefällt.
O Liebe! Was Liebe, was Freude, was Lust
Wird über ihrer Lilienbrust
Mir sein bewußt!

Was lebendes Lieben, was liebendes Leben,
Was wird sie nicht, was ich nur will,
Mein Laben, mein Leben, mein Lieben mir geben!
Komm, Hochzeittag, was säumst du viel?!
Ich brenne vor Liebe, komm kühlende Zeit,
Da meiner Liebsten Lieblichkeit
Mich sehr erfreut!

Als seine Marnia gestorben

David Schirmer (um 1623–1683)

O Brief, o Donnerwort, mein schönes Lieb ist hin!
Was mach ich nun mit mir, mit mir, ach, mit mir Armen?
Wer wird sich über mich hinfort, wie vor, erbarmen?
Ich sterb, ich sterbe mit, daß ich stets bei ihr bin!
Hier hast du, Marnia, hier hast du meinen Sinn,
Hier hast du meinen Geist, den lieben, den noch warmen,
Hier hast du meinen Mut, hier hast du Pein und Harmen,
Hier hast du mich, dein ganz, du Himmelsbürgerin!
Raus, Herze, raus, ihr nach! Raus, folge deiner Schönen!
Raus, Seele, raus, empor! Such ihre Lieblichkeit,
Fahr in Elysien und kürz ihr ihre Zeit!
Dies einzig ist mein Trost, dies einzig ist mein Sehnen:
Lebst du nicht, Marnia, so lebst du doch in mir
Und sterb ich nicht alsbald, so sterb ich doch in dir.

An Albanie

Hoffmann von Hofmannswaldau (1617–1699)

Albanie, gebrauche deiner Zeit
Und laß den Liebeslüsten freien Zügel.
Wenn uns der Schnee der Jahre hat beschneit,
So schmeckt kein Kuß, der Liebe wahres Siegel.
Im grünen Mai grünt nur der bunte Klee,
Albanie.

Albanie, der schönen Augen Licht,
Der Leib und was auf den beliebten Wangen,
Ist nicht vor dich, vor uns nur zugericht.
Die Äpfel, die auf deinen Brüsten prangen,
Sind unsre Lust und süße Anmutssee,
Albanie.

Albanie, was quälen wir uns viel
Und züchtigen die Nieren und die Lenden?
Nur frisch gewagt das angenehme Spiel,
Jedwedes Glied ist ja gemacht zum Wenden,
Und wendet doch die Sonn sich in die Höh.
Albanie.

Albanie, soll denn dein warmer Schoß
So öd und wüst und unbebauet liegen?
Im Paradies, da ging man nackt und bloß
Und durfte frei die Liebesäcker pflügen.
Welch Menschensatz macht uns dies neue Weh?
Albanie.

Albanie, wer kann die Süßigkeit
Der zwei vermischten Geister recht entdecken?
Wenn Lieb und Lust ein Essen uns bereit,
Das wiederholt am besten pflegt zu schmecken,
Wünscht nicht dein Herz, daß es dabei vergeh?
Albanie.

Albanie, weil noch der Wollusttau
Die Glieder netzt und das Geblüte springet,
So laß doch zu, daß auf der Venusau
Ein brünst'ger Geist dir kniend Opfer bringet,
Daß er vor dir in voller Andacht steh.
Albanie.

Auf den Mund

Hoffmann von Hofmannswaldau (1617–1699)

Mund! der die Seelen kann durch Lust zusammen hetzen,
Mund! der viel süßer ist als starker Himmelswein,
Mund! der du Alikant des Lebens schenkest ein,
Mund! den ich vorziehn muß der Juden reichen Schätzen,
Mund! dessen Balsam uns kann stärken und verletzen,
Mund! der vergnügter blüht als aller Rosen Schein,

Mund! welchem kein Rubin kann gleich und ähnlich sein,
Mund! den die Grazien mit ihren Quellen netzen:
Mund! ach, Korallenmund, mein einziges Ergetzen,
Mund! laß mich einen Kuß auf deinen Purpur setzen!

Johann Christian Schneiden an seine Frau

Ach, meine tausend herzallerliebste Agathe, ehelichen Gruß und Treue zuvor. Von Deiner Gesundheit einmal zu vernehmen, wäre mir eine übergroße Freude, wie auch ein tröstliches Schreiben, davon ich noch keines bekommen, zu empfangen. Was mich angeht, bin ich halb gesund, voller Läuse, nackend, eine armselige Kreatur und verlassen. Wenn Du es recht wissen würdest, wie es uns ergeht, einen Stein müßte es erbarmen. Wir gelten nichts; ob einer krank, gesund, liegend oder stehend sei, es gilt gleich. Kein Mensch redet für das Kölnsche Regiment,

Schneiden war Fähnrich in einem Kölnischen Artillerieregiment. Sein Brief an seine Frau schildert eindringlich die Leiden des gemeinen Volkes in den Armeen. – Stück = Geschütz.

sind nicht 150 Mann – das ganze Regiment. Ach, was schreibe ich Dir ... Wir liegen vor der Stadt unter freiem Himmel. In drei Monaten bin ich nicht aus den Kleidern gekommen; hätte ich wenigstens Stroh unter mir! Meine Sachen mit meinem Knecht und meinem Pferd – sechs habe ich hintereinander verloren –, wohl 400 Reichstaler Schaden, alles ist fort. In summa: kein Glück ist auf dieser Seite. Es ist gar nichts mehr übrig, als daß ich mein junges Leben verlieren kann, wie anderen täglich geschieht. Wir liegen auf der Straße wie das tote Vieh. Großen Mangel leiden wir. O Brot, o Brot, o frisches Wasser! Wenn ich das Leben verwirkt hätte, man könnte mich nicht in größeres Elend verbannen. Ich habe mich ehrlich und ritterlich bis jetzt verhalten, wie es einem ehrlichen Fähnrich gebührt, aber länger ist es mir nicht möglich; ich muß wider meinen Willen weichen und mein Fähnlein quittieren: gleichwohl, alle meine Spießgesellen sind mit mir müde und begehren ihren Abschied. Alle Tage reißen Soldaten aus, besonders Offiziere ...
Ach, ich bitte Dich abermals fußfällig und um Gottes Christo Jesu Willen, hilf mir meinen Abschied von dem Herrn zu bekommen. Stelle den Herrn Vetter an, es kostet mich sonst mein Leben – wenn wir weiter ins Land zum kaiserlichen Volk gestoßen werden, welches gewiß ist –, und wir werden nur für Schanz- und Gräberfüller gehalten, da es jederzeit in allen Sachen geschieht, daß das Kölnsche Volk an die Spitze gestellt wird und die Fähnrich wider alles Herkommen zum Sturm und in die Laufgräben kommandiert werden. In summa: ich kann's nicht länger ausstehen! Ja, wenn Du es wüßtest. Es kann leicht geschehen, daß ich loskäme, wenn Du es recht anstelltest ...
Ach, wie warte ich mit Verlangen wieder auf Antwortschreiben. Und man wundert sich hier, daß Du mir noch nicht geschrieben, daß ich noch keinen Brief empfangen hab. Es ist wahrlich wider Gott und alle eheliche Liebe. Habe ich Dich erzürnt, dann verzeihe es mir. Hiermit, mein lieber Schatz, viel tausend gute Nacht.
Datum Münster in Westfalen, im kaiserlichen freien Feldlager bei der Stadt, geschrieben am Pfingstmittwoch, anno 1634.
Dein wahrhaft keuscher Ehemann, so wie ich Dich an meinen Leib gelassen, und Ehekeuschheit bis in den Tod.

Johann Christian Schneiden,
armer Fähnrich unter den Feuerrohren.

Meinem Hund Schamben gib um meinetwillen ein gut Bißlein: o läge ich so gut wie mein Hund an deiner Seite, ich schätzte mich selig, hoffe aber auf Gott, die Zeit wiederum zu erleben. Amen.
Benedikt Sarratz, dem Boten, ein Trinkgeld.

Die Liebe

Johann Scheffler (1624–1677)

Die Liebe, wenn sie neu,
Braust wie der junge Wein:
Je mehr sie alt und klar,
Je stiller wird sie sein.

Die künftige Liebste

Christian Weise (1641–1708)

Mein Liebchen soll so sein:
Ein Kind von jungen Jahren,
Von schön und lichten Haaren,
Von etwas zarten Wangen.
Danach steht mein Verlangen;
So soll mein Liebchen sein.

Mein Liebchen soll so sein:
An Augen wie die Tauben,
Am Mündchen wie die Trauben,
An Lippen wie die Rosen.
Da wünsch ich liebzukosen;
So soll mein Liebchen sein.

Mein Liebchen soll so sein:
Nur ehrlich von Geblüte
Und lustig von Gemüte;
An Reden sei sie stille;
Mein Wille sei ihr Wille;
So soll mein Liebchen sein.

Mein Liebchen soll so sein:
Sie darf nicht höhnisch lachen,
Nicht Komplimente machen
Und gar zu prächtig gehen.
Ich will sie doch verstehen;
So soll mein Liebchen sein.

Mein Liebchen soll so sein:
Als wie das Mädchen siehet,
Das mich jetzund bemühet,
Das mich so weit getrieben,
Daß ich mich muß verlieben.
So soll mein Liebchen sein!

Wo sind die Stunden

Hoffmann von Hofmannswaldau (1617–1699)

Wo sind die Stunden
Der süßen Zeit,
Da ich zuerst empfunden,
Wie Deine Lieblichkeit
Mich Dir verbunden?
Sie sind verrauscht, es bleibet doch dabei,
Daß alle Lust vergänglich sei.

Ich schwamm in Freude;
Der Liebe Hand
Spann mir ein Kleid von Seide.
Das Blatt hat sich gewandt.
Ich geh im Leide,
Ich wein jetzund, daß Lieb und Sonnenschein
Stets voller Angst und Wolken sein.

Wie soll ich es denn tragen

Volkslied

Wie soll ich es denn tragen?
Ade wollt ihr mir sagen,
Auf also lange Zeit!
Mein Herz ist ganz erschrocken,
Mein Odem will mir stocken,
Vor übergroßem Leid.

Ihr nehmet Ruh und Frieden,
Die mir bei euch beschieden,
Hinaus ins ferne Land.
O Wehe über Wehe,
Daß mir also geschehe,
Der Tod mein reich die Hand.

Ihr wart mein's Lebens Krone,
Der ich in Treuen frone.
Aus meines Herzens Grund.
Nicht Kaiser-, Königreiche
Acht meiner Liebe gleiche,
Auf weitem Erdenrund.

Möcht sich's in Treuen fügen,
Glück woll all Leid besiegen,
Und von uns treiben fern,
Daß bald ihr wiederkehret,
Die Trennung uns beschweret,
O edler Morgenstern.

Bedörnte Rosen

Hans Assmann von Abschatz (1646–1699)

Rosen blühn auf deinen Wangen,
Lilien führt die Stirne mit;
Aber den, der nahe tritt,
Stechen Dornen, Bienen, Schlangen.

Die Augensprache

Christian Graf Eck (1645–1706)

Nein, die Augen warten nicht,
Bis der Mund sein Amt verricht't,
Denn sie merken und verspüren,

Eh sich noch die Lippen rühren,
Und begreifen in der Still,
Was die Brust entdecken will.

Nein, die Augen können bald,
Was in stummen Herzen wallt,
Heimlich zu verstehen geben;
Jeder Blick ist voller Leben,
Ja sie zeigen mehrers an,
Als man öfters sagen kann.

Der ist glücklich, der versteht,
Wie der Augen Uhrwerk geht.
Wann die Zunge schon gebunden,
Ist ein Mittel doch erfunden:
Wie man ohne Sprachverstehn
Kann die Glückesstunde sehn.

Er verbrennet ihre Briefe und Liebsgeschenke

August Adolf von Haugwitz (1645–1706)

Fahr hin, verhaßtes Band, das mich bisher gebunden,
Weg, du beperltes Haar, du allzu teures Pfand,
Fort, du nicht reines Gold, du Ring, von meiner Hand,
Fahr hin, vergift'te Schrift, die mir hat so viel Stunden
Der kostbarn Zeit verderbt! Ich habe wieder funden
Mein Herz, das sie durch dies Papier mir hat entwandt.
Hier diese Glut löscht aus den innerlichen Brand,
Mit dem sie mir den Geist und Seele angezunden.

Die Kuß-Scheue

Hans Assmann von Abschatz (1646–1699)

Du stellest dich so wilde
Wenn ich dich küssen will:
Willst du dich nennen milde,
So weigre dich nicht viel.

Almosen bald empfangen
Ist einstens noch so lieb,
Als was man muß erlangen
Durch langen Bittens Trieb.

Karl Ludwig von der Pfalz an seine morganatische Gemahlin Luise von Degenfeld

Den 29. Septembris 1655.

Es schmerzt mich gar sehr, daß mein herzlieber Schatz wieder das vermaledeit Fieber bekommen . . . das weiß ich wohl, daß ich nie jemand lieber werde haben, als ich Sie habe. Venerische Lieb und rechte Freundschaft zusammen ist die perfekte Lieb. Wann mein Schatz nicht mehr

Karl Ludwig war 1648 mit der wieder errichteten Kurwürde der Pfalz belehnt worden und förderte den Aufbau des im Dreißigjährigen Krieg stark zerstörten Landes. Luise von Degenfeld war Hoffräulein.

sein sollte (da Gott mich vor behüte), würde mich die erste leicht verlassen, weil ich kein so schönes Objekt finden, auch alle Tag älter werde und delikater; mit der andern werde ich auch kärger sein, dieweil ich schwerlich glauben werde, daß nach ihr eine von ihrem Sex dessen kapabel sei. Genug hiervon! Mein Schatz soll, wills Gott, noch meiner drei überleben. Diese Ihre Krankheit purifiziert Sie nur, wann Sie es wird überwunden haben, wird Sie herfür scheinen wie das Gold, siebenmal durchläutert. Ich wünsche nur um Ihrent willen, daß ich auch wieder jünger würde ... Mein Schatz antworte mir nur durch Ihren Kanzler, und mache das liebe Zeichen drunter, aber etwas deutlicher als das letzte.

C. P.

24. August 1657.

Mein herzallerliebster Engel verzeihe mir mein melancholisch Humor, so mir die Konsideration meiner Abreise gewährt neben etlichen Worten, als ob Sie Sie an meiner beständigen Affektion gezweifelt hätte! Sie weiß wohl, daß magere Leute etwas sensibler sind als andere, sonderlich die Melancholici, und daß meine Ressentimenten aus einem Überfluß von Liebs-Passion herrühret, dieweil ich nicht gern des Widerspiels wollte unschuldig bezichtigt sein ... Gott behüte meinen Engel gesund und guten Mutes! Mich aber allzeit liebhaben und mein liebste Puppe sein und bleiben!

Mannheim, den 2. Dezember 1657.

Mein Engel gebe mir doch die Ruhe meines Gemüts und versichere mich noch einmal, daß Sie meine ob zwar unnötige (doch aus einem Ihr ganz ergebenen Herzen herrührende) Sorge nicht übel aufnimmt, noch sich darüber grämet! Dann Sie selbst wohl weiß, daß meinen mit vielen Geschäften beschwerten Sinn oft melancholische Gedanken auch in anderen Sachen ankommen, die ich selbst nach besserem Bedacht für grundlos halte. Ein jeder hat seinen Fehler, der meinige ist, daß ich zuviel liebe; verhoffe, Sie wird mir den leicht zu gut halten. Alleweil bin ich erst allhier abgestiegen, finde neben der Mattigkeit des Leibs von dem Schnuppen eine nicht geringere des Gemüts in der Furcht, daß das Ihrige noch nicht ganz befriedigt sei. Können diese Zeilen etwas dazu tun,

morganatisch – nicht standesgemäß, Ehe zur linken Hand
venerisch – hier: körperlich, geschlechtlich
kapabel – fähig, befähigt
Konsideration – Betrachtung, Erwägung
Affektion – Wohlwollen, Zuneigung
Schnuppen – Schnupfen

so macht Sie mir bei Leib und Gemüt gesund, welches mir darum desto lieber sein wird, weil ich vermein, daß dero Wohlfahrt auch etwas daran gelegen. Das große Tintenfaß und die kleinen Lichter machen, daß ich so viel Klekse mache . . . Adieu, mein Engel! Krieg ich aber kein gute Antwort, so ziehe ich ans End' der Welt.

Die fremde Regung

Hans Assmann von Abschatz (1646–1699)

Im Mittel aller Lust, die Glück und Zeit mir geben,
Kann ich ohn Sylvien nicht fröhlich leben;
Und wenn ich bei ihr bin, so spielet um mein Herz
Ein angenehmer Schmerz.

Mein Sinn fühlt sich gereizt von unbekanntem Triebe,
Ich such und treffe sie doch ohne Furcht nicht an.
Wofern ein Mensch jemals unwissend lieben kann,
So glaub ich, daß ich liebe.

Wenn ich ein Vöglein wär

Volkslied

Wenn ich ein Vöglein wär
Und auch zwei Flügel hätt',
Flög ich zu dir.
Weil's aber nicht kann sein,

Weil's aber nicht kann sein,
Bleib ich allhier.

Bin ich gleich weit von dir,
Bin doch im Traum bei dir
Und red' mit dir.
Wenn ich erwachen tu,
Wenn ich erwachen tu,
Bin ich allein.

Es vergeht kein Stund in der Nacht,
Daß nicht mein Herz erwacht
Und an dich denkt,
Wie du mir vieltausendmal,
Wie du mir vieltausendmal
Dein Herz geschenkt.

Lebewohl

Unbekannter Dichter des 17. Jahrhunderts

Morgen muß ich fort von hier
Und muß Abschied nehmen;
O du allerschönste Zier,
Scheiden das bringt Grämen.

Da ich Dich so treu geliebt,
Über alle Maßen,
Soll ich Dich verlassen.

Wenn zwei gute Freunde sind,
Die einander kennen,
Sonn und Mond begegnen sich,
Ehe sie sich trennen.
Noch viel größer ist der Schmerz,
Wenn ein treu verliebtes Herz
In die Fremde ziehet.

Küsset Dir ein Lüftelein
Wangen oder Hände,
Denke, daß es Seufzer sein,
Die ich zu Dir sende;
Tausend schick ich täglich aus,
Die da wehen um Dein Haus,
Weil ich Dein gedenke.

Falsche Doris, deine Tränen

Christian Gryphius (1649–1723)

Falsche Doris, deine Tränen,
Dein verstelltes Angesicht,
Deiner Seufzer ängstigs Sehnen
Hemmet meinen Vorsatz nicht,
Ich will deinen Strick zerreißen
Und nicht mehr der Deine heißen.

Reiche, falsche Lustsirene,
Einem andern deinen Mund,
Dein bezaubernd Mundgetöne
Führt auf ungebahnten Grund.
Mein Schiff soll auf deinen Höhen
Nun nicht mehr zu scheitern gehen.

L.R.
A.G.

Weg, du Brandmal meines Lebens,
Falsche Doris, weg mit dir,
Weine nicht, es ist vergebens,
Bringe ja kein Klagen für:
Ich bin (war ich gleich gefangen)
Dennoch deiner Macht entgangen.

Sollt ich dich wohl können lieben,
Derer grüner Jungfernkranz
Längst, ich weiß nicht wo, geblieben?
Welche mit entlehntem Glanz,
Als ein Irrlicht meiner Seelen,
Führt zu lauter Lasterhöhlen?

Weg, ihr meine Knechtschaftspfänder,
Die ich nächst von ihr empfing,
Briefe, Kränze, Haar und Bänder,
Weg, verfluchter Zauberring,
Ihr habt allem Sklavenleben
Nunmehr Gute Nacht gegeben.

Brennet wohl, ihr Liebesschreiben,
Brennt zum Zeichen meiner Treu,
Ich bin (Doris mag es gläuben)
Nunmehr alles Kummers frei,
Brennet, Briefe, Band und Haare,
Brenn, verfluchte Buhlerware.

Eure Asche soll besagen,
Daß die Glut der besten Treu,
Die ich bis hieher getragen,
Asch' in meinem Herzen sei,
Wo kein Fünklein ist zu finden,
Das mich wieder möcht entzünden.

Itzund trag ich unverhohlen,
Doris, ich gesteh es dir,
Nichts denn lauter tote Kohlen
Und verlöschte Bränd' in mir,
Weil die Falschheit, die mich schrecket,
Gleich die erste Flamm erstecket.

Falsche Doris, vor mein Himmel,
Itzund nichts denn Höll und Nacht,
Ich bin über dem Getümmel
Deiner Untreu aufgewacht;
Drum gedenke nicht mit Lügen
Mich aufs neu in Schlaf zu wiegen.

Sündenschwester, Zauberdirne,
Falsche Doris, nun Adieu,
Mich bringt deine glatte Stirne
Nun nicht mehr in Angst und Weh.
Welcher dir hinfort begegnet,
Sei verflucht, ich bin gesegnet.

Was frag ich denn darnach ...

Johann von Besser (1654–1729)

Was frag ich denn darnach!
Wenn du mich nicht willst lieben?
Das kann mich nicht betrüben,
Ich weiß, was Daphnis sprach:
Wird gleich der Chloris Gunst geringer,
Ist doch die ganze Welt voll solcher Dinger.
Was frag ich denn darnach!

Ich bin so gut als du;
Du mußt es auch entbehren,
Was ich dir kann gewähren.
Schleuß nur dein Herze zu!
Meins hat dich schon vorlängsten ausgejaget;
Wer weiß, wen noch der Schimpf am ärgsten plaget.
Ich bin so gut als du.

Ich spitz mich schon darauf,
Wie es dich wird gereuen.
Wie werd ich mich erfreuen,
Wenn dir hüpft keiner auf.
Wenn du mußt welke Rübchen schaben
Und Flederwisch' am Markte feil wirst haben.
Ich spitz mich schon darauf.

Die gezwungene Liebe

Aus der Neukirchschen Sammlung (1695–1727)

Lieben, das läßt sich nicht zwingen.
Lieben entstehet vor sich,
Soll dirs darinne gelingen,
Mußt du geduldiglich
Warten, was Zeiten und Tage dir bringen.

Bindst du der Liebe die Hände,
Sicher so wird sie dir feind,
Plötzlich, geschwinde, behende,
Eh man es hätte vermeint,
Laufet gezwungene Liebe zum Ende.

Anna Magdalena Wurm an August Hermann Francke

Kleinen-Furra, den 29. Juni 1692
mit flüchtiger Feder.

Gnade, Barmherzigkeit und Friede von Gott unserm Vater und dem Herrn Jesu Christo.

Hochehrwürdiger und gottselig hochgelehrter Herr!

Weiln der Anfang zu einer schriftlichen Unterredung einmal in dem Namen des Herrn gemacht ist, als bin ich von Herzen begierig, solchen fortzusetzen, der nicht zweifelnden Hoffnung, es werde der Herr Jesus dieses in heiliger Furcht angefangene Werk ihm angenehme und wohl gefällig sein lassen, auch dasselbe forthin zu seinen Preis und Ehren und zur Erbauung der Seele richten. Nächst diesem kann nicht bergen mein herzliches Verlangen, welches ich habe, Ew. Hochwürden von Person zu kennen; weiln aber auf meiner Seite darzu keine Gelegenheit sehe, so habe durch dieses vernehmen wollen, ob Sie nicht belieben möchten, dafern dero heil. Amt solches zulassen wollte, eine Reise hierher zu tun, wenn selbige ohne Maßgebung noch vor dem Herbst geschehen könnte: denn um dieselbige Zeit pflegen sich die Krankheiten mehrenteils einzufinden, da ich denn leicht erachten kann, daß Sie alsdann keine Muße haben werden auszureisen. Ein mehres zu schreiben lässet mir jetzo die Zeit nicht zu, weshalben ich schließe und nächst Ergebung der Gnade Gottes und unsers Herrn Jesu Christi beharre

Ew. Hochehrwürden bereitwilligste Dienerin
Anna Magdalena Wurmin

Quedlinburg, den 10. Mai 1694.

Der liebreiche süße Heiland, der unsere Herzen durch die Liebe also vereiniget, daß wir ein einig Herz sind, lasse dieses Band der Liebe ewiglich verknüpfet bleiben.

Mein allerliebstes Herz!

Hat das erste teure Schreiben von Deiner inniglichen und brünstigen Liebe gegen mir gezeuget, so hat es gewiß dieses letztere noch weit mehr getan. So sei demnach mein Herzenskind versichert, wie Du es denn bist, daß ich Dir von Herzen ergeben bin, davon auch mein abgelassenes Schreiben bereits wird gezeuget haben. Weiter aber wird dieses christliche und heilige Vorhaben nicht zu bringen sein, bevor wir einander mündlich gesprochen. Ach, mein Kind, ich kann vor Liebe nicht mehr schreiben, so denn auch aus Mangel an der Zeit; auch dieses wenige wird genug sein, Dich zu stärken in dem, dessen Du schon versichert bist. Ich ergebe Dich hiermit der unaussprechlichen Treue unseres lieben Vaters und beharre durch desselben Gnade

Allerliebstes Herz
Deine von Herzen ergebenste
treueste Dienerin
A. M. Wurmin

Außen: Der Herr Postmeister in Halle wird sehr fleißig gebeten, diesen Brief cito bestellen zu lassen, weil gar viel daran gelegen.

Bei dem Freien ist Gefahr

Volkslied

Bei dem Freien ist Gefahr.
Manchem will es gar nicht glücken,
Denn er muß sich lernen schicken
Anders, als er sonsten war:
Bei dem Freien ist Gefahr.

Bei dem Freien ist Gefahr.
Oft scheint es sehr gut von außen;
Bis sie miteinander hausen,
So ist's ganz kein gutes Paar:
Bei dem Freien ist Gefahr.

Bei dem Freien ist Gefahr.
Gleich von Herzen, gleich von Sinnen,
Gleich von außen, gleich von innen,
Gleich von Alter, ist sehr rar:
Bei dem Freien ist Gefahr.

Bei dem Freien ist Gefahr.
O wie mancher Hörnerträger
Hat so viel unzählig Schwäger,
Und wird ihrer nicht gewahr!
Bei dem Freien ist Gefahr.

Bei dem Freien ist Gefahr.
Pflegen zwei sich treu zu lieben,
Ei, sie müssen sich betrüben;
Kreuz und Leid ist immerdar:
Bei dem Freien ist Gefahr.

Bei dem Freien ist Gefahr.
Ich wollt' es ja keinem raten –
Im Kalender stehet: Schaden
Heuer durch das ganze Jahr:
Bei dem Freien ist Gefahr.

Als er sie das erstemal küßte

Benjamin Neukirch (1665–1729)

Ich habe, Sylvia, dich einmal nur geküßt
Und meint, ich würde mir mein krankes Herze laben;
O, aber weit gefehlt! Ich weiß nicht, wo es ist
Und glaub, es hat sich gar in deinen Mund begraben.
Denn meine Kraft ist hin: Ich fühle nichts als Glut
Und stürbe, wenn ich nicht aus Liebe leben müßte.
Ach, wann ein einzig Kuß so große Wirkung tut,
Wie sollte mir geschehen, wann ich dich zehnmal küßte?

Hedwig Lucie von Ilten an ihren Gemahl Jobst Hermann

Hannover, 16. Mai 1694.

Monsieur!
Eur wertes Schreiben vom 8. dieses habe gestern erhalten, hoffe nicht anders, als daß Ihr, mein Herzenskind, wohl und gesund, welches das beste, und erhalte Euch der Höchste in Gnaden dabei, welches mein größte Pläsier auf der Welt.
Mein Herzensmann, embrassiere Euch zum 1000. Mal; der Höchste nehme Euch in seinen Schutz.
Ich bin von ganzem Herzen

Eure getreueste Dienerin
H. L. von Ilten

Hannover, 19. Mai 1694.

Mein Herzensmann, aus Fürchten, daß Euch vielleicht möchte zu Ohren kommen, daß ich übel, hab endlich nicht lassen können, zu berichten, in was Zustand ich sei, und daß mich der Höchste mit einem Tertian Fieber belegt, welches mir dann etliche Mal hart angestoßen und ziemlich fatigieret ... Habe wohl viel, mein Herzenskind, in dieser Zeit an Euch gedacht; daß Euch dieses nur nicht inquiettiere und chagriniere ... Der Höchste behüte Euch, mein Herzenskind, vor allem Übel und Unfall, lasse uns einander mit Freuden wiedersehn.

Pläsir – Vergnügen, Freude
embrassieren – umarmen
Tertian Fieber – Dreitagewechselfieber
fatigieren – ermüden
inquiettieren – beunruhigen
chagrinieren – bekümmern

In meines Vaters Garten

Unbekannter Dichter des 17. Jahrhunderts

In meines Vaters Garten,
Da lag ich und ich schlief,
Da träumte mir ein Träumelein,
Als schneit es über mich.

Und da ich nun erwachte,
Da war es aber nichts:
Es waren die roten Rosen,
Die blühten über mir.

Ich brach mir ab ein Zweiglein.
Ich band mir einen Kranz.
Ich gab ihn meiner Herzliebsten,
Auf daß sie mit mir tanzt.

Und wie der Tanz am besten war,
So war das Geigen aus.
Wir wollten beide heimgehn,
Wir hatten keins kein Haus.

Da baut ich mir ein Häuselein
Von Petersilie grün.

Mit gelben Lilien deckt ichs mir,
Mit roten Röslein schön.

Und wenn ichs nun werd fertig han,
Bescher mir Gott was nein,
Daß ich zu Jahr kann sprechen:
Das Häuslein das ist mein.

Zum Stelldichein

Unbekannter Dichter des 17. Jahrhunderts

Dat Du myn Leevsten bist,
Dat Du wul weest,
Kumm by de Nacht, kumm by de Nacht,
Segg my wo Du heest.
Kumm Du um Mitternacht,
Kumm Du Klock een,
Vader slöpt, Moder slöpt,
Ik slaep alleen.
Klopp an de Kamerdoer,
Klopp an de Klink,
Vader meent, Moder meent,
Dat deit de Wint.

Als er sie vergebens suchte

Gottlieb Stolle (1673–1744)

Wo bist du denn, mein holdes Licht?
So frag ich; aber ach, weswegen frag ich nicht,
Wo ich mich selbst befinde?
Leb ich in dir,
Und du in mir?
So bin ich ja bei meinem liebsten Kinde.

Indessen such ich, wo ich kann,
Und treffe dich doch nirgends an.
Ja was unglaublich scheint, mein angenehmstes Licht!
Ich weiß es, wo ich bin, und weiß es doch auch nicht.

Der schlimme Traum

Gottlieb Sigmund Corvinus (1677–1746)

Laß mich schlafen, liebste Seele,
Willst du nicht zufrieden sein,
Daß ich mich am Tage quäle
Und mein Herz viel tausend Pein
Deinetwegen muß ertragen?
Soll mich noch ein Schattenspiel
Mit verliebten Träumen plagen?
Engelskind, das ist zu viel!

Können doch verhaßte Sklaven,
Weil das Schiff im Anker liegt,
Bei der Nacht geruhig schlafen,
Ich allein schlaf unvergnügt.
Auch die Nacht will mich nicht schützen,
Denn mein Herz erfährt dabei,
Daß es muß erbärmlich schwitzen:
Tag und Nacht ist einerlei.

Wenn der überhäufte Kummer
Meinen schwachen Gliederrest
Ja zuletzt in einem Schlummer
Auf das Bette sinken läßt –
Schlaf ich doch auf Jakobs Steinen,
Denn da wird mir bei der Nacht
Gleich was in dem Traum erscheinen,
Das sich Engeln ähnlich macht.

Ich darf zwar im Himmel steigen,
Welcher deinen Schoß umschleußt,

Weil dein gütiges Bezeugen
Mir im Traum die Leiter weist,
Und genieße Zuckerleben,
Das mir deine karge Hand
Nimmermehr wird wachend geben,
Denn du bist von Diamant.

Amor läßt mich träumend siegen,
Denn ich seh der Palmen satt
Auf der weißen Walstatt liegen,
Die mein Arm erfochten hat;
Und bei meinem süßen Schlafen,
Wenn sich Mast und Segel regt,
Läuft mein Schiff in deinen Hafen,
Den die Venus angelegt.

Ich beschiff bei Sturm und Blitzen
Deine neuerfundene Welt,
Wenn die Wellen um mich spritzen
Und der Schaum ins Bette fällt,
Land ich, eh ich michs versehe,
An den Zuckerinseln an,
So daß ich sie in der Nähe
Halbentzückt besteigen kann.

Wenn ich mich mit Träumen paare,
Find ich keinen Widerstand,
Den ich oft bei Tag erfahre;
Denn im Schlaf darf meine Hand
Nach der Purpurmuschel greifen,
Die dein Ufer ausgesät,
Ja, ich mag noch weiter greifen,
Weil mir alles offen steht.

Aber ach, wenn ich erwachet,
Sinket mir mein steifer Mut,
Ob ich gleich im Schlaf gelachet
Und es mir noch sanfte tut,
Läßt mich doch der Glaube lesen,
Der mir in die Hände kömmt,
Daß mich nur ein schäumicht Wesen
Bei den Träumen überschwemmt.

Meine Glieder sind geschlagen,
Und der ausgebrochne Schweiß
Stehet, daß ichs kaum mag sagen,
Auf dem Leibe tropfenweis.
Ich kann kaum die Lenden rühren,
Denn die Geister sind dahin,
Und mich aus den Federn führen,
Weil ich matt und müde bin.

Drum so stelle, liebste Seele,
Künftighin dein Martern ein,
Da ich mich am Tage quäle,
Laß die Nächte meine sein;
Sich am bloßen Schatten laben,
Ist ein Eis, das bald zerbricht –
Was ich nicht soll wachend haben,
Mag ich auch im Traume nicht.

Die Eifersucht
in einer Kantata

Joachim Beccau (1690–1755)

Eifersucht, wie quälst du mich!
Wütender Tyrann der Herzen!
Lösche doch die Schwefelkerzen
Der verdammten Lasterglut,
Sonst verraucht mein kochend Blut
Durch die höllengleichen Schmerzen
Und durch manchen Seelenstich,
Wütender Tyrann der Herzen,
Eifersucht, wie quälst du mich!

Wie Neid erfriert bei fremdem Feuer,
So schwitzt die Eifersucht bei fremdem Schnee.
Sie macht ihr selber Ach und Weh
Und sieht, doch nur im Traum, die größten Ungeheuer.

Auch keine Fliege darf
Der Liebsten Arm berühren,
Wofern sie nicht das Leben will verlieren.
Sagt, welch Gesetz ist wohl so scharf
Und schränkt die Freiheit enger ein,
Als deren Recht, die liebend närrisch sein?
Dies bläst mir die Vernunft zwar in die Ohren
Und heißt mich von dem Wahn
Mit vielen Gründen abzustehen,
Allein es ist doch ihre Müh verloren,
Weil ich mich nicht bescheiden kann,
Für dies, mein ganzes Herz, nur halben Lohn zu sehen.

Ich will nur alleine lieben
Oder gar verstoßen sein.
Glut aus einem halben Herzen
Schickt sich nicht zu meinen Kerzen,
Nein, ach nein,
Dieser Schluß ist fest geschrieben:
Ich will nur alleine lieben
Oder gar verstoßen sein.

Erwähle nun, was dir gefällt,
Du schönste zwar, doch auch du falschste dieser Welt!
Entweder liebe mich, so wie ich dich, allein,
Wo nicht, so laß nur gar das Lieben sein.
Den Mund mag ich nicht küssen,
Der seine Lippen schon
An andern Lippen abgeschlissen.
Verachtest du denn meine Glut
Und willst auf deinen Willen pochen,
Wohlan, so soll mein Blut
In meinen Adern Rache kochen.

Räche dich, verschmähtes Herze,
An der, so dich beleidigt hat.
Laß den Eifer nicht entschlafen,
Denke nur an Kunst und Rat,
Die zu strafen,
Welche dich beleidigt hat.

Liebesklage

Friederike Caroline Weißenborn an Gottfried Zorn

Ende Mai 1712.

Mein allerliebster Engel.

Wie hat mein Herze mich in solche Angst setzen können und mir Deine angenehme Gegenwart berauben. Was das lange außen bleiben meines allerliebsten Herzens verursachet, kann mein Engel leicht erachten. Ich bitte Dich, um Gottes willen, komm auf den Dienstag. Es gehet was vor das, wenn Du einen Tag drüber außen bist, so muß ich fort, bei Bendlers wollen sie mich nicht länger aufhalten, weil sie Deine Mutter auf dem Rathaus verklagt hat. Ich bitte Dich nochmals, um Gottes willen, verlasse mich nicht. Wenn Du deine Treue nicht hältst und mich verläßt, so wirst Du mich um mein Leben bringen, so sollst schuld an meinem Tod und Unglück sein, welches aber nicht hoffe. Lasse Dich zu keines anderen bereden und bedenke Deiner Seelen zeitliche und ewige Wohlfahrt wohl, wie Du mir geschrieben und wie Du mir Deine Treue mit Verlust Deiner Seligkeit versprochen. Drum, so denke wohl was Du tust und verscherze nicht liederlicherweise Deine Seligkeit. Ich bitte dich um Gottes willen, komm und bitte Deine Schwester, daß sie doch so gut sein wolle und vor mich sorgen. Bleibe ja nicht außen, sonst siehst Du mich nicht wieder. Es machet das alles Deine Mutter. Ich bitte Dich nochmals um Gottes Barmherzigkeit willen, ich kann Dich nicht höher

Friederike Caroline Weißenborn, die „Neuberin", war 15 Jahre, als sie diesen verzweifelten Brief an den Jenaer Studenten Gottfried Zorn schrieb, der sie verließ.

bitten, lasse mich verlassene Seele nicht in Angst und Jammer vergehen. Wenn Du mich wohl verlassen würdest, so würde ich als ein Schaf, welches von Herde und Hirten verlassen, in der Irre gehen und mit Schmerzen mein jammervolles Ende erwarten ... Indessen befehl ich Dich, meinen verhoffentlich getreuen Schatz, in den Schutz des Allerhöchsten und verbleibe in gleichen Dein bis in Tod getreues Herze.

Friederica Carolina Weißenbornin

Lieben und doch nichts genießen ...

Aus „Deliciae Poeticae" (1728)

Lieben und doch nichts genießen
Ist nur Marter und Verdruß.
Was will der von Freude wissen,
Welcher täglich fasten muß,
Da sich doch die süßen Speisen
Seinem Munde stündlich weisen?

Liebst du mich, mich nur zu quälen?
Hast du Lust an meiner Pein?
Nein, du willst mir ja befehlen,
Munter und vergnügt zu sein,
Und versprichst mit süßem Lachen,
Meine Wünsche wahr zu machen.

O Geliebte mache, mache,
Schaffe dir und mir die Lust!
Lieg ich, o erwünschte Sache!
Dir im Herzen, an der Brust,
So besiegle mein Vergnügen,
Laß mich auch, du weißt wo, liegen.

Als er der Phillis einen Ring mit einem Totenkopf überreichte

Johann Christian Günther (1695–1723)

Erschrick nicht vor dem Liebeszeichen,
Es träget unser künftig Bild,
Vor dem nur die allein erbleichen,

Bei welchen die Vernunft nichts gilt.
Wie schickt sich aber Eis und Flammen?
Wie reimt sich Lieb und Tod zusammen?
Es schickt und reimt sich gar zu schön,
Denn beide sind von gleicher Stärke
Und spielen ihre Wunderwerke
Mit allen, die auf Erden gehn.

Ich gebe dir dies Pfand zur Lehre:
Das Gold bedeutet feste Treu,
Der Ring, daß uns die Zeit verehre,
Die Täubchen, wie vergnügt man sei;
Der Kopf erinnert dich des Lebens,
Im Grab ist aller Wunsch vergebens,
Drum lieb und lebe, weil man kann,
Wer weiß, wie bald wir wandern müssen!
Das Leben steckt im treuen Küssen,
Ach, fang den Augenblick noch an!

Mein Lieb ist wie der Morgenstern

Volkslied

Mein Lieb ist wie der Morgenstern,
So hoch am Himmel strahlet,
Die Morgenröt, so nah und fern,
Den Himmel gülden malet.
Also, tief in mein Herz hinein,
Strahlt mir der edle Liebeschein,
Der mich so hoch beglücket.

Schau ich in einer Rose Schoß,
Von Perlein übertauet,
So wähne, daß ihre Auge groß
Auf mich in Liebe schauet,
Und ihre Hand, wie Lilien zart,
Sie dünket mich nach Engelart,
Wenn sie die meine drücket.

So ihrer Rede süße Zier,
Ihr Liedlein zu der Lauten,
Zieh ich dem schönst modieren für
Mit Dulcian und Flauten;
Wenn sie dann lächelt zu mir her,
Vermein mir wär, als Zaubermär,
Der Himmel gar erkoren.

Ist denn was schöner auf der Welt,
Als recht einander lieben,
Wenn auch die Treu dazu gesellt,
Daß nichts sie mag betrüben?
Da ist das wahre Paradeis,
Davon die Lieb allein noch weiß,
Das ander ging verloren.

An eine gehaubte Braut

Aus „Deliciae Poeticae" (1728)

Ei du angenehmes Weibchen,
Setze nur das nette Häubchen
Auf dein noch weit nettres Haar.
Unter tausend süßen Küssen
Wirst du nun mit Lust genießen,
Was dir gestern fremde war.

Gelt, das Mannsvolk weiß die Sachen
So vergnügt, so gut zu machen,
Man kriegt kaum des Dinges satt.
Freilich, nach dem Schlafengehen
Lernt ein Mädchen erst verstehen,
Was ihr noch gemangelt hat.

Kehre dich nur an kein Lachen,
Frägt man tausend dumme Sachen
Von der überstandnen Nacht:
Ach, sie suchen durch viel Fragen

Dir die Röte raus zu jagen,
Die dich noch viel schöner macht

Wenn die Bräute doch gestünden,
Was sie bei dem Liebsten finden,
Was er macht und wie ers hält,
Wenn sie doch haarklein beschrieben,
Wie das Züngelchen im Lieben
Auf die rechte Schale fällt!

Rede, wenn die Zeit wird kommen;
Ward dir gestern was genommen,
Glaube nur: es schadt dir nicht.
Wer die Perle nur kann finden,
Wird den Schaden leicht verwinden,
Wenn die Muschel gleich zerbricht.

Die verworfene Liebe

Johann Christian Günther (1695–1723)

Ich habe genug
Lust, Flammen und Küsse
Sind giftig und süße
Und machen nicht klug.
Komm, selige Freiheit, und dämpfe den Brand,
Der meinem Gemüte die Weisheit entwand.

Was hab ich getan!
Jetzt seh ich die Triebe
der törichten Liebe
Vernünftiger an;
Ich breche die Fessel, ich löse mein Herz
Und hasse mit Vorsatz den zärtlichen Schmerz.

Was quält mich vor Reu?
Was stört mir vor Kummer
Den nächtlichen Schlummer?

Die Zeit ist vorbei.
O köstliches Kleinod, o teurer Verlust!
O hätt ich die Falschheit nur eher gewußt!

Geh, Schönheit, und fleuch!
Die artigsten Blicke
Sind schmerzliche Stricke;
Ich merke den Streich.
Es lodern die Briefe, der Ring bricht entzwei
Und zeigt meiner Schönen: Nun leb ich recht frei.

Nun leb ich recht frei
Und schwöre von Herzen
Daß Küssen und Scherzen
Ein Narrenspiel sei;
Denn wer sich verliebet, der ist wohl nicht klug.
Geh, falsche Sirene, ich habe genug!

Louise Adelgunde Victoria Kulmus an Johann Christoph Gottsched

Danzig, den 22. Sept. 1734.

Mein allerteurester Freund!
Vergangenen Sonnabend habe ich das wichtigste Schreiben, welches ich noch von Ihren Händen erhalten, mit Vergnügen erbrochen und mit der reinsten Freude, die ein redliches, ein zärtliches Herz empfinden kann, gelesen. Fünf freudenlose Jahre haben mich durch mancherlei Widerwärtigkeiten zu dessen frohen Empfange bereitet. Diese langen Prüfungen haben mich die Beschaffenheit meiner Liebe und die gerechten Gründe dazu, in ihrem ganzen Lichte sehen lassen. Diesen habe ich nun auch die Freimütigkeit zu danken, womit ich nicht allein Ihre, mir ewig teure Zuschrift erhalten, sondern mit welcher ich auch diese Zeilen aufsetze. Ich habe nichts von alledem zu fürchen, was Sie, mein einzig Geliebter, zu erwägen mir anraten. Ist es meinem Herzen schon damals unmöglich gewesen, den Eindruck zu vergessen, so Sie bei Ihrem Hiersein

Luise Adelgunde Kulmus aus Danzig lernte Johann Christoph Gottsched kennen, weil er vor den Werbern des Soldatenkönigs 1724 nach Leipzig geflohen war. Sie heirateten 1735.

auf selbiges gemacht, da ich, ohne eine sträfliche Treulosigkeit zu begehen, meine Meinung noch ändern konnte; wie sollte es sich künftig eines Wankelmuts schuldig machen? Eines Fehlers, der nicht anders, als mit der Verknüpfung des schändlichen Lasters begangen werden könnte, und der mich selbst in meinen Augen verächtlich machen würde? Das beständige Andenken an meinen einzigen und besten Freund, wird mich alle Augenblicke an meine Pflichten erinnern. Ich bin niemals durch Zwang zur Tugend genötigt worden; man hat mir ihre Vortrefflichkeit und ihren Wert sehr lebhaft vorgestellt; ihr zu folgen aber, hat man meiner eigenen Wahl überlassen. Indessen ist mir dieselbe immer so unendlich schätzbar vorgekommen, daß ich sie aus eigenem freien Willen erwählet! Ich hatte mir fest vorgesetzt, alles Ungemach, was ihr und ihren treuen Nachfolgern oft zu begegnen pfleget, lieber zu ertragen, als daß ich auf eine lasterhafte Art glücklich zu sein, hätte erwählen sollen. Die Tugend führet die, so sich ihr überlassen und ganz zu eigen geben, auf den besten Weg; sie zeiget ihnen Glückseligkeiten, die, wenn sie nicht so sehr in die Augen fallen, dennoch von längerer Dauer sind, als alle flüchtige scheinbare Güter dieser Welt. Ich nehme hierbei unsere Freundschaft zum Zeugen. So herrlich hat zuletzt das Ende derselben werden müssen. Unsere Wünsche sind erfüllt. Jetzt liegt es nur noch an mir, Ihnen, mein auserwählter Freund, ein Herz völlig zu übergeben, das Ihnen die Vorsehung schon zugedacht hat, und welches durch mancherlei Proben Ihrer Liebe würdig gemacht worden ist. Ich bin fest überzeugt, das wir beide von Gott selbst einander bestimmt sind. Ich schließe dieses sowohl aus der wunderbaren Art, die unsere Bekanntschaft veranlasset, als auch aus dem geheimen freudigen Verlangen, damit ich immer gewünscht, Ihnen auf ewig anzugehören.

Nun, im Namen Gottes verspreche ich mich Ihnen, mein teuerster und bester Freund, auf mein ganzes Leben, mit dem festen Vorsatz, Sie über alles in der Welt zu lieben und Ihnen treu zu sein bis in den Tod. Bei der Fortsetzung Ihrer Liebe wird mir alles Leiden erträglich sein und in meinem Gemüte keine Veränderung verursachen können. Nächsten Posttag sollen Sie ebenfalls ein sichtbares Zeichen zur Bestätigung dieser unserer Verlobung erhalten, weil ich heute nicht damit habe fertig werden können. Ich habe Sie nicht einen Posttag über die Gewißheit meiner Gesinnungen unruhig lassen wollen. Gott lasse den Segen meiner und auch Ihrer teuersten Eltern auf uns ruhen, so werden auch unsere äußerlichen Glücksumstände der inneren Zufriedenheit unserer Gemüter gemäß sein. Ich bitte mir die beständige Fortsetzung Ihrer Liebe aus; die meinige verspreche ich Ihnen nochmals bis in mein Grab, und mit welchem Vergnügen unterschreibe ich mich heute zum erstenmal meines innigst geliebten Freundes

verlobte Braut und ewig treue Freundin
Louise Adelgunde Victoria Kulmus.

Danzig, den 1. März 1735.

Liebster Freund
Sie haben recht, daß Sie unsere Liebe eine philosophische Liebe nennen. Sie ist von den so oft gewöhnlichen Bündnissen, welchen man zwar auch diesen Namen beizulegen pfleget, sehr unterschieden. Unsere Herzen waren einig, und wir hatten nicht an die äußeren Zeichen unserer Verlobung gedacht. Um anderer Willen bestätigten wir unsere Verbindung auf die gewöhnliche Art; wie oft kann die genaueste Beobachtung der feierlichsten Zeremonien den Bruch vieler Bündnisse doch nicht verhindern? Wie oft geschieht es, daß diese, der erstern ohngeachtet, vor geistlichen und weltlichen Gerichten für nichtig erkläret werden? Wir sind dergleichen Zufällen nicht unterworfen. Wo die Herzen für einander geschaffen sind, sollte da wohl eine Trennung möglich sein? Von Ihnen, mein tugendhafter Freund, hoffe ich das Beste, und von mir versichere ich alles. Ich mag mich nicht einmal mit der traurigen Möglichkeit eines Unbestandes beunruhigen. Ich erwarte Sie mit Ungeduld. Werden Sie auch alle meine, mit einer gewissen Ökonomie gemachten Anstalten billigen? Alle überflüssige Pracht, die nur allzu oft bei dergleichen Festen verschwendet wird, halte ich für ganz unnötig. Zu meiner wohleingerichteten Haushaltung gehöret notwendig eine vernünftige Sparsamkeit, und man kann nicht zeitig genug anfangen, vorsichtig zu handeln. Wie viele verschwenden bei dergleichen Gelegenheit in wenig Stunden eines

ganzen Jahres Einkünfte. Unser Hochzeitstag soll nicht mehr als 100 Thlr. kosten. Mein Aufwand für ganz unentbehrliche Dinge beläuft sich nicht viel höher. Wir haben eine weite Reise zu tun, und dabei ganz unvermeidliche Ausgaben. Wir müssen auf unsere Einrichtung in Leipzig denken, und dieses sind nötige Erfordernisse, bei denen keine Ersparnis stattfinden kann. Ich habe es also bei denen entbehrlichen und eingebildeten Notwendigkeiten abzubrechen gesucht. Nicht mehr als achtzehn Personen sollen Zeugen von unserem Feste, die ganze Stadt aber von unserem Glücke sein.
Im Fall Ihre würdigen Eltern ihres Alters und ihrer schwachen Gesundheit wegen nicht dabei zugegen sein können: so erbitten Sie uns Ihren Segen, den Gott seinem treuen Knechte für das Wohl seiner Kinder nicht versagen wird. Endlich wird nach langem Warten der glückliche Augenblick kommen, da ich Sie mit der reinsten Zärtlichkeit umarmen und Ihnen mit der vollkommensten Freude versichern kann, daß ich kein irdisches Glück sonst kenne, als ganz die Ihrige zu sein,

Kulmus.

Leipzig den zweiten Tag
nach meiner Witwenschaft 1737

Mein lieber Mann,
Die Glocke schlägt eben fünfe, und das Verlangen nach einem Briefe von Ihnen weckt mich schon früh aus dem Schlafe, worinne Sie vielleicht noch tief vergraben liegen, ohngeachtet ich mich erst um 1 Uhr zur Ruhe begeben habe. Ich kann mir diese Schlaflosigkeit nicht besser zu Nutze machen, als mit der mir einzig werten und einzig geliebten Person auf der Welt zu unterhalten. Ich muß gestehen, daß ich, solange ich lebe, nicht so viel Unruhe und Furcht ausgestanden, als seit dem traurigen Augenblick Ihrer Abreise. Ach, mein geliebter Mann, mein zärtlicher Freund! Was ist Ihnen alles auf dieser Reise begegnet? Was haben Sie für Wetter, was für Weg gehabt? Ich zittre für jedem Schlag, den Sie in Ihrem Wagen bei dem sehr üblen Wege mögen empfunden haben; und ich habe niemals geglaubt, daß die Zärtlichkeit unsers Geschlechts so schwach sein könnte, sich über alle, über die geringsten Kleinigkeiten zu beunruhigen. Kaum spreche ich mit Ihnen, mein Bester, so wird mein ganzes Gemüt heiter, und kaum lege ich die Feder nieder, so versinkt es in seine vorige Traurigkeit. Vermehren Sie diese kurze Heiterkeit durch baldige Nachricht von der Dauer Ihres Wohlbefindens und Ihrer Liebe gegen mich. Zehn- und mehrmal will ich abbrechen, um Ihnen alle Empfindungen meiner Seele bei jeder Zeile darüber zu schrei-

ben. Dieses ist das einzige Mittel, mir Ihre Abwesenheit einigermaßen erträglich zu machen. Leben Sie wohl, mein geliebter Mann, aber denken Sie auch abwesend an Ihre zärtliche und treu ergebene

Louise.

Das Rosenband

Friedrich Gottlieb Klopstock (1724–1803)

Im Frühlingsschatten fand ich sie,
Da band ich sie mit Rosenbändern:
Sie fühlt es nicht und schlummerte.

Ich sah sie an, mein Leben hing
Mit diesem Blick an ihrem Leben:
Ich fühlt es wohl und wußt es nicht.

Doch lispelt ich ihr sprachlos zu
Und rauschte mit den Rosenbändern:
Da wachte sie vom Schlummer auf.

Sie sah mich an, ihr Leben hing
Mit diesem Blick an meinem Leben,
Und um uns wards Elysium.

Maria Theresia an den Herzog Franz Stephan von Lothringen

Wien, 9. Februar 1736.

Durchläuchtigster Herzog, vielgeliebter Bräutigam!
Euer Liebden Schreiben hat mich sehr erfreut, bin auch ganz persuadiert, daß Sie lieber selbes persönlich als schriftlich versichert hätten, wie nicht zweifle Euer Liebden ein gleiches von mir auch glauben werden; ist wohl gut, daß nicht auf lange, . . . ich war in Sorge wie eine arme Hündin, haben Sie mich ein bißchen lieb . . Adieu Mäusel, ich umarme Sie von ganzem Herzen, adieu,

Euer Liebden getreueste Braut
Maria Theresia.

persuadieren – überzeugen

Maria Theresia (1717–1780) und Franz Stephan von Lothringen (1708–1765) vermählten sich im Jahre 1736. Ihrer Ehe entstammten sechzehn Kinder. Von 1740 – 1780 hielt Maria Theresia die Geschicke Österreichs in ihren Händen. Franz Stephan, der Großherzog von Toskana, wurde 1745 als Franz . zum Kaiser gekrönt.

Die Aderlässe

Vom Kaiserstuhl

Wenn mein Schatz krank will sein,
Geh' ich zum Bader;
Komm, mein Bader, lauf geschwind,
Laß ihr zu Ader!

Laß ihr am rechten Arm,
Da wirst du's finden,
Wenn es fröhlich hüpft und springt,
Tu es verbinden.

Wenn du verbunden bist,
Halt dich fein warme,
Dich umschließen doppelt lieb
Nun meine Arme.

Eine Braut an ihren Bräutigam

Mein auserwähltes Herz!
Gleich wie ich nicht zweifle, mein geliebtes Kind werden die heiligen Weihnachtsfeiertage in allem erwünschten Wohlsein zurückgelegt haben, so hoffe, daß der gütige Gott mein sehnliches Bitten in Gnaden erhören und meinen Geliebten mit so viel Gesundheit, Segen und allem Vergnügen in reichem Maß überschütten wird, daß beständig Ursach haben möge, ihn dafür zu preisen. Zu dem bevorstehenden Jahreswechsel gratuliere ebenfalls, und will meinen aufrichtigen Wunsch von Grund des Herzens in diesen wenigen Worten ausdrücken: „Höchster, höre mein Gebet! Nimm, mein liebstes Kind zu sparen, doch die Hälfte meiner Zeit, lege sie zu seinen Jahren, so wird auch mein zeitlich Wohl, das durch seine Güte keimet, bald des Segens reife Frucht, obgleich Neid und Mißgunst schäumet."
Mein Herz haben mir mit deren angenehmen Schreiben ein großes Vergnügen verursacht, da ich gesehen, daß sich dieselben deren häufige Verrichtungen, welche mich leicht vergessend machen können, nicht abhalten lassen, an mich gütigst zu gedenken, deswegen Ihnen meinem Geliebten den allerverpflichtetsten Dank abstatte. Dieselben beliebten in

deren Wertem zu erwähnen, daß die Ringe fertig, es stand aber nicht dabei, was ich dafür zu bezahlen schuldig, ich erwarte daher mit nächstem eine gefällige Nachricht sowohl dieserwegen, als auch vornehmlich den Herrn Schwager Consulenten betreffen.
Finden mein geliebtes Vergnügen sonsten etwas, das ich zu wissen oder besorgen nötig habe, so belieben es dieselben nur frei und aufrichtig zu melden, es soll mir dero Befehl allzu einer Vorschrift dienen. Bei der hochwertesten Frau Mama und Frau Schwester machen mein Herz bei dieser Jahresveränderung meine gehorsame Gratulation, und bitten mir ohnschwer deren geneigtes Wohlwollen ferner aus. Mein Papa und Mama lassen ebenfalls ihr Kompliment vermelden und Ihnen alles beglückte Wohlergehen in ungestörter Zufriedenheit zu genießen anwünschen. Anbei nehme mir die Erlaubnis, Ihnen mein Herz etwas Schlechtes von meiner Arbeit zu einem Leibchen beizulegen, mit der ergebensten Bitte, nicht auf den geringen Wert der Sache, sondern auf die aufrichtige Meinung zu sehen; denn ich versichere, daß nicht so viel Stiche darin befindlich, als gute Wünsche für dieselben dabei abgeschicket. Schließlich bin mit beständig währender Hochachtung

meines herzlich geliebten

Hof, zg. Dezbr. 1750 treu ergebene E. E. R.

Friedrich Gottlieb Klopstock und Meta Moller

Meta Moller an F. G. Klopstock

den 7. April 1752.

Wieviele Briefe werde ich Ihnen noch schreiben, ehe ich Sie sehe, mein süßer Freund? Ach, wenn der liebe Mai doch nur erst da wäre! Aber kommen Sie mir auch nicht eher, als bis die Wege recht gut sind und das Wetter besser ist, auf daß Sie mir meinen Klopstock ganz gesund und wohl liefern. Und dann wollen wir uns recht, recht vergnügen. Aber Sie müssen auch ja so sein, als ich Sie haben will. Versprechen Sie mir das? Und dann vor allen Dingen ja nicht zu früh wieder wegreisen. Sie sollen nur sehen, wie schön es hier im Frühlinge ist. Aber was diesen Frühling für uns das beste ist, das empfinden Sie nicht so sehr als wir. Und was wird denn dieses Jahr uns hier den Frühling schön machen? – – Ach Klopstock, ich bin Ihnen doch recht von Herzen gut. Diese Nacht träumte mir, daß Sie hier waren. Das war schön! Ich bin so vergnügt, Klopstock, wenn ich an Ihr Kommen denke. Der Himmel belohne Sie dafür, daß Sie uns einige Stunden so erheitern. Und wenn Sie nun kommen, so will ich zusehen, ob ich meinen alten Gram wenigstens auf die Zeit ersticken kann. Tun Sie das auch Klopstock. – Aber ich will daran nicht denken, ich will soviel mir möglich ist mich mit den Gedanken, den süßen Gedanken beschäftigen, daß ich meinen so lieben Freund nun bald sehen werde.

Ob ich Ihnen in Ihrem letzten Brief Ihren Ernst vergebe, nachdem er mit Scherz anfing? O Klopstock, Sie sind mir immer ernst noch liebenswürdiger als im Scherz, ob Sie mir gleich auch im Scherze unendlich liebenswürdig sind. Wieviel mehr feierlich wird mir künftig der Karfreitag sein! Ach Klopstock – – gottlob, daß ich Sie 1740 noch nicht gekannt habe. Mein süßer, süßer, lieber Freund. Ich kann Ihnen nicht mehr schreiben.

M. Moller.

Friedrich Gottlieb Klopstock (1724–1803) und seine erste Frau. Margarethe, die er als Meta bedichtete, heirateten 1754. Margarethe Klopstock verstarb 1758, ein Jahr später wurden ihre Schriften durch Klopstock veröffentlicht.
Die im letzten Brief erwähnte Fanny war Metas heimliche Nebenbuhlerin, die aber Klopstocks Liebe nicht erwiderte.

Meta Moller an F.G. Klopstock

Hamburg, den 24. Juli 1752.

O mein Klopstock! Was soll ich Dir nach Deinem gestrigen Briefe sagen? Ach, ich kann Dir nichts sagen, ich empfinde zu viel, Du Bester, Bester – Du erster unter den Menschen! Und Du, Du liebst mich! Und ich darf Dich lieben! Alle die Bewunderung, die Ehrfurcht hat Liebe werden dürfen! O, wie lieb' ich Dich! Und der Gedanke, daß Du mich liebst – ich kann es Dir nicht beschreiben, in welchem beständigen Entzücken ich bin. Ich habe oft gesagt, ich möchte nicht wissen, wie einem zu Mut wäre, dem eine große Freude angekündigt würde, aber jetzt weiß ich's ...

Der Geanke, daß Du mich liebst (und das ist im eigentlichen Verstande mein immerwährender Gedanke), macht mich so fröhlich, daß alle Verdrießlichkeiten und alle Sorgen mir klein werden, es macht Deine Entfernung selbst erträglich. Ich hätte es niemals gedacht, daß ich bei Deiner Abwesenheit so mutig und so vergnügt sein könnte. Kommt es alles daher, daß ich weiß, Du liebst mich? Es muß daher kommen, ach, wenn Du die Entzückung fühlen könntest, wenn man denkt: Klopstock liebt mich! Es mag Dir wohl recht lieb sein, Du magst Dich wohl freuen, wenn Du denkst, daß ich Dich liebe – aber dieEntzückung mußt Du doch entbehren, die kannst Du nicht haben – Mein Herz ist gar zu voll. Ich kann nicht schreiben. So ging's mir Sonnabend nachmittag auch. Ich war so voll von Dir, ich wollte an Dich schreiben, und ich vertiefte mich so in meinen immerwährenden Gedanken, daß ich darüber nicht schrieb ...

F. G. Klopstock an Meta Moller

Oktober 1752.

Es ist Sonntag abend, meine Teuerste, und ich bin zu Hause geblieben, nicht allein weil ich das wohl mag am Sonntag, auch weil ich am „Messias" fort arbeiten wollte und weil ich liebe, mit Dir allein zu sein. Umgang, der mir ehemals nicht mißfiel, ist mir jetzt gleichgültig, so bin ich denn mit Dir gewesen diesen ganzen Abend, meine Geliebteste; jetzt erst beschäftigt mich der Gedanke, dir zu schreiben. Mit welchem Frieden der Seele denke ich von allen Seiten den Gedanken, daß Du mein bist und ich Dein bin. O Meta, wie ganz bist Du geschaffen, mich glücklich zu machen, mich nach Dir zu bilden! Kann hier größere Glückseligkeit sein? Doch was ist die größte irdische Glückseligkeit gegen die, welche wir in einem künftigen Zustande zu hoffen haben? Ja, meine Geliebteste, für immer.

Meta Moller an F. G. Klopstock

(vor 1754)

Du Süßer, Süßer! – Höre, ich will Dich, wenn du wiederkommst, für jeden Buchstaben küssen, den Du an mich geschrieben hast. Aber nein, alles, alles was Du geschrieben hast, verdient ja wohl, daß ich Dich küsse. Es bleibt also dabei, ich küsse Dich für auch alles; für Deine Oden küsse ich Dir die Hand, für den Messias die Füße. Ich küsse Dich auch für alles, was Du an Fanny geschrieben hast.

Flattersinn

Aus Unterfranken

Ei, mein Herzchen, ei, mein Schätzchen,
Willst du mich denn ganz und gar verlassen?
Willst du nicht mehr lieben,
Sondern nur betrüben?
Willst mich hassen
Und verlassen?
Ei, so reis' ich fremde Straßen.

Ja gedenk' an jene Worte,
Die du einstens hast zu mir gesprochen.
Bin nicht mehr gekommen;
Hast ein' andern g'nommen;
Ja du sagtest
Und versprachest,
Mich zu lieben für und für.

Du bist eben wie ein Vogel,
Der von einem Baum zum andern flieget;
Du wirst noch gefangen
Auf der Vogelstangen;
Du wirst sehen,
Wie's wird gehen,
Wenn du alle Tag ein' andern liebst.

Aber meine Liebe nicht

Vom Kaiserstuhl

Schönster Schatz auf dieser Erden,
Zweifle nicht an meiner Treu';
Ja, du sollst und wirst der Meine werden,
Wenn nur du mir bleibst getreu.

„Schönster Schatz, ich liebe dich,
Deine Unruh kränket mich.
Du bist mir das Liebste auf der Erden,
Tag und Nacht denk' ich an dich."

Wenn du wirst in Garten gehen
Und die Blumen schauen an;
Schau, wie schnell die schönsten untergehen,
Brich sie ab, gedenk daran.

„Rosen, wie mein Finger bricht,
Blühn auf deinem Angesicht;
Diese Rosen kann die Zeit verwehen,
Aber meine Liebe nicht."

Christoph Martin Wieland an Sophie von Gutermann

5. Junius 1752.

Unschätzbare Freundin.
Ihr Brief ist zu schön, als daß ich ihm antworten könnte. Mit Küssen, mit Tränen der Entzückung, mit gleich edlen Gesinnungen möchte ich Ihnen lieber antworten. Wie zärtlich dankte ich der Vorsicht für Sie! Was für ein himmlisches Herz ist das Ihrige. O glauben Sie, geliebteste Freundin, daß Sie nicht mehr geliebt werden können, als ich Sie lieben werde. Ich bin fähig, den unendlichen Wert Ihrer Seele zu kennen und zu lieben, und ich bin stolz darauf. Ich freue mich mit einer süßen Ungeduld auf unser Wiedersehn. Wie himmlisch sollen die Stunden sein, die wir da verleben wollen!...
...Ich umarme Sie auf das zärtlichste, meine liebenswürdige Sophie, leben Sie vergnügt, und lieben Sie mich. Ja, göttliche Freundin, wir wollen uns ewig lieben, und gewiß, wir werden noch ein Beispiel von Glückseligkeit werden.

Zürich, den 6. Junius 1753.

Meine liebste Sophie! Mein Herz ist in solcher Bewegung, daß ich Ihnen kaum schreiben kann und doch kann ichs auch nicht unterlassen. Glauben Sie mir, daß es mir ist so wenig um mich selbst zu tun ist, daß mir kein Unglück hätte soviel Betrübnis verursachen können, als ich izt von der Vorstellung leide, auf was eine unwürdige Art ich mit dem besten Herzen umgegangen bin – auch ich bin einer von den Peinigern dieser verehrungswürdigen Unschuld, die lauter Liebe ist und lauter Liebe verdient – o meine Sophie, ich erliege unter diesem Gedanken; nehmen Sie die redlichen Tränen, die mein Herz selber weint, für eine Versicherung, daß es nun endlich das letzte Mal sein soll, daß ich Sie betrübt, so sehr betrübt habe! Und doch hat ihr Brief eben die gütige Miene, mit welcher Sie mir persönlich vergeben würden. Unvergleichliches, ewig schätzbares Herz! Der Himmel segne Sie für diese Gütigkeit, die schwerlich hier belohnt werden kann. Glauben Sie und nehmen Sie die Versicherung als eine an, die ich vor Gott und mit Einstimmung meines ganzen Willens für immer tue, daß ich Sie künftighin in einem noch höheren und meinem Herzen noch heiligeren Gesichtspunkt ansehen wer-

Sophie Gutermann (1731–1807), bekannt als Sophie von Laroche, und Christoph Martin Wieland (1733–1813) verband eine schwärmerische Jugendliebe, die sich auseinanderlebte. 1771/72 gab Wieland ihren Roman „Geschichte des Fräuleins von Sternheim" heraus.

de, und daß ich die kleinste Beleidigung, die ich Ihrem Herzen antat, mir selbst als eine Versündigung gegen die sichtbare Unschuld vorwerfen würde.

...Meine Sophie, meine teure Freundin, meine ewig liebenswürdige, unschuldsvolle Sophie, sagen Sie mir, lassen Sie Ihr geliebtes Herz selbst es mir sagen, ob Sie mich nach dieser elenden Vergehung noch lieben, noch so lieben können, wie Sie mich ehemals liebten, da Sie mich für besser, für Ihrer würdiger hielten. Ob nicht fast eine einwendige Stimme, ach, ich zittere vor diesem Gedanken, ob nicht die Vernunft Ihnen sage, daß ich Ihr Herz nimmer verdiene – doch ich weiß, daß Sie zu gütig sind, diesem Gedanken Platz zu geben; vielleicht zerschmilzt Ihnen noch Ihr liebenswürdiges Herz, wenn Sie dieses lesen. Ach! an welcher Unschuld habe ich mich verschuldet! Sagen Sie mir aber alles, was Sie empfinden und denken, nur betrüben Sie mich nicht gar zu sehr durch einen so zärtlichen Brief, bei dem mein ganzes Herz mir sagen müsse, ich habe keinen solchen Brief mehr verdient! Eine für mich grausame Bitte, aber ich würde in diesem Augenblicke schwerlich all Ihre Zärtlichkeit ertragen können, wenn ich bei Ihnen wäre. Ich erliege der Empfindung, Sie so beleidigt, so mißkannt, so betrübt zu haben.

...Bemühen Sie sich, meine gütige Freundin, sich selbst zu überreden, daß ich in einer völligen Abwesenheit des Geistes den letzten Brief geschrieben habe! Es ist in der Tat so. Wie könnte ich Ihnen sonst humeurs, Trotz und dergleichen Eigenschaften von mir selbst zugeschrieben haben, da ich, seitdem ich Sie kenne, nichts als eine allgemeine und edelmütige Güte und das beste menschliche Herz an Ihnen gefunden habe! Vergessen Sie, wenn es möglich ist, diese unglückliche Begebenheit, verbrennen Sie diesen hassenswerten, mir unanständigen Brief, lassen Sie uns eine neue Periode unserer zärtlichen Freundschaft anfangen!

...Wenn ich an Sie denke, mein unschätzbares Herz, so vergehe ich fast von der Erinnerung an meinen letzten Brief. Gern möchte ich izt meinen Kummer in Ihrem Schoße ausweinen, ach, liebste Sophie, wie quälend ist es mir, daß Sie auch von mir, auch von dem, dem Sie Ihr Herz geschenkt haben, von dem Sie nichts als Dankbarkeit, Liebe, Hochachtung und Gefälligkeit erwarten sollten, auch von diesem mehr unvorsichtigen als boshaften Menschen geplagt werden sollen! Mit welcher Miene kann ich Ihnen versprechen, daß es niemals wieder geschehen soll? Eben dieses habe ich Ihnen schon oft versprochen. – O meine teure Sophie, wie glücklich wäre ich, wenn ich bei Ihnen sein könnte! – Mein Herz ist doch geschaffen, Sie zu lieben, es müßte aufhören zu sein, wenn es aufhören sollte, die beste, die würdigste, die zärtlichste Freundin zu lieben. Gebe doch der Himmel, daß mein künftiges Leben einmal eine Genug-

tuung sei für das, was Sie von mir und um meinetwillenwillen gelitten haben!...
Adieu meine Sophie? Wenn Sie mir ganz vergeben und all Ihre vorige Gütigkeit gegen mich haben, so schreiben Sie mir mit der ersten Post. Adieu!

Die Liebe

Matthias Claudius (1740–1815)

Die Liebe hemmet nichts; sie kennt nicht Tür noch Riegel,
Und dringt durch alles sich;
Sie ist ohn Anbeginn, schlug ewig ihre Flügel,
Und schlägt sie ewiglich.

Anna Luise Karsch an J. W. Ludwig Gleim

Den 2. Juni 1761.

Mein süßer Freund,
sind Ihre Gedanken der Gesellschaft treu geblieben? Ich zweifle, denn ich wandelte gestern spät unter den Rosen im Garten umher, sanfte kühle Lüfte flüsterten nahe bei mir, und ich glaubte Ihre Gedanken darunter zu hören. Der Mond machte auch mit seinem halben Antlitz den Abend prächtig und ich dachte tausendmal meinem Gleim. O, mein bester Freund, ich war in der Tat krank. Sie glauben nicht, was ich alles mit dem Suchen im Tiergarten ausstand. Ich zürnte auf die schattigen Bäume und auf die singenden Vögel, ich lief mit den Schritten eines Flüchtlings und mein Herz empfand den angreifendsten Verdruß, so gewiß ist es, daß alles, was unsere Seele leidet, auch dem Körper schmerzhaft wird, und nichts gewisser ist, als daß ich Ihnen heute sehen muß. O könnt ich alle Dinge möglich machen, was würd ich alles für Wunderwerke tun, um Verdienste genug zu haben.

Ihre beste Freundin zu sein, Sappho.

25. Juni 1761

Lassen Sie mir die Wollust, daß ich Ihnen lieb habe.

8. Juni 1762

Mit der ganzen Ungeduld des Herzens suchte ich Ihnen, mein liebster Freund. Ich durchstrich die schattigen Gänge sich küssender Birken, ging bei die Bildsäule, blickte dreimal hinauf, horchte einen Augenblick wie die Nachtigall sang und ging wieder vorüber. Ich fand Ihnen und wie kurz war diese kostbare Stunde! Warum mußten Sie sich fortreißen? Ich glaube den Widerwillen bemerkt zu haben, mit welchem Sie gingen, oder irr ich mich, war in ihrem Auge Verdruß wegen der Tändeleien, die ich Ihnen gab? Lassen Sie mir doch diese kleine Entusiasterei in der Freundschaft, die mir so süß ist...
...ich sehe Ihnen in diesen Augenblick. Sie sitzen bei mir, ich überreiche Ihnen noch einmal die besungene Dose und ich wiederhole diese Worte, auf die Sie gestern nicht acht hatten, ich sage,

Sappho – griechische Lyrikerin aus Lesbos (7. Jahrhundert v. Chr.)

Um Johann Wilhelm Ludwig Gleim (1719–1803) hat sich ein großer Kreis der bedeutendsten Dichter jener Zeit gesammelt und seine Verse waren lange in den Gassen und auf den Jahrmärkten zu Hause.

Gefällt die Dose Dir so gut wie das Gedichte
O Freund, so sei sie Dein,
Sie würde mir um Gold von doppeltem Gewichte
Nie feil gewesen sein,
Dir aber gäb ich, säß ich jetzt auf einem Throne,
Zuerst mein Herz und dann von meinem Haupt die Krone

Warum bin ich nicht groß, angesehen, mächtig? Eitler Wunsch, wozu nützt er, ich bin ja doch Sappho.

Ich bin Ihre zärtliche Freundin A. L. K.

Lassen Sie mich wissen, wann wir uns sehen.

An die Liebe

Johann Georg Jakobi (1740–1814)

Von dir, o Liebe, nehm ich an
Den Kelch der bittern Leiden;
Nur einen Tropfen dann und wann
Nur einen deiner Freuden!

So wird dein Kelch, o Liebe, mir
Wie Feierbecher glänzen;
Auch unter Tränen will ich dir
Mit Rosen ihn bekränzen.

Heinrich Pestalozzi und Anna Schultheß

Pestalozzi an Anna Schultheß

1768

...Ich habe es gewagt, Sie anzustaunen, mit Ihnen zu reden, Ihnen zu schreiben, Ihre eigenen Empfindungen zu denken, zu fühlen, Ihnen zu sagen. Ich sollte die Schwäche meines Herzens gekannt und solche Gefahren vermieden haben, wo jede Hoffnung verschwindet. Was soll ich nun tun? Soll ich schweigen und im stillen Gram mein Herz verzehren? Nein, ich will nicht schweigen! Es wird Erleichterung für mich sein, wenn ich weiß, daß ich nichts hoffen darf...

Anna Schultheß an Pestalozzi

1768

Mein teurer Freund, den ich gewiß nicht ohne die besonders gütige Leitung der Vorsehung mußte kennen lernen, den ich nicht angefangen habe zu lieben, bis ich seiner Tugend, seiner Vorzüge, seines edlen Herzens ganz überzeugt war – Freund, Sie halten jede Prüfung aus. Ich will meinen Empfindungen folgen, ich will Ihnen trauen, Sie sind rein, Sie sind auf wahre Verdienste gegründet. Ich will Sie für immer beruhigen, bester unter allen Jünglingen! O mein Gott, mein Vater, stehe mir bei! Ich will jetzt dem allerwichtigsten Stande meiner Bestimmung entgegen gehen. Ich bat Dich oft, Allgütigster, daß Du mein ganzes Leben hindurch mich leiten wollest. Ich erkenne diese Entschließung als Deine Leitung mit dem gerührtesten, dankbarsten Herzen. Es geht dahin, mein Herz und meine Hand einem Manne zu schenken, der sie beide verdient, einem Manne, der sich Dir und der Tugend schon früher geweiht. An seiner Seite bin ich glücklich. Er führt mich auf Dir gefälligen Wegen meiner wahren Bestimmung immer näher, ich werde durch ihn vollkommener . . .

...Und nun mein geliebter, mein edler, mein teurer Freund! Falle auch Du nieder auf Deine Kniee und bete den Allmächtigen an, und erflehe von ihm, daß er uns glücklich mache! Ich will dich lieben, so-lange Du der Tugend getreu bist, und Du wirst ihrer nicht ungetreu. Ertrage mei-

Heinrich Pestalozzi (1746–1827), Philosoph und Pädagoge, wurde zum Anreger vieler sozialpädagogischen Bewegungen des 19. Jahrhunderts. Anna Schultheß (1738–1815), seine um acht Jahre ältere Braut, lernte er 1766 kennen und heiratete sie 1769.

ne Fehler mit Nachsicht, strafe sie gelinde, aber schweige nie still dazu, ich werde sie bessern. Empfange mit dem wenigen Guten, so ich an mir habe, die Belohnung für Deine in tiefem Kummer verbrachten Stunden! Ich hatte auch solche, mehr als Du weißt, mit Absicht nicht weißt. Sie werden uns alle belohnt, denn unsere Absichten sind edel. Ich liebte nicht ungeprüft... Werde ich den Schmerz erfahren müssen, Dich zu verlieren, so will ich gar nicht mehr lieben. Nein, Rechtschaffener, ich kenne niemand, der Dir ähnlich ist. Wie konnte ich es tun. – Aber weg mit diesem kummervollen Gedanken! Auch das bestimmte der Höchste. Wir wollen nie über seine Führungmurren...

Pestalozzi an Anna Schultheß

1768

Teure innig Geliebte!
So empfange denn auch Du den feierlichen Eid ewiger Liebe! Ich stehe eben auf von meinen Knieen, auf denen ich zum Herrscher im Himmel gebetet. „Segne uns Herr!“ betete ich, „gib uns Mut und Entschlossenheit, den ferneren Dir allein bekannten Labyrinthen der Zukunft mit innerer Herzensruh entgegen zu gehen. Wir erkennen Deinen Willen und Deine Vorsehung in unserer Verbindung. Laß sie forthin ob uns walten! Laß uns ihrer würdig leben!...“
So betete ich und dankte dem Höchsten und gelobte ihm Dein und mein Leben. Ja, ich will Dich ihm gefällige Wege führen und ich will Dir gehorchen bei jeder edeln Tat, die Du forderst.
Nimm, meine Geliebte, meine Hand und mein Herz für alle Opfer, die Du mir tust. Du bist ewig der Tugend getreu und ich liebe Dich ewig.

Ertrage auch Du meine Fehler mit Geduld; strafe mich jedesmal wenn ich fehle, mein Herz hasset das Laster – es ist unaussprechlich, was ich empfinde, was ich für Dich empfinde. Ich eile, Dich zu umarmen, Du siehest dann wieder die Bewegungen meines Herzens und bist gewiß, daß ich ewig Dich zu lieben geschaffen, daß ich ewig

Dein eigener Pestalozzi.

1769

Du bist wieder da, Geliebte! Wie hüpfet mein Herz, wie vergesse ich alles, wie lachend schreibe ich Dir! Innig Geliebte! Wann sehe ich Dich wieder? Wo ist der erste Ort, wo wir uns küssen? Wann ist die erste Stunde, wo ich zu Dir eile, Freundin? Sehen wir uns heute nicht mehr, so eilen wir zur Ruhe, weg von dem beschwerlichen Geschwätz der Menschen; wir eilen ins einsame Zimmer und träumen heiliger Umarmungen Seligkeit. Dann, Geliebte, schlägt mein Herz geschwinder, Dein Busen wallet und wünschet ... Bald sind die schlummernden Wünsche Träume, dann schlafen wir lange. – Und wenn uns jemand sähe, wie wir heiter schlafen, er würde sagen und schwören: das Mädchen liebet, der Jüngling liebet ... denn er würde sehen, auf der redenden Stirne würde er es sehen, wenn Du, schalkhaft Dich neigend, die Küsse versüßest, er würde es sehen, wenn ich träumend Dich küßte und vielleicht würde ich laut rufen: „Du liebe Nannette!“ Dann träumen wir lange, und die frühe Sonne zerstreuet ihn nicht, diesen Schatten der Seligkeit unserer Liebe.

1769

Meine Teure!

Hast Du wohl geschlafen und nicht über mich geseufzt? – Ach Gott, stehe mir bei, daß ich nicht erliege, daß ich Auswege finde aus diesem Elend! Wo ist das Glück der Menschen, wenn für ihre Schwäche zu großer Jammer sie stürzet? Wie elend bin ich! Wie unentschlossen! Wie ungewiß meines Schicksals! Wie unähnlich mir selbst! Wo ist der Tand meines Glückes, hin, wo ist ... o Gott, ich habe Dich unglücklich gemacht und nun hängt es nicht mehr von mir ab, Dich glücklich zu machen! O Gott, wo sind jene heiteren Tage meiner Unschuld, wo ich Dich nicht elend gemacht (wo ich Dich noch nicht kannte, Dein Herz nicht besaß). O käme wieder ein Strahl von diesen Tagen in mein Herz zurück! Aber ewig, ewig ist es verloren. – Ich habe Dir den Segen Deiner Eltern entrissen – und, o Gott! wäre ich ferner von Dir, wärest Du entschlossen (von mir zu lassen) – könnte ich fliehen, daß ich ferner, schrecklich ferner von Dir, allein bitte! Aber nie, nie werde ich den

Trost finden, allein zu leiden! – So träumend jammere ich und weiß nicht, was ich tue. – Dann erhole ich mich wieder, glaube recht zu tun und finde Deine Eltern grausam und ungerecht und glaube, ich sei dennoch einst glücklich in Deinen Armen! Aber wenn diese unentschiedenen Tage Jahre dauern, so vergehe ich. O Gott, darf ich sagen: „Leb wohl!“, der ich Dein Leben elend gemacht?

Die Mainacht

Ludwig Heinrich Christoph Hölty (1748–1776)

Wenn der silberne Mond durch die Gesträuche blickt
Und sein schlummerndes Licht über den Rasen geußt
Und die Nachtigall flötet,
Wandl ich traurig von Busch zu Busch.

Selig preis ich dich dann, flötende Nachtigall,
Weil dein Weibchen mit dir wohnet in einem Nest,
Ihrem singenden Gatten
Tausend trauliche Küsse gibt.

Überhüllet von Laub, girret ein Taubenpaar
Sein Entzücken mir vor; aber ich wende mich,
Suche dunklere Schatten,
Und die einsame Träne rinnt.

Wann, o lächelndes Bild, welches wie Morgenrot
Durch die Seele mir strahlt, find ich auf Erden dich?
Und die einsame Träne
Bebt mir heißer die Wang herab.

Johann Christian Kestner an Lotte Buff

Wetzlar, 25. April 1768.

Liebenswürdige Demoiselle!

Sie wissen es schon, was ich für Sie empfinde. Das Herz hat seine Sprache und weiß, sich auch ohne Worte genug zu erklären. Ich habe Ihnen das meinige sogar schon durch Worte entdeckt. Allein, um mir eine endliche Entscheidung meines Schicksals von Ihnen zu erbitten, lege ich Ihnen hiermit ein feierliches Geständnis davon vor.

Es ist dieses, daß ich Sie liebe, Sie hochschätze, Sie verehre; daß ich es fühle und überzeugt bin, daß ich Sie ewig lieben werde; daß ich in Ihre Genehmigung meiner aufrichtigsten, zärtlichsten Gesinnungen gegen Sie mein ganzes Schicksal setze; daß ich endlich mich für den glücklichsten Menschen halten werde, wenn ich mir Hoffnungen machen kann, einst zu dem ewigen Besitze Ihres unschätzbaren Herzens zu gelangen ...

Endlich vertraue ich diesem Brief meinen Antrag mit mehrerem Mute, als ich haben würde, wenn ich ihn mündlich tun wollte und mein Mund vielleicht dasjenige umsonst oder doch unordentlich ausdrückte, was ich empfinde, was ich wünsche und so sehnlich wünsche.

Mein Antrag geht also dahin: Ob Sie sich mit mir in eine ernsthafte Verbindung einlassen möchten; in eine Verbindung, welche, sobald es die Umstände und die Vernunft erlaubten, ein ewiges Band unauflöslich machte, das nur dem Ausschweifenden, dem Wankelmütigen und Flatterhaften, dem, welcher die süße Harmonie zweier allein sich ergebenen Herzen nicht fühlen kann, sklavisch und lästig vorkommen wird, mir aber eines der größten unter den Glückseligkeiten des menschlichen Lebens zu sein scheint, wofern eine beiderseitige Bemühung sich vereinigt, um ein fortdauerndes gutes Vernehmen, Eintracht, Gefälligkeit, Zufriedenheit und Zärtlichkeit in ihrer Lebhaftigkeit zu erhalten, wovon wir

Johann Christian Kestner (1741–1800) war Legationsrat und schrieb Charlotte Buff (1753–1828) diesen Werbebrief. Charlotte Buff wurde nur wenige Jahre später von Goethe, der sie liebte, in den „Leiden des jungen Werther" verewigt. Kestner und Lotte heirateten am Palmsonntag 1773.

ein schönes, nachahmungswürdiges Muster in Ihren lieben und mir deswegen allezeit unendlich verehrungswürdigen Eltern vor uns sehen. Ziehen Sie darüber zuerst Ihr Herz und Ihre Neigung zu Rate, hierdurch nur wird ein günstiges Urteil erst seinen wahren Wert bei mir erhalten; und, o möchten diese für mich reden! Alsdann werden Sie über dasjenige, was die Vernunft und die Überlegung hierbei anrät, sich mit Ihren lieben Eltern, denen ich meine Absicht schon vorläufig entdeckt habe, beratschlagen können ...

Ohngeachtet mein brennendes Verlangen eine Erklärung, und was noch mehr ist, eine günstige Erklärung zu erhalten, nicht bald genug erfüllet werden kann, und es vielleicht mein Vorteil ist, wenn Sie weniger behutsam wären, dennoch liebe ich Sie zu sehr, wünsche also zu sehr Ihre künftige Glückseligkeit und suche in der Rechtschaffenheit zu sehr mein Glück, als daß ich Ihnen nicht anraten sollte, diese Entscheidung mit gehöriger Sorgfalt, wozu Ihrem Geiste die Natur hinlängliche Fähigkeit verliehen hat, vorzunehmen, in einer Sache, welche durch eine kurze Dauer von Zufriedenheit wenig schätzbar, oft ein Elend wird, und durch die Fortdauer erst den wirklichen Vorzug erhält.

Sind Sie also von der Größe, der Wahrheit, der Aufrichtigkeit meiner Liebe überzeugt, so werden Sie auch in die natürliche Folge davon, Ihr Glück, Ihre Zufriedenheit und Ruhe befördern, keinen Zweifel setzen und meine zum Wankelmut und zur Flüchtigkeit nicht geneigte Denkungsart Ihnen deswegen auf die Zukunft Gewähr leisten. Sind Sie aber davon noch nicht überzeugt: o, so sagen Sie mir Ihre Zweifel, ich kann sie heben; geben Sie mir Proben auf, ich unterwerfe mich ihnen.

Ich schließe und warte voll Ungeduld auf Ihren Ausspruch, indem ich mich, unter Empfindung der lebhaften, Ihnen nur gewidmeten Zärtlichkeit, der Güte Ihres Herzens empfehle und in angenehmer Erwartung nenne

liebenswürdigste Demoiselle
dero ewig ergebenster
J. C. Kestner.

Die Liebe

Ludwig Heinrich Christoph Hölty (1748–1776)

Eine Schale des Harms, eine der Freuden wog
Gott dem Menschengeschlecht; aber der lastende
Kummer senket die Schale;
immer hebet die andere sich.

Irren, traurigen Tritts wanken wir unsern Weg
Durch das Leben hinab, bis sich die Liebe naht,
Eine Fülle der Freuden
In die steigende Schale geußt.

Wie dem Pilger der Quell silbern entgegenrinnt,
Wie der Regen des Mais über die Blüten träuft,
naht die Liebe: des Jünglings
Seele zittert, und huldigt ihr!

Nähm er Kronen und Gold, mißte der Liebe? Gold
Ist ihm fliegende Spreu; Kronen ein Flittertand;
Alle Hoheit der Erde
Sonder herzliche Liebe, Staub!

Los der Engel! Kein Sturm düstert die Seelenruh
Des Beglückten! Der Tag hüllt sich in lichtes Blau;
Kuß und Flüstern und Lächeln
Flügelt Stunden an Stunden fort!

Herrscher neideten ihn, kosteten sie des Glücks,
Das dem Liebenden ward, würfen den Königsstab
Aus den Händen und suchten
Sich ein friedliches Hüttendach.

Unter Rosengesträuch spielet ein Quell und mischt
Dem begegnenden Bach Silber. So strömen flugs
Seel und Seele zusammen,
Wann allmächtige Liebe naht.

Johann Gottfried Herder und Karoline Flachsland

Karoline Flachsland an Herder

Darmstadt, 26. August 1770, nachts 11 Uhr.

Nein, ich will nicht länger mein Herz dem redlichsten besten Freunde verhehlen, eben so stark, und, wenn es möglich ist, noch stärker liebe ich Sie, wie Sie mich lieben, wie freue ich mich, daß Sie mein ehrliches gutes Herz kennen, wie ganz in einer Minute haben sich unsere Seelen erkannt; was ich an dem glücklichen Sonntag empfunden, und von Tage

zu Tage mehr empfunden, kann ich nicht sagen, es ist mir alles neu, dies, dies ist allein die wahre himmlische Freundschaft. Vergessen Sie mein wunderliches Mißtrauen! Guter liebenswürdiger Freund, es muß Ihr rechtschaffenes Herz beleidigt haben, aber denken Sie auch, wie viel sich ein armes Kind zutrauen darf, das seine Schwäche so gut kennt. Loben Sie mich nicht, mein Lieber; ich bin froh, ich bin glücklich, daß unsere Herzen sich kennen. Könnten Sie doch diesen Augenblick bei mir sein, und das gerührte Herz, das nur für Sie gemacht ist, sehen: Ganz, ganz haben Sie meine Erwartungen übertroffen; darf ich jemals an eine ewige himmlische Freundschaft unter uns gedenken, ist das nicht zu viel für ein armes Kind? O, ich darf diese göttliche Szene nicht denken. Werden Sie dann mein Schutzengel sein:...Wenn nur der morgende Tag bald vorübergeht! O schrecklicher Tag, der mir meinen Freund wieder nimmt und vielleicht auf ewig! Gott! Du mußt mich stark machen. Und sehen wir uns hier nicht mehr, so sehen wir einander gewiß im Himmel, und dann – dann trennt kein Schicksal mehr die Seelen, die Du, Natur, einander bestimmtest.
Ich muß aufhören, ich zerfließe in Tränen, ewig Ihre Treueste

Flachsland.

Herder an Karoline Flachsland

Frankfurt gegen den 20. April 1771.

Haben Sie meine letzte scheidende Bitte erfüllt, liebstes Mädchen, und sind ruhig und heiter gewesen? O Gott! da ließ ich Sie im Winkel hinter meinem Bette stehen, mit weinenden geschwollenen Augen, wo Sie doch vor meiner Ankunft in eben dem Kämmerchen sich auf meine Ankunft so freuten! Bin ich denn als ein Mörder oder Übeltäter bei Ihnen gewesen, um Ihnen die Ruhe und Heiterkeit der Seele, in der Sie so leben und weben zu rauben? Lassen Sie mich den Gedanken nicht denken, sanftes, heiteres Mädchen. Ich sehe Sie vielmehr in dem Bilde, wie Sie mir immer erscheinen und mit mir gehen, und in dem Sie mir zuerst erschienen sind, wie eine leichte, vergnügte Unschuldsgöttin, die hier auf Erden sichtbar geworden. Das ist, liebste Karoline, Ihre Naturgestalt der Seele, und die würdigste der Menschheit: in der wandeln Sie mit mir,

Johann Gottfried Herder (1744–1803) und Karoline Flachsland (1750–1809) lernten sich im Darmstädter Kreis der „Empfindsamen“ kennen, dem sie beide angehörten und in dem auch Goethe u. a. verkehrten. Nach dreijährigem Brautstand heirateten sie am 2. Mai 1773. Einer der Trauzeugen war Goethe.

mir ungesehen zur Seite, und behüte der Himmel, daß dies Unschuldsbild mir je von der Seite verschwinde! ... Wie freuten wir uns aufs Wiedersehen und bildeten uns ein, uns einander schon so zu kennen, daß wir auf diese sichere Vorschlüsse rechnen könnten; und nun sagen Sie, ist in der Welt, liebste Freundin, eine gezwungenere, verschloßnere, herzensverstummtere Freundegesellschaft gewesen als die unsrige? Vielleicht mit allem guten Willen – ich will nichts untersuchen –; aber der Effekt ist doch immer derselbe, daß Tage vorbei sind, die gewiß auf andere Art hätten durchlebt werden können. Meine Seele ist noch verstimmt und widerwillig. O sehen Sie, mein liebes Mädchen, wie viel man verliert, wenn man so sicher rechnet. Lassen Sie den Schicksalsfaden leise laufen, wie er läuft, ohne ihn reißen und aufhalten zu wollen: so geht er desto sichrer seinen Gang und findet sich wieder in unsre Hand, vielleicht wenn wirs am wenigsten gedenken und hoffen ... Allerliebstes Mädchen, da sehe ich Dich als eine kleine Göttin, als eine Unschuldsgrazie an, die mir auf meinem Lebenswege wie Erscheinung begegnete, um meine Muse, meine Gesellschafterin, meine unsichtbare Freundin zu sein, und mich zu dem zu erheben, was ich sonst durch mich selbst nicht geworden wäre. Ein einsamer Mensch verfällt sehr leicht, und ein Mensch von starkem Charakter kann um so tiefer fallen, je höher er sich erheben konnte: aber wenn ihn ein Engel umwandelt, so unschuldig und gütig und voll und gesund wie die blühende Natur, so fällt er nicht, so hat er ein wohltätiges schönes Wesen vor Augen, der er den kleinsten Anteil seines Tagewerkes weihet, die ihn mit sich selbst eins zu sein lehret, und ihm gleichsam immer das Ziel vor Augen hält, wohin er sich vervollkommne ... Ich habe Sie von so viel neuen und schönen Seiten und so innig, innig kennengelernt, daß Ihr ganzes Bild mir gleichsam so substantiiert und verkörpert ist, um gewiß nicht mehr als bloßes Traumbild, was wieder ein anderes Traumbild zerstöre, mir vor Augen zu schweben. Kehren Sie sich, meine liebste vortreffliche Freundin, an alles Zuckerwerk und Näscherei von Empfindungen nicht, mit dem man sich im Übermaße eben so sehr und noch ärger den Magen verdirbt als mit den offenbarsten Völlereien. Die Natur hat Ihnen, liebste Freundin, so viel Stärke und Festigkeit der Züge gegeben, Sie haben so viel Reelles in Ihrem Charakter, daß Sie zu wohl sehen, der Mensch ist zu etwas Besserem auf der Welt da, als eine Empfindungspuppe oder ein Empfindungströdler zu sein....

Ein Zug, eine Situation, in der ich Sie mir, bestes Mädchen, als ein handelndes wohltätiges Wesen der Menschheit, als reelle Freundin, Gesellschafterin, Gattin, Mutter, würdiges Frauenzimmer gedenke, rührt mich tiefer und ewiger als hundert feine Empfindungsworte schöner Magelonen, die meine Augen nicht gesehen hat: und die zu sehen ich keine Wallfahrten übernehme. Und wie viel solche süße, allerliebste Züge, solche Ahndungen eines himmlischen Lebens habe ich aus Ihrer Seele erwischt! O Gott, wäre ich nur Ihrer Liebe würdig! – Doch ich wills, holdes sanftes Mädchen, zu werden suchen; denn was kann jeder taube Beklagungsgrund sonst fruchten? Unsre Briefe sollen die Geschichte unsres Herzens, unsrer Gedanken und unsres Bestimmungskreises enthalten. Das wird uns auf die edelste Weise zusammenhalten, und wir werden füreinander leben, indem wir so abgetrennt sind. Das wird eine süßere Gesellschaft sein, als wenn wir beieinander wären und durch fremde Mienen und eine Beklemmung des Herzens gestört würden, um das nicht sein zu können, was man sein will ... Ich muß schließen, weil ich muß. Hier ruhe ein Kuß auf Ihr himmlisches sanftes Auge und Ihren armen zerküßten Mund. Ihr ganzes himmlisches Bild steht vor mir, und ich umarme es mit der inbrünstigen Träne, die Ihr ganzes schönes Herz fühlt. Leben Sie recht wohl. Unser Scheiden ist kein Scheiden, als uns zum Besten.

Magelone – Heldin eines französischen Ritterromans. Typ der treuen Dulderin.

Wo bist du itzt

Jakob Michael Reinhold Lenz (1751–1772)

Wo bist du itzt, mein unvergeßlich Mädchen,
Wo singst du itzt?
Wo lacht die Flur, wo triumphiert das Städtchen,
Das dich besitzt?

Seit du entfernt, will keine Sonne scheinen,
Und es vereint
Der Himmel sich, dir zärtlich nachzuweinen,
Mit deinem Freund.

All unsere Lust ist fort mir dir gezogen,
Still überall
Ist Wald und Feld. Dir nach ist sie geflogen,
Die Nachtigall.

O komm zurück! Schon rufen Hirt und Herden
Dich bang herbei.
Komm bald zurück! Sonst wird es Winter werden
im Monat Mai.

Gotthold Ephraim Lessing und Eva König

Lessing an Eva König

Berlin, den 29. September 1771.

Meine liebste, beste, einzige Freundin!

Das Herz blutet mir, wenn ich bedenke, in welcher Betrübnis Sie sich wegen des Absterbens Ihrer Mutter befinden. – Aber nicht befinden sollten. Dieser Schlag war Ihnen so vorhergesehen, ist dem Laufe der Dinge so gemäß. – Doch ich bin nicht klug, Sie mit kalten Betrachtungen trösten zu wollen. Wollte nur der Himmel, daß Ihnen die Versicherung, bei dem allen noch eine Person in der Welt zu wissen, die Sie über alles liebt, zu einigem Troste gereichen könnte! Diese Person erwartet alle

Glückseligkeit, die ihr hier noch beschieden ist, nur allein von Ihnen, und sie beschwört Sie, um dieser Glückseligkeit willen, sich allem Kummer über das Vergangene zu entreißen und Ihre Augen lediglich auf eine Zukunft zu richten, in welcher es mein einziges Bestreben sein soll, Ihnen neue Ruhe, neues von Tag zu Tag wachsendes Vergnügen zu verschaffen. Machen Sie ja, meine Liebe, daß ich Sie nicht niedergeschlagener finde, als ich Sie verlassen habe! Wie gerne wäre ich eher wieder bei Ihnen gewesen; wie gerne wäre ich bei Ihnen geblieben, wenn diese Berlinische Reise nicht so notwendig gewesen wäre, und meine Rückkunft von mir allein abgehangen hätte. Aber es gefällt dem Vetter hier, und er will mit Gewalt eine Lottoziehung hier abwarten. Diese geschieht morgen, und gestern sind wir bereits acht Tage hier gewesen.

Unsere Meinung ist, sogleich nach der Ziehung abzureisen; aber wenn wir über Potsdam gehen und uns da noch einen Tag aufhalten, wenn der Vetter gar darauf bestehet, den Weg über Ludwigslust im Mecklenburgischen zu nehmen: so werden wir schwerlich vor künftigem November in Hamburg wieder eintreffen. Wie sehr wünschte ich, daß mir alles, was mir in Hamburg lieb und wert ist, in Ihnen entgegenkommen wollte! Ich werde Ihnen, von Potsdam oder Ludwigslust aus, den Tag unserer Ankunft noch positiver melden.–

Aber, daß ich nicht eher an Sie geschrieben habe? Wahrlich, ich bin den ganzen Tag immer so belagert und des Abends so lange in Gesellschaft gewesen, daß dieses der erste freie Augenblick ist, den ich auf meines Bruders Stube ohne Zeugen zubringen kann, um mich ganz dem Vergnügen, mich mit Ihnen zu unterhalten, zu überlassen. An Sie gedacht habe ich stündlich, und Sie würden mich auf das äußerste betrüben, wenn Sie daran zweifeln wollten.

Leben Sie indes recht wohl! Ich umarme und küsse Sie tausendmal, meine liebste, beste, einzige Freundin!

Lessing

Eva König an Lessing

Hamburg, am Montag, den 28. Oktober 1771.

Bester, liebster Freund!

Ich bin Ihretwegen in der größten Unruhe. Warum haben Sie doch unsern Bitten nicht Gehör gegeben, und sind wenigstens nur bis Mittwoch noch hier geblieben? So hätten Sie vermutlich den abscheulichen Sturm,

Lessing und Eva König kannten sich schon lange und standen in regem Briefwechsel, ehe sie 1776 heirateten. Doch die Ehe dauerte nur zwei Jahre und endete tragisch.

in dem Sie vorige Nacht die Elbe passieren mußten, nicht auszuhalten gehabt. Ich mache mir tausend Vorwürfe, daß ich mit Ursache bin, daß Sie diese Route genommen. Keine Vorstellung kann mir eine ruhige Viertelstunde Schlaf verschaffen. Ich hoffe aber, alle meine Sorgen sollen vergebens sein, und Sie werden morgen abend glücklich und vergnügt in dem lieben Braunschweig eintreffen. Denn so könnte ich den

Donnerstag schon einen Brief von Ihnen haben, wenn Sie mir gleich geschrieben hätten. Dies haben Sie doch wohl gewiß getan? O ja, Sie haben es getan. Sie wissen ja, daß meine ganze Ruhe davon abhängt. – Nicht wahr? Sie sind überzeugt, ob Sie gleich zuweilen daran zu zweifeln scheinen, daß ich Sie über alles liebe, über alles hochschätze und kein Glück mehr für mich in der Welt ist, wenn ich es nicht mit Ihnen teilen soll. Möchten doch alle die Hindernisse, die uns trennen, gehoben werden können, wie wollte ich der Vorsehung mit freudigem Herzen danken!

Ich hoffte, der Salzburger Brief sollte hierzu den Weg bahnen. Allein, statt daß man darauf denken sollte, mir das Wiener Werk abzukaufen, rät man mir, es noch eine Weile anzusehen, in dem, wann es bei dem Mandat bliebe, daß keine Fremden mehr in den K. K. Landen handeln dürften, der Abzug bei meiner Fabrike natürlicherweise sehr zunehmen müßte. Der Mann hat Recht. Wenn ich ihm nur folgen könnte, ohne zu riskieren, und das Wenige, was mir übrig ist, noch zuzusetzen. Am Ende verfehle ich mit aller meiner Sorge und Müh doch meinen Endzweck. Bin ich nicht in einer fatalen Lage? Und noch dazu von allen Freunden entfernet, die mir mit Einsicht raten könnten!

Unter denen vier Leuten, so vom Lotto arretiert worden, ist ein Franzos, dessen Sie sich erinnern werden. Er stand hinter uns, als wir das Lotto ziehen sahen, und hörte auf alles, was wir sagten, mit vieler Aufmerksamkeit. Auch ging er hinter uns den ganzen Weg von Harvstehude. Er ist schon ein Mann von funfzig Jahren, und doch fand man in seiner Tasche zwei Liebesbriefe von zwei verschiedenen Maitressen, wovon die Eine ihre Niederkunft anzeigte. Es muß überhaupt ein großes Genie sein: denn man hat auch falsche Karten bei ihm gefunden.

Die zwei ersten Seiten dieses Briefes hatte ich gestern geschrieben. Eben da ich zu Bette gehen wollte, fiel mir ein, daß morgen früh die Post abgehet. Ich schließe diesen Brief also in der Nacht um zwölf Uhr, wo ich Sie mir ermüdet von der Reise, im tiefsten Schlafe gedenke, und Ihnen von ganzem Herzen die angenehmste Ruhe wünsche; mir aber die baldige Versicherung, daß Sie sich, von den Fatiguen der Reise erholet, recht gesund und vergnügt befinden. Sie können dem noch wohl das hinzufügen, was mir eben nicht zuwider sein wird. Aber! aber! Es müssen lauter Worte sei, die aus Ihrem Herzen kommen, so wie es diejenigen sind, mit welchen ich Ihnen sage, daß ich bin, bester, liebster Freund,

Dero aufrichtigste Freundin
E. C. König.

Doch treu

Volkslied

Mein, was hat dich doch betrogen,
Daß du fürchtest solche List,
Und was hat dich doch bewogen,
Daß du meiner gar vergißt?
Ich gestehe, mein' Gedanken
Sind allein zu lieben dich;
Meine Treu soll nimmer wanken,
Wenn du schon verlassest mich.

Neulich hab' ich's wohl gesehen,
Daß du meiner Lieb nicht acht'st;
Ließest mich da schamrot stehen,
Gingest fort und meiner lacht'st.
Darob war ich so bestürzet,
Daß ich dacht', mein Herz zersprüng;
Meine Freud wurd' so verkürzet,
Daß ich an zu weinen fing.

Ach, gedacht ich in dem Herzen,
Hätt' ich dich doch nie geliebt,
Wär' ich jetzo ohne Schmerzen
Und im Herzen nie betrübt!
Sollt' mir nit das Herz zerspringen,
Daß du dich vor mir entsetzt?
Gleich als wollt' ich dich umbringen,
Oder dich zum Bösen hetz.

Ich erfuhr, daß ich verlassen
Von dir, allerliebstes Kind;
Dann es scheint, du tust mich hassen;
Denk', wie hart ich dies empfind'!
Doch getröst mich noch das Eine,
Daß du gar zu liebreich bist;
Daß auch unter Hundert keine,
Die dir gleichet ohne List.

Wann du schon willst Ernst gebrauchen,
Zornig dich anstellen tust,
Blick ich dir in deine Augen,
Daß du wieder lachen mußt.
Schau mein Alter, schau mein Leben:
Alles hab' ich nit geacht,
Alles hab' ich dir ergeben,
Liebstes Lämmlein, gute Nacht.

Weil ich doch das Valet habe,
Welches ist ein' harte Nuß,
Fehlt mir noch die letzte Gabe,
Diese macht der Abschiedskuß.
Sage mir, ob ich soll scheiden,
Oder soll beständig sein?
Schaue, wie ich nit muß leiden,
Ich, der schlechte Diener dein!

Hast mir wohl das Herz gequälet,
Liebes Kind, und tust es noch,
Da mein' Treu doch nie gefehlet;
Hartes Herz, erweiche doch!
Zu dem abschiedsbittern Leben
Hat mich meine Lieb gebracht;
Bleib' dir doch im Tod ergeben,
Liebster Engel, gute Nacht!

Johann Anton Leisewitz und Sophie Seyler

Leisewitz an Sophie Seyler

Hannover, freitags, den 24. Oktober 1777.

Mein bestes herrliches Mädchen,
ungeachtet Du mich eher als diesen Brief sehen wirst, so muß ich doch heute an Dich schreiben. Meine Seele ist so voll von Dir, daß mir das bloße Denken an Dich – eine mir so gewöhnliche Sache! – nicht genug ist. Das Blatt, das ich jetzt vor mir habe, der Buchstabe, den ich jetzt schreibe, wird sich in Deinen Augen spiegeln – Sophie, das ist für heute

das größte Glück für mich, da wir heute nicht näher zusammen kommen können.
Ich muß Dir gestehen, Mädchen, daß ich Dich jetzt mehr liebe als damals, wie ich es Dir zum erstenmale sagte, Deine zitternden Hände hielt und den ersten bedeutenden Kuß gab; mehr als wie ich weder mir, noch einem lebendigen Menschen zugetrauet hätte. Du sagst, daß Du nicht ausdrücken könntest, was Du für mich fühltest, auch mir ist die Sprache zu arm und es sollte mir leid sein, wenn sie das nicht wäre, es wäre ein Zeichen, daß viele Leute so sehr geliebt hätten als wir, und was liegt daran? Hole der Henker alle Sprachen, wir verstehen uns doch.
Du nennst mich Engel – ich versichere Dich, daß ich das nicht werden möchte, wenn Du ein Mensch bliebest, weil ich Dich nicht mehr so lieben könnte als jetzt. Halte das für wörtlich wahr, Beste! Du würdest mich beleidigen, wenn Du nur glauben könntest, daß ich Dir eine Galanterie sagen wollte. Meine Liebe braucht so wenig Galanterie als Du Juwelen.
Überzeuge Dich fest, daß dies ewig meine Gesinnungen sein werden. Nichts soll sie verändern, nicht die größten Reize eines andern Weibes,

noch die größten Glücksgüter, weder Engel noch Fürstentum. Freilich werde ich nicht immer so feurig denken als diesen Abend; ich erhole mich zuweilen von dieser Schwärmerei in der wärmsten Freundschaft für Dich; und Du hast Reize und Talente für beide; allein solche Abende wie dieser werden immer und oft wiederkommen.

Sonnabend, den 29.

Was wird mir die Zeit langsam gehen, die mich zu Dir bringen muß! Was wird es mir wehe tun, daß jede Minute eine Minute dauert!
Meine Gedanken, meine Wünsche, meine Gebete werden unterdessen immer um Dich sein, wie Dein Schutzengel, der gewiß der beste, Dir am nächsten verschwisterte Engel sein muß – und dann, wenn Du auf ewig mein wirst, wenn ich Dich erst an meine Brust drücke, und an Deiner zerschmelze – der Henker mach weiter, wer den Gedanken haben kann, schreibt gewiß nicht weiter!
Heute sechzehn Jahre alt! Was muß es Dir für ein großes Vergnügen sein, wenn Du bedenkst, was Du in diesem Alter bist, worin die meisten Menschen noch Kinder sind. Das mußt Du selbst sehen, Beste, denn bescheiden bist Du freilich, aber deswegen nicht blind. O Mädchen, wenn Du heute sagst, ich bin sechzehn Jahre alt, so sagst Du Dir selbst das größte Kompliment von der Welt. Und der größte Teil dieser Reize wird Dich bis in das späteste Alter begleiten, wird noch dauern, wenn das Feuer in Deinen Augen erlischt und das Rot auf Deinen Wangen verbleicht. Aber auch so meine Liebe! Ich werde Dich freilich in meinem 60. Jahr nicht mit der jugendlichen Wärme lieben wie in meinem 26., aber so sehr, so sehr, davon sei überzeugt, als ich dann etwas zu lieben imstande sein werde.

Braunschweig, den 30. März 1778.

. . . Du bist ein Mädchen, das sich vor keiner Zeit zu fürchten hat. Die Ideen beschäftigen mich heute morgen so lebhaft, daß ich mich ganz in die Zeiten versetzte, wenn wir 40 Jahre verheiratet wären. In dieser Voraussetzung würde ich Dir etwa folgenden Brief schreiben:

Hannover, den 1. Juni 1818.

Mein liebes Weib!
Dein Brief vom 28. Mai hat mir viel Vergnügen gemacht, zumal da es der erste ist, den ich seit unserer Ehe von Dir erhalte, da wir noch niemals 6 Tage getrennt gewesen sind. Nach Deinem Schreiben muß sich das Zittern in der Hand sehr gegeben haben, und daß Du bei Deinen hohen Jahren noch keine Brille brauchest, ist wirklich außerordentlich.

Vielleicht sind Deine Augen stärker geworden, seitdem Du sie bloß zum Sehen und nicht mehr zum Liebäugeln gebrauchst; denn das hat sich wirklich noch eher gegeben, als der selige Domherr von Beroldingen vermutete.
Gestern habe ich das Unglück gehabt, meinen letzten Zahn auszubeißen; er ging mir fast so nahe als der Verlust von einem guten Freunde. Und über dem bekömmt man dadurch ein so altes Ansehen; da war bei Velthusens der junge Langerfeld, ein Laffe von 30 Jahren, der mir etwas von meinem außerordentlichen Alter erzählte. Es verdroß mich, aber ich kenne auch keine unverschämtere Nation als unsere jungen Leute. Ich war anno 1777 den 1. Junius ein ganz anderer Mensch als ich Dir den ersten Kuß gab, der mir noch in diesem Sekulo schmeckt. Ich war ein verschämter, bescheidener Junge, das mußt Du ebensogut bezeugen können, als daß ich jetzt ein Mann auf mein bestes bin.
Der alte Iffland ist jetzt von Podagra ganz frei und die Gichtschmerzen scheinen bei der Velthusen auch nachzulassen. Wir haben einen ganzen Abend von dem Vergnügen geplaudert, das wir auf unserer silbernen

Hochzeit hatten. Wie die Zeit hingeht! Jetzt sind wir schon der goldenen ziemlich nahe. Wie Gott will!
Es ist mir angenehm zu vernehmen, daß sich die Schwangerschaft unserer Großtochter Sophie bestätigt, und ich wünsche Dir zum voraus Glück, daß Du auf Weihnachten Ältermutter wirst. Mir schlägt immer das alte Herz, wenn ich die Leutchen beisammen sehe, und Deine Freude muß beinahe noch größer sein, da Du Sophien beinahe allein gebildet, und ihr früh begreiflich gemacht hast, daß ihre Großmutter auch schön gewesen ist. Ich habe in meiner langjährigen Erfahrung bemerkt, daß keine Wahrheit schwerer in eines Mädchens Kopf geht.
Ungeachtet Deiner Runzeln und grauen Haare liebe ich Dich doch ebenso zärtlich als vor 40 Jahren und bin

Dein getreuer Mann
Leisewitz.

Sophie an Leisewitz

13. September 1800.

Die innigste Dankbarkeit drängt mich, Dir dies Blatt zu geben, denn, ich weiß es, Du würdest mich nicht sagen lassen, was ich Dir jetzt schreiben will.
Ich kann nicht schlafen, mein süßer Freund! Der Anbruch des heutigen Tages weckt aufs neue und noch lebhafter die Gefühle, mit denen ich mich gestern beschäftigte, und ich muß Dir endlich so danken, wie mein Herz es will. Ich bin voll süßer Rührung, mein Leben bis itzt liegt vor mir, ich habe einen ernsten, aber nicht düstern Rückblick in die Vergangenheit und einen sehr heitern und beruhigten in die Zukunft getan, ich fühle, ich finde mich wieder, ich habe angefangen, das Zutrauen in mich selbst zu setzen, ohne das keine Tugend aufkömmt, und ich werde gerade so viel Mißtrauen behalten als die Erfahrungen, die ich gemacht habe, erfordern. Eins wird dem andern aufhelfen, eins das andere unterstützen, stärken, befestigen.
Ich verdanke Dir unendlich viel, das weißt Du, aber ich verdanke Dir noch unendlich mehr als Du weißt, mehr als Du vielleicht ahnst. Hätte vor zwei Jahren nicht so ein Heldenvertrauen zu Deinem Herzen und Charakter, wenn auch noch so versteckt, in den meinigen verborgen gelegen, wer weiß wohin es in einzelnen Augenblicken wahrer Verzweiflung mit mir gekommen wäre, wer kann berechnen, zu welchen eigentlichen Verbrechen ich vielleicht herabgesunken und was jetzt aus Dir und mir geworden wäre? Woher kam dies Vertrauen? Wer hatte es erweckt?

Mit welchem Rechte? Es wäre wohl sehr überflüssig, diese Fragen zu beantworten, aber wie natürlich ist nicht die Betrachtung, die sie veranlaßte!

Mein bester, treuester Freund, es hat lange und fürchterlich um mich gestürmt, noch viel fürchterlicher in mir. So ein Sturm mußte manches zerknicken, aber Dir verdanke ich allein, daß er doch nichts verwüstete! Treulich habe ich seitdem wieder zusammengelesen und aufgebaut und werde ferner bauen und unermüdet ein Werk verschönen und veredlern, zu dem Du allein mir den Mut gabest; glücklich, wenn ich nicht sterbe, ohne es vollendet zu haben!

Wenn ich bedenke, was ich heute vor 19 Jahren von Dir erwartete, wie ich an Dir hing, wie das 19jährige Mädchen so recht eigentlich in Dich verliebt war! Ich habe viel von Dir erwartet, aber Du hast mir mehr gegeben, als ich selbst in jenem Rausche hoffte, mehr als ich je dachte, mich selbst! Du bist ein edler Mann, kein Geschöpf kann dem andern mehr schuldig sein als ich Dir, denn ich danke Dir Zeit und Ewigkeit! Mit einer heiligen und feierlichen Erhebung der Seele gebe ich Dir heute die Versicherung, daß Du am Abend Deines Lebens die Verbindung, die Du mit mir eingegangen bist, segnen wirst! Mein ganzes Leben, so wie es Dein Werk ist, so ist es auch der einzige Dank, der unser beider würdig ist!

Das schwarze Band

Volkslied

Schwarzes Band, du bist mein Leben,
Du bist mein Zufriedenheit;
Du kannst mir Vergnügung geben,
Ob ich liebe oder leid.

Schwarzes Band, du wirst vergehen,
Aber meine Liebe nicht;
Wirst im Sinn mir nicht vergehen,
Bis der Tod das Herze bricht.

Fragt man mich, warum ich trage
Dieses edle schwarze Band,
Daß es all mein' Freud, so sage:
Weil es kommt von lieber Hand.

Krank sein und nicht dürfen klagen,
Ist wohl eine große Qual;
Lieben, und nicht dürfen sagen,
Ist über die Peinen all.

Meine Sinne, mein' Gebärden
Trachten Tag und Nacht nach dir;
Lieber leb' ich nicht auf Erden,
Als daß ich getrennt von dir.

Ach, kann ich denn deiner Liebe
Nicht genießen in der Still,
Darum ich mich nicht betrübe;
Wart', bis Glück erlauben will.

Wenn man mich nicht hoch tut achten,
Denk doch, daß ich teuer sei;
Will man gleichwohl mich verachten,
Bleib ich denoch ewig treu.

Gottfried August Bürger an Molly Auguste Leonhardt

Fragment, 12. Nov. 1779.

... Wie brünstig ich Dich im Geist umfange, läßt sich mit Worten nicht beschreiben. Es ist ein Aufruhr aller Lebensgeister in mir, der, wenn er sich bisweilen legt, mich in solcher Ermattung an Leib und Seele zurückläßt, daß ich schier den letzten Odem zu ziehen meine. Jede kurze Stille gebiert noch heftigere Stürme. Oft möchte ich in der finstersten sturm- und regenvollsten Mitternacht aufspringen, Dir zueilen, mich in Dein Bette, in Deine Arme, kurz in das ganze Meer der Wonne stürzen

Gottfried August Bürger (1747–1794) war mit Dorette Leonhart verheiratet, liebte aber deren Schwester „Molly" Auguste, die er auch in seinen Gedichten besang. Als Dorette im Jahre 1785 starb, heiratete Bürger seine geliebte „Molly". Dieses Glück währte jedoch nicht lange. „Molly" starb bereits ein Jahr später.

und – sterben. O Liebe, Liebe! Was für ein gewaltiges wundersames Wesen bist Du, daß Du Leib und Seele so gefangen halten kannst! Siehe, Du Einzige, sie fesselt mich an Dich so fest und innig, daß ich nirgends hin kann, weder zur Rechten noch zur Linken. Aller andern Neigungen, aller! wären sie auch noch so sehr mit meinem Charakter und Wesen verwebt, kann ich mich entschlagen, aber unmöglich! des Gefühls, welches macht, daß Du mir das liebste süßeste Geschöpf in Gottes unermeßlicher Schöpfung bist. Ich lasse meine Phantasie ausfliegen durch alle Welten, ja durch alle Himmel, und aller Himmel Himmel, lasse sie betrachten, was nur irgend wünschenswürdig ist, und es neben Dir wägen, aber bei dem ewigen Gott! sie findet nichts, was ich so feurig wünschen könnte, als ich Dich, Du Himmelsüße, in meine Arme wünsche. Könnte ich Dich mir damit erkaufen, daß ich nackend und barfuß durch Dornen und Disteln, über Felsen, Schnee und Eis die Erde umwanderte, o so würde ich mich noch heute aufmachen, und dann, wenn ich endlich verblutet, mit dem letzten Fünkchen Lebenskraft, in Deine Arme sänke und aus Deinem liebevollen Busen Wollust und frisches Leben wiedersöge, dennoch glauben, daß ich Dich für ein Spottgeld erkaufet hätte –

Lust am Liebchen

Gottfried August Bürger (1747–1794)

Wie selig, wer sein Liebchen hat,
Wie selig lebt der Mann!
Er lebt, wie in der Kaiserstadt
Kein Graf und Fürst es kann.

Er achtet seiner Seligkeit
Kein Gut auf Erden gleich.
Er dünkt, verarmt bis auf den Deut,
Sich dennoch Krösusreich.

Die Welt mag laufen oder stehn;
Und alles mag rund um
Kopf unten oder oben gehn!
Was kümmert er sich drum?

Hui, singt er, hui! wer macht aus Wind,
Wer sich aus Regen was?
Nur wehn und wehen kann der Wind,
Und Regen macht nur naß.

Durch seine Adern kreiset frisch
Und ungehemmt sein Blut.
Gesunder ist er als ein Fisch
In seiner klaren Flut.

Ihm schmeckt sein Mahl; er schlummert süß
Bei federleichtem Sinn,
Und träumt sich in ein Paradies
Mit seiner Eva hin.

In Götterfreuden schwimmt der Mann,
Die kein Gedanke mißt,
Der singen oder sagen kann,
Daß ihn sein Liebchen küßt. –

Doch, ach! was sing' ich in den Wind,
Und habe selber keins?
O Evchen, Evchen, komm' geschwind,
O komm' und werde meins!

Herzog Peter von Kurland an Dorothea von Medem

29. Oktober 1779.

Meine erste Beschäftigung ist diese, meine vielgeliebteste, nach Ihrer und der Ihrigen Wohlbefinden mich zu erkündigen. Nun komme ich mit meinem eifrigsten Dank an Sie, mein über alles auf dieser Welt besitzendes, schönstes, fürtreffliches Dortchen (verzeihen Sie es doch mir, daß ich mich so ausdrücke) für Ihr gestriges liebreiches Benehmen. Allemal, wenn ich die Gelegenheit habe, von denen Stunden zu vorteilen, Ihnen, meine Unschätzbare, zu unterhalten, mache ich neue Entdeckungen zu meiner größten Zufriedenheit. O Sie, meine Geliebteste, Sie sind nicht nur allein die völlige Besitzerin meines Herzen, ja sogar meines Lebens, beides sein Ihnen, meine Allerschönste, mit allerersinnliche Treu und Liebe geweiht bis an mein Ende.

Dorothea von Medem, die heimliche Braut, war 33 Jahre jünger als Herzog Peter von Kurland.

2. Nov. 1779

Ach, meine Allerliebste, v: 2 Uhr habe nicht mein Auge zugetan, denn von der Stunde habe ich mich mit nichts anders beschäftigt als allein an meine teuerste und über alles schätzende auf dieser Welt zu denken, zu sorgen und wie ich mich ihres edlen Herzen je mehr und mehr ganz eigen machen könnte. Sie wissen, geliebte Braut, daß es so weit mit uns ist, daß, nachdem Sie völlige Besitzerin meines Herzens sind, jetzt meine Ruhe, meine Zufriedenheit, ja mein Glück von Ihnen abhängt. Sie haben keine solche Seele als die ehemalige Manteuffel, das beruhiget mich zwar sehr, aber ich würde wünschen, daß alles schon beendigt wäre ... Sie lassen mir wissen, daß Sie sich nach einer Unterhaltung mit mir sehnen. Ich bin bereit auf jeden Wink; nicht angenehmer Ihnen zu sehen, zu verehren und ewig zu lieben.

Soll heute wieder ein glücklicher Abend sein, meine Allerschönste und Allerbeste und Allerliebste, so lassen Sie mir es nur wissen, ich brenne für Verlangen, Ihnen die Händchen zu küssen ...

Der Liebeskranke

Gottfried August Bürger (1747–1794)

Mir tut's so weh im Herzen!
Ich bin so matt und krank!
Ich schlafe nicht vor Schmerzen,
Mag Speise nicht und Trank
Geh' Alles sich entfärben,
Was schön war, rund umher.
Nichts, Molly, als zu sterben,
Nichts, Liebchen, wünsch' ich mehr.

Zwar könnte noch mich laben
Ein Kelch, der mir behagt;
Allein die Götter haben
Ihn meinem Durst versagt.
Wohl fleh' ich, ihn zu stillen,
Vergebens dich und sie.
Denn tränk' ich auch nach Willen,
Ich stillt' ihn doch wohl nie.

Drum laß mich vor den Wehen
Der ungestillten Lust
Zerschmelzen und vergehen,
Vergehn an deiner Brust!
Aus deinem süßen Munde
Laß saugen süßen Tod!
Denn, Herzchen, ich gesunde
Sonst nie von meiner Not.

Anton Matthias Sprickmann an Jenny von Voigts, geb. Möser

Sonntag, den 5. Oktober 1780

Also doch, was ich nicht mehr hoffte, nicht mehr zu hoffen wagte, Züge der lieben Hand! Ich habe sie, halte sie, wie ich sonst wohl diese liebe Hand selbst hielt in der meinigen, an meiner Brust, an meinen Lippen! Es war auch an einem 5ten aber auch, wie viele selige – traurige Monate liegen dazwischen – es war auch an einem 5ten, auch so in dieser Abendstunde, als ich Sie, Sie zum ersten Mal faßte! Sie faßte und mit diesem ersten Anfassen wie mit Blitzesschnelle Sie tief in meinem Herzen fühlte, die selige, überselige Bestätigung, hoffen zu dürfen, daß auch dieses innere, hoffende, kühne hinstrebende Zeugnis von Seelen-Einklang zwischen uns nicht trüge! – Ach .... nein! Die Erde hat nicht aufgehört, ein Garten Gottes zu sein! Denken Sie nach, wie wir da saßen an der Rasen-

bank, auf Gottes Erden, aber selig, wie seine Vollendeten sitzen im Himmel! – Nein, nicht so; aber doch in welcher Fülle der Wonne, den Blick hinauf ins Vaterland, in die Heimat unsrer bessern, vollendetern Existenz, in der hellen Zukunft ewiger, inniger, bleibender Liebe! – Wohl ist die ganze Schöpfung dem Geschaffenen eine Leiter zum

Schöpfer; aber die oberste Sprosse dieser Leiter ist die gleichgeschaffene, verschwisterte Seele! – So mit den gleichgestimmtesten, gleichfühlendsten, geliebtesten, liebendsten Strebegeschöpfen in eine Seele verwebt zu leben unter dem Mantel Gottes, ihn zu fühlen, ihn zu finden überall ... und doch nirgend so zu finden und zu fühlen, als in diesem reinen Akkord alles Empfindens und Denkens, alles Wollens und Erkennens ...! So ein ganzes Leben in heiß verschlungener mensch- und göttlicher Liebe fortzuleben, das war das Los des Menschen in erster angeschaffener Reinheit und Unschuld! – Und sie sind nicht ganz in ewige Nacht verschlungen, diese ersten Kindertage der Menschheit! Sie dämmern in jeder reinen Seele wieder auf, wenn sich der Zwillingsseelen eine ihr nähert und sie nun zu einander sich hinneigen, im Auge sich erkennen, fühlen ihre Bestimmung für eine Zukunft nach der Prüfung! .. War nicht das Paradies, wo wir zusammen waren? Ist nicht das Paradies, wo ich Dich denke?

Gegenliebe

Gottfried August Bürger (1747–1794)

Wenn, o Mädchen, wenn dein Blut
Reger dir am Herzen wühlte;
Wenn dies Herz von meiner Glut
Nur die leise Wärme fühlte;

Wenn dein schöner Herzensdank
Meiner Liebe Gruß empfinge;
Und dir willig ohne Zwang
Kuß um Kuß vom Munde ginge;

O, dann würde meine Brust
Ihre Flamme nicht mehr fassen;
Alles könnt' ich dann mit Lust,
Leib und Leben könnt' ich lassen.

Gegengunst erhöhet Gunst!
Gegenliebe nähret Liebe,
Und entflammt zur Feuersbrunst,
Was sonst Aschenfünkchen bliebe.

Schubart an seine Frau

Hohenasperg, den 19. Jänner 83

Beste,
Dein Geburtsfest ist mir so heilig, daß ich es immer mit Dank und Flehen vor dem Thron Gottes zubringe. Mit Dank, daß er Dich, Du Liebe, unter so tausendfältigen Drangsalen zu meinem und unsrer Kinder Trost gesund erhielt. – Mit Flehen, daß Dich der gute Gott ferner bewahre wie seinen Augapfel.
Morgen trittst Du Dein 40. Lebensjahr an. Zwanzig Jahre davon sind mein, durch Jammer, Elend, Todesklage und blutige Tränen verdunkelt. Doch dem Höchsten sei Preis – auch mancher Paradiestag verklärte diese zwanzig Jahre. Gesunken an Deine Brust, zerflossen im Gefühl der Liebe, mit einem Auge schimmernd von Zärtlichkeit, die Arme fest um Dich geschlungen fühl ich die Seligkeit der Ehe und lobe Gott den Herrn! – O, Engel, welch ein himmlischer Augenblick, wenn Du meine Kinder in ein Kissen wickeltest und sie mir mit einem Auge voll Mütterlichkeit in die Arme gabst!! – Weib meines Herzens, Du weißt es nicht, wie ich Dich da liebte! Wie ich oft meine Tränen verbarg, die für Dein Leben – o Du Einzige – gen Himmel schrieen. Blut schreit laut – aber Tränen der Liebe schreien noch lauter. Was Rache heischt, vergeht; was Lohn der Liebe von Gott verlangt, bleibt ewig. – Engel, an Deinem Geburtsfeste sei es Dir geschworen: Ich habe Dich immer geliebt! Geliebt, wie man lieben kann! – Du hast mich als einen wilden Jüngling geheiratet; aber der wilde, brausende Jüngling hätte für Dich geblutet! ...
Weib – ich bitte Dich; weile bei dem Worte Weib; – Du weißt, was ich damit verbinde. – Und nun Freundin – und nicht mehr Weib – nicht mehr Weib – nur Freundin. – Ha, Engel Tod liegt in diesem Namen. – Aber, wie kann ich Dein Fest mit so traurigen Empfindungen entweihen? – Ach, Du kennst ja Deinen heftigen, feurigen Mann. – Du weißt, wie er liebt, wie er leidet, wie er spricht und schreibt – wie sein Geist siegt, wenn Güte, Wahrheit, Größe ihn berührt!!
Liebe Helene, ich habe viel gesündigt; auch viel an Dir gesündigt; aber, wenn Gott die Träne des Büßers sammelt, wenn er sie aufbewahrt, sein künftiges Diadem damit zu schmücken; wenn es schön, nach dem Sinne Jesu schön ist zu verzeihen, wenn Tränen der Buße fließen und Ändrung folgt – was kannst Du mir an Deinem Tage anderst schenken als vollkommenen Vergebung, und mit dieser – vollkommene Liebe.

Christian Friedrich Daniel Schubart (1739–1791) wurde wegen der Herausgabe der Zeitschrift „Deutsche Chronik" von 1777–1787 auf dem Asperg eingekerkert. Die Briefe an seine Frau Helene sind erschütternde Zeugnisse aus dem Dunkel des Kerkers.

Ach, Weib! – Weib!! – wie ich nach Liebe dürste, so dürstet keiner. Was Du mir zeitlebens, sonderlich in meiner Drangsal, Gutes erwiesest – das lohne dir der Allmächtige!! – Man hat mich undankbar ausgeschrieen; aber, Gott weiß! ich bin es nicht. Jede Wohltat, jede kleine Berührung des guten Herzens rührt mich. – Du solltest 's oft gesehen haben, wie ich Deine Briefe – Deine Geschenke küßte, die Du mir zusandtest – und wie ich da zum Himmel hinaufsah und vor Weinen kaum Deinen Namen aussprechen konnte!! –, O, Dein Mann ist dankbar; Jesus wird dies einst sagen – am Tage des Weltgerichts. –
Und nun leg ich meine Hand auf Dein Haupt und segne Dich an Deinem Feste:

Dich segne Jova,
Der Dich schuf,
Und mir gab zum Weibe!!
Dich segne Jesus!
Der sein Leben – auch für Dich –
Blutete aus vielen Wunden!! –

Dich segne der Geist der Gnade! –
Sein Säuseln bringe Dir
Fried' ins Herz! –
Und Ruh! –
Und Glauben! –
Und Hoffnung –
Und – Liebe? –

Ach, Liebe hast Du schon. Vergiß Deinen armen, leidenden Mann nicht, der viel gesündigt, aber sich nie Deiner Liebe unwürdig gemacht hat. – Vielleicht sterb' ich bald, dann feir' ich Dein Fest im Himmel – und meine größte Wonne sei's, Dich zu erwarten!! – Ich weine bitterlich, Weib – mein Herz schwimmt in Blut – mein Blick dämmret – Du bist ferne! – Ferne ist meine Liebe und einsam jammert am Tage ihrer Geburt

Ihr leidender Schubart

Asperg, den 30. Mai 1783

Liebe,
Deine zwei letzteren Briefe atmen so viele Seelenruhe und Hoffnung in der trostlosesten Lage, daß ich mich herzlich darüber erfreute. Wenn nur dieser Zustand von langer Dauer ist; denn nichts tut dem Menschen weher als Täuschung. Ich traue zwar Gott alles zu; aber von Seiten des Herzogs hab' ich weniger Vertrauen als vor sieben Jahren. Sein Betragen gegen mich und meinen Sohn nähren meine Furcht. Inzwischen bin ich fest entschlossen – zu leiden und zu schweigen. Der Mensch erscheint mir nie größer, als wenn er ohne Murren auch die unverdienteste Schmach trägt. Wenn ich von meinem Walle hinabschaue und die freien Gefilde von freien Menschen wimmeln sehe; wenn dann die Freude über das Glück anderer in mir so stark wird, daß ich Gott danke, weil andere nicht so elend sind wie ich: dann fühl' ichs tief in der Seele, daß ich kein Teufel bin ...
Weib meins Herzens, glaube mir – 377 Tage auf faulem Stroh im Blockhause verlebt; vier andere Jahre zwischen eisernen Riegeln zugebracht; so manche unverdiente schreckliche Beleidigung, die ich ertragen mußte, konnten mich nicht dahin bringen – wie Timon der Menschenfeind das Menschengeschlecht anzuekeln. Ich werde sie fortlieben bis ins Grab – meine Brüder die Menschen ...
Der Auditor Hahn sagt mir, daß Du mit ihm gesprochen und zu ihm gesagt hättest: man hätte Dir hinterbracht, Du solltest meine Freiheit nicht betreiben, denn ich wäre noch immer der alte Schubart. Erlaube mir

mein Kind, ein wenig stolz zu sein. In vielen Stücken wars schade, wenn ich nicht der alte Schubart bliebe. Verlangst Du vom neuen Schubart: abgestorbenes Herz, kalte Liebe, kühle Klugheit, gefrornes Blut, ersticktes Feuer, Fühllosigkeit gegen Schönheit und Größe, heuchlerisches Zurückhalten, steife Gravität, Drachenökonomie, Modeschwäche; – so laß mich, laß mich, du mein ehemaliges Weib, da wo ich bin, – ich will sterben als der alte Schubart. Meinst du aber Trinklust, Wollust, Religionszweifel; so muß ich Dir sagen, daß ich gern ein Glas Wein trinke, wenn ichs habe; daß ich noch so viel Wollust besitze, mir zu wünschen, alle Nächte in Deinen Armen zu schlafen, und daß ich, so gut wie Paulus, weiß an wen ich glaube . . .
O du mein Engel, alles ist mir daran gelegen, vor Dir gerechtfertiget zu erscheinen, denn ich zittre vor der geringsten Abnahme Deiner Liebe. Gelt, Weib, ich habe Dir diesmal einen sehr ernsten Brief geschrieben; aber meine Laune ist meist ernsthaft – in die Farbe meines Schicksals gekleidet. Auch werd ich immer älter und mein Witz bekommt Runzeln und Warzen. Wirst Du wohl einen Mann noch lieben können, der Dir nicht mehr mit dem wetterleuchtenden Blick des Jünglings, nicht mehr mit der Jugend bräunlicher Locke, nicht mehr mit dem Posaunenton der Mannsprache, nicht mehr mit dem gaukelnden, lachenden, spottenden Witze, sondern mit trüberem Blick, mit dünnerem Scheitelhaar, mit dumpfer Stimme, die der Kerkerstaub erstickte und mit ernsten, reichstädtisch gravitätisch steifen Mienen entgegentritt und keuchend fragt: Weib, liebst Du mich? – Doch Du wirst ja auch alt und wir sind nur wenige Jahre voneinander. – Aber laß mich altern; kann Dir doch der feurigste Jüngling nicht feuriger u. wahrer sagen, wie ewig Dich liebet

Dein armer Sch.

Hohenasperg, im Juli 1785

O Du! Nur zwei Worte durch des Meules Tochter. Seit der Stunde Deines Abschiedes bin ich nur Halbmensch – und vegetiere nur. Deinen unaussprechlichen Wert lernt' ich aufs neue mit Entzücken schätzen. Meine Liebe ist seitdem ein Sturm; möcht' Bäume auswurzeln, Hügel wegblasen und hinstürmen zu Dir – Du Erste!!
Aber nun ist's wieder wüst und leer um mich – ein Chaos voll Macht und ohne Liebe.
Meine Hoffnung, Dich wiederzusehen, ist ein Strohhalm, der knickt, wann man sich anlehnt . . .

Timon – altgriechischer Staatsmann, Sinnbild für Menschenfeindlichkeit.
Gravität – Würde

Liebesseufzer

Volkslied

Stürmt, ihr Gedanken, auf mein Leben
Erinnert mich der Einsamkeit!
Es müsse stets vor Augen schweben
Der Ausbund meiner Seligkeit
Hie in der Brust, die der Verlust
Mit hundert Ach und Schmerzen stets beklaget.

Wo bleibst du, schöne Freud' der Sinnen,
Du Glanz, der überirdisch ist?
Mir kann dein Auge nicht entrinnen,
Weil ich dich mir allein erkiest;
Ein einz'ger Blick kann mir das Glück
Mit neuer Glut und Flammen merklich mehren.

Ich schicke Seufzer durch die Lüfte
Und nehme stumme Boten an;
Manch süßes Wort steigt durch die Klüfte,

Daraus kein' Antwort werden kann;
Bei dir allein verlangt zu sein
Die ohne dich in Leid gestürzte Seele.

Ich küsse dein' blutfarbe Lippen,
und drücke deine heil'ge Hand;
Doch stoßet sich mein Wunsch an Klippen,
Die meinem Ruder unbekannt;
Der Anker will nach meinem Ziel
Nicht allezeit, wie ich verlange, fallen

Kein Tag vergeht, ja keine Stunde,
In welcher nicht werd' dein gedacht;
Doch hab dich stets in meinem Munde
Zumeist n der Johannisnacht:
Die stellet für mir deine Zier,
Daß ich oft bin fast außer mir für Liebe.

Das harte Mädchen

Gottfried August Bürger (1747–17974)

Ich sah so frei und wonnereich
Die Tage mir entschlüpfen,
Wie Vögelchen von Zweig auf Zweig
Beim Morgenliede hüpfen.

Fragt jeden Sommerwind, der hier
Die Blumenau erfrischet,
Ob je ein Seufzer sich von mir
In seinen Hauch gemischet?

Fragt nur den stillen Bach im Klee,
Ob er mich klagen hörte?
Ob eine meiner Tränen je
Die kleinen Wellen mehrte?

Mein Auge schaute falkenhell
Durch meilenlange Räume.
Wie Gems' und Eichhorn, sprang ich schnell
Auf Felsen und auf Bäume.

Sobald ich auf mein Lager sank,
Entschlief ich ungestöret,
Des Wächters Horn und Nachtgesang
Hat nie mein Ohr gehöret.

Nun aber sind mir Lust und Scherz
Und Mut und Kraft vergangen.
Ein hartes Mädchen hält mein Herz,
Mein armes Herz gefangen.

Nun hauch' ich meine Seele schier
Erseufzend in die Winde,
Und girre kläglich hin nach ihr,
Gleich einem kranken Kinde.

Nun müssen Bach und Klee genug
Verliebter Zähren saugen,
Und graue Nebeldämmerung
Umwölkt die muntern Augen.

Nun härm' ich ganze Nächte lang,
Auf schlummerlosem Lager,
Die leichten Glieder matt und krank,
Die vollen Wangen hager.

An meinem Leben nagt die Wut
Grausamer Seelengeier,
Nagt Eifersucht auf fremde Glut,
Zehrt mein verschmähtes Feuer.

Das harte Mädchen sieht den Schmerz,
Und mehrt ihn dennoch stündlich.
O Liebe, kennt du noch ein Herz,
Wie dieses, unempfindlich? –

Ein einzig Lächeln voller Huld
Würd' allen Kummer lindern,
Und ihre nicht erkannte Schuld
Bald tilgen oder mindern.

Mich weckte wohl ihr süßer Ton
Noch aus dem Grabe wieder;
Ja, wär' ich auch im Himmel schon,
Er lockte mich hernieder.

Caroline Michaelis

Caroline an Friedrich Wilhelm Schelling

Dienstag früh, 1800

Ich habe den Himmel recht gebeten, mich zu erleuchten und mir gute Gedanken zu verleihn, ehe diese Post abginge, und er hat mich auch erhört. Wenn ich Dir wollte oder vielmehr vermöchte alles hinzuschreiben was in mir vorgegangen ist, es würde so tief und so wehevoll' werden wie Deine Blätter, aber ich muß mich schonen und gebe Dir nur den Frieden von Gott, in dem sich mein Herz aufgelöset hat, voll fester Hoffnung, daß ich ihn Dir auch mitteilen werde. Ich habe Dich innig

Caroline Michaelis (1763–1809), von böswilligen Zungen „Dame Luzifer" genannt, war der geistige Mittelpunkt des Jenaer Kreises und lebte konsequent die "freie Herzensreinheit" der Romantiker. Ihre Briefe gehören zu den wesentlichen Dokumenten der Frühromantik. Nach dem frühen Tod ihres ersten Gatten heiratete sie 1796 August Wilhelm Schlegel (1767–1845) von dem sie sich 1803 scheiden ließ, um sich mit dem Philosophen Friedrich Wilhelm Joseph Schelling (1775–1854) zu vermählen. Caroline starb mit 46 Jahren.

lieb. – Wenn ich Dir auch könnte lange Vorstellungen erwidern über Deine Vorstellung und eine Menge begeisterte Vernunft gegen Deine irrigen Ansichten setzen, es wäre eine bloße Redeübung – genug, daß ich meinem Freunde verspreche, daß ich leben will, ja daß ich ihm drohe ich werde leben, wenn er so zur unwahren Stunde den Tod sucht. Du liebst mich, und sollte die Heftigkeit des sich in Dir bewegenden Wehes Dich auch einmal mit Haß täuschen und mich damit zerreißen, Du liebst mich doch, denn ich bin es wert, und dieses ganze Universum ist ein Tand, oder wir haben uns innerlich für ewig erkannt.

(Braunschweig, etwa Januar, Februar 1801)

– Damit habe ich Dir mein Geheimnis ausgesprochen, Du mußt es nicht mißbrauchen, mein Herzensfreund. Du mußt redlich versuchen, ob Du mich entbehren kannst, aber traue Dir langsam darüber. Wir gehören einander an, wir sollten innig eins sein. Habe ich Dir je mißtraut, Du meine Seele? Warum denn Du mir?
Du wirst mich fragen, ob mir denn der Ausgang gleichgültig ist? Ja, muß

ich antworten, und wenn die süße Liebe mich auch zurückhalten will. Ich bin meines unzerstörbaren Glücks wie meines unheilbaren Unglücks gewiß. Das ist mein Vorrecht.
Und nun laß uns wieder in unsere bisherige Stille begeben. Du hast mich so oft schon Entzücken in ihr über Dich empfinden lassen. Ja erheitre mich mit Deinen Bestrebungen und Gedanken. Liebe mich, ich knie vor Dir nieder in Gedanken und bitte Dich darum. –
Der Genius, der mich leiten wird, das ist Dein Genius. Er wird gewiß gut sein.

Braunschweig, Mittwoch früh
(Etwa März 1801)

Mein allerliebster Freund, ich schreibe Dir gleich frisch auf der Tat nach Deiner artigen Sendung. Gestern hatten wir ein großes Konzert hier im Hause (mit Quartetten), und ich hatte Dich immer vor Augen und im Herzen gehabt; ehe ich mich schlafen legte, übergab mir Rose noch die beiden Briefe von Dir, und so wie ich aufstehe, will ich Dir dafür danken. Ihr Sinn ist doch liebreich, den kleinen Bitterkeiten zum Trotz; Du irrst Dich, aber ich hoffe, Du wirst nicht etwa meinen, recht zu haben. Denn wenn ich Dich gleich verlasse, so tu ich doch ganz anders wie Du vorgibst, Dir einzubilden, und ich habe niemals so fest und unauflöslich an Dir gehangen. Wenn Du mich von Dir los machen wolltest, so würdest Du mein Leben mit zerreißen. – Die Furcht, Dein Mißfallen zu erregen, und der zerrüttende Eindruck, den Dein Mißfallen auf mich macht, die muß ich fliehen um der Liebe und meines heiligen unabänderlichen Grames willen, der solche Störungen nicht mehr erträgt. – Drum muß ich mich wenigstens insofern von Dir trennen, daß Du nicht leidest durch meine Schulden und bloß das Freundesrecht habest zu tadeln, nicht beschämt für mich zu werden, und bloß das Recht des Geliebten, Gefallen an mir zu finden, nicht Gefallen an mir zu üben. O ich habe Dich schrecklich lieb, unbegreiflich lieb, und nun wird es erst ganz an den Tag kommen. Könnte ich Dir nur meinen Sinn einflößen, alle Spannung weghauchen, Dich selbst festhalten in Deiner Anmut, bei Deiner leichteren Stimmung. – Gewiß, wenn Du Dich jetzt nicht mehr trauernd an Unmöglichkeiten wendest, so können wir uns noch ein schönes Leben bilden. Nimm unser wunderbares Bündnis wie es ist, jammre nicht mehr über das, was es nicht sein konnte. –

Donnerstag

Spotte nur nicht, Du Lieber, ich war doch zur Treue geboren, ich wäre treu gewesen mein Leben lang, wenn es die Götter gewollt hätten, und ungeachtet der Ahndung von Ungebundenheit, die immer in mir war, hat es mir die schmerzliche Mühe gekostet, untreu zu werden, wenn man es so nennen will, denn innerlich bin ich es niemals gewesen. Dieses Bewußtsein eben von innerlicher Treue hat mich oft böse gemacht, hat mir erlaubt, mir wagend zu erlauben; ich kannte das ewige Gleichgewicht in meinem Herzen. Konnte mich etwa Niederes vor dem Untergang bewahren in meinem gefahrvollen Leben als dieses höchste? Und wenn ich mir Verzweiflung bereitet hätte in der Verzweiflung des von mir Geliebten – ja ich würde im Schmerz darüber verzweifeln, im Gewissen nicht, niemals könnte ich wie Jakobi ausrufen: verlasse Dich nicht auf Dein Herz. Ich müßte mich verlassen auf mein Herz über Not und Tod hinaus und hätte es mich in Not und Tod geleitet. Das ist mein unmittelbares Wissen, daß diese Sicherheit sicher ist, und könnte sie in mir zerbrochen werden, so müßte sogleich die Vernichtung eintreten für mich nämlich. Denn eine Lehre ist das nicht und kann nicht mitgeteilt werden, eine unsichtbare Kirche wird es aber doch wohl sein. Du siehst, ich nehme es mit der Treue im Großen – aber gewiß nicht, um Dir zu entschlüpfen, nur weil mir das so nahe liegt; insofern ich mir treu bin, bin ich es auch Dir. Freilich wohl, so wie nach meiner Idee die Sünde nicht in den Handlungen liegt, so möchte auch die Treulosigkeit mir nicht in den Untreuen erscheinen, und Du bist also vielleicht schlecht zufrieden. Bist Du, mein Lieber? Nein, Du erkennst hierin den Punkt auch, der Hohes und Niedres scheidet, sonst hättest Du mir letzthin nicht so ernst zugestanden, daß Du keinen zuverlässigeren Freund hättest wie mich – und jetzt so unmutig mit Deiner Freundin über ihr untreues Haupt gescherzt. Diese wenigen Zeilen sind in der Tat recht bezaubernd süß – aber ich hoffe doch, unter Liebenswürdigkeit verstehst Du die Würdigkeit, geliebt zu werden? Worauf bezieht sich aber die Erwähnung: Du glaubtest jetzt selbst, was man über diesen Punkt, der Nichttreue nämlich, versichert habe? Geht das mich oder mein ganzes Geschlecht an?

Braunschweig, Mittwoch abend, März 1801

Wenn ich nur zu Dir kommen könnte diesen Abend und liebreich mit Dir schwatzen. Die Sonne und der blaue Himmel lockten mich heute unwiderstehlich an und mahnten mich an meinen Freund; ich wünschte zuletzt nur, es möchte recht schlecht Wetter sein und bleiben bis zum wahren Frühling, dann ist doch alles rund herum zu und man weiß, daß man nicht hinaus kann. Ich bin vor dem Tore gewesen in einem protestantischen Jungfrauenkloster, wo Jerusalems Tochter Domina ist. Es ist da noch einige Freundlichkeit der Aussicht und vor allen Fenstern herrliche Pflanzungen, Reseda, Heliotropium und was es liebes in der Art gibt, dessen Gemüt in Duft besteht. – Süßer Freund, Dein Brief hat diese Nacht mit mir geruhet; ich bekam ihn gestern sehr spät; halb mit Schmerz habe ich alle seine Liebe in mich gesogen. Wenn Du es nun sehr gewaltsam nimmst, was ich Dir gestern geschickt habe – ach wie wirst Du mich noch bekümmern. Es ist doch gar nicht gewaltsam – im Anfang war ich erschüttert, aber alles hatte sich gelegt, und die Seele meiner Entschließung wurde von dem Anfang ganz unabhängig. Im Grunde haben wir uns oft gedacht, daß es so mit uns werden sollte, Du hast es mir auch geschrieben. Glaube nur, ich werde nie etwas eingehen, wo ich nicht ganz Deine Freundin bleiben kann.

Den Freund will ich nicht lassen,
Noch läßt er auch von mir.

Tausendmal hab ich mir heut schon dieses einfältig liebe Lied vorgesagt. Freund ist ein allgemeines Wort gegen das, was ich meine, Liebling, Du, den ich wie ein teures Kind an mein Herz drücke und verehre als Mann. Du weißt, ich tue beides, muß ich gleich Dich zuweilen hart tadeln. Mein lieber Joseph, ob ich mich freuen werde, Dich wiederzusehn? Ja, wahrlich mehr wie ich Dir sagen kann, eilt meine Freude schon der Zeit voraus, die uns noch trennt, und ich überlasse mich ihr jetzt ohne Furcht, ich bin so sicher in mir selber geworden, weil ich weiß was ich will.

Mit Wonne werd ich Dich sehn,
O nimm mich auch so auf.

Gott führe Dir ein Herz zu, das Dir seine Treue reiner beweisen darf, aber ein treueres – nein Du kannst es nicht finden, und darum leg ich auch einigen Wert darauf, daß Du dieses aus dem Sturme dennoch davonbringst. Stoß es zurück im Augenblick des Unmutes – es hofft auf die Stunde der rückkehrenden Liebe und bleibt Dir. Sag, hab ich Dich nicht immer geliebt, und wenn ich mich gegen Dich auflehnte, weil ich nicht anders konnte, dennoch geliebt? –
Wenn nur die Sorge erst ein wenig gemildert wäre in mir, daß ich Dich störe in Deinen Gedanken und Worten durch das, was ich Dir geschrieben habe. – Erst mit Ungewißheit, nun vielleicht durch Gewißheit, – denn Du wirst sie Dir viel schneidender denken als sie ist, nämlich gewiß ist sie, aber was ist denn so bitteres daran? Wir wollen uns bloß unabhängig wissen von uns selber und der Welt.

Caroline Schlegel an ihren Gatten August Wilhelm

Braunschweig, 6. März 1801

Was ich Dir zu sagen habe, ist jetzt bloß das – ich kann niemals Schelling als Freund verleugnen, aber auch in keinem Falle eine Grenze überschreiten, über die wir einverstanden sind. Dies ist das erste und einzige Gelübde meines Lebens, und ich werde es halten, denn ich habe ihn angenommen in meiner Seele als den Bruder meines Kindes.
Dadurch, daß ein verräterisches Geheimnis zwischen uns wegfällt, gewinnt alles eine andere Gestalt, zuerst für uns selbst, und diese Sicherheit geht in die Umgebungen über . . .

Das erste in der Liebe ist der Sinn füreinander,
Und das Höchste der Glaube aneinander.

Caroline an Fr. W. Schelling

Würzburg, 25. April 1806

Du liebster Freund, wenn ich nur erst weiß, daß es Dir gut geht, so will ich auch einsam fröhlich essen, trinken und schlafen. Das allein essen ist das schlimmste für mich – il vaut encore mieux d'être seul à minuit qu'à midi. Es wäre töricht, wenn ich Dir erzählen wollte, wie ich Dich in Gedanken liebkose. Du weißt es wohl.

Unverändert

Volkslied

Glaube nit, daß ich dich hasse,
Ob ich schon nit bei dir bin;
Muß ich jetzt gleich dich verlassen,
Ehret dich doch stets mein Sinn.
Ich gesteh', du machst mir Schmerzen,
Daß ich dich nit sprechen kann;
Doch zünd' ich in meinem Herzen
Dir ein täglich Opfer an.

Sollte sich mein Geist erst kränken,
Der von deiner Liebe lebt?
Dann die Blum', die muß sich lenken,
Wohin ihre Sonne schwebt.
Also leb' ich in Gesetzen,
Die mir deine Liebe schreibt,
Und entzieh' mich allen Schätzen,
Weil mich diese Qual nun treibt.

Keine Zeit kann mich entbinden,
Keinen Wechsel laß ich zu;
Sollt' ich auch noch Schönres finden,
Gibt es doch mir keine Ruh.
Ich bleib einig dir gefangen,
Weil ich dieses Liebesziel
Mit Vergnügung zu erlangen,
Unverändert hoffen will.

Jetzund wünsch' ich mir die Stunden
Dir zu zeigen meine Treu,
Weil mein Lieben nit verschwunden,
Sondern recht verdoppelt sei.
Willst du aber jetzund wissen,
Dir zu zeigen meine Not,
So fall ich zu deinen Füßen,
Und erwarte dein Gebot.

Was geht's die Andern an?

Volkslied

Ein zärtliches Küßchen,
Das schmecket gar so wohl,
Und was wir Beide wissen,
Niemand erfahren soll.

Muß denn ein jeder wissen,
Was ich und du getan?

Wann wir uns Beide küssen,
Was geht's die Andern an?

Wir Beide sind verbunden
Aus lauter Lieb und Treu;
Glückselig sind die Stunden,
Die wir beisammensein.

Mit einem gemalten Band

Johann Wolfgang Goethe (1749–1832)

Kleine Blumen, kleine Blätter
Streuen mir mit leichter Hand
Gute junge Frühlingsgötter
Tändelnd auf ein luftig Band.

Zephir, nimm's auf deine Flügel,
Schling's um meiner Liebsten Kleid!
Und so tritt sie vor den Spiegel
All in ihrer Munterkeit.

Sieht mit Rosen sich umgeben,
Selbst wie eine Rose jung:
Einen Blick, geliebtes Leben!
Und ich bin belohnt genung.

Fühle, was dies Herz empfindet,
Reiche frei mir deine Hand,
Und das Band, das uns verbindet,
Sei kein schwaches Rosenband!

Sophie Bernhardi-Tieck

An August Wilhelm Schlegel (1767–1845)

Berlin, August 1801

... Ich war in den letzten Tagen in einem fieberhaften Zustand. Diese gewaltsame Spannung hat nun nachgelassen und ich fühle mich recht herzlich krank und matt. Ich habe es selbst nicht geglaubt, daß ich so ganz Dir angehöre, alle meine Gedanken sind unwillkürlich an Dich gerichtet, mich verzehrt die heiße Sehnsucht, Dich wiederzusehen ... Verzeih, daß dieser Brief so unglaublich töricht wird, ich weiß Dir nichts zu schreiben, als daß Du mir über allem Ausdruck teuer bist, alle anderen Gedanken sind mir erloschen. Lieber Wilhelm, teurer Freund, vergiß mich nicht, darum beschwöre ich Dich mit heißen Tränen, denke nie mit Kälte daran, wie ich mich Dir so ganz ohne Rückhalt hingegeben habe, wie ich in Deinen Armen Schutz suchte gegen manches Leiden was ich noch empfinde, wie ich an Deiner Brust Trost fand für so manche bitter verlebte Stunde.

Du darfst, Du kannst mich nicht vergessen, die Leidenschaft in meinem Herzen muß Dich gewaltsam zu mir ziehen. Du bist durch diese Zauberei der Liebe mein eigen. Lieber, lieber Wilhelm, könntest Du jemals vergessen, daß Du der erste, der einzige Mann bist, dem sich mein ganzes Herz entgegenneigt, dem ich mich mit ganzer Seele ergebe. Ich bin nicht

schön und reizend, daß ich Dich könnte alle schönen Frauen vergessen machen, und wäre ich es, so könnte ich Dein Vergessen nicht belohnen ... Faßt Dich wohl einmal so die heftige Sehnsucht, wie mich, daß Du die Arme nach dem Winde ausstrecken möchtest! Ich kann mich selbst mit meinen Kindern nicht trösten. Ich beschwöre Dich, habe mich nicht mit halbem Herzen lieb! O komm, geliebter Freund, daß ich alle meine Schmerzen an Deinem Herzen vergesse! Eile in meine Arme, laß mich Dich an meine Brust drücken, ach, und könnte ich dann mit dem ersten Kusse mein Leben hinweghauchen. Du Stern, der mein Schicksal und mein Leben beherrscht! Kannst Du wohl jemals meinen Namen gleichgültig hören, sollte wohl einmal die Zeit kommen, daß Dein Herz nicht von Freude erregt wird, wenn Du an meine Liebe denkst, sollte Dein Blut aufhören, schneller zu fließen, wenn meine Augen, meine Hände, meine Lippen Dich berühren?
O könnten Dich meine zärtlichsten Wünsche erreichen. Ewig Dein eigen

S. B.

Kein Ernst

Volkslied

Ach, könnt' ich dich doch lieben,
O englische Gestalt,
Und recht dein' Falschheit üben,
Damit wärst du bezahlt!
Die Treu hast mir versprochen,
Dieselbe doch gebrochen.
Das ist das Allerbest,
Daß mir's nit Ernst gewest.

Du meinst, du sei'st die Eine,
Die Schönste auf der Welt;
Du meinst, es sei sonst keine,
Die meinem Herzen g'fällt.
Viel hab ich geliebt vor deiner,
Treu bin gewesen keiner;
Das ist das Allerbest,
Daß mir's nit Ernst gewest.

Fahr hin mit deiner Liebe,
Fahr hin, wo du nur willst!
Forthin kein' Falschheit übe,
Damit kein' Schmerz nit fühlst.
Die Lieb macht manchen Narren,
Man hat's genug erfahren,
Und ich wär ja der größt',
Wann mir's wär Ernst gewest.

Jetzt will ich es beschließen,
Und ändern meinen Sinn;
Lieb ich vor deinen Füßen?
Ach nein! Wo denk ich hin?
Jetzt rechne nur zusammen
Die Zahl der Liebesflammen,
So bleibet dir der Rest,
Daß mir's nie Ernst gewest.

Aufkündigung

Volkslied um 1800

Was nützt mich all mein Lieben,
Das ich hab' angewend't,
Du tust mich nur betrüben;
Hätt' ich dich nie gekennt!
Ich habe Tag und Nacht
Ja nur an dich gedacht:
In deinem Dienst mich üben
War, was mir Freud' gemacht.

Mich hätt' ich dir verschrieben
Und alles in der Welt,
Wärst du mir hold geblieben,
Wie du dich hast gestellt;
Allein dein falsches Herz
Hat seinen stolzen Scherz
Gleich anfangs schon getrieben
Mit meinem treuen Herz.

Glaubst du, ich werd' mich grämen?
Gewiß ich gräm' mich nicht;
Ich müßte mich ja schämen
Ins Herz und Angesicht.
Vielleicht erfreut es dich,
Daß du betrogen mich;
Kannst, wie du willst, es nehmen,
Was scher' ich mich um dich.

Mir bleibt hinfort dein Name
Verächtlich wie dein Geist,
Zerstört die Liebesflamme
Und was Erinn'rung heißt.
Glaub nur in deinem Sinn,
Daß ich dich immerhin
Verachte und verdamme,
Doch nicht verlassen bin.

Therese Heyne

Georg Adam Forster an Therese

Wilna, 3. März 1785

Sie wollen mir den Preis der Zärtlichkeit streitig machen, meine Freundin! Ich weiß nicht, ob sich etwas von dieser Art messen und vergleichen läßt, denn wie mir's vorkommt, hat jedes seine Art zu lieben und zärtlich zu sein, freilich aber, da Sie in allem reizbarer sind als ich und da Frauenzimmer es überhaupt unserem Geschlecht an Empfinden und sanfter Empfänglichkeit weit zuvortun, so kann ich Ihnen leicht recht geben, ich glaube nicht, daß Sie sich je über den zu feurigen Liebhaber beklagen werden, aber den treuen, den gutmeinenden, den dankbaren, den zärtlichen, der nie glaubt, erwidern zu können, was Ihre Liebe ihm schenkt, den hoffe ich, werden Sie nicht an mir vermissen . . . Ich fürchte immer, ich tue meinem Gefühl Unrecht durch die Art wie ichs vorbringe. Ich weiß, daß Ihre Liebe zu Ihrem armen Freunde ihm alles schenkt, was ihm das Schicksal sonst abgebrochen hat; in diesem Bewußtsein einzig und allein beruhige ich mich, und gewiß, auch nichts Geringeres kann mich hier hinhalten, mich aussöhnen mit der Welt, dem Schicksal und mir selbst. Warum, meine Freundin, warum können Sie noch zweifeln, daß in Ihnen allein mein Glück aufgehoben ist?

Therese an Forster

Göttingen, Februar 1788

Gott schenke Dir Gesundheit auf Deiner Reise und Entschlossenheit, uns für die zukünftigen Jahre Frieden zu erringen. Mein Herz blutet für den Schritt, zu dem ich Dich zwang, weil Du dessen Notwendigkeit noch nicht fühltest. Menschlichkeit und Edelmut werden Dich bald davon überzeugen und Männermut Dich unterstützen. Meine Gesundheit ist jetzt ohne Schmerz, meine Brust hat einen Stoß bekommen, den ich mir nicht erklären kann, schwache Stimme und Mattigkeit haben mich noch nicht verlassen. Mein Herz ist zerstört, Mitleid kämpft wider meine Vernunft, aber ich zähle auf künftige Zeit, weil ich für jetzt durchaus an kein Glück denke. Erhalte Deine Gesundheit für Dein Kind und Deine Freundin, suche Zerstreuung, denke, daß die Nachricht, die mir Dich

Auch Therese Huber, geborene Heyne, verw. Forster, hatte ein bewegtes Gefühlsleben, das sie in zwei Ehen und einer leidenschaftlichen Beziehung zu Meyer praktisch lebte.

als vergnügt erklärt, mir die willkommenste ist. Deine Aufträge sind alle besorgt. Hier ist ein Brief von Zimmermann, des Aufbrechen ich Dich bitte zu entschuldigen, weil ich glaubte, es möchte eine Forderung darin stehn, die ich befriedigen könne. Mein Vater hat ihn nicht gelesen. Dein Kind ist gesund! Friede sei mit Dir! Du hättest mehr Geld nehmen sollen – ich brauche beim bequemsten Leben wenig. Schone Deine Gesundheit und sei von meiner treuen Freundschaft überzeugt.

Deine Therese Forster

Therese an F. L. W. Meyer

Ulm, den 24. Dezember 1804

Wilhelm, ich bin Witwe. Heute früh um 3 Uhr starb mein geliebter Mann. Kannst Du das fassen? Er litt drei Wochen, die letzten 13 Tage unaussprechlich – ich verließ ihn nie, und mein Herz brach nicht. – Ich atme frei, nun er dem Leiden entrissen ist, aber mein Dasein ist zerstört. Kannst Du das fassen? Ich bin Witwe. Das Wesen, mit dem ich zehn Jahre jedes Gefühl, jeden Gedanken teilte, alles genoß – mit dem ich dachte, dichtete, las, schrieb, mit dem ich das Schicksal bekämpfte, mit dem ich siegte. – Sieh, jetzt ist meine Vergangenheit im Grabe – nun muß ich für meine Kinder Brot erwerben, ich lebe in ihnen, ich erziehe sie zur Ehre des besten Vaters. Fühltest Du das, wie sie kommen und den geliebten Körper betasten, diese Brust, die meine Zuflucht war in allen Stürmen, die mich ertrug – Du bist die letzten Trümmer meiner Jugend. Willi, ich will ein stolzes Weib sein, das Schicksal soll sehen, daß ich es verstehe – ich will Weisheit tauschen gegen Glück – schreib' mir, daß Du ihn beweinst – aber schone mein Herz, fluche nicht, ich segne das Weltall, wo er irgendwo lebt – ich segne die Welt, wo Adelens Staub den seinen erwartet. – Ich will meine Kinder stolz erziehen, daß sie sein waren.

Trümmer meiner Jugend, denke meiner. Therese

Therese an F. L. W. Meyer

24. Januar 1805

O Willi, wohin soll ich denn mit dem Herzen vor Liebe? Für wen soll denn mein glühender Geist die Welt auffassen? Ich bin 40 Jahre und würde erröten, wenn ich nicht ganz wahr wäre, wenn in meinem einsamen Schmerz eine andere Sehnsucht weinte als nach Mitteilung und

Mitgefühl, wer, dem ich sagen könnte, wie Liebe, Dank, Reue mich nur mit ihm beschäftigen! Reue, daß ich nicht mehr war, als mein Wesen mir zuließ, daß ich seinen leichten Mut mit einem trüben Sinn so oft niederdrückte, daß ich sorgte, wo er genoß. – Siehe, daß ich unglückliche Törin, Ferdinand, Ferdinand, Dich bitten will, weil sein Name mir ewig gegenwärtig ist – Dich bitten, sei was Du kannst denen, die Dich lieben, denke bei jedem kleinen Opfer Deiner Launen, bei jedem Sieg über Dein Wünsche – o denke, daß Du sie von dort nicht herbeirufen kannst, nur einmal noch die geliebten Augen zu küssen, nur einmal noch zu hören, ob er meine Liebe erkannte. Oft ist mirs, als zöge sie mein namenloser Schmerz herbei – fürchte nicht für mich, ich schwärme nicht – ich kann so mein Herz in dem tiefsten Weh zerfließen fühlen, wenn mein Alleinsein mich ergreift, dann ist's, als strecken sie ihre geliebten Hände nach mir aus.

F. L. W. Meyer an Therese

Bramstedt, den 28. Junius 1805

Wenn ich nicht besorgen müßte, mein Stillschweigen noch übler von Dir ausgelegt zu wissen als meine unglücklichen Briefe, so würd ich Dir diesesmal, zum ersten Mal irgend jemanden in meinem Leben, die Antwort schuldig geblieben sein. Denn ich weiß wirklich nicht mehr, wie ich antworten soll. Du fängst aus der Ferne an, mit mir zu zanken, ohne daß ich Dich, ohne daß ich etwas lebendiges in der Welt beleidigt hätte; du wirfst mir Kälte, Verschlossenheit, Unteilnahme, Unnatürlichkeit vor: lauter Eigenschaften, deren Gegenteil alle anderen Menschen und vormals Du selbst und – soweit ein Mensch sich selbst kennen kann, auch ich selbst – an mir bemerkten. Erschüttert über diesen Vorwurf, besorgt, daß er mir ein Zutrauen rauben könne, welches meinem Herzen unaussprechlich teuer ist, ergreife ich die unangenehme Notwendigkeit, mich zu rechtfertigen, mich gegen Dich!, der ich weit eher zugetraut hätte, daß sie mich verteidigt haben würde als angeklagt. Es ist natürlich, daß ich dabei nur von mir redete, denn von mir war ja nur die Rede. Hab' ich Dich dabei angeklagt? Hab' ich je verkannt, schriftlich oder mündlich, daß die schönsten Gefühle meines Lebens Dir gehören, von Dir mir gekommen sind, daß unter allen Weibern nur bei Dir Herz und Geist meine kühnsten Wünsche übertrafen, meine Sinne bezauberten, mein Bewußtsein, noch jetzt, da ich der Welt abgestorben bin, lebendig mit Dir beschäftigen? Hätt' ich geglaubt, ich könnte Deine Seele füllen wie Du die meinige, Dir genügen wie Du mir, ich würde Deinen Besitz Göttern und Menschen und Teufeln streitig gemacht haben, ich sah aber und fühlte und verstand, daß, da Du mich allen vorzogst, Du doch auf alle Ansprüche machtest, und ergab mich in Deinen Willen. Ich kann nicht eifersüchtig sein. Es stimmt nicht zu meinen Begriffen. Was Du an mir liebtest, konntest Du bei keinem andern finden; was Du an einem andern liebtest nicht bei mir. Das ist nicht Weisheit und soll es nicht sein; wann hätt' ich mir Weisheit zugetraut? So sprach und spricht die Natur zu meinem Verstand und nötigt mich, sie für Wahrheit zu halten. Das hab' ich Dir vom ersten Augenblick unserer Bekanntschaft gesagt und geschrieben; das hab' ich Forstern gesagt, da er mit mir eiferte. Ich zürnte ihm, daß er tagelang allein um Dich war, er gönnte mir nicht die ungestörte Vertraulichkeit einer Viertelstunde. Du hast mir damals, mit und ohne Veranlassung, hundert Mal wiederholt, F. sei besser als ich; so wie Du mir jetzt unaufhörlich zurufst, Huber sei der beste Mensch, den Du kanntest, alles was ich Dich empfinden machte, sei nichts gegen ihn. Begehr ich das zu leugnen? Sie waren nicht ich, ich kann nicht sie sein. Ich kann so wenig auf die Fülle ihres Geistes, auf die Lebhaftigkeit ihrer Darstellungskraft, auf die Zartheit, Geistigkeit, Erhabenheit ihrer Denkungsart, ihrer Äußerungen, ihres Betragens Anspruch machen, als ich mich für einen Fürsten oder Volksführer und Redner oder sonst für wichtig in der Welt oder im Gebiet der Wissenschaften und Künste ausgeben kann. So unfähig bin ich, auf andere zu wirken, daß ich auch nicht einmal den Wunsch danach empfinde. Aber entweder ich weiß nichts, oder ich weiß, daß ich Dir angehangen habe, solange ich Dich kenne. Wie ein treuer Hund bin ich immer wieder zu Dir gekommen, sooft Du mich verstießest; hab' ich mich immer wieder an Dich gedrängt, sooft Du mich vernachlässigtest. Das habe ich getan, weil mir wohl bei Dir war, weil ich nicht voraussetzte, daß Du darum schlechter von mir dächtest. Hab' ich mich nun darin geirrt, so tat ich freilich unrecht, aber ich tat Unrecht, ohne es zu wollen. Dein letzter Brief zeigt mir das Licht, in welchem ich Dir erscheine. Er nennt mich einen Menschenfeind, einen Egoisten – laß uns deutsch reden, damit ich Dich verstehe, das heißt, einen Menschen, der nur sich liebt, keinen anderen, andere nur in Beziehung auf sich, einen Eigennützigen – einen, der mit seinem Herzen und mit seiner Liebe nirgends hin weiß, einen kalten Berechner, der berechnet leiden sieht, einen Prahler mit der garstigen Eisrinde seines Herzens, einen pompösen selbstischen Weisheitsschwätzer, der nicht weiß, wie man ein zärtliches Herz behandelt. Ob ich das alles, ob ich etwas von dem allen bin – niemand kann vollgültig über sich urteilen, wenigstens ich nicht, aber soviel sagt mir mein Gefühl, ich möchte lieber ein Dieb und ein Mörder sein als etwas von dem allen. Indessen danke ich Dir, daß Du mir Deine Meinung über mich unverhohlen gesagt hast; denn ich will lieber von der ganzen Welt, selbst von Dir gehaßt sein, als mich einer Täuschung hingeben. Es ist nicht die erste bittere Erfahrung meines Lebens, aber wahrscheinlich fehlt ihr nicht viel, um die letzte zu sein.

Dem Großen unbekannt, zu klein des Schicksals Schlägen,
entflohn dem Kritiker, der strenges Urteil spricht,
seh' ich dem Tode hier entgegen,
und wünsch' ihn nicht und fürcht' ihn nicht.

Ohne Groll und Vorwurf der Deinige

Die Linde im Tal

Volkslied

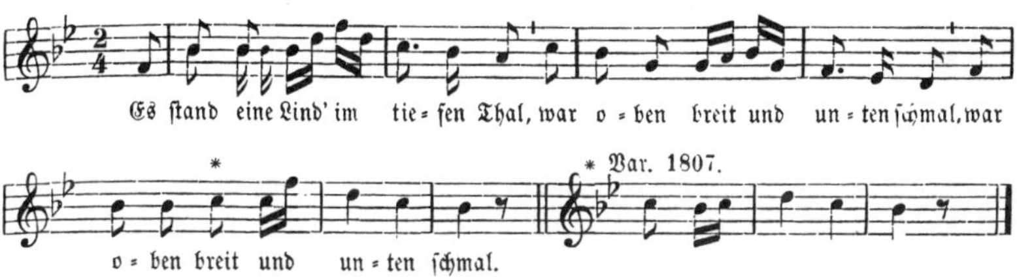

Es stand eine Lind' im tiefen Tal,
War oben breit und unten schmal,

Worunter zwei Verliebte saß'n,
Und die vor Lieb ihr Leid vergaß'n.

„Feinslieb, wir müssen von einander,
Ich muß noch sieben Jahre wandern."

„Mußt du noch sieben Jahre wandern,
Heirat ich doch keinen andern!"

Und als die sieben Jahre umme war'n,
Sie meint, ihr Liebchen käme bald.

Sie ging wohl in den Garten,
Ihr Feinslieb zu erwarten.

Sie ging wohl in das grüne Holz,
Da kam ein Reiter geritten stolz.

„Gott grüß dich, du Hübsche, du Feine!
Was machst du hier alleine?

Ist dir dein Vater und Mutter gram,
Oder hast du heimlich einen Mann?"

„Mein Vater und Mutter sind mir nicht gram,
Ich hab auch heimlich keinen Mann.

Heut sinds drei Wochen und sieben Jahr,
Daß mein Feinslieb gewandert war."

„Gestern bin ich geritten durch eine Stadt,
Da dein Feinslieb Hochzeit gehabt;

Was tust du ihm denn wünschen an,
Daß er seine Treue nicht gehalten hat?"

„Ich wünsch ihm all das Beste
So viel der Baum hat Äste.

Ich wünsch ihm so viel gute Zeit,
So viel als Stern am Himmel sein.

Ich wünsch ihm soviel Glück und Segen,
Als Tröpflein von dem Himmel regnen."

Was zog er von dem Finger sein?
Einen Ring von rotem Golde fein.

Er warf den Ring in ihren Schoß.
Sie weinte, daß das Ringlein floß.

Was zog er aus seiner Taschen?
Ein Tuch, schneeweiß gewaschen.

Trock'n ab, trock'n ab dein Äugelein:
Du sollst fürwahr mein eigen sein!

Ich tät dich ja nur versuchen,
Ob du würdest schwören oder fluchen.

Hättst du mir einen Fluch oder Schwur getan,
So wär ich gleich geritten davon.

Der untreue Knabe

Johann Wolfgang Goethe (1749–1832)

Es war ein Knabe frech genung,
War erst aus Frankreich kommen,

Der hatt ein armes Mädel jung
Gar oft in Arm genommen
Und liebgekost und liebgeherzt,
Als Bräutigam herumgescherzt,
Und endlich sie verlassen.

Das braune Mädel das erfuhr,
Vergingen ihr die Sinnen.
Sie lacht und weint und bet und schwur:
So fuhr die Seel von hinnen.
Die Stund, da sie verschieden war,
Wird bang dem Buben, graust sein Haar,
Es treibt ihn fort zu Pferde.

Philipp Unzelmann

Philipp Unzelmann an Friderike Flittner

Bestes Mädchen! *(1785)*
Der Zustand meines Herzens ist traurig; ich weiß meinem Zustande nicht anders Luft zu machen, als an Sie zu schreiben, und vielleicht zum lezten Male – Ich bitte sie also, entscheiden Sie. Ich träume, wimmere und seufze, und warum? Vielleicht um ein Mädchen, das mich nicht liebt? – Gleichgültig bin ich Ihnen nicht, das haben Sie mir sehr oft schon gesagt, und zuweilen gefällt Ihnen auch meine Unterhaltung, aber – das ist auch vielleicht alles! O könnte ich doch alles, was ich für Sie empfinde, mit flammenden Zügen in ihre Seele graben! – Wär es mir doch möglich, Ihnen das Glück unserer künftigen Tage zu schildern – meine Gefälligkeit, meine Sorgsamkeit, Teilnahme – Zuvorkommen – meine zärtliche Bemühung, trübe Augenblicke zu erheitern – das alles würde mein größtes Vergnügen sein: – Scherz und Freude um Sie her zu verbreiten – meine Dankbarkeit – genug davon! – Wenn ich mich aber Ihres Herzens nicht bemeistern kann; wenn Sie mich nicht wahrhaft lieben; wenn Sie mich nicht heiraten wollen – so kündigen Sie mir ohne Schonung, ohne Mitleid an, daß Sie nicht die mindeste Freundschaft für mich haben – verbieten, und ersticken Sie alle Hoffnung in meinem Herzen. – Mir Freundschaft anzubieten, hieß, im Grunde meine Liebe vermehren: hieß, die Kette, mit der ich gebunden, noch fester zu ziehen,

hieß – mit einem Worte – Koketterie. Von der Gabe zu gefallen einen so treulosen Gebrauch zu machen, ist Ihrer unwürdig. Und – nun verlaß ich mich auf die Güte ihres Herzens – überlegen Sies wohl, was ich Ihnen gesagt; verhüten Sie, daß ich nicht noch mehr der Spott meiner Feinde werde; und betrüben Sie nicht länger Ihren

Ph. Unzelmann

P. S. Ich glaube, Ihr Vater haßt mich – Ich muß's ihm sagen – Sind Sie es zufrieden! Ja! oder Nein! Zeigen Sie ihm auch diesen Brief, damit ich aus dem Verdacht eines Verführers der Unschuld komme – wenn Sie sich weigern, so will ich die Kopie selbst ihrem Vater zeigen! Entscheiden Sie!!!

Friderike an Philipp Unzelmann

Karlsbad, den 27. Juni 1794

Es tut mir recht leid, mein lieber Unzelmann, daß Du so viel Unglück hast, es ist ja, als wenn seit meiner Abreise alles Glück und Heil von Dir gewichen wäre, doch freut es mich, daß Du so weit wieder hergestellt bist, daß keine übeln Folgen weiter zu befürchten sind ... Was Lippert anbetrifft, der sich Dein Unglück so sehr hat zunutze machen wollen, das wundert mich gar nicht, er ist ein Komödiant und das ist mir genug, weil ich von diesem eingefleischten Lumpengesindel nie etwas Gutes erwarte und mich daher nichts Übles mehr wundern lasse, ich bin zwar leider bestimmt, unter diesen Menschen zu leben, ich werde mich gewiß hüten, jemals mit ihnen zu leben, denn man hat nichts als Schimpf und Schande von ihnen; Du kannst ihm dieses allenfalls selbst vorlesen, wenn Du willst ... Ich freue mich recht sehr, daß alles so in Ordnung ist in unserem Hause. Grüße alles, ich werde Euch auch dafür recht lieb haben und etwas mitbringen. Dorte läßt Dich und alle grüßen und Karln sagen, er wäre ein ausgelassener Bengel und würde stramme Hosen bekommen. Schako schwebt mir immer vor Augen mit seinem allerliebsten Schnäbelchen, halte ihn ja recht gut. Nimm Dich vor Messer, Schere und besonders vor Komödianten in acht.

Deine Friderike

An Minna

Friedrich Schiller (1759–1805)

Träum' ich? Ist mein Auge trüber?
Nebelt's mir ums Angesicht?
Meine Minna geht vorüber?
Meine Minna kennt mich nicht?
Die am Arme seichter Toren
Blähend mit dem Fächer ficht,
Eitel in sich selbst verloren –
Meine Minna ist es nicht.

Von dem Sommerhute nicken
Stolze Federn, mein Geschenk;
Schleifen, die den Busen schmücken,
Rufen: Minna, sei gedenk!
Blumen, die ich selbst erzogen,
Zieren Brust und Locken noch –
Ach, die Brust, die mir gelogen!
Und die Blumen blühen doch!

Geh, umhüpft von leeren Schmeichlern!
Geh, vergiß auf ewig mich!
Überliefert feilen Heuchlern,
Eitles Weib, veracht' ich dich.
Geh, dir hat ein Herz geschlagen,
Dir ein Herz, daß edel schlug,
Groß genug, den Schmerz zu tragen,
Daß es einer Törin schlug.

In den Trümmern deiner Schöne
Seh' ich dich verlassen stehn,
Weinend in die Blumenszene
Deines Mai's zurücke sehn.
Schwalben, die im Lenze minnen,
Fliehen, wenn der Nordsturm weht;
Buhler scheucht dein Herbst von hinnen,
Einen Freund hast du verschmäht.

Die mit heißem Liebesgeize
Deinem Kuß entgegenflohn,
Zischen dem erloschnen Reize,
Lachen deinem Winter Hohn.
Ha! wie will ich dann dich höhnen!
Höhnen? Gott bewahre mich!
Weinen will ich bittre Tränen,
Weinen, Minna, über dich!

Friedrich von Gentz

An Elisabeth Graun-Schwinck

22. Oktober 1785

Sie wissen, daß das alles mein Herz und das wahrste innigste Gefühl mich sprechen lehrt. Wäre eine Silbe Schmeichelei, so verdiente ich nicht, Ihr bester Freund zu heißen, und wäre es Übertreibung einer augenblicklichen Wärme, so müßte ich nicht wissen, was ich jeden Augenblick denke, wenn ich Ihr Schattenbild ansehe, das hier über meinem Schreibtisch neben dem Bilde meiner Cölestine hängt.

Einzige Frau! Nur Sie konnten diese Stelle, in einer Seele, die so voll von Liebe gegen ein Mädchen ist, die sie so ganz verdient, nur Sie konnten diese Stelle in meiner Seele einnehmen. In dem Übermaß der allgewaltigen Empfindung, die uns so leicht vergessen läßt, daß es auch außer unserm Mädchen noch gute und liebenswürdige Menschen gibt, würde auch das Andenken an Sie nur verschwemmt worden sein, wenn Sie nur nicht so hoch gestanden hätten. Aber eben darum, weil Sie mich trösten konnten in meiner unglücklichen Liebe (und es war nichts Geringes, mich zu trösten), konnten Sie mir auch süße Gesellschaft sein in glücklichen Tagen.

Vortreffliche Frau! Wie oft verstummte in Ihrer süßen Gegenwart mein Mund, wenn ich es Ihnen sagen wollte, was ich mir in Ihnen dachte. Und meine matte Feder – die sollte die Fülle dieses Gedankens erschöpfen? Ich trete zurück und mißmutig, aber nicht neidisch, überlasse ich es Ihnen, durch Briefe zaubern zu können.

An Fanny Elßler

Mittwoch, den 9. Juni 1830. Um Mitternacht.

Das Glück,welches Dein Umgang mir gewährt, schien schon längst keiner Zunahme mehr fähig zu sein; und doch überzeugt mich jeder Tag von meinem Irrtum. Mit welchen Farben könnte ich den heutigen Abend schildern? Ich bin berauscht von der Seligkeit, die Du, himmlisches Mädchen, mich in Deinen Augen und an Deiner Brust in volle Zügen trinken ließest. Ich fühle in allen meinen Adern die Wahrheit der süßen Worte:

Das schönste der Natur, bei deren Anblick wir
Wie Kinder an der Brust nun unser Leben saugen,
Von allem um uns her nichts sehen außer ihr,
Selbst in Elysiums goldenen Auen
Nichts sehen würden, als sie ewig anzuschauen.

Diese Verse sind für mich geschrieben, und Du bist das Urbild dieses Gemäldes! Daß solche Wonne mir auf Erden noch beschieden war – wie kann ich Dir dies danken, meine Fanny! Nein! In dieser einzigen Silbe liegt mehr als der Himmel; und Du hast es geschrieben, und Dein Mund mit Deinen Augen haben es bekräftigt. Ich bin zu schwach, Dich zu belohnen; aber das, was Du an mir getan hast, wird und muß Dir reichlich vergolten werden.

Ich konnte diesen Tag nicht endigen, ohne Dir zu sagen, mit welchen Empfindungen ich ihn beschließe. Es ist mehr noch als Liebe, was mich

beseelt: Es ist eine Erhebung des Gemütes, die der Andacht gleicht, und in der Tat hat sich mein Herz seit langer Zeit nicht inniger zu Gott gewendet, als indem ich ihn jetzt bitte, seinen besten Segen über Dich auszugießen.
Gute Nacht, Fanny! G.

Fanny Elßler an Gentz

Wien, den 1. August 1830, 9 Uhr abends
Wenn ich mir so denke, wenn nur Gentz auch bei mir wäre, der es leider nicht sein kann, da vergeht mir dann alle Lust, mich zu unterhalten. Wenn ich mir so denke, wie Du Dich nach mir sehnst, wenn ich Deine Briefe lese, da versichere ich Dich, daß Du mir recht erbarmst, daß gerade Dich, der Du so gut bist, das Schicksal so schwer straft, allein nur Mut, mein lieber Gentz, noch lebt ein Gott, noch leben wir ja alle zwei, und solange das ist, muß man nicht verzagen. Es werden wieder glückliche Tage kommen, die sollen uns dann für die vielen leeren und unglücklichen Tage entschädigen, habe nur Mut, mein lieber Gentz: Ich denke mir, da Du mir schon so sehr abgehst, wie muß nicht ich Dir abgehen ... Heute habe ich Kopfschmerzen, sonst würde ich Dir mehr schreiben, allein ich darf Dir ja nur schreiben, daß ich Dir gut bin, mehr brauchst Du ja nicht zu wissen, und daß ich Dich vielmal küsse und daß ich Deine Fanny bin. Adieu

Der Triumph der Liebe

Friedrich Schiller (1759–1805)

Selig durch die Liebe
Götter – durch die Liebe
Menschen Göttern gleich!
Liebe macht den Himmel
Himmlischer – die Erde
Zu dem Himmelreich.

Durch die ewige Natur
Düftet ihre Blumenspur,

Weht ihr goldner Flügel.
Winkte mir vom Mondenlicht
Aphroditens Auge nicht,
Nicht vom Sonnenhügel,
Lächelte vom Sternenmeer
Nicht die Göttin zu mir her,
Stern' und Sonn' und Mondenlicht
Regten mir die Seele nicht.
Liebe, Liebe lächelt nur
Aus dem Auge der Natur
Wie aus einem Spiegel!

Liebe rauscht der Silberbach,
Liebe lehrt ihn sanfter wallen;
Seele haucht sie in das Ach
Klagenreicher Nachtigallen –
Liebe, Liebe lispelt nur
Auf der Laute der Natur.
Weisheit mit dem Sonnenblick,

Große Göttin, tritt zurück,
Weiche vor der Liebe!
Nie Erobrern, Fürsten nie
Beugtest du ein Sklavenknie,
Beug' es jetzt der Liebe!

Wer die steile Sternenbahn
Ging dir heldenkühn voran
Zu der Gottheit Sitze?
Wer zerriß das Heiligtum,
Zeigte dir Elysium
Durch des Grabes Ritze?
Lockte sie uns nicht hinein,
Möchten wir unsterblich sein?
Suchten auch die Geister
Ohne sie den Meister?
Liebe, Liebe leitet nur
Zu dem Vater der Natur,
Liebe nur die Geister.

Selig durch die Liebe
Götter – durch die Liebe
Menschen Göttern gleich!
Liebe macht den Himmel
Himmlischer – die Erde
Zu dem Himmelreich.

Wolfgang Amadeus Mozart an seine Frau

Dresden, 13. April 1789
Um sieben Uhr früh

Liebstes, bestes Weibchen!
Nach Empfang dieses Briefes mußt Du schon nach Berlin poste restante schreiben. Ich hoffe, Du wirst mein Schreiben von Prag richtig erhalten haben. Neumanns lassen sich alle Dir samt Duscheks empfehlen, wie auch dem Herrn und Frau Schwägerin Langens.
Liebstes Weibchen, hätte ich doch auch schon einen Brief von Dir! Wenn ich Dir alles erzählen wollte, was ich mit Deinem lieben Porträt anfange, würdest Du wohl recht lachen. Zum Beispiel, wenn ich es aus seinem Arrest herausnehme, so sage ich: „Grüß Dich Gott, Stanzerl! Grüß Dich Gott, Spitzbub! Knallerballer! Spitzignas! Bagatellerl! schluck und druck!" Und wenn ich es wieder hineintue, so lasse ich es so nach und nach hinunterrutschen und sage immer: „Nu – Nu – Nu – Nu!", aber mit dem gewissen Nachdruck, den dieses so vielbedeutende Wort erfordert, und bei dem letzten Schneller: „Gute Nacht, Mauserl, schlaf gesund!" Nun glaube ich so ziemlich was Dummes (für die Welt wenigstens) hingeschrieben zu haben, für uns aber, die wir uns so innig lieben, ist es gewiß nicht dumm. Heute ist der sechste Tag, daß ich von Dir weg bin, und bei Gott, mir scheint es schon ein Jahr zu sein. Du wirst wohl oft Mühe haben, meinen Brief zu lesen, weil ich in Eil und

Mozart hatte 1782 Konstanze Weber geheiratet. Er schreibt von einer Reise über Prag nach Dresden.

folglich etwas schlecht schreibe. Adieu, liebe Einzige! Der Wagen ist da, da heißt es nicht: bravo und der Wagen ist auch schon da, sondern male! Lebe wohl und liebe mich ewig so wie ich Dich; ich küsse Dich millionenmal auf das zärtlichste und bin ewig Dein Dich zärtlich liebender Gatte.

P. S. Wie führt sich unser Karl auf? Ich hoffe gut. Küsse ihn statt meiner ...

N. B. Du mußt in Deinen Briefen nicht das Maß nach den meinigen nehmen; bei mir fallen sie nur deswegen etwas kurz aus, weil ich pressiert bin, sonst würde ich einen ganzen Bogen überschreiben; Du hast aber mehr Muße. Adieu.

Dresden, 16. April 1789.
Nachts um halb 12 Uhr

Liebstes, bestes Weibchen!

Liebes Weibchen, ich habe eine Menge Bitten an Dich;
primo bitte ich Dich, daß Du nicht traurig bist;
secundo, daß Du auf Deine Gesundheit achtest und der Frühlingsluft nicht trauest;
tertio, daß Du nicht allein zu Fuße, am liebsten aber gar nicht zu Fuße ausgehest;
quarto, daß Du meiner Liebe ganz versichert sein sollst; – keinen Brief habe ich Dir noch geschrieben, wo ich nicht Dein liebes Portrait vor meiner gestellt hätte –

quinto bitte ich Dich, nicht allein auf Deine und meine Ehre in Deinem Betragen Rücksicht zu nehmen, sondern auch auf den Schein. Sei nicht böse auf diese Bitte. –
Du must mich eben deshalb noch mehr lieben, weil ich auf Ehre halte.
Sexto et ultimo bitte ich Dich, in Deinen Briefen ausführlicher zu sein. – Nun lebe wohl, Liebste, Beste! – Denke, daß ich alle Nacht, ehe ich ins Bett gehe, eine gute halbe Stunde mit Deinem Portait spreche, und so auch beim Erwachen.
Ich küsse und drück Dich 1095060437082 mal (hier kannst Du Dich im Aussprechen üben) und bin ewig Dein treuester Gatte und Freund

W. A. Mozart

Erzherzogin Elisabeth, Prinzessin von Württemberg, an Franz von Österreich

(1788)

Ich habe Dich über alles lieb, mein allerliebster Engel. Dein Ripperle besorgt sich um nichts mehr, als daß Du sie vielleicht vergessen möchtest. Mein lustiger Humor, der Dir so gefällt, hat mich völlig verlassen seit Deiner Abreise. Meine Augen haben sich noch nicht ganz getrocknet seitdem, denn es ist unausprechlich, wie sehr ich Dich liebe. Die Zärtlichkeit, die Du mir bezeugst, zu verdienen wird allzeit mein Zweck sein ... Gestern hab' ich vorm Schlafengehen Deinem Kanarienvogel noch ein Küßchen gegeben; ich hab ihn sehr gern, diesen hübschen kleinen Vogel, weil er Dir gehört. Hast Du noch Deinen Ehering? Oder hast Du ihn aufs neue verloren? Das ist eine Schelmenfrage, nicht wahr? Ich höre schon, was Du sagst: Meine Frau ist doch recht schlimm. Ich werde gewiß die treueste sein, weil ich meinen Ring nie verloren habe, aber Du? Ich bin sehr unartig, nicht wahr! Dein Weiberl, die Dich von ganzem Herzen liebt, küßt Dich tausend Mal in Gedanken und denkt unaufhörlich an Dich.

(1789)

Bester Engel, ich liebe Dich über alles, kann nicht mehr leben ohne Dich, mein Herz schlägt gewaltig, und dies allein für Dich, mein liebes

poste restante – postlagernd
primo – erstens, secundo – zweitens, tertio – drittens, quarto – viertens, quinto – fünftens, sexto et ultimo – sechstens und zum Schluß.

Franzerle! O was leide ich schon nur von dem bloßen Gedanken, Dich wieder abreisen zu sehen! Ich glaube, mein Herz wird es nicht vertragen; meine Augen sind schon voll Wasser.

Deine zärtlichste Frau
Elisabeth

Wilhelm von Humboldt und Caroline von Dacheröden

Humboldt an Caroline

Dessau, 15. Januar 1790

Nein, Lina, nicht Deine Phantasie hat es geboren, jenes Sehnen, jenes Streben Deines Herzens nach Liebe. Es ist Wahrheit, Wahrheit, die uns beide beglückt, und die mich zu dem höchsten Gipfel der Seligkeit hebt. Wenn ich dem Schicksal für eine Gabe danke, wenn eine mich mit innerem Stolze erfüllt und mich gleichmütig auf alles andere um mich blikken läßt, so ist's, daß mein Herz Sinn hat, Dich zu fassen, und Kraft der Liebe genug, um Deiner hohen, glühenden, einzigen Liebe gleich zu bleiben. Je höher die Liebe, desto voller umfaßt sie das Wesen des andern, und eine große reiche Seele wird nur von einer reichen umfaßt. So ist der Mensch nie mehr, als er Kraft hat zu lieben. Du wecktest sie in mir, diese Kraft, Du gabst mir, was ich nie genossen hatte, das Gefühl, ganz und einzig geliebt zu werden. Oh, Lina, das Glück meiner Tage wird Dein Dank sein!

Die Natur schuf uns füreinander, oder – ach!, daß mein Herz noch so oft nicht Mut hat, das Grenzenlose Deiner Liebe zu fassen – sie gab nur Dir die Fähigkeit, mich zu beglücken.

Wie so alles in uns immer eins war. Wie so immer gleiche Höhe, gleiche Weite der Empfindung, wie in uns beiden der äußere und innere Sinn immer so gleich zusammenschmolz, wie in uns beiden immer dieser jenen auf gleiche Weise verschlang! Hätte ich Dich nie gefunden, so hätte ich wohl glücklich sein können, aber den höchsten Grad des Glückes hätte ich nimmer erreicht. Und doch fühl ich, daß meine Liebe noch immer höher, schöner werden wird. Meine Seele ist noch nicht groß ge-

Wilhelm von Humboldt lernte Caroline von Dacheröden bei seinem Freund Karl von Laroche kennen, mit dem Caroline verlobt war. Der Briefwechsel der Humboldts zählt mit zu den schönsten Briefsammlungen der deutschen Literatur.

nug, die Deine ganz zu umfassen, so vieles ahndet sie nur erst, so vieles liegt erst dämmernd vor ihr. Aber Liebe erhöht die Kraft, und mit der Kraft wächst auch wieder die Liebe.

Caroline an Humboldt

Erfurt, 14. April 1790

O mein Wilhelm, wie süß ist es, von diesen Betrachtungen auf Dich zurückzukommen – wie verschwanden alle diese Besorgnisse bei dem ersten Blick in Dein einzig schönes, großes Herz! Teures Wesen, wie knüpft jeder Gedanke meiner Seele mich fester an Dich, wie bringt jeder Augenblick Nachdenkens über Dich mein Wesen dem Deinen in dem Maße näher, als es mich von jedem andern entfernte, den ich mir in diesem Verhältnis dachte. Je mehr sich Deine Seele vor mir entfaltet, je mannigfaltiger die Gestalten werden, unter denen mir Dein liebes Bild erscheint, je verwandter fühl ich Dein Wesen dem meinen, und mit dem reinen Entzücken, für das die Sprache keinen Ausdruck hat, sehe ich durch Dich den leisen Wünschen und Träumen meines Herzens Wahrheit und Dasein gegeben. O Wilhelm, Wilhelm, wie oft werde ich noch weinen an Deinem Busen im Übermaß meines Glücks! Ewige Güte, mit was verdient ich dieses Los! O auch das ist so süß zu fühlen, daß es unverdient ist, der leiseste Anspruch risse aus diesem himmlischen Drang die lieblichste Blume – mein teurer Mann, so nimm mich, so möge ich Dir still blühen am Herzen, alles, alles ewig dankend der Liebe.

Gegen Mittag 14. September 1790

Wie hast du mich verlassen können? Wie Dich trennen von Deinem eigenen Leben? Lebst Du noch, Bill, oder ist Dein Herz in die tote Erstarrung des meinen vesunken? Weh, ich habe Dich und mich betrogen. Ich habe auf Kräfte gerechnet, die der letzte Hauch Deines Mundes verweht, Dein letzter Kuß vernichtet hat. Ich habe Dich aus meinen Armen gelassen – mein eigen Dasein hab ich mir entwandt! – O, Bill, Bill komm zurück – ich trag es nicht – Du weißt ja, daß mein Herz viel tragen kann, aber dies – – ach verzeih, verzeih, meine Sinne sind verwirrt, meine Seele ist mir entrissen – diese Dumpfheit – mir ist, als fühlt ich mich langsam vernichten. – Ich kann nicht weinen. Meine Augen sind trocken und brennen fürchterlich. Wie sie dich nicht mehr sahen, versiegten auch die lindernden Tränen. –

Abends 10 Uhr

Sei gesegnet mit ewigem Frieden, teures, heiliges Wesen. Du hast mich mir wiedergegeben, das Gefühl meines Daseins und meine Seele – ich fühle Dich wieder und leide und weine wieder. – Ach, was kann ich Dir dafür geben? – Du hast mein ganzes Wesen. O Bill! Dich und Dein eigen Dasein, das in immer höherer Fülle und Schönheit in mir blühen soll. – Ich halte Deinen lieben Brief, bedeck ihn mit tausend Küssen, ach, benetzt von meinen heißen Tränen leg ich ihn an Dein Herz. Freue Dich, daß ich wieder weinen kann – freue Dich, Bill, daß ich nun kein Leiden, keinen Schmerz mehr fürchten darf, da ich noch so namenlos glücklich zu sein vermag in dem unendlichen Weh, das mir den Busen füllt. Ich kann nicht mehr schreiben, die armen Augen bitten „vergib uns, Bill, wir können das Licht nicht ertragen". Leb wohl.

Mittwoch abend 10 Uhr

Gestern und heute habe ich, nachdem ich Papa gute Nacht gesagt, eine Stunde am Fenster gestanden und da mit unverwandten Blicken den Mond und den Wagen, unser Lieblingsgestirn, angesehen. So tröstend ist der Gedanke, daß auch Deine Blicke da ruhen, ach, daß vielleicht in einem Momente dieselben Bilder der Vergangenheit in Deiner und meiner Seele aufdämmern ...

Humboldt an Caroline

Berlin, Sonnabend, 1. Januar 1791

Mit einer sonderbar frohen und wehen Stimmung beginne ich das Jahr. Daß nun zwölf lange Monate verflossen sind, seitdem zuerst auch ein äußeres Band uns umschlang, macht mich so glücklich, aber der Schleier, der die Zukunft deckt, erfüllt mich mit Bangigkeit, und nimmer hat mich die Erinnerung mit so glühender Sehnsucht erfüllt als jetzt, da die Tage wiederkehren, die wir in Weimar miteinander genossen. Da fühlt ich zuerst, daß Du mich liebtest, und mit welcher heiligen, nie verlöschenden Glut. Nie wird wieder etwas an diese Tage reichen. Wohl waren die Burgörnerschen glücklicher und freudegebender, aber mit einem so frohen Staunen, mit einer so überraschenden Aussicht auf die Zukunft ergriffen sie mich nicht. Mein Herz ruhte schon so sanft und gewiß in dem Schoß Deiner tragenden Liebe ... Mein ganzes Wesen ist ja allein und ewig Dein, mein einziges Streben, das Ringen aller meiner Kräfte ist, tiefer in Dich mich zu versenken, inniger in mich Dich aufzunehmen und Dich aufblühn zu sehen an meiner Seite, in der höchsten, ungebundensten Freiheit, in der jugendlichsten Schöne, ist das Ideal meines Glücks. Ja, frei und ungebunden soll jede Idee, jedes Gefühl in Dir sein, die Empfindung meiner Liebe soll jede Schranke hinwegräumen, die sonst den Menschen das Dasein einengen. O! und Du, die Du das würdest, was Du jetzt bist, in dieser beklommenen, mit tausend bangen Gefühlen erfüllenden Lage, was mußt Du sein, wenn Du immer umweht vom Odem der Liebe allein Dir lebst und dem Einziggeliebten. Dieser Gedanke war meine höchste, nie ausgesprochene Wonne schon da, als ich nicht dieser Geliebte zu sein glauben wagte, und jetzt, da ich fühle, daß ich es bin, da jeder Laut Deines Wesens mir sagt, daß nur für mich das Schicksal Dich schuf, so wie allein für Dich mein Wesen hervorging, ach! jetzt – nun, Dein Herz, emporgetragen von der Liebe heiligstem Gefühle, wie das meine, ahndet die Seligkeit, die mich durchglüht. – Laß mich aufhören!

Caroline an Humboldt

Erfurt, Sonnabend abend
2. April 1791

Mein ganzes Wesen ist in dem wunderbarsten Aufruhr. So gewiß ich weiß, daß Du heute nicht kommen kannst, dennoch stürz ich ans Fenster, wenn ich von fern einen Wagen die Straße heraufrasseln höre, und das Blut strömt fiebrisch durch meine Adern! Ach, jeder Moment vergrößert die unsägliche Wonne und Qual dieses Erwartens – Wilhelm, Wilhelm und wo bist Du! Ach, vielleicht unterwegens und mit jedem Moment schlägt ungestümer Dein Herz. Fühl ich's doch an dem meinen, wie dies ist. – Ach, möge die Dämmerung, die den Tag zu verdrängen beginnt, Deine Seele einwiegen zu Stille und Frieden – möge sie doppelt allen Zauber der Erinnerung über Dich ausgießen und mit freundlicher Täuschung die Last der gegenwärtigen Stunde erleichtern. –

3. April

Ach, Bill, indessen Du mit meinem Bruder aus bist, weiß ich nichts anzufangen, – es sind nur Momente und doch, doch lasten sie mir. Bill, ewig möcht ich vor Dir liegen, auf deinem Schoße sitzen, an Deiner Seite und Dich ansehen – es liegt mir etwas unbeschreibliches in dem Ansehen, ach, es ist mir, als übertrüge ich ich da meine Seele am wahrsten und glühendsten in Dich über. Süßes, geliebtes, einziges Wesen, so hab ich Dich wieder gesehen – Dich – ach, wie hat dieser Moment meine Seele erhellt – wie hat er die Erinnerung all der bangen Wochen aus ihr verwischt.

Ich war in Deiner Stube und habe da gesessen auf dem Stuhl vor Deinem Bett und das Kopfkissen so oft geküßt. Ach, Bill, mein Bill, dürftest Du in meinen Armen ruhen, an dem Busen, den oft Todesangst füllte und der nun Dir so glücklich entgegenwallt – ach, der Schlaf wäre dann meinem Bill noch wohltätiger, Augen würden schneller gut werden, arme Li. Warum darf ich das nicht, warum nicht über Dich neigen mit all den Gefühlen der sorgsamen Liebe! – O, wenn ich erst bei Dir bin mußt Du mich nicht von Dir trennen. Volle Ruhe, ach, ist nur da, wo Du bist.

Humboldt an Caroline

Wenn ich nur zu sagen vermöchte, was es ist, was ich so allbeseligend empfinde, was in jedem Moment mein Dasein so bereichert und erhöht. Wie ich Dich liebte und fern von Dir war, da war ich glücklich, weil Du mir angehörtest, wie ich in Deiner Nähe lebte, da war ich trunken von Seligkeit, aber jetzt, jetzt, wie find ich ein Wort, wie mir jetzt ist, da Du mein Weib, die Mutter meines Kindes bist. So unendlich lange ring ich schon, das Gefühl in Worte zu kleiden, aber ewig mißlingt der Versuch. Daß Du mein Weib bist, darin, darin weiß ich, liegt es allein, aber wie wag ich's, das zu entwickeln, mir selbst zu enthüllen? Aber wie bist Du auch so wunderbar einzig. Du Große, Hehre. Wie hast Du unser Leben so ewig mit neuen Freuden umkränzt. Nichts habe ich verloren, nichts vermisse ich von allem, was ich jemals in Dir besaß, aber mit jedem Tag entdeckt meine trunkene Seele, was mir vorher noch verborgen war. Was miteinander zu streiten, sich wechselweis auszuschließen scheint, das knüpfst Du freundlich in eins, und so gattet sich wundervoll in Dir die kühnste erhabenste Größe mit jeder schlichten einfachen Tugend, so bist Du ewig mein süßes liebendes Mädchen und mein Weib, der Kleinen holde sorgsame Mutter. So vereinst Du alle süßesten Namen in Dir . . .

Herzog Karl von Württemberg an Franziska von Hohenheim

(1790)
Kirchheim a. H., ½3 Uhr

Herzallerliebstes Franzele!
Schon der Anfang meiner Fahrt war sehr angenehm, um 4 Uhr bin ich hier angekommen und habe bis auf diesen Augenblick einen fatiganten Augenschein eingenommen; jetzo stehen zwanzig Personen vor meinem Tisch, um einen Vergleich womöglich zu erzielen, welches noch lange dauern wird, doch ich werde mein möglichstes tun, um nicht gar zu spät zu kommen, aber ich lasse nicht nach bis es verglichen ist, ich kann fast nicht mehr reden.
Aber, schönstes Weible!
Das Wichtigste!
Hast du mich auch gern? Ich habe hundertmal an Dich gedacht, auch daß du meine Geduld beloben würdest, ja mein Franzele ist mir immer vor Augen. Adieu Engel! Ich küsse Dich tausendmal in Gedanken und bin von ganzem Herzen Dein bis in den Tod.

Adresse.

Der regierenden Herzogin, meiner allerliebsten Frau in Stuttgart.
Herzallerliebste Frau!
Jeder Tag ist Dir geweiht, doch besondere Fälle gestatten den Drang des Herzens im volleren, in mehr als gewöhnlichem Maß. Franziskens Name ist mir so angenehm, so wichtig, weilen Ich Dir heute, Geliebteste, die Gesinnungen erneuern darf, die mein vor Dich so zärtliches Herz empfindet, mit echter Wärme empfindet.
Wortgepräng, Schmeichelei fliehn auf immer, der treue Freund, Gatte tritt an die Stelle, und mit der aufrichtigen Herzenssprache, die Dein edles Benehmen mit Recht fordern darf, ruft er Dir laut zu:
Bleibe ferner die Beruhigung meiner Tage,
und
mache mich zum Glücklichsten der Sterblichen,
nämlich
zum Werkzeug Deines Glücks.
So denkt, so schreibt am Franziskenstag

Dein ewig treuer
Karl, H. z. W.

fatigant – langweilig, lästig

Sehnsucht

Johann Wolfgang Goethe (1749–1832)

Was zieht mir das Herz so?
Was zieht mich hinaus?
Und windet und schraubt mich
Aus Zimmer und Haus?
Wie dort sich die Wolken
Um Felsen verziehn!
Da möcht ich hinüber,
Da möcht ich wohl hin!

Nun wiegt sich der Raben
Geselliger Flug;
Ich mische mich drunter
Und folge dem Zug.
Und Berg und Gemäuer
Umfittigen wir:
Sie weilet da drunten,
Ich spähe nach ihr.

Da kommt sie und wandelt.
Ich eile so bald,
Ein singender Vogel,
Zum buschigen Wald.
Sie weilet und horchet
Und lächelt mit sich:
„Er singet so lieblich
Und singt es an mich."

Die scheidende Sonne
Verguldet die Höhn;
Die sinnende Schöne,
Sie läßt es geschehn.
Sie wandelt am Bache
Die Wiesen entlang,
Und finstrer und finstrer
Umschlingt sich der Gang.

Auf einmal erschein ich,
Ein blinkender Stern.
„Was glänzet da droben,
So nah und so fern?3
Und hast Du mit Staunen
Das Leuchten erblickt –
Ich lieg Dir zu Füßen.
Da bin ich beglückt!

Johann Gottlieb Fichte und Johanna Rahn

Fichte an Johanna

Zürich 1790

Meine teuerste Freundin!
Kein Wort über die Begier, mit der ich Ihren Brief wie ein Dieb und ungeschickt genug zu mir steckte, mit ihm nach Hause eilte, mich auf mein Zimmer einschloß und ihn nicht, wie ich sonst wohl pflege, mit Heißhunger verschlang, sondern mit langsamem Genusse, Zug für Zug hinunterschlürfte!
... noch nie habe ich gegen eine empfunden, was ich gegen Sie empfinde. So ein inniges Zutrauen, ohne Verdacht, daß Sie sich gegen mich verstellen könnten, und ohne Wunsch, mich gegen Sie zu verbergen; so eine Begierde, von Ihnen ganz so gekannt zu sein, wie ich bin; so eine Anhänglichkeit, in die das Geschlecht auch nie den entferntesten merklichen Einfluß hatte – denn weiter ist es keinem Sterblichen vergönnt, sein Herz zu kennen; – so eine wahre Hochachtung für Ihren Geist und Resignation in Ihre Entschließungen habe ich noch nie empfunden ...
Sie haben ein Geheimnis, ein unerklärliches Geheimnis, immer stärker und fester an sich zu ketten; meine Anhänglichkeit an Sie entstand nicht urplötzlich, wie Sie sonst wohl zuweilen entsteht und ebenso plötzlich verschwunden ist. Mein Genius zwar deutete mir, als ich Sie das erste Mal sah, ganz leise, daß diese Bekanntschaft für mein Herz, für meinen Charakter, für meine Bestimmung nicht gleichgültig sein werde. Aber sowie ich Sie näher kennenlernte, zog mein Verstand und mein Herz mich immer näher zu Ihnen hin, und jetzt – zieht sich das Band immer enger zu. – Wie machen Sie das? oder vielmehr, wie mache ich es? – O

Fast vier Jahre lang standen der Philosoph Fichte (1762–1814) und Johanna Rahn in engem Kontakt, ehe sie sich ehelichten.

ich weiß es nur zu wohl! In Ihnen ruht ein Schatz, der sich nur willkürlich eröffnet, der sich nicht ohne Wahl vergeudet; und einer gleichgestimmten Seele eröffnet er sich immer mehr und zieht sie an sich.

den 6. Dez. 1790, abends

... Und so, teuerste Erwählte, gebe ich mich denn Dir feierlich hin und weihe mich hiermit ein, Dein zu sein. Dank Dir, daß Du mich nicht für unwert hieltest, Dein Gefährte die Reise Deines Lebens hindurch zu werden. Ich habe viel übernommen, Dir einst Ersatz – Gott gebe spät – für den edelsten Vater, Dir Belohnung Deiner frühen Weisheit, Deiner kindlichen Liebe, Deiner behaupteten Unschuld, aller Deiner Tugenden zu werden; ich fühle bei dem Gedanken der großen Pflichten, die ich hiermit übernehme, wie klein ich bin. Aber das Gefühl der Größe dieser Pflichten soll mich erheben; Deine Liebe, Deine nur zu vorteilhafte Meinung von mir wird meiner Unvollkommenheit vielleicht das leihen, was mir fehlt. Hienieden ist nicht das Land der Glückseligkeit; ich weiß es jetzt: es ist nur das Land der Mühe, und jede Freude, die uns wird, ist nur Stärkung auf eine folgende heißere Arbeit. Hand in Hand wollen wir dieses Land durchwandern, uns zurufen, uns stärken, uns unsere Kraft mitteilen, bis unsere Geister – o möchten sie es vereint! – emporschweben zu den ewigen Hütten des Friedens. –

Leipzig, 1. März 1791

Ist es wahr, oder ist es ein süßer Traum, daß ich dem einzigen, dem süßesten Glücke meines Lebens so nahe bin, die herrlichste Seele, die unter allen Seelen für mich auserwählte und vom Schöpfer mir bestimmte Seele zu besitzen: daß mein Glück, meine Ruhe, der Gegenstand ihrer Wünsche, ihrer Sorgen, ihres Gebetes sein wird? Könnte ich Dir doch meine Empfindungen so heiß hingießen, wie sie in diesem Augenblicke meine Brust durchströmen und sie zu zerreißen drohen!

Nimm mich hin, teures Mädchen, mit allen meinen Fehlern. Es wird mir wohl zu denken, daß ich mich einer Person gebe, der ich mich auch mit diesen Fehlern geben kann: die Weisheit und Mut genug hat, mich mit diesen Fehlern zu lieben; sie mir austilgen zu helfen, daß ich einst an ihrer Hand gereinigter vor dem erscheine, der uns beide für einander schuf. O, was bin ich doch bis jetzt für ein Mensch gewesen! Man hat mir einigemal Festigkeit des Charakters nachgesagt; und ich bin eitel genug gewesen, dies für wahr anzunehmen. Welchem Umstande habe ich wohl diese Meinung zu verdanken, ich, der ich mich bis jetzt immer von den Umständen habe leiten lassen, meine Seele die Farbe der Gegenstände habe annehmen lassen, die mich umgeben? Soll ich immer so wie eine Welle hin und her getrieben werden? Nimm Du mich hin, männlichere Seele, und fixiere diese Unbeständigkeit!

In einer sehr sanften Rührung schließt diesen Brief ewig der Deine.

Danzig, den 5. März 1793

Du willst durch mich Dich bilden? Was ich Dir allenfalls geben könnte, bedarfst Du nicht; was Du mir geben sollst, bedarf ich sehr. Geuß, Du gute Seele, eine gehaltenere Ruhe in mein stürmendes Herz unter der kalten Stirn, geuß Sanftheit und herzgewinnende Milde in meinen Feu-

ereifer für die Veredelung meines Brudergeschlechts. An Deinem Herzen will ich mich bilden, bis ich nützlicher hervortreten kann ...
Wenn Du dies Papier erhältst, dann dauert es vielleicht nicht einmal 24 Stunden mehr, daß ich Glücklicher, Seliger, bei Dir bin, um mich nie wieder von Dir zu trennen. Ach, was wird das für eine Stunde, was werden das für Tage sein, die darauf folgen. Sei mir gesegnet, holde Beglükkerin meiner Tage, in deren Armen endlich der unstete herumschweifende Flüchtling Ruhe und Glückseligkeit und völlige Befriedigung seines weiten, viel fordernden Herzens finden wird. Es ist mir sehr wunderbar ums Herz! Womit habe ich das doch verdient, daß mir das größte Glück zuteil wird, das einem Sterblichen werden kann, eine zärtliche, gute und verständige Begleiterin auf dem Pfade des Lebens, vor so vielen anderen zuteil wird, die weit würdiger sind als ich? Allgerechter Regierer der menschlichen Schicksale; dankbar werfe ich mich in Deine Hände, mache mit mir, was Du willst – denn ich glaube, teurer Engel, daß alle Freuden auf dem Wege des Lebens nichts sind als Stärkungen auf noch folgende Mühen und Arbeiten. Hälfte meiner Seele, wir wollen den unverbrüchlichen Bund der Tugend schließen.

Johanna an Fichte

8. Mai 1793

Teuerste Seele! Meine Seele bebt vor Entzücken, wenn sie sich diese Freuden nur einen Augenblick denkt; gnädiger Gott! Laß mich mein ganzes Leben durch Dir dankbar sein! Laß mich, laß uns täglich Dir wohlgefälligere Geschöpfe werden. Würdige auch uns Deiner gnädigen Leitung! O Gott! Meine Seele ist aufs innigste gerührt, ich möchte nur immer Lob- und Danklieder singen. Gott gebe, daß ich meinen Fichte so glücklich machen kann, als meine ganze Seele es wünscht, er gäbe, daß ich meinen Besten bald, bald in meine Arme schließe, an mein ihn ewig liebendes Herz drücke und mich auf ewig mit ihm vereinige. Ich will nun nichts von dem sagen, was meine ganze Seele für Dich fühlt; in Deinen Armen will ich Dir's dann sagen. Gott sei mit Dir, mit Deiner Schwesterseele!
Unauflöslich die Deinige Hannchen Rahn.

Die Begegnung

Friedrich Schiller (1759–1805)

Noch seh' ich sie – umringt von ihren Frauen,
Die herrlichste von allen stand sie da,
Wie eine Sonne war sie anzuschauen;
Ich stand von fern und wagte mich nicht nah.
Es faßte mich mit wollustvollem Grauen,
Als ich den Glanz vor mir verbreitet sah;
Doch schnell, als hätten Flügel mich getragen,
Ergriff es mich, die Saiten anzuschlagen.

Was ich in jenem Augenblick empfunden
Und was ich sang, vergebens sinn' ich nach.
Ein neu Organ hatt' ich in mir gefunden,
Das meines Herzens heil'ge Regung sprach;
Die Seele war's, die, jahrelang gebunden,
Durch alle Fesseln jetzt auf einmal brach
Und Töne fand in ihren tiefsten Tiefen,
Die ungeahnt und göttlich in ihr schliefen.

Und als die Saiten lange schon geschwiegen,
Die Seele endlich mir zurücke kam,
Da sah ich in den engelgleichen Zügen
Die Liebe ringen mit der holden Scham,
Und alle Himmel glaubt' ich zu erfliegen,
Als ich das leise, süße Wort vernahm –
O droben nur in sel'ger Geister Chören
Werd' ich des Tones Wohllaut wieder hören!

„Das treue Herz, das trostlos sich verzehrt
Und still bescheiden nie gewagt, zu sprechen –
Ich kenne den ihm selbst verborgnen Wert,
Am rohen Glück will ich das Edle rächen.
Dem Armen sei das schönste Los beschert,
Nur Liebe darf der Liebe Blumen brechen.
Der schönste Schatz gehört dem Herzen an,
Das ihn erwidern und empfinden kann."

Johann Wolfgang von Goethe

An Friederike Brion

Straßburg, 15. Oktober 1770

Liebe neue Freundin!
Ich zweifle nicht, Sie so zu nennen; denn wenn ich mich anders nur ein klein wenig auf die Augen verstehe, so fand mein Auge im ersten Blick die Hoffnung zu dieser Freundschaft in Ihrem, und für unsere Herzen wollt ich schwören; Sie zärtlich und gut, wie ich Sie kenne, sollten mir, da ich Sie so lieb habe, nicht einmal ein bißchen günstig sein? Liebe, liebe Freundin, ob ich Ihnen was zu sagen habe, ist wohl keine Frage; ob ich aber just weiß, warum ich jetzo schreiben will, und was ich schreiben möchte, das ist ein anderes; so viel merk ich an einer gewissen innerlichen Unruhe, daß ich gerne bei Ihnen sein möchte; und in dem Falle ist ein Stückchen Papier so ein wahrer Trost, so ein geflügeltes Pferd für mich, hier, mitten in dem lärmenden Straßburg, als es Ihnen in Ihrer Ruhe nur sein kann, wenn Sie die Entfernung von Ihren Freunden recht lebhaft fühlen.

Goethe studierte in den Jahren 1770/71 in Straßburg. In dieser Zeit lernte er die Tochter des Sesenheimer Pfarrers, Friederike Brion (1752–1813) kennen. Als Goethe am 6. August in den Rechtswissenschaften promoviert hatte und ein paar Tage später Straßburg verließ, blieb eine trauernde Riecke zurück.

Die Umstände unserer Rückreise können Sie sich ohngefähr vorstellen, wenn Sie mir beim Abschied ansehn konnten, wie leid es mir tat; und wenn Sie beobachteten, wie sehr Weylandt nach Hause eilte, so gern er auch unter andern Umständen (wenn ebenfalls verliebt) bei Ihnen geblieben wäre. Seine Gedanken gingen vorwärts (zu gesunder Tätigkeit), meine zurück (zum Liebesspiel), und so ist's natürlich, daß der Diskurs weitläufig noch interessant werden konnte.
Zu Ende der Wanzenau machten wir Spekulation, den Weg abzukürzen, und verirrten uns glücklich zwischen den Morästen; die Nacht brach herein, und es fehlte nichts, als daß der Regen, der eine Zeit ziemlich freigebig erschien, sich um etwas übereilt hätte, so würden wir alle Ursache gefunden haben, von der Liebe und Treue unserer Prinzessinnen vollkommen überzeugt zu sein.
Unterdessen war mir die Rolle, die ich, aus Furcht, sie zu verlieren, beständig in der Hand trug, ein rechter Talismann, der mir die Beschwerlichkeiten der Reise alle hinwegzauberte. Und noch? – O, ich mag nichts sagen, entweder Sie könnens raten, oder Sie glaubens nicht.
Endlich langten wir an, und der erste Gedanke, den wir hatten, der auch schon auf dem Weg unsere Freude gewesen war, endigte sich in ein Projekt, Sie balde wiederzusehen.
Es ist ein gar zu herziges Ding um die Hoffnung wiederzusehen. Und wir andern, mit den verwöhnten Herzchen, wenn uns bißchen was leid tut, gleich sind wir mit der Arznei da und sagen: Liebes Herzchen sei ruhig, du wirst nicht lange von ihnen entfernt bleiben, von den Leuten, die du liebst; sei ruhig liebes Herzchen! Und dann geben wir ihm inzwischen ein Schattenbild, daß es doch was hat, und dann ist es geschickt und still wie ein kleines Kind, dem die Mama eine Puppe statt des Apfels gibt, wovon es nicht essen sollte.
Genug, wir sind nicht hier, und sehn Sie, daß Sie Unrecht hatten! Sie wollten nicht glauben, daß mir der Stadtlärm auf Ihre süßen Landfreuden mißfallen würde. Gewiß Mamsell, Straßburg ist mir noch nie so leer vorgekommen als jetzo. Zwar hoff' ich, es soll besser werden, wenn die Zeit das Andenken unserer niedlichen und mutwilligen Lustbarkeiten ein wenig ausgelöscht haben wird; wenn ich nicht mehr so lebhaft fühlen werde, wie gut, wie angenehm meine Freundin ist. Doch sollte ich das vergessen können oder wollen? Nein, ich will lieber das wenige Herzweh behalten und oft an Sie schreiben.
Und nun noch vielen Dank, noch viele aufrichtige Empfehlungen Ihren teuern Eltern; Ihrer lieben Schwester viel hundert – was ich Ihnen gern wieder wiedergäbe.

G.

Georg Christoph Lichtenberg an seine Frau Margarete

Göttingen, den 16. April 1792

Liebster Schatz! Nun, wie geht Dir's denn, Frau Strohwitwe? Was macht der kleine Junge? Ich wollte sagen, der große, denn daß sich der halbjährige Bengel wohl befindet, daran zweifle ich keinen Augenblick. Er sah gestern vortrefflich aus, die Amme hat mir seine beiden Gesichter gewiesen. Das Nummer 1 war schön und freundlich wie die Sonne, das andere, Nummer 2, blank und still wie der volle Mond, oder eigentlich wie das erste und letzte Viertel gegeneinander gestellt.

Wie mir's geht? I, so ziemlich, wenn ich mir nur vorstellen könnte, daß es Frühling wäre, aber das ist mir schlechterdings unmöglich. Schicke mir doch meinen Pelz und die Pelzhandschuhe, ich will sehen, ob es dann besser geht.

Aber höre mal, mit meinem Oberbette ist etwas vorgegangen. Ich glaube, die Hartmannin hat die Federn herausgenommen und Duckstein hineingestopft. Denn Vögel mit solchen Federn gibt es in ganz Europa nicht. Wenn ich des Morgens erst ein Bein heraus habe, so geht es so ziemlich, ich halte mich am Ofen und ziehe dann das andere nach, aber das erste, das ist der Henker. Nein! liebes Fleisch von meinem Fleisch, das Bett mag für ein paar Eheleute gut genug sein, aber für einen einzelnen Menschen wie mich ist es wahrlich zu schwer. Des Abends muß mich Georg zudecken, und dann drückt es mich so, daß meine Beine gemeiniglich eine halbe Stunde eher einschlafen als ich.

Weißt Du, daß es heute ein Jahr ist, daß wir im Holze waren? Wonniglich wollen wir hinaus, sobald wir es ohne Feuerstübchen tun können. Lebe recht wohl, liebes Bein von meinem Bein, und empfehle mich dem ganzen Dieterich'schen Hause

Dein G. C. Lichtenberg

Zacharias Werner

An Friederike Schultz

Mai 1792

Teures, einziges, ewig geliebtes Mädchen!

Ich schreibe Dir in größester Eil. Du wirst schon, arme Unglückliche, alle Schrecknisse erfahren haben, die Dich bedrohten, wenn Du noch so glücklich warst, sie zu überleben. Kluck, den ich in größter Eil schicke, um Dich womöglich noch zu retten, wird Dir das weitere erzählen. Dreßler, der Teufel, hat alles aufgelauert und meiner Großmutter alles erzählt. Diese, dem Verscheiden nahe, gab mir die Wahl, ob ich ihren Fluch und Enterbung wählen oder Dir den Abschiedsbrief schreiben wollte. Um ihr Leben, was sie auf dem Punkt zu verlieren stand, zu fri-

Zacharias Werner (1768–1823) war ein ruheloser und zerrissener Mensch, ein leidenschaftlicher Erotiker, der in drei Ehen nicht das Glück fand, das er suchte. Um seinem Leben endlich Ruhe zu geben, trat er 1811 in die katholische Kirche ein und wurde 1814 zum Priester geweiht.

sten, wählte ich das letztere. Gestern nachmittag geschah die schreckliche Szene, und heute vormittag reist ein Mann ab, den ich selbst nicht kenne und der Dir wohl schon 100 fl. Reisegeld bringen wird. – Itzt mein letzter Entschluß, Dich zu retten. Es ist keine Minute Zeit, und ich bleibe ein ehrlicher Mann gegen Dich. Itzt konnte ich nicht trotzen, wenn ich nicht meine Großmutter tot und Dich im Spinnhause sehen wollte. Reise so weit Du kannst, je entfernter, je besser. Das ist zu Deiner Sicherheit unumgänglich. Bleibe liegen wo Du willst, womöglich aber und absolut in einem Dorfe. Sei so vorsichtig und haushälterisch wie möglich, denn Geld kann ich Dir in der Eile, da ich bloß Dich retten will, unmöglich auftreiben. Deine Sachen sollst Du erhalten, ich weiß nicht, wo mir der Kopf steht. Itzt noch zwei Worte zum Schluß: Mädchen, denk an Deinen feierlichen doppelten Schwur, bei Deiner Seligkeit, kann ich gleich nicht und nie Dich heiraten, was ich Dir auch nicht gelobte, da Liebe dies alles ersetzt, so werde ich doch ewig Dich lieben und Dich nie verlassen, bei meiner Ehre und Seligkeit. Sage mir, wo Du bleibst, und willst Du es, dann hole ich Dich, und wir fliehen oder sterben zusammen!

Dein Dich nie verlassender
Werner

N. S. Komm um Gottes willen nicht nach Königsberg, sonst kann ich Dich bei Gott vom Spinnhause nicht retten. Denke daran, daß Du nicht ohne mich sterben willst und verzweifle nicht – wir fliehen oder sterben zusammen.

15. Mai 1792

Meine beste, einzige, teuerste Fritze!
Was Du und ich erwartet, geschieht, wir müssen uns trennen!
Dreßler hat uns jeden Schritt aufgepaßt, ich war wie vom Donner gerührt, als in dem Augenblicke meine Großmutter mir Fluch und Enterbung ankündigte, wenn ich nicht ganz mit Dir bräche.
Dieses ist mehr als ich zu tragen vermag, ich will nicht, ich muß. Glaube dem, was ich Dir mit tränendem Auge schreibe und nimm die hundert Gulden als einen kleinen Beweis meiner Liebe. Ich habe bei ihrem Fluch meiner Großmutter mein Ehrenwort geben müssen, lebe denn also wohl, mein einziges teures Mädchen; Dein Los ist hart wie das meine, und wir verdienten beide ein besseres. Kehre zu Deinen weinenden Eltern, kehre in den Schoß der Tugend zurück, wenn noch meine letzte Bitte was vermag, stirb lieber, eh Du noch einmal den schrecklichen Titel H. . . verdienst und ganz elend wirst.

Sage Deinen Eltern, daß Du hier einen redlichen Menschen fandest und vergiß dieses Menschen nie – wir trennen uns vielleicht nicht auf ewig! Lebe wohl, wohl, wohl und denke an den redlichen, der mit Wehmutstränen im Auge nie aufhören wird zu sein

Dein wahrer zärtlicher Freund
Werner

Friederike Schultz an Werner

Schippenbeil, 18. Mai 1792

Liebster bester Werner!
Wegen meiner großen Zerstörung kann ich ohnmöglich jetzo an Dir schreiben, denn ich ganz ermattet und fast ohne alle menschlichen Gedanken bin. – Ich habe Deinen Brief richtig erhalten, und das schreckli-

che Schicksal, uns zu trennen, ist härter als der Tod – ich hoffe auf Gott, und der mein Herz kennt, wird mein Wünschen erfüllen, Dich noch einmal zu sehen. Das letzte Mal, als ich von Dir Abschied nahm, war es auf ewig, doch nicht ewig. Zeit – Hoffnung – Geduld wird Deine und meine Qualen lindern. Wir sind unglücklich, höchst unglücklich, allein, ich habe das Zutrauen zu Deiner Vernunft, Du wirst nichts unternehmen, Dich meinetwegen unglücklich zu machen. Diejenigen, welche Dich hindern, beständig bei mir zu sein, werden nicht ewig leben und alsdann, wenn die nicht mehr leben, bist Du Herr von dem Deinigen. Ich rede mit Deinem Bilde. Bleibe ruhig, sammle Deine Vernunft, sammle Deine Gedanken, damit, wenn es Gott bestimmt hat, daß wir zusammen leben sollen, an Dich einen Mann habe, der die Folgen von Schwermut, Kummer nicht zu spät empfinden darf ... Ich habe Kluck alles in die Feder gesagt, da ich nicht so geschwinde schreiben kann.

Lebe wohl, lebe wohl, lebe wohl, Bester,
ich verbleibe Deine getreue
Mädgen Schultzen

N. S. Lieber Werner, jetzo nehme ich auf ewig von Dir Abschied, es ist einmal bestimmt, uns zu trennen, ich glaubte, Sie wären vor mich bestimmt, allein, ich sehe es ist nicht möglich.

P. S. Lieber Werner, Deine Fritze hat weder Tag noch Nacht Ruhe, indem, daß Du nicht bei ihr bist.

Sei nicht böse, daß ich in diesem Brief Sie nenne, indem nicht weiß, wie Sie gesonnen gegen Ihre Fritze sind, sie schmeichlet sich immer mit die Gedanke, daß sie noch einst mit Ihne wird sein.
Oh bester Werner, Sie können glauben, daß Ihr Mädchen so liebet, wie sie Ihnen geliebet hat.
Lieber Werner, halten Sie, was Sie mir versprochen haben, zweiflen Sie nicht an meiner Liebe und Treue.
Hier überschicke ich die Knöpfe von diesem roten Kleid, tragen Sie zu meinem Andenken, halten Sie es nicht für eine Verachtung, sondern einen Denkmal eines aufrichtigen Gemüts.

Verbleibe Ihr unglückliches Mädchen
Friderka Schultzin

O läg' ich im Grab!

Aus dem Hanauer Land

Wo ist denn mein Schätzel,
Wann kommt es nach Haus?
„Es wandelt im Garten
Und bricht dir ein Strauß."

„Ich koch' meinem Schätzel
Kein süßes Gemüs,
Der Kuß seiner Lippen,
Der ist ja so süß.

Drei Rosen im Garten,
Drei Lilien im Wald.
Ich will dich erwarten,
Komm aber fein bald!

Komm zu mir in Garten,
Komm zu mir in Klee,
Klag mir deinen Jammer,
Will stillen dein Weh."

Das Kommen und Klagen
Stillt nicht meine Qual.
Ich muß von dir scheiden,
Uns bleibt keine Wahl.

Muß fort in die Fremde,
Und wo ich auch bin,
Du stehst mir vor Augen
Und liegst mir im Sinn.

„Was hilft mir ein Schätzel,
Wenn ich es nicht hab'!
Jetzt seh' ich dich nimmer,
O läg' ich im Grab!"

Weine nur nicht so sehr

Volkslied

Kamerad, erhebe dich zum Wandern,
Vor dem Tor erwarten uns die andern;
Hast du aber eine Liebste allhier,
Deine Augen verraten es mir,
So nimm Abschied von ihr.

Himmel, ach, ich weiß mich nicht zu fassen,
Nein, ich kann, ich darf sie nicht verlassen.
Aber, wenn dabei das Herz mir auch bricht,

Zwischen ihr und mir liegt Eidespflicht,
Diese duldet es nicht.

Ach, es schlägt die bitt're Scheidestunde,
Nimm den letzten Kuß von meinem Munde!
„Herzgeliebter, hab' Erbarmen mit mir,
Ich kann ewig nicht lassen von dir,
Bleibe hier und bei mir."

Schönster Schatz, mich reißen alte Bande
Fort von hier nach einem andern Lande.
Darum falle dir mein Abschied nicht schwer,
Meinesgleichen findest du noch mehr,
Weine nur nicht so sehr!

Wonne der Wehmut

Johann Wolfgang Goethe (1749–1832)

Trocknet nicht, trocknet nicht,
Tränen der ewigen Liebe!
Ach, nur dem halb getrockneten Auge

Wie öde, wie tot die Welt ihm erscheint!
Trocknet nicht, trocknet nicht,
Tränen unglücklicher Liebe!

Gerhard von Scharnhorst an seine Frau

Wettin, den 4. April 1794

Ich kann diesen Brief nicht wegschicken, ohne Dir noch zu sagen, Gott, ich weiß nicht was! – Oft ist mein Herz so verwundert über Dein Leiden, oft quäle ich mich über das, was ich Dir etwa geschrieben.

O meine liebe Kläre, nimm doch meine innige, meine treue Liebe an. Handle ich nicht, schreibe ich nicht, wie es die herzlichste, innigste Liebe erfordert, so ist dies nicht Mangel derselben, so fehlt es in der Äußerung und in der Annehmung derselben. Kein Mensch kann oft mit ängstlicher Sehnsucht so wie ich gequält werden; wäre ich nicht mit inbrünstiger Liebe an Dir, an unseren Kindern geheftet, wäre sonst etwas auf der Welt, was mich interessierte, so würde ich ja nicht so ängstlich,

so unruhig bei allem sein.– Laß uns gut sein, meine innigst geliebte Frau, laß uns mit unseren Kindern ein Geist sein, laß uns durch unser Schicksal uns nicht in unserem innigen Verhältnis, in unserer Liebe etwas stören! Mit was vor einem Geist und Empfindung ich das geschrieben, siehst Du an dem Papier.
Adieu, liebe beste Frau, adieu!

Luise von Mecklenburg-Strelitz an Prinz Friedrich Wilhelm

Darmstadt, 27. März 1793

Sie werden vielleicht bemerkt haben, lieber Freund, daß es viele Dinge in Ihrem Briefe gibt, die ich mit Schweigen übergehe. Wundern Sie sich darüber nicht, Vater und Großmutter haben gewollt, daß ich Ihnen meinen Brief, den ich an Sie schrieb, zeige, und die letztere besonders hat mir vor allem empfohlen, Ihnen nicht zu zärtlich zu schreiben. Ein Glück, daß die Gedanken und Empfindungen zollfrei sind, und über diese kann sie keine Vorschriften machen. Vernehmen Sie, teurer Prinz, daß die Namen: Freundin, liebe Luise, alles das mir ein wirkliches Vergnügen gemacht hat, nennen Sie mich immer wie Sie wollen, in meinem Leben wird es mir nicht in den Sinn kommen, das böse zu finden, im Gegenteil, es macht mich froh. Da wir vom ersten Augenblick unserer Bekanntschaft an natürlich und ohne Zwang beisammen waren, scheint es mir, daß ich Ihnen den Grund hätte sagen sollen, warum in meinem Briefe ein gewisser gezierter Stil herrschte, der mir keineswegs natürlich ist: sonst könnten Sie glauben, daß das nicht der Fall ist. Im Gegenteil: Sie sind mir nicht gleichgültig und Sie kennen meine Gefühle für Sie, so habe ich nicht nötig, Ihnen zu wiederholen, daß ich Ihnen recht herzlich gut bin.
Seien Sie stets derselbe gegen mich, ich gestehe Ihnen, daß mein Herz unfähig ist, sich zu verändern. Wenn Sie noch in Tribur wären, verspräche ich mir viele Tage wie den 24., der einer der schönsten meines Lebens gewesen ist. Bitte, lieber Prinz, zeigen Sie diesen kleinen Zettel keiner lebenden Seele, und wollten Sie darauf antworten, so tun Sie das

Ein Brautbrief der später beliebten Königin Luise, Prinzessin von Mecklenburg-Strelitz (1776–1810). Luise und Friedrich Wilhelm (1770–1820) heirateten 1793. Vier Jahre später wurde Friedrich Wilhelm III. König. Die energische Königin nahm im Gegensatz zu dem eher unentschlossenen König regen Anteil an der Politik Preußens und machte ihren Einfluß zugunsten der Stein-Hardenbergschen Reform geltend.

nicht in Ihrem Brief, sondern auf einem kleinen Blatt für sich, damit Großmutter es nicht merkt, sonst habe ich Verdruß davon. Aber ich meinerseits meine, daß ich Ihnen das schuldig war, um Ihnen die Wahrheit zu sagen. Hoffentlich bleiben Sie noch lange Zeit in Wiesbaden, denn unser Briefwechsel würde desto lebhafter sein, die Briefe sind nur zwei Tage unterwegs. – Noch eins: Großmutter wollte, daß ich ein Konzept für den Brief an Sie mache, weil ich nicht richtig orthographisch schreibe, ich gestehe, daß das nicht schön ist, aber Sie müssen auch meine Fehler kennenlernen, vielleicht, wenn ich in meiner Kindheit fleißiger gewesen wäre, wäre ich in der Lage, Ihnen ohne Fehler die Empfindungen meines Herzens zu sagen, so kann ich es nur immer fehlerhaft. Eine Bitte: Lassen Sie mich durch irgendwem wissen, wann Sie Wiesbaden verlassen, damit ich immer weiß, wo Sie sind, mein lieber Prinz. Viele Empfehlungen an Herrn von Schack und Ihren Diener, seien Sie nicht eifersüchtig auf diesen.

Lieben Sie immer
Luise

Wolfgang Amadeus Mozart an seine Frau

Du kannst mir kein größeres Vergnügen machen, als wenn Du vergnügt und lustig bist – denn wenn ich nur gewiß weiß, daß Dir nichts abgeht – dann ist mir alle meine Mühe lieb und angenehm, – denn die fatalste und verdrehteste Lage, in der ich mich immer befinden könnte, wird mir zur Kleinigkeit, wenn ich nur weiß, daß Du gesund und lustig bist – und nun lebe recht wohl – benutze Deinen Tischnarren – denkt und redet oft von mir – liebe mich ewig, wie ich Dich liebe, und sei ewig mein Stanzi Marini, wie ich ewig sein werde

Dein
Stu! Knaller praller
Schnipp – schnapp Schnurr
Schnepeperl Snai!

Gib dem Kerl eine Ohrfeige und sag, Du hättest eine Fliege totschlagen müssen, die ich sitzen gesehen hätte! Adieu – paß auf – fang auf – br – br– br – z z Busserln, zuckersüße fliegen daher!

Abschied von der Geliebten

Aus Würzburg

„Schatz, du bleibst hier, und ich muß fort;
Ach Gott wie wird mirs gehen!
Wer weiß, ob wir einander wohl
Noch ein einziges Mal wiedersehen!

Ich steige auf mein Pferdchen jetzt,
Meine Augen sind voll Wasser;
Ach großer Gott, ich muß jetzt fort,
Muß dich, mein Schatz, verlassen!"

„Und wann du in die Fremde kommst,
So gedenk doch wieder zurücke.
Ich habe viel tausend Seufzerlein,
Die tu ich nach dir schicken."

„Und wenn ich im Feld sterben muß,
So tut man mich begraben
Unter einen grünen Veigelesbusch,
Rote Röslein tut er tragen."

Friedrich Christoph und Karoline Perthes

Friedrich an Karoline

(1797)

Wie möchte ich wohl eine Gelegenheit vorbeigehen lassen, ohne Dir zu sagen, daß ich Dich liebe, Du liebe Lina! Es ist mir heute so wohl im Innern, und es geht mir so manches helle Licht durch den Kopf, und es kommt mir so manches in Sinn, über das, was fest bleibt und steht und nicht vergeht im Menschen, und über das, was einen oft glaubend macht, wunder wie gut und fromm man sei, und doch am Ende nichts ist, als ein schimmernder Regenbogen durch fremdes Licht gemacht.

In mir ist etwas Stetes, was nie gewankt hat, und ich möchte sagen, dies Stete sei und müsse helle werden anderen eben in dem wandelbaren, was so eigentlich mein Leben ist. Liebe, gute Karoline! Du, du wirst's in mir finden!

Oft eben klagte ich, daß eben meine besten Stunden nur mir gehörten, daß ich in dem Drang nach Mitteilung immer gehemmt wurde! Liebe, liebe Lina! Ich hänge immer, immer fester an Dir und werde alles, alles, was mir lieb ist, an Dich anknüpfen, nur mit Dir lieben. Liebe Lina! halte Dich recht zu mir, recht an mich! Morgen abend komme ich zu Dir! Liebes Linchen! Ich sehne mich unbeschreiblich nach Dir. Leb wohl, – in Dir werde ich wohnen, und aus Dir, durch Dich werde ich sehen mein Engel.

Perthes

Freitag, 19. Juli 1799

Meine Karoline! Du Herz, Du mein Erstes und Zweites, Du kannst zufrieden sein! Was ich nie als Liebhaber tat, ich schmachte außer mir nach Dir, oh! Als ich noch Mädchen liebte hier und da – als ich die Leipziger Friederike lieb hatte, als ich Dich anfing zu erkennen – immer nur suchte ich zu erobern, zu gefallen, zu lieben – was immer Ich! Aber Du! Du jetzt! An Dich habe ich mich verloren! Ich bin nichts, habe nichts, bin nur ein Nichts ohne Dich! Mag es Lästerung sein – ohne Dich weiß ich Gott nichts zu sein, mag nichts von ihm, will ihm nichts – mit Dir alles! Oh, du liebes, süßes, schuldvolles Wesen hast mich vernichtet, so durchaus, so bis im innersten Kern! Ach Karoline! Gott kann nicht so grausam sein, er kann uns nicht necken wollen, er muß uns ewig beisammen lassen! Hier vernichten wir uns beide, um außer uns einem Dritten das Leben zu geben! Hier wird er uns vernichten, um dort uns in uns zu geben, zwei in eins! Ich werde in Dir, mein Engel, mein Genius, mein Mädchen – in Dir werde ich wohnen, und aus Dir, durch Dich, werde ich sehen und schauen und Du wirst meiner Kraft reines Wesen gönnen! Wir beide . . . fühlen – in uns, ineinander!

20. Juli, abends

Ach, ich liebe Dich unsäglich! mein Weib, mein ewig junges Mädchen – Du möchtest wohl meine Mutter sein! Ja Liebe, lieber Engel – Du hast mich geboren, neu! Ich kann's nicht sagen, nicht schreiben, was eine eine Zärtlichkeit für Dich mein ganzes Wesen durchglüht. Es kann keinem Heiligen, der nun allem entsagt, der Ehre, Geld und Gut, Freunde, alles Schöne der Mutter Erde aufgibt und sich mit seinem Heiland in sein eigen Herz rettet vor aller Torheit – es kann ihm nicht anders sein wie mir in Dir. Du Engel! Rund um mich sehe, fühle, höre ich: Alles ist kalt, interesselos! Nur Du, nur Du gibst allem Ton und Farbe. Ich wußte es nicht, daß mein Herz noch so frisch wallen könnte. Ich glaubte, die erste Liebe wäre vorbei – aber nun, seit ich Dich besitze, seit Du so mein bist, Dein Leib und Deine Seele mein! Nun ist *erste* Liebe! Und eine unendliche Liebe! Wo soll, wie kann sie aufhören? Immer lieben – immer mehr, immer inniger! Jeden Morgen neue Liebe; und jeden Abend ruhen in Deinen Armen, an Deinem Herzen, an Deinen Lippen! Du Engel und Weib! Du Weib und Engel! Was kann noch für Unglück auf dieser Erde uns begegnen! Oh haben wir doch Leben und Liebe in uns – ich in Dir – Du in mir gefunden! Haben wir uns doch! *Haben!* Eins das andere!

Friedrich Christoph Perthes, Sohn des Gründers der Perthes-Verlagsbuchhandlung in Gotha, der große Buchhändler der Befreiungszeit, vermählte sich 1797 mit Karoline Claudius, der Tochter von Matthias Claudius.

Karoline an Friedrich

(1803)

Ich habe eben hinaus gesehen ins Freie und an Dich gedacht. Herrlich ist die Nacht mit den funkelnden Sternen. Sieht Dich in Deinem Wagen der eine heller als der andere an, so soll er Dir Liebes und Gutes von mir überbringen und nichts Betrübtes, denn mir ist nicht mehr so wehe, wie wohl früher, wenn Du verreisest. Aber ich weiß gewiß, daß darin nicht

Abnehmen der Liebe ist. Könnte ich es Dich nur einmal ganz wissen lassen, wie ich wirklich zu Dir stehe, so würdest Du Deine Freude daran haben, aber was ich auch sage und schreibe, es bleibt immer ein unverständlich Ding und ist nicht das Lebendige, was ich in mir trage. Wenn Du mich nach diesem einmal ohne Worte wirst verstehen können, dann erst wirst Du besser merken, was und wie ich es eigentlich gemeint habe.

Friedrich an Karoline

(1813)

Gott sei es gedankt, daß Ihr wohl seid, Ihr meine Lieben und einzige Güter dieser Welt. Liebe Karoline, wie groß und wild ist die Welt, wenn man nicht zu Hause ist! Das, was mir als Jüngling fehlte, fehlt mir jetzt als Mann, aber anders als damals. Als Jüngling sah ich Dich, das Ziel meiner Liebe und Freundschaft, vor mir im reizenden Zauberlicht; jetzt sehe ich Dich vor mir, aber im ganzen Ernst Deiner Wahrheit und Wirklichkeit, und kann Dich nicht erreichen. Die Zeit, die ich durchlebe, ist groß und interessant; aber es ist hart, keine Heimat zu haben, und der elenden Stunden, in denen ich mich ohne Dich allein mit mir selbst kümmerlich behelfen muß, sind gar zu viele, und in einer Beziehung wenigstens ist meine Lage härter als die Deinige.

Karoline an Friedrich

1. August 1815

Heute vor achtzehn Jahren schrieb ich Dir den letzten Brief vor unserer Hochzeit und tat die erste Bitte um das kleine schwarze Kreuz. Seitdem habe ich viel gebeten in den achtzehn Jahren, mein lieber Perthes! Um was soll ich Dich heute bitten? Du weißt es, denn Du kennst mich ganz, und kein unwahres Wort habe ich Dir gesagt. Nur mein unbeschreibliches Liebhaben kannst Du nicht ganz kennen, weil es keine Grenzen hat. Perthes, mir ist das Herz so voll Freude und Wehmut, hätte ich Dich doch hier! Ich habe mich heute vor 18 Jahren nicht lebendiger und inniger nach Dir gesehnt als jetzt. Gott sei Dank und abermals Dank für alles! Ich bin und bleibe Dein in Zeit und auch, obschon ich nicht weiß wie, in Ewigkeit. Sei auch ein bißchen vergnügt, wenn Du morgen kommst. Das Liebhaben ist gewiß das größte Wunder im Himmel und auf Erden und das Einzige, von dem ich mir vorstellen kann, daß ich es in Ewigkeit nicht satt bekommen werde.

Die Samstag Nacht

Vom Kaiserstuhl

An einem Samstag Nacht,
Als ich ging auf die Wacht
Mit meinem Spieß;
Da kam die Liebste mein
Und grüßte mich so fein,
So zart und süß.

Mein Schatz, wo kommst du her,
Und was ist dein Begehr?
Sprach ich zu ihr.
Sie sprach: in dieser Nacht,
Dieweil du hast die Wacht,
So komm zu mir.

Herzlieb, sprach ich zu ihr,
Hast du ein Herz zu mir,
So sag mir's gleich.
Bin zwar ein Ehrenmann,
Der dich ernähren kann,
Allein nicht reich.

Von ihrem Fingerlein
Zog sie ein Ringelein,
Das war noch neu.
Sie steckt' mir's an die Hand:
„Mein Schatz, das ist das Pfand
Der Lieb' und Treu'."

Das war ein süßer Laut;
Ich zog die liebe Braut
In meinen Arm,
Besiegelte den Bund
Auf ihrem Rosenmund
Mit Küssen warm.

Die schönste Samstagsnacht,
Die unser Glück gemacht,
Vergess' ich nie.
Ich drücke voller Lust
Mein Weib an Mund und Brust,
Denk' ich an sie.

Neue Liebe, neues Leben

Johann Wolfgang Goethe (1749–1832)

Herz, mein Herz, was soll das geben?
Was bedränget dich so sehr?
Welch ein fremdes, neues Leben –
Ich erkenne dich nicht mehr.
Weg ist alles, was du liebtest,
Weg, warum du dich betrübtest,
Weg dein Fleiß und deine Ruh –
Ach, wie kamst du nur dazu!

Fesselt dich die Jugendblüte,
Diese liebliche Gestalt,
Dieser Blick voll Treu und Güte
Mit unendlicher Gewalt?
Will ich rasch mich ihr entziehen,
Mich ermannen, ihr entfliehen,
Führet mich im Augenblick,
Ach, mein Weg zu ihr zurück.

Und an diesem Zauberfädchen,
Das sich nicht zerreißen läßt,

Hält das liebe lose Mädchen
Mich so wider Willen fest;
Muß in ihrem Zauberkreise
Leben nun auf ihre Weise.
Die Verändrung, ach, wie groß!
Liebe! Liebe! laß mich los!

Leichter Sinn

Aus der Gegend von Stuttgart

Steig ich auf den Veigelesbaum; ju ja Veigelesbaum,
So kommt der helle Tag heran.

Heller Tag und Morgenstern, ju ja Morgenstern,
Bei meinem Schatz da lieg' ich gern.

Bei meinem Schatz da ist gut lieg'n, ju ja gut lieg'n,
Das bleibt ein' kleine Weil verschwieg'n.

Mutter, mir tut's Bauchle weh, ju ja Bauchle weh,
Geh du nun selbst und hau den Klee.

Mutter, 's hilft kein Sälbele mehr, ju ja Sälbele mehr,
Es ist schon groß und zappelt sehr.

Zappelt wie ein Fisch im Rhein, ju ja Fisch im Rhein,
Es wird ein kleiner Junker sein.

Kleiner Junker, frisches Blut, ju ja frisches Blut,
Wann's nur recht wacker saufen tut.

Saufen ist das allerbest, ju ja allerbest,
Und schon vor tausend Jahr gewest.

An Emma

Friedrich Schiller (1759–1805)

Weit in nebelgrauer Ferne
Liegt mir das vergangne Glück,
Nur an einem schönen Sterne
Weilt mit Liebe noch der Blick;
Aber, wie des Sternes Pracht,
Ist es nur ein Schein der Nacht.

Deckte dir der lange Schlummer,
Dir der Tod die Augen zu,
Dich besäße doch mein Kummer,
Meinem Herzen lebtest du.
Aber ach! du lebst im Licht,
Meiner Liebe lebst du nicht.

Kann der Liebe süß Verlangen,
Emma, kann's vergänglich sein?

Was dahin ist und vergangen,
Emma, kann's die Liebe sein?
Ihrer Flamme Himmelsglut,
Stirbt sie wie ein irdisch Gut?

Johann Wolfgang von Goethe

An Lotte Buff

Wetzlar, 10. September 1772

Wohl hoff ich wiederzukommen, aber Gott weiß wann. Lotte, wie war mirs bei Deinen Reden ums Herz, da ich wußte, es ist das letztemal, daß ich Sie sehe. Nicht das letztemal, und doch geh ich morgen fort. Fort ist

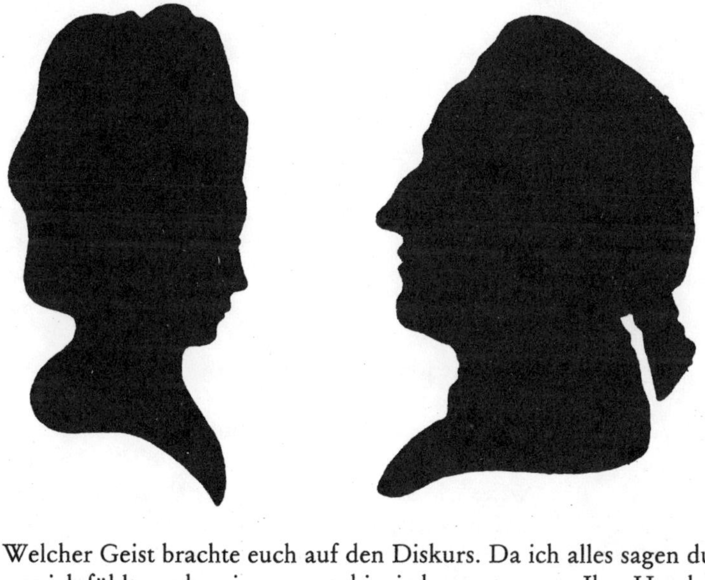

er. Welcher Geist brachte euch auf den Diskurs. Da ich alles sagen durfte, was ich fühlte, ach, mir wars um hienieden zu tun, um Ihre Hand, die ich zum letztenmal küßte. Das Zimmer, in das ich nicht wiederkehren werde, und der liebe Vater, der mich zum letztenmal begleitete. Ich bin

Goethe lernte Charlotte Buff (1735–1828) im Juni 1772 kennen und empfand sofort eine tiefe Zuneigung zu ihr. Doch Lotte war die Braut Kestners. Zur Hochzeit besorgte Goethe die Trauringe.

nun allein und darf weinen, ich lasse euch glücklich und gehe nicht aus euern Herzen. Und sehe euch wieder, aber nicht morgen ist nimmer. Sagen Sie meinen Buben, er ist fort. Ich mag nicht weiter.

Wetzlar, 11. September 1772

Gepackt ists Lotte, und der Tag bricht an, noch eine Viertelstunde, so bin ich weg. Die Bilder, die ich vergessen habe und die Sie den Kindern austeilen werden, mögen Entschuldigung sein, daß ich schreibe, Lotte, der ich nichts zu schreiben habe. Denn Sie wissen alles, wissen wie glücklich ich diese Tage war. Und ich gehe zu den liebsten besten Menschen, aber warum von Ihnen. Das ist nun so und mein Schicksal, daß ich zu heute, morgen und übermorgen nicht hinzusetzen kann – was ich wohl oft im Scherz dazusetzte. Immer fröhlichen Muts, liebe Lotte, Sie sind glücklicher als hundert, nur nicht gleichgültig, und ich, liebe Lotte, bin glücklich, daß ich in Ihren Augen lese. Sie glauben ich werde mich nie verändern. Adieu, tausendmal adieu. Goethe

An Frau von Stein

Meine Seele ist fest an die Deine angewachsen, ich mag keine Worte machen, Du weißt, daß ich von Dir unzertrennlich bin und daß weder Hohes noch Tiefes mich zu scheiden vermag. Ich wollte, daß es irgend ein Gelübde oder Sakrament gäbe, das mich dir auch sichtlich und gesetzlich zu eigen machte, wie wert sollte es mir sein. Und mein Noviziat war doch lang genug, um sich zu bedenken. Adieu. Ich kann nicht mehr Sie schreiben, wie ich eine ganze Zeit nicht Du sagen konnte.
Der Bote verspricht beizeiten in Weimar zu sein. In zwei Tagen folg ich ihm. Womöglich kriegst Du noch einen Brief, eh ich komme.
Noch etwas von meiner Reiseandacht. – Die Juden haben Schnüre, mit denen sie die Arme beim Gebet umwickeln, so wickle ich Dein holdes Band um den Arm, wenn ich an Dich mein Gebet richte und Deiner Güte, Weisheit, Mäßigkeit und Geduld teilhaft zu werden wünsche. Ich bitte Dich fußfällig, vollende Dein Werk, mache mich recht gut! Du kannst's, nicht nur wenn Du mich liebst, sondern Deine Gewalt wird unendlich vermehrt, wenn Du glaubst, daß ich Dich liebe. Lebe wohl.

Charlotte von Stein (1742–1827), die Hofdame der Fürstin Anna Amalia von Sachsen-Weimar, lernte Goethe 1775 kennen. Dreizehn Jahre verband sie ein „heilig sonderbares" (Goethe) Verhältnis, das auf Goethes Schaffen einen starken Einfluß hatte. 1788, nach der Rückkehr Goethes aus Italien, endete die Freundschaft mit der Bindung Goethes an Christiane Vulpius. Charlotte verbrannte ihren Briefwechsel mit dem Dichter.

Ich hoffe immer, daß Du wohl seist. Leb wohl. Mir fällt eins aufs andere ein, leb wohl, ich kann nicht von Dir kommen, wenn nicht des Blärgens Ende, wie zu Hause die Türe mich von Dir schiede. d. 12. März Montags um halb 11 Nachts 81. G.

Dienstag, den 17. Sept. 82, abends

Ganz stille habe ich mich nach Hause begeben, um zu lesen, zu kramen und an Dich zu denken. Ich bin recht zu einem Privatmenschen erschaffen und begreife nicht, wie mich das Schicksal in eine Staatsverwaltung und eine fürstliche Familie hat einflicken mögen.

Dir lebe ich, meine Lotte, Dir sind alle meine Stunden zugezählt, und Du bleibst mir, das fühle ich.

Solang ich Dich gestern sehn konnte, wehte ich mit dem Schnupftuche, auf dem Wege war ich bei Dir, nur wie ich die Stadt erblickte, fühlt ich erst den Raum, der mich von Dir trennte.

Ich versuchte, mir den ersten Teil, vielmehr den Anfang meines Märchens, ausführlicher zu denken und stellenweise Verse zu versuchen, es ginge wohl, wenn ich Zeit hätte und häusliche Ruhe.

Donnerstag, 21. November 1782.

Seit dem frühsten Morgen bin ich bei Dir. Mich kann nun Leben und Tod, Dichtung und Aktenlesen nicht von Dir trennen. Der Schnee kommt mir erwünscht, er bringt mir die vorigen Winterzeichen ins Gedächtnis und manche Szene Deiner Freundlichkeit. Lebe wohl, Du süßer Traum meines Lebens, Du Schlaftrunk meiner Leiden. Morgen ist Tee bei mir. G.

Terni, den 27. Oktober 1786 abends

Wieder in einer Höhle sitzend, die vor einem Jahre vom Erdbeben gelitten, wende ich mein Gebet zu Dir, mein lieber Schutzgeist! Wie verwöhnt ich bin, fühle ich erst jetzt. Zehn Jahre mit Dir zu leben, von Dir geliebt zu sein, und nun – in einer fremden Welt! Ich sagte mir's voraus, und nur die höchste Notwendigkeit konnte mich zwingen, den Entschluß zu fassen.

Laß uns keinen anderen Gedanken haben, als unser Leben miteinander zu endigen!

Friedrich von Schiller und Charlotte von Lengefeld

Schiller an seine Braut

Dienstag abends, den 25. Aug. 1789

Wie schön bin ich heute erweckt worden! Das erste, worauf mein Auge fiel, waren Briefe von Dir. Mit dem Gedanken schlief ich ein, heute welche zu erhalten. An diesen periodischen Freuden werde ich künftig alle meine Zeit abzählen, bis uns endlich dieser dürftige Behelf nicht mehr nötig ist.

Aber wie ungenügsam sind doch unsere Wünsche! Wie viel hätte ich noch vor einem Monat um die bloße Hoffnung dessen gegeben, was jetzt schon in Erfüllung gegangen ist! um einen einzigen Blick in Deine Seele! Und jetzt, da ich alles darin lese, was mein Herz sich so lange wünschte, eilt mein Verlangen der Zukunft vor, und ich erschrecke über den langen Zeitraum, der uns noch trennen soll. Wie kurz ist der Frühling des Lebens, die Blütezeit des Geistes! Und von diesem kurzen Frühling soll ich – Jahre vielleicht noch verlieren, ehe ich das besitze, was mein ist. Unerschöpflich ist die Liebe – und wenig sind der Tage des Lenzes.

In einer neuen schönen Welt schwebt meine Seele, seitdem Du Deine Seele mir entgegen trugst. Mit langen Zweifeln ließest Du mich ringen, und ich weiß nicht, welche seltsame Kälte ich oft in Dir zu bemerken glaubte, die meine glühenden Geständnisse in mein Herz zurückzwang. Ein wohltätiger Engel war mir Karoline, die meinem furchtsamen Geheimnis so schön entgegenkam. Ich habe Dir unrecht getan, teure Lotte, die stille Ruhe Deiner Empfindung habe ich verkannt und einem abgemessenen Betragen zugeschrieben, das meine Wünsche von Dir entfernen sollte. O, Du mußt sie mir noch erzählen, die Geschichte unserer werdenden Liebe. Aber aus Deinem Munde will ich sie hören.

Es war ein schneller und doch so sanfter Übergang! Was wir einander

Schiller und Charlotte von Lengefeld (1766–1826) hatten sich im Dezember 1787 kennengelernt, als Schiller noch unbesoldeter Professor in Jena war. 1790 heirateten sie und zogen im Lauf der Jahre vier Kinder groß. Am 9. Mai 1805 schloß Schiller für immer die Augen.

gestanden, waren wir einander längst; aber jetzt erst genieße ich alle unsere vergangenen Stunden. Ich durchlebe sie noch einmal, und alles zeigt sich mir jetzt in einem schöneren Lichte.
Wie gut kommt mir der glückliche Wahnsinn jetzt zustatten, der mich so oft aus der Gegenwart entrückte! Die Gegenwart ist leer und traurig um mich herum – und in ungeborenen Fernen blühen meine Freuden. Ich kann mir die Resignation, die Genügsamkeit nicht geben, die eine Stärke weiblicher Seelen ist. Ungeduldig strebt die meinige, alles zu vollenden, was noch nicht vollendet ist. Du siehst ruhig der Zukunft entgegen – das vermag ich nicht.
Aber mündlich davon mehr. Wie viel werden wir diesen Herbst miteinander zu berichten haben! Ich will alles tun, um ihn zu beschleunigen. Wolzogens Brief folgt hier zurück. Er machte mir sehr viele Freude. Seine Anhänglichkeit ist so innig, und nichts Fremdes hat sich noch in sein Wesen gemischt. Er ist ein gar guter Mensch; ich wünschte, daß er um uns leben könnte.
Lebe wohl, teure liebe Lotte, und denke, daß für mich keine Freude ist, als bis ich wieder Briefe von dir sehe. Adieu! meine Liebe S.

Charlotte von Lengefeld an Schiller

Juli 1790

Mein Herz sehnt sich nach diesem Abend. Nur ein Laut von Dir, mein Liebster, und es wird mir wohl!
Was machst Du bei der entsetzlichen Hitze? Mir ist so warm; ich bin so kraftlos; aber Kräfte des Geistes bedarf man hier nicht, und ich bin so stille und lasse mich gehen und lasse die andern reden. Welch ein anderes schönes Leben ist es mit Dir, Du Liebster! O daß Du immer fühlen könntest, wie viel Du mir gibst! Ich kann dies so wenig sagen, denn meine Gefühle sind so still; ich denke oft, wie viel ich Dir zu sagen hätte, Dich zu fragen, und ich sage doch so wenig, aber ich lebte immer so einsam; was ich dachte, teilte ich nur mit aus Furchtsamkeit, und daher wird es mir oft schwer, über die Dinge zu sprechen; es wird sich aber geben, der längere Umgang mit Dir wird mir mehr Selbstvertrauen geben.
Alles schläft schon um mich her, aber ich kann nicht eher ruhen, bis ich Dir, teurer Liebster, einen guten Abend gesagt habe, jetzt schläfst Du wohl; ach mir ist's immer, als müßte ich dich aufsuchen, als hörte ich den Laut Deiner Stimme. Ohne Dich ist das Leben mir nur ein Traum; ich bin nie da, wo ich scheinbar bin, sondern meine Seele, meine besten, wärmsten Gefühle sind nach Dir hin gerichtet. Wie lebst Du? Um unse-

rer Liebe willen strenge Dich nicht zu sehr an, mein einziger Lieber, arbeite nicht zu viel; es kann mir so Angst werden, daß Du Dir doch wirklich schaden könntest.

Charlotte von Schiller an ihre Schwägerin Louise Franckh, geb. Schiller

Weimar, den 12. Juni 1805

Liebe Schwester, ich schreibe Dir, da ich eben einen ruhigen Moment finde. Was wir eigentlich verloren haben, fühlt niemand als wir; Ihr verlort einen Bruder, der in jeder Lage des Lebens mit Rat und Tat sich gezeigt hätte und seinen Verwandten mit treuer Kindlichkeit anhing, so liebte er auch seine Kinder wieder! – Aber unter uns allen verlor niemand so viel als ich, weil ich ihn liebte, weil ich in ihm die ganze Welt fand! Wie öde mir das Leben vorkömmt, kann *ich* nur fühlen; diesen treuen Anteil an meinem Wesen, wie die höhere geistige Existenz, deren ich durch seinen Umgang teilhaftig wurde, kann mir nichts, nichts mehr auf der Erde ersetzen und sollte es auch nicht, wenn es auch möglich wäre; denn dieses Wesen, das vielleicht in Jahrtausenden nicht wieder erscheint, muß auch einzig geliebt sein.

Mein Trost, meine Kinder seiner würdig zu bilden, ist noch der einzige, den ich haben kann auf dieser Welt; sie allein halten mich noch am Leben, ich kann sonst nur im Grabe wieder Ruhe finden. – Sein Geist ist um mich und gibt mir Mut in die Seele, das Leben ohne ihn zu tragen! Er gab mir ein Vorbild, wie ich leben soll, denn er, mit den unendlichen Leiden seines Körpers, vergaß in der Nähe seiner Geliebten sich selbst und war heiter, liebend, teilnehmend. Er wurde immer milder, immer zufriedener mit seiner Lage, seinen Umgebungen, sah das Leben immer mehr aus einem höheren Gesichtspunkt an.

Sein letztes Zeichen von Bewußtsein war, daß er mich anlächelte mit einem Blick, den ich malen möchte, aber nicht ausdrücken kann, so heiter himmlisch! Ich hob seinen Kopf auf die bessere Seite, und er sah mich so an und küßte mich, ach Gott, dies war das letzte Zeichen seines Gefühls für mich. Dieser Blick gießt Frieden in mein Herz, wenn die Welt ihm zu enge wird. Nun fürchte ich nichts mehr in der Welt, da ich das einzige Wesen mußte sterben sehen und leben muß. Der Tod hat alle Schrecken verloren auf einmal. Er winkt mir freundlich, ich kann mich innig sehnen nach diesem Moment. So lange ich kann, will ich für unsere Kinder leben und wirken, um ihm zu zeigen, daß ich seiner Liebe wert war, denn sie sind sein teures Erbteil.

Bei meinem Leiden ist mir der Rückblick auf mein Leben mit ihm ein Trost, denn ich suchte mit allem, was in meinen menschlichen Kräften stand, von ihm abzuwenden, was ihm hätte nachteilig sein können. Ich habe seinen Geist, seine volle rege Tätigkeit unterhalten, indem ich nur für ihn lebte. Ohne mich wäre er vielleicht nicht so lange auf der Welt geblieben. Dieser schöne Zweck des Lebens ist nun nicht mehr für mich. Wenn wir an sein Leben denken, liebe Luise, wenn wir denken, wie hundertmal tätiger und wirkender er lebte und in der Nachwelt leben wird als eine ganze Generation von Menschen, so sollten wir nicht klagen über seine Tätigkeit des Geistes.
Schiller war nicht wie andere Menschen, die sich mühsam anstrengen, um etwas hervorzubringen; wenn er etwas hervorbrachte, so ward es ihm leicht, und er war am glücklichsten in diesem Moment! Ich suchte nur die ängstlichen Vorstellungen gern von ihm zu entfernen und alle Rücksichten, daß sein Geist nicht sollte gehemmt werden. Ich fühlte aber immer, daß ich diesem Geist keine Fesseln anlegen könne, und suchte lieber ihm das wirkliche Leben nicht zu drückend zu machen durch Störung seiner Wirksamkeit. Ich hätte jedes Schicksal mit ihm geteilt und hätte alle Aufopferungen ihm gebracht, das kann ich mir sagen. Andere, die seinem Geist nicht so nahe lebten, hielten das, was der Erguß seines Wesens war, für künstliche, gefährliche Anspannung. Er hat lange nur noch durch seinen Geist gelebt, so zeigte es sich leider, wie alle sagen.
Cotta hat sich als ein teilnehmender Freund gezeigt, und wie er Schiller liebte, ist rührend. Was mir Wolzogen und meine Schwester sind, kann ich nicht aussprechen. Von meiner Schwester erwartete ich stets das Herzlichste und Beste im Leben. Aber wenn Du Wolzogens Teilnahme, seine Betrübnis um Schiller gesehen hättest, und die Art, wie er mit mir und meinen Kindern umgeht, wie er uns zu sich rechnet, so würde es in Dir innige Liebe und Dankbarkeit erwecken. Daß man im Unglück auch wieder irgendwo Trost finden kann, dies ist Hilfe, die von oben kommt. In den Nächten, wo Schiller nicht ruhete, sagte er inbrünstig: „Komm von oben herab und bewahre mich vor langwierigen Leiden!“ Auch uns laß zum Himmel blicken, liebe Luise! Von den letzten Stunden unseres Verewigten laß uns gegen andere Menschen schweigen, sie sind mir zu heilig, als daß ich davon sprechen sollte, und die Menschen sind so zudringlich und wollen unter der Hülle des Mitleidens nur Nahrung für ihre Neugierde und Schreibsucht. Wir müssen uns nun auch im Namen des Geliebten lieben, und unsere Freundschaft sei treu und unverbrüchlich; was wir uns unter dem Siegel der Verschwiegenheit anvertrauen, bleibe verwahrt. Du wirst immer eine treue Schwester an mir finden.

Die Kinder sind wohl. Emilie ist entwöhnt und zahnt, da ist sie etwas schwächlich, aber sehr heiter und freundlich. Es ist mir immer, als wäre es ein Blick, den mir ihr Vater sendet, mich zu trösten, wenn sie mich so liebend anlacht.

Warum gabst du uns die tiefen Blicke

Johann Wolfgang Goethe (1749–1832)

Warum gabst du uns die tiefen Blicke,
Unsre Zukunft ahndungsvoll zu schaun,
Unsrer Liebe, unserm Erdenglücke
Wähnend selig nimmer hinzutraun?
Warum gabst uns, Schicksal, die Gefühle,
Uns einander in das Herz zu sehn,
Um durch all die seltenen Gewühle
Unser wahr Verhältnis auszuspähn?

Ach, so viele tausend Menschen kennen,
Dumpf sich treibend, kaum ihr eigen Herz,
Schweben zwecklos hin und her und rennen
Hoffnungslos in unversehnem Schmerz;
Jauchzen wieder, wenn der schnellen Freuden
Unerwart'te Morgenröte tagt.
Nur uns armen liebevollen beiden
Ist das wechselseitge Glück versagt,
Uns zu lieben, ohn uns zu verstehen,
In dem andern sehn, was er nie war,
Immer frisch auf Traumglück auszugehen
Und zu schwanken auch in Traumgefahr.

Glücklich, den ein leerer Traum beschäftigt!
Glücklich, dem die Ahndung eitel wär!
Jede Gegenwart und jeder Blick bekräftigt
Traum und Ahndung leider uns noch mehr.
Sag, was will das Schicksal uns bereiten?
Sag, wie band es uns so rein genau?
Ach, du warst in abgelebten Zeiten
Meine Schwester oder meine Frau.

Kanntest jeden Zug in meinem Wesen,
Spähtest, wie die reinste Nerve klingt,
Konntest mich mit e i n e m Blicke lesen,
Den so schwer ein sterblich Aug durchdringt.
Tropftest Mäßigung dem heißen Blute,

Richtetest den wilden irren Lauf,
Und in deinen Engelsarmen ruhte
Die zerstörte Brust sich wieder auf;

Hieltest zauberleicht ihn angebunden
Und vergaukeltest ihm manchen Tag.
Welche Seligkeit glich jenen Wonnestunden,
Da er dankbar dir zu Füßen lag,
Fühlt' sein Herz an deinem Herzen schwellen,
Fühlte sich in deinem Auge gut,
Alle seine Sinnen sich erhellen
Und beruhigen sein brausend Blut.

Und von allem dem schwebt ein Erinnern
Nur noch um das ungewisse Herz,
Fühlt die alte Wahrheit ewig gleich im Innern,
Und der neue Zustand wird ihm Schmerz.
Und wir scheinen uns nur halb beseelet,
Dämmernd ist um uns der hellste Tag.
Glücklich, daß das Schicksal, das uns quälet,
Uns doch nicht verändern mag.

Schlaft ihr schon, ihr schönste Augen?

Volkslied

Schlaft ihr schon, ihr schönste Augen?
Wie vergnügt ist eure Ruh!
Meine matten Augenlieder
Legten sich auch gerne nieder;
Doch die Liebe läßt's nicht zu.
Schlaft ihr schon, ihr schönste Augen,
Wie vergnügt ist eure Ruh!

Sehet, ihr verliebten Sinnen,
Hier ist euer Gegenstand;
Schauet, daß ihr schlafend raubet,
Was sie wachend nicht erlaubet:

Küßt ihr' angenehme Hand.
Sehet, ihr verliebten Sinnen,
Hier ist euer Gegenstand.

Sagt ihr's träumend in die Ohren,
Daß ich bin im Tod getreu,
Damit, wenn sie früh erwachet,
Eine Deutung drüber machet,
Die zu meinem Vorteil sei.
Sagt ihr's träumend in die Ohren,
Daß ich bis in Tod getreu.

Drum schlaf nur, geliebte Seele,
Leg die Sorgen hinterwärts!
Niemand soll dein' Ruhe stören,
Meine Liebe wird's verwehren,
Denn sie wachet um dein Herz.
Drum schlaf nur, geliebte Seele,
Leg die Sorgen hinterwärts!

Friedrich Hölderlin

Hölderlin an Luise Nast

Maulbronn 1788

Was wir doch für Menschen sind – Liebe! Ich meine, dieser Augenblick, da ich bei Dir war, sei seliger gewesen, als alle, alle Stunden, da ich bei Dir. Unaussprechlich wohl war mirs, als ich so oben am Berg ging und Deinen Kuß noch auf meinen Lippen fühlte. – Ich blickte so heiß in die Gegend, ich hätte die ganze Welt umarmen mögen – und noch, noch ists mir so! Deine Veilchen stehen vor mir, Luise! Ich will sie aufbewahren, so lang ich kann.

Weil Du den Don Carlos liest, will ich ihn auch lesen, auf den Abend, wenn ich ausgeschafft habe.

Luise Nast, die Tochter des Maulbronner Klosterverwalters, war Hölderlins Jugendliebe. Als Siebzehnjähriger verlobte er sich mit ihr, löste die Verbindung jedoch 1790 wieder auf. Mit Diotima verband ihn zwischen 1795 und 1798 eine tiefe Zuneigung. Diotima hieß mit richtigem Namen Susette und war die Frau des Jakob Gontard, der Hölderlin als Hauslehrer angestellt hatte. Susette Gontard starb 1802.

Ich mache wirklich über Hals und Kopf Verse – ich soll dem braven Schubart ein Paket schicken.
Auf meinen Spaziergängen reim' ich allemal in meine Schreibtafel – und was meinst Du? an Dich! an Dich! und dann lösch' ichs wieder aus. Dies hatt' ich eben getan, als ich vom Berg herab Dich kommen sah.
O Liebe! an Gott und an mich denkst Du in Deinem Stübchen? Bleibe Du so, wann Du schon vielleicht die einzige unter Hunderten bist.
Kommt Deine Jfr. Schwester Wilhelmine heut? Hast Du ihr das Briefchen geschickt? oder gibst Dus ihr erst? Ich höre, sie befindet sich besser. Ich soll Bilfingen auch ein Briefchen schicken – aber ich seh', es ist unmöglich bis morgen.
Wann ich nur immer so zufrieden bliebe, wie ich jetzt bin. Doch – ich liebe Dich ja unter jeder Laune fort – mein Zustand ist also doch nicht der schlechteste. Denke recht oft an mich. Du weißts – ich bleibe unzertrennlich

Dein Hölderlin

Luise Nast an Hölderlin

Maulbronn, um Weihnachten 1788

O lieber Fritz! Da sitz ich, und habe fast alle Deine Briefe vor mir, das ist mein einziges Vergnügen, und da ist mirs so über alles wohl, bin so glücklich, wann ich allein sein kann, es ist schon wirklich 12 Uhr, und doch konnte ich mich nicht satt lesen, o er ist meine liebste Lektüre. Hast recht, er machte mir viele Sorgen, Dein lieber Brief, ganze Nächte konnte ich nicht schlafen, und doch ist es mir so lieb, daß ich um aller Welt Schätze ihn nicht gebe, o Dich haben, welche Seligkeit, und Fritz, noch so lange bis Ostern, noch so lange Dich nicht sehen, so lange von dem getrennt sein, der mein alles ist. Doch der Gedanke, daß Du mein bist, mein bleibst, nicht wahr, lieber Fritz? Auch jahrelang Trennung macht Dich nicht kälter gegen mich, o nein, Du bleibst der l. Fritz, der Du warst bei Deinem letzten Besuch, ich weiß sie alle noch, die lieben Worte, tief sind sie in im meinem Herzen, auch Du wirst sie noch zurückrufen können, diese seligen Freuden, auch bin ich manchmal so glücklich, mir sie vorträumen zu können, o und letzthin einen herrlichen Traum, den ich um alles nicht gebe, Du standst oben, wo man ins Kloster geht, wirst es wohl noch wissen, ach, vergangene Zeiten, wo ich Dich so oft sah, strecktest Deine Arme sehnend nach mir aus, Gott im Himmel, welcher Anblick, Deine schwarze Kutte, alles wieder wie vorher, ach, und es war ein Traum, sie sind entflohen, die glücklichen Zeiten, stummer Schmerz tritt an ihre Stelle, und warum dies alles, diese Klagen? mein Fritz ist ja noch mein, er ist mir noch so treu wie hier, o er ist noch mein, auch mich soll nichts von Dir trennen, kein Unglück, kein Schicksal, nur Dich und eine Hütte, so schlecht sie ist, – sie ist mir ein Königreich, o mit Dir sind auch dornigte Wege mit Rosen bestreut. O Gott, lieber Vater, an Deiner Hand werden sie doch auch vorübergehen, die Jahre der Trennung, sie flieht ja sonst schnell, Deine Zeit, aber der Liebe werden es Ewigkeiten sein, nicht lange mehr wird wieder ein Paar aus meiner Freundschaft das Band der ewigen Treue knüpfen, das liebe Mädchen ist wirklich hier meine Heinerike, sie scheint recht vergnügt, wir haben schon viel von Dir, Lieber, geschwatzt, wir erinnren uns oft an die glücklichen Zeiten in L. – und tausendmal dankte ich ihr vor ihre Liebe, das gute Mädchen, wann sie nur recht glücklich wird, sie hat es nur an uns verdient, lieber Fritz, schreib nur recht viel, ich freue mich schon wieder auf nächsten Lottentag, o es waren lange Feiertage, keinen Brief konnte ich nicht von meinem Fritz bekommen, leb wohl, schlaf wohl, es ist schon recht spät, ewig Deine Louise

Hölderlin an Luise Nast

Das war ein Brief von Dir, liebe Stella! Hättst Du mich sehen können,wie ich Tränen der innigsten Freude weinte auf dieses neue Zeichen Deiner so unaussprechlich süßen beglückenden Liebe, wie ich in dem Augenblick so innig fühlte, was ich an Dir habe, wie meine Tage wieder so heiter, so ruhig dahinfließen. O Mädchen! Auch in der Trennung ist Deine Liebe Seligkeit, auch dieses Sehnen ist Wonne Deinem Jüngling – denn jeder Augenblick sagt mir, daß Du Dich ebenso nach mir sehnst, daß Dir diese etlich Jahre ebenso lange werden als mir. Und nur noch elf Wochen bis Ostern, Liebe? Freilich ists lächerlich nur noch elf Wochen – aber wir wollen uns eben so trösten – und dann – o Louise! Louise! dann – Ich kann sie nicht nennen, all die Seligkeit, die meiner in Deinen Armen wartet – der Buchstabe ist eben Buchstabe, und da laß ich Dichs lieber fühlen, wie diese Erwartung mein Herz erhebt. – Und Du erinnerst Dich noch der lieben Worte unsers letzten Besuches? Sie sind Dir tief in die Seele eingegraben? O Luise! Sie sind mein ewiger Gedanke in der Einsamkeit, meine einzige Beschäftigung in den seligen, Dir geweiheten Stunden.

O und Dein Traum? – herrliches, liebes Mädchen, wie bin ich so glücklich? um wie viel glücklicher wär' ich, wann ich in Deinen Armen mein ganzes wonneerfülltes Herz vor Dir ergießen könnte. Es ist mir so wohl,

wann ich daran denke, wie ich oft so geduldig und doch so voll der innigsten Sehnsucht an jenem Plätzchen wartete, bis ich die Teure am Fenster sah, und wie er mich entzückte, der Gedanke, daß Du in der ganzen lieben Welt auf nichts blicktest als auf Deinen Hölderlin, daß nur ich in dieser Brust wohne – Louise! Louise! und wann ich Dich aus Deinem Haus dem Kreuzgang zugehen sah – es ist mir noch alles so lebendig – der schöne majestätische Gang, das liebevolle Auge nach mir heraufblickend – und die Erwartung der seligen Stunde auf Deinem Gesichte so ganz ausgedrückt – und wie uns Erd und Himmel schwanden, in der Stille und Dämmerung! – –
Schlaf wohl, liebes Mädchen! Liebe mich, wie bisher.

Ich bin ewig
Dein Hölderlin

Johann Wolfgang von Goethe

An Christiane Vulpius

Frankfurt d. 21. Aug. 1792

Heute geh ich, liebe Kleine, von Frankfurt ab und nach Mainz. Ich muß Dir nur sagen, daß mir's recht wohl gegangen ist, nur daß ich zuviel habe essen und trinken müssen. Es wird mir aber noch besser schmecken, wenn mein lieber Küchenschatz die Speisen zubereiten wird. Das Judenkrämchen geht auch heute ab und wird nicht lange nach diesem Briefe eintreffen. Ich wünschte, ein Mäuschen zu sein und beim Auspacken zuzusehen. Es hat mir recht viel Freude beim Einpacken gemacht. Hebe nur alles wohl auf. Adieu, mein liebes Kind. Äugelchen hat es gar nicht gesetzt. Behalte mich nur so lieb wie ich Dich. Adieu, grüße Herrn Meyern, küsse den Kleinen und schreibe mir bald. G.

Ich habe Dir schon viele Briefchen geschrieben und weiß nicht, wenn sie nach und nach bei Dir ankommen werden. Ich habe versäumt, die Blät-

Christiane Vulpius (1764–1816) war von 1788 an Goethes Lebensgefährtin. Von vielen als „kleinbürgerlich-schlichtes Naturkind" geschnitten, gebar sie 1789 den gemeinsamen Sohn August (gest. 1830). Lange dachte Goethe nicht an Heirat, jedoch durch die Wirren der französischen Plünderungen aufgeschreckt, führte er Christiane 1806 zum Traualtar, um im Falle seines Ablebens ihre Versorgung gesichert zu sehen.

ter zu numerieren, und fange jetzt damit an. Du erfährst wieder, daß ich mich wohl befinde, Du weißt, daß ich Dich herzlich lieb habe. Wärst Du nur jetzt bei mir! Es sind überall große breite Betten, und Du solltest Dich nicht beklagen, wie es manchmal zu Hause geschieht. Ach! mein Liebchen! Es ist nichts besser, als beisammen zu sein. Wir wollen es uns immer sagen, wenn wir uns wiederhaben. Denke nur! Wir sind so nah an Champagne und finden kein Glas Wein. Auf dem Frauenplan soll's besser werden, wenn nur erst mein Liebchen Küche und Keller besorgt.
Sei ja ein guter Hausschatz und bereite mir eine hübsche Wohnung. Sorge für das Bübchen und behalte mich lieb.
Behalte mich ja lieb! Denn ich bin manchmal in Gedanken eifersüchtig und stelle mir vor, daß Dir ein andrer besser gefallen könnte, weil ich viele Männer hübscher und angenehmer finde als mich selbst. Das mußt Du aber nicht sehen, sondern Du mußt mich für den Besten halten, weil ich Dich ganz entsetzlich lieb habe und mir außer Dir nichts gefällt. Ich träume oft von Dir allerlei konfuses Zeug, doch immer, daß wir uns lieb haben. Und dabei mag es bleiben.
Bei meiner Mutter hab ich zwei Unterbetten und Kissen von Federn bestellt und noch allerlei gute Sachen. Mache nur, daß unser Häuschen recht ordentlich wird, für das andre soll schon gesorgt werden. In Paris wird's allerlei geben, in Frankfurt gibt's noch ein zweites Judenkrämchen.

Heute ist ein Körbchen mit Likör abgegangen und ein Päckchen mit Zuckerwerk. Es soll immer was in die Haushaltung kommen. Behalte mich nur lieb und sei ein treues Kind, das andre gibt sich. Solang' ich Dein Herz nicht hatte, was half mir das übrige! Jetzt, da ich's habe, möcht ich's gern behalten. Dafür bin ich auch Dein. Küsse das Kind, grüße Meyern und liebe mich. G.

Im Lager bei Verdun, d. 10. Sept. 1792

Christiane Vulpius an Goethe

Ende November 1798

Izo gehen bey uns die winder Freuden an und ich will sie mir durch nichts lassen verleidern. Die Weimarer sähen es gerne aber ich achte auf nichts und habe Dich lieb und ganz allein lieb sorge für mein Bübchen

und halte mein Hauswesen in ordnung und mache mich lustig. Aber sie könn ein gar nicht in Ruhe lassen war gestern in Commedi komt Meissel und fragt mich ohne Umstände ob es wahr daß Du heuraths Du schafftest Dir ja schon Kutsche und Ferde an ich wurde den Augenblick so böse, daß ich ihm ein recht malisieses Antwort gab und ich bin überzeugt der fragt mich nicht wieder; weil aber immer daran denke, so habe ich heute nacht davon geträumt daß war ein schlimmer Traum, den muß ich Dir wenn Du kommst erzählen ich habe dabei so geweint und laut geschrieen daß mich Ernestin aufgeweckt hat und da ward mein ganzes Kopfkissen naß ich bin sehr froh daß es nur ein Traum war und Dein lieber Brief macht mich wieder froh und zufrieden. Es gibt recht gutes Eis und ich will wieder Schlittschuh fahren und morgen wollen wir mit den schlitten nach Kötschau fahren, ich, Ernestin, die Matizek und die Pufellin. Und hernach fahren die Freunde nach Jena und wir nach Weimar: auf die Redute freuen wir uns sehr wenn Du hier wärs wäre es freilich noch lieber aber da ich höre, daß es Dir mit Deinen Arbeiten gut gehet das ist besser als Reduten Freude weil ich weiß wenn es Dir mit Deiner Arbeit gut gehet Du auch recht vergnügt wieder kömmst und denn wollen wir recht vergnügt zusammen sein.

26. März 1799

Ostermontag den 25. war Redute, wo ich wieder ein sehr schönen Dänzer habe kennen lernen der mit dem Namen Eisert heißt heute muß ich mich erkundigen was es vor ein Landsmann ist mit dem habe ich so viel gedanzet daß ich ein paar ganz neue Schuhe durch gedanzet habe aber auch 1 klein Dahler gewonnen und es war sehr schön und es hat mir sehr gefallen und ich bin heute ganz munter und vergnügt heute hab ich Dich schon oft gewünscht daß Du hier wärest, daß ich Dir alles erzählen könnte ich habe gestern vill Freude gehabt und als ich nach Hause kam fehlte mir mein lieber Schatz da küßte ich den Gustel und schlief ein.

3. Oktober 1799

Deine Zimmer, mein Lieber, und das ganze Haus ist in Ordnung und erwartet sein Herrn mit der größten Sehnsucht. Es wird fileicht mit den Arbeiten hier besser gehn als sonst Du kannst hier wie in Jena im Bette diktieren und ich will des Morgens nicht ehr zu Dir komm biß Du mich verlangst auch der Gustel soll frühe nicht zu Dir komm. Komm nur bald Du mußt doch bei der Einrichtung des Theaters das beste tun sonst wird es wie immer nichts.

Ich bekenne

Friedrich Schiller (1759–1805)

Ich bekenne es freimütig, ich glaube an die Wirklichkeit einer uneigennützigen Liebe. Ich bin verloren, wenn sie nicht ist, ich gebe die Gottheit auf, die Unsterblichkeit und Tugend. Ich habe keinen Beweis für die Hoffnungen mehr übrig, wenn ich aufhöre, an die Liebe zu glauben. Ein Geist, der sich allein liebt, ist ein schwimmendes Atom im unermeßlichen leeren Raume.

Stille Liebe

Volkslied

Wenn die Schönheit, die ich ehre,
Mein Lieben veracht,
Den Tod ich begehre,
Kein Leben mehr acht'.

Wenn die Gnad könnt' erwerben,
Zu küssen ihr Gesicht,
Glückselig wollt' sterben,
Verlange sonst nichts.

Ich sterb für diejene,
Die ich so treu lieb;
Lieb mich, du mein' Schöne,
So leb ich vergnügt.

Ich wollt' ja gern tragen
All' Kummer und Schmerz,
Wenn sie nur tät' sagen:
Ich lieb dich, mein Herz!

Ich achte kein' Schmerzen,
Ich achte kein' Pein,
Wenn ich nur ihr's Herzen
Beschützer könnt' sein.

Ich lieb in der Stille
Und wo's niemand sieht,
Wenn's g'schieht mit ihrem Willen,
So schadet's ja nicht.

Kann sie schon nicht werden
Mein Eigentum allhier,
Darf ich doch auf Erden
Sie lieben hinfür.

Denn geistlich heißt nicht eben,
Sein allen Menschen feind;
Wer wie ein Mönch will leben,
Der ist nicht mein Freund.

Rastlose Liebe

Johann Wolfgang Goethe (1749–1832)

Dem Schnee, dem Regen,
Dem Wind entgegen,
Im Dampf der Klüfte,
Durch Nebeldüfte,
Immer zu! Immer zu!
Ohne Rast und Ruh!

Lieber durch Leiden
Möcht ich mich schlagen,

Als so viel Freuden
Des Lebens ertragen.
Alle das Neigen
Von Herzen zu Herzen,
Ach, wie so eigen
Schaffet das Schmerzen!

Wie – soll ich fliehen?
Wälderwärts ziehen?
Alles vergebens!
Krone des Lebens,
Glück ohne Ruh,
Liebe, bist du!

Friedrich Hölderlin

Diotima an Hölderlin

9. November 1798

... ich mußte gestern noch viel über Leidenschaft nachdenken. Die Leidenschaft der höchsten Liebe findet wohl auf Erden ihre Befriedigung nie! Miteinander sterben! Doch still, es klingt wie Schwärmerei und ist doch so wahr – ist die Befriedigung – doch wir haben heilige Pflichten für diese Welt. Es bleibt uns nichts übrig als der selige Glaube aneinander und an das allmächtige Wesen der Liebe, das uns ewig unsichtbar leiten und immer mehr und mehr verbinden wird.
Stille Ergebenheit! Vertrauen auf das Herz, auf den Sieg des Wahren und Besten, dem wir uns hingeben. Und wir könnten untergehen? – Dann, ja dann müßte alles aus dem Gleichgewichte kommen und die Welt in ein Chaos sich verwandeln, wenn nicht der nämliche Geist der Harmonie und Liebe sie erhielte, der auch uns erhält. Lebt er ewig in der Welt: Warum, wie könnte er uns verlasen? Dürfen wir uns wohl mit der Welt vergleichen? Und doch kann es nicht anders um uns sein, wie im großen so im kleinen. Und wir sollten nicht vertrauen? Wir, die wir täglich Beweise der herrlichen auch uns belebenden Natur haben, die uns nur Liebe zeigt, wir sollten Kampf und Uneinigkeit in unserer Brust hegen, wenn alles uns zur Ruhe der Schönheit ruft? O gewiß nicht, mein Bester! Wir können nicht unglücklich werden, weil diese Seele in uns

lebt. Und ich weiß es, der Schmerz wird uns nur besser machen und uns inniger verbinden.
Darum gräme Dich auch jetzt nicht, daß Du mich so traurig machtest. Sieh, es ist ja alles vorbei, wenn Du wieder ruhig bist, und ich habe mich stark gefühlt. Noch muß ich Dir sagen, daß mein Vertrauen zu Dir ohne Grenzen ist.

6. Februar 1799

Denke nur nicht, Lieber, daß das Schicksal unsrer Liebe mich empören oder gänzlich niederdrücken möchte. Ich weine wohl oft bittre, bittre Tränen, aber eben diese Tränen sind es, die mich erhalten. Solange Du lebst, mag ich nicht untergehen. Fühlte ich nicht mehr, wäre die Liebe aus mir verschwunden, und was wäre mir das Leben ohne Liebe, ich würde in Nacht und Tod hinabsinken. Solange Du mich liebst, kann ich mich nicht verschlimmern, Du hältst mich empor und führest mich den Weg zur Schönheit! Habe Glauben an mich, und baue fest auf mein Herz. So lebe denn wohl, liebstes, teurestes Herz, und denke wie ich, daß unser liebstes innerstes Wesen unveränderlich sich gleich bleiben und sich angehören wird!

Hölderlin an Diotima

Homburg, um Ostern 1799

... Hätte ich mich zu Deinen Füßen nach und nach zum Künstler bilden können, in Ruhe und Freiheit, ja ich glaube, ich wäre es schnell geworden, wonach in allem Leiden mein Herz sich in Tränen und am hellen Tage und oft mit schweigender Verzweiflung sehnt ... Es ist wohl der Tränen alle wert, die wir seit Jahren geweint, daß wir die Freude nicht haben sollten, die wir uns geben könnten, aber es ist himmelschreiend, wenn wir denken müssen, daß wir beide mit unseren besten Kräften vielleicht vergehen müssen, weil wir uns fehlen. Und sieh! Das macht mich eben so stille manchmal, weil ich mich hüten muß vor solchen Gedanken ... Was ist besser, sage mir's, daß wir's verschweigen, was in unserm Herzen ist, oder daß wir uns es sagen! Immer hab ich die Memme gespielt, um Dich zu schonen, – habe immer getan, als könnt ich mich in alles schicken, als wär' ich so recht zum Spielball der Menschen und der Umstände gemacht und hätte kein festes Herz in mir, das treu und frei in seinem Rechte für sein Bestes schlüge, teuerstes Leben! habe oft meine liebste Liebe, selbst die Gedanken an Dich, mir manchmal versagt

und verleugnet; nur, um so sanft wie möglich, um Deinetwillen, dies Schicksal durchzuleben. Du auch, Du hast immer gerungen, Friedliche! um Ruhe zu haben, hast mit Heldenkraft geduldet und verschwiegen, was nicht zu ändern ist, hast Deines Herzens ewige Wahl in Dir verborgen und begraben, und darum dämmert's oft vor uns, und wir wissen nicht mehr, was wir sind und haben, kennen uns kaum noch selbst; dieser ewige Kampf und Widerspruch im Innern, der muß Dich freilich langsam töten, und wenn kein Gott ihn da besänftigen kann, so hab' ich keine Wahl als zu verkümmern über Dir und mir, oder nichts mehr zu achten als Dich, und einen Weg mir, Dir zu suchen, der den Kampf uns endet.
Ich habe schon gedacht, als könnten wir auch von Verleugnung leben, als machte vielleicht auch dies uns stark, daß wir entschieden der Hoffnung das Lebewohl sagen.

Diotima an Hölderlin

6. September 1799

O! Behalte mich immer lieb! Und bliebe unsere Liebe auch unbelohnt, so ist sie durch sich selbst in uns, ganz stille, doch so schön, daß sie uns immer unser liebstes, einziges bleiben soll. Nicht wahr, mein Guter, so ist Dir auch, und unsere Seelen begegnen sich immer und ewig!

8. September 1799

... Ich mußte mich aus diesem stummen Schmerz herausreißen, und nun kam aus der Tiefe meines Wesens ein Ächzen, ein Gewinsel, eine Flut von Tränen, die sich lange drängten, ohne daß ich sie stillen konnte. Und seitdem ist mir es immer so wunderbar schwermütig geblieben, und als hättest Du etwas gegen mich auf dem Herzen, und ich denke an nichts anders. Über die Erinnerung an meine Reise ist wie ein dunkler Flor gezogen, o, zweifle nie an meiner Liebe! Dir! Dir allein wird sie ewig bleiben!

Donnerstag, 8. Mai 1800

Wirst Du nun kommen? Die ganze Gegend ist stumm und leer ohne Dich! Und ich bin so voll Angst. Wie werde ich die starken, Dir entgegenwallenden Gefühle wieder in den Busen verschließen und bewahren? ... Wenn Du nicht kömmst!

Und wenn Du kömmst! Ist es auch schwer, das Gleichgewicht zu halten und nicht zu lebendig zu fühlen. Versprich mir, daß Du nicht zurückkommen und ruhig wieder von hier gehen willst; denn wenn ich dies nicht weiß, komme ich in die größte Spannung und Unruhe bis morgen ... doch laß uns mit Zuversicht unsern Weg gehen und uns in unserem Schmerz noch glücklich fühlen und wünschen, daß er lange noch für uns bleiben möge, weil wir dann vollkommen edel fühlen und gestärkt. Leb wohl! Leb wohl! Der Segen ... sei mit Dir!

Die Grausame

Volkslied

Ich küsse deine Hand,
Die meiner Freiheit Fessel angelegt,
Und fühle wohl den Brand,
Den deiner Augen Blitz in mir erreget.
Du lachest noch, ob ich gleich brennen muß –
O hart' – o harter Schluß!

O hart' – o harter Schluß!
Ich Ärmster werd' in dieser Glut verzehret,
Wo nicht dein holder Kuß,
Weil es noch Zeit, den heißen Flammen wehret.
Wann werd' ich doch durch deine Gunst erfreut,
Ach schönste Grausamkeit!

Ach schönste Grausamkeit!
Hat die Natur umsonst auf deinen Lippen
Korallen ausgestreuet?
Sind denn, mein Kind, die beiden Marmorklippen
Nur mir allein zum Schiffbruch aufgericht't?
Ich glaub es nicht.

Ich glaub – ich glaub es nicht,
Weil meine Treu mir süße Hoffnung gibet.
Dein eigen Herze spricht –
Ach frag' es nur – ich sei in dich verliebet;
So lege doch nur allen Zweifel hin,
Weil ich dein eigen bin.

Weil ich dein eigen bin,
So denke doch einmal an meine Schmerzen;

Ich kann ja nicht entflieh'n,
Dein Pfeil steckt schon zu tief in meinem Herzen.
Wie lange soll der Ursprung meiner Pein
Ein schöner Engel sein?

Ein schöner Engel sein,
Und dennoch sich der Grausamkeit befleißen,
Stimmt selten überein –
Sonst würde man die Tiger Engel heißen.
Ich glaube, was den Engeln ähnlich sei,
Ist Gegenlieb und Treu.

Die Liebe

Friedrich Hölderlin (1770–1843)

Wenn ihr Freunde vergeßt, wenn ihr die Euern all,
O ihr Dankbaren, sie, euere Dichter schmäht,
Gott vergeb es, doch ehret
Nur die Seele der Liebenden.

Denn o saget, wo lebt menschliches Leben sonst,
Da die knechtische jetzt alles, die Sorge, zwingt?
Darum wandelt der Gott auch
Sorglos über dem Haupt uns längst.

Doch, wie immer das Jahr kalt und gesanglos ist
Zur beschiedenen Zeit, aber aus weißem Feld
Grüne Halme doch sprossen,
Oft ein einsamer Vogel singt,

Wenn sich mählich der Wald dehnet, der Strom sich regt,
Schon die mildere Luft leise von Mittag weht
Zur erlesenen Stunde,
So ein Zeichen der schönern Zeit,

Die wir glauben, erwächst einziggenügsam noch,
Einzig edel und fromm über dem ehernen,

Wilden Boden die Liebe,
Gottes Tochter, von ihm allein.

Sei gesegnet, o sei, himmlische Pflanze, mir
Mit Gesange gepflegt, wenn des ätherischen
Nektars Kräfte dich nähren
Und der schöpfrische Strahl dich reift.

Wachs und werde zum Wald! eine beseeltere,
Vollentblühende Welt! Sprache der Liebenden
Sei die Sprache des Landes,
Ihre Seele der Laut des Volks!

Jean Paul

An Caroline von Feuchtersleben

7. Februar 1797

... Ihre aus elysischen Träumen zusammengesetzte Seele verliert sich in einem Idyllenleben, zu dem es auf der Erde keinen Boden und kein Beispiel gibt. Ich will es malen, wie sich der Wochentag und die Alltäglichkeit um Sie verklären – wie Sie sich fragen: Kehrt die Zeit nie um? Die vorigen Jahre liegen begraben und einige Freuden und viele Tränen, und die Vergangenheit war ein Traum. Und wenn ich's nicht sage, so will ich's doch denken: Trockne Dein liebes Auge ab, Du teure Gestalt! Bist Du nicht so sehr geliebt? Auch ich bin Dein Freund und bleibe Dein Freund; und was uns äußerlich trennt, bindet uns innerlich. Und wenn ich Dich nach langen Jahren aus weiter Entfernung zurückgeworfen wieder sähe, so würd' ich sagen: Komme an mein Herz – denn Du bist darin. Für mich gäb' es keinen schöneren Tag, als den, wo ich jeden Riß, den das Schicksal in Dein Herz gegraben, zugeschlossen sähe. Der Tag wird kommen und mein bewegtes Herz wird Dir Glück wünschen, aber meine Lippe wird dies nicht können und wird sich nicht bewegen. – Deine Seele ist in meiner, meine ist in Deiner. Wenn Dein Jahr um die spielende Erde herumgeflattert ist, mögest Du sagen: wir haben uns oft verkannt und nie vergessen, und mein Freund ist noch bei mir. Ja, ich ich bleibe der Deinige, ich liebe Dich herzlich, und wenn ich Dich morgen wiedersehe, werd' ich nichts denken, als – ich liebe Dich herzlich.

An Charlotte von Kalb

Weimar, 24. Juni 1796

Ich reiche Dir die Hand über Zeit und Raum, es war eine Zeit, ehe ich Dich kannte und liebte; die Ewigkeit beginnt für den Liebenden. Sie ist der Strahl, der das Unendliche erhellt und begeistert. – Jawohl, die Schmerzen, die Leichentücher müssen wir im Grabe lassen. Ich leide wie Du, denn tief ist der Schmerz der ewigen Sehnsucht.

Charlotte von Kalb an Jean Paul

Dezember 1798

Ich fange an zu zittern und Todeskälte umfaßt mich. Ich kann nichts tun, bis ich weiß, ob Sie den Abend kommen. Schreiben Sie bald, damit ich weiß, ob ich auch schreiben und arbeiten kann. Oder ob – – ach – denke Dir das Widrigste, das ist es. Die Billette, die so spät kommen, sind immer Todesboten. Was ich zu sagen habe, ist sehr bedeutend. Mich hat ein Wort mit dem ganzen menschlichen Geschlecht bekannt gemacht und mich in ein anderes Verhältnis mit ihm gesetzt, bei dem es ewig bleibt. Deiner Seele darf es nicht verborgen bleiben. Meine Seele wird ruhig sein. Ich werde aber auch diese Wahrheit sagen von mir und andern, und es wird, was ich einst sagte, ein Testament. Sie werden von nichts hören als was von der Wahrheit, der Güte kommt. Ich will dann auch lange keinen Besuch von Ihnen erwarten; so wollen, wollen Sie mich auch nie wiedersehn! –

Ch.

Dezember 1798

„Daß ich meine Lippen auf die Wunden Deines Herzens legen werde. Sei still, liebe Seele!" Ich habe seit gestern um 10 Uhr nichts anderes gedacht.

„Werde ruhig und hoffend!" Bei der ewigen Wahrheit, bei meiner Seligkeit, ich will es werden. Prüfe Dich nur, was Deine Liebe für mich Dir ist. Ob sie Deinem Herzen unentbehrlich ist, ob sie unendlich ist. Es ist mir, als hörte ich nur meine Liebe. Von einem mächtigen Geist vernichtet zu werden, ist viel erhabener als die höchste Ehre, Genuß und Fülle, so die Welt geben kann. O nimm mich auf, damit ich sterben kann, denn ich kann entfernt von Dir nicht leben und nicht sterben.

Heiliger Gott, gib Deinem Unsterblichen alles – alle die Seligkeit, die Deine Erschaffene entbehrten, alle die Seligkeit, die sie verkennen! Gib

ihm mein Herz, gib ihm meine Wonne! Laß mich nur in seiner Nähe, daß ich sein Antlitz schaue! Laß mir den Schmerz, laß mir die Tränen um ihn!

Dezember 1798

Ach komme, ich beschwöre Dich um meine Seligkeit, komme jetzo, Du wirst Ruhe finden! Laß mich nicht in den fürchterlichen Leiden allein! Bis in den Abend kann ichs nicht tragen.
Lieber den Tod. Ch.

Caroline von Feuchtersleben an Jean Paul

(1799)

O wie gern flög' ich an Dein Herz, Du mein ewig und unaussprechlich geliebter Mensch! Da nur bin ich glücklich und selig. Doch durchdringt seit einigen Tagen ein Schmerz mir die Brust, den ich selbst nicht begreife: Ich möchte an allem vergehen, mich in Tränen auflösen. Die Eindrücke, der Brief der unglücklichen Caroline müssen diese Wehmut in mir erregt haben. Ich kann den Gedanken nicht los werden: So nahe an Deinem Besitz Dich, Dich verlieren! Und bin ich denn besser als sie? . . . O Du Einziger, Du Seligkeit für dieses und jenes Leben, ich hänge ja so fest an Dir – und eine Liebe wir die meine würdest Du überall entbehren. Und ist nicht Liebe alles, alles?

Die Erwartung

Friedrich Schiller (1759–1805)

Hör ich das Pförtchen nicht gehen?
Hat nicht der Riegel geklirrt?
Nein, es war des Windes Wehen,
Der durch diese Pappeln schwirrt.

O schmücke dich, du grünbelaubtes Dach,
Du sollst die Anmutstrahlende empfangen!
Ihr Zweige, baut ein schattendes Gemach,
Mit holder Nacht sie heimlich zu umfangen!
Und all ihr Schmeichellüfte, werdet wach
Und scherzt und spielt um ihre Rosenwangen,
Wenn seine schöne Bürde, leicht bewegt,
Der zarte Fuß zum Sitz der Liebe trägt.

Stille! Was schlüpft durch die Hecken
Raschelnd mit eilendem Lauf?
Nein, es scheuchte nur der Schrecken
Aus dem Busch den Vogel auf.

O lösche deine Fackel, Tag! Hervor
Du geistge Nacht, mit deinem holden Schweigen!
Breit um uns her den purpurroten Flor,
Umspinn uns mit geheimnisvollen Zweigen!
Der Liebe Wonne flieht des Lauschers Ohr,
Sie flieht des Strahles unbescheidnen Zeugen;
Nur Hesper, der Verschwiegene, allein
Darf, still herblickend, ihr Vertrauter sein.

Rief es von ferne nicht leise,
Flüsternden Stimmen gleich?
Nein, der Schwan ists, der die Kreise
Ziehet durch den Silberteich.

Mein Ohr umtönt ein Harmonieenfluß,
Der Springquell fällt mit angenehmem Rauschen,
Die Blume neigt sich bei des Westes Kuß,

Und alle Wesen seh ich Wonne tauschen;
Die Traube winkt, die Pfirsche zum Genuß,
Die üppig schwellend hinter Blättern lauschen;
Die Luft, getaucht in der Gewürze Flut,
Trinkt von der heißen Wange mir die Glut.

Hör ich nicht Tritte erschallen?
Rauschts nicht den Laubgang daher?
Nein, die Frucht ist dort gefallen,
Von der eignen Fülle schwer.

Des Tages Flammenauge selber bricht
In süßem Tod, und seine Farben blassen;
Kühn öffnen sich im holden Dämmerlicht
Die Kelche schon, die seine Gluten hassen.
Still hebt der Mond sein strahlend Angesicht,
Die Welt zerschmilzt in ruhig große Massen;
Der Gürtel ist von jedem Reiz gelöst,
Und alles Schöne zeigt sich mir entblößt.

Seh ich nichts Weißes dort schimmern?
Glänzts nicht wie seidnes Gewand?
Nein, es ist der Säule Flimmern
An der dunkeln Taxuswand.

O sehnend Herz, ergötze dich nicht mehr,
Mit süßen Bildern wesenlos zu spielen!
Der Arm, der sie umfassen will, ist leer,
Kein Schattenglück kann diesen Busen kühlen.
O führe mir die Lebende daher,
Laß ihre Hand, die zärtliche, mich fühlen!
Den Schatten nur von ihres Mantels Saum,
Und in das Leben tritt der hohle Traum.

Und leis, wie aus himmlischen Höhen
Die Stunde des Glückes erscheint,
so war sie genaht, ungesehen,
Und weckte mit Küssen den Freund.

Ja eine Sonne

Friedrich Hölderlin (1770–1843)

Ja eine Sonne ist der Mensch, allsehend, allverklärend, wenn er liebt, und liebt er nicht, so ist er eine dunkle Wohnung, wo ein rauchend Lämpchen brennt.

Aus Menons Klage

Friedrich Hölderlin (1770–1843)

Licht der Liebe! scheinest du denn auch Toten, du goldnes!
Bilder aus hellerer Zeit leuchtet ihr mir in die Nacht?
Liebliche Gärten, seid, ihr abendrötlichen Berge,
Seid willkommen, und ihr, schweigende Pfade des Hains,
Zeugen himmlischen Glücks, und ihr, hochschauende Sterne,
Die mir damals oft segnende Blicke gegönnt!
Euch, ihr Liebenden, auch, ihr schönen Kinder des Maitags,
Stille Rosen und euch, Lilien, nenn ich noch oft!
Ihr Vertrauten! ihr Lebenden all, einst nahe dem Herzen,
Einst wahrhaftiger, einst heller und schöner gesehn.
Wohl gehn Frühlinge fort, ein Jahr verdränget das andre,
Wechselnd und streitend, so tost droben vorüber die Zeit
Über sterblichem Haupt, doch nicht vor seligen Augen,
Und den Liebenden ist anderes Leben geschenkt.
Denn sie alle, die Tag und Jahre der Sterne, sie waren,
Diotima! um uns innig und ewig vereint.

Aber wir, zufrieden gesellt, wie die liebenden Schwäne,
Wenn sie ruhen am See, oder, auf Wellen gewiegt,
Niedersehn in die Wasser, wo silberne Wolken sich spiegeln,
Und ätherisches Blau unter den Schiffenden wallt,
So auf Erden wandelten wir. Und drohte der Nord auch,
Er, der Liebenden Feind, klagenbereitend, und fiel
Von den Ästen das Laub, und flog im Winde der Regen,
Ruhig lächelten wir, fühlten den eigenen Gott

Unter trautem Gespräch, in einem Seelengesange
Ganz in Frieden mit uns kindlich und freudig allein.
Aber das Haus ist öde mir nun, un sie haben mein Auge
Mir genommen, auch mich hab ich verloren mit ihr.
Darum irr ich umher und wohl, wie die Schatten, so muß ich
Leben, und sinnlos dünkt lange das Übrige mir.

Mignon

Johann Wolfgang Goethe (1749–1832)

J. F. Reichardt. 1795.

Kennst du das Land, wo die Zitronen blühn,
Im dunklen Laub die Goldorangen glühn,
Ein sanfter Wind vom blauen Himmel weht,
Die Myrte still und hoch der Lorbeer steht?
Kennst du es wohl?
Dahin, dahin
Möcht ich mit dir, o mein Geliebter, ziehn!

Kennst du das Haus? Auf Säulen ruht sein Dach.
Es glänzt der Saal, es schimmert das Gemach,
Und Marmorbilder stehn und sehn mich an:
Was hat man dir, du armes Kind, getan? –
Kennst du es wohl?

Dahin, dahin
Möcht ich mit dir, o mein Beschützer, ziehn!

Kennst du den Berg und seinen Wolkensteg?
Das Maultier sucht im Nebel seinen Weg.
In Höhlen wohnt der Drachen alte Brut.
Es stürzt der Fels und über ihn die Flut.
Kennst du ihn wohl?
Dahin, dahin
Geht unser Weg. O, Vater, laß uns ziehn!

2

Nur wer die Sehnsucht kennt,
Weiß, was ich leide!
Allein und abgetrennt
Von aller Freude,
Seh ich ans Firmament
Nach jener Seite.
Ach, der mich liebt und kennt,
Ist in der Weite!
Es schwindelt mir, es brennt
Mein Eingeweide.
Nur wer die Sehnsucht kennt,
Weiß, was ich leide!

3

So laßt mich scheinen, bis ich werde;
Zieht mir das weiße Kleid nicht aus!
Ich eile von der schönen Erde
Hinab in jenes feste Haus.

Dort ruh ich eine kleine Stille,
Dann öffnet sich der frische Blick.
Ich lasse dann die reine Hülle,
Den Gürtel und den Kranz zurück.

Und jene himmlischen Gestalten,
Sie fragen nicht nach Mann und Weib,
Und keine Kleider, keine Falten
Umgeben den verklärten Leib.

Zwar lebt ich ohne Sorg und Mühe,
Doch fühlt ich tiefen Schmerz genug.
Vor Kummer altert ich zu frühe –
Macht mich auf ewig wieder jung!

Heinrich von Kleist

An Wilhelmine von Zenge

Frankfurt a. d. Oder

Wilhelmine! Lassen Sie mich einen Blick in Ihr Herz tun! Öffnen Sie mir es einmal mit Vertrauen und Offenherzigkeit! So viel Vertrauen, so viel unbegrenztes Vertrauen von meiner Seite verdient doch wohl einige Er-

widerung von der Ihrigen. Ich will nicht sagen, daß sie mich lieben müßten, weil ich Sie liebe; aber vertrauen müssen Sie sich mir, weil ich mich Ihnen unbegrenzt anvertraut habe. – Wilhelmine! Schreiben Sie mir einmal recht innig und herzlich! Führen Sie mich einmal in das Heiligtum Ihres Herzens, das ich noch nicht mit Genauigkeit kenne!
Wenn der Glaube, den ich aus der Innigkeit Ihres Betragens gegen mich schöpfte, zu kühn und auch zu übereilt war, so scheuen Sie sich nicht, es mir zu sagen! Ich werde mit den Hoffnungen, die Sie mir nicht entziehen werden, zufrieden sein. Aber auch dann, Wilhelmine, wenn mein Glaube gegründet wäre, auch dann scheuen Sie sich nicht, sich mir ganz zu vertrauen! Sagen sie es mir, wenn Sie mich lieben – denn warum wollten Sie sich dessen schämen? Bin ich nicht ein edler Mensch, Wilhelmine?
Zwar – eigentlich – ich will es Ihnen nur offenherzig gestehen, Wilhelmine, was Sie auch immerhin von meiner Eitelkeit denken mögen – eigentlich bin ich es fast überzeugt, daß Sie mich lieben. Aber, Gott weiß, welche seltsame Reihe von Gedanken mich wünschen lehrt, daß Sie es mir sagen möchten. Ich glaube, daß ich entzückt sein werde, und daß sie mir einen Augenblick voll der üppigsten und innigsten Freude bereiten werden, wenn Ihre Hand sich entschließen könnte, diese drei Worte niederzuschreiben: ich liebe Dich.
Ja, Wilhelmine, sagen Sie mir diese drei herrlichen Worte: sie sollen für die ganze Dauer meines künftigen Lebens gelten. Sagen Sie sie mir einmal und lassen Sie uns dann bald dahin kommen, daß wir nicht mehr nötig haben, Sie uns wiederholen! Denn nicht durch Worte, aber durch Handlungen zeigt sich wahre Treue und wahre Liebe. Lassen Sie uns bald recht innig vertraut werden, damit wir uns ganz kennenlernen! Ich weiß nichts, Wilhelmine, in meiner Seele regt sich kein Gedanke, kein Gefühl in meinem Busen, das ich scheuen dürfte Ihnen mitzuteilen. Und was könnten Sie mir wohl zu verheimlichen haben? Und was könnte Sie wohl bewegen, die erste Bedingung der Liebe, das Vertrauen, zu verletzen? – Also offenherzig, Wilhelmine, immer offenherzig! Was wir auch denken und fühlen und wünschen – etwas Unedles kann nicht sein, und darum wollen wir es uns freimütig mitteilen. Vertrauen und Achtung, das sind die beiden unzertrennlichen Grundpfeiler der Liebe, ohne welche sie nicht bestehen kann; denn ohne Achtung hat die Liebe keinen Wert und ohne Vertrauen keine Freude.
Ja, Wilhelmine, auch die Achtung ist eine unwiderrufliche Bedingung der Liebe. Lassen Sie uns daher unaufhörlich uns bemühen, nicht nur die Achtung, die wir gegenseitig füreinander tragen, zu erhalten, sondern auch zu erhöhen. Denn dieser Zweck ist es erst, welcher der Liebe ihren

höchsten Wert gibt; edler und besser sollen wir durch die Liebe werden, und wenn wir diesen Zweck nicht erreichen, Wilhelmine, so mißverstehen wir uns. Lassen Sie uns daher immer mit sanfter, menschenfreundlicher Strenge über unser gegenseitiges Betragen wachen. Von Ihnen wenigstens wünsche ich es, daß Sie mir offenherzig alles sagen, was Ihnen vielleicht an mir mißfallen könnte. Ich darf mich getrauen, alle Ihre Forderungen zu erfüllen, weil ich nicht fürchte, daß Sie überspannte Forderungen machen werden. Fahren Sie wenigstens fort, sich so zu betragen, daß ich mein höchstes Glück in Ihre Liebe und in Ihre Achtung setze; dann werden sich alle die guten Eindrücke, von denen Sie vielleicht nichts ahnen, und die ich Ihnen dennoch innig und herzlich danke, verdoppeln und verdreifachen.
– Dafür will ich denn auch an Ihrer Bildung arbeiten, Wilhelmine, und den Wert des Mädchens, das ich liebe, immer noch mehr veredeln und erhöhen!
Und nun noch eine Hauptsache, Wilhelmine! Sie wissen, daß ich bereits entschlossen bin, mich für ein Amt zu bilden: aber noch bin ich nicht entschlossen, für welches Amt ich mich bilden soll. Ich wende jede müßi-

Heinrich von Kleist (1777–1811) verlobte sich nach Beendigung seiner militärischen Laufbahn mit Wilhelmine Zenge, von der er sich 1802 wieder trennte. Da er mit seinen ehrgeizigen Plänen keine Anerkennung fand und von vielen als Sonderling und Versager angesehen wurde, beschloß er, seinem Leben ein Ende zu setzen. Verzweifelt und von einem mystischen Erlösungsgefühl beseelt, erschoß er sich zusammen mit seiner unheilbar kranken Freundin Henriette Vogel am Wannsee. Seine Kusine Marie war ihm in den letzten Jahren sehr nahe gestanden.

ge Stunde zum Behufe der Überlegung über diesen Gegenstand an. Ich wäge die Wünsche meines Herzens gegen die Forderungen meiner Vernunft ab; aber die Schalen der Waage schwanken unter den unbestimmten Gewichten. Soll ich die Rechte studieren? – Ach, Wilhelmine, ich hörte letzthin in dem Naturrechte die Frage aufwerfen, ob die Verträge der Liebenden gelten könnten, weil sie in der Leidenschaft geschähen – und was soll ich von einer Wissenschaft halten, die sich den Kopf darüber zerbricht, ob es ein Eigentum in der Welt gibt und die mir daher nur zweifeln lehren würde, ob ich Sie auch wohl jemals mit Recht die Meine nennen darf?

Nein, nein, Wilhelmine, nicht die Rechte will ich studieren, nicht die schwankenden, ungewissen, zweideutigen Rechte der Vernunft will ich studieren; an die Rechte meines Herzens will ich mich halten, und ausüben will ich sie, was auch alle Systeme der Philosophen dagegen einwenden mögen. – Oder soll ich mich für das diplomatische Fach bestimmen? – Ach, Wilhelmine, ich erkenne nur ein höchstes Gesetz an, die Rechtschaffenheit, und die Politik kennt nur ihren Vorteil. Auch wäre der Aufenthalt an fremden Höfen kein Schauplatz für das Glück der Liebe. An den Höfen herrscht die Mode, und die Liebe flieht vor der unbescheidenen Spötterin. – Oder soll ich mich für das Finanzfach bestimmen? – Das wäre etwas. Wenn mir auch gleich der Klang rollender Münzen eben nicht lieb und angenehm ist, so sei es dennoch! Der Einklang unserer Herzen möge mich entschädigen und ich verwerfe diesen Lebensweg nicht, wenn er zu unserem Ziele führen kann. –

Auch noch ein Amt steht mir offen, ein ehrenvolles Amt, das mir zugleich alle wissenschaftlichen Genüsse gewähren würde, aber freilich kein glänzendes Amt, ein Amt, von dem man freilich als Bürger des Staates nicht, wohl aber als Weltbürger weiterschreiten kann – ich meine ein akademisches Amt. – Endlich bleibt es mir noch übrig, die Ökonomie zu studieren, um die wichtigste Kunst zu lernen, mit geringen Kräften große Wirkungen hervorzubringen. Wenn ich mir diese große Kunst aneignen könnte, dann, Wilhelmine, könnte ich ganz glücklich sein, dann könnte ich, ein freier Mensch, mein ganzes Leben Ihnen und meinem höchsten Zwecke – oder vielmehr, weil es die Rangordnung so will – meinem höchsten Zwecke und Ihnen widmen.

So stehe ich jetzt wie Herkules am fünffachen Scheidewege und sinne, welchen Weg ich wählen soll. Das Gewicht des Zweckes, den ich beabsichtige, macht mich schüchtern bei der Wahl. Glücklich, glücklich, Wilhelmine, möchte ich gern werden und darf man da nicht schüchtern sein, den rechten Weg zu verfehlen? Zwar, ich glaube, daß ich auf jedem dieser Lebenswege glücklich sein würde, wenn ich ihn nur an Ihrer Seite

zurücklegen kann. Aber wer weiß, Wilhelmine, ob Sie nicht vielleicht besondere Wünsche haben, die es wert sind, auch in Erwägung gezogen zu werden?
Daher fordere ich Sie auf, mir Ihre Gedanken über alle diese Pläne und Ihre Wünsche in dieser Hinsicht mitzuteilen. Auch wäre es mir lieb, von Ihnen zu erfahren, was Sie sich wohl eigentlich von einer Zukunft an meiner Seite versprechen? Ich verspreche nicht unbedingt, den Wunsch zu erfüllen, den Sie mir mitteilen werden; aber ich verspreche, bei gleich vorteilhaften Aussichten denjenigen Lebensweg einzuschlagen, der Ihren Wünschen am meisten entspricht. Sei es dann auch der mühsamste, der beschwerdenvollste Weg, Wilhelmine, ich fühle mich mit Mut und Kraft ausgerüstet, um alle Hindernisse zu übersteigen; und wenn mir der Schweiß über die Schläfe rollt und meine Kräfte von der ewigen Anstrengung ermatten, so soll mich tröstend das Bild der Zukunft anlächeln und der Gedanke mir neuen Mut und neue Kraft geben: ich arbeite ja für Wilhelmine. Heinrich Kleist

Würzburg, den 10. Oktober 1800

Jetzt, Wilhelmine, werde auch ich Dir mitteilen, was ich mir von dem Glücke einer künftigen Ehe verspreche. Ehemals durfte ich das nicht, aber jetzt – o Gott! wie froh macht mich das! – Ich werde Dir die Gattin beschreiben, die mich jetzt glücklich machen kann – und das ist die große Idee, die ich für Dich im Sinne habe. Das Unternehmen ist groß, aber der Zweck ist es auch. Ich werde jede Stunde, die mir meine künftige Lage übrig lassen wird, diesem Geschäfte widmen. Das wird meinem Leben neuen Reiz geben und uns beide schneller durch die Prüfungszeit führen, die uns bevorsteht. Fürchte nicht, daß die beschriebene Gattin nicht von Erde sein wir, und daß ich sie erst in dem Himmel finden werde.
Ich werde von der Lilie nicht verlangen, daß sie in die Höhe schießen soll wie die Zeder und der Taube kein Ziel stecken wie dem Adler. Ich werde aus der Leinwand kein Bild hauen und auf dem Marmor nicht malen.
O, wenn ich Dir nur einen Strahl von dem Feuer mitteilen könnte, das in mir flammt. Wenn Du es ahntest, wie der Gedanke, aus Dir einst ein vollkommenes Wesen zu bilden, jede Lebenskraft in mir erwärmt, jede Fähigkeit in mir bewegt, jede Kraft in mir in Leben und Tätigkeit setzt! ... Ich sehe Dich, Wilhelmine, und zu Deinen Füßen zwei Kinder und auf Deinem Schoße ein drittes und höre, wie Du den kleinsten sprechen, den mittleren fühlen, den größten denken lehrst und wie Du den Eigensinn des einen zu Standhaftigkeit, den Trotz des andern zu Freimütig-

keit, die Schüchternheit des dritten zu Bescheidenheit und die Neugier aller zu Wißbegierde umzubilden weißt, sehe, wie Du, ohne viel zu plaudern, durch Beispiele Gutes lehrst und Du ihnen in Deinem eigenen Bilde zeigst, was Tugend ist, und wie liebenswürdig sie ist.

Ist es ein Wunder, Wilhelmine, wenn ich für diese Empfindungen die Sprache nicht finden kann?

O, lege den Gedanken wie einen diamantenen Schild um Deine Brust: ich bin zu einer Mutter geboren!

... Und so laß uns denn beide Hand in Hand unserm Ziele entgegengehn, jeder dem seinigen, das ihm zunächst liegt, und wir beide dem letzten, nach dem wir beide streben. Dein nächstes Ziel sei, Dich zu einer Mutter, das meinige, mich zu einem Staatsbürger zu bilden, und das fernere Ziel, nach dem wir beide streben und das wir uns beide wechselseitig sichern können, das Glück der Liebe.

Gute Nacht, Wilhelmine, meine Braut, einst meine Gattin, einst die Mutter meiner Kinder!

An Henriette Vogel

Berlin, nach Michaelis 1811

Mein Jettchen, mein Herzchen, mein Liebes, mein Täubchen, mein Leben, mein liebes, süßes Leben, mein Lebenslicht, mein alles, mein Hab und Gut, meine Schlösser, Äcker, Wiesen und Weinberge, o Sonne meines Lebens, Sonne, Mond und Sterne, Himmel und Erde, meine Vergangenheit und Zukunft, meine Braut, mein Mädchen, meine liebe Freundin, mein Innerstes, mein Herzblut, mein Eingeweide, mein Augenstern, o Liebste, wie nenn ich Dich? Mein Goldkind, meine Perle, mein Edelstein, meine Krone, meine Königin und Kaiserin. Du lieber Liebling meines Herzens, mein Höchstes und Teuerstes, mein alles und jedes, mein Weib, meine Hochzeit, die Taufe meiner Kinder, mein Trauerspiel, mein Nachruhm. Ach, Du bist mein zweites besseres Ich, meine Tugenden, meine Verdienste, meine Hoffnung, die Vergebung meiner Sünden, meine Zukunft und Seligkeit, o Himmelstöchterchen, mein Gotteskind, meine Fürsprecherin, mein Schutzengel, mein Cherubim und Seraph, wie lieb ich Dich!

Das Wiedersehen

Johann Wolfgang Goethe (1749–1832)

Süße Freundin, noch einen, nur einen Kuß noch gewähre
Diesen Lippen! Warum bist Du mir heute so karg?
Gestern blühte wie heute der Baum. Wir wechselten Küsse

Tausendfältig; dem Schwarm Bienen verglichst Du sie ja,
Wie sie den Blüten sich nahn und saugen, schweben und wieder
Saugen, und lieblicher Ton süßen Genusses erschallt.
Alle noch üben das holde Geschäft. Und wäre der Frühling
Uns vorübergeflohn, eh sich die Blüte zerstreut?

Träume, lieblicher Freund, nur immer! Rede von gestern!
Gerne hör ich Dich an, drücke Dich redlich ans Herz.
Gestern, sagst Du? – Es war, ich weiß, ein köstliches Gestern:
Worte verklangen im Wort, Küsse verdrängten den Kuß.
Schmerzlich wars zu scheiden am Abende, traurig die lange
Nacht von gestern auf heut, die den Getrennten gebot.
Doch der Morgen kehret zurück. Ach, daß mir indessen
Zehnmal, leider, der Baum Blüten und Früchte gebracht!

Otto von Wedell an Clementine von der Golz

Oletzko, 1. März 1800

Der Gedanke, daß ich durch Dich unglücklich werden könnte, kam mir noch nie in meiner Seele, wie könnt er auch nur einen Augenblick sich meines Herzens bemeistern, das Dir, mein gutes Mutterchen, ganz angehört. Ebenso unmöglich halte ich es, daß ich dich einstens nicht mehr lieben sollte. Im Gegenteil, meine Tine, glaube ich, daß ich in Zukunft Dir immer herzlicher und inniger ergeben sein werde. Ich finde es so natürlich und den Gefühlen meines Herzens so angemessen, daß ich stets in Dir mein einziges Glück und mein größtes Gut, das mir die Vorsehung schenkte, erblicken werde. Sei von mir überzeugt, meine Einzige, daß die kleinsten Beweise Deiner Liebe und Fürsorge gewiß nie von mir unbemerkt und unempfunden bleiben werden. Überdem, meine Liebe, sei überzeugt, daß ich gewiß Festigkeit genug haben werde, mich beständig gegen Dich gleich herzlich zu zeigen.

... Jetzt, meine Tine, bist Du meine einzige Freundin, und durch unsere eheliche Verbindung wird diese Liebe und Freundschaft noch inniger und vertrauter werden. Gewiß ist es mein fester Vorsatz, stets offen gegen Dich zu sein und nie ein Geheimnis vor Dir zu verbergen, denn gewiß werde ich mich bemühen, stets so zu handeln, daß ich mich nie zu schämen Ursach habe und mich daher weigern müßte, Dir meine Handlungen mitzuteilen. Ein gleiches, meine gute, liebe Tiene, bin ich von Dir überzeugt, und so, mein Herzensmädchen, fasse ich guten Mut bei Erwartung unseres gemeinschaftlichen Glücks, wenn freilich mannigmal auch in meinem Herzen wohl die Frage entsteht: Wirst Du glücklich sein und wirst Du glücklich machen? Ich kann mir keine größere irdische Glückseligkeit denken, als häusliches Glück durch eine glückliche Ehe hervorgebracht.

Erster Verlust

Johann Wolfgang Goethe (1749–1832)

Ach, wer bringt die schönen Tage,
Jene Tage der ersten Liebe,
Ach, wer bringt nur eine Stunde
Jener holden Zeit zurück!

Einsam nähr ich meine Wunde,
Und mit stets erneuter Klage
Traur ich ums verlorne Glück.

Ach, wer bringt die schönen Tage,
Jene holde Zeit zurück!

Hätten die Nüchternen

Novalis (1772–1801)

Hätten die Nüchternen
Einmal gekostet,
Alles verließen sie
Und setzten sich zu uns
An den Tisch der Sehnsucht,
Der nie leer wird.
Sie erkännten der Liebe
Unendliche Fülle
Und priesen die Nahrung
Von Leib und Blut.

Beethoven an die „unsterbliche Geliebte"

Am 6. Juli, morgens

Mein Engel, mein alles, mein Ich - nur einige Worte heute, und zwar mit Bleistift – mit Deinem, erst bis morgen ist meine Wohnung sicher bestimmt, welcher nichtswürdige Zeitverderb in d. g. – warum dieser t iefe Gram, wo die Notwendigkeit spricht. – Kann unsre Liebe anders bestehen als durch Aufopferungen, durch nicht alles Verlangen, kannst Du es ändern, daß Du nicht ganz mein, ich nicht ganz Dein bin. – Ach Gott, blicke in die schöne Natur und beruhige Dein Gemüt über das Müssende. – Die Liebe fordert alles und ganz mit recht, so ist es mir mit Dir, Dir mit mir – nur vergißt Du so leicht, daß ich für mich und für Dich leben muß, wären wir ganz vereinigt, Du würdest dieses Schmerzliche ebensowenig als ich empfinden. – Meine Reise war schrecklich, ich kam erst morgens 4 Uhr gestern hier an. Da es an Pferden mangelte, wählte die Post eine andere Reiseroute, aber welch schrecklicher Weg, auf der letzten Station warnte man mich, bei Nacht zu fahren, machte mich einen Wald fürchten, aber das reizte mich nur, – und ich hatte Unrecht, der Wagen mußte bei dem schrecklichen Wege brechen, grundlos, bloßer Landweg ohne – solche Postillione, wie ich hatte, wäre ich lie-

Die Briefe an die „unsterbliche Geliebte", vermutlich Giulietta Guicciardi, wurden von Beethoven (1770–1827) im Jahre 1801 geschrieben und nach seinem Tode – nie abgeschickt – in einem Geheimfach gefunden. Die umschwärmte Giulietta heiratete den Grafen von Gallenberg. Beethoven heiratete nie.

gengeblieben unterwegs. – Esterhazi hatte auf dem andern gewöhnlichen Wege hierfür dasselbe Schicksal mit acht Pferden, was ich mit vier – jedoch hatte ich zum Teil wieder Vergnügen, wie immer, wenn ich was glücklich überstehe. – Nun geschwind vom Innern zum Äußern, wir werden uns wohl bald sehen, auch heute kann ich Dir meine Bemerkungen nicht mitteilen, welche ich während dieser einigen Tagen über mein Leben machte, – wären unsre Herzen immer dicht aneinander, ich machte wohl d.g. Die Brust ist voll, Dir viel zu sagen, – ach – es gibt Momente, wo ich finde, daß die Sprache noch gar nichts ist. – Erheitre Dich – bleibe mein treuer einziger Schatz, mein alles, wie ich Dir, das übrige müssen die Götter schicken, was für uns sein muß und sein soll. –

Dein treuer Ludwig

Abends, montags am 6. Juli

Du leidest, Du mein teuerstes Wesen! – Eben jetzt nehme ich wahr, daß die Briefe in aller Frühe aufgegeben werden müssen; Montags – donnerstags – die einzigen Tage, wo die Post von hier nach Karlsbad geht. – Du leidest! – Ach, wo ich bin, bist Du mit mir, mit mir und Dir rede ich. Mache, daß ich mit Dir leben kann! Welches Leben!!!! – so!!!! – ohne Dich – verfolgt von der Güte des Menschen hier und da, die ich meine, ebensowenig verdienen zu wollen, als sie zu verdienen. Demut des Menschen gegen den Menschen, sie schmerzt mich, und wenn ich mich im Zusammenhang des Universums betrachte, was bin ich und was ist der – den man den Größten nennt – und doch ist wieder hierin das Göttliche des Menschen! Ich weine, wenn ich denke, daß Du erst wahrscheinlich sonnabends die erste Nachricht von mir erhältst. – Wie Du mich auch liebst – stärker liebe ich Dich doch! Doch nie verberge Dich vor mir! – Gute Nacht – als Badender muß ich schlafen gehn. –

Ach Gott – so nah! so weit! Ist es nicht ein wahres Himmelsgebäude, unsre Liebe, aber auch so fest, wie die Feste des Himmels. –

Guten Morgen! am 7. Juli

Schon im Bette drängen sich die Ideen zu Dir, meine unsterbliche Geliebte, hier und da freudig, dann wieder traurig, vom Schicksale abwartend, ob es uns erhört. – Leben kann ich entweder nur ganz mit Dir oder gar nicht, ja, ich habe beschlossen, in der Ferne solange herumzuirren, bis ich in Deine Arme fliegen kann, und mich ganz heimatlich bei Dir nennen kann, meine Seele, von Dir umgeben, ins Reich der Geister schicken kann. – Ja, leider muß es sein, Du wirst Dich fassen, um so mehr, als Du meine Treue gegen Dich kennst. Nie eine andere kann mein Herz besitzen, nie – nie –! O Gott, warum sich entfernen müssen, wenn man so liebt, und doch ist mein Leben in Wien so wie jetzt ein kümmerliches Leben. – Deine Liebe macht mich zum Glücklichsten und Unglücklichsten zugleich. In meinen Jahren jetzt bedürfte ich einiger Einförmigkeit, Gleichheit des Lebens – kann diese bei unserem Verhältnisse bestehn? – Engel, eben erfahre ich, daß die Post alle Tage abgeht – und ich muß daher schließen, damit Du den Brief gleich erhältst. – Sei ruhig. Nur durch ruhiges Beschauen unseres Daseins können wir unseren Zweck, zusammen zu leben, erreichen. – Sei ruhig – liebe mich! Heute – gestern – welche Sehnsucht mit Tränen nach Dir – Dir – Dir – mein Leben – mein alles! Leb wohl! O liebe mich fort. – Verkenne nie das treueste Herz Deines Geliebten!

Ewig Dein –
ewig mein –
ewig uns. L.

Liebesgruß aus der Ferne

Volkslied

Sind wir geschieden
Und ich muß leben ohne dich,
Gib dich zufrieden,
Du bist mein ein'ges Licht.
Bleib mir beständig,
Treu unabwendig;
Mein letzter Tropfen Blut
Sei dir, mein Engel, gut!

Ich will indessen,
Mein Engel, meine Lust,
Dich nicht vergessen,
Du schwebst in meiner Brust.
Die Zeit wird's fügen,
Daß mein Vergnügen
Nach überstandner Pein
Wird desto größer sein.

Geht, geht ihr Winde,
Und bringet diesen Kuß
Dem schönen Kinde,
Das um mich trauern muß.
Küßt ihre Wangen,
Sagt mein Verlangen,
Bringt ihr die Nachricht bei:
Ich lieb und sterbe treu.

Nähe des Geliebten

Johann Wolfgang Goethe (1749–1832)

Ich denke dein, wenn mir der Sonne Schimmer
Vom Meere strahlt;
Ich denke dein, wenn sich des Mondes Flimmer
In Quellen malt.

Ich sehe dich, wenn auf dem fernen Wege
Der Staub sich hebt,
In tiefer Nacht, wenn auf dem schmalen Stege
Der Wandrer bebt.

Ich höre dich, wenn dort mit dumpfem Rauschen
Die Welle steigt.
Im stillen Haine geh ich oft zu lauschen,
Wenn alles schweigt.

Ich bin bei dir, du seist auch noch so ferne,
Du bist mir nah!
Die Sonne sinkt, bald leuchten mir die Sterne.
O wärst du da!

Ich sehe dich in tausend Bildern

Novalis (1772–1801)

Ich sehe dich in tausend Bildern,
Maria, lieblich ausgedrückt,
Doch keins von allen kann dich schildern,
Wie meine Seele dich erblickt.

Ich weiß nur, daß der Welt Getümmel
Seitdem mir wie ein Traum verweht,
Und ein unnennbar süßer Himmel
Mir ewig im Gemüte steht.

Abschied

Johann Wolfgang Goethe (1749–1832)

Zu lieblich ists, ein Wort zu brechen,
Zu schwer die wohlerkannte Pflicht.
Und leider kann man nichts versprechen,
Was unserm Herzen widerspricht.

Du übst die alten Zauberlieder.
Du lockst ihn, der kaum ruhig war,
Zum Schaukelkahn der süßen Torheit wieder,
Erneust, verdoppelst die Gefahr.

Was suchst Du mir Dich zu verstecken?
Sei offen, flieh nicht meinen Blick!

Früh oder spät mußt ichs entdecken,
Und hier hast Du Dein Wort zurück.

Was ich gesollt, hab ich vollendet.
Durch mich sei Dir von nun an nichts verwehrt.
Allein verzeih dem Freund, der sich nun von Dir wendet,
Und still in sich zurücke kehrt.

Philipp Otto Runge an Pauline Bassenge

14. Dezember 1803

Du schreibst, liebes Linchen: wenn wir nur erst den garstigen Berg im Rücken haben werden, daß wir dann eine schöne Aussicht vor uns haben. Das denke ich auch, – aber merke es wohl: je größer die Freude, je

schlimmer das Leiden danach. Wir sehen jetzt freilich nicht, woher denn das kommen solle; es kann aber nicht anders sein, und wir wollen uns auch nicht fürchten: nur stelle Dir keine lautere Herrlichkeit vor im Ehestande, denn da gibts verschiedene Reden und Sprichwörter, die das ganz anders sagen. Es ist groß Unrecht, wenn in unserer Zeit bei einer

Philipp Otto Runge (1777–1810), der bekannte Maler, und seine Braut Pauline konnten den Gang zum Traualtar nicht mehr antreten, da Runge 1810 verstarb.

Trauung der Fluch Gottes ausgelassen wird, denn der gehört nun einmal dazu; wir sind nun einmal nicht im Paradiese, und ich denke nur daran, tapfer dem zu begegnen, was über mich ausgesprochen ist: „Im Schweiße Deines Angesichts sollst Du Dein Brot essen", und „verflucht sei der Acker um Deinetwillen, Dornen und Disteln soll er dir tragen!"; so wirst auch Du Deinem Teil nicht entgehen. Liebes Kind, wir sind in der Welt und müssen hindurch; halt fest an der Liebe, denn wer beharrt bis ans

Ende, der wird selig. Ich freue mich doch aufs Leben, und mit Gottes Hilfe kommen wir wohl bis ans Ende. Warum sollte ich mich nicht auch freuen? Freut sich doch wohl gar ein Kriegsmann auf die Schlacht! – Und ich werde doch bei Dir sein und mit Dir. Sei Du guten Mutes und freue Dich in dieser freudevollen Zeit; sei recht lustig zu Weihnachten; grüße alle zusammen viel tausendmal.

Den 16. Dezember 1803

Der Wind saust und pfeift in einem fort und ist ein Wetter draußen, daß man keinen Hund hinausjagen möchte; so schlimm gehts in der Welt, mit solchen schlechten Sachen ist sie angefüllt, und alles hat die Schönheit der freien Gottesschöpfung verdeckt; aber so gewiß die Blumen, die nun in der Erde schlafen, im Frühling wieder erwachen, ebenso gewiß geht auch all der Spektakel vorüber, der uns in den Sinnen und Schwachheiten des Leibes gefangen hält, und wir werden uns nicht anschauen, wie wir sind. – Nein, die Sehnsucht zueinander ist kein Dunst, der vergeht, sondern, wenn wir sie pflegen, der Keim einer ewig lebendigen Blume, die sich zum Lichte sehnt. – Warum nun sollten wir uns durch die Welt, die, wie wir wissen, getrennt ist von dem Geist der Liebe, verwirren lassen? Übel und schlimm kann mirs gehen, wenn ich Dich nicht als meine Frau an mein Herz drücken und von Dir getrennt werden sollte; wahnsinnig und verrückt könnte ich werden: aber die Liebe zu Dir steht gewiß fest in allem, worin auch mein Verstand verwirrt werden könnte; und sieh, darum habe ich eine gewisse Scheu vor dem Scharfsinn in allem, was mir nicht unmittelbar mit der Liebe zusammenhängt; da halte ich mich davon. –

Den 27. Januar 1804

Ich kann mir nicht allein Deinen Gemützustand sehr lebhaft vorstellen, sondern ich befinde mich eben auch so. Es ist der kommende Frühling, und wenn die Bäume und unvernünftigen Gewächse ausschlagen wollen, warum wollten wir uns genieren? Ich kanns bei diesem schönen Wetter nicht aushalten, den ganzen Tag zu Hause zu bleiben, und doch, was ich suche, finde ich nicht ... Ich bin in dieser Zeit so still von außen, aber in mir ist es desto lauter. Das kommt jetzt oft bei mir, und in einer Zeit des Werdens muß es stark kommen. Ich habe eine Angst in mir, die ich niemand sagen kann, aber keine böse Angst: es soll noch vieles in mir zustande kommen und außer mir fertig werden, und, wie man zu sagen pflegt, die Kunst erfordert den ganzen Menschen; wenn Du mich dann auf so lange entbehren mußt, bin ich Dir gewiß auch hernach wieder doppelt nahe.

Der eifersüchtige Knabe

Johann Wolfgang Goethe (1749–1832)

Es stehen drei Sterne am Himmel,
Die geben der Lieb einen Schein.
Gott grüß euch, schönes Jungfräulein!
Wo bind ich mein Rösselein hin?

„Nimm du es dein Rößlein beim Zügel, beim Zaum,
Binds an den Feigenbaum,
Setz dich ein' kleine Weil nieder.
Und mach mir eine kleine Kurzweil."

„Ich kann und mag nicht sitzen,
Mag auch nicht lustig sein,
Mein Herz ist mir betrübet
Feinslieb, von wegen dein."

Was zog er aus der Taschen?
Ein Messer, war scharf und spitz,
Er stachs seiner Lieben durchs Herze,
Das rote Blut gegen ihn spritzt.

Und da ers wieder heraus ihr zog,
Von Blut war es so rot:
„Ach reicher Gott vom Himmel,
Wie bitter wird mir der Tod!"

Was zog er ihr abe vom Finger?
Ein rotes Goldringelein,
Er warfs in fließend Wasser,
Es gab seinen klaren Schein:

„Schwimm hin, schwimm her, Goldringelein,
Bis an den tiefen See!
Mein Feinslieb ist mir gestorben,
Jzt hab ich kein Feinslieb mehr."

So gehts, wenn ein Mädel zwei Knaben lieb hat,
Tut wunderselten gut;
Das haben wir beid' erfahren,
Was falsche Liebe tut.

Carl Friedrich Gauß an Johanna Osthof

Braunschweig, 12. Juli 1804

Nehmen Sie es gut auf, sehr teure Freundin, daß ich über die wichtige Angelegenheit schriftlich mein Herz vor Ihnen ausschütte, über welche es mündlich zu tun ich bisher keine schickliche Gelegenheit gefunden habe.

Lassen Sie es mich endlich einmal Ihnen aus der Fülle meines Herzens sagen, daß ich ein Herz für Ihre stillen Engelstugenden, ein Auge für die edlen Züge habe, die Ihr Angesicht zu einem treuen Spiegel dieser Tugenden machen. Sie gute, bescheidene Seele sind so fern von aller Eitelkeit, daß Sie Ihren eigenen Weg selbst nicht ganz kennen. Sie wissen es selbst nicht, wie reich und gütig Sie der Himmel ausgestattet hat. Aber mein Herz kennt Ihren Wert – ach! mehr als mit meiner Ruhe bestehen kann. Längst gehört es Ihnen. Werden Sie es nicht zurückstoßen? Können Sie mir das Ihrige geben? Können Sie, Teure, die dargebotene Hand annehmen, gern annehmen? An der Antwort auf diese Frage hängt mein Glück! Ich kann Ihnen zwar jetzt nicht Reichtum, nicht Glanz anbieten. Doch Ihnen, Gute, ich kann mich in Ihrer schönen Seele nicht geirrt haben, sind ja Reichtum und Glanz ebenso gleichgültig wie mir. Aber ich habe mehr als ich für mich allein brauche, genug, um zweien genügsamen Menschen ein sorgenfreies anständiges Leben zu bereiten, meiner Aussichten in die Zukunft gar nicht einmal zu gedenken. Das Beste, was ich Ihnen anbieten kann, ist ein treues Herz voll der innigsten Liebe für Sie.

Prüfen Sie, geliebte Freundin, sich selbst, ob dies Herz Ihnen ganz genügt, ob Sie seine Empfindungen ebenso aufrichtig erwidern, ob Sie die Lebensreise, Hand in Hand mit mir, mit Wohlgefallen machen können, und entscheiden Sie bald.

Ich habe Ihnen, Beste, die Wünsche meines Herzens in kunstlosen aber aufrichtigen Worten vorgestellt. Ich hätte es so leicht in ganz anderen tun können. Ich könnte Ihnen ein Gemälde von Ihren Reizen machen, das Sie, wenn es weiter nichts als Wahrheit war, als Schmeichelei würden aufgenommen haben; mit brennenden Farben könnte ich Ihnen ein Bild von meiner Liebe machen – ich dürfte ja nur meiner Empfindung das Reden erlauben – ein Gemälde von der Seligkeit oder Trostlosigkeit die mich erwarten, je nachdem Sie meine Wünsche erhören oder verwerfen. Aber ich habe das nicht gewollt. Verkennen Sie daran wenigstens die Reinheit meiner nicht selbstsüchtigen Liebe nicht. Ich will Ihren Beschluß nicht bestechen. In der ernstesten Angelegenheit Ihres Lebens müssen Sie sich durch gar keine fremden Rücksichten bestimmen lassen. Sie sollen nicht meinem Glücke ein Opfer bringen. Ihr eignes Glück allein muß Ihre Entscheidung leiten. Ja, Teuerste, so innig ich Sie auch liebe, so kann doch Ihr Besitz nur dann mich glücklich machen, wenn Sie es mit mir zugleich sind.

Ich habe Ihnen, Geliebte, das Innere meines Herzens aufgedeckt, sehnsuchtsvoll harre ich Ihrer Entscheidung entgegen.

Von ganzem Herzen
der Ihrige,
C. F. Gauß

Hochzeitsgesang

Clemens Brentano (1778–1842)

Komm heraus, komm heraus, o du schöne, schöne Braut,
Deine guten Tage sind nun alle, alle aus!
Dein Schleierlein weht so feucht und tränenschwer,
O, wie weinet die schöne Braut so sehr!
Mußt die Mägdlein lassen stehn,
Mußt nun zu den Frauen gehn.

Lege an, lege an heut auf kurze, kurze Zeit
Deine Seidenröslein, dein reiches Brustgeschmeid!
Dein Schleierlein weht so feucht und tränenschwer,
O, wie weinet die schöne Braut so sehr!
Mußt die Zöpflein schließen ein
Unterm goldnen Häubelein.

Lache nicht, lache nicht, deine Gold- und Perlenschuh
Werden dich schon drücken, sind eng genug dazu!
Dein Schleierlein weht so feucht und tränenschwer,
O, wie weinet die schöne Braut so sehr!
Wenn die andern tanzen gehn
Mußt du bei der Wiege stehn.

Winke nur, winke nur, sind gar leichte, leichte Wink,
Bis den Finger drücket der goldne Treuering!
Dein Schleierlein weht so feucht und tränenschwer,
O, wie weinet die schöne Braut so sehr!
Ringlein sehn heut lieblich aus,
Morgen werden Fesseln draus.

Springe heut, springe heut deinen letzten, letzten Tanz,
Welken erst die Rosen, stehen Dornen in dem Kranz!
Dein Schleierlein weht so feucht und tränenschwer,
O, wie weinet die schöne Braut so sehr!
Mußt die Blümlein lassen stehn,
Mußt nun auf den Acker gehn.

Heinrich von Kleist

An Marie von Kleist, geb. von Gualtieri

Berlin, den 12. November 1811

Meine liebste Marie, wenn Du wüßtest, wie der Tod und die Liebe sich abwechseln, um diese letzten Augenblicke meines Lebens mit Blumen, irdischen und himmlischen, zu bekränzen, gewiß, Du würdest mich gern sterben lassen. Ach, ich versichere Dich, ich bin ganz seelig. Morgens und abends knie ich nieder, was ich nie gekonnt habe, und bete zu Gott;

ich kann ihm mein Leben, das allerqualvollste, das je ein Mensch geführt hat, jetzo danken, weil er es mir durch den ... und wollüstigsten aller Tode vergütigt.
Ach könnt' ich nur etwas für Dich tun, das den herben Schmerz, den ich Dir verursachen werde, mildern könnte! Auf einen Augenblick war es mein Wille, mich malen zu lassen; aber alsdann glaubte ich wieder zuviel Unrecht gegen Dich zu haben, als daß es mir erlaubt sein könnte vorauszusetzen, mein Bild würde Dir viel Freude machen. Kann es dich trösten, wenn ich Dir sage, daß ich diese Freundin niemals gegen Dich vertauscht haben würde, wenn sie weiter nichts gewollt hätte als mit mir leben? Gewiß, meine liebste Marie, so ist es; es hat Augenblicke gegeben, wo ich meiner lieben Freundin offenherzig diese Worte gesagt habe. Ach, ich versichre Dich, ich habe Dich so lieb, Du bist mir so überaus teuer und wert, daß ich kaum sagen kann, ich liebe diese liebe vergötterte Freundin mehr als Dich.
Der Entschluß, der in ihrer Seele aufging, mit mir zu sterben, zog mich, ich kann Dir nicht sagen, mit welcher unaussprechlichen und unwiderstehlichen Gewalt, an ihre Brust. Erinnerst Du Dich wohl, daß ich Dich mehrmals gefragt habe, ob Du mit mir sterben willst? Aber Du sagtest immer nein. Ein Strudel von nie empfundener Seeligkeit hat mich ergriffen, und ich kann Dir nicht leugnen, daß mir ihr Grab lieber ist als die Betten aller Kaiserinnen der Welt. Ach, meine teuere Freundin, möge Dich Gott bald abrufen in jene bessere Welt, wo wir uns alle, mit der Liebe der Engel, einander werden ans Herz drücken können. Adieu.

Jean Paul

Caroline Mayer an Jean Paul

Berlin, den 21. Dezember 1800

Was wirst Du denken, Du einzig Geliebter, daß ich Dich bloß mit diesen Zeilen besuche, nur noch von fern frage, wie es Dir geht? Ach sei nicht mehr krank, Du beste Seele. Könnte ich nur zu Dir, Dir einige Handreichungen leisten, Dir Menschen bringen, wie Du sie gern hast, Dich mit

Jean Paul, eigentlich Johann Paul Friedrich Richter (1763–1825), war seit dem Erfolg seines Romans „Hesperus" (1795) ein gern gesehener Gast an vielen Höfen und ein umschwärmter Liebling der dortigen Damenwelt. Trotzdem heiratete er Caroline Mayer, ein bürgerliches Mädchen aus Berlin, die ihm nach der Heirat 1801 nach Weimar folgte. Ihre Beziehung gestaltete sich aufgrund der vielen Verehrerinnen für Caroline nicht immer einfach.

allen Freuden umgeben. Ach, wie bin ich so arm, ich fühle es immer nicht genug, wie wenig Du an mir hast. Du, der erste Mensch! – was bin ich? – Wie hast Du mich gestern wieder entzückt, erhoben, begeistert; ich hatte einen seligen Abend, ohne Dich Geliebter, fasse es! aber durch Dich. Ich gab dem Vater das Buch, das Du mir gestern geschickt hast. Er las vor und wie triumphierte ich im Herzen, als seine Stimme immer wärmer und inniger wurde. Er war mit Kopfweh gekommen und voll übler Laune, aber Du machtest ihn zum weichen liebenden Kinde. Möchtest Du heute wohl sein und mich halb so lieben, wie ich Dich anbete, Du Engelsseele. Dein und ewig Deine und wenn Du auch nicht mein wärst, doch Deine Caroline.

Montags, 10. Juni 1811

Mein geliebter Mensch!

Du wirst Dir die Freude vorstellen können, die ich bei dem Durchlesen Deines Briefes empfand – die Wehmut, in die ich zerschmolz, als Du mich so freundlich, so süß zu liebend anredest. – Nie habe ich mich mehr gesehnt, an Deiner gesegneten Brust zu ruhen, als in dem Augenblick – wie ist es doch möglich, daß wir jemals harte Worte miteinander wechseln konnten, bei so viel Liebe! Guter himmlischer Mensch, ich fühle, daß ich nur mit Dir ein Ganzes ausmache, und daß Deine Stärke dazu gehört, um mich im Gewirr des Lebens aufrecht zu halten, von dem ich seit Deiner Abwesenheit so viel empfunden habe, daß ich jeden Augenblick segne, wo ich ein wenig ruhen und mich einsam niedersetzen kann.

Lange habe ich auf Deinen Brief gewartet, zuletzt täglich auf die Post geschickt – er ist vom Donnerstag, und ich erhielt ihn erst am Sonntag – ich geriet in Angst, endlich glaubte ich am Sonnabend bestimmt, Du würdest zurückkehren und die Ordnung in Deiner Stube wurde im ganzen eiligst hergestellt, so daß Du um 7 Uhr durch weniges gestört worden wärest. Nun wußte ich nicht, was ich denken sollte. Gott sei gelobt, daß ich den Tag darauf erlöst wurde. Daß Du nicht ein Wort vom Tage Deiner Wiederkunft sagst, ist mir unbegreiflich. Ich bitte Dich bei der Güte Deines Herzens, daß Du mir es ankündigst, damit ich meinem süßen Menschen gleich mit allen Bequemlichkeiten entgegenkommen kann, die ihm sein Haus wieder zum Liebsten machen können. Die 14 Tage werden bald abgelaufen sein, und Du wirst doch nicht länger ausbleiben? ...

Mittwochs

... Komme bald, mein bester, guter Mann, meine Puppe, mein Leben – mein treustes gutes Herz, in die Arme Deiner Caroline

Bayreuth, 31. Mai 1818

Kommst Du mit geteiltem Herzen zu mir zurück, so würde ich einzig in diesem so natürlichen und süßen Verhältniß Trost finden, dem bald ganz von der Erde entfliehenden Vater, dem ich alles Gute, was Du an mir liebst, zu danken habe, in seinen letzten Lebensstunden anzugehören. Liebst Du mich aber wie ich Dich liebe, d. h. mit ausschließender Neigung, so daß die Idee einer zweiten Liebe Dir lächerlich erschiene, so würde es mir schwer werden, Dich zu verlassen. Ich werde ja sehen, wie Du über mich empfindest, wenn ich erst Worte von Dir aus Deinem

neuen Leben erhalte, wo eine reiche, bunte, ergreifende Welt Dein Herz und Dein Gemüt in Anspruch nehmen werden. So liebend Deine Worte aus Bamberg, so waren sie doch nur das Aufflackern einer von meinem Atem noch angewehten Liebesflamme, die ohne Nähe ersterben muß. Entfernung ist das Grab der Liebe – Nähe und Gegenwart ihre Nahrung. Eine Sehnsucht nach Entfernten kommt meistens aus der Phantasie, nicht aus dem Herzen. Sogar ich, ich fühle es, daß Deine wirkliche Trennung mich lange nicht so zerschmettert hat, als die gefürchtete. Du könntest mir sogar gleichgültig werden, wenn ich es wollte – ich kann leben – sogar froh sein. Gestern zum erstenmale durchzuckte mich einmal wieder die tötende vernichtende Empfindung, die zu oft schon seit dreiviertel Jahren mir Vorahnungen des Kampfes waren, mit der Tod um Leben ringt.
Allein es war wohl nur Folge eines Traums, der mich in Heidelbergs Straßen versetzte und mir die Gestalt der Sophie Paulus zeigte. Es sind heute sechs Tage, daß Du fort bist, mir scheint es eine Ewigkeit. Wenn ich mir denke, daß ein neuer Monat morgen beginnt, und ich Dich diesen schönsten Teil des Sommers gar nicht sehen werde, ist es mir unerträglich. Wird es nicht Minuten geben, wo Du denken wirst, möchte doch meine Frau und Kinder das Schöne, was ich sehe und genieße, mit mir teilen. Selbst im Reisewagen wirst Du unwillkürlich so empfunden haben, oder wir sind Dir nichts. Doch ein Brief von Dir, morgen oder in wenigen Tagen, kann leicht mein Herz aufs neue beruhigen und beschämen. Eile damit, finstre Zweifel könnten sonst wieder dies arme kranke Herz bewältigen, und die bei Deinem Abschiede so beruhigende Gewißheit Deiner Liebe vernichten. Diese Zuversicht ist es allein, die mich kräftigt, und mir eine Heiterkeit gab, die ich selbst nicht begreifen konnte. Ich nehme Abschied von Dir, knieend vor Deinem geistigen Bilde und fühle in Gedanken die segensvolle Wärm Deiner von mir allein am glühendsten geliebten Brust. Gott segne Dich, wenn auch nicht durch mich, mit der Erfüllung aller Freuden, die Du wünschest. Lebe wohl, Lebe wohl.

Caroline.

Jean Paul an seine Frau Caroline

Dienstags

Für Dich allein.
Dein letzter Brief hat mich wieder etwas erfreuet, obgleich noch Irrtümer genug darin sind. Nicht von außen, sondern bloß von Dir kam hier

wie in Frankfurt meine anfängliche Traurigkeit her. Jetzo genieß' ich schon heiterer, da ich wieder auf eine himmlische Zeit rechnen darf, die ich immer nach meiner Ankunft genossen. Ich komme auch stets gegen andere, gegen Kinder und Bayreuther, besser zurück, weil ich unterwegs mein Grundsätze-Buch (Du kennst es wohl gar nicht) recht durcharbeite und einwurzeln lasse. – Einen Mann bringt nichts mehr auf als Grundlosigkeit und Leiden für ein Etwas, das schon vor 2 Jahren ein Nichts war, jetzo aber gar noch mehr vernichtet ist. Ich denke weit wärmer an einige in Frankfurt und Offenbach als an Sophie Paulus, gegen die ich vielleicht jetzo, da ich nur einmal bei ihr war, fast zu hart bin, wiewohl mich die Menge meiner hiesigen Bekanntschaften entschuldigt. – Du hältst leider meine ertragende Ruhe für Kälte, indeß sie nur Frucht meiner Selberbezwingung und Liebe ist, zuweilen auch die Scheu vor heftigen Erklärungen, die ich kaum in der Liebe mehr begehre. – Sage nur ja nichts hartes; ein Brief nimmt gar zu viel und zu lange, bis ein zweiter wieder gibt. – Und so lebe froh, liebe Seele, und empfange mich so wie sonst und mit der Liebe und Freude, die ich mitbringe.
N. S. Gerade kommt Dein Brief, der mich wieder erheitert und doch erzürnt. Denn ich muß zürnen, wenn ich eine beschworene Behauptung wiederholen soll, daß meinem Herzen Sophie nicht mehr ist als jede gute weibliche Seele, die ich als Autor kenne; sogar schönere und wärmere Freundinnen fand ich in Frankfurt. Hier haben wir beide nicht einmal den kleinsten Briefwechsel gehabt; kein Blättchen schrieb sie an mich: die alte Paulus zürnt auf die Vossischen, weil ich bei diesen öfter war als bei ihr. Überhaupt kümmerten Sophie und ich diesesmal uns zehnmal weniger umeinander. Habe Dank für Deine himmlische Liebe, der nichts fehlt als das ebenso himmlische Vertrauen ...

Caroline an Jean Paul

15. 6. 1819

Dein hohes Blatt an mich habe ich mit dankbarer Rührung gelesen. Daß Du noch die Güte für mich hast, mich aufrichten zu wollen. Es ist wahr, in der letzten Zeit war ich sehr verstimmt und habe das auf eine unartige Weise geäußert, allein bedenke, daß ich einen unglücklichen Winter hatte. Der Aufenthalt der Schubart hier tat meinem Lebensglück unendlichen Abbruch, die eingebildeten Versäumnisse, die Du mir vorwarfst, warfen mich wieder auf den alten Punkt harter Behandlung, die Du seit drei Jahren Dir angewöhnt hattest, und diese mußte mich um so tiefer schmerzen, als ich fühlen mußte, daß ich die größere Zartheit Deines Benehmens gegen mich einem andern Wesen zu danken gehabt hatte, welches mir dafür das Wesentliche meines Glücks, die süße Überzeugung Deiner Treue (mit dem Herzen) umgestürzt hatte und mich dadurch für immer unglücklich gemacht. Du warst zuweilen sehr, sehr hart, und obwohl Du in meiner Krankheit väterlich für mich sorgtest, welches ich gewiß sehr hoch anerkannte, so fehlte doch allem die Liebe. So ging es fort, bis das Ende kam, als das unglückliche Auffassen weniger Worte die eine mir noch unbekannte Szene zwischen Dir und Sophie verriet, mich wieder auf den alten Punkt brachte. Hättest du nun die Schonung für mich gehabt, mir dergleichen niemals zu sagen, in welcher Ruhe wäre ich geblieben – denn niemals wäre es mir eingefallen, daß ein Mann in Deinen Jahren, der eine um 16 Jahr jüngere Frau hat, die ihn leidenschaftlich liebt, und die er zu lieben vorgibt, in so vertrauliche Tändeleien mit jungen Mädchen sich einlassen könnte, sie stundenlang küssen u.s.w. Also hättest Du mir dies nie gesagt. Daß man sich für Frauen lebhaft interessieren kann, gern in ihrer Gesellschaft sein, finde ich natürlich, aber das Bedürfnis, die Sehnsucht nach körperlicher Verschmelzung ist ein Zeichen der Liebe, die bei guten Menschen mir allein – eine gehört und wofür ein tugendhafter Mensch gar keinen Sinn hat. Es ist mir unbegreiflich, da es mir in meinem Leben nicht eingefallen ist, den schönsten Mann innig küssen zu mögen – es ist also ein Beweis, daß Du mich nicht liebst, sondern bloß Gewohnheit, Notwendigkeit Dich abhält, ein Band zu lösen, das Dich drücken muß, und da ich nicht mehr Deine Freude bin, kann ich auch nicht mehr heiter sein. Zwar arbeite ich schon längst an mir, mein Herz zum Schweigen zu bringen, ich bekenne es selbst als ein wahnsinniges Herz. Wer lehrte mich die Ansprüche machen, da Du als Ausnahme der Menschheit nur eine Ausnahme unter den Frauen hättest bekommen sollen. Ich fühle es in jedem Augenblick, wie armselig, wie elend ich gegen Dich bin, allein die Liebe, die unendliche, die niemand weiter so empfinden kann, die gab mir Ansprüche, mit denen ich allzu kühn vor 19 Jahren Deine mir angebotene Hand ergriff, in jener Unerfahrenheit des Herzens, die schwärmerischen Menschen eigen ist. Doch dies alles soll nur die Vergangenheit entschuldigen, nicht Deine Gegenwart stören. Ich bin ruhig und froh in meinen Beschäftigungen, die ich als wohltätige Schlafpulver für die Wünsche meiner Seele betrachte.

Die Liebende

Johann Wolfgang Goethe (1749–1832)

Warum ich wieder zum Papier mich wende?
Das mußt du, Liebster, so bestimmt nicht fragen:
Denn eigentlich hab' ich dir nichts zu sagen;
Doch kommt's zuletzt in deine lieben Hände.

Weil ich nicht kommen kann, soll, was ich sende,
Mein ungeteiltes Herz hinüber tragen
Mit Wonnen, Hoffnungen, Entzücken, Plagen:
Das alles hat nicht Anfang, hat nicht Ende.

Ich mag vom heut'gen Tag dir nichts vertrauen,
Wie sich im Sinnen, Wünschen, Wähnen, Wollen
Mein treues Herz zu dir hinüber wendet:

So stand ich einst vor dir, dich anzuschauen,
Und sagte nichts. Was hätt' ich sagen sollen?
Mein ganzes Wesen war in sich vollendet.

Bettine Brentano

An Goethe

(1807)

Du, der die Liebe erkennt und die Feinheit der Sinne, o wie ist alles so schön in Dir; wie rauschen die Lebensströme so kräftig durch Dein erregtes Herz und stürzen sich mit Macht in die kalten Wellen Deiner Zeit und brausen mit, daß Berg und Tal rauchen von Lebensglut, und die Wälder stehen mit glühenden Stämmen an Deinen Gestaden; und alles,

was Du anblickst, wird herrlich und lebendig. Gott, wie gern möcht' ich jetzt bei Dir sein! und wär ich im Flug, weit über alle Zeiten, und schwebte über Dir: ich müßte die Fittiche senken und mich gelassen der stillen Allmacht Deiner Augen hingeben.
Wenn ich abends allein im dunklen Zimmer bin und des Nachbars Lichter den Schein an die Wand werfen, zuweilen auch Streiflichter Deine Büste erleuchten, oder wenn es schon still in der Stadt ist, in der Nacht, hier und dort ein Hund bellt, ein Hahn schreit: – ich weiß nicht, warum es mich oft mehr wie menschlich ergreift; ich weiß nicht, wo ich vor Schmerz hin will. – Ich möchte anders als wie mit Worten mit Dir sprechen; ich möchte mich an Dein Herz drücken; – ich fühl', daß meine

Seele lodert. – Wie die Luft so fürchterlich still ruht kurz vor dem Sturm, so stehen denn grad' meine Gedanken kalt und still, und das Herz wogt wie das Meer. Lieber, lieber Goethe! – dann löst mich eine Rückerinnerung an Dich wieder auf; die Feuer- und Kriegszeichen gehen langsam an meinem Himmel unter, und Du bist wie der hereinströmende Mondstrahl. Du bist groß und herrlich und besser als alles, was ich bis heute erkannt und erlebt hab'. – Dein ganzes Leben ist so gut.

An Achim von Arnim

(nach 1808)

Hast Du das noch nicht gefühlt: wenn Du recht geliebt hast, daß alles um Dich sich verklärte? Vor mehreren Jahren, da lag der Schnee schon etwas tief, ich bin in der Lindenallee, es waren viele Raben auf die Bäume geflogen, ich war so kalt, so kalt, daß ich nicht einmal fror, obschon

Zwischen Schwärmerei und echtem Gefühl schwanken die Briefe Bettine Brentanos (1785–1859) an Goethe, die 1835 als die Sammlung „Goethes Briefwechsel mit einem Kinde" erschienen sind. 1811 Heirat mit Achim von Arnim (1781–1831), einem Freund ihres Bruders Clemens. Der Schriftsteller Philipp Nathusius, dem ihre späte Neigung galt, war 30 Jahre jünger als sie.

es auf mich schneite, ich war ganz empfindungslos. Da ging aber bald darauf die Sonne ganz rot unter, da hab' ich durch den Winter durchgesehen in den Frühling, wo sich Blätter und Blüten warm einander im Schoß lagen, durch die Erde durch, wo die Wurzeln mit gierigem Eifer ihre Kraft einsaugen, wo alles schlürft und genießt, wo der Herr, ihr Gott, in sichtbarer Gestalt hinwandelt und mit dem Blick den Segen erweckt, und war alles im Leben: da fühlte ich ganz deutlich, daß alles ewig ist, daß die Liebe ewig ist, aber nicht alt wird, daß sie durchdringt, daß Gott nur die Liebe in sein Reich aufnimmt, und daß sie der einzige Reichtum ist, den er gewährt; und wohl dem, der sich von ihr entzünden läßt, wo sie in Wahrheit ist.

An Philipp Nathusius

8. September 1840

Lieber Philipp! Ich erhalte Deinen Scheidebrief in diesem Augenblick. Was soll ich Dir da noch vorschwindeln von Glückwünschen allenfalls? Dies fällt mir gar nicht ein, ich habe noch nie gegen Dich gelogen und wünsche Dir daher nicht Glück. Alles, was Du mir über Deine Gefühle schreibst, rührt mich nicht. Eine andere Braut habe ich im Sinn, eine himmlische, hoch in Lüften schwebend über mir und die Fahne schwingend, daß sie mich als den Geliebten erkennt; ja und ich werde sie einholen, trotzdem, der nicht bekennen wollte, ich sei ein starker Krieger mit kühnen, mit heiligen Kräften sie zu erringen. Ja, guter Philipp, was sollte ich Dir Glück wünschen? Glück ist ein so geringfügiges Ding, daß der mir nichts gilt, der darnach greift oder darauf hofft oder baut. Himmlische Freiheit, wie liebe ich Dich! Nein, ich bin von etwas ganz anderem durchdrungen; oh, wirf Dein Gewissen weg, lieber Freund, es ist ein Philister, wirf es ab Dein Gewissen, vielleicht daß Dir dann Flügel wachsen und Du steigst hinauf in jene Regionen, wo nicht von Glücksempfindungen, von Ruhe im Genuß, von „Kinderleben im Paradiese" die Rede ist. – Nein, wo ewiges Erzeugen und Aufstreben den Geist durchdringt, ach! Und der greift nicht zu, sein Glück zu machen, es zu haben für sich, ach nein, viel zu bescheiden ist der, Glück zu wollen für sich, wo er doch nur geboren ist dazu, die heilige Schöpfung im Geist zu vollenden, der hinaussieht in die Ferne, das Rechte ordnend mit seinem Blick!

Dies alles mußt ich Dir sagen, um Dir meine Liebe zu Dir mit dem reinen Wahrheitsbuchstaben zu bezeichnen. Aber den Boden des Philistertums feststampfen um die Wurzel Deines sogenannten Lebensglückes, dazu erlasse ich mich nicht . . Sag, Philipp, was heuchelst Du? Du sagst, „Du bist so glücklich" und dann lügst Du und bittest um meine Liebe zur Hälfte für jeden!

Was soll ich Dir mit diesem Alltagslieben entgegenkommen, Dir, dem ich einmal Geistestiefe zuwendete? . . Ich nehme Abschied von Dir. Ach, mein Herz ist wieder leicht, und ich verzeihe Dir gern den dummen Streich, den Du Dir selbst spielst, Dich einzumummen ins häusliche Glück, so jung, so unerfahren wie Du bist und so leicht zu täuschen!

Die eine Klage

Karoline von Günderode (1780–1806)

Wer die tiefste aller Wunden
Hat in Geist und Sinn empfunden
Bittrer Trennung Schmerz;
Wer geliebt was er verloren,
Lassen muß was er erkoren,
Das geliebte Herz,

Der versteht in Lust die Tränen
Und der Liebe ewig Sehnen
Eins in Zwei zu sein,

Eins im andern sich zu finden,
Daß der Zweiheit Grenzen schwinden
Und des Daseins Pein.

Wer so ganz in Herz und Sinnen
Konnt' ein Wesen liebgewinnen
O! den tröstet's nicht
Daß für Freuden, die verloren,
Neue werden neu geboren:
Jene sind's doch nicht.

Das geliebte, süße Leben,
Dieses Nehmen und dies Geben,
Wort und Sinn und Blick,
Dieses Suchen und dies Finden,
Dieses Denken und Empfinden
Gibt kein Gott zurück.

Clemens Brentano

An Minna Reichenbach

(vermutlich Juli/August 1800)

Leichtsinnig sind Sie, Sie sind es so, daß ich zittere, wie Sie mir mitspielen werden. – Können Sie den Gedanken ertragen, daß ein Mann durch Sie elend ward – liebe Minna es ist bald, sehr bald zu spät mit mir, ich kann schon nicht mehr arbeiten, nicht mehr schlafen und nicht mehr sprechen – Gott! ich zittre vor der Krankheit, die mich in den Wurzeln vergiftet, unerwiderte Liebe, da stehen vier kalte, nackte Wände um mich …

Ich weiß mich nicht mehr zu retten, ich vermute, daß Sie mich nie lieben werden, ich interessiere Sie nur, es scheint Ihnen doch nicht so ganz verwerflich, sich von einem Menschen wie ich lieben zu lassen, Sie wollen das so mit ansehen und sich wohl dabei befinden. – Sie können nicht empfinden, daß mit solchen Dingen mein ganzes Glück, meine letzte Hoffnung untergeht, ich habe nichts, gar nichts in der Welt, was mich liebt, und bin verdammt, alles zu lieben, und doch habe ich kein gutes Herz, und doch bin ich boshaft, eine hohe Bosheit, wenn man um der Menschen Willen leben kann, die einen gleichgültig ansehen, o ich gäbe diese Bosheit um manche verschriene Güte nicht her. Wissen Sie wohl nicht, Minna, was ich mit meiner Liebe zu Ihnen will, weil ich keinen Titel, kein Amt und noch kein Vermögen habe, glauben Sie wohl, ich liebe Sie nur im vorübergehen – weil Sie es so erdulden – nein, leider ist dies nicht so, was ich liebe, ist immer das höchste Spiel, mir geht kein Verhältnis unter ohne eine schreckliche Narbe, und geht mir das Ihrige unter, das durch nichts gehindert ist, so erkenne ich den Fluch, der auf meinem Leben liegt, und will ihn erfüllen. Ich verzweifle fast an aller Hoffnung, um meinetwillen allein kann ich nichts mehr tun, ich allein habe kein Glück zu erwarten …

Sie wissen nicht, wie schrecklich mein Zustand so ist, wie ich jetzt lebe, kein Interesse an irgend etwas, sitze ich oft stundenlang in einem fürchterlichen stummen Hinbrüten über meine fremde liebeleere Lage in der Welt und sehne mich unendlich nach einer Minute, mit Ihnen zu sprechen, und wenn ich Sie des Abends sehe, so stehe ich wie ein Bettler

Clemens Brentanos (1778–1842) Werben um Minna Reichenbach blieb ohne Erfolg, sie wies ihn ab. Seinen Kummer lebte Brentano in Schwärmereien aus und wandte sich dann Sophie Mereau, geb. Schubart, zu, die er am 29. 11. 1803 heiratete. Sophie starb am 31. Oktober 1806 mit 36 Jahren bei einer Totgeburt.

in der Gesellschaft, was Ihnen die Zugabe eines vergnügten Tages ist, ist all meine Freude, alles was ich habe, und damit gehen Sie so leichtsinnig um, Gott – Minna, der Leichtsinn eines andern Weibes hat noch Spuren der Verheerung in mir zurückgelassen, sollen Sie da fortfahren, wo jene mich gelassen. Ich suche ein reines ruhiges Verhältnis, in dem sich der unseelige verwickelte Knoten meines Lebens deutlich lösen muß. – Ich fürchte aber sehr, die Stunde, in der Sie lieben sollen, ist noch nicht da, und Sie geben mir allein meine Briefe nicht zurück, weil Sie, obschon nicht mich, doch meine Liebe lieben. Minna, um des Himmels willen, scherzen Sie nicht mit mir, kann mein Verlust Sie nicht schmerzen, so kann es doch einst die Reue über mein Elend. Ich muß Sie lieben, hievon ist keine Rettung mehr, wo ich einige Mal mein versunkenes trübes Leben erwachen sah, da bin ich ewig hingerissen, o! stoßen Sie mich zurück, wenn keine wahre Erwiderung möglich ist, ich habe die Kräfte nicht mehr, mich noch einmal getäuscht zu sehen. Was ich mit meiner Liebe will, können Sie nicht fragen bei einem Menschen, der so wahr und so edel ist, als mir es meine Brust sagt, daß ich es bin, es gibt kein Wollen in der Liebe, und sie selbst wird nur durch die Verbindung gelöst, ich will nichts, aber ich muß, können Sie sich wohl denken, daß ich

Sie zum Weibe haben will, und doch ist es so, denn sonst liebte ich Sie nicht ...

Ich bin zur Liebe geschaffen, weil sich mein Sinn ewig nach einem Wesen hinwendet. Ich werde gewiß nicht mehr lange ohne Bestimmung, mit ewiger, unerreichter Sehnsucht, mit ewiger Hoffnung leben, o lassen Sie mich mein verwirrtes, unstetes Dasein aufhellen, stellen Sie sich wie ein freundliches, helles Ziel hinein, retten Sie der Welt einen Kopf und ein Herz, die in einem dunklen, zwecklosen Streben zugrunde gehen müssen. Ich spreche nicht zu schnelle vom äußersten, denn das äußerste ist mir das nächste, ich habe das Gefühl nicht in mir, daß Sie mich nicht kennen, daß Sie mich kennenlernen müssen, ich habe nur die Frage, ob Sie mich lieben können, Kennenlernen das ist mir lächerlich, ich bin nicht kennenzulernen, denn wer mich liebt, der kennt mich, ich bin gut, unendlich gut und besitze einen gewissen Verstand, doch wird mein Kopf nimmer mein Herz erreichen, so wenig wird er es erreichen als es andere Köpfe erreichen ...

Meine Lage, mein von der übrigen Welt getrennter Zustand ist bloß eine Folge meiner Herzensgüte, ich habe mich und das meinige vergessen, um andern zu helfen, andre aufzurichten, mich hat keiner aufgerichtet, ich stehe allein und hilflos auf den Trümmern meiner Ruhe, meiner Kraft, wenn kein Wesen, das ich liebe, mir mit Liebe begegnet, so ist mir ein frühes, blütenloses Ziel gesteckt. O, daß ich Sie schon wieder zur Lügnerin machen muß, daß ich ohne Tränen nicht an mein frühgebrochenes Leben denken kann, daß ich, auch ich, das Leben liebe, das mir nichts bietet. Sie glauben nicht, wie das kleinste mich jetzt herunterbringen kann, wie der geschwächte Körper eines Nervenkranken bei dem kleinsten Reizmittel schnell sich bewegt, so kann mein innerer Zustand, durch etwas geringes erhoben und zu Boden geschlagen werden. Der heutige Abend wird mir lange nachgehen, eine verfehlte Hoffnung ist mir viel verfehlt, weil ich gar keinen Besitz habe. Ich habe Ihnen so viel vertraut, ich habe Ihnen den Seelenzustand eines Mannes, sein Glück, seine Geschichte für die Zukunft in die Hände gelegt, soll ich nicht erschrecken, wenn ich das Weib, das alles dies in Händen hat, mir gegenüber fröhlich von gleichgültigen Dingen scherzen höre, wenn ich sie fragen höre, wie ich so mürrisch sei, o ich war nicht mürrisch, ich war gedrückt und doch glücklicher als in der Nacht, die mich jetzt umgibt, wo ich Sie nicht, gar nicht sehen kann als in meinem Herzen, wo Sie vielleicht nicht gerne stehen ...

An Sophie Mereau

August 1803

O liebes Weib, mir ist es, als hätte ich Dich in tausend Jahren nicht gesehen! O hilf mir, mache, daß ich bald bei Dir sein darf! Ich fühle mich so treu und freundlich! Ach du Gott, und nun von Dir scheiden:

Bricht's nicht in Freud, bricht's doch in Leid,
Bricht es in uns allen beiden!
Ach Wiedersehn geht fern und weit,
Und nahe geht das Scheiden.

Marburg, den 1. September 1803

Liebes vertrautes Herz,
am Mittwoch abend bin ich in meiner Einsiedelei eingetroffen, ach wärst Du nur schon hier, da die Natur noch so schön ist, und könntest die herrliche Gegend genießen; ich bin recht fröhlich gerührt in dies schöne einfache Leben zurückgetreten, ich bin unendlich mehr wert hier, Du wirst mich hier unendlich mehr lieben; in dem Augenblick, da ich in Weimar meine Wohnung verließ, erhielt ich Deinen liebevollen, herrlichen Brief. Das war der erste Brief, den ich von Dir erhielt, o Sophie, wie werden wir glücklich sein, in unsrer Liebe, da ich Dich nun auch achte und ehre.

Sieh, ich schreibe dies hier ohne alle Leidenschaft nieder, nichts betrübt, nichts stört mich, als daß ich keine Ausdrücke mehr für meine Empfindung für Dich habe, ich kann Dir nicht sagen, wie ich Dich liebe, so ruhig, so glücklich, so genug, so allein mit Dir, aber ich will es Dir beweisen durch Schonung, Freundlichkeit, Treue und Güte; o wie kann je wieder uns etwas stören in unsrem Glück, kein Zweifel an Dir kann mehr in mir entstehen, denn wäre auch das Unmögliche möglich, wäre es möglich, daß Du nicht ein solcher Engel wärst, wie ich Dich fühle, so wäre und bleibt es doch unmöglich, daß Du es nicht werden würdest durch meine Liebe, meine Treue an Dir. Sophie, wir wollen beide täglich, stündlich besser werden, eines durch des andern Liebe, das sei unsrer Liebe Werk.

Die Natur, die ich Dir hier so schön beschrieben, ist bei weitem schöner; denn da ich sie zuletzt sah, war ich noch nicht wieder glücklich und hatte keine Freude an ihr, aber jetzt sehe ich erst, in welchem Feenpalast ich lebe ... Wenn ich jetzt an mein Fenster trete, liegt unter mir eine ganze Stadt, neben mir sehe ich eine Meile im Umkreis Garten, Feld, Wiese, Wald, Fluß, Tal, Berg, alles so nah und vertraulich, so fern und verheißend, ach, und Dich in einer solchen Mondnacht im Arm am Fenster,

oder auf einer der Terrassen unsres Gartens, oder auf unserm Turm, und Du sagst mir mit Deiner Ruhe, Deiner Seligkeit, daß Du mich liebst, daß Du glücklich, besser durch mich bist, und ich mache es wett und sage ebenso, und am Ende haben wir beide Recht, o Sophie, ich sehe Dich vor Augen, ich weiß, wie Du gehen, stehen, blicken, ein Engel sein wirst an Leib und Leben in dieser Umgebung, o wie freue ich mich, ich schwöre Dir, die Natur, die Liebe, die Freundschaft, das ganze Leben kann hier nichts für Dich sein als eine Toilette, an der Dich die Engel aufputzen, daß Gott und Menschen ihre Freude an Dir haben.
Verzeihe mir, die Seeligkeit, die ich für mich und Dich aus Deinem Aufenthalt hier weiß, sie ist so groß, daß sie mir immer unmöglich scheint, es ist mir so wohl auf Erden noch nicht geworden; ach tue es, komm um Deines eignen Glückes willen, gieße einmal alle Freude über mich, ob ich es aushalte, ob ich nicht sterbe vor Lust. Wenn ich an unsren Abschied denke, so meine ich beinahe, er sei einer unsrer schönsten Stunden gewesen, wie einig und glücklich waren wir nicht, und dann Dein Brief, Dein Brief! Da Du mir ihn schriebst, da war Dir so, wie ich nicht glaubte, daß Du noch sein könntest, da warst Du voll Drang, Liebe und Begierde, Du hattest noch jenen jungfräulichen bangen Vorwitz, Du mußtest mich lieben und wußtest doch nicht, was Liebe ist ...
Jetzt hier in diesem Momente bin ich so lieb, so gut, und ich schwöre Dir, dieser Moment ist ewig hier, ich kann in meiner einfachen Lage nur diesen Moment haben und keinen andern, o so verschmähe dann Dein Glück nicht und komme gewiß. Schreibe bald, lebe wohl, sei lieb, wie ich Dich liebe.

Clemens

Sophie Mereau an Clemens

(1804)

Oh, Du Ungeheuer, Genie, Bösewicht, Lügner, Verleumder, Räuber, Schriftsteller, Komödiant – ach, Du Teufel – ich bin außer mir, ich sterbe, ich bin schon tot. Betraure mich, weine ein paar verführerische Tränen, um damit das Lächeln eines weichfühlenden Mädchens zu gewinnen, schreibe die rührendsten Trauerlieder auf Deine arme Geliebte, um Dir neue Freunde damit zu erkaufen – ach, – wie interessant wirst Du sein in Deinem heuchlerischen Schmerz. Deine Koketterie lockt mich von den Toten zurück, ich kehre noch einmal ins Leben, um mich von neuem in Dich zu verlieben. Doch nein, ich nehme mich zusammen, wir sind getrennt, und ich sage Dir ein ewiges Lebewohl!

. . . Ja, Clemens, in Dir bete ich das Göttliche an, wo hätte sich die Gottheit mehr verherrlicht? Du sollst an die Stelle meiner guten Geister tretgen, die mich oft getröstet haben. Oh! erscheine mir, wenn ich nicht glaubend, dringend zu Dir bete, tröste mich mit ernsten, sanften Worten, aber bezähme jede harte, verwundende Rede, und wenn ich in allem gern Deine Überlegenheit anerkenne, so wolle Du nur hierin selbst nichts vor mir voraushaben!

Heute, zugleich mit Deinem Brief, erhielt ich einen aus Norden; einen ehrlichen, gutmeinenden, lustigen Brief. Einer meiner einstigen Bekannten, der unterdessen auf der Leiter des Glücks emporgestiegen ist, schreibt mir und bietet mir seine Hand; ich werde ihm antworten, was kann ich ihm schreiben als die Worte:

Ich folge treu des Sängers Lied,
Das mich nach dem Süden zieht.

Oh! ich glaube an Dich, wie ich nie geglaubt habe, ich liebe Dich, wie ich nie liebte, ich bin treu, wie ich es nie war!

Bei alledem, Brentano, betragen Sie sich doch sehr unzart gegen mich. Bei der geringsten Veranlassung werfen Sie gleich die Maske der Liebe und Bescheidenheit weg und machen sich mit Ihrer Vortrefflichkeit so breit, wie Meyers Rücken, den ich immer noch lieber sah als sein Gesicht. Da heißt es gleich: „Doch das verdienst Du nicht! Das kannst Du nicht verstehen! Das wirst Du nie erreichen!" Hören Sie, mein Herr, eine solche Geringschätzung verzeiht kein Weib, daß Sie es nur wissen! – Beleidigt hast Du mich; ich hab's geschworen, ich räche mich, nahst Du Dich mir, so bist Du gleich verloren, ich warne Dich, in Liebesworten will ich mit Dir rechten, vernimm's und schweig, die Arme sollen fesselnd Dich umflechten, Verbrechern gleich, wie Pfeile sollen meine Blikke sinken in Deine Brust, den Hauch will ich von Deinen Lippen trinken mit Rachelust.

Deine arme Geliebte

Heidelberg, den 17. November 1804

Soll ich weinend oder lachend auf Deinen letzten Brief antworten? – Einen größeren Don Quichotte als Dich trug gewiß nie die prosaische Erde! Zu Hause sitzt sein treues Weib, liebt ihn, lebt eingezogen, arbeitsam, trägt ihn in und unter dem Herzen und ist ganz zufrieden – er reist ganz lustig durch die Welt, zu einem geliebten, wunderholden, einzigen Freund, er könnte ganz ruhig und glücklich sein, aber weil er nun gar nichts weiß, ihm gar nichts fehlt, so kämpft er gegen Windmühlen und trägt sich mit den unwesentlichsten Grillen! – Ich bitte Dich, nimm doch das Gute wahr, was Dein ist, es nicht genießen, ist auch Sünde, und bekämpfe diesen unbeschreiblichen Hang, stets nach dem Fernen Dich zu sehnen. Diese ewige Sehnsucht gehört nur Gott. – Meine Liebe, meine ich, müßte Dich umgeben wie ein warmes, weiches Kleid, das Du überall mit Dir trägst und in dem Du Dich wohl befindest, aber es scheint, als bedürfe Dein Gefühl, um zu fühlen, öfters einen Reiz, der, wie spanische Fliegen, Blasen zieht. Du bist es, nicht ich, der ewig nach

der Fremde trachtet. Deine Begierde nach mir ist eben das, was Du oft bei mir empfunden, was Dich jetzt zu mir zieht, zog Dich oft von mir weg, es ist ein allgemeines Gefühl, ein stetes Sehnen nach dem Entfernten, das mich eigentlich insbesondere gar nichts angeht. Ich bitte Dich, lieber Fremdling, komme doch endlich einmal nach Hause, Du bist stets nicht bei Dir, und es ist so hübsch bei Dir; versuch es nur und komm zu Dir selbst, Du wirst die Heimat finden, sie lieben und dann immer mit Dir tragen!

Die Einzige

Karoline von Günderode (1780–1806)

Wie ist ganz mein Sinn befangen,
Einer, einer anzuhangen;
Diese eine zu umfangen
Treibt mich einzig nur Verlangen;

Freude kann mir nur gewähren,
Heimlich diesen Wunsch zu nähren,
Mich in Träumen zu betören,
Mich in Sehnen zu verzehren,
Was mich tötet zu gebähren.

Widerstand will mir nicht frommen,
Fliehen muß ich neu zu kommen,
Zürnen nur, mich zu versöhnen,
Kann mich ihrer nicht entwöhnen,
Muß im lauten Jubel stöhnen;
In den Becher fallen Tränen,
Ich versink in träumrisch Wähnen;
Höre nicht der Töne Reigen,
Wie sie auf- und niedersteigen,

Wogend schwellen Well' in Welle;
Sehe nicht der Farben Helle
Strömen aus des Lichtes Quelle.
Mich begrüßen Frühlingslüfte,
Küssen leise Blumendüfte,
Doch das all ist mir verloren,
Ist für mich wie nicht geboren,
Denn mein Geist ist eng umfangen.
Von dem einzigen Verlangen,
Eine, eine zu erlangen.

Hungrig in der Zahl der Gäste
Sitz ich bei dem Freudenfeste,
Das Natur der Erde spendet;
Frage heimlich ob's bald endet?
Ob ich aus der Gäste Reigen
Dürf' dem eklen Mahl entweichen,
Das verschwendrisch andre nähret:
Mir nicht einen Wunsch gewähret?
Eines nur mein Sinn begehret,
Eine Sehnsucht mich verzehret;
Eng ist meine Welt befangen,
Nur vom einzigen Verlangen,
Was ich liebe zu erlangen.

An die Erwählte

Johann Wolfgang Goethe (1749–1832)

Hand in Hand! und Lipp auf Lippe!
Liebes Mädchen, bleibe treu!
Lebe wohl! und manche Klippe
Fährt dein Liebster noch vorbei.
Aber wenn er einst den Hafen,
Nach dem Sturme, wieder grüßt,
Mögen ihn die Götter strafen,
Wenn er ohne Dich genießt.

Frisch gewagt ist schon gewonnen,
Halb ist schon mein Werk vollbracht!
Sterne leuchten mir wie Sonnen,

Nur dem Feigen ist es Nacht.
Wär ich müßig dir zur Seite,
Drückte noch der Kummer mich;
Doch in aller dieser Weite
Wirk ich rasch und nur für Dich.

Schon ist mir das Tal gefunden,
Wo wir einst zusammen gehn
Und den Strom in Abendstunden
Sanft hinunter gleiten sehn.
Diese Pappeln auf den Wiesen,
Diese Buchen in dem Hain!
Ach, und hinter allen diesen
Wird doch auch ein Hüttchen sein!

Der Spinnerin Lied

Clemens Brentano (1778–1842)

Es sang vor langen Jahren
Wohl auch die Nachtigall;
Das war wohl süßer Schall,
Da wir zusammen waren.

Ich sing' und kann nicht weinen
Und spinne so allein
Den Faden klar und rein,
Solang der Mond wird scheinen.

Da wir zusammen waren,
Da sang die Nachtigall;
Nun mahnet mich ihr Schall,
Daß du von mir gefahren.

So oft der Mond mag scheinen,
Gedenk' ich dein allein;
Mein Herz ist klar und rein,
Gott wolle uns vereinen!

Seit du von mir gefahren,
Singt stets die Nachtigall;
Ich denk' bei ihrem Schall,
Wie wir zusammen waren.

Gott wolle uns vereinen,
Hier spinn' ich so allein,
Der Mond scheint klar und rein,
Ich sing' und möchte weinen.

Macht der Liebe

Unbekannter Dichter des 19. Jahrhunderts

Es blühet keine Rose
Auf dieser Welt so schön,
Als wenn zwei treue Herzen
Beinander stehn.

Es brennet auch kein Feuer
Auf dieser Welt so heiß,
Als eine stille Liebe,
Die niemand weiß.

Setz einen hellen Spiegel
Mir in das Herz hinein;
Du wirst darinnen sehen,
Wie treu ich's mein.

Es ist auch kein Vergnügen
Auf dieser Welt so rein,
Als wenn ich dir kann zeigen,
Wie gut ich's mein'.

Es duftet keine Blüte
Auf dieser Welt so süß,
Als ihres Mundes Rose,
Wenn ich sie küss'.

Es schmeckt auch keine Traube
Auf dieser Welt so süß,
Als wenn die Rose lächelt
Und ich sie küss'.

So schön hat keine Blume
Der Frühling aufgetan,
Als ihre klaren Augen
Mich schauen an.

Es leuchten nicht so freundlich
Die Sternlein in der Nacht,
Als wenn aus blauen Sternen
Die Liebe lacht.

So schön hat noch kein Himmel,
Kein Morgenrot gestrahlt,
Als meines Herzens Spiegel
Dein Antlitz malt.

So schön malt keine Blume
In einem Bach sich ab,
Als ich dein holdes Bildnis
Im Herzen hab'.

Auf keinem Mutterschoße
Ruht ein so liebes Kind,
Als zwei verliebte Herzen
Einander sind.

Es wurzelt keine Eiche
So fest im Erdengrund,
Als treue Seelen halten
Den Liebesbund.

Kein Held auf dieser Erde
Siegt so gewiß im Streit,
Als zwei verliebter Herzen
Beharrlichkeit.

Kein Felsen widerstehet
So fest der Macht der Zeit,
Als einer stillen Liebe
Beständigkeit.

Zwei Augen wie Sterne

Karoline von Günderode (1780–1806)

Zwei Augen wie Sterne
Die sähen so gerne
Das wonnige Licht,
Und dürfen es nicht;
Die hellen Karfunklen
Die könnten verdunklen
Das sonnige Licht,
Und dürfen es nicht.
O Liebesverlangen!
In Kerker gefangen,
Sind die Augen so minniglich,
Die Lippen so wonniglich,
Die Worte, die milden,
Die Locken, so gülden,

Es bricht mir das Herz
Vor Leidmut und Schmerz.
Ich sehe bis an den Tod
Die Lippen rosinrot
Und sollt ich nimmer genesen,
Dächt ich doch an ihr minniglich Wesen,
An ihr Blicken so mild,
An das schönste Frauenbild,
Und sollt ich Schmach und Tod erwerben
Das Mägdlein minnt ich und sollt ich sterben.

Wechsellied zum Tanze

Johann Wolfgang Goethe (1749–1832)

Die Gleichgültigen
Komm mit, o Schöne, komm mit mir zum Tanze!
Tanzen gehöret zum festlichen Tag.
Bist Du mein Schatz nicht, so kannst Du es werden,
Wirst Du es nimmer, so tanzen wir doch.
Komm mit, o Schöne, komm mit mir zum Tanze.
Tanzen verherrlicht den festlichen Tag.

Die Zärtlichen
Ohne Dich, Liebste, was wären die Feste?
Ohne Dich, Süße, was wäre der Tanz?
Wärst Du mein Schatz nicht, so möcht ich nicht tanzen,
Bleibst Du es immer, ist Leben ein Fest.
Ohne Dich, Liebste, was wären die Feste?
Ohne Dich, Süße, was wäre der Tanz?

Die Gleichgültigen
Laß sie nur lieben, und laß Du uns tanzen!
Schmachtende Liebe vermeidet den Tanz.
Schlingen wir fröhlich den drehenden Reihen,
Schleichen die andern zum dämmernden Wald.
Laß sie nur lieben, und laß Du uns tanzen!
Schmachtende Liebe vermeidet den Tanz.

Die Zärtlichen
Laß sie sich drehen, und laß Du uns wandeln!
Wandeln der Liebe ist himmlischer Tanz.
Amor, der nahe, der höret sie spotten,
Rächet sich einmal und rächet sich bald.
Laß sie sich drehen, und laß Du uns wandeln!
Wandeln der Liebe ist himmlischer Tanz.

Zum Lachen

Volkslied

Ich muß ja recht lachen,
Sooft ich nur hör',
Daß jedermann saget,
Das Lieben sei schwer;
Ich muß wohl bekennen,
Daß ich in mein' Sinn
Dem närrischen Lieben
Von Herzen feind bin.

Es heißt oft: ich sterbe,
Ich brenn' und vergeh',
Wann ich meines Herzens
Verlangen nit seh'.
Es sein schon viel Tausend
Gestorben aus Treu,
Die aber noch leben,
Und sterben auf's neu.

Prinz Louis Ferdinand von Preußen

An Pauline Wiesel

Liebe Seelens Pelle! Alles üble, alles Mißbehagen kannst nur Du aus mein Innerstes vertreiben – allein es war zu glücklich! Es scheint mir ein Traum! Mein Herz, meine Imagination hascht danach, und ich kann es nicht fassen, diesen Zeitraum vom Genuß, von Liebe jenen steten Rausch! Nähre, fülle mein Herz mit diesen Liebestönen, daß sie stets im Herzen Deines Louis weiterhallen. Alles lieb ich an Dich, ohne Dich, Pauline, kann ich nicht leben. Die Natur legte alles in Dir, solchem un-

Das leidenschaftliche Liebesverhältnis zwischen Pauline Wiesel und Louis Ferdinand, dem 1772 geborenen Neffen Friedrichs d. Gr., fand ein paar Tage nach der Niederschrift des Briefes vom 2. Oktober 1806 ein jähes Ende. Louis Ferdinand fiel in dem Gefecht bei Saalfeld.

beschreiblichen Liebesreiz. Auch treu, strenge treu, liebe und vergöttere ich Dich, meine Pauline. Empfange, Pauline, das gewisse Versprechen, Louis Ferdinand wird nie eine andere als Pauline besitzen; sie allein. Aber nicht wahr, Du tust nichts, was mein Herz kränken könnte, ich fürchte Deine Laune, Dein ewiges Umhertreiben. Oh bewahre unsere Liebe für jeden, wie ein Gift! Es stand im Himmel geschrieben, vom Schicksal, von der Natur waren wir bestimmt, uns zu lieben, so lebhaft ist dieses in meinem Herzen, das ganz Dir gehört, den Augenblick, wo Du mich verläßt, zernichte ich mich! Gewiß soll dieses Jahr nicht enden, ohne daß uns die engste Bande verbindet, nur mache bald, Pelle, daß Du von Wiesel geschieden. Du kennst ja die Wunder unserer Liebe, und so wie wir im Kelche der Wollust tranken, taten es wenige. In zwei Tagen schicke ich Dir 300 Taler. Leb wohl Engel – ewige Liebe – Braut – Weib – Angebetete – liebe Pauline.

Pauline an Louis Ferdinand

Der Krieg – Du Krieger, Du Jäger, Du Musikus. So viel geht mich ab, Louis – und dann erst kömmt die Liebe. – Nein, Louis, erst die Liebe und dann das übrige – bei mich aber fällt keine Teilung vor, ich liebe nur Dich allein auf der Welt, Dich und Pauline, Du hast alles in mir getötet, ich weiß nicht, ob mich das glücklich machen soll, oder ob es nicht vielleicht besser wäre, es wäre anders. Nein, Louis, es kann nun mal nicht anders sein. Vergiß mich nicht, Dein Versprechen mit dem Bilde auch nicht, schreibe mich viel, doch nur, wenn es Dich so zumute ist, um keinen andern Gedanken – nur immer, wenn Du willst, nicht meinetwegen, Louis. Lebe wohl, meine Gedanken folgen Dich, ich bin ewig bei Dich, könnte mein Geist es Dich nur auf irgend eine Art wissen machen! Jeden Deiner Leute beneide ich, die das Glück haben, Dich zu sehen. – Ach, Louis, warum dies ewige Entsagen in diesem Leben, in diesem kurzen Leben, warum bin ich nicht mit Dir! – Aus lauter Gründe, die alle tausendmal schwächer sind als meine Liebe zu Dir, als das Glück, was es mich machen würde, bei Dich in Deiner Nähe zu sein. – Ach, Louis, ich muß schließen, aber wahrhaftig recht traurig, recht bewegt. Alles ist anders, als man glaubt, als man denkt, ich bin so schikaniert von tausend Erbärmlichkeiten, und doch kann ich es nicht ändern – Louis, eine, eine Stunde nur küssen.

Schicke Geld, ich habe keinen Sou und bin alles schuldig. Ich bin die beide letzte Stationen selbst noch an die Alvensleben schuldig – wo soll ich es hernehmen, ich habe ja nicht einmal ein Stück zum Versetzen, die

beiden Mädchen ziehen auf den 1. November. Da hilft keine Klugheit, kein Entsagen, kein Witz, keine Güte, nichts als Geld, oder solche Unannehmlichkeiten, die nicht zu überleben sind; ich habe nun seit meinem Hiersein noch keinen Groschen in die Hände gehabt, denn meiner Mutter kann ich es nicht sagen, denn es hilft mir hierzu nichts.
Meine Schals wollte ich verkaufen, aber man will mich nur für beide 50 Taler geben und sie haben beide über 200 gekostet – und dann noch jeden Monat nur 25, also das hilft mich nichts. Schreib mich nur, von wem ich es borgen soll, ich weiß keinen Menschen oder traue keinem, denn er möchte Dich dann nicht recht sein.
Lebe wohl, Louis, ich bin so verstimmt, Dich das sagen zu müssen, ewig in solcher infamen Lage ist terribel, meine Schuld ist es nicht.
Sei nicht böse auf Deine arme

Pauline.

Louis Ferdinand an Pauline

Jena, den 2. [Oktober 1806].

Meine liebe seelenvolle Pauline,
mit der innigsten, wärmsten, heißesten Liebe schreib ich Dir, noch immer steht Dein Bild vor meinen Augen; Dein Schmerz, Deine Träume, o nimmer, nimmer werd ich sie vergessen. Arme, liebe Pauline, ewig sind meine Gedanken bei Dir, mit Dir gewesen. Jeden Augenblick suchte ich Dir zu folgen bis zu Deiner Ankunft in Berlin. Pauline, ich fühle es so wahr, so tief: nur durch Dich bin ich wahrhaft glücklich, nur Du verbreitest über meinem ganzen Wesen einen Seelenzauber aus, der Gedanke an Dich, Du Liebe Du, mischt sich allem; von Dir, meine Pauline, erwarte ich auch nur Glück.
Wie innig ich Dich liebe, sehe ich selbst daraus, daß ich Dich selbst Deine Fehler nicht wegwünschte; alles in Dir trägt ein unverkennbares Gepräge von Wahrheit, Deine Aufwallungen, Deine Ungerechtigkeiten, alles lieb ich, obgleich es mich quält, sowie ich es Dir sagte und es fühle; nichts könnte ich Dir wünschen, nichts mögte ich anders wissen, obgleich ich, wenn ich vieles von andern oder an andern wie Dich so sähe, ich es tadeln und nicht lieben würde; bei Dir scheinen mir alle diese kleine Fehler nur Auswüchse einer zu kraftvollen Natur zu sein, in der manches zwar nicht ganz entwickelt, vieles zurückgehalten, indessen nichts schöne ganz erstickt worden. Du liebe, unartige Pauline, Du englische Pauline, unendlich schwer war es, Dich zu erziehen und Dich nicht zu

terribel – schrecklich

verderben, alles Schöne, alle Kraft, die in deinem Wesen liegt, zu entwickeln, dazu gehört ein Geist, wie es wenige gibt!
Auch das ist mir gewiß, daß vielleicht eine höchst vollkommene Erziehung Dich zwar zu einem in andrer Art sehr interessanten Wesen würde gebildet haben, aber daß auch vielleicht manches andere in Dir wäre verborgen geblieben, welches nun so seltsame Wendungen und Ereignisse in Deinem Leben in Dir aufgeregt haben und die Dich dem, der Dich so wie ich liebt, der Dein Wesen so ergriffen, vielleicht noch reizender machen muß. Der unendliche Reiz, den Du für mich hast, ist unbeschreiblich. Du kennst ja die Wunder unserer Liebe, und so wie wir im Kelche der Wollust tranken, taten es nur wenige. Meine Pauline, meine liebe Pauline, ich rechne ganz auf Deine Liebe, sie wird und soll mir Lohn sein, wenn ich zurückkomme und Dich wieder an das Herz drücken werde.
Liebe Pelle, nun etwas von meinem Leben und Geschäften! Daß wir in einer großen Spannung und Erwartung sind, kannst Du leicht denken, da der Krieg mehr oder weniger von unserer ganzen Existenz entscheiden wird; so drängen unwillkürlich sich ernste Gedanken dem Geiste auf; den schönsten Kampf jetzt zu kämpfen, wo so viel Ruhm zu erwerben, so vielen Übeln zu steuern, ist wahrlich ein schönes wichtiges Los, auch habe ich von allen Freunden, allen Genüssen Abschied genommen und lebe nur, um in meinem Geschäftskreise mit der größten Energie zu wirken. Meinen süßesten Lohn, meine Pauline, erwarte ich darauf von Dich; über jede Begebenheit, die mir geschehen, über jeden Succeß, den ich haben werde, wird Deine Liebe einen sanften Schimmer verbreiten, allem wird sich dieses Gefühl mischen; daß Deine Gedanken mich stets begleiten, davon bin ich überzeugt, gewiß, daß das Glück Deines Lebens nur von mir, durch mir kommen kann! Schicke bald mir Dein liebes Bild, meine Pauline, alle Tage will ich es besehen, Blicke inniger heißer Liebe auf selbiges heften. Wie oft denke ich mich Dir so lebhaft, rufe jeden Deiner Züge in meinem Gedächtnis zurück, liebe, liebe Freundin ...

Succeß – Erfolg

Karoline von Günderode

An Friedrich Creuzer

(18. November 1805)

Mein ganzes Leben bleibt Dir gewidmet, geliebter, süßer Freund. In solcher Ergebung, in so anspruchsloser Liebe werd ich immer Dir angehören, Dir leben und Dir sterben. Liebe mich auch immer, Geliebter. Laß keine Zeit, kein Verhältnis zwischen uns treten. Den Verlust Deiner Liebe könnte ich nicht ertragen. Versprich mir, mich nimmer zu verlassen. O Du Leben meines Lebens, verlasse meine Seele nicht. Sieh', es ist mir freier und reiner geworden, seit ich allem irdischen Hoffen entsagte. In heilige Wehmut hat sich der ungestüme Schmerz aufgelöset. Das Schicksal ist besiegt. Du bist mein über allem Schicksal. Es kann Dich mir nicht mehr entreißen, da ich Dich auf solche Weise gewonnen habe.

Sonntags

Möchte doch auch Dir der Friede zuteil werden, der mich schon seit mehreren Tagen beseeligt, und doch liebe ich Dich, wie ich Dich kaum in der Blüte unserer Hoffnungen liebte und reiner und seliger zugleich.
Ich habe das Geld von M erhalten, ich will mich dafür für Dich mahlen lassen. Freut Dich das? Mir macht es viel Freude . . .

Friedrich Creuzer an Karoline von Günderode

Heidelberg, 8. Dezember 1805

Verzeihe mir meine letzten Fragen im letzten Briefe, geliebte Freundin. Siehe, zuweilen bin ich gar zu traurig und dann meine ich: ich dürfe gar nichts hoffen, dürfe nichts besitzen, was des Lebens Preis und Blüte ist. Deine himmlische Liebe aber schlägt jeden Zweifel nieder, daß sie verschwinden wie düstere Wolken vor der lieben Sonne. Blicke aber auch in dieses Herz und siehe den Dank darin für solche Güte.
Dein Bild erwarte ich sehnlich, seitdem ich wieder den Mut errungen, es zu besitzen. O, Du geliebte Seele, wie bist Du gut! Es wird Dir nicht ganz gleichen, das weiß ich schon. Denn wer vermag nur zu malen die-

Das Verhältnis zwischen der Dichterin Karoline von Günderode (1780-1806) und dem Professor Friedrich Creuzer nahm einen tragischen Ausgang. Als der 34jährige Creuzer mit seiner Geliebten brach, da er sich nicht von seiner 47 Jahre alten Frau scheiden lassen wollte, schied Karoline am 26. Juli zu Winkel am Rhein freiwillig aus dem Leben.

sen Engelsblick und darzustellen diese überirdische Schöne, die über Dein ganzes Wesen ausgegossen ist? Nur Symbole vom Heiligsten und Höchsten entlehnt und in einer Poesie dargestellt, die Musik ist ohne Worte und doch wieder bestimmter als Musik – das, das könnte mehr genügen!
Oft lebe ich ganz in der Idee von dem, was ich einst schreiben will für Dich – und doch werden noch einige Jahre vielleicht hingehen, bis es vollendet. Ich will die beste Blüte meiner männlichen Geisteskraft auf ein Werk verwenden, das, indem es den Mittelpunkt des frommen heiligen Altertums zu enthüllen sich bestrebet, nicht unwert wäre der Poesie zum Opfer dargebracht zu werden. Daher soll die freieste Muße diesem Unternehmen gewidmet sein. Ich werde darin uralte Mythen untersuchen vom Dienste des Dionysos und von der großen Gottheit des alten Pan, der ein ewiges Lied gesungen, wovon Pythagoras und die Weisen der Vorzeit einzelne Laute gehöret.
Oft bete ich zur großen Natur, daß sie mir verleihen möge Glück im treuen Forschen, um nur zu erkennen, was die große Vorwelt von ihr gewußt und in Sinnbildern dargestellt, und was den unwürdigen Enkeln der Nachwelt verborgen ist, und wenn sie es wüßten, eine Torheit sein würde.
Ich will nicht mehr zweifeln, sondern an Dich glauben, das heißt an die ewige Tugend, Du Heilige – Du Reine.
Süßes Leben, Lina, adieu.

Freudvoll und leidvoll

Johann Wolfgang Goethe (1749–1832)

Freudvoll
Und leidvoll
Gedankenvoll sein;
Hangen
Und bangen
In schwebender Pein;
Himmelhochjauchzend,
Zu Tode betrübt;
Glücklich allein
Ist die Seele, die liebt!

Küssen will ich, ich will küssen

Adelbert Chamisso (1781–1838)

Freund, noch einen Kuß mir gib,
Einen Kuß von deinem Munde.
Ach! ich habe dich so lieb!
Freund, noch einen Kuß mir gib.
Werden möcht ich sonst zum Dieb,
Wärst du karg in dieser Stunde;
Freund, noch einen Kuß mir gib,
Einen Kuß von deinem Munde.

Küssen ist ein süßes Spiel,
Meinst du nicht, mein süßes Leben?
Nimmer ward es noch zu viel,
Küssen ist ein süßes Spiel.
Küsse, sondern Zahl und Ziel,
Geben, nehmen, wiedergeben,
Küssen ist ein süßes Spiel,
Meinst du nicht, mein süßes Leben?

Gibst du einen Kuß mir nur,
Tausend geb' ich dir für einen.
Ach wie schnelle läuft die Uhr,
Gibst du einen Kuß mir nur.
Ich verlange keinen Schwur,
Wenn es treu die Lippen meinen,
Gibst du einen Kuß mir nur,
Tausend geb' ich dir für einen.

Flüchtig, eilig wie der Wind,
Ist die Zeit, wann wir uns küssen.
Stunden, wo wir selig sind,
Flüchtig, eilig wie der Wind!
Scheiden schon, ach so geschwind!
O, wie werd' ich weinen müssen!
Flüchtig, eilig wie der Wind,
Ist die Zeit, wann wir uns küssen.

Muß es denn geschieden sein,
Noch nur einen Kuß zum Scheiden!
Scheiden, meiden, welche Pein!
Muß es denn geschieden sein?
Lebe wohl, und denke mein,
Mein in Freuden und in Leiden,
Muß es denn geschieden sein,
Noch nur einen Kuß zum Scheiden!

Überall Liebe

Karoline von Günderode (1780–1806)

Kann ich im Herzen heiße Wünsche tragen?
Dabei des Lebens Blütenkränze sehn,
Und unbekränzt daran vorübergehn
Und muß ich trauernd nicht in mir verzagen?

Soll frevelnd ich dem liebsten Wunsch entsagen?
Soll mutig ich zum Schattenreiche gehn?
Um andre Freuden andre Götter flehn,
Nach neuen Wonnen bei den Toten fragen?

Ich stieg hinab, doch auch in Plutons Reichen,
Im Schoß der Nächte, brennt der Liebe Glut,
Daß sehnend Schatten sich zu Schatten neigen.

Verloren ist wen Liebe nicht beglücket,
Und stieg er auch hinab zur styg'schen Flut,
Im Glanz der Himmel blieb er unentzücket.

Karl von Clausewitz an Gräfin Maria von Brühl

Den 30. August 1806

Ich habe Sie nicht mehr sehen sollen; der Abschiedsbrief, den Sie von mir für eine andere Gelegenheit erhielten, sollte also wirklich ein Abschiedsbrief sein! Es würde mir sehr wohl getan haben, Sie noch einmal zu sehen, Sie noch einmal, geliebte Marie, fest an mein Herz zu drükken! Daß Sie gerade an dem Tage zurückkehren mußten, da ich noch in Ihrer Nähe und doch schon auf lange von Ihnen getrennt war. Es liegt fast etwas Hämisches in diesem Spiel des Zufalls, doch fühle ich dies weniger, weil der Blick starr in die verhängnisvolle Zukunft gerichtet ist. Ich kann und mag Ihnen nicht mein Innerstes ganz entwickeln, doch glauben Sie nicht, daß ich mutlos verzweifle. Gott wird mich vor diesem Zustand bewahren, solange ein Funken Lebenslust in mir ist, und verachten werde ich jeden deutschen Mann, der dem Mute und den Hoffnungen entsagt, weil sie ihm in dem endlosen Elende seiner Lage nur den Busen beengen und zu gefahrvoller Tätigkeit anspornen. Diesem Frieden, den die Demut gibt, entsage ich auf ewig. Kann ich nicht frei und geehrt als Bürger eines freien und geehrten Staates leben und in Ihren Armen die goldene Frucht des Friedens genießen, so mag er meine Brust auf ewig fliehen.
Doch hinweg mit dieser ängstlichen Sprache! Lassen Sie mich froh sein

Karl von Clausewitz (1780–1831) war ein großer Stratege und Militärschriftsteller. Er und die preußische Hofdame Gräfin Brühl führten eine glückliche Ehe.

und voll Zuversicht auf mein Glück! Bewährt sich dieses Glück, was mir bis jetzt lächelt, so kehre ich wieder glücklich zu Ihnen zurück. O Marie, welch ein Augenblick des freudigen Wiedersehens! Bis dahin soll mir der Gedanke, daß Sie mein sind, daß ich Sie meine Marie nennen darf, daß Sie selbst sich so genannt haben, daß Sie voll Liebe an mich denken, es sollen mir alle die seligen Bilder dieser reinen und schönen Liebe Ersatz sein für die bittere Trennung. Recht oft werde ich Sie im Geiste sehen, Ihnen in Ihr herrliches, freundliches Auge blicken, was mir so manche himmlische Empfindung erweckte!

Ob ich so glücklich sein werde, Ihnen schreiben zu können und von Ihrer geliebten Hand zuweilen einige Zeilen zu erhalten, weiß ich selbst noch nicht. Ich habe einmal bei Friederike einen leisen Versuch gemacht und Widerstand gefunden; da aber derselbe mehr scherzhaft war, so darf ich schon einen zweiten machen; indessen werde ich wissen, zu rechter Zeit abzustehen, im Falle die gute Friederike in ihrer Ängstlichkeit ernstliche Bedenken finden sollte. Auf jeden Fall, denke ich, wird sie mir erlauben, ihr zuweilen zu schreiben; ob ich dann eine Antwort erhalten werde, muß ich Ihnen, teure Gräfin, anheim stellen.

Jetzt leben sie wohl, meine innig geliebte Marie, ich muß abbrechen. Ihr Bild wohnt in meiner Seele, der Gedanke an Sie wird mir der treueste Begleiter durch das Leben sein!

Ellrich, am Fuße des Harzes,
den 3. Januar 1807

Ich bin gesund an Körper, geliebte Marie, aber nicht an Geist. Wer pflegt die Wunden meines blutenden Herzens? Von Dir sich losreißen, Marie, ist unaussprechlich bitter, von den Gedanken an Dich ist unmöglich; dazu kommt, daß ich gar keine Reisepassion habe; mir ist ein tätiges Geschäftsleben oder auch ruhiges Studium befriedigender. Doch würde mir es nicht unmöglich sein, mit sehr vielem Genuß zu reisen, aber dann wären zwei Bedingungen unerläßlich; die eine: ein freies Gemüt, die andere: die Gesellschaft meiner geliebten Freundin. Ich bin nichts weniger als unempfindlich gegen die Schönheiten der Natur, aber sie erinnern unaufhörlich an ein schuldloses, kindliches, freies Dasein, und da scheinen sie, wie der Chor in der Braut von Messina, ergriffen von dem ungeheuren Schicksal des Menschen, in dem Augenblick, da dieser nach Freiheit des Gemütes ringt, ihm erneut in die Seele zu rufen:

Brechet auf, ihr Wunden, rinnet, rinnet!
In schwarzen Strömen stürzet empor, ihr Ströme des Bluts!

Ferner ist unter allen Genüssen der Genuß der schönen Natur der Mitteilung am meisten bedürftig; über Gegenstände des Gefühls aber kann ich mich keinem anderen mitteilen als Dir. Denn alle Regungen meines Herzens fließen unaufhörlich zu dem einen Gefühle zusammen, was Du mir gabst und dem alles Gute in mir so nahe verwandt ist. Wie oft betrachte ich die Locke, die Schrift, die Nadel, den Ring, alles, was ich von meiner Marie habe! Bei der Locke habe ich es oft bedauert, sie nicht bloß zu haben, um auf sie manchen heißen Kuß zu drücken. Bei dem Ringe sind mir die Worte tief in die Seele gegraben: Ich gebe ihn Dir, bis Du einst einen anderen von mir erhälst. O Marie, wie lieblich hallen diese Worte nach und mein Blick heftet sich unwillkürlich auf Dein seelenvolles Auge, wie die Phantasie es mir darstellt, und wie ich es oft, voll süßer Bedeutung, für mich sah. Lebe wohl, ich umarme Dich tausendmal, Marie, und drücke Dich an das Herz, was Dein auf ewig ist.

Gräfin Brühl an Clausewitz

Gleiwitz, den 8. Dezember 1808

Die innige Liebe, die uns vereinigt, ist der wohltätige Balsam, den der Himmel uns gab für alle Wunden des Lebens, und solange er auch für Dich seine heilende, beruhigende Kraft behält, werde ich nicht aufhören, mich glücklich zu preisen. In großen Leiden hilft mir kein schwacher Trost; die Seele muß sich mit ihrer ganzen Kraft auf dasjenige stützen können, was ihr bleibt, um einen großen Verlust mit Fassung zu ertragen. Die Stütze, die nie versagt, ist die Religion, und ist die wahre Liebe nicht auch Religion? Ist sie nicht das schönste, das heiligste Geschenk der Gottheit, durch welches uns ihr Dasein, ihre Güte, ihre väterliche Fürsorge klar werden müßte, wenn wir auch keinen anderen Beweis derselben hätten? Der Gott, der uns schon in dieser vergänglichen unvollkommenen Welt die Liebe gab und uns durch ihr höheres Licht mitten unter allen rauhen Kämpfen der Wirklichkeit den Blick in seinem Himmel öffnete, wird es wohl mit uns machen, sei es hier, sei es in einer anderen Welt. Dies Vertrauen müsse uns nie verlassen und uns nicht erlauben, mit Bitterkeit zu murren über die Opfer und Prüfungen, die uns auferlegt werden.

Auch Dich möge dies Vertrauen ganz erfüllen, mein teurer Karl, und Dich in der Überzeugung bestärken, daß die Kämpfe Deiner edlen Seele nicht verloren sind, wenn sie auch hier keinen sichtbaren Nutzen stiften sollten; an innerer Kraft und Vollkommenheit nimmst Du doch dabei zu, und vielleicht war dies die Art, wie Du Deine Bestimmung erfüllen sollst, und wenn Du ihr treu bleibst, hast Du nicht umsonst gelebt. Überhaupt bin ich fest überzeugt, daß ein edler Mensch nie umsonst lebt, wenn er auch nie in den Fall kommt, der Welt einen bestimmten Nutzen zu leisten. Sein bloßes Dasein ist eine Wohltat für die Welt, und nie ist diese Wohltat größer, als in Augenblicken, wo wahre Tugend so selten ist, sie würde ja ganz sterben unter dem Druck der Zeit und dem allgewaltigen Einflusse des Egoismus, des Leichtsinns und der Herrschsucht, wenn sie nicht in einigen reinen, unbestechlichen und unwandelbaren Gemütern fortlebe und der Zukunft den Funken bewahrte, der einst wieder in helle Flammen auflodern wird. Unter diejenigen zu gehören, welchen dieses heilige Geschlecht anvertraut ist, scheint mir eine so schöne, so edle Bestimmung, daß auch der ewige, schmerzliche Kampf, der damit verbunden ist, sie einem großen Gemüte nicht zu sehr verbittern sollte. So erscheinst Du mir, mein Karl, als einer der wenigen, die mit ganzer Seele einer besseren, kräftigeren Zeit angehören, und wenn auch das Unglück des Vaterlandes Dein edles Streben in Fesseln schlägt, so wird es doch für die Zukunft nicht verloren sein.

Henriette von Willich und Friedrich Schleiermacher

Henriette von Willich an Schleiermacher

Sagard, den 13. März 1807

Lieber, lieber Schleiermacher! mein geliebter Freund, mein Vater! – O mein Gott, mein Gott! wie soll ich es Dir aussprechen und wie sollst Du es hören! Schleier, ich bin nicht mehr die glückliche Jette, deren heiliges Glück Du im Herzen trägst und woran Du Dich so innig freutest. Mein lieber Schleier, mache Dich gefaßt, das bitterste zu hören – die glückliche Jette ist jetzt eine arme, betrübte, einsam weinende Jette – o mein Schleier, so sei es denn mit einem Male ausgesprochen, das entsetzliche Wort – mein Ehrenfried, mein innig, zärtlich geliebter Ehrenfried ist nicht mehr bei mir – er lebt in einer anderen Welt – o Schleier, kannst Du es fassen? kannst Du begreifen, und nicht die Fassung, mit der ich es getragen habe und tragen werde. – Welche Sehnsucht habe ich, Dir mein ganzes Herz zu zeigen. – Ja, Schleier, Du hast wohl Ursache, über

Friedrich Ernst David Schleiermacher (1768–1834) war einer der großen Philosophen der Romantik.

mich zu weinen, aber Du kannst Dich doch wieder beruhigen – Gott steht mir mächtig bei – ich verzage und verzweifle nicht – ich lebe ganz noch in dem Gefühl seiner und meiner Liebe – ich trage ihn immer im Herzen – ich liebe ihn mit der ganzen Kraft und Sehnsucht, deren meine Seele fähig ist – o Schleier, ich habe mitten in meinem Schmerz noch selige Augenblicke, wenn ich so recht lebendig fühle, wie wir uns liebten und diese Liebe ja ewig ist und sie Gott unmöglich zerstören kann, da ja Gott selbst die Liebe ist. Schleier, ich trage dies Leben, solange die Natur es will, denn ich habe noch zu wirken für seine und meine Kinder – aber o Gott, mit welcher Sehnsucht, mit welcher Ahndung einer unaussprechlichen Seligkeit schaue ich hinüber in jene Welt, wo er lebt. Welche Wonne für mich zu sterben – Schleier, werde ich ihn nicht wiederfinden? O mein Gott, ich bitte Dich bei allem, was Dir lieb und heilig ist, wenn Du kannst, so gib mir die Gewißheit, daß ich ihn wiederfinde und wiedererkenne. Sag' mir Deinen innersten Glauben darüber, lieber Schleier, ach, ich bin vernichtet, wenn dieser Glaube sinket. – Dafür lebe ich, dafür trage ich mit Ergebung und Ruhe. – Das ist meine einzige Aussicht, die allein Licht auf mein dunkles Leben wirft – ihn wiederzufinden, wieder für ihn zu leben, ihn wieder zu beglücken. – O Gott, es ist nicht möglich, es kann nicht zerstört sein, es ist nur unterbrochen. Ich kann niemals wieder glücklich sein ohne ihn – o Schleier, sprich meinem armen Herzen zu. – Sage mir, was Du glaubst. Ach, sollte auch er sich wohl sehnen, sich meiner erinnern können? vielleicht unsichtbar mich oft umschweben? – O wie wird das arme Herz von Hoffnung und Ahndung – und Zweifel hin und her gezogen! Doch nein, die Zweifel gehen nicht viel weiter als in Gedanken – das fühle ich als ewigen Trost, der mir nicht schwindet, unsre Liebe war die göttliche, der Tod kann sie nicht vernichten. O mein Schleier, wie sehne ich mich nach Dir. Du wirst mir Trost und Stütze sein, ich fühle ein so inniges Vertrauen zu Dir, ich werde Dir alles sagen, was in dieser traurigen Zeit in mir gewesen ist. O Schleier, wie wirst auch Du trauern um den treuen geliebten Freund – ach, wie war ich so glücklich! mit welcher Freude sah ich an seiner Seite dem neuen Mutterglück entgegen – nun werde ich viel Tränen über des Säuglings Wiege weinen. – Nur acht Tage war mein E. am Nervenfieber krank – ach ich hoffte immer, ich hielt es für unmöglich, ich habe ihn mit der zärtlichsten Liebe gepflegt – und er war mir immer so mild und freundlich und liebevoll – ach, die letzten Tage war die Krankheit so heftig, daß er kein Bewußtsein mehr hatte – o bittere Erinnerung! und dennoch mit Süßigkeit vermischt! wie brach durch die Phantasien seine Liebe zu mir immer hindurch – mit süßen Namen hat er mich noch genannt, als schon sein Geist gänzlich durch die Krankheit umdunkelt ward – das letzte Wort, das er mir gesagt hat, war, als ich ihn fragte, ob er seine Jetta nicht mehr kenne, „ja Jette, meine süße Braut". O Schleier, wie bedeutend und wie wahr! seine Braut, das bin ich – o ich will es erweisen, daß ich wert werde, wieder ganz mit ihm verbunden, ganz fein zu sein. – – Weißt Du, wann der Schmerz mich zu bitter ergreift! wenn ich denke, künftig wird nichts mehr gelten von den Alten – wer seiner am würdigsten ist, wird ihm am nächsten sein – o viele sind mehr als ich von denen, die ihn lieben – und wenn ich denke, seine Seele ist aufgelöst, ganz verschmolzen in dem großen All – das Alte wird nicht wiedererkannt – es ist ganz vorbei – o Schleier, dies kann ich nicht aushalten – o sprich mir zu, Lieber, Lieber. – Lebe wohl, Schleier, ich habe Dir so viel zu sagen und doch vielleicht nun lange nicht wieder. Du wirst doch aus diesem wissen, wie es in mir ist – ich leide viel, aber nie weicht die innere Ruhe und die äußere Fassung ganz. Deine Jette.

Schleiermacher an Henriette von Willich

Halle, den 18ten August 1808

Am Montag, als es gerade vier Wochen waren, daß wir uns das schöne Wort gegeben hatten, erhielt ich Deinen ersten Brief, meine süße Jette. Gott, wie viel ist mir doch gegeben worden in so kurzer Zeit, wie ist das so lange irrende Leben auf einmal zur Vollendung gekommen. Es ist mir auch nun gar nicht mehr so, daß ich wohl fragen möchte, ob es auch wahr ist! Ich bin nun schon ganz darin eingelebt, ich habe und genieße es wirklich täglich und stündlich, mein Denken an Dich und die Kinder ist ganz so, wie das des abwesenden Gatten und Vaters es sein muß. Dir ist wohl auch so, Du denkst mich auf der Reise und daß ich bald wieder komme und daß wir dann eine andere Wohnung beziehn; anders kann es auch nicht sein; Sehnsucht nach Dir und die schöne ruhige Gewißheit, daß ich Dich habe, sind ganz eins ... Die kindliche Liebe! ja mein süßes Herz, die nehme ich immer an, denn dieses schöne Verhältnis und unsere gemeinsame Liebe zu unsrem treuen E. und allem was sein ist, ist ja der Grund jeder Liebe in uns und unsers ganzen schönen Glückes. Mein gutes Herz, daß Dir die Art recht ist, wie ich mich Dir genähert habe, das freut mich sehr und ich finde es sehr natürlich; aber glaube nur nicht, daß darin ein besonderes Verdienst von meiner Seite ist oder etwas ausgerechnetes absichtliches oder auch nur, daß ich Dir irgendetwas verborgen hätte bis auf den rechten Moment. Nein, liebe Jette, ich habe Dir alles immer offen ausgesprochen, was mir selbst ganz klar war; . . . Darum ist mir nun auch klar, daß, was in uns ist, auf eine

wahrhaft göttliche Weise geworden ist, aus dem Innersten unseres Wesens heraus, durch eine höchste Natur, anknüpfend an unser gesamtes Sein, nicht von irgendetwas einzelnem ausgehend und also auch auf keine Art einseitig und unsicher. Warum wolltest Du Dich also nicht auch reingehn lassen, wie in allem, was in Dir ist, in aller Freude an dieser neuen Offenbarung Gottes in uns? Du bist ja jugendlich und frisch, warum solltest Du nicht so ins Leben hineingehn? meinst Du nicht, daß ich eben diese frische Jugendlichkeit in Dir liebe? daß ich ihrer bedarf? daß sie in dem ganzen Gang unseres Lebens auch mitgewirkt hat in uns beiden? Denke, sie ist unser schönster Besitz, mein so gut als Dein. Sei immer gern die jugendliche Mutter der süßen Kinder; die jugendliche, erfrischende, töchterliche Gattin Deines Ernst, Deines Väterchen.
Liebe, süße Jette, laß Dich recht innig umarmen und unter den zärtlichen Liebkosungen einsegnen dazu, daß sie Dir immer bleibe, diese liebliche Frische des Lebens – des Schmerzes bedarfst Du jetzt nicht mehr, Ehrenfried soll Dir nun nicht mehr fehlen; wie wir unsers Glückes sicher sind, so sind wir auch seiner Freude sicher, und seine Freude muß ja Deinen Schmerz vertreiben. Aber wenn wir je aufhören könnten, mit ihm zu leben, ihn in und mit uns leben zu lassen, dann wären wir und könnten auch uns nicht mehr lieben mit dieser selbigen Liebe. Das kann also nicht geschehn, und so werden auch diese Schwankungen, die jetzt so natürlich sind, Dir immer mehr verschwinden, und das Vergangene und Gegenwärtige werden immer mehr eins werden in Dir.

Henriette von Willich an Schleiermacher

Den 5ten März 1809

Die stille, einsame Abendstunde soll wieder Dir geweiht sein, mein Geliebter – wie reich bin ich gestern geworden – zwei Briefe auf einmal – nun fühle ich auch recht, wie innig ich mich an Dich schmiege und in den Küssen Dir alles sagen und alles geben möchte, Dir zu erkennen gebe, daß ich, Dir den Scherz von neulich verziehen habe und daß ich Dein bin – o so ganz, wie sichs nicht aussprechen läßt.
Denke es Dir nur recht, Herzensmann, wenn wir erst beieinander sitzen werden, und ich in Dich verloren, mich an Deinem Anschauen weide – und Auge in Auge immer tiefer, bis ich es nicht mehr aushalten kann, sondern in voller Begeisterung Dir um den Hals falle und alle Zärtlichkeit an Dich verschwende, Du Süßer, Einziger!
Wie soll ich Dir nur danken, mein Herzensgeliebter, daß Du mir Deine und Eleonorens Briefe zu lesen geben willst. Ich hatte schon recht oft

daran gedacht, Dich aber nicht darum fragen wollen, ob Du Deine an Eleonore habest. Ob ich wohl wünschte, auch so dargestellt zu werden, wenn ich wirklich etwas eigenes hätte, weshalb ich Interesse erregen könnte, wie würde ich es dann nicht recht schön finden. Das mußt du nun besser wissen als ich – was ich darüber glaube, weißt Du längst.
. . . Ach, daß unser Wiedersehen, unsre schöne Feier in die Zeit der Blüten fällt, ist unvergleichlich. Ja recht in vollen Zügen wollen wir die liebliche Schönheit der Natur genießen. Solche Liebe im Herzen, wie wird sie sich da doppelt fühlen lassen!

Eid der Treue

Adelbert von Chamisso (1781–1838)

Mißtrauest, Liebchen, du der flücht'gen Stunde
Des Augenblickes Lust?
Bist Brust an Brust du nicht, und Mund an Munde,
Der Ewigkeit bewußt?

Ich soll nur dir, und ewig dir gehören;
Du willst darauf ein Pfand:
Wohlan! ich will's mit kräft'gem Eid beschwören,
Ich hebe meine Hand:

Ich schwör's, elftausend heilge Jungfrauen.
Bei eurem keuschen Bart;
Bei Jakob's Leitersprosse, die zu schauen
In Mailand wird bewahrt;

Ich schwör' es noch, zu mehrerem Gewichte –
Ein unerhörter Schwur! –
Bei'm Vorwort zu des Kaisers Karl Geschichte,
Und bei des Windes Spur;

Bei'm Schnee, der auf dem Libanon gefallen
Im letzt vergang'nen Jahr;
Bei Nihil, Nemo, und dem andern allen,
Was nie sein wird noch war.

Und falls ich dennoch jemals untreu würde;
Vergäße jemals dein,
So soll mein Eid verbleiben ohne Würde,
Und ganz unbündig sein.

Liebesglück

Aus Unterfranken

Jetzt kommt die schönste Stunde,
Der Augenblick heran,
Daß ich von deinem Munde
Mir Rosen brechen kann.

Die Rosen zarter Jugend,
Die, schöner als Rubin,
Von angenehmster Tugend,
Auf deinen Wangen blüh'n.

Ich warte mit Verlangen
Auf diesen Augenblick:
Mein Kind, dich zu umfangen,
Scheint mir das höchste Glück.

Meine Brust trägt eine Kette,
Die du mir angelegt;
Ich wollt' um's Leben wetten,
Daß niemand schwerer trägt.

Wird mir die Zeit so lange,
So denkt mein Geist an dich;
Wird dir die Zeit so lange,
So denk du auch an mich.

Jetzt laß ich mir nichts wehren,
Und geh' es, wie es will;
Ich liebe dich in Ehren
Mit freundlichem Gefühl.

Wenn dich die Leute fragen,
Wohin dein Sinn gericht't,
So darfst zur Antwort sagen:
Ei, davon weiß ich nicht.

Was darf's ein andrer wissen,
Was ich und du getan?
Wenn wir einander küssen,
Was geht's die Leute an?

So wie die Rosen blühen,
So blühe dir dein Glück;

Und wenn du Rosen siehest,
So denk an mich zurück!

Die Freundlichkeit schenk' allen,
Das Herz behalt' für mich:
So hat ein Wohlgefallen
Die Welt sowohl als ich.

Kerner an Friederike Ebmann

Juli 1807

Liebes Rickele! Wie gerne hätte ich Dir noch gestern nacht geschrieben, ich war aber außerstande, gewiß! Im Lustnau noch lange aufgehalten, mußte ich beinahe springen, um vor 10 Uhr noch in das Haus zu kommen. Wie irrte ich gestern auf den Feldern umher, wie klopfte mein Herz, und, als ich keinen Ausgang mehr fand und schon fürchtete, nicht mehr zu Dir zu kommen, Liebe, wir war mir da!! – Ach, da fühlte ich recht, wie ich Dich liebe. Gern hätte ich eine Minute darauf mein Leben gegeben, hätte ich Dich nur gesehen, gern hätte ich mich noch ganz außer Atem gelaufen, hätte ich nur mit dem letzten Atemzug mein liebes Rickele gesehen. – Ich legte mich auf den Boden nieder und mußte weinen vor Schmerz. – Doch als ich Dich fand, Du liebes Kind, als ich Dich sah, wie war da alles vergessen. O wären nur nicht die Leute gewesen, wie hätte ich Dich an mein Herz gepreßt. Welch ein froher Abend dann

Das Haus von Justinus Kerner (1786–1862) war der Zufluchtsort vieler Dichter. Umgeben vom Duft von Obst und Wein lebte er dort sein kleines Glück mit Friederike, seiner Rickele.

an Deiner Seite. O lasse uns jeden Augenblick benutzen, wo wir uns sehen, sprechen, schreiben und uns ans Herz drücken können! Die frohen Tage, sie vergehen so bald. Wie ich Dich liebe, Du Liebe, wie ich so ganz Dein bin! O fühltest Du nur, was ich jetzt fühle! Welche Liebe, welche Liebe zu Dir!

Dienstag nachts, 11 Uhr, 1807

Schön ist's, wenn zwei Sterne beieinander stehen, ach, man sieht sie so gerne an, sie geben auch viel helleren Schein. Schön ist's, wenn zwei Blumen beieinander stehen, man freut sich ihrer, sie geben auch viel süßeren Duft. Doch wenn zwei, die sich lieben, beieinander stehen, wie schön ist das! Sie leuchten heller als zwei Sterne, sie duften süßer als zwei Blumen; daß ich Dich wieder sah, Du teures Mädchen! Deine Liebe macht mich so glücklich. Doch ach, was fühlt dieses Herz? Ist es Leiden, ist es Liebe! Ob Liebe Leiden sei, weiß ich zu sagen nicht, aber ich klage nicht, lieblich das Leiden ist, wenn Leiden Liebe ist. Der Duft ist die Liebe der Blume, die Liebe ist der Duft des Mädchens! Eine Blume ohne Duft, so schön sie auch sein mag, steckt man nicht gern an das Herz. Ein Mädchen ohne Liebe, so schön es auch sein mag, ist ein totes Spielwerk. Duft gibt der Blume Leben und Sprache, Liebe Leben und Sprache dem Auge des Mädchens. Der Jüngling verhält sich zum Mädchen wie der Stern zur Blume, rastlos schweift der Stern durch Wolken und Stürme. Die Blume duftet still auf häuslicher Flur, an die Mutter, die Erde gebunden; der Stern, von düsteren Wolken umzogen, verliert seinen hellen Glanz. Die Blume duftet auch unter Stürmen ruhig fort. – Liebe, unser Tagwerk ist vollbracht, laß uns jetzt recht ruhig aneinander denken. Wie fern ist der Stern von der Blume, und doch wird sie von ihm erhellt. Wie fern ist die Blume vom Stern, und doch duftet sie zu ihm empor. Wie fern bist Du von mir, und doch fühl' ich Deine Liebe,

ach so innig, als wenn ich Dich an mein Herz gepreßt hätte. Wie fern bin ich von Dir, und doch fühlst Du, ich weiß es, meinen Strahl in Deinem Herzen.
Das schwarze Band von Dir trage ich fest auf dem Herzen.

Schwarzes Band, o du mein Leben!
Ruh' auf meinem Herzen warm;
Liebe hat dich mir gegeben,
Ohne dich, wie wär ich arm.

Mittwoch Nacht

Seit ich in Deinem frommen Herzen lebe, Du teueres Mädchen, wie ist die Erde, wie sind die Menschen ganz umgestaltet, ich fühle, ich werde besser durch Dich. Und wer sollte nicht besser werden, der in einem solchen reinen, formmen, jungfräulichen Herzen, in einem solchen Tempel der reinen Mutter Gottes wohnt ...

Juli, Mittwoch

Mein Rickele, mein liebes, teueres Mädchen, warum bin ich doch fröhlich, warum nach vielen Tagen wieder. Gott, ich sah so viel Liebe heute in Deinen Augen, darum bin ich so fröhlich. O liebes Mädchen, daß Du mich liebst, es ist ein Traum. Daß ein Mädchen, ach, so was Heiliges in meinen Augen, mich liebt – das ist ein Traum. – Du süßer Traum, laß mich nicht erwachen!!

Hamburg, morgens 24. Mai

O Liebe! wie bin ich durch schreckliche Träume ermattet, wie so müde, lebenssatt und voll Trauer! Mir träumte, ich ginge Lustnau zu, da kam mir Nane mit vielem Weinen entgegen, die sagte mir: daß Du voll Blut totenblaß da liegest, und daß das Blut, das aus Deinem Herzen ströme, nicht zu stillen sei. Da ging ich weinend den Berg hinauf und da kam ein Röslein herab und sagte ganz trocken: Du seiest ja schon lange tot: – – Hier ist der Traum etwas unterbrochen.
Nachher kam ich vor ein großes Haus, das wie ein Schloß war, das stand aber ganz verlassen da und man hörte von keinem Menschen außen und innen.
Ich ging eine lange, lange Treppe hinauf, wo jeder meiner Tritte dumpf nachhallte, und wo alte Bilder, die da herumhingen, mich mit schrecklichen Augen ansahen.
Ich ging durch viele Zimmer, die alle verlassen dastanden. Da kam ich vor einen Saal, und wie ich über die Schwelle trat, gab mir eine unsicht-

bare Hand einen Schlag aufs Herz, von dem es mir ganz wehe wurde. Als ich nun in den Saal trat, da lagst Du ganz totenblaß in einem weißen Kleid (o Kind! so schön!!!!–) auf einem schwarzen Teppich tot auf dem Boden und viele Rosen und Lilien um Dich her. O Liebe! wie war mir da!!! –

Ich kann's nicht fassen

Adelbert von Chamisso (1781–1838)

Ich kann's nicht fassen, nicht glauben,
Es hat ein Traum mich berückt;
Wie hätt' er doch unter allen
Mich Arme erhöht und beglückt?

Mir war's – er habe gesprochen:
Ich bin auf ewig dein –
Mir war's – ich träume noch immer,
Es kann ja nimmer so sein.

O laß im Traume mich sterben
Gewieget an seiner Brust,
Den seligsten Tod mich schlürfen
In Tränen unendlicher Lust.

Wie dir, so mir

Justinus Kerner (1786–1862)

Wie dir geschah, so solls auch mir geschehn,
Nur wo du hinkamst, will auch ich hingehn:
Ich will ins Licht nur, wirst im Licht du sein,
Bist du in Nacht, so will ich in die Nacht,
Bist du in Pein, so will ich in die Pein.
Von dir getrennt hab ich mich nie gedacht,
Zu dir, zu dir will ich allein, allein!

Clemens Brentano

Brentano an eine Ungenannte

Berlin 1816

Ich bin sehr, sehr traurig in meiner Seele; ich schwebe zwischen Himmel und Erde, wie ein trauriger Gedanke. Mir geht ein Schwert durch das Herz, an dem ich nicht sterben kann, denn es kommt von Dir. Mir ist, als werdest Du mich bald verleugnen vor den Menschen. Es gibt unaussprechliche Gefühle, Du kennst sie; ein solches ist dies. Du kannst nicht reden und bist geheim, und wenn Du redest, bist Du oft hart und schmerzlich, ohne es zu wissen. O, hätte ich Dich nie gesehen, wäre ich nie von den Toten erstanden vor Dir. Mir ahnet, Du wirst bald Deine

Hände über mir waschen und sagen: Ich habe keinen Teil an diesem Menschen. Geliebtes Wesen, ist es möglich? Oder bin ich krank? ...
Ich glaubte, Du habest ein Herz. Du hast mir ein Herz gezeigt; seit ich es sah, habe ich alles verloren, was ich gehabt. Du hast mir das Dach abgedeckt und Türe und Fenster ausgehoben; Du hast mir den Mantel genommen, ja, die Brust eingestoßen; Du hast allen Jammer in meiner Brust gesehen und gesagt: Du seiest ein Engel und wollest helfen. Mein Kind, wie wird dies gehen?
Solch Leid und solche Freude ist mir aus keinem Brunnen gequollen als von Deiner Lippe, aus Deinen Augen. Du hast mir unendlichen Trost und unendliche Marter gegeben; warum das Letzte? Ach, das wissen wir beide nicht. Ich Elender, was helfen meine Worte? Sterben wäre mir das beste, und ich fühle es, ich muß von der Erde, bald, bald! Hat sie Dich verletzt, so kann ich nicht auf ihr leben. – Du hattest einmal die Schlangen besprochen, daß sie waren wie Locken und seidene Bänder; aber Du läßt sie auch manchmal wieder los, und dann lieg' ich, wie Laocoon, in einem Knoten von Giftzungen. Mein liebes Kind, das ist Dein Wille nicht; ja, es schmerzt Dich, daß ich leide, und Du wärest wohl imstande, in eine Wunde wie in ein Ohr hineinzuschreien: was fehlet Dir? in eine Wunde, die sich öffnete, um ein Mund zu sein, daß sie Dir sage: Ich bin ein Auge, das nach Dir schauen wird und brechen. – Vergeblich! – Kennst Du dies schreckliche Wort? Es ist die Überschrift meines ganzen Lebens; es brennt mir auf der Stirne äußerlich, wie im Hirn innerlich; all mein Denken, Tun und Leiden, mein unendliches Leiden, war vergeblich, und ich mußte dies Wort immer dabei denken. In solchem Jammer sank ich vor Dir nieder, Du legtest Deine heilende Hand auf diese Kainsschrift, und ich sagte Dir meine Schuld. Da weintest Du auf dieselbe und sprachst voll Huld: Vergeblich! Du Gütige meintest es anders: Deine Schuld kann vergeben werden. Aber ich Elender habe das Wort empfangen von Dir in seiner ganzen Bedeutung; Dein Segen ist mein Fluch geworden; ach, alles ist vergeblich! Weißt Du, was Du getan hast, als Du mein Herz von Gott annahmst?
Du hast eine Pflicht genommen, es zu heilen und zu heiligen. O erschrick nicht, daß es vor Dir schreit und zuckt, wenn es fühlet, daß Du eigenwillig und nicht verstehend es oft zerreißest. Du selbst hast es gefühlt und ausgesprochen, daß dieses Herz Dein ist; Du weißt es, ich weiß es, Gott weiß es!
Aber vergeblich! muß ich nun schreien, das entsetzliche Wort, wenn Du mit gräßlicher Kälte aussprichst: Ich habe kein Mitleid mehr, keinen Teil an keinem Menschen; ich bin verschlossen; ich will ganz allein sein in mir, u.s.w.

Vergeblich muß ich schreien, das entsetzliche Wort, wenn Du in meiner Gegenwart aussprichst: Ich habe bis jetzt auf der Welt nichts genützt, ich will nützlich werden und dies und jenes tun. Fahr' hin in Deiner Heiligkeit, Du Törin, Du Wahnsinnige, aber ich sage Dir hier in die Seele, wenn Du vor den Herrn kommst, wird er Dich fragen: „Wo hast Du das Herz dessen, den ich Dir übergeben habe?" und ich werde Dir nachschreien mein Vergeblich bis jenseits der Ewigkeit.
O mein Kind! mein Kind! was ist aus mir geworden? Ich sage Dir nochmals, stoße mich nieder oder richte mich auf. Sage mir, daß ich weiche und verderbe, oder daß ich bleibe und lebe. So will ich nicht mehr leben. Ich erschrecke, wenn ich denke, daß Du mich mißverstehest. Wahrhaftig, ich liebe Dich weniger als Gott – o, wie muß ich ihn lieben! Manchmal schaudere ich durch Mark und Bein, wenn ich denke, du seiest der Gnadenstoß des Richtes über meinem Herzen. Herr, mache es gnädig mit mir! Wo ist der Segen hin, wo der Friede, der Trost, der mir gegeben worden mit Dir? Du bist schrecklich gerüstet, mein Engel; mit einem Wort, einem Schweigen nimmst Du weg alles, was Du gegeben und verheißen, ja mehr noch, Du weckst die Toten, um sie zu töten, Du kleidest die Nackten und zerreißest ihnen die Brust über'm Herzen, Du speisest die Hungernden und Dürstenden mit Hunger und Durst, Du besuchest die Kranken mit Gift und befreiest die Gefangenen, ihnen in die Sonne zu treten. Wer bin ich? Kennst Du mich wohl? Hast Du nichts mit mir, von mir, durch mich? Weißt Du, was ich um Dich verlassen habe? Das Leben außer Dir und Jesum, – und läßt Du mich fallen, so falle ich auf Deine Rechnung.

Berlin, im Spätherbst 1816

Es ist mir innerlich gewiß, daß viele Mauern zwischen uns gegen Himmel fliegen werden, und daß der Vorhang durchsichtig, ja durchwandelbar werden wird. Schon ist die Wand lebendig; was jedes von uns auf seiner Seite fühlt und säet, blühet und fruchtet hinüber.
Ich bin leider noch in unendlichem Vorteil. Du bist die Güte und Huld selbst, und all Dein Sein ist Schein und all Dein Schein ist Sein. Lebst Du wirklich, oder bist Du nur ein Lichtfleckchen, das ein Engel mit seinem spiegelnden Schild aus der innersten, reinsten Himmelssonne mir an der dunkeln Kerkerwand tanzen läßt?
Liebes Wesen, Du Schwalbenlied, Du kleine, rosenrote Spinne am Turmfenster. Ein Wink von Deinen Augen kann eine Hölle blind machen. Dein kleiner Finger bricht unauflösliche Bande. Ein Lächeln von Dir löst Gewitter auf. Tauche Deine Hand ins tote Meer, und es wird das Wasser, worüber die Geister schweben. Ist alles an mir geschehen!

Mein klein winzig-mutterselig-alleiniges Herz, wie groß bist Du? Ich bin ein armer Mensch und gäbe mein Leben nicht um alles in der Welt, selbst um Dich nicht, weil ich Dich nun so unendlich liebe. O dummer Clemens! O dumme Freundin! wie klug seid Ihr in der Zeit und Ewigkeit? Um Dich, für Dich, durch Dich wird alles gut gehen.

Ich bin durch die Wüste gezogen,
Des Sandes glühende Wogen
Verbrannten mir den Fuß;
Es haben die Wolken gelogen,
Es kam kein Regenguß u. s. w.

Karoline Jagemann an Herzog Karl August von Weimar

Leipzig, 8. Juni 1807

Vom ersten Augenblick meines Hierseins bis jetzt habe ich nicht gewußt, wohin vor lauter Arbeit. Gestern spielte ich wieder, und heute, wo ich einen freien Tag habe, kann ich nicht aus dem Hause gehen, ohne Dir, Du Lieber, erst geschrieben zu haben. Wenn Du mich recht glücklich hättest machen wollen, so hättest Du mir wie sonst am Morgen Deiner Abreise ein paar Wörtchen geschrieben und mir hierher geschickt. Doch gerne kommt meine Liebe der Deinigen zuvor, denn Du hast doch noch das alte Gefühl für mich, wenn auch hier und da die Formen sich ändern. Der Himmel gebe, daß dieser Brief Dich gesund antrifft, Du lieber Alter, dann bist Du vergnügt und ich kann ruhig sein. – Madame Wolff ist über den Beifall, den ich hier habe, so erzürnt, daß sie erklärt hat, sie wolle mir bei nächster Gelegenheit das Nasenbein mit einem Stück Holz entzweischmeißen. Es wäre doch schade um mein schönes Profil, auf das ich für meine alten Tage meine ganze Hoffnung gesetzt habe. Morgen spiele ich Maria Stuart, übermorgen schreibe ich Dir wieder. Ich wünsche Dir, mein Alter, alles mögliche Vergnügen, was zu Deinem Wohlbefinden gehören mag. Auch lieben kannst Du – Du kannst lieben, doch verliebe Dich nur nicht.
Adieu, Du lieber Engel, Du bist mein einziger Lieber, habe mich auch lieb und schreibe mir bald.

Karl August von Sachsen-Weimar (1757–1828) berief Goethe als Minister und machte Weimar zur Heimstätte der deutschen Klassik. Die Jagemann war die Gegenspielerin Goethes am Weimarer Theater.

Der vortreffliche Mantel

Adelbert von Chamisso (1781–1838)

Liebe Tochter, was klagst du so sehr
Um diesen einen?
's gibt ja der hübschen Jünglinge mehr,
Laß ab zu weinen.

Liebe Mutter, es fällt mir nicht ein
Um ihn zu klagen;
Um den Mantel klag ich allein,
Ich will's dir sagen.

Ach der gute Mantel, beschwert
Mit silbernen Ketten!
Den behielt er noch unverzehrt,
Wenn den wir nur hätten!

Joseph von Görres an seine Braut Katharina von Lassaulx

Am 1. Germinal, 7.8. (22. März), morgens 2

„Wenn Dich alles verläßt, dann wirf Dich an mein Herz, dem Du alles bist, das in Dir seine Welt findet, und Du sollst Dich mit Deinem Geschicke wieder aussöhnen." O Liebe, was diese Stelle meinem Gefühle so unbeschreiblich wohltut, wie ich mich an ihr erwärme, daß ich Deine Abwesenheit vergesse und nur Sinn für mein Glück behalte, ein solches Glück gefunden zu haben. Was wäre ich, wenn mein Geschick nicht zu allem übrigen auch diese erste und größte aller Wohltaten hinzugefügt hätte, wenn es mich einsam gelassen hätte mein Leben hindurch, oder zerpflückt vor ihrer Blüte die Liebe, deren Wurzel es mit allen meinen Jugendfreuden verflocht. Unter zehn Millionen Fällen bringt der Zufall nur einmal drei Sterne einander so nahe, wie sie im Orion stehen, sind mehr Treffer bei der Annäherung verwandter Seelen? Nein, nur Du

Joseph von Görres (1776–1848) setzte sich für die innere Freiheit Deutschlands ein und wurde dafür verfolgt. Begründer des politischen Journalismus.

warst für mich, so wie Du da lebst und webst, so bedurfte ich Deiner, zerreiße dies Band und mein Herz fällt auseinander, es ist aus mit ihm. Ich berechne mit Schaudern, was dann aus mir werden könnte, ein kalter, kalter Menschenhasser mitten unter Schutt und Graus auf der Brandstätte seines ehemaligen Glückes. Aber nicht wahr, das kann nicht so werden, mein Leben ist nicht abgeteilt in eine helle, glänzende und eine dunkle, schwarze Schattenseite? Bei Dir werde ich mich bewahren vor Erkältung und Überdruß, an Deinem Herzen finden, was alles außer mir sonst mir versagt. Aber ich weiß ihn auch zu würdigen, diesen Schatz, ich bewahre ihn dort, wo keine Zeit und kein Zufall ihn mir zu rauben vermag. Wenn ich so manchmal sinne, womit ich Dir für Deine Liebe danken soll, dann fällt mir gar nichts ein als Gegenliebe, gar nichts sonst, alles andere ist nichts. Noch denke ich mir manchmal lebhaft, wie ich Dir Dein künftiges Leben erheitern, wie ich alles von Dir abwenden werde, was Deinem Herzen wehetun könnte, wie ich in diesem Herzen ein Eden der angenehmsten, wohltätigsten Gefühle hervorrufen will, um mich dann in Deiner Freude zu freuen und in Deiner Zufriedenheit zu leben. Da verliere ich mich dann in diesen schönen Bildern, und nur mit Unmut sehe ich mich von irgendeinem rauhen Akzente in meiner Freude gestört und an die Kluft erinnert, die noch zwischen jetzt und künftig liegt. –

Die wahre Liebe ist unermeßlich und deswegen unzerstörbar für alle Zeit. Einen kleinen Raum im Herzen einnehmen, das mag sie, aber nie, nie ganz sich daraus verlieren, und ich möchte nicht angefangen haben zu lieben, wenn ich je aufhören könnte.–

Auf Wiedersehen!

Westwind

Marianne von Willemer (1784–1860)

Ach, um deine feuchten Schwingen,
West, wie sehr ich dich beneide,
Denn du kannst ihm Kunde bringen
Was ich durch die Trennung leide!

Die Bewegung deiner Flügel
Weckt im Busen stilles Sehnen,
Blumen, Auen, Wald und Hügel
Stehn bei deinem Hauch in Tränen.

Doch dein mildes, sanftes Wehen
Kühlt die wunden Augenlider;
Ach, für Leid müßt ich vergehen,
Hofft ich nicht, wir sehn uns wieder.

Geh denn hin zu meinen Lieben,
Spreche sanft zu seinem Herzen;

Doch vermeid ihn zu betrüben
Und verschweig ihm meine Schmerzen.

Sag ihm nur, doch sag's bescheiden,
Seine Liebe sei mein Leben,
Freudiges Gefühl von beiden
Wird mir seine Nähe geben.

Heimweh

Joseph von Eichendorff (1788–1857)

Wer in die Fremde will wandern,
Der muß mit der Liebsten gehn,
Es jubeln und lassen die andern
Den Fremden alleine stehn.

Was wisset ihr, dunkle Wipfel,
Von der alten, schönen Zeit?
Ach, die Heimat hinter den Gipfeln,
Wie liegt sie von hier so weit.

Am liebsten betracht ich die Sterne,
Die schienen, wie ich ging zu ihr,
Die Nachtigall hör' ich so gerne,
Sie sang vor der Liebsten Tür.

Der Morgen, das ist meine Freude!
Da steig' ich in stiller Stund'
Auf den höchsten Berg in die Weite,
Grüß' dich, Deutschland, aus Herzensgrund!

Das zerbrochene Ringlein

Joseph von Eichendorff (1788–1857)

Mäßig langsam.

Mel. v. Friedr. Glück. 1814. Norddeutsche Lesart, vom Volke zurecht gesungen, notirt bei Erk.*

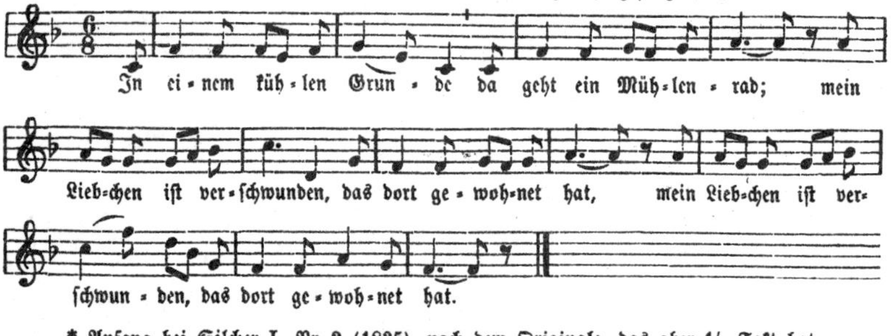

* Anfang bei Silcher I, Nr. 2 (1825), nach dem Originale, das aber 4/4-Takt hat.

In einem kühlen Grunde
Da geht ein Mühlenrad,
Mein Liebste ist verschwunden,
Die dort gewohnet hat.

Sie hat mir Treu versprochen,
Gab mir ein'n Ring dabei,
Sie hat die Treu gebrochen,
Mein Ringlein sprang entzwei.

Ich möcht als Spielmann reisen
Weit in die Welt hinaus
Und singen meine Weisen
Und gehn von Haus zu Haus.

Ich möcht als Reiter fliegen
Wohl in die blutge Schlacht,
Um stille Feuer liegen
Im Feld bei dunkler Nacht.

Hör ich das Mühlrad gehen,
Ich weiß nicht, was ich will –
Ich möcht am liebsten sterben,
Da wär's auf einmal still!

Verratene Liebe

Adelbert von Chamisso (1781–1838)

Da Nachts wir uns küßten, o Mädchen,
Hat keiner uns zugeschaut;
Die Sterne, die standen am Himmel,
Wir haben den Sternen getraut.

Es ist ein Stern gefallen,
Der hat dem Meer uns verklagt,
Da hat das Meer es dem Ruder,
Das Ruder dem Schiffer gesagt.

Da sang derselbe Schiffer
Es seiner Liebsten vor,
Nun singen's auf Straßen und Märkten
Die Mädchen und Knaben im Chor.

Frühlingsnacht

Josef von Eichendorff (1788–1857)

Übern Garten durch die Lüfte
Hört ich Wandervögel ziehn.
Das bedeutet Frühlingsdüfte,
Unten fängts schon an zu blühn.

Jauchzen möcht ich, möchte weinen,
Ist mir's doch, als könnt's nicht sein!
Alte Wunder wieder scheinen
Mit dem Mondesglanz herein.

Und der Mond, die Sterne sagen's
Und in Träumen rauscht's der Hain,
Und die Nachtigallen schlagen's:
„Sie ist deine, sie ist dein!"

Liebesglück

Joseph von Eichendorff (1788–1857)

Ich hab ein Liebchen lieb recht von Herzen,
Hellfrische Augen hat's wie zwei Kerzen,
Und wo spielend streifen das Feld.
Ach, wie lustig glänzet die Welt!

Wie in der Waldnacht zwischen den Schlüften
Plötzlich die Täler sonnig sich klüften,
Funkeln die Ströme, rauscht himmelwärts
Blühende Wildnis – so ist mein Herz!

Wie vom Gebirge ins Meer zu schauen,
Wie wenn der Seefalk hangend im Blauen,
Zuruft der dämmernden Erd', wo sie blieb? –
So unermeßlich ist rechte Lieb'!

Liebestreu

Volkslied

Mäßig langsam. Durch ganz Deutschland bekannt. Zuerst gedr. 1807.

Es waren zwei Königskinder,
Sie hatten einander so lieb,
Sie konnten zusammen nicht kommen,
das Wasser war viel zu tief.

Es waren zwei Königskinder,
Sie hatten einander so lieb,

Sie konnten zusammen nicht kommen,
Das Wasser war viel zu tief.

Ach Jüngling, könntest du schwimmen,
So solltest du schwimmen bis her,
Zwei Kerzelein will ich anzünden,
Sie sollen dir leuchten bis her.

Das wurde gewahr ein Mägdlein,
Ein lausiges Pfaffenkind,
Es löschte gar heimlich die Kerzen,
Der Jüngling ertrank geschwind.

Ach Mutter, liebe Mutter:
Das Haupt tut mir so weh,
O dürfte ich ein wenig lustwandeln,
Da draußen im Garten am See?

Ach Tochter, liebe Tochter,
Alleine sollst du nicht gehn,
Die jüngste Schwester deine,
Sie soll wohl mit dir gehn.

Ach meine jüngste Schwester,
Die ist noch gar ein Kind,
Sie pflückt mir alle Blumen,
Die in dem Garten sind.

Ach Tochter, liebe Tochter,
Alleine sollst du nicht gehn,
Dein allerjüngster Bruder,
Der soll wohl mit dir gehn.

Mein allerjüngster Bruder,
Er ist noch gar ein Kind,
Er schießt mir alle Vöglein,
Die in dem Garten sind

Ach Fischer, lieber Fischer,
Ich schenke dir Goldes ein Pfund,
Setz du dich in den Nachen,
Und fische bis auf den Grund.

Er setzte sich in den Nachen
Und fischte bis auf den Grund,
Er tat so lange suchen,
Bis er den Jüngling fund.

Philippine Griesheim

An Charlotte von Münchhausen

Cöthen, den 26ten Juni 1808

Sei tausendmal an dies glückliche Herz gedrückt, meine teuerste Lotte. Wie hat sich alles um mich verändert, der Himmel hat sich mir aufgetan, ich bin zu glücklich. Alle Zweifel sind gelöst, denn ich liebe und werde geliebt! – Ach, in diesen Worten liegt ja Seligkeit! Ich muß Dir alles schreiben, um einen Ableiter meiner Gefühle zu haben. Doch nein, es läßt sich nur empfinden, nicht in Worte einkleiden!! Das Betragen unserer Schwestern brachte unsere Empfindungen immer näher, gegenseitige Mitteilungen und Klagen über ihre unfreundliche Behandlung gab unseren Gedanken Worte.

Er hatte aus Pflichtgefühl bisher geschwiegen und mich vermeiden wollen, doch die Zweifel an meiner Gegenliebe haben ihn fast getötet, er hat nur Gewißheit haben, dann sich auf immer von mir trennen wollen. O laß mich immer ein wenig stolz darauf sein, das edelste, beste, tugendhafteste Herz zu besitzen. Du glaubst es nicht, wie gut er ist, wie herrlich seine Grundsätze sind! Er ist in allem so reich begabt! – – – –

Gestern, Teuerste, wo ich der Welt geboren wurde und mein 18. Wiegenfest feierte, hat er sich mir erklärt, und ich habe dadurch ein neues, glücklicheres Dasein begonnen, denn mir scheint die ganze Schöpfung verherrlicht. Ich unerfahrene Törin hielt lange das für Freundschaft, was der höchste Grad von Liebe war. O, Lottchen, wärst Du Zeuge meines Glücks! Der ganzen Welt möchte ich es verkünden und dennoch muß ich schweigen, da niemand um unsere Liebe wissen darf, am wenigsten seine Schwestern, die andere Pläne mit der Zukunft ihres Bruders verbinden und mich gewiß von ihm zu entfernen suchten, und das überlebe ich nicht.

Jetzt wacht gewiß, außer dem höchsten dieses Städtchens, dem Turmwächter – – und mir glücklichsten der Sterblichen, keiner in diesem Örtchen, doch ich suche vergeblich Ruh, mein Gemüt ist zu sehr aufgeregt. Dennoch möchte mein nächtliches Schreiben auffallen, denn die Mitternachtsglocke hat längst ausgetönt. So will ich denn versuchen, von ihm

Die Briefe von Philippine Griesheim an ihre Freundin Charlotte von Münchhausen geben Einblick in eine unglückliche Liebesbeziehung, die an den Konventionen ihrer Zeit zu scheitern drohte. Philippine und Albert, beide 1790 geboren, wurden jedoch im Laufe ganz anderer Ereignisse auseinandergerissen als durch die bevorstehende Zwangshochzeit. Albert von Wedell wurde am 16. 9. 1809 als einer der elf Schill'schen Offiziere vor den Toren Wesels exekutiert.

und Dir zu träumen, denn Liebe und Freundschaft sind nah verbunden.

Deine unaussprechlich glückliche
Philippine.

Cöthen, den –ten.

Wie wechseln die Bilder unsrer Pilgerreise hinieden mit jedem Schritt! Heute treten wir auf Rosenblätter, und am andern Morgen wird unser Fuß mit unsichtbaren Dornen schmerzlich verletzt! Ach, liebe Lotte, was habe ich diese Zeit her gelitten! Jedoch habe ich siegreich diesen Kampf überstanden und bin jetzt wieder heiter. Um mich Dir, liebe Lotte, verständlich zu machen, muß ich einen trüben Rückblick auf die vergangenen Tage werfen. Nur wer entbehren lernt, sagt man, ist wert zu besitzen. Ach ja, ich habe viel, viel entbehren gelernt diese Zeit, denn ich glaubte mich nicht mehr von Albert geliebt, und dies brachte mich der Verzweiflung nahe; doch jetzt haben sich alle Mißverständnisse aufgelöst, er steht gerechtfertigt und liebevoller als je vor mir. Ich allein habe Veranlassung zum Mißtrauen gegeben! . . .

Albert versicherte mir jetzt, daß er nie eine größere Festigkeit des Charakters bewiesen, denn sein Zustand hätte oft an Wahnsinn gegrenzt, und er sei – o, gräßlicher Gedanke – oft willens gewesen! nein, ich kann die Worte kaum zu Papier bringen – mich auf ewig zu verlassen!!! O, wie geblendet ist die Liebe! Unsere verfallenen Züge und die Blässe unserer Wangen zeigten doch mehr den inneren Gram, als eine beglückende Liebe . . .

Mein Vater erschrak über meinen Zustand, denn zähneklappernd, meiner Sinne kaum noch mächtig, kämpfte ich mit einer Ohnmacht. Er nahm mein Geständnis nicht hart aber streng, doch gütig auf. Er tadelte selbst meine Zuneigung bei Alberts Geist und körperlichen Vorzügen nicht, fand vielmehr natürlich, daß ihm allgemein Achtung bewiesen und er andern jungen Leuten vorgezogen würde und fügte hinzu: „Du siehst, liebes Kind, daß ich gegen Albert's Persönlichkeit nichts einzuwenden habe, aber hinsichtlich des Vermögens wird das Ziel eurer Wünsche nie erreicht werden, denn das Vermögen, welches Albert in der Folge zu erwarten hat, reicht nicht hin, eine arme Frau zu ernähren. Und ich erwarte nun von Albert's rechtlicher Denkungsart, daß er dir entsagt und in eine baldige Trennung willigt. Ich werde dich daher in diesen Tagen nach Braunschweig begleiten." Das Hindernis, welches mein Vater aufstellte, war mir nie in den Sinn gekommen, überhaupt hatte ich mir meinen Vater bei dem Geständnis meiner Liebe weit aufgebrachter gedacht. Ich fing an, Hoffnung für die Zukunft zu schöpfen, als mir wie eine Zentnerlast Albert's zurückhaltendes Betragen, meine freiwillige

Trennung von mir einfiel. Ich weinte so, daß mein Vater vergebens alle Trostgründe aufbot, mich zu beruhigen ...
Am Abend war Hofball, und mein Vater wünscht mein Erscheinen, mich der Gesellschaft zu empfehlen. Albert forderte mich zur Polonaise auf, welche wir sonst stets, seit einigen Bällen aber nicht zusammen tanzten. Ich sagte ihm mit bebender Stimme, daß ich am folgenden morgen Cöthen verlassen würde. Er entfärbte sich, sprach kein Wort und verließ nach dem beendeten Tanz den Saal. Ich, darüber erschrocken, ängstigte mich, tanzte aber, meine Stimmung vor den Augen der Gesellschaft zu verbergen, einen schnellen Walzer mit dem Fürsten von P. ohne aufzuhören, bis mir der Atem fehlte, als ich durch das durchdringende Geschrei der Demoiselle G., die den Namen „Albert" rief, erschreckt wurde. Dieser teure Name aus diesem Munde gab mir meine Fassung wieder, oder vielmehr raubte sie mir gänzlich, denn ich fiel ohne Bewußtsein gegen die Ecke des Ofens, welches mir eine leichte Verletzung zuzog. Herr von Hommer und Kammerherr von Alvensleben sollen mich an den Wagen getragen haben. Die Nacht hatte ich heftiges Fieber mit ununterbrochenen Phantasien, so daß der Arzt ein hitziges Nervenfieber befürchtet hat. – – Mein Vater hat natürlich seine Reise um einige Tage verschoben, doch gestern verließ er uns. Albert ist wieder täglicher Gast in unserem Haus. Er verläßt mich so wenig wie möglich, leistet mir des abends, wo die Schwestern ausgeladen sind – und nur Mutter zugegen ist – Gesellschaft, liest mir vor oder spielt presquenblize mit mir.

Mögest Du einst so glücklich werden, als es ist
Deine Philippine

Cöthen, den 9ten Januar 1809

Wie unbeständig ist das Glück, und wie sehr bin ich dem launenhaften Schicksal unterworfen, welches mich vom höchsten Gipfel des Erdenglücks in den tiefsten Abgrund wirft. – – – Noch in meinen letzten Zeilen schilderte ich Dir meine höchste Zufriedenheit, – – – nun sind alle schönen Hoffnungen begraben, denn denk nur, Lottchen, meine Hand ist einem andern bestimmt, ich soll auf ewig meinem Albert entsagen!! Kannst Du Dir jetzt den Umfang meines Kummers denken? – – – – Ich fühle mich heute zu sehr angegriffen, um weiter zu schreiben, die Hand zittert mir, und meine Gedanken verlassen mich!! – – –

Den 11ten Jan.

... Sonntag den 1ten war der Ball bei Hof, ich durfte auf Verbot des Arztes wenig tanzen. Mein Albert klagte über Kopfweh, daher hat auch er wenig getanzt, wir hatten Gelegenheit, uns viel zu sprechen, denn Liebende sind unerschöpflich und haben sich so viel zu sagen!!

Die Ankunft meiner Tante und Cousine Griesheim veranlaßte ein kleines Familienfest, und wir acht Cousinen saßen recht traulich beisammen, als mich mein Vater nach Tisch auf sein Zimmer bestellte.
In der heitersten Stimmung eilte ich, seine Befehle zu holen. Doch wer stellt sich mein Entsetzen vor, als er mir folgende Anrede hält, mit einem feierlich gerührten Ausdruck! – – Ach, der teuerste der Väter fühlte wohl, daß er das Herz seines armen Kindes brechen würde! „Du kannst Deine Eltern sehr glücklich machen, geliebte Philippine!" – „In wie fern, guter Vater, wollte Gott, das könnte ich, dann gingen ja meine liebsten Wünsche in Erfüllung," war meine natürliche, aber doch zögernde Antwort. Wörtlich kann ich Dir des Vaters Vorschlag nicht wiedergeben, beste Lotte. Ach, mit der Besinnung schwand auch mein Gedächtnis! – Ich stand regungslos, als mir Vater den Heiratsantrag des Grafen von Siersdorf mitteilte, der sich schon vor mehreren Jahren für mich interessiert hat, und nun mit Vaters Einwilligung meine Bekanntschaft zu erneuern wünscht. Mein Vater fügte noch mit seiner unbeschreiblichen Milde hinzu, daß, wenn ich Abneigung gegen den Grafen fühle, er mich nie zu einer Verbindung bereden noch zwingen würde; indes sollt ich als gute folgsame Tochter das Glück der Eltern, eine Tochter gut versorgt zu wissen, nicht aus den Augen lassen. Die milde Güte meines Vaters rührte mich tief, es stand in seiner Macht zu befehlen, wo er mit freundlichen Worten bat. –
Der Eintritt meines guten Albert, der von allem unterrichtet schien, welches ich seinem verstörten Blick anmerkte, machte mich ganz mutlos, mein Blut stockte, ich fühlte die Annäherung eines Nervenzufalles und sank zu Boden.
Ich lag mehrere Tage abwechselnd ohne Bewußtsein und war in einem so reizbaren Zustand, daß ich Schreikrämpfe bekam, sooft ein Wagen vorfuhr. – –
Mein einziger Trost ist, daß ich ihm nicht gefallen werde, damals war ich eine aufblühende Rose, jetzt eine verwelkte, vor der Zeit vom Sturm entblätterte. Ich gehe still und trübe den Weg der Pflicht, von jeder Hoffnung verlassen. – O, möge ich mit dem Jawort, was ich aussprechen muß, auch meinen letzten Atemzug aushauchen!!

Einige Tage später.

Seit längerer Zeit war ich auch dieserhalb von allen geselligen Zirkeln ausgeschlossen, denn ein zerrissenes Herz gehört nicht in Kreise der Freude. Doch gestern sagte ich, auf Zureden meines Albert, zu, auf einen Ball zu kommen, wo ich mich wohl genug fühlte, einen Walzer mit ihm zu tanzen. Ach, auf Augenblicke war ich wieder im Himmel versetzt

– er drückte mir verstohlen einen Brief in die Hand, da wir uns selten allein sprechen konnten – was ich bei Lesung dieser Zeilen empfand, kann ich Dir nicht beschreiben. – In jedem Wort spricht sich Liebe und Verzweiflung, dann wieder Ergebung und die Hoffnung auf eine jenseitige Vereinigung aus. Er nimmt Abschied von mir, da er seinen Bruder nach Pommern begleiten wird, sobald sein verhaßter Nebenbuhler kommt, dessen Anblick er nie ertragen würde.
Die immerwährende Gemütsunruhe, in der ich bin, reibt noch den Rest meiner Gesundheit auf. Unter anderm brachte ich gestern den Abend bei Amelie Sterney zu. Ihr Vater kam vom Klub nach Haus und brachte die Nachricht, daß zwei Reisende in einer prachtvollen Equipage angekommen wären. Das Blut stockte mir vor Schreck in meinen Adern; denn konnte ich noch zweifeln, daß es die bewußten so sehr Gefürchteten waren? Ich wankte nach Haus und fand dort meinen Albert, der alsbald nach dem Gasthof eilte, aber ebenso schnell mit der Verkündigung zurückkam, daß ein junger Herr von B.... mit seinem Mentor aus Wien angekommen sei, hier den Winter zuzubringen.
Der Schreck und nachher die Freude hatten mich so angegriffen, daß ich eine sehr üble Nacht gehabt. So bin ich denn wie eine zum Tode verurteilte, der man, bevor der Stab über sie gebrochen wird, noch einige Freiheit gönnt, um sie dann wie ein Schlachtopfer zum Schafott oder Traualtar zu schleppen. – Ich bin auf alles gefaßt, denn dies Schattenreich ist ja so vergänglich! – Möge Deine arme Freundin bald ihr Kreuz an das Ziel ihrer irdischen Laufbahn getragen haben, denn das Geschick scheint ihr herbe Wege bereiten zu wollen. Meine Hand kann einem andern versprochen werden, doch mein Herz bleibt ewig meinem Albert zugesagt.
Leb wohl, meine liebe Lotte, mein Kopf ist schwach, und meine verweinten Augen versagen mir ihren Dienst. –

Deine Philippine

Albert von Wedell an Philippine Griesheim

Frankfurt, am 3. Februar 1809

Liebes, einziges Philippinchen!
Wahrscheinlich werden Sie böse sein, meine Gute, daß ich noch nicht eher schrieb, indes hielten uns die täglichen Reisen davon ab, aber jetzt, da wir an Ort und Stelle sind, erfüll ich gleich mein Versprechen, schließen Sie daher nicht etwa aus diesem verspäteten Schreiben, nach dem was Sie mir bei der Frau Herzogin sagten. Jetzt, da ich Ihren Umgang

entbehren muß, empfinde ich erst recht, wie gut ich Ihnen bin; es vergeht auch kein Augenblick, wo ich nicht an Sie denke, und so sehr mich auch diese Reise amüsiert, so verbittert sie mir dennoch jede fröhliche Minute, weil ich vermute, daß wir lange getrennt sein werden. Der Herzog scheint gewillt, große Pläne auszuführen . . .
Die Locke Ihrer schönen Haare und Ihren Ring trage ich immerwährend, Sie werden mein Talisman gegen manchen Leichtsinn sein, indem ich mich stets dabei erinnere, was Sie, Teuerste, mir bei meiner Abreise sagten! Ich werde Ihnen recht viel zu erzählen wissen bei meiner Rückkehr, doch verspare ich alles auf eine mündliche Unterhaltung. – Was unsere Reise betrifft, so werden Sie das nähere von Karl erfahren. – Sobald wir wieder an einem andern Ort sind, schreibe ich wieder, aber so, daß ein jeder den Brief lesen kann. Der Fürst klagt mir alle Tage seine Leiden wegen der Liebe zu Fräulein von Al. – Ach, auch ich hätte viel zu klagen! Jede Stunde beschäftigte ich mich mit Ihnen, immer frage ich mich, was macht sie jetzt? gewiß ist sie jetzt da oder dort? Besonders

gern erinnere ich mich an den Mittwoch, ich sah an diesem Tage, daß Sie mir wirklich gut sind! Und dies ist ja mein einziger Wunsch, ich leg es ja in allen Stücken darauf an, es zu verdienen. Hierbei schick ich Ihnen einen einfachen Ring, nehmen Sie ihn als Geschenk Ihres Sie so liebenden Alberts an; bei meiner Rückkehr hoff ich, Ihnen etwas Hübsches geben zu können, diese Kleinigkeit schick ich Ihnen, damit Sie doch etwas haben, was Sie an mich und Ihr Versprechen erinnert. Das Gebet, von dem Sie, gutes Mädchen, wissen, lese ich täglich und schicke dieselben frommen Wünsche für Dich zum Himmel. Wenn Sie können, so schreiben Sie mir recht bald, aber ganz wie Sie denken. Adressieren Sie Ihren Brief nach Frankfurt unter meiner Adresse, wohnhaft im Englischen Hofe. Ich muß alle Augenblick das Papier wegwerfen, weil uns der Herzog stets überrascht und er uns aufs strengste verboten hat, nach Cöthen zu schreiben. Daher entschuldigen Sie es gewiß, liebes Philippinchen, daß ich meinen Brief so schlecht und ganz ohne Stil schreibe ...

Albert

Andenken

Joseph von Eichendorff (1788–1857)

Dein Bildnis wunderselig
Hab' ich im Herzensgrund,
Das sieht so frisch und fröhlich
Mich an zu jeder Stund'.

Mein Herz still in sich singet
Ein altes schönes Lied,
Das in die Luft sich schwinget
Und zu dir eilig zieht.

Nachtzauber

Joseph von Eichendorff (1788–1857)

Hörst du nicht die Quellen gehen
Zwischen Stein und Blumen weit
Nach den stillen Waldesseen,
Wo die Marmorbilder stehen
In der schönen Einsamkeit?
Von den Bergen sacht hernieder,
Weckend die uralten Lieder,
Steigt die wunderbare Nacht,
Und die Gründe glänzen wieder,
Wie du's oft im Traum gedacht.

Kennst die Blumen, du, entsprossen
In dem mondbeglänzten Grund?
Aus der Knospe, halb erschlossen,
Junge Glieder blühend sprossen,
Weiße Arme, roter Mund,
Und die Nachtigallen schlagen,
Und rings hebt es an zu klagen,
Ach, vor Liebe todeswund,
Von versunknen schönen Tagen –
Komm, o komm zum stillen Grund!

Traum

Langsam, klagend. Volksweise vor 1775.

Ich hab die Nacht geträumet
Wohl einen schweren Traum;
Es wuchs in meinem Garten
Ein Rosmarienbaum.

Ein Kirchhof war der Garten,
Ein Blumenbeet das Grab,
Und von dem grünen Baume
Fiel Kron und Blüte ab.

Die Blüten tät ich sammeln
In einen goldnen Krug;
Der fiel mir aus den Händen,
Daß er in Stücken schlug.

Draus sah ich Perlen rinnen
Und Tröpflein rosenrot.
Was mag der Traum bedeuten?
Ach, Liebster, bist Du tot?

An die Liebliche

Theodor Körner (1791–1813)

Ich denke dein beim Strahl der Morgenröte
Und wenn des Mittags heiße Glut erwacht.

Ich denke dein beim Klang der Abendflöte,
Ich denke dein im Sternensaal der Nacht!

Es schwebt dein Bild in lieblichen Konturen
Mit süßer Pracht in meiner Phantasie,

Und auf des Liedes zartgewebten Spuren
Erkenn Ich deines Namens Melodie.

Ich glaub an dich! – Mir dies Gefühl zu rauben
Vermag die Zeit nicht, nicht der Neid der Welt!

Ich glaub an dich und will dir ewig glauben,
Und wenn im Leben alles steigt und fällt.

Die Liebe hat mein kühnes Herz bezwungen,
Und meines Lebens Frühling ist erwacht,

Und was melodisch meine Brust durchklungen,
Das lichtet herrlich meines Strebens Nacht.

Tief in den Seelen keimen schöne Triebe,
Sie welken nie, sie sind kein Raub der Zeit.

Ach, nur ein Herz voll Glauben, Treu und Liebe
Fühlt dieser Erde höchste Seligkeit.

Wer darf der Liebe heil'ge Kraft ermessen,
Die alle Schranken kühn und mutig bricht? –

Ich liebe dich! - Nie kann ich dich vergessen! –
Drum denk' auch meiner und vergiß mich nicht!

Leid und Lust

Joseph von Eichendorff (1788–1857)

Mir leuchten zwei Sterne
Mit süßem Strahl,
Die küß' ich so gerne
Viel tausendmal.

Euch grüßt mit Gefunkel
Der Wasserfall
Und tief aus dem Dunkel
Die Nachtigall.

Doch süßer es grüßet
Als Wellentanz,
Wenn Liebchen hold flüstert:
„Dein bin ich ganz."

So segelt denn traurig
In öder Pracht!
Euch Wolken bedaur' ich
Bei süßer Nacht.

Theodor Körner

An Johanna Biedermann

Freiberg, den 3. April 1810

Teuerstes Hannchen! Sie sagten mir gestern, daß man sich über meine Besuche in Ihrem Hause sehr aufhalte, und wie unangenehm Ihnen dies sei, obgleich Ihre verehrte Mutter nichts dagegen hätte, da doch die Meinung der Leute für ein Mädchen von so wichtigem Einfluß sei. Ich glaube, nie durch mein Betragen dazu Anlaß gegeben zu haben, aber Sie sagten mir auch, daß sie mich achten, und Ihre Achtung will ich verdienen. – Glauben Sie also, daß meine Besuche Ihnen in den Augen vieler schädlich sein könnten, und wollen Sie, liebes Hannchen, das schöne freundschaftliche Verhältnis zerreißen, das mich so innig froh machte, so will ich gern den Traum meines Glückes opfern, und ein Gefühl zu unterdrücken suchen, was das Unglück meines Lebens werden könnte. Wir Männer begreifen selten oder nie, wie man der Konvenienz seine Freuden und seine Ruhe opfern kann, aber achtungswert muß sie uns stets bleiben, diese Äußerung einer starken Seele. Ich hätte mir mehr

Konvenienz – Bequemlichkeit

Körner, geb. 1791, war der große Dichter der deutschen Freiheitskriege. Er fiel 1813 als Lützower Jäger. Antonie Adamberger war die Braut Körners.

Kraft zugetraut, aber ich scheue mich nicht zu gestehen, daß ich weich, daß ich bewegt in allen Tiefen meines Herzens bin. Werfen Sie mir, teuerstes Mädchen, nicht mit kalter Hand mein Los, und bedenken Sie wenigstens, wenn ich auch jederzeit mein eigenes Glück freudig zerstöre, wenn es das Ihrige gilt, daß es über die Freuden eines Menschen entscheidet, der Ihnen bis jetzt nur Beweise einer herzlichen wahren Neigung gegeben hat, und – rauben Sie mir nicht den Glauben an den weiblichen Charakter!

Ich weiß es recht gut, daß ich in meinen jetzigen Verhältnissen nicht Anspruch auf ernsthafte Verbindungen machen darf, und so brachte ich meiner Rechtlichkeit dies Opfer. Entscheiden Sie nun, Johanna, wie es Ihnen ihr Zartgefühl und die Sprache Ihrer schönen Seele gebietet, nie werd ich aufhören, Sie innig zu achten und zu lieben. Vergessen Sie mich nie ganz! Bis in den Tod Ihr

Theodor Körner

Die Überraschte

Volkslied

Gestern abends in der stillen Ruh
Hört ich in dem Wald der Amsel zu;
Als ich nun so saß,
Meiner schier vergaß,
Sprach mein Schatz: nun hab ich dich,
Komm nur her und küsse mich.

O wie überrascht' es mich so schön,
Seine volle Zärtlichkeit zu sehn!
Mir an Mund und Brust,
Schwur er voller Lust:
Meiner Liebe nur allein
Ewig treu und wert zu sein.

Fast, mein Teurer, hast du mich erschreckt,
Wer hat dir mein Aufenthalt entdeckt?
Ja, im grünen Wald
Ist mein Aufenthalt,

Da, wo ich in meinem Sinn
So vergnügt gewesen bin.

So viel Laub an Busch und Linden ist,
So vielmal hat mich mein Schatz geküßt.
Daß sonst nichts geschah,
Ist kein Zeuge da;
Denn die Amsel nur allein
Könnte meine Zeugin sein.

Heimlicher Liebe Pein

Unbekannter Dichter des 19. Jahrhunderts

Mein Schatz, der ist auf die Wanderschaft hin,
Ich weiß aber nicht, was ich so traurig bin,
Vielleicht ist er tot und liegt in guter Ruh,
Drum bring ich meine Zeit so traurig zu.

Als ich mit meim Schatz in die Kirch wollt gehn,
Viel falsche, falsche Zungen unter der Türe stehn.
Die eine redt dies, die andre redt das,
Das macht mir gar oft die Äugelein naß.

Die Disteln und Dornen, die stechen also sehr,
Die falschen, falschen Zungen aber noch viel mehr,
Kein Feuer auf Erden auch brennet also heiß,
Als heimliche Liebe, die niemand nicht weiß.

Ach, herzlieber Schatz, ich bitte dich noch eins,
Du wolltest auch bei meinem Begräbnis sein,
Bei meinem Begräbnis bis ins kühle Grab,
Dieweil ich dich so treulich geliebet hab.

Ach Gott! was hat mein Vater und Mutter getan,
Sie haben mich gezwungen zu einem ehrlichen Mann,
Zu einem ehrlichen Mann, den ich nicht geliebt,
Das macht mir ja mein Herz so betrübt.

Der Falsche

Volkslied

Wo gehst du hin, du Stolzer?
Was hab' dich dir getan?
Du eilst an mir vorüber
Und schaust mich gar nicht an.
Du wendest deinen Blick von mir
Und schreitest fremd einher,
Als wenn ich deinesgleichen
Niemals gewesen wär'.

Du bist zu mir gekommen,
Ich schickte nicht einmal;
Der Weg, den du genommen,

War deine eigne Wahl.
Du warbst um mich mit andern noch,
Als dich mein Herz erkor;
Ich hielt dich für den Brävsten
Und zog dich allen vor.

„Der Abschied ist geschrieben,
Das Körblein ist gemacht;
Wärst du mir treu geblieben,
Hätt' nie daran gedacht.
Jetzt nimm das Körblein in die Hand,
Leg deinen Abschied drein
Und sei hinfort gescheiter,
Laß falsche Liebe sein."

Hüll deine Plane immer
In Argwohn falsch und feig;
Du strebst nach Gold und Schimmer,
Darum, Verräter, schweig!
Mein Herz, das du betrogen hast,
Läßt dir der Reue Qual,
Verachtet deinen Reichtum,
Verachtet seine Wahl.

Theodor Körner

Antonie Adamberger an Theodor Körner

Weidling, den 14. August 1813

Lieber, lieber Theodor! Ich bin heute so konfus, daß ich nicht einmal Deinen Namen ordentlich schreiben kann. Es ist alles so traurig, so ängstlich hier, des Krieges wegen, und ich meines Abschiedes wegen. Ich habe hier so gute, liebenswürdige Menschen gefunden, von denen ich ungern mich trenne, um so mehr, da ich ohne Eitelkeit sagen darf, daß sie uns vermissen werden, und übermorgen muß ich wieder nach Wien. Ich will Dir heute überhaupt nicht viel schreiben, weil ich Dir etwas sehr unangenehmes sagen muß. Unsere arme Krüger ist tot. Das Warum, Wo und Wie, bin ich heute nicht imstande zu sagen, denn es ist mir noch immer, als ob ich es nicht glauben dürfte ... Wir sind alle sehr, sehr wohl, nur bekümmert mich noch sehr Deine Wunde. Gott heile sie bald und erhalte Deine Liebe

Deiner Toni

Die Sonne scheint nicht mehr so schön

Unbekannter Dichter des 19. Jahrhunderts

Die Sonne scheint nicht mehr so schön als wie vorher.
Der Tag ist nicht so heiter, so liebreich gar nicht mehr.
Mein Herz ist nicht mehr mein. O könnt ich bei dir sein.
So wär mir geholfen von aller meiner Pein.

Die Nachtigallen

Joseph von Eichendorff (1788–1857)

Möcht wissen, was sie schlagen
So schön bei der Nacht,
S' ist in der Welt ja doch niemand,
Der mit ihnen wacht.

Und die Wolken, die reisen,
Und das Land ist so blaß,
Und die Nacht wandert leise
Durch den Wald übers Gras.

Nacht, Wolken, wohin sie gehen,
Ich weiß es recht gut,
Liegt ein Grund hinter den Höhen,
Wo meine Liebste jetzt ruht.

Zieht der Einsiedel sein Glöcklein,
Sie höret es nicht,

Es fallen ihr die Löcklein
Übers ganze Gesicht.

Und daß sie niemand erschrecket,
Der liebe Gott hat sie hier
Ganz mit Mondschein bedecket,
Da träumt sie von mir.

Erklärung

Volkslied

Ich meine sonst keine
Als dich.
O wärst du die Meine,
Vom Himmel alleine
Geschaffen für mich!

„O meine sonst keine
Als mich!
Ich fliehe zum Scheine
Und glühe alleine
Schon lange für dich."

Bis in den Tod

Volkslied

Samstags auf Sonntag,
Da kam ein Brief zu mir;
Darinnen stund geschrieben:
Mein Schatz, ich klage dir!

Durch dich bin ich gekommen
In bittre Liebesnot,
Doch halt ich mein Versprechen
Bis in den Tod.

Unter dem Fenster,
In Rosmarin versteckt,
Da hab' ich meiner Schönsten
Ein Brieflein hingelegt.

Mein Schatz! Ich tu dir schreiben,
Sei standhaft in der Not,
Ich werde treu dir bleiben
Bis in den Tod.

Bitt' um ein kleines Zeichen

Volkslied

Zwei Ding' wünsch' ich auf Erden:
Ein recht gesunder Leib,
Auch soll mein eigen werden
Ein schönes, braves Weib.

Das erste wär' schon heute,
Dank sei dem Himmel, mein;
Gewährst du mir das zweite,
Herzlieb, so bin ich dein.

Mein Herz vor Liebe brennet
Wie eine Feuersflamm,
Seitdem es dich erkennet
Als schön und tugendsam.

Bitt' um ein kleines Zeichen
Von deiner Liebeshuld;
Laß mich es bald erreichen,
So wart' ich mit Geduld.

Bietst du mir Wein zu trinken,
So tu ich dir Bescheid,
Tust du mir heimlich winken,
So ist mein Herz erfreut.

Ich ging im Wald spazieren

Unbekannter Dichter des 19. Jahrhunderts

Ich ging im Wald spazieren,
Da fiel ein Stern herab.
Ich täts im Herzen spüren.
Der Stern, der fiel herab.

Und als ich kam zum Wald heraus,
Da stand ich vor der Liebsten Haus;
Und als ich kam zur Kammer herein,
Da lag sie schon im Totenschrein:
Der Stern, der fiel herab.

Zwei Röselein

Unbekannter Dichter des 19. Jahrhunderts

Knabe
Geh ich zum Brünnelein,
Trink aber nicht,
Such ich mein Schätzelein,
Finds aber nicht.

Setz ich mich so allein
Aufs grüne Gras,
Fallen zwei Röselein
Mir in den Schoß.

Diese zwei Röselein,
Gelten mir nicht,
Ist's nicht mein Schätzelein,
Die sie mir bricht?

Diese zwei Röselein
Sind rosenrot,

Lebt noch mein Schätzelein
Oder ist's tot?

Wend ich mein Äugelein
Rum und umher,
Seh ich mein Schätzelein
Beim anderen stehn.

Wirft ihn mit Röselein,
Treffen mich tut;
Meint, sie wär ganz allein,
Das tut kein gut.

Wärst du mein Schätzelein,
Wärst du mir gut?
Steck die zwei Röselein
Mir auf den Hut.

Mädchen
Wirst doch nicht reisen fort,
Hast ja noch Zeit.

Knabe
Ja, ich will reisen fort,
Mein Weg ist weit,
Hin, wo ihr treue Lieb
Kein Mägdlein bricht.

Mädchen
Hin findst du nicht.
Schatz, nimm zu Haus vorlieb,

Röslein am Strauche blühn
Ewig doch nicht,
Lieb ist so lang nur grün,
Bis man sie bricht.

Nimm die zwei Röselein
Auf deinen Hut,
Ewig beinander sein
Tut auch kein gut.

Wenn die zwei Röselein
Nicht mehr sind rot,
Werf sie in den Fluß hinein,
Denk, ich wär tot.

Knabe
Bist du tot allzumal,
Tut mirs nicht leid,
Untreu findt überall,
Wen sie erfreut.

Ernst Moritz Arndt

An Johanna Motherby

Leipzig, den 16. November 1813

Du sagst, mein Liebling, man ist tot, wenn man nicht liebt, in dem liebenden Herzen ist die einzige Weissagung und das einzige Leben. Du hast recht; und wenn ich diese Flamme nicht mehr fühlen kann, so mag ich nur sterben. Aber das Schicksal der Männer? Ihr könnt es kaum ahnen und wollt es daher nicht verstehen. Wir müssen alles nicht bloß tagelang, sondern auch wochenlang auf ein Ziel richten, wir müssen alles andere, damit dieses eine werde, zur Seite schieben oder so lange mit Dunkelheit verhüllen, ach! wir dürfen so selten als unschuldige und glückselige Kinder spielen. – Nimm diese Klage; wann dieser große Krieg ausgestritten ist und ich dann noch lebe, wird es anders.
Bis dahin. Oh, ich habe Dich lieb, süße kleine Furina. Behalte Du mich auch ein wenig lieb, ja recht ein bißchen viel.

Dein E. Amthor

Leipzig, 26. Dezember 1813

Du neigtest Dich mit voller Seele zu mir, der als ein unsteter Flüchtling des Lebens erschien, und das anmutige und selige Spiel einer so reichen Natur ergriff auch mich. Jene tiefe Phantasie, die Gott Dir gegeben hat, und worin – was ich Dir zuerst andeutend, dann klarer oft gesagt habe,

Ernst Moritz Arndt (1769–1860) war ein volkstümlich-politischer Schriftsteller und Vorkämpfer gegen das napoleonische Joch. Er hatte Kontakt zu einem Kreis in Königsberg, dessen schillerndste Figur Johanna Motherby war, die auch Arndt umschwärmte. 1817 Heirat mit Nanna, der Schwester Schleiermachers. Selbst ein religiöser Mensch, wandte er sich später der frommen Charlotte von Kathen zu, die noch dem Kreis um Motherby angehörte.

– so viele Abgründe der Wonne und des Wesens sind, konnte ihre Wirkung auf einen phantastischen Menschen, wie ich bin, nicht verfehlen. Denn Phantasie und Liebe, und Liebe und Phantasie, und immer nichts anderes, das ist Furinas Leben. Wann dieser Strom jemals stocket, dann stirbt sie. Die Gefahren, die uns drohten, auch mögliches Unglück, – ich habe sie Dir nie verschwiegen, und Dich immer auf das rechte und klare in den menschlichen Verhältnissen und auf die Pflicht hingewiesen. Genuß habe ich nicht begehrt und begehre ich nicht als in Träumen und Spielen dieser Phantasie ... Auch der Sünde habe ich meinen Zins bezahlt – wer ist ohne Sünde? – Doch nie bin ich ihr Knecht geworden; mein Herz ist rein und jung und unschuldig, und ich glaube, es soll es bleiben ... Ich liebe Dich, meine kleine blühende und glühende Seele, ich liebe Dich sehr, sehr; ich habe es Dir noch in meinem vorigen Brief geschrieben, wie sehr. Aber nichts unwürdiges würde ich von Dir begehren, noch an Dir dulden, auch mich äußerlich in kein Verhältnis zu Dir stellen, das mich und Dich und Deine Freunde entehrte.
Ich liebe Dich sehr, aber ich will nichts als diese Liebe und ihre geistige Blüte, weil ich nichts anderes wollen darf. O, daß ich nur einen halben Tag bei euch sein und euch meine Seele hinlegen könnte! Uns würde allen besser werden, denn auch im tiefsten Schmerz müssen Menschen das Menschliche verstehen. Ich erwarte ruhig, was Motherby beschließen wird und werde ihm gehorsam sein, aber er befehle nicht, Dich nicht zu lieben, da werd ich Rebell.
Gott mit Dir, süßes Herz!

An Charlotte von Kathen

(1841)

Es ist ein Hohes, ein Tiefes zwischen den Geschlechtern, den Menschengeschlechtern, meine ich, und auch zwischen den verschiedenen Geschlechtern im Volksgeschlecht. Mir nimmt kein Sterblicher, was ich empfunden habe, als ich Dich zuerst sah; und es ist hinfort so geblieben und so soll es bleiben unter uns! Dazwischen liegt ein Urältestes, was wir glauben, und doch sind wir keine Engel. Gott behüte uns hienieden vor solchen Gedanken. Wir wollen aber tapfer sein beide mit irdischem und himmlischem Mut im Glauben auf höhere Güter. Und so bleibe es, und so wollen wir uns liebst behalten.

Charlotte an Arndt

(1841)

Was Du mir liebes sagst in Deinem letzten Brief, verstehe ich ganz und teile es auch. Ich lasse mir ebenso nicht das kleinste nur nehmen von dem, was mir einst das Köstlichste gewesen und für meine ganze Lebenszeit das Köstlichste wird bleiben, eben weil es auf mehr als nur Vergänglichem gegründet. Das Hohe und Tiefe, was der Schöpfer in die Teilung der Naturen gelegt, ist mir von jeher erschienen als eines der heiligsten Geheimnisse, die er dem Menschen anvertraut, als Sprossen zu der Himmelsleiter, die wir zwar nimmer ganz ersteigen, doch ganz verlieren können durch Entweihung. Dank sei meinem himmlischen Vater, daß seine Hand mich stets gehalten in jeder Gefahr. Dank sei ihm gesagt für edlere Liebe, für jeden Irrtum der Liebe, denn auch dieser hat nur seine Frucht getragen. Vor allem aber sei ihm Dank gesagt für alle Segnungen der Liebe, die mich gehoben, getragen, getröstet, geheiligt, die mir für den Abend meines Lebens der leuchtende Stern geblieben, der ewig helle nur macht die dunkelste Nacht, der ewig glänzend nur bleibt, wenn alle Träume der Jugend, wenn alle bunten Farben des irdischen Lebens verbleichen. An solche Liebe hat mein Herz geglaubt von Jugend auf, sie ist mir in reichem Maße zuteil geworden, und mein Dank dafür ist unaussprechlich groß. In ihr liegt auch die Zusicherung des ewigen Lebens, der ewigen Jugend; sie erhält das Herz frisch und unbekümmert in allen Leiden, unverzagt in den härtesten Prüfungen des Lebens, sie gibt dem Menschen alles frei, sie nimmt ihm alles, und er bleibt geborgen.

Carl Maria von Weber an seine Frau

Den 31. August 1815, nachts 2 Uhr

Meine teure, geliebte, unvergeßliche Lina!

Müde und ermattet von der Last der Arbeit, die mich zwingt, die Nächte zu Hilfe zu nehmen, und niedergedrückt von tiefer, schmerzlicher Empfindung, ergreife ich die Feder, um Dir zum letztenmal meine Gute Nacht! aus weiter Ferne zuzurufen, das Du vielleicht wenige Stunden vor meiner Ankunft in Prag erst erhältst. Es ist nicht jener tobende, gewaltsam zerfleischende Schmerz wie den 7. Juni abends, aber desto tiefer, inniger und sicherer, verzehrend – nagt dies Gefühl an mir. Aber nein! Heute soll keine trübe Erinnerung, keine bittere Ahndung der Zukunft Dich kränken. Dieser Abschied soll freundlich wie ein guter Engel, der zu Gott um Dein Wohl fleht, Dich umschweben. Mit Wonnegefühlen zaubere ich mir die seligen Stunden zurück, die ich durch Deine Liebe genoß, wo kein feindseliger Dämon sich zwischen uns drängte, Du alle Deine unendliche Lieblichkeit, jenes entzückende kindlichfrohe Wesen entfaltetest, und mein Ernst dem Vollgefühl einer glühend erwiderten Liebe wich, und ich ahndete, daß nur solche Augenblicke das höchste im Leben sind, daß sie festzuhalten nur wenigen vergönnt ist und daß ein solches Übermaß des Glückes – könnte es dauernd sein – töten muß. Unvergeßlich und ewig teuer wird mir Deine Sorgfalt für mich sein, stets sehe ich Dich mir entgegen schweben, wenn ich der Last des Tages entrinnen soll. Mit tränend frohen Augen kann ich mich unserer wahrhaft oft kinderähnlicher Possen und Scherze erinnern. Ja, geliebte Lina, nichts soll mir diese schönste, seligste Zeit der Vergangenheit verbittern, und sollten mich einst selbst die Folgen daran ganz zusammendrücken, so sollen sie mir doch als lichte Sterne nachleuchten, und gerne will ich mich des entschwundenen schönen Lichtes dankbar erinnern und erfreuen. – –

O mein ewig teures, unvergeßliches, liebes Leben, habe Dank für so manche schöne Rose, die Du in mein Leben geflochten, für Deine innige Liebe, für Deinen Schmerz. Verzeihe dem Übermaß meiner Liebe, wenn sie oft zu heftig Dich ergriff, oft bitter und hart die Wunden noch mehr zerriß, die sie hätte sanft und duldend heilen sollen. Vergib allen Kummer, den ich über Dich gebracht habe, und der mich so unendlich schwer drückt, obwohl ich bei Gott das Bewußtsein habe, nicht ein

Bekannt sind von Carl Maria von Weber (1786–1826) vor allem seine volkstümlich romantischen Opern. Seine Frau Karoline, eine geborene Brandt, war Sängerin an der Prager Bühne und Weber gegenüber zunächst sehr kühl.

Stäubchen davon mit Willen, oder irgendeine zweideutige Handlungsweise, erregt zu haben. Grolle mir nicht um das schöne, Dir gestohlene Jahr Deines Lebens, ich wollte Dir gern zehn der meinigen dafür geben, könnte ich Dir es zurückerkaufen. Laß mich Dich noch einmal in Gedanken, die ich aussprechen noch darf, aufs innigste und heißeste an diese Brust drücken, an dieses treue Herz, das nur Dich denkt, nur Dich dachte und ewig denken wird. Sei heiter, sei froh und bist Du dies einst, so gedenke in glücklichen Stunden Deines armen Carls, der unveränderlich bis zum letzten Hauche Dich liebte, und in dem Du unvergeßlich leben wirst, bis einst die Zeit und sein Gefühl ihn reif gemacht haben hinüberzugehen. Leb wohl! gute, gute Nacht!

Dresden, am 28. Mai 1817

Mein vielgeliebter Mucks und Schneefuß!
Ich muß heute mit einem schweren Bekenntnis zu Dir kommen, welches Du wohl nie von Deinem Carl erwartet hättest, und doch befiehlt mir meiner eigenen Ruhe wegen mein ehrliebendes Gefühl, Dir alles zu entdecken. Ja, liebe Lina, ich kann es nicht länger bergen, daß mich seit ein paar Tagen eine andere unwiderstehliche Neigung abgehalten hat, Dir zu schreiben. Ein Mädchen, dessen Liebreiz ich Dir hier nicht zu erzählen imstande bin, hat mich ganz gefesselt, und mit zwei Worten sei es gesagt, sie ist sogar meine Braut. Doppelt frevelhaft erscheint dieses Vergehen, weil sie auch Braut eines andern ist. Aber dies alles hilft nicht nur nichts, sondern kettet mich unbegreiflicherweise nur noch fester an sie. Ja! ich muß Dir alles entdecken. Nur sie lebt in meiner Phantasie, jeden Augenblick schwebt ihr Bild mir vor. Mit glühender Liebe umfasse ich sie und auch ihre Gegenliebe scheint mir gewiß, denn sie geht mit mir schlafen und verläßt mich keinen Augenblick. Ja, sie hat ihres Vaters Haus verlassen, um mir ganz anzugehören. Gibt es größere Beweise von Liebe? Ich erkenne es aber auch. In ihrer Blöße ist sie zu mir gekommen, ich will sie mit meinem Herzblut nähren und kleiden mit dem besten, das ich habe. Sie hat eine unwiderstehliche Neigung zum Theater, und ich will ihr dazu verhelfen, obwohl ich alle Gefahren kenne, die ihr da drohen: O meine geliebte Agathe, wirst Du mir treu bleiben, rufe ich oft aus!
Du kennst nun meine ganze Schuld – richte, aber verdamme mich nicht. Wer kann für sein Gefühl, und wenn sie mich ganz umfangen hält, kann ich dann Briefe schreiben? O ich bitte um Verzeihung! Alle Tränen, die ich für sie weine, fallen wie Schwerenoten aufs Papier – O!! – O! – Nun!??
Ätsch, ätsch, ätsch!! Ich sollte mich sehr wundern, wenn Du nicht eine

halbe Sekunde lang ein ängstliches Gefühl gekriegt hättest! Nun, gib mir nur Haue, es tut nichts, Du tust mir nicht weh, und dann hast Du doch gewiß gelacht! – Ja, es ist wahr, Mukin, die verdammte Jägers Braut spukt mir recht im Kopfe, und wie es mir immer geht, wenn ich so eine Riesenarbeit vor mir sehe, so verliere ich anfangs allen Mut und verzweifle fast daran, es zustande zu bringen und komme mir wie ein Ochs vor, dem nichts einfallen will. Es geht aber dann doch immer am Ende, und diese so oft bewährte Erfahrung tröstet mich. Die Oper ist wirklich trefflich geworden durch die neue Bearbeitung. Kurz, gedrängt, schönes Finale und andre Ensemble Stücke, und nun glaube ich, daß in dieser Gattung noch keine existiert. Gott gebe seinen Segen dazu.

London, den 20. März 1826, 10 Uhr morgens

O, Du garstiger Mops. Du fauler Schreiber. Was helfen mir alle Deine Talente als Finanzminister, wenn Du nicht schreibst, ist das wohl recht? Acht Tage sind nun verflossen ohne einen Brief von Dir. Ich sollte zwar eigentlich noch nicht schelten, denn vielleicht kommen zwei miteinander, aber ich fürchte, Du hast das Ersparungssystem eingeführt und willst nur alle Wochen einmal schreiben. Ach! lieber Gott, tue das ja nicht, ich brauche wirklich zu allen meinen Freuden hier wirkliche Erheiterung und Stärkung, und das kommt alles nur von Haus. Ich kann mir wohl denken, daß Du auch nicht viel Stoff zum Schreiben haben wirst, aber jede Küchenklatscherei von zu Haus interessiert mich mehr, indem sie mich zu Euch versetzt, als um mich herum wirklich wichtige Dinge.

½5 Uhr nachm.

Da ist einer! Heisa! Sooft an das Haustor geklopft wurde, saß ich erwartungsvoll, denn jeder Stand hat hier seine eigene Art zu klopfen, daß man gleich weiß, wer es ist. Endlich höre ich zwei Schläge – der Briefträger –, Geld zu Erde werfen, – was man immer tut, um zu prüfen, ob es echt ist, – und endlich Schritte auf meiner Treppe, – richtig, Musje Nr. 6 von der Muckin. Da wird der „Oberon" gleich beiseite geschuppst, der Brief einmal verschlungen, einmal gelesen und nun gleich beantwortet.

Ich segne Euch von Grund des Herzen, Ihr Teuren, Vielgeliebten, Gott erhalte Euch gesund und heiter, ich bin es Gottlob auch, und nur die Sehnsucht nach Euch betrübt mich, doch wird auch diese Zeit vorübergehen und wir uns nie wieder trennen.

Ewig in treuester Liebe

Dein Dich über alles liebender Carl

Einer aus vielen

Wilhelm Müller (1794–1827)

O küsse mich nicht mit hundert Küssen,
Ich bitte dich;
Mach' einen Kuß aus hundert Küssen:
So küsse mich!

Mit dem grünen Lautenbande

Wilhelm Müller (1794–1827)

„Schad' um das schöne, grüne Band,
Daß es verbleicht hier an der Wand,
Ich hab' das Grün so gern!"

So sprachst du, Liebchen, heut' zu mir;
Gleich knüpf' ich's ab und send' es dir:
Nun hab' das Grüne gern!

Ist auch dein ganzer Liebster weiß,
Soll Grün doch haben seinen Preis,
Und ich auch hab' es gern.
Weil unsre Lieb' ist immergrün,
Weil grün der Hoffnung Fernen blühn,
Drum haben wir es gern.

Nun schlingst du in die Locken dein
Das grüne Band gefällig ein,
Du hast ja 's Grün so gern.
Dann weiß ich, wo die Hoffnung wohnt,
Dann weiß ich, wo die Liebe thront,
Dann hab ich's Grün erst gern.

Heinrich von Bülow

An Gabriele von Humboldt

Schwerin, den 16. Januar 1817

Endlich, liebe Gabriele, kann ich Dir sagen, wie sehr mich die Trennung von Dir geschmerzt hat, welchen Kampf ich in mir gekämpft habe, um beim Abschied ruhige Fassung zu behalten, wie unterwegs der Gedanke an Dich neben sich keinen anderen Gedanken hat aufkommen lassen und wie sehr ich mich auf den Augenblick gefreut habe, meinem von Liebe glühenden Herzen durch Worte Luft zu machen. Ja, meine einzig teure Gabriele, ich liebe Dich so innig und warm, so redlich und treu, daß ich es Dir nicht beschreiben kann, sondern nur durch die Tat beweisen will und werde. Möchtest Du von meiner herzlichen Liebe zu Dir so überzeugt sein, wie ich es von Deiner zu mir, so ist mein höchster Wunsch erfüllt und ich blicke voll Vertrauen auf die Zukunft hin. Wenn angstvolle Sorge mich noch eine Stunde vor dem Scheiden quälte und unfehlbar meine Begleiterin auf der Reise geworden wäre, so kann ich Dir, liebe Gabriele, nicht genug für das teure Geschenk danken, was mich wieder froh und glücklich machte, mich durch volles Vertrauen zu

Deiner Liebe beseligte und in eine Stimmung versetzte, die ich um keine Welt missen möchte, denn sie geht aus der beglückenden Überzeugung hervor, von einem Wesen geliebt zu sein, das man anbetet und dessen leisester Wunsch und Wille fortan der unserige werden wird. Zu unzähligen Malen drückte ich das teure Zeichen Deiner Liebe an meine Lippen und betrachtete diesen zauberhaft geschlungenen gordischen Knoten und fand, wie hier weder Anfang noch Ende, so auch keines von beiden in unserer Liebe. Ich kenne den Moment nicht, wo ich Dich zu lieben begann, er war da, eher als ich es selbst wußte, und als ich es merkte und mich sträubte und wehrte und nämlich den Kampf gegen meine Gefühle bestehen wollte, weil ich in meiner Lage, von der Vorsehung mit Glücksgütern nur spärlich bedacht, die Unmöglichkeit fand, liebliche Träume in beseligende Wirklichkeit umzuschaffen: so war ich nur tapfer, solange ich den Feind nicht sah und die Verteidigungswaffen auf meiner Stube schmiedete. Doch kaum gewahrte ich das blaue Auge des Feindes, so war es mit der Vernunft am Ende aus – ich liebte und träumte, zürnte auf mich und gelobte mir morgens, fortan mehr Kraft zu zeigen, um nachmittags meinen Gefühlen abermals den Sieg desto glänzender und vollkommener zu machen. Ich wußte nicht mehr, was ich tun, was ich lassen sollte, war keines Gedankens mehr mächtig und stand der Verzweiflung nahe, als es den Anschein gewann, daß die veränderten Bestimmungen Deines Vaters uns trennen würden. Da sah die gute Mutter, was in mir vorging, meine Liebe, meinen Schmerz, hatte Mitleid, und ein Strahl goldener Hoffnung erhellte plötzlich die dunkle Marterkammer meiner unerreichbar geglaubten Wünsche. Möchtest Du es der guten Mutter recht schildern, wie innig und warm ich fühle, was ich ihrer unendlichen Güte verdanke und wie von Deinem Besitz die alleinige Hoffnung einer freudenvollen Zukunft abhängt. Ich bin nicht nur durchdrungen von dem Gefühle tiefster Erkenntlichkeit, sondern fühle mich zu ihr hingezogen durch Empfindungen, die ihr beweisen werden, wie unbeschreiblich glücklich ich mich preise, sie einst Mutter nennen zu können. Ich werde ihr ein guter Sohn sein, wie Dir, meiner einzig teuren Gabriele, alles, was in meinen Kräften und in den Grenzen der Möglichkeit steht. Daß Du während der Zeit unserer Trennung auch oft an mich mit Liebe gedacht haben wirst, davon bin ich überzeugt und finde darin, sowie in der Berücksichtigung meiner Pflichterfüllung als Sohn gegen meinen Vater, eine süße Beruhigung für den herben Schmerz der Entfernung von Dir. Ich sage Dir nichts von dem, was ich beim Wiedersehen meines Vaters empfunden habe, wie herzzerreißend die Erinnerung an den Verlust des besten Sohnes und Bruders war, und wie manche Träne seinem teuren Andenken geflossen ist, obgleich ich weiß, welchen Anteil

Du an allem nimmst, was mich angeht und mir besonders bei dieser Gelegenheit den rührendsten Beweis davon gegeben hast. Grüße Karoline herzlich von mir und sage ihr, wie sehr gut, wahrhaft gut ich ihr bin und stets bleiben werde. Dich, meine Gabriele, umarme ich mit zärtlicher Liebe, küsse Dir die beiden Hände und bleibe ewig

Dein Heinrich

Gabriele von Humboldt an Heinrich von Bülow

Schleiz, den 28. April 1817

Seit einer halben Stunde sind wir hier angekommen, und ich benutze den ersten freien Augenblick, um Dir, mein geliebter, teurer Heinrich, einige Zeilen zu schreiben, wozu ich mich unendlich gefreut habe! Ach! mein liebes Herzchen, mit welchen Worten soll ich Dir sagen, wie entsetzlich schmerzhaft mir der Abschied von Dir war und wie öde und leer mir alles vorkommt, seitdem ich Dich nicht mehr sehe! Wie ich in den Wagen gekommen bin, weiß ich selbst nicht, nur das weiß ich, daß der Augenblick, wo ich Dich zum letzten Male an mein Herz drückte und zum letzten Male Dein liebes Gesicht sah, der schrecklichste in meinem ganzen Leben war, es vergingen mir alle Sinne, und ich mußte alle meine Kraft zusammennehmen, um die Fassung nicht zu verlieren. Unaussprechlich sehne ich mich nach einem Briefe von Dir, mein süßes Leben, und doch kann ich es kaum hoffen, in München einen zu finden, und Gott weiß, wie lange ich noch harren muß, ehe ich nur ein Lebenszeichen von Dir vernehme, und so lange nichts, gar nichts von Dir zu hören, ist wirklich hart. Ach Gott! könnte ich doch mit Dir sein in der Wirklichkeit, so wie ich es in Gedanken bin. – Doch ich will nicht murren und das Schicksal walten lassen und mir Mut und Kraft erbitten, um diese harte, trübe Zeit zu überstehen, der Allmächtige wird ja auch helfen, so wie er bis jetzt geholfen hat. Manchmal übermannt mich der Schmerz der Trennung von Dir so stark, daß ich Mühe habe mich zu fassen, um nicht in Tränen auszubrechen. Doch suche ich soviel als möglich heiter zu sein, um nicht die anderen zu betrüben. Die arme Karoline war all die Tage wieder sehr krank, sie ist wirklich sehr zu bedauern; beständig zu leiden und keine Hoffnung zu haben, künftig ein freudenvolleres Leben zu führen, wodurch einem in trüben Tagen die Kraft und Standhaftigkeit kommt, sich zu fassen und in sein Schicksal zu ergeben. Ich fühle es ja jetzt so recht an mir selbst; ich könnte wahrhaftig nicht so geduldig diese schwere Zeit ertragen, hielte mich nicht die süße, beseligende Aussicht aufrecht, künftighin an Deiner Seite zu leben. Ach, nie, nie kann ich es ausdrücken, was ich bei dem Gedanken empfinde, einstens Dir mein Leben und mein Glück anzuvertrauen und Dir ganz anzugehören. Doch Dir brauche ich es wohl nicht zu sagen, denn Du mußt es wissen, wie innig, wie herzlich ich Dich liebe, so wie ich es von Dir weiß! Ach, was wäre denn mein ganzes Leben, wenn ich diese feste Überzeugung nicht hätte! – Gute Nacht, mein liebes, gutes Herz, ich umarme Dich und bin ewig

Deine liebe Gabriele

Heinrich von Bülow an Gabriele von Humboldt

O meine teure Gabriele, ich beschwöre Dich bei der Liebe, die ich heiß und rein zu Dir im Herzen bewahre, vergiß nie, daß Du eine Deutsche bist und, um glücklich mit mir das Leben zu durchwandeln, nichts meiner Empfindung und meinen Gefühlen Fremdartiges zu mir zurückbringen darfst. Bewahre Dein einfach himmlisches Gemüt vor falschem Klimperstoff . . .

Nur eine Liebe bewahrt das deutsche Gemüt: In seiner Frauen Liebe, aller Liebe.

Ihr Brief

Ludwig Uhland (1787–1862)

Ob mir dein Mund, ob deine Wang' auch fehle,
So küß' ich deinen Brief doch, deine Seele.

Hans und Grete

Ludwig Uhland (1787–1862)

Sie
Guckst du mir denn immer nach,
Wo du nur mich findest?

Nimm die Äuglein doch in acht,
Daß du nicht erblindest!

Er
Gucktest du nicht stets herum,
Würdest mich nicht sehen;
Nimm dein Hälschen doch in acht!
Wirst es noch verdrehen.

Liebesgedanken

Wilhelm Müller (1794–1827)

Je höher die Glocke,
Je heller der Klang:
Je ferner das Mädchen,
Je lieber der Gang.

Der Frühling will kommen,
O Frühling, meine Freud'!
Nun mach' ich meine Schuhe
Zum Wandern bereit.

Wohlauf durch die Wälder,
Wo die Nachtigall singt!
Wohlauf durch die Berge,
Wo's Gemsböcklein springt!

Zwei schneeweiße Täubchen,
Die fliegen voraus
Und setzen sich schnäbelnd
Auf der Hirtin ihr Haus.

Ei bist du schon munter
Und bist schon so blank?
Gott grüß' dich, schön's Dirnel!
Ach, der Winter war lang!

Zwei Augen wie Kirschkern',
Die Zähne schneeweiß,
Die Wangen wie Röslein
Betracht' ich mit Fleiß.

Ein Mieder von Scharlach,
Ganz funkelnagelneu,
Und unter dem Mieder
Ein Herzlein so treu.

Und ihr Lippen, ihr Lippen,
Wie preis' ich denn euch?
Sowie ich will sprechen,
So küßt ihr mich gleich.

Ei Winter, ei Winter,
Bist immer noch hier?
So darf ich doch wandern
In Gedanken zu ihr.

Auf Siebenmeilenstiefeln
Geht's flink von der Stell';
Auf Liebesgedanken
Geht's siebenmal so schnell.

Vor ihrem Fenster

Wilhelm Müller (1794–1827)

Wie freut es mich, in dunkeln Abendstunden
Vor deinem hellen Fenster still zu stehn!
Den Vorhang find' ich hoch hinaufgewunden,
Frei darf mein Blick in seinen Himmel sehn.

Die Blumen, die sich an die Rahmen schmiegen
Umschlingen mir dein Bild mit ihrem Kranz,
Und meines Odems Hauche überfliegen
Mit trübem Nebelduft der Scheiben Glanz.

Da sitzest du, so still und unbefangen,
Das schöne Haupt gestützt auf deinen Arm,
Und ich bin dir so nah' mit Lust und Bangen,
Mit meiner Wünsche ungestümem Schwarm.

Du schauest her: es wissen deine Augen
Vom süßen Zauber ihrer Blicke nicht,
Wie meine sich aus ihnen trunken saugen,
Und hell erglühen nur von ihrem Licht.

Du ahnest nicht, wie sich mein ganzes Leben
Gleich einem Mond um deine Sonne dreht,
Der bald sich will auf stolzen Strahlen heben,
Bald tief gebeugt in Tränen untergeht.

Still, still, mein Herz! Was meint dein wildes Schlagen?
Schau über dich, der Himmel ist nicht fern;
Und Flammen, die aus Sternen fallen, tragen
Der Menschen Seufzer vor den Thron des Herrn.

Der Liebesbrief

Ludwig Uhland (1787–1862)

Es hat ein Kind mir diese Nacht
Im Traum ein Brieflein von ihr gebracht;
Darin versprach sie mich zu lieben.
Hat sie es auch im Traum geschrieben?

Carl von Mutius an seine Braut Luise Gräfin von Zedlitz-Leipe

Berlin, April 1817

Du mir vom Himmel gegebene Braut!

Die ich anbete mit der reinsten Liebe, wie Du es verdienst, für die ich täglich meinem Schöpfer danke als für die beste Gabe meines Lebens, laß mich ein Wörtchen mit Dir reden und Dir mein Leid gestehen. Es ist mir sehr, sehr bange nach Dir, ich fühle mich ganz verlassen ohne Dich, und wenn meine Geschäfte vorüber sind, muß ich allen Mut aufbieten, um nicht traurig zu sein. Täglich frage ich den Postboten vergebens. Ich weiß es, Du liebst mich zärtlich und wahrhaft, ich weiß, Du denkst täglich und stündlich wie ich an Dich, so an mich. Aber warum bekomme ich keine schriftlichen Gedanken, die ich als das Teuerste von Deiner Hand erst zwanzig Mal überlese, dann vierzig Mal küssen und dann auf meinem Herzen tragen könnte. Unzählige Male habe ich schon die lieben Worte in meiner Brieftasche an mich statt eines Briefes gelesen. Über dem Wort „à moi" auf dem Armband tausend Gedankenstriche in meinem Namen an mich ausgefüllt, die Haarlocke alle Morgen und Abende gegrüßt, den Ring geöffnet und wieder zugemacht. Aber das sind alles stumme Zeugen der Vergangenheit. Was machst Du mit meinem Briefpapier? Was mit den Federn der Tante Rösel? Unerträglich lange ist es schon her, daß ich hier bin, ohne von Dir zu hören. Willst Du mich mit Deinem Stillschweigen zur Rückkehr zwingen? Viel fehlt nicht, so desertiere ich. Wie innig ich Dich liebe, wie hoch und heilig ich dieses Gefühl halte, wie ich es stets an das heranstelle, was den Menschen allein nur würdig und gut erhalten kann, weißt Du ... Heute abend muß ich mit meinem General nochmals das neue Ballett in der

Oper sehen, aber Rosental mit Dir wäre wohl hundertmal besser. Aber hier hilft kein Beten und Singen, wer A sagt, muß auch B sagen. Manche glauben, ich werde Adjutant des Kronprinzen werden ... Im Geiste sehe ich Dich im Hause bewegen, alles schaffen und ordnen. Ich sehe Dich sitzen und arbeiten, oder am Flügel und mit der Gitarre, voll Entzücken sehe und höre ich das alles. Du winkst mich zu Dir, ich umarme Dich oder drücke Dir die Hand. Wir gehen in den Garten, durchs Dorf, auf den Berg. Ich erkläre Dir die Aussicht, und im Tal hörst Du die Nachtigall. Alles freut sich und liebkost Dich, und Du findest alles gut, und es ist Dir lieb und wert um meinetwillen. Man braucht kein Arkadier zu sein und kein Pastor fido, man kann die ganze Idylle auslachen und doch die Freude der Liebe in schöner Natur fühlen und genießen. Meine liebe gnädige Frau Leutnant in spe: Ich küsse Dich auf Deine Rosenlippen.

Ewig unverändert
Dein Carl

Liebeserklärung

Ludwig Uhland (1787–1862)

O wär' ich Sturm, wär' ich Orkan,
Wie schlüg ich an dein Haus hinan!
Die Mauern müßten schüttern,
Dein Herz im Busen zittern,
So fühltest du meine Liebe!

Die Abgeschiedenen

Ludwig Uhland (1787–1862)

So hab' ich endlich dich gerettet
Mir aus der Menge wilden Reihn!
Du bist in meinen Arm gekettet,
Du bist nun mein, nun einzig mein.
Es schlummert alles diese Stunde,

Nur wir noch leben auf der Welt,
Wie in der Wasser stillem Grunde
Der Meergott seine Göttin hält.

Verrauscht ist all das rohe Tosen,
Das deine Worte mir verschlang,
Dein leises liebevolles Kosen
Ist nun mein einz'ger süßer Klang.
Die Erde liegt in Nacht gehüllet,
Kein Licht erglänzt auf Flur und Teich,
Nur dieser Lampe Schimmer füllet
Noch unsrer Liebe kleines Reich.

Vereinigung

Wilhelm Müller (1794–1827)

Wenn ich nur darf in deine Augen schauen,
In deine klaren, treuen, frommen Sterne,
So fühl' ich weichen das geheime Grauen,
Das Lied und Liebe hält in stummer Ferne.

Und unsre Herzen wollen sich begegnen
In langen Blicken, die mit Tränen ringen,

Und unsre Liebe will ein Engel segnen –
Er schlägt um uns die weichen, warmen Schwingen.

Nach seinem Namen wag' ich nicht zu fragen,
Noch nach dem Namen dessen, der ihn sendet;
Ich darf ja wieder weinen, wieder klagen –
Fürwahr, mich hat kein eitler Wahn geblendet!

Fürst Metternich an die Gräfin Lieven

Brüssel, den 28. November 1818

Meine Liebe, wer sich wie ich fühlt, ist allen Nuancen zugänglich. Begreifst Du, daß ich Dir lieber nach London als nach Paris schreibe. Ich sende Dir das anvertraute Gut, ich las alle meine Briefe, und ich weinte, als ich sie las. Welche Macht ist es doch, die Du über mich ausübst? Welche Gewalt hast Du Dir so schnell erworben? Glaubst Du, ich sei leicht zu erobern? Ich ließe mich über etwas täuschen, was doch vor meinen Augen entstanden ist? Wenn Du dies glaubtest, wäre es ein Irrtum.

Ich weiß nicht, an welchem Tage Du mich in meiner Loge aufsuchtest – Du fiebertest, meine Liebe, Du warst mein eigen! Frage nicht, was ich seitdem gefühlt habe, was ich fühle – wenn Du es nicht wüßtest und nicht vor allem anderen fühltest, wärest Du nicht mein. Diese kurzen Augenblicke sind zu meinem und, wie ich glaube, auch zu Deinem Schicksal geworden, wenn anders Entfernung und Zeit nicht vernichten, was Du jetzt fühlst, und was Du noch auf lange Zeit fühlen wirst.

Meine gute Dorothea, fordere sie nicht heraus, die unerbittliche Zeit, die überall so gleichförmig vorgeht und schon dadurch allein Gutes oder Böses zufügt. Allein schätze das soeben Gesagte keinesfalls ernster, als ich es selbst nehme! Willst Du meine Meinung erfahren, so will ich sie Dir sagen:

Binnen einer kurzen Zeit habe ich sehr viel von Dir kennengelernt, von jenem in Dir, das ich über mein Leben liebe. Du hast so viel Geist als man besitzen kann! Du besitzt ein Gemeinsames mit allen guten, starken

Fürst Metternich (1773–1859), der berühmte Staatskanzler Österreichs, begegnete der Gräfin Lieven zum ersten Mal auf der Konferenz von Aachen. Dorothea Lieven war die Frau des russischen Gesandten in London. 1821 sahen sie sich nochmals für wenige Tage in Hannover, 1822 in Verona und dann erst wieder nach Jahrzehnten, in Ehren alt und grau geworden.

und über den Rahmen der ungeheuren Mehrzahl ihres Geschlechtes erhöhten Frauen: Das Bedürfnis nach einem Gefühl, das das Leben auszumachen vermag!

Du fühlst in Dir eine Leere, die Du ausfüllen möchtest. Dein Gatte ist gut, anständig, allein er ist nicht, was ein Gatte sein soll: der Herr über die Schicksale seiner Frau. Du gehörst mir ganz, überdies die erste Grundlage des Glücks, war ich noch niemals so sehr wie bei Dir beruhigt.

Meine Liebe, ich, der ich fast unüberwindliche Schwierigkeiten darin finde, mich für geliebt zu halten, ich bin Deiner so gewiß wie meiner selbst. Nicht ein einziger Zweifel trübt dieses Gefühl, das Gegenteil ist mir noch gar nicht in den Sinn gekommen. Meine gute Dorothea, Du mußt einen Zauber der Aufrichtigkeit mit Dir tragen, dem ich noch nicht begegnet bin; verstehst Du, daß Du mir lieber sein mußt, als jemals eine andere?

Nun, da nichts meine Beruhigung über diesen für mich wichtigsten Punkt erschüttern kann, glaube nicht, ich fürchte die kurze Trennung. Ich wiederhole es Dir, ich bin Deiner gewiß. Ich weiß Dich zu sehr von meinem eigenen Gefühl erfüllt, um auch nur die Möglichkeit einzuräumen, daß irgendein Wesen die geringste Stelle in Deinem Herzen einnehmen könnte. Allein die Zeit? Niemals wird Dir ein Mann wieder der Freund sein, der ich für Dich bin. Alles, was Du je noch wirst empfinden können, wird nicht mehr das sein, was Du mir gewährst. Ein Verhältnis wie das unsrige gibt es nur einmal im Leben. Und es kommt häufig genug vor, daß einem dergleichen nicht vergönnt ist, und noch häufiger, daß man einander nicht findet. Meine Freundin, es ist schon nichts gewöhnliches, wenn man einander so angehört wie wir!

Zum Schlusse wirst Du mich besser kennenlernen, als mich jemals ein Wesen kennengelernt hat – ich sage nicht, mich jemals kennenlernen wird. Dieses Wesen, ich habe es gefunden, ich halte es fest, es ist mein eigen. Ich will es gegen nichts eintauschen, was die Welt an Reiz oder an Glück bieten könnte. Jeder Mensch findet nur ein einziges Glück. Mein Glück, das bist Du, Du bist es.

Am 1. Februar 1819

Freundin, wie die Zeit schnell verfliegt! Drei Monate sind nun schon vergangen, und doch so langsam! Vielleicht dauert es ein Jahr, bis ich Dich wiedersehe. Alles vergeht, nur das Gefühl nicht, das ich für Dich hege!

Was für ein seltsames Wesen bist Du – in allen Deinen Äußerungen zeigt es sich – und in allen Deinen Gedanken mußt Du es daher auch sein!

Du sagst in dem Brief vom neunten Januar: „Ich habe das Unglück, den Ehrgeiz zu lieben, jedes Gefühl ist mir lieb, das einen Mann zum Vorwärtsdrängen anspornt."

Dieser Anspruch ist so sehr mit meinem Stempel versehen, daß ich Dir höchstens den Mitbesitz gestatten kann. Ich will es Dir beweisen.

Als der Kaiser mir 1814 die Erlaubnis gab, sein Wappenzeichen in mein eigenes Wappen aufzunehmen, da wählte ich ein Motto für dies neue Wappenbild. Einige Monate dachte ich an den Ruf „Vorwärts" und wollte um seine Genehmigung ersuchen. Die Dissonanz der Endsilbe verhinderte die endgültige Wahl, und heute weiß ich, daß es falsch war. Ich fand damals, aller einem Manne gestattete Ehrgeiz sei in diesen Worten verdichtet; es hat Bezug auf das Einzelwesen, mehr noch meiner Ansicht nach auf seine Verpflichtungen. Ein kleiner Skrupel von geringer Bedeutung hielt mich damals davon ab, dies Wort zu wählen. So fand ich „Kraft im Recht", das ich nun als Wahlspruch führe. Willst Du meine politischen Prinzipien kennen, so liest Du sie in diesem kurzen Manifest.

Bezüglich des Ehrgeizes, Freundin, so sage nur nicht, daß Du ihm hold bist so ohne weiteres. Es gibt einen hassenswerten Ehrgeiz und einen anderen, der einzig Großes und Hohes hervorbringt. Jeder Ehrgeiz, der nur darum besorgt ist, selbst vorzudrängen, ist abscheulich. Jener, dem es darum ist, die Sache zu fördern, ist die treibende Kraft bei allem Bedeutsamen und Guten. Nur diesen lasse ich bei mir zu und erachte nur ihn als zulässig. Es ist auch der Ehrgeiz, den Du liebst, denn nur ihn kannst Du lieben. Eine Seele wie die Deine vermag sich nur dem Heilsamen zuzuwenden, denn alles, was schädlich und zerstörerisch ist, verdient nicht von Dir betrachtet zu werden. Der einzelne ist nichts, die Sache ist alles. Ich kann hier im Lande nicht mehr werden als ich bin; meine Laufbahn hat ihr Ziel erreicht; ich habe nie an mich gedacht, nie für mich etwas erbeten, ich hatte sogar nie die Absicht, mich mit soviel Verantwortung zu beladen. Wäre ich im schlechten Sinne ehrgeizig, so wäre ich zufrieden mit dem Erreichten; ich bin es jedoch nicht. Mein Ehrgeiz ist wirksam zu sein im guten Sinne; er tröstet mich über die unendlichen Opfer, die ich ihm bringen muß. Weißt Du, was ich am Tag empfand, da ich zu höchsten Ehren erhoben wurde? Ich hätte fast geweint wegen der Einbuße meiner Freiheit, und rettend erschien mir der Gedanke, daß der bösartige Tor künftig nicht mehr würde glauben können, daß ich mich betätige aus streberischen Gründen. Wenn ich handle und mich mühe, Freundin, so ists, um etwas zu erreichen, und meine Person ist durchaus nicht im Spiele. Ich stehe an der Spitze unermeßlicher Interessensphären. Keinen Augenblick am Tag vergesse ich, was ich dem

Vertrauen eines Mannes schulde, den ich liebe, weil ich ihn achte; jeder Irrtum, den ich begehe, wirkt sich aus an dreißig Millionen Menschen, und nur Irrtümer fürchte ich, denn für meine Absichten stehe ich ein. Glaubst Du, Freundin, daß ich bei solcher Verfassung eines Gefühls von Eifersucht fähig bin in einem persönlichen Sinn?

Bauernregel

Ludwig Uhland (1787–1862)

Im Sommer such ein Liebchen dir
In Garten und Gefild!
Da sind die Tage lang genug,
Da sind die Nächte mild.

Im Winter muß der süße Bund
Schon fest geschlossen sein,
So darfst nicht lange stehn im Schnee
Bei kaltem Mondenschein.

Die Nonne

Ludwig Uhland (1787–1862)

Im stillen Klostergarten
Eine bleiche Jungfrau ging;
Der Mond beschien sie trübe,
An ihrer Wimper hing
Die Träne zarter Liebe.

„O wohl mir, daß gestorben
Der treue Buhle mein!
Ich darf ihn wieder lieben:
Er wird ein Engel sein,
Und Engel darf ich lieben."

Sie trat mit zagem Schritte
Wohl zum Mariabild;
Es stand in lichtem Scheine,
Es sah so muttermild
Herunter auf die Reine.

Sie sank zu seinen Füßen,
Sah auf mit Himmelsruh',
Bis ihre Augenlider
Im Tode fielen zu;
Ihr Schleier wallte nieder.

Ferdinand Raimund an Antonie Wagner

(1819)

Liebe, teure Antonie!
Um Sie zu überzeugen, welch angenehme Mühe es sei, seiner Geliebten zu schreiben, wäre es auch um Mitternacht, und meine schöne Antonie ihrer Gleichgültigkeit wegen in diesem Punkte etwas zu beschämen, so schreibe ich jetzt noch, da die Glocke schon 1 Uhr brummt. Ich muß Ihnen gestehen, daß es mir wirklich schon einige Mal seltsam, ja sogar wunderbar vorkömmt, daß Sie nicht zum Schreiben zu bewegen sind, da Sie doch wissen, welche Freude es mir machen würde, und sollte es nicht auch eine für Sie sein, wenn Sie mich wirklich so lieben, wie Sie mich versichern durch Ihr teilnehmendes Betragen, denn Ihr Mund hat es mir noch nie bekannt, außer mit einem von mir durch dringendes Fragen erpreßten, halbgebrochenen Ja. Sollte in Ihrem Herzen denn noch nie der Wunsch sich geregt haben, mir zu sagen, und eben weil Sie es nicht sagen wollen, mir zu schreiben, wie Sie mich lieben –?
Wenn man liebt, wünscht man sich nahe zu sein, und kann man sich näher treten ohne sich zu sehen als durch Briefe, oder scheuen Sie sich, Ihr Geständnis schriftlich in meine Hand zu legen, – da ich doch mein ganzes Lebensglück und meine Ruhe in Ihre Hände lege? Oder wie? – sollte sich Ihr Herz vielleicht täuschen, wäre das, was Sie jetzt fühlen, nur noch die Sehnsucht zu lieben, nicht die Liebe selbst – und ich nur der erste bedeutende Gegenstand, der dem Drang Ihrer Gefühle in den Weg gekommen ist, besonders da Ihnen mein Herz zu gleicher Zeit entgegenkam, und nicht der Mann, zu dem Ihr Herz Sie frei mit der ganzen Macht der ersten Liebe zieht? Für eine Möglichkeit halten Sie es doch, das haben Sie mir selbst gestanden, daß Sie durch gewöhnliche Verhältnisse und Hindernisse gezwungen werden könnten, nicht die Meinige zu werden und einen andern zu wählen; das ist sonst nicht die Sprache der ersten Liebe, oder sollte denn die Zeit so ganz aus ihren Fugen getreten sein, daß auch die ersten und heftigsten Gefühle so unvollkommen sind, daß sie nicht Kraft genug haben, sich gegen den Drang widriger Verhältnisse zu stemmen, daß Ihnen sogar der Wille dazu fehlt? In jedem Fall prüfen Sie sich genau, meine Toni. Ich werde Sie deswegen doch ewig verehren, Sie werden mir ewig unvergeßlich bleiben, aber berechnen Sie, wie unglücklich ich wäre, wenn ich Sie so verlieren müßte?

Ferdinand Raimund (geb. 1790) war österreichischer Bühnendichter und wurde mit seinen volkstümlichen Zauberpossen zum Klassiker des Wiener Volksstücks. Antonie Wagner war die Braut Raimunds, der sich 1836 – zeitlebens Pessimist – das Leben nahm.

Sie, die ich mit jedem Tage mehr liebe, die mir mit jedem Tage unentbehrlicher wird. Sie werden böse sein auf mich, sein Sie es nicht, es ist meine Pflicht, Ihnen diesen Spiegel vorzuhalten, und wenn Sie finden, daß es eine Möglichkeit wäre, daß ich recht gesehen habe, so schreiben Sie mir es, denn ich will lieber mich als Sie unglücklich wissen.

Ewig Ihr Ferdinand

(1820)

Liebe, teure Antonie!

Ich ergreife in dieser Welt, vielleicht zum letztenmal, die Feder, um an ein Mädchen zu schreiben, das durch eine so reine Liebe wie die Ihrige an mein Herz gebunden ist. Die Rolle meiner edleren Gefühle in diesem Punkte ist ausgespielt, meine Ideale, meine Phantasien entschwinden meinen Blicken, und meine Verhältnisse übergeben mich einer Wirklichkeit, welche, obwohl ich sie selbst geschaffen, mir doch so fremd vorkommt, als hätte ihre Existenz ich nie geahndet, viel weniger gewünscht. Und doch – soll es so sein, ist es so, ich opfere die letzten Reste meiner Zufriedenheit dem Verhältnisse meiner Ehre und meines zu rasch gegebenen Wortes auf, und so nehme ich denn vor den Gesetzen der Welt von Ihnen, meine teuere Antonie, auf ewig Abschied, verzeihen Sie einem Menschen, den die bösen Mächte seines Schicksals lenken, streuen Sie durch das Bewußtsein Ihrer Freundschaft und Vergebung die letzten Blumen auf den Dornenpfad seiner Wanderung. Daß Ihr Andenken in meinem Herzen fortleben wird, solange meine Seele wohltätige Bilder vor ihr Auge zaubern kann, muß ich Sie nur bitten, mir zu glauben, denn fordern darf ich es nicht, denn wie können Sie mir Unwürdigen etwas glauben, da ich mir selbst nicht mehr glauben darf. Die Zeit wird Ihre Wunde heilen und Sie werden mit reinem Blicke sich eines vorübergegangenen Sturmes freuen; daß Ihre Leidenschaft entfliehen muß, bin ich gewiß, doch daß das Andenken an mich gänzlich aus Ihrer Seele schwindet, fürchte ich nicht.

Behalten Sie mein Bild als ein Andenken an einen Freund, der die höchste Achtung für Sie fühlt, und der nur dann zufriedener werden kann, wenn er einst hören wird, daß Sie glücklich sind; möchten Sie es doch so werden, als es Ihr edles Herz verdient, möchte Sie Freundschaft und Liebe in der Welt nicht so oft täuschen wie mich, und möchten Sie nie wie ich jetzt das unangenehme Gefühl in Ihrem Busen tragen, daß Sie einer Tat sich schuldig wissen, die Sie von andern so gekränkt, und welche Sie in Ihrem Innern so verabscheut haben. Leben Sie wohl zum letztenmal, liebe, liebe Antonie, und verzeihen

Ihrem unglücklichen Freund Raimund

11. Sept. 1821

Gute, brave Toni!
Die ersten Strahlen der heutigen Sonne finden mich wach, und was kann mein erster Gedanke sein –? Du! Mein Leben, mein alles. Freude strahlt mir der junge Tag entgegen, denn er verkündet mir die Wonne an Deinen Busen das Geständnis meiner Treue abzulegen, darum preis ich sie hoch, die ersten Strahlen der heutigen Sonne – doch – was sind für mich die letzten entschwindenden Strahlen des gestrigen Abends, des 10ten Septembers?
Heilige Mutter Gottes, segensreiche Frau, bewache mit deinen himmlischen Blicken das Glück meiner guten Antonie, nimm unseren Schwur auf in deinen Schoß; bewahre die Reinheit ihres Herzens, wende die Pfeile der Verführung ab von ihrer Brust, oder stähle sie mit Liebe gegen mich, und laß sie nie vergessen auf ihren Ferdinand. Dafür habe ich dir gestern in meinem Innern gelobt, alle Jahre, so lange mich nicht viele, viele Meilen von der dir geheiligten Säule trennen, an der wir uns gestern vor deinem himmlischen Auge verbanden, am 10ten September zum Andenken des mir unvergeßlichen Tages eine halbe Stunde im Gebete an ihrem Fuße zuzubringen, und werde es heilig halten, denn es ist das erste und einzige Gelübde dieser Art, das ich in meinem Leben gemacht habe. Und sollte doch einst ein fluchbeladnes Jahr die Stunde heraufbringen, in der ich dir kein Dankgebet mehr für die Treue meiner Toni, was ich in diesem Augenblicke jetzt fürwahr nicht fürchte, bringen kann, so werde ich deine sanfte Heiligkeit nicht zur unedlen Rache auffordern, ich werde meine Wanderungen zu deiner Säule nicht aufgeben, sondern mein Gebet wird sich wenden und dich bitten, die Leiden meiner Seele durch einen wohltätigen Schlummer zu enden. Sollte uns aber das Glück werden, daß wir vereint auf immer miteinander durchs Leben wandeln dürfen, so soll unser erster Weg zu dir sein. Und eine neue, schönere Säule will ich auf dem nämlichen Platze dir setzen lassen, zum Andenken zweier guten Menschen, deren Herzen nicht untergegangen im Sündenwirbel der größeren Welt. Dies gelobe ich heilig. Amen!
Und nun zu Dir, Du Kleinod meiner Seele! Ich kann heute nicht von Dir scheiden, ohne Dir den heißesten Dank für die seligen Stunden dieser drei unvergeßlichen Tage, die ich an Deiner Seite zubrachte, aus redlichem Herzen darzubringen. Nie wird Dein Ferdinand an Dir undankbar handeln. Wie teuer mir mein Schwur ist, siehst Du aus der Feierlichkeit, mit der ich den Augenblick aufgefaßt habe. Meine Liebe zu Dir muß vor Gott und den Menschen schön und gerecht sein, denn ich fühle es, sie hat, und wird noch immer mehr, einen guten, frommen, Menschen aus mir machen, und einen schöneren Beweis kann es nicht geben,

und eben darum bist Du mir doppelt teuer, weil Du mich in jeder Hinsicht meinem Himmel näher bringst.
Nun eine Bitte: Zum Andenken unseres Schwures sticke mir zu meinem Namenstage eine Mutter Gottes, die ich zu meinem Bett hängen werde. Ich werde Dir eine schöne malen lassen, und in einem goldenen Rahmen wie mein Porträt übergeben. Zum Andenken dieser Stunde und Deines Gebetes. Lebe wohl und vergiß mich nicht, wenn Du in Dein Reich kommst –? verstehst Du?

Ewig Dein Ferdinand

Gib diesen Brief nie von Dir.

(1825)

Liebe, gute Toni! Darum bitte ich Dich, Du möchtest mir zuerst schreiben, wenn wir uns gesprochen haben, weil Deine Versicherungen der Liebe und Treue mir Hoffnung und Trost in die Seele hauchen, und weil meine Antwort dann immer ruhiger und für Dich angenehmer ist, als wenn ich in der schmerzlichen Trauer, in die sich mein ganzes Wesen auflöst, wenn ich Dich umarmt habe, Dir schreiben muß. So unendlich Du das einzige Mädchen bist, an deren Brust ich wahre Liebe fühlen kann, so wehmütig ist die Leere, die meine ganze Seele peinigt, wenn ich Dich aus meinen Armen gelassen; ach, wie unglücklich ist ein Mensch, dem die Natur die fluchwürdige Kraft gegeben, solcher Gefühle fähig zu sein.
Toni, Toni, täusche Deinen Ferdinand nicht, Du möchtest nimmer finden, was Du verlierest. Schmeicheleien sind auch für das reinste Herz ein Gift, das, dem Aqua Tofana gleich, langsam wirkt, aber desto sichrer tötet. Vielleicht täusch' ich mich, aber ich glaube, daß Du seit längerer Zeit nicht mehr so ganz wie einst von der Eitelkeit frei bist, Dich bewundern zu lassen, verzeihe mir, wenn ich Dir unrecht tue, aber Liebende sehen alles durchs Vergrößerungsglas ... Wenn ich so allein bin und alle die glücklichen und unglücklichen Begebenheiten meines Lebens vorüberrauschen an meiner Erinnerung, und ich auf den unschuldsvollen Anfang unserer Liebe denke, und mein jetziges Unglück mir vor die Augen meiner Seele tritt, wo soll ich mich hin verbergen vor der Rache, die ich an mir selbst nehme. Sei nicht böse, daß ich so traurig bin, und suche meinen Schmerz nur in meiner Liebe zu Dir. Lebe wohl und denke auch an Deinen

Ferdinand

(1825)

Ich kann Dir nichts schreiben, als daß mein Herz betrübt ist bis in den Tod.

Wenn ich heute durch mein leidenschaftliches Betragen Dich beleidigt habe, so verzeihe mir – wenn Du kannst –? Ich fühle es tief in meinem Innern, daß ich Glück und Ruhe vergebens über dieser Erde suche, ich bin nur geboren, um mich und andere zu quälen, die das Schicksal in meine Nähe stellt; habe daher Nachsicht mit meinem heutigen Betragen und meinem heutigen Schreiben, denn die Blicke, die Du mir vom Fenster zuwarfst, waren keine Beweise von Versöhnlichkeit. Ich will Dich nicht beleidigen, denn Du verdienst es in keinem Falle, und ich bin nicht undankbar, denn mein Herz ist wahrlich nicht schlecht ... Ich kann Dir nicht mehr schreiben, denn meine Seele brütet in diesem Augenblicke zu sehr über die Gewöhnlichkeiten dieser Welt, als daß ich Deine Augen beleidigen möchte mit dem, was ich niederzuschreiben imstande wäre. Solange ich noch atme, werde ich nie aufhören, Dich zu lieben, doch manchmal habe ich Augenblicke, in denen ich deutlich fühle, daß sich Dein Herz immer weiter von mir entfernt. Wenn Du Worte des Gemütes hast für Deinen Ferdinand, so schreibe sie nieder und sende sie mir, ich bin seit langer Zeit nicht so traurig gewesen, als ich es heute bin.

Denke an Deinen Ferdinand

Böser Wunsch aus Liebe

Friedrich Rückert (1788–1866)

Ich wollte, daß du so häßlich würd'st,
Daß ich käme zu Sinnen,
Könnte dem Knoten, den du geschürzt,
Entrinnen,
Und könnte ohne Neid es sehn,
Wenn die anderen zu dir gehn.

Ich wollte, daß du so häßlich würd'st,
Daß alle es würden innen,
Daß alle stutzten, und wichen bestürzt
Von hinnen.

Und ich könnte mit Lust es sehn,
Wie du müßtest verlassen stehn.

Ich wollte, daß du so häßlich würd'st,
Daß du kämest von Sinnen,
Und kämest auf mich zugestürzt
Mit Minnen,
Und würdest, wenn ich erhörte dein Flehn,
So schön dann wieder, als wär nichts geschehn.

Die Zufriedenen

Ludwig Uhland (1787–1862)

Ich saß bei jener Linde
Mit meinem trauten Kinde,
Wir saßen Hand in Hand;
Kein Blättchen rauscht' im Winde,
Die Sonne schien gelinde
Herab aufs stille Land.

Wir saßen ganz verschwiegen
Mit innigem Vergnügen,
Das Herz kaum merklich schlug.

Was sollten wir auch sagen?
Was konnten wir uns fragen?
Wir wußten ja genug.

Es mocht' uns nichts mehr fehlen.
Kein Sehnen konnt' uns quälen,
Nichts Liebes war uns fern;
Aus liebem Aug' ein Grüßen,
Vom lieben Mund ein Küssen
Gab eins dem andern gern.

Seliger Tod

Ludwig Uhland (1787–1862)

Gestorben war ich
Vor Liebeswonne;
Begraben lag ich
In ihren Armen;
Erwecket ward ich
Von ihren Küssen;
Den Himmel sah ich
In ihren Augen.

Ich hatte mich entschlossen

Friedrich Rückert (1788–1866)

Ich hatte mich entschlossen,
Nicht mehr für dich zu glühn,
Nicht mehr der Treue Sprossen,
O Falscher! dir zu ziehn.

Doch ach! da kamst du wieder,
Wo ich im Schlafe lag,
Durch meine Augenlider
Drang deiner Schönheit Tag.

Du hast durch deine Küsse
Mir Gift ins Herz geflößt,
Das hat mir die Entschlüsse
In Sehnsucht aufgelöst.

Der Liebe Morgenröte

Wilhelm Müller (1794–1827)

Seh' ich deine Wangen glühen
Rosenrot vor meinen Blicken,
Scheint es mir wie Morgenröte,
Morgenröte deiner Liebe,
Die den Tag mir will verkünden.

Schlage nieder deine Blicke,
Daß die Sonne nicht vertreibe
Allzuschnell der Dämmrung Flimmer!
Muß sie ohne Abendröte
Doch in ihre Nacht versinken.

Ich liebe dich

Friedrich Rückert (1788–1866)

Ich liebe dich, weil ich dich lieben muß;
Ich liebe dich, weil ich nicht anders kann;
Ich liebe dich nach einem Götterschluß,
Ich liebe dich nach einem Zauberbann.
Dich lieb' ich, wie die Rosen ihren Strauch;
Dich lieb' ich, wie die Sonne ihren Schein;
Dich lieb' ich, wie es alter, heil'ger Brauch;
Dich lieb' ich, denn dich lieben ist mein Sein.

Der gescheiterte Kuß

Friedrich Rückert (1788–1866)

Bat ich lang' das schöne störrige Adamsrippchen,
Mir zu einem Kuß einmal zu leih'n ihr Lippchen.
Als ich wiederholentlich gebeten hatte,
Gab sie erstlich statt des Kusses mir ein Schnippchen.
Weiter bat ich, und sie gab, wie soll ich's nennen?
Statt des Trunks aus vollem Becher war's ein Nippchen.
Endlich schifft' ich glücklich auf der Lippen Welle,
Ach und scheitert' an des Zahnes Perlenklippchen.

Erstorbene Liebe

Ludwig Uhland (1787–1862)

Wir waren neugeboren, himmlisch helle
War uns der Liebe Morgen aufgegangen;
Wie glühten, Laura, Lippen dir und Wangen!
Dein Auge brannt', es schlug des Busens Welle.

Er liebt mich!

Wie wallt' in mir des neuen Lebens Quelle!
Wie hohe Kräfte rastlos mich durchdrangen!
Sie ließen nicht des Schlafes mich verlangen,
Lebendig kurzer Traum vertrat die Stelle.

Ja, Lieb' ist höher Leben im gemeinen;
Das waren ihre regen Lebenszeichen;
Nun such' ich sie an dir, in mir vergebens.

Drum muß ich, Laura, dich und mich beweinen:
Wir beide sind erloschner Liebe Leichen,
Uns traf der Tod des liebelosen Lebens.

Nähe

Ludwig Uhland (1787–1862)

Ich tret' in deinen Garten;
Wo, Süße, weilst du heut?
Nur Schmetterlinge flattern
Durch diese Einsamkeit.

Doch wie in bunter Fülle
Hier deine Beete stehn
Und mit den Blumendüften
Die Weste mich umwehn!

Ich fühle dich mir nahe,
Die Einsamkeit belebt,
Wie über seinen Welten
Der Unsichtbare schwebt.

Hohe Liebe

Ludwig Uhland (1787–1862)

In Liebesarmen ruht ihr trunken,
Des Lebens Früchte winken euch;
Ein Blick nur ist auf mich gesunken,
Doch bin ich vor euch allen reich.

Das Glück der Erde miss' ich gerne
Und blick', ein Märtyrer, hinan,
Denn über mir in goldner Ferne
Hat sich der Himmel aufgetan.

Ins Auge geblickt

Friedrich Rückert (1788–1866)

Wer dir ins Auge hat geblickt,
Und fragt, warum ich muß sterben,
Der hat so tief nicht darein geblickt,
Als ich zu meinem Verderben.

Er hat den Zauberer nicht gesehn,
Der liegt am Grunde begraben,
Und alle machet vor Gram vergehn,
Die da gesehn ihn haben.

Sympathie

Friedrich Rückert (1788–1866)

Hat dir nicht dein Ohr geklungen
Gestern um die Dämmerungen,
Als von nichts, als dir, mein Ach
Einsam mit den Lüften sprach?

Schlugen dir nicht süße Flammen
Um dein Angesicht zusammen,
Von dem meinen ausgesandt,
Das für dich in Gluten stand?

Fühltest du kein Tränchen ringen,
Durch das Auge dir zu springen,

Als ich meines nicht verschloß,
Das für dich in Tränen floß?

So sag' ich, in Höh'n und Tiefen
Daß die Liebesgötter schliefen,
Wach war keine Geisterhand,
Die sonst Herz an Herzen band!

So sag' ich, daß ihrer Rechte
Sind entsetzt des Himmels Mächte,
Amors Mutter herrschte nie,
Und ein Nichts ist Sympathie!

Wie kann aus diesem Röselein

Ludwig Uhland (1787–1862)

Wie kann aus diesem Röselein
So kräftig Labsal quillen?
Wie kann ein Blümchen, zart und klein,
So tiefen Kummer stillen?

Das Röslein kommt von ihrer Hand,
Drum macht es mich gesunden,
Ich glaub, ein Dorn, von ihr gesandt,
Er könnte nicht verwunden.

Meine Freundin

Friedrich Rückert (1788–1866)

Die soll nicht meine Freundin sein,
Die nicht die Blumen liebt,
Nicht Blumen gleich dem Himmelschein
Ihr Herzblatt offen gibt;

Wär' ihre Wange rosenrot,
Ihr Aug' ein Himmelblau,
Wär' Sonn' ein Lächeln, das sie bot,
Und ihre Red' ein Tau;

Ob eine Blum' aus Milch und Blut
Sie selber ging' und schwebt',
Aus Blumenschnee und Blumenglut
Gegossen und gewebt;

Und wenn sie nach der Blume, die
Sich auf vom Boden rankt,
Um ihr den Saum zu küssen, nie
Sich niederneigt und dankt;

Und achtet nicht den leisen Trieb,
Der im Verborgnen glüht,
Und ist ihr nur der Flitter lieb,
Der in die Augen sprüht –

Ihr Blumen, die ihr still und rein
Blüht, welket und zerstiebt!
Die soll nicht meine Freundin sein,
Die nicht die Blumen liebt.

Der Ring

Ludwig Uhland (1787–1862)

Es ging an einem Morgen
Ein Ritter über die Au;
Er dacht' in bangen Sorgen
An die allerschönste Frau:

„Mein wertes Ringlein golden,
Verkünde du mir frei!
Du Pfand von meiner Holden,
Wie steht es mit ihrer Treu'?"

Wie er's betrachten wollte,
Vom Finger es ihm sprang;
Das Ringlein hüpft' und rollte
Den Wiesenrain entlang.

Er will mit schnellen Händen
Es haschen auf der Au,
Doch goldne Blumen ihn blenden
Und Gräser, betropft von Tau.

Ein Falk es gleich erlauschte,
Der auf der Linde saß;
Vom Wipfel er niederrauschte,
Er holt' es aus dem Gras.

Mit mächtigem Gefieder
Er in die Luft sich schwang;
Da wollten seine Brüder
Ihm rauben den goldnen Fang.

Doch keiner gewann's von allen
Das Ringlein fiel aus der Höh';
Der Ritter sah es fallen
In einen tiefen See.

Die Fischlein hüpften munter,
Zu haschen den goldnen Tand;
Das Ringlein sank hinunter,
Bis es den Blicken schwand.

„O Ringlein, auf den Triften,
Da äffen dich Gras und Blum';
O Ringlein, in den Lüften,
Da tragen die Vögel dich um;

O Ringlein, in Wassers Grunde,
Da haschen die Fische dich frei;
Mein Ringlein, ist das die Kunde,
Die Kunde von Liebchens Treu'?"

Karl von Roeder an Henriette von Bernstorff

Berlin, 4. Juni 1822

Teure, innigst verehrte Gräfin!

Es ist, wie Sie erfahren werden, nicht meine Wahl, daß ich Ihnen durch den toten Buchstaben und nicht mit lebendiger Rede Ihrem teueren, holden Angesicht gegenüber, vor Gott dem Allwissenden sage, was mir das Herz so innig bewegt; sondern es ist ein höherer Wille, welchem wir beide in Ehrfurcht und Liebe uns zu unterwerfen haben, der es erheischt. Ich erkenne darin den Willen Gottes und hoffe getrost, daß, wenn es sein heiliger Wille ist, auch diese Zeilen an Ihr Herz dringen und Seine Allmacht die Ohnmacht meiner schriftlichen Darstellung gut machen werde. Mit Erlaubnis Ihres Vaters und Ihrer teuern Pflegeeltern spreche ich gegen Sie das aus, was ich lange mit Mühe vor Ihnen zu verbergen suchte, da ich nicht zu hoffen wagte, daß Sie mein Gefühl teilen, noch daß Ihre verehrten Angehörigen mir erlauben würden, es gegen Sie auszusprechen, daß ich Sie, teure Gräfin Henriette, nämlich von ganzem Herzen liebe, hochschätze und ich es für das höchste Glück halten würde, wenn ich auf immer mit Ihnen vereint würde. Ich habe mich ernst im Gebet vor Gott geprüft und habe die feste Überzeugung, daß meine Liebe für Sie eine heilige, Gott wohlgefällige und darum dauernde sei; sonst würde ich mich nicht unterstehen, dieselbe gegen Sie auszusprechen. So anziehend und meinem Herzen wohltuend auch Ihre äußere Erscheinung ist, so ist es doch mehr die Frömmigkeit und Tugend, welche ich in

Ihnen erkannt habe, die Sie mir so unaussprechlich teuer machen und mir ein frohes festes Vertrauen geben, daß der, welchem Sie Ihr Herz schenken, darin unwandelbare und treue Liebe und unaussprechlichen Trost finden werde.

Im Vertrauen auf Gott spreche ich Ihnen diese Gefühle aus; in Seiner Hand liegt es, ob Sie dieselben teilen: aber ich wage es um so eher zu hoffen, da gerade an heiliger Stätte nach dem heiligen Abendmahl, als Sie mir die Hand reichten, in meinem Herzen das Gefühl entstand, als habe uns Gott zusammengeführt. Nur wenn Sie die gleiche Überzeugung hegen, nur wenn Sie wissen, daß unser Bund im Himmel geschlossen wird, weiß ich, werden Sie mir die Hand reichen, und diese Hand ist mir auch zu teuer, als daß ich sie anders als aus Gottes Händen empfangen möchte. Wenn Sie mir aber Ihr Herz und Ihre Hand schenken, so werde ich in Demut es als das höchste Gnadengeschenk Gottes betrachten. Ich fühle tief, welches köstliche Kleinod es ist, wem der Herr ein tugendhaftes, gottesfürchtiges Weib beschert, und wieviel ein Mädchen einem Mann mit ihrer Hand gibt. Dieses Gefühl wird mit des Herrn Beistand, wie ich fest vertraue, mich in Freud und Leid begleiten, und ich werde nach Gottes Vorschrift Sie bis an das Ende meines Lebens so lieben, wie unser Heiland seine Kirche liebt.

Sie kennen, glaube ich, im allgemeinen meine Art zu sein und zu denken, da ich mich immer offen über alles ausgesprochen habe. Manche meiner Fehler mögen Sie freilich nicht kennen; diese werden Sie aber, wenn Sie mich überhaupt lieben, auch mit Liebe ertragen, doch mit der heiligen Liebe, welche das Seelenheil des Geliebten über alles zeitliche setzt und darum ihn nicht weichlich in Fehlern bestärkt, welche ihn von Gott entfernen. Es ist mein heiliger Vorsatz, wenn Sie mir Ihre Hand reichen, Gott immer recht dringend zu bitten, daß Er meine Liebe zu Ihnen auch so lauter und rein sein lassen möge, daß mir das Glück Ihrer Seele das Teuerste und Höchste sei, damit wir in diesem gebrechlichen irdischen Leben nie den Pfad nach der ewigen Heimat verlieren und einst vor dem Trone Gottes noch die Stunde segnen mögen, die uns zusammenführte, wenn es anders so Gottes heiliger Wille ist. Alle andere Liebe, die nicht auf Gottes Ehre und Liebe zu den Menschen hinausgeht, vergeht; aber die Liebe, die in Gott ruht, wird nicht vergehen, wenn Himmel und Erde vergehen. Darum, wenn Sie mir Ihre teure Hand reichen, so fasse ich dieselbe mit dem heiligen Gelübde, daß unsere Verbindung zu Gottes Ehre und zum Segen unserer Mitmenschen gereichen solle, daß wir, soviel es an uns ist, zur Förderung des Reiches Gottes beitragen wollen. Darin liegt eine Freude und ein Trost, welchen die Welt nicht kennt.

Nun, teuere, verehrte Gräfin Henriette, halte ich es für meine Pflicht, Sie noch auf etwas in meiner Lage aufmerksam zu machen, nämlich, daß ich gar kein Vermögen besitze und mein Gehalt mit dem, was die Güte Ihres teueren, verehrten Vaters uns vielleicht gibt, nur zureichen kann, uns ein sehr beschränktes Einkommen zu geben. Ich meinerseits habe von Jugend an in einer beschränkten Lage gelebt, habe auch gar keine äußeren Bedürfnisse, so daß für mich kein Opfer darin liegen kann; anders ist es bei Ihnen.

Obgleich ich nun die Überzeugung habe, daß, wenn Sie mich so lieb haben wie ich Sie, und wir in Gottes Namen alles tun, auch Gott darüber hinweghelfen und Entbehrungen uns auch zum Segen gereichen werden, so glaube ich doch, Sie darauf aufmerksam machen zu müssen.

Ich habe Ihnen, teuere, verehrte Gräfin, nun in der Kürze die innigsten Wünsche meines Herzens und meine Stellung gegen Gott und die Welt gesagt und lege nun alles getrost in die Hände Gottes, der unser beider Vater ist. An Gottes Segen ist alles gelegen. Prüfen, erwägen und entscheiden Sie, wenn nicht, wie ich zu hoffen wage, Ihr Herz schon ebenso entschieden ist wie das meinige.

Wie aber auch Ihre Entscheidung ausfallen möge, so trauen Sie fest darauf, daß meine Liebe und Ehrerbietung für Sie nicht aufhören wird, und daß ich Ihr treuer Freund sein werde, wenn Sie mir nicht Ihr Herz und Ihre Hand schenken könnten. Es würde ein tiefer Schmerz für mich sein; aber die liebende Hand Gottes würde mich nicht ohne Trost lassen, da der Herr im ewigen Vaterlande doch allen den Seinigen eine ewige Heimat bereitet hat, zu der ich freilich gern an Ihrer teueren Hand durch dieses Pilgerleben ging. Amen! Dem Herrn sei alles befohlen. In Seiner heiligen Liebe und in Seiner treuen Nachfolge mögen wir leben und sterben, es sei vereint oder einzeln. Von ganzem Herzen

Ihr Sie verehrender
Karl von Roeder.

Franz Grillparzer

An Katharina Fröhlich

Jamnitz, 14. Oktober 1823

Schönster Engel!

Da Sie mir selbst keine Nachrichten von Ihrem Befinden geben, so muß ich schon andere Leute bitten, die im Nachrichtengeben genauer sind als Sie (oder Du) . . .

Ich befinde mich wohl. Dank sei es dem wackern Flury, der mir teils die Langeweile meines hiesigen Aufenthaltes ertragen half, teils selbst durch seinen ärztlichen Rat mir von Nutzen war. Eines der Heilmittel, die ich auf seinen Rat anwendete, wird Dir zwar nicht sehr gefallen, er hat mich nämlich zum – Tabakraucher gemacht; aber man muß sich eben in alles finden.

Den Tag meiner Ankunft in Wien kann ich mit Bestimmtheit noch nicht angeben. Mein Graf ist so sehr in den Landaufenthalt verliebt, daß er auch jetzt, da alles schon abgereist ist bis auf mich und ihn (stelle Dir die

Der österreichische Dichter (1791–1872) lernte seine Braut 1821 kennen und blieb mit ihr ein Leben lang verlobt.

Unterhaltung vor), noch nicht ans Nachhausegehen denkt und sich gern hier einschneien ließe, wenn's anders seine Geschäfte erlaubten. Doch hoffe ich, etwa bis Sonnabend oder Sonntag zurück zu sein und bis heut über acht Tage mich schon wenigsten achthundertmal mit Dir gezankt zu haben. Oder nicht? Bist Du nicht mehr zanksüchtig; nicht mehr zornig; nicht mehr . .; nicht mehr . . .; nicht mehr . . . . ? Auf diese drei letzten Fragen werde ich mir mündlich die genaueste Antwort ausbitten. Ich küsse Dich in Gedanken aufrichtig, in Wirklichkeit wär es mir lieber! Ich bin rasend in Dich verliebt geworden. Ich habe in Jamnitz ganz vergessen, welch ein Ungeheuer Du bist. Eigentlich bleibst Du denn doch ein lieber Narr. Adieu! Baldiges Wiedersehn! Grüße die Schwestern und den Vater und Bogner.

Grillparzer

Katharina Fröhlich an Grillparzer

2. September 1843

Aus Ihrem soeben erhaltenen humoristischen Briefe ersehe ich mit Freude, daß Sie Gott Lob gesund und mit ihrer Reise noch zufrieden sind. Nur war ich anfangs betroffen, zur Aufschrift Fräulein zu lesen, und ich glaubte schon eine Verwechslung hätte stattgefunden. Da ich weiterlesend mich aber überzeugte, daß er doch an mich war, so danke ich herzlich für die beruhigende Nachricht und bitte als Aufschrift zu setzen: lieber Grillparzer, oder lieber Alter, oder lieber Lieber, kurz jedes beliebige Dir freundliche Wort, so wie auch meine Person ganz demütig bittet um eine ähnliche Titulatur. Was mein Leben betrifft, so bin ich so ziemlich ohne körperliche Schmerzen, webe – Socken, spiele zwischen zwei und drei Klavier, – – war mit den Schwestern und Leopold in Lucia, wo ich an Erl viel Vergnügen hatte und machte gestern, Sonntag, eine große Tour, wo ich rechtes Herzweh hatte. Ich mußte nämlich bei den schönen Wiesen, herrlichen Aussichten und so lieben Aun immer an Dich, lieber Alter, denken. Sonst geht alles seinen alten Gang. – – – – – – – – – – – – – – – – – – Mit den Neuigkeiten bin ich zu Ende, aber nicht mit der Bitte, mir recht bald zu schreiben, viel, lieb, gut, kurz alles, womit Sie so glücklich machen

Ihre Katty

Kehr ein bei mir

Friedrich Rückert (1788–1866)

Du bist die Ruh,
Der Friede mild,
Die Sehnsucht du
Und was sie stillt.

Ich weihe dir
Voll Lust und Schmerz
Zur Wohnung hier
Mein Aug und Herz.

Kehr ein bei mir
Und schließe du
Still hinter dir
Die Pforten zu.

Treib andern Schmerz
Aus dieser Brust!
Voll sei dies Herz
Von deiner Lust.

Dies Augenzelt,
Von deinem Glanz
Allein erhellt,
O füll es ganz!

Vorabend

Ludwig Uhland (1787–1862)

Was streift vorbei im Dämmerlicht?
War's nicht mein holdes Kind?
Und wehten aus dem Körbchen nicht
Die Rosendüfte lind?

Ja, morgen ist das Maienfest;
O morgen, welche Lust,
Wann sie sich glänzend schauen läßt,
Die Röslein an der Brust!

Liebesandacht

Friedrich Rückert (1788–1866)

O sei in keinem Augenblick,
Mein Herz! von Rausch und Liebe leer.
O wirf die Welt dir vom Genick,
Und deine Ichheit wirf ins Meer.

Der Liebe Meer ist reich und tief,
Die Eigenlieb' ist kahl und seicht.

Der Gang der Welt ist dumpf und schief,
Der Flug der Lieb' ist hoch und leicht.

Sieh an den frommen Mönch, und nimm
Ein Beispiel dran, nicht so zu sein.
Der Herr läßt leben gut und schlimm,
Die Selbstsucht nur verdammt allein.

Wenn du den Himmel hast in dir,
So ist dir Tod und Leben gleich.

Und hast du nicht den Himmel hier,
Was nützt dir dort das Himmelreich?

Lieb' etwas hier und bet' es an,
Vergöttre nur dich selber nicht. –
Mir brach der Eigenliebe Wahn,
Als ich dir sah ins Angesicht.

Du hast mit deiner Locken Band
Der Ichheit Fesseln abgestrüpft,
Und an der Seelen Vaterland
Mit deinen Blicken mich geknüpft.

Es hätte mich Verzweiflung
Getötet über deinen Glanz,
Hätt' ich in Liebeshuldigung
Nicht dir mich hingegeben ganz.

Du hast die Welt in Licht getaucht
Und hast mich außer mich gestellt,
Von deinem Odem angehaucht,
In dir zu schauen Gott und Welt.

Ein Götzendiener bist du zwar,
Hafis, doch dienst auch du dem Herrn;
Denn wessen Rausch die Liebe war,
Wie wär' dem Quell der Lieb' er fern?

Glückliche Rettung

Friedrich Rückert (1788–1866)

Die Liebe fiel ins Grübchen am Kinn,
Und war unendlich erschrocken.
Sie langte mit entschlossenem Sinn
Nach einer der flatternden Locken,
Und zog sich mit Geschicke
Heraus am artigen Stricke,
Sonst läge sie, glaub' ich, noch darin.

Des Glückes Gunst

August Graf von Platen (1796–1835)

Des Glückes Gunst wird nur durch dich vergeben,
Schön ist die Rose nur, von dir gebrochen,
Und ein Gedicht nur schön, von dir gesprochen;
Tot ist die Welt, du bist allein am Leben.

In diesen Lauben, die sich hold verweben,
Wird ohne dich mir jeder Tag zu Wochen,
Und dieser Wein, den warme Sonnen kochen,
Kann nur aus deiner Hand mein Herz beleben.

Von dir geschieden, trenn ich mich vom Glücke,
Das Schönste dient mir nur, mich zu zerstreuen,
Das Größte füllt mir kaum des Innern Lücke.

Doch drückst du mich an deine Brust, den Treuen,
Dann kehrt die Welt in meine Brust zurücke,
Und am Geringsten kann ich mich erfreuen.

Fürst Pückler-Muskau an seine Frau

Brighton, den 19. Januar 1828

Wenn ich an den lieben Gott denke, denke ich auch in der Regel an Dich, weil dann eben Liebe meine Seele füllt. Ob und wie der eine existiert, weiß ich Ärmster freilich nicht, aber daß meine Schnucke lebt, das weiß ich, und daß, was ich ihr liebes tue, auch Gott empfängt, weiß ich auch, und nichts ist schöner in Christi Lehre als dieses Wort...

Abends ging ich bei der ankommenden Flut des Meeres unter seinem Schäumen und Donnern nach Haus; die Sterne blickten klar funkelnd herab, ewige Ruhe oben und wildes Brausen und Wallen unten, Himmel und Erde in ihrer wahren Charakteristik! Wie herrlich, wie wohltuend, wie furchtbar, wie schauerlich ist die Welt! Die Welt, die nie anfing, die nie endet – deren Raum nirgends begrenzt ist, – in deren endloser Verfolgung die Phantasie selbst, schaudernd sich verhüllend, zu Boden sinkt.

O meine Schnucke, Du verstehst mich. – Liebe nur fühlt einen Ausweg aus diesem Labyrinth, wo jede andere Kraft des Geistes sich vernichtet sieht.

Hermann Ludwig von Pückler-Muskau (1785–1871), der geniale Gartengestalter, hielt sich in England auf und suchte im Einverständnis mit seiner Frau Lucie, geb. Gräfin Hardenberg, des Geldes wegen eine zweite Gattin. Er fand sie nicht. Berühmt sind vor allem seine Reisebriefe, die er von seinen ausgedehnten Reisen an seine „Schnucke", wie er seine Frau mit Kosenamen nannte, schrieb.

27. April 1828

Weißt Du wohl Schnucke, daß ich verliebt bin – rate einmal in wen? In Dein Portrait, das ich jedesmal früh und abends küsse, wozu es immer sehr kontent aussieht. Nun, der Himmel wird uns beide nicht verlassen, denke ich, und wir werden noch einmal Frohsinn schmecken, der uns lange, lange schon so fremd geworden ist!

London, den 17. Mai 1828

Wir werden uns, meine einzige und ewige Freundin in jeder Lage des Lebens, meine teure Schnucke, bald wiedersehen, und dann sollst Du mündlich hören, wie ich einen Engel in der Welt gefunden, der meine Träume von einem Ideal, wie es für mich geschaffen sein müßte, erfüllte – für den ich in kurzer Zeit eine Leidenschaft gefaßt, der nichts je geglichen, was ich bisher empfand – und den die Gewalt der Verhältnisse mich gezwungen, unabänderlich gezwungen, auf ewig zu verlassen.

Vier Tage habe ich wahrhaft in der Hölle und rastlos zugebracht, ja, ich konnte Dir selbst nicht schreiben! Es war ein Zustand, den die Natur keines Menschen lange ertragen könnte. Indessen, Gott ist gnädig, und jede Krankheit der Seele wie des Körpers erreicht durch die Erschöpfung selbst Linderung. Seltsam, daß meine Gefühle mit den reiferen Jahren erst ihre höchste, ich möchte sagen bodenlose Tiefe erreicht haben, wo sie bei anderen zu ruhen und dann abzusterben scheinen!

Doch hat diese härteste aller Prüfungen ein Gutes gehabt. – Sie hat mich völlig für alle Seifenblasen abgestumpft, denen ich nachlief. Sie hat alles Spielwerk für immer zerbrochen, und ich werde mit Ruhe und Ernst allem Kommenden entgegengehen können. Nur schwer wird es halten, den Gedanken an eine andere Verbindung noch Raum zu geben.

Karl Friedrich Schinkel an seine Frau

Rom, den 28. August 1824

Meine liebste, teuerste Susanne!

In der Hauptstadt der Welt angekommen, kannst Du denken, welche Empfindungen wieder in mir rege werden, aber unendlich mehr noch beglückte mich Dein herrlicher, liebevoller Brief mit allen den schönen

Die Briefe des berühmten Baumeisters, Malers und Bühnenbildners Schinkel (1781–1841) an seine Frau Susanne, geb. Berger, stammen hauptsächlich von seinen Reisen.

Nachrichten. Ja, Du hast ganz recht, wenn Du meinst, daß durch den Gedanken an das Haus meiner Liebenden in der Heimat mir die Reise noch höhere Genüsse liefern müsse als früher. Es geht nichts über dies herrliche Gefühl, aber Dir allein danke ich dies Glück. Jeder Deiner Briefe zeugt mir von dem Schatze, den ich an Dir besitze, in dem Du mit

jedem Worte Heiterkeit in mein Herz bringst... Könnte ich Dich einzig und allein in dem Vatikan auf einen Tag hier haben! Du mußt nun schon alles durch mich hindurch genießen, da Du nicht selbst hier sein kannst. Aber ich fühle, daß ich diese Reise höchst nötig hatte; es wird vieles bei mir klar und lebendig; ich fühle aber auch, daß ich mit dieser Reise für mein Leben völlig beruhigt sein werde. Lebe wohl, Teuerste, und behalte lieb Deinen ewig treuen Schinkel

Untreue

Ludwig Uhland (1787–1862)

Dir ist die Herrschaft längst gegeben
In meinem Liede, meinem Leben,
Nur diese Nacht, o welch ein Traum!
O, laß das schwere Herz mich lösen!
Es saß ein fremd, verschleiert Wesen
Dort unter unsrer Liebe Baum.

Wie hält sie meinen Sinn gefangen!
Ich nahe mich mit süßem Bangen,
Sie aber hebt den Schleier leicht;
Da seh' ich deine lieben Augen,
Ach, deine blauen, trauten Augen,
Und jeder fremde Schein entweicht.

Elise, Prinzessin Radziwill

Berlin, den 3. Juli 1822

...Am Tage vor seiner Abreise hat er hier gegessen und den Abend mit uns zugebracht. So haben wir gesessen bis nach zwölf Uhr des Nachts und immer im Garten. Ohne Zwang und ohne Aufsehen haben wir da uns sprechen können, wie ein Bruder mit seiner Schwester spricht. Es war aber doch noch viel schöner. Er gab mir einige Aufschlüsse über sein Benehmen in Schlesien, wovon ich ihn aufrichtig um Rechenschaft gefragt, und er sprach so schön, so herrlich, so ohne irgendeinen Anstrich von selbstsüchtiger Liebe, daß ich mich nicht halten konnte, und meine Tränen fielen reichlich auf meine Hände. Ich habe auch nicht versucht, ihm zu verbergen, wie sehr seine Rede mich gerührt und habe ihm alles gezeigt, was in mir vorging.
Diese Unterredung, dies Wiedersehn hat viel gewirkt und viel Gutes gehabt, meine teure Luluse! Er ist mir noch viel werter in dieser kurzen

Die schöne Elise (1803–1834), Tochter des Faustkomponisten Fürst Anton Heinrich, war die Jugendliebe des Prinzen Wilhelm von Preußen (1797–1888), des späteren Königs und Kaisers Wilhelm I., auf die er kraft väterlicher Entscheidung vom Juni 1826 verzichten mußte. Der Brief ist an eine Freundin gerichtet.

Zeit geworden, und fest ist der Vorsatz in mir eingewurzelt, allen Stürmen zum Trotz sein Angedenken und meine Treue ihm im Herzen zu bewahren! Er hat sich mit mir aussprechen können und hat von mir selbst erfahren, was er nur durch Mamas Versicherungen kannte! So haben wir uns mit tausend Tränen und vielem Weh, aber doch nicht ohne ein kleines Fünkchen von Hoffnung getrennt...

Der Schmied

Ludwig Uhland (1787–1862)

Ich hör meinen Schatz,
Den Hammer er schwinget,
Das rauschet, das klinget,
Das dringt in die Weite
Wie Glockengeläute
Durch Gassen und Platz.

Am schwarzen Kamin,
Da sitzet mein Lieber,
Doch, geh ich vorüber,
Die Bälge dann sausen,
Die Flammen aufbrausen
Und lodern um ihn.

Junge Liebe

Annette von Droste-Hülshoff (1797–1848)

Über dem Brünnlein nicket der Zweig,
Waldvögel zwitschern und flöten,
Wild Anemon' und Schlehdorn bleich
Im Abendstrahle sich röten,
Und ein Mädchen mit blondem Haar
Beugt über der glitzernden Welle,
Schlankes Mädchen, kaum fünfzehn Jahr,
Mit dem Auge der scheuen Gazelle.

Ringelblumen blättert sie ab:
„Liebt er, liebt er mich nimmer?"
Und wenn „liebt" das Orakel gab,
Um ihr Antlitz gleitet ein Schimmer:

„Liebt er nicht" – o Grimm und Graus!
Daß der Himmel den Blüten gnade!
Gras und Blumen, den ganzen Strauß,
Wirft sie zürnend in die Kaskade.

Gleitet dann in die Kräuter lind,
Ihr Auge wird ernst und sinnend;
Frommer Eltern heftiges Kind,
Nur Minne nehmend und minnend,
Kannte sie nie ein anderes Band
Als des Blutes, die schüchterne Hinde;
Und nun einer, der nicht verwandt –
Ist das nicht eine schwere Sünde?

Mutlos seufzet sie niederwärts,
In argem Schämen und Grämen,
Will zuletzt ihr verstocktes Herz
Recht ernstlich in Frage nehmen.
Abenteuer sinnet sie aus:
Wenn das Haus nun stände in Flammen,
Und um Hilfe riefen heraus
Der Karl und die Mutter zusammen?

Plötzlich ein Perlenregen dicht
Stürzt ihr glänzend aus beiden Augen,
In die Kräuter gedrückt ihr Gesicht,
Wie das Blut der Erde zu saugen,
Ruft sie schluchzend: „ja, ja, ja!"
Ihre kleinen Hände sich ringen,
„Retten, retten würd' ich Mama,
Und zum Karl in die Flamme springen!"

Die Liebeszeichen

Friedrich Rückert (1788–1866)

Gestern schienen
Die Rubinen
Dieses Mundes mir zu schmeicheln,
Und die langen
Lockenschlangen
Ließen sich geduldig streicheln.

Ob ich trauen
Soll und bauen
Auf dergleichen Liebeszeichen?
Ja! doch sollen
Wir nicht schmollen,
Wenn Sie heut nicht tun desgleichen.

Diese meister-
Losen Geister
Haben billig ihre Launen.
Wie sie's treiben,
Muß es bleiben,
Und dir bleibt's nur anzustaunen.

Tristan

August Graf von Platen (1796–1835)

Wer die Schönheit angeschaut mit Augen,
Ist dem Tode schon anheimgegeben,
Wird für keinen Dienst der Erde taugen,
Und doch wird er vor dem Tode beben,
Wer die Schönheit angeschaut mit Augen!

Ewig währt für ihn der Schmerz der Liebe,
Denn ein Tor nur kann auf Erden hoffen,

Zu genügen einem solchen Triebe:
Wen der Pfeil des Schönen je getroffen,
Ewig währt für ihn der Schmerz der Liebe.

Ach, er möchte wie ein Quell versiechen,
Jedem Hauch der Luft ein Gift entsaugen,
Und den Tod aus jener Blume riechen;
Wer die Schönheit angeschaut mit Augen,
Ach, er möchte wie ein Quell versiechen!

Brennende Liebe

Annette von Droste-Hülshoff (1797–1848)

Und willst du wissen, warum
So sinnend ich manche Zeit,
Mitunter so töricht und dumm,
So unverzeihlich zerstreut,
Willst wissen auch ohne Gnade,
Was denn so Liebes enthält
Die heimlich verschlossene Lade,
An die ich mich öfters gestellt?

Zwei Augen hab' ich gesehn,
Wie der Strahl im Gewässer sich bricht,
Und wo zwei Augen nur stehn,
Da denke ich an ihr Licht.
Ja, als du neulich entwandtest
Die Blume vom blühenden Rain,
Und „Oculus Christi" sie nanntest,
Da fielen die Augen mir ein.

Auch gibt's einer Stimme Ton,
Tief, zitternd, wie Hornes Hall,
Die tut's mir völlig zum Hohn,
Sie folget mir überall.
Als jüngst im flimmernden Saale
Mich quälte der Geigen Gegell,

Da hört ich mit einem Male
Die Stimme im Violoncell.

Auch weiß ich eine Gestalt,
So leicht und kräftig zugleich,
Die schreitet vor mir im Wald,
Und gleitet über den Teich;
Ja, als ich eben in Sinnen
Sah über des Mondes Aug'
Einen Wolkenstreifen zerrinnen,
Das war ihre Form, wie ein Rauch.

Und höre, höre zuletzt,
Dort liegt, da drinnen im Schrein,
Ein Tuch mit Blute genetzt,
Das legte ich heimlich hinein.
Er ritzte sich nur an der Schneide,
Als Beeren vom Strauch er mir hieb,
Nun hab' ich sie alle beide,
Sein Blut und meine brennende Lieb'.

Prinz Wilhelm von Preußen an Prinzessin Augusta von Sachsen-Weimar

Berlin, 29. August 1828

Ihro Hohheit vermag ich kaum die Regung meines Herzens zu schildern, welche mich in diesem Augenblick ergreift, da ich die Feder zur Hand nehme, um den wichtigsten Schritt meines Lebens zu tun.
Zwar mit Bangigkeit, aber auch mit der festen Zuversicht zu Gott, daß er mir in diesem entscheidenden Augenblick nahe sei, nähere ich mich Ihnen vertrauensvoll.
Ihro Hohheit selbst haben das Gefühl des Vertrauens in mir erzeugt, aber mit dem Entstehen desselben standen andere Gefühle in Verbindung, die Sie mir unaussprechlich teuer machen und die mich auf immer an Sie fesseln – wenn Sie mir Ihre liebevolle Genehmigung dazu geben.

Der auf Befehl abgebrochenen Romanze mit der Prinzessin Radziwill folgte die sehr ruhige Werbung um die Hand der erst siebzehnjährigen Prinzessin von Weimar (1811–1890), der späteren Kaiserin Augusta. Die Hochzeit fand 1829 statt.

Ob ich diese Genehmigung erwarten darf, ob ich meine teuersten und kühnsten Wünsche erfüllt sehe und auf Erwiderung jener Gefühle rechnen darf – darüber die Ungewißheit in meinem Innern zu schlichten, darf ich Ihro Hohheit Entscheidung und Antwort entgegensehen.
Gehen meine teuersten Hoffnungen durch Ihren Beschluß in Erfüllung, so ist das Glück meines Lebens gesichert. Mein Schicksal ist dann entschieden; denn ich weiß, daß ich Ihnen mein ganzes Leben weihen darf und Ihnen mit Gottes Beistand, soviel es in meinen Kräften steht, ein Glück zu bereiten trachten darf, welches mein höchstes und schönstes Ziel sein und bleiben wird.
Ich darf Ihro Hoheit in diesem wichtigen Augenblick an die gütige, ja ich darf sagen, freundschaftliche Weise erinnern, mit welcher Sie mir bisher stets begegneten. Hierdurch allein ermutigt dürfte ich es wagen, Ihnen ein Geständnis auszusprechen, zu dem ich sonst wohl vergeblich den Mut gesucht haben würde. Von Ihrem Ausspruch hängt es ab, ob ich zu viel wagte, oder ob mein getaner Schritt so liebevoll von Ihnen aufgenommen wird, als er mit Herzlichkeit von meiner Seite geschah.
Täuschte mich mein Herz nicht, so darf ich hoffen, bald die Bestätigung meines Glücks von Ihnen zu erfahren. Gewährt mir Gott diese Gnade, so eile ich, von Dank gegen ihn und gegen Sie erfüllt, meine Dankbarkeit selbst zu Ihren Füßen niederzulegen.
Ich unterzeichne mich als
Ihro Hoheit ganz ergebenster Diener
Wilhelm, Prinz v. Preußen

Was treibt und tobt mein tolles Blut?

Heinrich Heine (1797–1856)

Was treibt und tobt mein tolles Blut?
Was flammt mein Herz in wilder Glut?
Es kocht mein Blut und schäumt und gärt,
Und grimme Glut mein Herz verzehrt.

Das Blut ist toll, und gärt und schäumt,
Weil ich den bösen Traum geträumt;
Es kam der finstre Sohn der Nacht,
Und hat mich keuchend fortgebracht.

Er bracht mich in ein helles Haus,
Wo Harfenklang und Saus und Braus
Und Fackelglanz und Kerzenschein;
Ich kam zum Saal, ich trat hinein.

Das war ein lustig Hochzeitfest;
Zu Tafel saßen froh die Gäst.
Und wie ich nach dem Brautpaar schaut –
O weh! mein Liebchen war die Braut.

Das war mein Liebchen wunnesam,
Ein fremder Mann war Bräutigam;
Dicht hinterm Ehrenstuhl der Braut,
Da blieb ich stehn, gab keinen Laut.

Es rauscht Musik – gar still stand ich;
Der Freudenlärm betrübte mich.
Die Braut, sie blickt so hochbeglückt,
Der Bräutgam ihre Hände drückt.

Der Bräutgam füllt den Becher sein,
Und trinkt daraus, und reicht gar fein
Der Braut ihn hin; sie lächelt Dank –
O weh! mein rotes Blut sie trank.

Die Braut ein hübsches Äpflein nahm,
Und reicht es hin dem Bräutigam.
Der nahm sein Messer, schnitt hinein, –
O weh! das war mein Herze mein.

Sie äugeln süß, sie äugeln lang,
Der Bräutgam kühn die Braut umschlang,
Und küßt sie auf die Wangen rot, –
O weh! mich küßt der kalte Tod.

Wie Blei lag meine Zung im Mund,
Daß ich kein Wörtlein sprechen kunt.
Da rauscht es auf, der Tanz begann;
Das schmucke Brautpaar tanzt voran.

Und wie ich stand so leichenstumm,
Die Tänzer schweben flink herum; –
Ein leises Wort der Bräutgam spricht,
Die Braut wird rot, doch zürnt sie nicht. – –

Annette Freiin Droste zu Hülshoff an Levin Schücking

Meersburg, 5. Mai 1842

Guten Morgen, Levin! Ich habe schon zwei Stunden wachend gelegen und in einem fort an Dich gedacht; ach, ich denke immer an Dich, immer. Doch punctum davon, ich darf und will Dich nicht weich stimmen, muß mir auch selbst Courage machen und fühle wohl, daß ich mit dem ewigen Tränenweidensäuseln sowohl meine Bestimmung verfehlen als auch Deine Teilnahme am Ende verlieren würde; denn Du bist ein hochmütiges Tier und hast einen doch nur lieb, wenn man was Tüchtiges ist und leistet. Schreib mir nur oft, mein Talent steigt und stirbt mit Deiner Liebe; was ich werde, werde ich durch Dich und um Deinetwillen; sonst wäre es mir viel lieber und bequemer, mir innerlich allein etwas vorzudichten.

Sobald ich diesen Brief geschlossen, gehts con furore ans Werk; ich bin wieder in der fruchtbaren Stimmung, wo die Gedanken und Bilder mir

punctum davon – Schluß damit
Courage – Mut
con furore – mit Macht

Die Briefe Annettes (1797–1848) an den um siebzehn Jahre jüngeren Schriftsteller Levin Schücking (1814–1883) haben einen warmen herzlichen Unterton. Schücking löste sich später von ihr und heiratete Louise Freiin von Gall. Trotzdem setzte er sich weiterhin für ihre Schriften ein.

ordentlich gegen den Hirnschädel pochen und mit Gewalt ans Licht wollen und denke, Dir die Beiträge sehr bald schicken zu können, obwohl gewiß der Psalm wieder um zwei Drittel zu lang werden wird, die Du dann mit wahrer Chirurgenkälte amputierst. Mich dünkt, könnte ich Dich alle Tage nur zwei Minuten sehn, – o Gott, nur einen Augenblick! – dann würde ich jetzt singen, daß die Lachse aus dem Bodensee sprängen und die Möwen sich mir auf die Schulter setzten! Wir haben doch ein Götterleben hier geführt, trotz Deiner periodischen Brummigkeit! Ob ich Dir bös bin? Ach, Du gut Kind, was habe ich schon für bittere Tränen darüber geweint, daß ich Dir noch zuletzt so harte Dinge gesagt hatte! Und doch war viel Wahres darin. Aber mich vergißt Du doch nicht, was die Zeit auch daran ändern mag; wenn der eine Haken bricht, so hält der andre; Dein Mütterchen bleibe ich doch, und wenn ich auch noch vierzig Jahre lebe; nicht wahr, meine Junge, mein Schulte, mein kleines Pferdchen, – was hängen alles für Erinnerungen, die nie verlöschen können, an diesen Titeln! Schreib mir, daß Du mich lieb hast; ich habe es so lange nicht ordentlich gehört und bin so hungrig darauf, Du dummes, nichtswürdiges, kleines Pferd!

Levin, Levin, Du bist ein Schlingel und hast mir meine Seele gestohlen; Gott gebe, daß Du sie gut bewahrst. Aber Du hast mich auch lieb und denkst auch an mich an Deiner Donau – suchst Muscheln, die wahrscheinlich nicht da sind und hast schon Pflanzenabdrücke und zwei Steine für mich zusammen gehütet, – so ist's recht! Und wären es am Ende auch simple Kiesel, so soll man immer füreinander denken und schaffen, um die Liebe in sich selbst frisch zu erhalten; ich will auch für Dich zusammenscharren, geschnittene Steine, Pasten, Rokoko, wie ich nur kann. Sobald man so viel zusammen hat, daß man es auf die ordinäre Post geben kann, ist es das Porto immer leicht wert, und es ist eine gar zu große Freude, das Empfangen wie das Geben. Du altes Herz, Deine Muschelchen, die Du mir hier gesucht und in dem Schwefelholzkästchen gegeben hast, kann ich kaum ohne Tränen ansehn, und sie sind mir lieber wie alle die schönen, seltnen Meermuscheln in meinem Glasschranke zu Rüschhaus. Adieu, Levin, behalt Dein Mütterchen lieb, stelle Dir oft vor, daß ich bei Dir wäre und Du mir alles erzähltest und vertrautest, wie da wir zusammen waren; bitte, denk das oft, so wird in Deinem Herzen nie eine Falte gegen mich kommen; ich will Dir auch immer alles sagen. Adieu, lieb Herz.

An . . .

Annette von Droste-Hülshoff (1797–1848)

O frage nicht was mich so tief bewegt,
Seh ich dein junges Blut so freudig wallen,
Warum, an deine klare Stirn gelegt,
Mir schwere Tropfen aus den Wimpern fallen.

Mich träumte einst, ich sei ein albern Kind,
Sich emsig mühend an des Tisches Borden;
Wie übermächtig die Vokabeln sind,
Die wieder Hieroglyphen mir geworden!

Und als ich dann erwacht, da weint' ich heiß,
Daß mir so klar und nüchtern jetzt zu Mute,
Daß ich so schrankenlos und überweis',
So ohne Furcht vor Schelten und vor Rute.

So, wenn ich schaue in dein Antlitz mild,
Wo tausend frische Lebenskeime walten,
Da ist es mir, als ob Natur mein Bild
Mir aus dem Zauberspiegel vorgehalten;

Und all mein Hoffen, meiner Seele Brand,
Und meiner Liebessonne dämmernd Scheinen,
Was noch entschwinden wird und was entschwand,
Das muß ich alles dann in dir beweinen.

Es glänzt so schön die sinkende Sonne

Heinrich Heine (1797–1856)

Es glänzt so schön die sinkende Sonne,
Doch schöner ist deiner Augen Schein.
Das Abendrot und deine Augen,
Sie strahlen mir traurig ins Herz hinein.

Das Abendrot bedeutet Scheiden
Und Herzensnacht und Herzensweh
Bald fließet zwischen meinem Herzen
Und deinen Augen die weite See.

Es war ein alter König

Heinrich Heine (1797–1856)

Es war ein alter König,
Sein Herz war schwer, sein Haupt war grau;
Der arme, alte König,
Er nahm eine junge Frau.

Es war ein schöner Page,
Blond war sein Haupt, leicht war sein Sinn;

Er trug die seidne Schleppe
Der jungen Königin.

Kennst du das alte Liedchen?
Es klingt so süß, es klingt so trüb!
Sie mußten beide sterben,
Sie hatten sich viel zu lieb.

Stille Sicherheit

Nikolaus Lenau (1802–1850)

Horch, wie still wird es im dunkeln Hain,
Mädchen, wir sind sicher und allein.

Still versäuselt hier am Wiesenhang
Schon der Abendglocke müder Klang.

Auf der Blume, die sich dir verneigt,
Schlief das letzte Lüftchen ein und schweigt.

Sagen darf ich dir, wir sind allein,
Daß mein Herz ist ewig, ewig dein!

Adalbert Stifter

An Fanny Greipl

Wien, 7. November 1828

Liebe, teure Freundin!

Ich habe Dir versprochen, oder besser gesagt, Du hast mir erlaubt, an Dich schreiben zu dürfen, und von dieser Erlaubnis mache ich daher Gebrauch und sende Dir diese Zeilen von Wien, nebst meinem tausendfachen Gruß ...

Vergiß nicht, liebe Fanny, auf das, was ich Dir in den Ferien sagte, es kam aus dem aufrichtigen Herzen Deines besten Freundes. – Doch das wirst Du längst vergessen haben, nur eines bitte ich Dich, spotte nie über meine Schwäche, es würde mich ungemein schmerzen, denn ich habe Dich wirklich recht mit ganzem Gemüte lieb, und ich werde Dich immer lieben. Ich weiß es ja, es ist nur ein liebliches Phantom, es ist nur ein Kartenhaus, an dem ich mich so sehr ergötze, doch mir ist dieses Phantom, dieses Kartenhaus so lieb, und mich wird der Wind sehr betrüben, der es gewiß über kurz oder lang umblasen wird. Wenn es eine Torheit ist, die ich begehe, so ist bloß jenes Herumfahren Schuld, wo wir uns beide so nahe kamen – doch es mögen die Sachen stehen, wie sie wollen, über dies einzige sei überzeugt, daß ich stets Dein Freund in der vollen Bedeutung des Wortes bleiben und nie zweideutig gegen Dich handeln werde, sondern jederzeit offen, redlich und wahr. Ich hätte Dir unendlich viel zu sagen, was man alles einem Briefe nicht einschalten kann. Schreibe ja gewiß, ich bitte Dich herzlich darum.

Stifter

Wien, 1. Oktober 1829

Fanny, liebe, liebe Freundin, wenn ich den Gedanken denken sollte, daß wir uns einst trennen müßten – ich bitte Dich, übereile Dich nicht, wenn man Dir eine Partie vorführt – Du zerrissest mir das Herz, wenn ich Dich unglücklich wüßte – und doch was wird es anders sein? – Ein Fremdling wird kommen und mit kalter Hand Dein Herz dahinführen, das mich und Dich unendlich glücklich gemacht hätte. Er wird Dich nicht kennen, Dich nicht nach Verdienst würdigen können – und mir –

Die Beziehung zu Fanny Greipl mußte Stifter (1805–1868) auf Druck ihrer Eltern abbrechen, da sie die ungesicherte materielle Existenz des Dichters für ihre Tochter ablehnten. Dieser Schlag nahm für Stifter eine glückliche Wendung, als er die schöne Amalie Mohaupt kennenlernte und heiratete. Seit 1863 unheilbar erkrankt, nahm er sich 1868 während eines Schmerzanfalls das Leben.

mir bricht das Herz, wenn ich Dich in rohen, liebeleeren Händen wüßte. Doch wenn irgend Treue und Glauben in der Welt ist, so bitte ich Dich, baue und traue auf mich, eher verlasse ich das Leben, als ich Dich verlasse. Wenn Du Mut hättest und Vertrauen auf mein Ehrenwort oder, besser gesagt, auf meine Rechtschaffenheit; feste Ausdauer muß endlich zum Ziele führen.

Oberplan, 20. August 1835

Liebe, teure Freundin!

Oberplan ist mir fürchterlich leer und nur Du allein beschäftigst immer mein Herz. – Ein unsägliches Gefühl, halb Trauer und halb Seligkeit, ist seit der Vermählung Schifflers mit Marie in mir – zweier Menschen, deren Geschichte so enge mit unserer verbunden ist, und deren Glück so hart mit unserm Unglück kontrastiert, daß ich jenes Gefühls des tiefsten Mitleids mit mir selber seit jenem Hochamte zu Christianburg nicht Meister werden kann. Seitdem weiß ich es, Du liebest mich noch – ich hab es wohl gesehen, wie Du während der heiligen Handlung etwas zurücktratest, um Dich dem Anblick zu entziehen, und wie Du später verweinte Augen hattest, meinem Auge, das nur immer Dich suchte, ist es gar nicht entgangen, wie Dein Inneres in schweren, traurig schönen Erinnerungen arbeitete, und mein Herz sagte es mir, daß wir uns in diesem Augenblicke in gleichen Gefühlen begegnen. Du bist ein Engel, den ich nie verdiente, Du hast von Deinen Eltern die unerschöpfliche Herzensgüte geerbt, mein heiliger Engel bist Du, so rein und gut – – und ich konnte das an Dir tun, was ich tat! Seit Du sagtest, Du habest dergleichen nicht von mir erwartet und ich habe Dir erbarmt, seither ist ein Schmerz in mir, so heiß und strafend, daß ich nichts als die Sehnsucht habe: könnte ich doch an Deinem unschuldigen, keuschen Herzen diese Last recht in bitteren Tränen ausweinen, obs nicht doch Linderung gäbe. Als sie sagten: Du werdest Huber heiraten, fuhr der Geist der Eifersucht in mich, und da wurde der Plan gedacht, Dich und alle Vergangenheit zu vergessen, und weil der Schmerz doch zu nagen nicht aufhörte, so suchte ich, wie es in derlei Fällen immer zu gehen pflegt, in neuer Verbindung das Glück, das die alte erste versagte, und spiegelte dem verwaiseten Gefühle vor: nun bist du ja geliebt und glücklich – – ach und ich war es doch nicht. Es gibt nur eine, eine einzige Liebe, und nach der keine mehr. Gekränkte Eitelkeit war es – zeigen wollt' ich eurem Hause, daß ich doch ein schönes, wohlhabendes und edles Weib zu finden wußte – – ach und hätte über dem Experimente bald mein Herz gebrochen. Je weiter zur Vermählung hin ich es mit Amalien kommen ließ, desto unruhiger und unglücklicher ward ich. Dein Bild stand so rein und mild im Hintergrund vergangener Zeiten, so schön war die Erinnerung und so schmerzlich, daß ich, als ich Amalien das Wort künftiger Ehe gab, nach Hause ging und auf dem Kissen meines Bettes unendlich weinte – um Dich. Du warst ja doch immer trotz meiner vorsätzlichen Selbstverhärtung die Braut meiner Seele – Du warst doch immer die Heilige, zu der mein besseres Innere betete – und wie oft suchte ich Deine Briefe hervor und las sie alle durch. Erst als ich stark genug war, das neue Band zu zerreißen und ihr alles zu sagen und aus meiner Selbstquälung zu klarerem Entschluß zu kommen – erst da, als Amalie sagte: Ich danke Ihnen für Ihre Aufrichtigkeit und achte Sie, daß Sie Ihrer ersten Liebe treu blieben etc., erst dann kehrte wieder ein unendlich süßer Friede in mein Herz, als hättest Du gesagt: ich liebe Dich ja noch und verkenne Dein gutes Herz nicht. Ich habe dieses alles nicht etwa gesagt, um mich zu rechtfertigen, nein, sondern mein Benehmen zu erklären. Hätte ich Dein einfaches, schuldloses Gemüt, so hätte ich still geduldet, nicht durch Trotz mein Herz herabgewürdigt und einem anderen Wesen Kummer verursacht. Freilich sagen die Leute: Du hattest nichts gegen Sie gefehlt, euer Vertrag war ja aufgehoben – als ob ein Herzensbündnis mit Worten zu Null gemacht werden könnte! Wäre es von mir bloße Untreue gewesen, warum hätte ich dann plötzlich wieder gebrochen, als weil mir mein Verstand sagte, ich soll nicht mich und sie unglücklich machen; denn ich liebte sie nicht, und sollte mir ihr Kuß Wohlgefallen sein, so mußte ich mir Deine Lippen dazu denken. – – Aber gut, alles ist vorüber, und diese Begebenheit hat neuerdings gezeigt, wie unbesiegbar meine Liebe zu Dir ist, sie ist die letzte Verirrung meines Gefühls gewesen und hat aber das Gute bewirkt, daß ich nun sanft und stille sein will und in reiner, schöner Liebe Dein Bild in mir aufhängen und schmücken werde mit der liebreichsten Verehrung immer und immer fort. Ich fühle jetzt schon eine solche Zufriedenheit mit mir, wie ich sie seit zwei Jahren nicht gehabt habe, und ich fühle, wie sie immer steigen wird. Nun noch eins: wenn Du ein Herz, das so hart von seinem wahren Ziele irrte, das aber bereute und umkehrte, nicht verschmähen willst, wenn Deine Güte noch einen Rest alter Liebe und Zärtlichkeit aufbewahrt, so nimm meine Liebe, die ich Dir als eine demütige Gabe anbiete, wieder an und heile meine Wehmut mit freundlicher Zärtlichkeit – ich weiß, was ich Dir dann schuldig bin, und nie, so lange ich lebe, soll ein unsanftes Wort Dein Herz betrüben oder eine Handlung Dein Gemüt verletzen. Kein Mann auf Erden liebt Dich mehr als ich, weil Dich keiner mehr kennt als ich – und keiner kann Dich glücklicher machen. Sagst Du ja, (und Du wirst es, weil Du so gut bist), so werde ich mit Deinen Eltern reden und ihnen dartun, daß eine Verbindung zwischen uns ganz und gar

nicht ungereimt sei und um ihre Einwilligung bitten. Sagst Du aber, Du liebest mich nicht mehr, so will ich es leiden, wie auch das Herz wehe tue, und will nur allein Dich zur Braut meiner Ideen machen und Dich fortlieben bis an meinen Tod. Ich schrieb dies alles, weil ich fürchte, daß zu einer Unterredung keine Zeit ist. Übrigens will ich keineswegs, daß dieses Blatt ein Geheimnis bleibe zwischen uns, im Gegenteile, berate Dich mit Deiner Mutter und bitte sie, daß sie mit mir rede.
Lebe wohl, ich bin ewig
Dein Dich innigst liebender Freund

A. Stifter

An seine Frau Amalie

Kirchschlag, 15. November 1865

Geliebte, teure Gattin, ich sage Dir den innigsten, treuherzigsten und heißesten Dank für Deine liebevolle, feierliche und fromme Gesinnung, und ich glaube, außer dem Gebet zu Gott, das ich heute für Dich verrichtet habe, den Tag nicht besser ehren zu können, als daß ich Dir den Dank für Dein schönes Herz in diesen Zeilen ausdrücke. Ich habe eigens diesen geheiligten Tag für die Darlegung meines Dankes bestimmt. Du sprichst die Hoffung aus, daß auch ich jetzt noch so denke wie an jenem Tage. Wohl denke ich noch so, alles ist auch mir noch klar und deutlich, wie es gewesen ist; aber mein Gefühl hat sich sehr geändert, es ist um vieles wärmer und anhänglicher und unauslöschlicher geworden, mit jedem Tage, seit dem wir verbunden sind, ist meine Liebe zu Dir gewachsen, und ich empfinde es, sie wird bis zu meinem Tode wachsen. Das Herz der teuren Gattin, das Herz des Gatten ganz sein nennen zu können, in einem Herzen sich einzig und ohne Ende geliebt wissen, ist doch das süßeste Glück dieser Erde, und alles, was man an Taten und Gesinnungen sich unterfängt, ist doch zuletzt eitel Stückwerk und Flickwerk . . Ich drücke Dich im Geiste an mein treues Herz und bin in Ewigkeit

Dein Dich liebender Gatte

Lakerhäuser, 11. November 1866

In diesen neunundzwanzig Jahren haben wir viele Freuden miteinander geteilt, wir haben manches Ungemach, wir haben Unglück und harte Schläge miteinander getragen. Die Freude hat uns beglückt, das Unglück hat unsere Herzen fester aneinander gebunden und hat sie geläutert. Und so ist beides eine Gabe des Himmels zu unserem Besten.

Ich danke Dir für Deine wandellose Treue und für Deine unbegrenzte Liebe in diesen neunundzwanzig Jahren. Ich danke Dir für alles Gute und Herzliche, das Du mir zugewendet hast. Die Verbindung mit Dir ist das Glück meines Lebens geworden. Die Hochachtung, die ich für Deinen Wandel faßte, hat auch mein Wesen besser gemacht und ich danke Dir dafür. Verzeihe mir die eine oder andere Kränkung, die ich Dir zugefügt habe. Mein Herz wußte nichts davon, und wenn es in Übereilung geschah, so ist die schwere Reue in meinem Gemüte darauf gefolgt. Du hast mir alles Liebe in größerem Maße zuteil werden lassen als ich es verdiente. Gib mir dieses Geschenk auch für die Zeit, die uns noch mit einander zu erleben gegönnt ist. Ich werde Dich ehren und lieben, solange ich lebe, und wenn wir das Schönste, das wir hinieden haben, auch in ein Jenseits mitnehmen können, so werde ich Dich auch in diesem Jenseits lieben und ehren. Ich werde an dem Tage Gott bitten, daß er Dich wohl und glücklich erhalte, und daß er uns noch eine Zeit zusammen gönne und keines zu lange einsam auf dieser Welt lasse. Denke, wenn Du dein Herz an diesem Tage zu dem höheren Wesen wendest auch meiner, und denke überhaupt an diesem Tage meiner in Liebe und Güte. Ich werde ihn nur im Andenken an Dich vollbringen.

Es ist eine Tatsache, daß die innige, wahre und treue Liebe der alternden Gattin fester und dauernder beglückt, als die lodernde Leidenschaft der jungen, schönen, schimmernden Braut.

Wilhelm Waiblinger an Julie Michaelis

½10 Uhr

... Nur das einzige bitt' ich, Julie, wenn Sie mir wieder ein Briefchen versprechen, lassen Sie mich nicht vergeblich drauf warten. Nicht wahr, so mild und nachsichtig sind Sie? Und ich will danach getröstet sein. Es war vielleicht unmöglich, daß Sie schrieben! Gute Nacht!

Ja, Deine letzten Worte „Mut, Hoffnung, fester Glauben", sie sind mir unzerstörbar ins Herz geschrieben. Julie! Unvergeßliche! Namenloses Wesen! Welch' ein Brief! Erst als ich ihn gestern Abend las und wieder las, stürzte mirs feurig und stolz und himmlisch durchs Innerste des Innern: Sie ist wahr! Ihre Liebe ist Wahrheit! Du hast ein Herz gefunden, voll und reich, wie Du's ersehntest, aber Gott, tiefer und schöner und –

Die Briefe Waiblingers (geb. 1804) stammen aus dem Jahr 1824. Er war ein genialischer Dichter, der 1830 im Alter von 26 Jahren vom Tod dahingerafft wurde.

größer, als Du's im feurigsten Taumel der Ahnung wähnen konntest. – O Julie – dies ist die höchste, die seligste Wahrheit, die ich Dir bieten kann! Daß Du ganz, ganz würdig bist der heiligen Welt meines Busens, meines innersten schöpferischen Lebens – meiner grenzenlosen Liebe! Ja Julie – ich gesteh' Dir's, ich will Dir auch Wahrheit geben, – daß ich nicht heilig bin wie Du! Überströme mich mit dem Himmel Deiner Unschuld, Du Reine, denn ein Engel ist in Dir, der Dich schützt – Julie! Nur dies glaube mir – dies weiß nur ich! Dieser Engel sei auch der meine.

Der gestrige Abend liegt unbegreiflich vor meinem erstaunten Geiste! Es schien mir's eine Art Scheu zu verbieten, daß ich diesen Morgen zu Dir komme, aber eine andere, mächtigere Stimme drängt mich unwiderstehlich, und ich bringe Dir dies Blatt.

Du Meine! Du meine Seele! Ich will's kurz sagen! Morgen, morgen, es ist, als ob der Geist, der mich drei Tage von – ihm trennt, auch eine Hülle über Deine Seele würfe, denn so göttlich, so ganz allumfassend ist Deine Liebe, daß Du in all' meinem Sein, in meiner großen Freundschaft wie ein himmlischer Genius wirkst. Aber morgen, morgen, Mut, Hoffnung, festen Glauben!

Dein Wilhelm

Ich muß, ich muß Dir schreiben. Dieser Abend war himmlisch! O Julie, was sah ich all' aus Deinem Auge, Du Herz, wie hast Du diesem Zwiespalt eine selige Einheit gegeben! Noch tiefer, noch ewiger bist Du mir heute verbündet worden, ja nun erst, Mädchen, will ich Dich unzertrennlich an mein gewaltiges Dasein binden!

O wie war mir, als es so lange, so lange um mich Nacht war, bald irrt' ich unter den Gletschern der Jungfrau, bald schwelgt' ich in allem Gram der geschwundenen Zeiten – da kamst Du, glühend vor Schmerz, Tränen im Auge – mich überlief's – Julie – auf diese Freude des Kindes liefen Todesschauer über mein umnachtetes Herz – die Flamme in mir ward zu Eis – Tränen in Deinem Auge – in dem Augenblick, da ich von ihr scheiden wollte, da ich sie zum grenzenlosen Bund umarmen wollte, in diesem Augenblick vergaß sie das Überschwängliche der Stunde und weinte, weinte! Das Mädchen, das als Göttin meine Stunden regiert, weinte zagend und kleinmütig um das Ungewisse – Gott! Ich wollte bleiben, ich mußte bleiben, ich wollte beruhigt sein, wollte Ruhe in Dir sehen, Du verlangtest, ich sollte Dich verlassen – ich ging – Julie, draußen stand ich, der Regen träufelte kalt auf mich herab, er träufelte auf dieses heiße Herz – einen Augenblick starrte die Wut des Teufels um mich herum – sie, sie konnte Dir diese heilige, kindliche Freude zernichten – o

weine, Du wütend Herz, Tod, Tod, so endete dieser Abend – zu trüb. Doch fort – Wahnsinn – Herr Gott!
Kühn sag ich's Dir, es verträgt sich nicht mit der Idee, die mein Geist seinem Geliebtesten gegeben –, daß sie in solcher Stunde verzagte! Julie, Du darfst nicht so um den Onkel weinen – Du mußt mir's schwören, sonst werd ich rasend im Getümmel der Fremde – Du mußt ruhig sein. – Ich kann sein wie ein Lamm, wenn Du Deine Liebeswürde behauptest – wenn Du Dein Leben so ausfüllst mit mir, wie ich das meine mit Dir, – aber ich – nein, nein! Du wirst mein Bestes wollen!
Bin ich Dir nicht so viel, das frage ich, daß Du mir die letzte Stunde –, ist Dir meine, meine Liebe nicht mehr als die Sorge für den Alten, die vielleicht ungegründet ist –? Julie, weißt Du, wie ich Dich liebe, – wie? Weißt Du, ob Du – ach Fluch über diese Worte, sinnlos. Bete, sei stark, sei würdig!
Das scheint wirklich zu sein, wie ich glaube, daß ich meine, Du dürfest nicht weinen für ihn, wenn ich scheiden will – ich meine nämlich, heilig, heilig sei diese Liebe und ja, ja, ich gebe Dir mein Leben, ich fordere das Deine!

Es fiel ein Reif

August Wilhelm Zuccalmaglio (1803–1869)

Es fiel ein Reif in der Frühlingsnacht,
Er fiel auf die zarten Blaublümelein,
Sie sind verwelket, verdorret.

Ein Jüngling hatt' ein Mägdlein lieb;
Sie flohen gar heimlich von Hause fort,
Es wußt's weder Vater noch Mutter.

Sie sind gewandert hin und her,
Sie haben gehabt weder Glück noch Stern,
Sie sind verdorben, gestorben.

Kennt ihr noch das alte Lied?

Heinrich Heine (1797–1856)

Ei, kennt ihr noch das alte Lied,
Das einst so wild die Brust durchglüht,
Ihr Saiten dumpf und trübe?
Die Engel, die nennen es Himmelsfreud',
Die Teufel, die nennen es Höllenleid,
Die Menschen, die nennen es Liebe.

Es treibt mich hin, es treibt mich her!

Heinrich Heine (1797–1856)

Es treibt mich hin, es treibt mich her!
Noch wenige Stunden, dann soll ich sie schauen,
Sie selber, die Schönste der schönen Jungfrauen; –
Du treues Herz, was pochst du so schwer!

Die Stunden sind aber ein faules Volk!
Schleppen sich behaglich träge,
Schleichen gähnend ihre Wege; –
Tummle dich, du faules Volk!

Tobende Eile mich treibend erfaßt!
Aber wohl niemals liebten die Horen; –
Heimlich im grausamen Bunde verschworen,
Spotten sie tückisch der Liebenden Hast.

Bei Übersendung eines Straußes

Nikolaus Lenau (1802–1850)

In den trüben, in den kalten
Tagen, die uns heimgesucht,
Hat der Herbst auf ihrer Flucht
Letzte Blumen aufgehalten,
Um sie dir zu schenken!
Diesem Herbste will ich gleichen:
Wenn auf meine lauten Wälder,
Blumigen Gedankenfelder
Mir die Todeslüfte streichen,
Daß sie schweigen und verblüh'n,
Will ich mit dem letzten Grün
Deiner noch gedenken.

Nikolaus Lenau an seine Braut Marie Behrends

8. Oktober 1844

.... Der Unfall, der mich getroffen gerade in der Zeit, wo ich mit den letzten Vorkehrungen zu meiner Vermählung beschäftigt war, erschien mir und erscheint mir noch immer als ein absprechendes Verhängnis, ein schauerlicher Protest des Schicksals gegen mein Glück und alle meine

Nikolaus Lenau (1802–1850) wurde mit dem Namen Nikolaus Niembsch Edler von Strehlenau in Ungarn geboren. Seine innere Unruhe ließ ihn in mehreren Beziehungen und auf Reisen keine Befriedigung finden. Die nervöse Reizbarkeit wurde immer stärker und führte ab 1844 zu schweren Störungen. Lenau starb im Irrenhaus Oberdöbling bei Wien.

Anstalten dazu. Ich selbst erscheine mir wie ein vom Tode Bezeichneter; er hat seine Hand an mich gelegt, wie der Förster im Walde diejenigen Bäume anhaut und zeichnet, die bald gefällt werden sollen .... So steht es um meine Seele, so um meinen Leib. O Marie, wie muß ich beklagen, daß ich den Frieden Deiner schönen und lieben Seele gestört, gebrochen habe! Nichts kann ich zu meiner Entschuldigung, nicht einmal meine redliche Absicht anführen, daß ich, Dir Liebe und Ehre weihend mein Leben lang, Dein Glück habe begründen wollen; denn der Vorwurf steht und ist nicht wegzubringen: ich hätte mich selbst besser kennen sollen.

Ich lag und schlief

Heinrich Heine (1797–1856)

Ich lag und schlief, und schlief recht mild,
Verscheucht war Gram und Leid;
Da kam zu mir ein Traumgebild,
Die allerschönste Maid.

Sie war wie Marmelstein so bleich,
Und heimlich wunderbar;
Im Auge schwamm es perlengleich,
Gar seltsam wallt' ihr Haar.

Und leise, leise sich bewegt
Die marmorblasse Maid,
Und an mein Herz sich niederlegt
Die marmorblasse Maid.

Wie bebt und pocht vor Weh und Lust
Mein Herz und brennet heiß!
Nicht bebt, nicht pocht der Schönen Brust,
Die ist so kalt wie Eis.

„Nicht bebt, nicht pocht wohl meine Brust,
Die ist wie Eis so kalt;
Doch kenn auch ich der Liebe Lust,
Der Liebe Allgewalt."

„Mir blüht kein Rot auf Mund und Wang,
Mein Herz, und brennet heiß!
Doch sträube dich nicht schaudernd bang,
Ich bin dir hold und gut."

Und wilder noch umschlang sie mich,
Und tat mir fast ein Leid;
Da kräht der Hahn – und stumm entwich
Die marmorblasse Maid.

Eduard Mörike

An Luise Rau

Plattenhardt, den 9. November 1829

Jetzt gute Nacht, Luise, meine Luise! Dieser Name läuft wie ein sanftes Echo den Tag über und die Nacht durch mein Innerstes. Es ist eine heilige Stille um mich. Draußen liegt alles klar wie am Tag. Der Mond zeichnet die drei vordersten Fenster hell auf den Boden der lieben Stube, worein diesen Augenblick vielleicht ein lebendiger Traum Dich mit mir einführt; vielleicht ist jetzt ein heller Sommermorgen unter Deinem geschlossenen Augenlide – ach, wie einst, wenn ich früh herüberkam und Dich allein bei der Arbeit schon unterm Fenster sitzend fand, selber blühend Du wie der Morgen. Wir sind einander noch Fremde, höfliche Gestalten, Du grüßest mich halblaut von fern. – Erwache! erwache, mein Kind und gedenke, daß ich Dein geworden bin seit jener kurzen Zeit!

Welch eine unbeschreiblich schöne Nacht! Ich öffne das Fenster, höre die Melodie des Brunnens, blicke aufs Gärtchen hinunter. Alles so leicht, so geistig in Schatten und Licht! Wie schwimmend sind alle Gegenstände.

Könnt ich dich eine Minute lang haben! Nicht einen Kuß gäben wir uns, sondern stille, staunend und andachtsvoll säh ich Dich mir an die Seite gezaubert wie eine leichte Verkörperung meines heiligsten Gedankens, die ich nicht zu berühren wage, die leisen Trittes wieder entweicht, aber

Der Dichter und Theologe Eduard Mörike (1804–1875) verliebte sich mit neunzehn Jahren in Klara Meyer, die in seinen Gedichten als „Peregrina" besungen wird. 1829 verlobte er sich mit Luise Rau in Grötzingen, eine Beziehung, die 1833 wieder auseinanderging. Ein spätes Glück fand Mörike in Margarethe von Speeth, die er 1851 heiratete.

in mir eine unnennbare Seligkeit zurückläßt, die mich in den Schlaf hinüberbegleitet.
Ist mir aber nicht jetzt schon so zumute? Tritt, o Kind, diesen Augenblick herein und ich will nicht erschrecken, will nicht fragen: Bist Du Luftbild oder Leben? Ich wäre auf jedes Wunder gefaßt! – – Zwölf Uhr. Schlaf wohl!

Owen, den 18. Februar 1830,
abends

Für Dich allein.
Die Liebe ist gleich unersättlich im Austeilen und Hinnehmen immer neuer Schwüre, und so wird es uns stets ein glückliches Bedürfnis bleiben, das alte „Wie lieb ich Dich!", welches Dein letzter Brief doppelt unterstrichen wiederholt, wechselseitig zu hören und hören zu lassen. Es ist derselbe einfache Akkord, der, sooft Du ihn anschlagen magst, jedesmal wieder neu und mit nie erhörtem Zauber in mir nachklingt. Diese süße Wiederholung, worin man sich selber nie ein Genüge tut, gleicht fast einem lieblichen Spiel, das etwa darin bestände, daß Du ein goldenes Gefäß mit köstlichem Wein in ein anderes gössest, damit ich den immer frischen Perlschaum schnell vom Rande sauge, um sodann Dir wieder einzufüllen, daß Du das gleiche tust und so fort – ohne unsern Durst löschen und den Wundertrank zur Neige bringen zu können. Ist das ein Spiel, so ists ein solches, wie die Engel es treiben, und wir schämen uns seiner nicht. Glaubst Du, es könne eine Zeit kommen, wo wir dessen satt werden? Ich kanns nicht denken; mich schauert, wenn ichs denke.
Wie lieb ich Dich! So rufe ich Dir heute zu und werde es noch, wenn jene Tage kommen, welche so manches andere an mir abstreifen mögen, was jetzt noch Hand in Hand mit meiner Liebe geht.
Wenn ich manchmal in Gedanken dem Ursprung unserer Liebe nachgehe, wie man dem Gange und allen sanften Krümmungen eines Flusses folgt, so verschwimmt das Ganze vor meinem Blick wie ein einzig unermeßliches Meer, auf dem ich staunend all mein Sinnen zerfließen lasse. Mir ist, als hätten wir uns gehört seit Ewigkeiten, und doch - der sonderbare Gegensatz – mir ist, als muß ichs heute erst erfahren und begreifen lernen. Dies Gefühl des höchsten Glücks wird dann so überwältigend und groß, daß es keinen Ausweg findet als in brünstigem Danke gegen den, der alles so wunderbar gefügt. Ich bewundere mit Tränen die Liebe des Höchsten und seine Majestät, wenn mir einfällt: ich, der einzelne, an dem sich das Füllhorn überschwenglicher Wonne erschöpft zu haben scheint, bin doch der kleinste Teil nur in einer ganzen unendlichen Schöpfung, auf welche sich Ströme der Liebe stürzen. Es flutet eine

Welt von Seligkeit in mir auf und nieder; sie ist ein Tropfen, der im All verschwindet, und doch so mächtig fühl ich mich in ihr, daß ich mir nichts gleich mehr glaube von allem, was außer mir und außer uns beiden lebt; ja, wenn der Lobgesang aus tausend glücklichen Kehlen sich in einem breiten Strome himmelan schwänge, ich könnte zweifeln, ob er der Empfindung meines einzelnen Glücks gleich käme, und doch fühlte von den Tausenden ein jeder vielleicht dasselbe, was ich und was Du. Sich aber gerade recht klar und innig bewußt zu bleiben und deswegen in anderen sich doppelt zu freuen, das mag ein charakteristisches Merkmal jener Seligkeit sein, wie sie im Himmel zu Hause ist, wo alle Selbstsucht wegfällt. Aber auch hier auf Erden läßt sich eine Ahnung davon haben in Augenblicken, die gewiß zu unseren reinsten und herrlichsten gehören. Nur leider, daß man sie nicht festhalten kann!
Liebes, teures Kind, ich habe hier mit vielen Worten und ohne recht zu wissen, wie sie aufs Papier kamen, ungefähr das gesagt, was Du mir viel besser und einfacher mit wenig Zeilen sagst; aber nimm es hin als den wahrhaften Ausdrucks meines Innersten, den vielleicht jedermann, nur Du nicht, der Übertreibung beschuldigen würde! Du bist das einzige Wesen, das mich hierin ganz zu würdigen versteht; ich bin der einzige, der das schöne Geheimnis Deiner Seele, Deines ganzen Denkens, Seins und Ausdrucks entschleierte, der den leisesten Laut deines Gemüts auf-

fängt, daß es zum vollschwellenden Gesange in mir aufgeht. Liebes Herz, könnt ich jetzt, an Deinem Halse liegend, alle das zusammenfassen mit einem Blick in Dein getreues Auge!

Owen, den 30. März 1831

Teuerste einzige Luise!

Es werden bald zwei Jahre, seitdem ich von Nürtingen aus in einer stillen Nachtstunde jenen Brief an Dich schrieb, worin ich, von der Angst Deines Verlußts gepeinigt, um Deine Liebe, um Deinen Besitz flehte. Zwei Jahre bald, seitdem Du mein Glück entschieden hast, und nichts hat indessen diese Entscheidung mehr wankend gemacht. Aber aufs neue wird die Waage unruhig, und – wer hätte es glauben sollen? – ich muß es sein, der sie diesmal in Bewegung setzt. Doch nur von Dir, von Deinem reinen Willen hängt es ab, wie sie aufs neue und dann auf ewig zum Stillstand kommen soll.

Laß Dich diese Worte nicht erschrecken! Was damals das höchste Ziel meiner Wünsche, mein heißestes Gebet gewesen war, das ist es noch in diesem Augenblick. Ich schwöre Dirs im Angesichte Gottes: Du bist die Ruhe meines Lebens; das Schönste, Heiligste, was die Erde für mich hat, bist Du. Die Bande, die mein Leben an das Deine schlingen, haben sich in dieser Zeit eher tausendfach verstärkt, als daß sie auch nur um eine Linie nachgelassen hätten. Ach, das weißt Du wohl, das sagt Dir jeder meiner Briefe, Dir sagts Dein eigenes Herz. Mich faßt ein Schauder bei dem unerhörten Gedanken, daß wir, Luise, wir uns jemals wieder fremd werden könnten. Und wenn ein Gott vom Himmel mirs geweissagt hätte, ich würde vor wenig Wochen noch keinen Sinn darin gefunden haben, ich hätt ihm nicht geglaubt, oder dieser Gedanke würde mich zur Verzweiflung gebracht haben. In diesen neuesten Tagen des Unglücks und des Jammers vollends glaubt ich, mit feurigen Armen des Geistes Dich umklammern zu müssen; denn dies sind die Zeiten, von denen man sagt, um sie zu tragen, man zu zweien sein muß. Bald aber kamen auch Stunden ruhiger Überlegung, wo ich mehr Deiner als meiner gedachte. Auf Augenblicke gewann ich die Stimmung, wo der selbstsüchtige Wunsch des einen sich dem Wohl des anderen opfern lernt, wo die Liebe Hand in Hand geht mit der Entsagung. O Kind, mißdeute mir nichts! Nur um eine Frage ist es zu tun, die ich an Dein Herz richte; ich habe keine Absicht und kein Falsch lauert hinter meinen Worten. Der Himmel ist mein Zeuge, daß ich ehrlich, offen und gut mit meiner Luise handle; ich habe im Gebet mein Herz ausgeschüttet vor Ihm und, nicht ohne Ihn zu fragen, den Entschluß zu diesem Briefe gefaßt. Keine Seele, auch meine Mutter nicht, weiß darum. Am allerwenigsten laß Dir den

Gedanken beigehen, als leite mich hierbei irgendeine phantastische Grille, ein Kitzel überspannter, selbstgeschaffener Schmerzen, oder meine Eitelkeit wolle sich einen voraussichtlichen Triumph unserer Liebe bereiten, oder ich wolle Dich prüfen. Nicht von dem allen, bei Gott! Ich möchte diese Sünde nicht verantworten, so grausam mit dem Herzen eines Engels zu spielen. Nein, sondern meine ernste Liebe zu Dir, mein Gewissen und mein Verstand verlangen, was ich wahrlich ungern tue.

25. März 1832

Es war eine dunkelsüße Glut unbestimmt ineinander fließender Gedanken, auf welcher Dein Bildnis in aller Anmut der Gebärde, in allen Lagen der Vergangenheit, zuletzt auch gar der süßen hoffnungsreichen Zukunft, tausendgestaltig sich vor mir bewegte. Du könntest mich phantastisch nennen und an der Einfalt meiner Liebe zweifeln, wenn ich mit all den bunten Farben Dir beschreiben wollte, in was für Zaubergärten ich mit Dir, von seliger Wehmut wie mit berauschendem Blütenduft überschüttet, mich hin- und widerziehen ließ. – Es gibt für mich kaum einen reizendern Genuß in der Liebe als dies Gemisch von Wohl und Weh. Wo die dämmernde Wolke so eines Abschieds den vollen Glanz des himmlischen Bewußtseins überschleiert, wie ganz, wie eigen man einander habe!

Ich schließe nun und drücke Dich ans Herz: Du könntests fühlen wie!

Ewig und ganz Dein Eduard

Ochsenwang, Sommer 1832
Sonntag abend

Für Dich allein.

Was mich seit Wochen und Monaten drückt und hindert und zerrt, ist Dir ja wohl bekannt.

Ich breche ab von der Misère und sage nur noch: Erhalte Du wenigstens mein Herz, Dir Deinen guten Mut und mir Deine Liebe! Diese ist es, die auch ich bei all meiner Plackerei doch immer rein und unverletzt für Dich ausscheide; sie weiß sich, wenn alles durcheinanderkollert und fällt, doch ihr besonder Eckchen wie ein harmloses Kind zu bewahren und äugelt mich verstohlen daraus an, als wenn ich schon wissen sollte, was sie meine und für die Zukunft verbrieft und versiegelt hätte.

Ja, wahrlich, sie hat recht, und Hoffnung lässet nicht zuschanden werden. Aber – hilf mir über diese nächste Zeit hinweg! Schreibe mir bald, bestes und einziges Herz! Du bists allein, was meine armen Gedanken, die, des Tages überdrüssig, schon einwintern wollen, noch immer wach und rasch erhält. – Sei tausendmal geküßt und an die Brust gedrückt!

Ich schreibe dies kurz vor Schlafengehen und lasse diesen Gedanken meinen Tagesabschluß sein, wie ich wieder mit ihm erwachen werde.

Ewig Dein treuer Eduard!

Ochsenwang, den 12. August 1832
Nachts vor Schlafengehen.

Ach, liebstes, einziges Herz, wenn es bald wahr und wirklich werden sollte, was ich seit einiger Zeit oft stundenlange wachend träume; mit Dir im häuslichen Eigentum wohnen, mit Dir jede Stunde teilen zu dürfen! Was für ein neues Leben, wovon ich jetzt nur eine leise, fast ängstlich selige Ahnung habe, wird sich uns entfalten! Oft ist mir, ich müsse mich vor dieser überglücklichen Vorstellung hüten, damit mir nicht die zwischenliegende Zeit zu schal und zu matt und unleidlich erscheine. Schreib mir, mein süßes Kind, in Deinem nächsten auch ein wenig von dieser lieblichen Materie!

Leb wohl, mein Bestes, und gesund! Und denke, jeden Augenblick sei ich im Geiste um Dich! Du mußts fast fühlen!

Dein ewig treuer E.

An Margarethe von Speeth

Mergentheim, Karfreitag 1847

In Euerm braunen Stübchen, da lieg ich eben, bestes Hirschlein, wieder auf dem Schragen, den ich nun seit 2 Tagen unaufhörlich einnehme. Es ist halb 9 Uhr, das Klärchen hat ihr schwarzseidenes Kleid schon an zur Kirche und für das Abendmahl; vom Schloß her höre ich die Glocke, die gestern nicht mit den andern nach Rom fliegen durfte, und ich muß vollends gar daheim und eingeschlossen bleiben! Wer wird mir da Gesellschaft leisten? Gretchen bleibt bei mir . . .

. . .Heute früh, noch mit obigem beschäftigt, sagte ich zum Klärlein: in weniger als ¼ Stunde kommt ein Brief von Bamberg, und also geschahs. Welch eine Bewegung und kindliche Freude bei beiden! Doch, Liebste, Beste, warum mußten Sie einem düsteren Geist zuletzt Raum geben! Warum sich so vergeblich quälen, so ohne Grund! Ach, könnten Sie doch nur des Tags einmal einen Laut, einen leisen Ton aus Ihres Klärchens Mund von all den tausend Worten hören, worin sich ihre Liebe, Treue, Sehnsucht stündlich vor mir unwillkürlich äußert und meinem eigenen Gefühl antwortet, wie anders würden Sie doch ihre ungenügenden Briefe verstehn . . . Gelt Schäflein! Sei gläubig und froh! Unveränderlich

D. t. E.

Stuttgart, den 23. September 1851

Du hast uns, liebstes, bestes Gretchen, Dein sämtliches Erlebtes mit so wunderbarer Schnelligkeit so gründlich und befriedigend in zwei aufeinanderfolgenden Briefen berichtet, daß ich Dir nach Verdienst auf schriftlichem Wege kaum zu danken weiß. Ich wünsche aber überhaupt, es möchte Dir ein guter Dämon leise an das Ohr geschlichen sagen, was ich, seitdem Du uns verlassen hast, als kostbares Ergebnis Deines längeren Aufenthalts – den Du schon deshalb nicht bereuen darfst – mit voller Klarheit des Gedankens, mit stiller Heiterkeit und Seelenruhe in mir bewege: daß nämlich alles das, was wir von jeher in Dir suchten, ahnten und fanden, nunmehr vollständig in ein reines Bild zusammentretend, sich jetzt gleichsam verwirklicht habe, eben als wenn die Ausgesprochenheit dieses Verhältnisses Dir erst erlaubte, ganz Du selbst zu sein. Du sagtest früher schon selber etwas ähnliches; doch denke ich hier vornehmlich an jene verheißene Fülle und Stärke ausdauernder Liebe, die jeden Anstoß überwindet. Ich fühle diese Kraft auch meinerseits bei mir erhöht, geheiligt und besiegelt und glaube, daß sie ewig bleibt. Ich weiß, Dein Herz spricht hierzu Amen. Und so zu drei auf diesem Grunde stehend, können wir, was uns von außen etwa drohen möge, getrost erwarten und glücklich zu verstehen hoffen. Ich bin sehr froh, Dich wohl, guter Dinge und tätig für die Zukunft in Deinem lieben Hause zu wissen, die Mutter freundlich neben Dir an diesen Geschäften teilnehmend ... Lebewohl, geliebtes Gretchen!

Ewig Dein treuer Eduard

Mit deinen blauen Augen

Heinrich Heine (1797–1856)

Mit deinen blauen Augen
Siehst du mich lieblich an,
Da wird mir so träumend zu Sinne,
Daß ich nicht sprechen kann.

An deine blauen Augen
Gedenk ich allerwärts; –
Ein Meer von blauen Gedanken
Ergießt sich über mein Herz.

Peregrina

Eduard Mörike (1804–1875)

1

Der Spiegel dieser treuen, braunen Augen
Ist wie von innerm Gold ein Widerschein,
Tief aus dem Busen scheint ers anzusaugen,
Dort mag solch Gold in heilgem Gram gedeihn.

In diese Nacht des Blickes mich zu tauchen,
Unwissend Kind, du selber lädst mich ein –
Willst, ich soll kecklich mich und dich entzünden,
Reichst lächelnd mir den Tod im Kelch der Sünden!

2

Aufgeschmückt ist der Freudensaal.
Lichterhell, bunt, in laulicher Sommernacht
Stehet das offene Gartengezelte.
Säulengleich steigen, gepaart,
Grün-umranket, eherne Schlangen,
Zwölf, mit verschlungenen Hälsen,
Tragend und stützend das
Leicht gegitterte Dach.

Aber die Braut noch wartet verborgen
In dem Kämmerlein ihres Hauses.
Endlich bewegt sich der Zug der Hochzeit,
Fackeln tragend,
Feierlich stumm.
Und in der Mitte,
Mich an der rechten Hand,
Schwarz gekleidet, geht einfach die Braut;

Schöngefaltet ein Scharlachtuch
Liegt um den zierlichen Kopf geschlagen.
Lächelnd geht sie dahin; das Mahl schon duftet.

Später im Lärmen des Fests
Stahlen wir seitwärts uns beide

Weg, nach dem Schatten des Gartens wandelnd
Wo im Gebüsche die Rosen brannten,
Wo der Mondstrahl um Lilien zuckte,
Wo die Weymouthsfichte mit schwarzem Haar
Den Spiegel des Teiches halb verhängt.

Auf seidnem Rasen dort, ach, Herz am Herzen,
Wie verschlangen, erstickten meine Küsse den scheueren Kuß,
Indes der Springquell, unteilnehmend
An überschwenglicher Liebe Geflüster,
Sich ewig des eigenen Plätscherns freute;
Uns aber neckten von fern und lockten
Freundliche Stimmen,
Flöten und Saiten umsonst.

Ermüdet lag, zu bald für mein Verlangen,
Das leichte, liebe Haupt auf meinem Schoß.
Spielender Weise mein Aug auf ihres drückend
Fühlt ich ein Weilchen die langen Wimpern,
Bis der Schlaf sie stellte,
Wie Schmetterlingsgefieder auf- und niedergehn.

Eh das Frührot schien,
Eh das Lämpchen erlosch im Brautgemache,
Weckt ich die Schläferin,
Führte das seltsame Kind in mein Haus ein.

3

Warum, Geliebte, denk ich dein
Auf einmal nun mit tausend Tränen,
Und kann gar nicht zufrieden sein,
Und will die Brust in alle Weite dehnen?

Ach, gestern in den hellen Kindersaal,
Beim Flimmer zierlich aufgesteckter Kerzen,
Wo ich mein selbst vergaß in Lärm und Scherzen,
Tratst du, o Bildnis mitleid-schöner Qual;
Es war dein Geist, er setzte sich ans Mahl,
Fremd saßen wir mit stumm verhaltnen Schmerzen;
Zuletzt brach ich in lautes Schluchzen aus,
Und Hand in Hand verließen wir das Haus.

4

Die Liebe, sagt man, steht am Pfahl gebunden,
Geht endlich arm, zerrüttet, unbeschuht;
Dies edle Haupt hat nicht mehr, wo es ruht,
Mit Tränen netzet sie der Füße Wunden.

Ach, Peregrinen hab ich so gefunden!
Schön war ihr Wahnsinn, ihrer Wange Glut,
Noch scherzend in der Frühlingsstürme Wut,
Und wilde Kränze in das Haar gewunden.

Wars möglich, solche Schönheit zu verlassen?
– So kehrt nur reizender das alte Glück!
O komm, in diese Arme dich zu fassen!

Doch weh! o weh! was soll mir dieser Blick?
Sie küßt mich zwischen Lieben noch und Hassen,
Sie kehrt sich ab, und kehrt mir nie zurück.

Sorge nie

Heinrich Heine (1797–1856)

Sorge nie, daß ich verrate,
Meine Liebe vor der Welt,
Wenn mein Mund ob deiner Schönheit
Von Metaphern überquellt.

Unter einem Wald von Blumen
Liegt, in still verborgner Hut,
Jenes glühende Geheimnis,
Jene tief geheime Glut.

Sprühn einmal verdächtge Funken
Aus den Rosen – sorge nie!
Diese Welt glaubt nicht an Flammen,
Und sie nimmts für Poesie.

Nur zu!

Eduard Mörike (1804–1875)

Schön prangt im Silbertau die junge Rose,
Den ihr der Morgen in den Busen rollte;
Sie blüht, als ob sie nie verblühen wollte,
Sie ahnet nichts vom letzten Blumenlose.

Der Adler strebt hinan ins Grenzenlose,
Sein Auge trinkt sich voll von sprühndem Golde;
Er ist der Tor nicht, daß er fragen sollte,
Ob er das Haupt nicht an die Wölbung stoße.

Mag denn der Jugend Blume uns verbleichen,
Noch glänzet sie und reizt unwiderstehlich;
Wer will so früh so süßem Trug entsagen?

Und Liebe, darf sie nicht dem Adler gleichen?
Doch fürchtet sie; auch fürchten ist ihr selig,
Denn all ihr Glück, was ist's? – ein endlos Wagen!

Das verlassene Mägdlein

Eduard Mörike (1804–1875)

Früh, wann die Hähne krähn,
Eh die Sternlein verschwinden,
Muß ich am Herde stehn,
Muß Feuer zünden.

Schön ist der Flammen Schein,
Es springen die Funken;
Ich schaue so drein,
In Leid versunken.

Plötzlich, da kommt es mir,
Treuloser Knabe,
Daß ich die Nacht von dir
Geträumet habe.

Träne auf Träne dann
Stürzet hernieder;
So kommt der Tag heran –
O ging er wieder!

Der Brief

Heinrich Heine (1797–1856)

Der Brief, den du geschrieben,
Er macht mich gar nicht bang;
Du willst mich nicht mehr lieben,
Aber dein Brief ist lang.

Zwölf Seiten, eng und zierlich!
Ein kleines Manuskript!
Man schreibt nicht so ausführlich,
Wenn man den Abschied gibt.

Frage nicht

Nikolaus Lenau (1802–1850)

Wie sehr ich dein, soll ich dir sagen?
Ich weiß es nicht, und will nicht fragen;
Mein Herz behalte seine Kunde,
Wie tief es dein im Grunde.

O still! Ich möchte sonst erschrecken,
Könnt ich die Stelle nicht entdecken,
Die unzerstört für Gott verbliebe
Beim Tode deiner Liebe.

Morgens steh ich auf und frage

Heinrich Heine (1797–1856)

Morgens steh ich auf und frage:
Kommt feins Liebchen heut?
Abends sink ich hin und klage:
Ausblieb sie auch heut.

In der Nacht mit meinem Kummer
Lieg ich schlaflos, wach;
Träumend, wie im halben Schlummer,
Wandle ich bei Tag.

Gesang zu zweien in der Nacht

Eduard Mörike (1804–1875)

Sie:
Wie süß der Nachtwind nun die Wiese streift,
Und klingend jetzt den jungen Hain durchläuft!
Da noch der freche Tag verstummt,
Hört man der Erdenkräfte flüsterndes Gedränge,
Das aufwärts in die zärtlichen Gesänge
Der reingestimmten Lüfte summt.

Er:
Vernehm ich doch die wunderbarsten Stimmen,
Vom lauen Wind wollüstig hingeschleift,
Indes, mit ungewissem Licht gestreift,
Der Himmel selber scheinet hinzuschwimmen.

Sie:
Wie ein Gewebe zuckt die Luft manchmal,
Durchsichtiger und heller aufzuwehen;
Dazwischen hört man weiche Töne gehen
Von selgen Feen, die im blauen Saal

Zum Sphärenklang,
Und fleißig mit Gesang
Silberne Spindeln hin und wieder drehen.

Er:
O holde Nacht, du gehst mit leisem Tritt
Auf schwarzem Samt, der nur am Tage grünet,
Und lustig schwirrender Musik bedienet
Sich nun dein Fuß zum leichten Schritt,
Womit du Stund um Stunde missest –
Dich lieblich in dir selbst vergissest –
Du schwärmst, es schwärmt der Schöpfung Seele mit.

Georg Büchner an seine Braut

Gießen, Februar 1834

Ich dürste nach einem Briefe. Ich bin allein wie im Grabe, wann erweckt mich Deine Hand? Meine Freunde verlassen mich, wir schreien uns wie Taube einander in die Ohren; ich wollte, wir wären stumm, dann könnten wir uns doch nur ansehen, und in neuen Zeiten kann ich kaum jemand starr anblicken, ohne daß mir die Tränen kämen. Es ist dies eine Augenwassersucht, die auch beim Starrsehen oft vorkommt. Sie sagen, ich sei verrückt, weil ich gesagt habe, in sechs Wochen würde ich auferstehen, zuerst aber Himmelfahrt halten, in der Diligence nämlich. Lebe wohl, liebe Seele, und verlaß mich nicht. Der Gram macht mich Dir streitig, ich lieg ihm den ganzen Tag im Schoß, armes Herz, ich glaube, Du vergiltst mit gleichem.

Gießen, März 1834

Mein Schweigen quält Dich wie mich, doch vermochte ich nichts über mich. Liebe, liebe Seele, vergibst Du? – Eben komme ich von draußen herein. Ein einziger, forthallender Ton aus tausend Lerchenkehlen schlägt durch die brütende Sommerluft, ein schweres Gewölk wandelt über die Erde, der tiefbrausende Wind klingt wie ein melodischer Schritt. Die Frühlingsluft löste mich aus meinem Starrkrampf. Ich er-

Georg Büchner, geb. 1813, studierte in Straßburg Medizin und gehörte zu den wichtigsten Dichtern des Vormärz. 1837 erkrankte Büchner an einer Gehirnentzündung und starb. Zurück blieb seine Braut Minna Nägele.

schrak vor mir selbst. Das Gefühl des Gestorbenseins war immer über mir. Alle Menschen machten mir das hippokratische Gesicht, die Augen verglast, die Wangen wie von Wachs, und wenn dann die ganze Maschinerie zu leiern anfing, die Gelenke zuckten, die Stimme herausknarrte und ich das ewige Orgellied herumtrillern hörte, und die Wälzchen und Stiftchen im Orgelkasten hüpfen und drehen sich – ich verfluchte das Konzert, den Kasten, die Melodie und – ach, wir armen schreienden Musikanten! Das Stöhnen auf unserer Folter, wäre es nur da, damit es durch die Wolkenritzen dringend und weiter, weiter klingend, wie ein melodischer Hauch in himmlischen Ohren stirbt? Wären wir das Opfer im glühenden Bauch des Perillosstiers, dessen Todesschrei wie das Aufjauchzen des in den Flammen sich aufzehrenden Gottstiers klingt? Ich lästere nicht. Aber die Menschen lästern. Und doch bin ich gestraft, ich fürchte mich vor meiner Stimme und – vor meinem Spiegel . . . Alles verzehrt sich in mir selbst; hätte ich einen Weg für mein Inneres. – Aber ich habe keinen Schrei für den Schmerz, kein Jauchzen für die Freude, keine Harmonie für die Seligkeit. Dies Stummsein ist meine Verdammnis. Ich habe Dir's schon tausendmal gesagt: Lies meine Briefe nicht – kalte träge Worte! Könnte ich nur über Dich einen vollen Ton ausgießen – so schleppe ich Dich in meine wüsten Irrgänge. Du sitzest jetzt im dunkeln Zimmer in Deinen Tränen allein, bald trete ich zu Dir. Seit vierzehn Tagen steht Dein Bild beständig vor mir, ich sehe Dich in jedem Traum. Dein Schatten schwebt immer vor mir, wie das Lichtzittern, wenn man in die Sonne gesehen. Ich lechze nach einer seligen Empfindung, die wird mir bald, bald, bei Dir.
Zum Schlusse trete ich zu Dir und singe Dir einen alten Wiegengesang:

War nicht umsonst so still und schwach,
Verlaßne Liebe trug sie nach.
In ihrer kleinen Kammer hoch
Sie stets an der Erinnerung sog,
An ihrem Brotschrank an der Wand
Er immer, immer vor ihr stand,
Und wenn ein Schlaf sie übernahm,
Er immer, immer wiederkam.
Denn immer, immer, immer doch
Schwebt ihr das Bild an Wänden noch
Von einem Menschen, welcher kam,

Diligence – Eilpostwagen
hippokratisches Gesicht – Gesichtsausdruck Sterbender
Perillosstier – auch Perilaosstier: eherner Stier, der im 6. Jahrhundert v. Chr. für Phalaris gefertigt wurde, der darin seine Feinde zu Tode rösten ließ

Und ihr als Kind das Herze nahm.
Fast ausgelöscht ist sein Gesicht,
Doch seiner Worte Kraft noch nicht,
Und jener Stunden Seligkeit,
Ach jener Träume Wirklichkeit,
Die, angeboren jedermann,
Kein Mensch sich wirklich machen kann.

Zürich, den 27. Januar 1837

Mein lieb Kind, Du bist voll zärtlicher Besorgnis und willst krank werden vor Angst; ich glaube gar, Du stirbst – aber ich habe keine Lust zum Sterben und bin gesund wie je. Ich glaube, die Furcht vor der Pflege hier hat mich gesund gemacht... Es ist mir heut einigermaßen innerlich wohl, ich zehre noch von gestern, die Sonne war groß und warm in reinstem Himmel – und dazu hab ich meine Laterne gelöscht und einen edlen Menschen an die Brust gedrückt, nämlich einen kleinen Wirt, der aussieht wie ein betrunkenes Kaninchen und mir in seinem prächtigen Hause vor der Stadt ein großes, elegantes Zimmer vermietet hat. Edler Mensch! Das Haus steht nicht weit vom See, vor meinen Fenstern die Wasserfläche und von allen Seiten die Alpen wie sonnenglänzendes Gewölk.

Du kommst bald? Mit dem Jugendmut ists fort, ich bekomme sonst graue Haare. Ich muß mich bald wieder an deiner Glückseligkeit stärken und Deiner göttlichen Unbefangenheit und Deinem lieben Leichtsinn und all Deinen bösen Eigenschaften, böses Mädchen.

Adio Piccola mia!

Schön-Rohtraut

Eduard Mörike (1804–1875)

Wie heißt König Ringangs Töchterlein?
Rohtraut, Schön-Rohtraut.
Was tut sie denn den ganzen Tag,
Da sie wohl nicht spinnen und nähen mag?
Tut fischen und jagen.

Adio Piccola mia! – Ade, meine Kleine!

O daß ich doch ihr Jäger wär!
Fischen und Jagen freute mich sehr.
– Schweig stille, mein Herze!

Und über eine kleine Weil,
Rohtraut, Schön-Rohtraut,
So dient der Knab auf Ringangs Schloß
In Jägertracht und hat ein Roß,
Mit Rohtraut zu jagen.
O daß ich doch ein Königssohn wär!
Rohtraut, Schön-Rohtraut lieb ich so sehr.
– Schweig stille, mein Herze!

Einsmals sie ruhten am Eichenbaum,
Da lacht Schön-Rohtraut:
„Was siehst mich an so wunniglich?
Wenn du das Herz hast, küsse mich!“
Ach! erschrak der Knabe!
Doch denket er: Mir ist's vergunnt,
Und küsset Schön-Rohtraut auf den Mund.
– Schweig stille, mein Herze!

Darauf sie ritten schweigend heim,
Rohtraut, Schön-Rohtraut;
Es jauchzt der Knab in seinem Sinn:
Und würdst du heute Kaiserin,

Mich sollt's nicht kränken!
Ihr tausend Blätter im Walde wißt,
Ich hab Schön-Rohtrauts Mund geküßt!
– Schweig stille, mein Herze!

Morgens send ich dir die Veilchen

Heinrich Heine (1797–1856)

Morgens send ich dir die Veilchen,
Die ich früh im Wald gefunden,
Und des Abends bring ich Rosen,
Die ich brach in Dämmrungsstunden.

Weißt du, was die hübschen Blumen
Dir Verblümtes sagen möchten?
Treu sein sollst du mir am Tage
Und mich lieben in den Nächten.

Franz Liszt

An Marie Gräfin d'Agoult

1. Mai 1836

Marie, Marie, lehre mich die geheimnisvolle Sprache Deiner Seele, laß uns im Schlummer miteinander reden, laß unsere tiefbewegten Herzen einander Antwort geben ohne irgendein äußeres Zeichen. Lege Deine Hand in meine und laß Dein edles, so blondes, so goldiges Haar wieder meine bedrückte Brust weich umschmeicheln.

Geh, verzweifle nicht. Unsere Körper sind noch jung, die Liebe kann sie

Franz Liszt (1811–1886) war der gefeierte Klaviervirtuose und Komponist des 19. Jahrhunderts. 1835–1839 wechselte er häufig Briefe mit Marie. 1848 ging er nach Weimar und geriet in den Einfluß der Fürstin Sayn-Wittgenstein. 1859 wurde Liszt geadelt, ein paar Jahre später ging er nach Rom und wurde dort zum Priester geweiht. Als der Papst schließlich den Weg für eine Ehe mit Carolyne von Sayn-Wittgenstein freigab, verzichtete sie nach schwerem Ringen darauf.

verklären! Und unsere Seele (denn wir haben beide zusammen nur eine) ist zu großen und herrlichen Freuden ausersehen. Der Tag wird kommen, da wir klar sehen und verstehen werden, was wir in unserer irdischen Finsternis nur ahnen und hoffen können. Die Liebe wird uns die göttlichsten, die schrecklichsten Mysterien offenbaren! Und dann wirst Du Dich jener flammenden Worte entsinnen, die weder Du noch ich zurückhalten konnten, denn sie hätten unsere Liebe zerschmettert und unser sterbliches Leben vernichtet, jene Worte, die wir eines Nachts sprachen, dort in jenem Zimmer, in das Du kamst . . .

Liebe Seele, warum habe ich Dich verlassen? Warum hast Du mich gehen lassen? Ach, wir sind so kläglich vernünftig! Ach, wenn Du den leisesten Wunsch verspürst, mich wiederzusehen, so komm, Du wirst mich einsam, einsam finden! Denn ohne Dich gibt es für mich weder Blick, noch Sonne, noch Natur, noch Heiligkeit, noch Leben.

Marie an Liszt

Genf, 31. Mai 1836

Ich weiß nicht, ob Sie dieser Brief noch erreichen wird, was macht's, ach, welche Ewigkeit dauert diese Reise! Aber es mußte sein, und ich betrachte es als ein Glück, daß wir nichts vorher gewußt haben, denn niemals, niemals hätte ich den Mut dazu aufgebracht.

Ich werde versuchen, es so einzurichten, daß wir in den ersten Tagen niemand sehen. Mir ist, als würde ich mich niemals an Ihnen satt sehen. Ach, wenn Sie wüßten, wie schwer es mir wird, nicht zu verzweifeln. Aber Sie lieben mich so sehr und ich fühle es so gut, was kann ich im Himmel und auf Erden anderes verlangen als Sie! Leben Sie wohl, ich küsse Sie aus tiefster Seele!

An Marie Gräfin d'Agoult

Dijon, 23. Juli 1836

Ich habe einen schlechten Tag verbracht. Traurigkeit und Sehnsucht nagen an meinem armen Herzen. Die Musik habe ich über, die Menschheit langweilt mich, und die Natur ohne Sie ist nichts als unaufhörliche Zerstörung und Neuerschaffung . . . Kurz, an meinem Firmament sind weder Sonne noch Sterne. Ich muß Sie wiedersehen und endlich ernstlich ein neues Leben beginnen. Ich verlange nach Ruhe, tiefer Ruhe. Ich ersehne, ich weiß nicht was für ein bizarres und schlichtes, zugleich all-

tägliches und mystisches Dasein. Ein ganz ideales, ganz einsiedlerisches Dasein ... ganz in Ihnen und in Gott, so wie ich ihn fühle und anbete ... Ach geben Sie mir Ruhe, geben Sie mir Ihren Frieden, wie Christus seinen Frieden den Aposteln gab.
Ich fühle ein unwiderstehliches Verlangen nach Ihnen ... Ich liebe Sie tief, aber ich kann Ihnen das nicht so sagen, wie Sie es gern möchten. Warum fordern Sie auch von mir, daß ich Ihnen meine Seele übersetze und in schöne Sätze zerlege? Kann ich das tun?

Ich bin noch nicht recht von der Vergangenheit geheilt. An gewissen Tagen brennen meine Wunden. Legen Sie dann Ihre wohltuende Hand auf meine Brust und lassen Sie mich in ihrem Schoße schlafen, dort, wohin ich alles vergraben habe, was an Schmerz, Genie und Zärtlichkeit in mir war. Ach, wenn Sie wüßten, was ich Ihnen zahllose Male gegeben habe; welch unendliches Streben, welch erhabene Seufzer, welche Wünsche und welche Träume in Ihnen sich verloren haben.
Ach, könnten Sie sie eines Tages zutiefst in Ihrem Sein sich prachtvoll regen spüren, könnten Sie sie sehen, sie befühlen, Ihr Sein damit erfüllen ... denn wie soll ich sie in Worte kleiden, sie erklären, sie beschreiben? Das ist unmöglich.
Obgleich ich seit gestern Abend unpäßlich bin, werde ich doch in zwei oder drei Stunden meine Kunststücke vorführen. Dieses Handwerk ermüdet mich sehr, und dennoch ist es vielleicht gut, daß ich es ausübe.
Leben Sie wohl, es ist traurig, daß diese unglücklichen Worte „ganz der Ihre“ so beschmutzt und bestaubt sind. Es sind die einzigen, die mir wahr scheinen würden, und Sie wissen, daß ich ohne Wahrheit nicht auskomme.
Jeden Tag werde ich lehrhafter. Wahrscheinlich werde ich bald bei dem Schweigen der Karthäuser anlangen, und das wird weise sein.
Nochmals, leben Sie wohl, lieben Sie mich!

Februar 1840

Es ist also wirklich noch möglich, Liebste, daß Sie über eine Zeile, ein Wort von mir glücklich sind!
Heute morgen, als ich Ihren Brief bekam, in dem Sie mir so zärtlich vorwerfen, daß ich Ihnen nicht aus Preßburg mehr geschrieben habe, mußte ich vor Freude und Schmerz weinen.
Ich schwöre es Ihnen, liebe Marie, mich beherrscht nur eine Vorstellung, ein Gedanke, ein Gefühl, und das sind Sie, immer wieder Sie!
Jeder Mensch weiß es, denn ich habe es jedem Menschen gesagt. Sie allein wissen es nicht genügend.
Meine Seele lebt nur in Ihnen und durch Sie.
Verzeihen Sie mir, wenn Sie durch mich leiden, und bedauern Sie mich, aber klagen Sie mich nicht an.
Liebe, vergötterte Marie, mein ganzes Wesen ist nur Schweigen und Gebet vor Ihnen. Sie haben mir alles geschenkt, und ich habe alles in der tiefsten Tiefe meines Herzens bewahrt. Ich werde erst leben, wenn ich Sie wiedersehe, wo und wie es auch sei.
Ich bin inmitten dieser ganzen Menge tief einsam.

Marie an Liszt

März 1840

Welche Meinung soll ich also von mir haben, ich, die ich Sie mir nie in den Armen einer anderen denken konnte, ohne daß mein Verstand in völlige Verwirrung geriet. Ich, die ich noch heute meinen Anteil am Paradies hingeben würde für sechs ungetrübte Monate mit Ihnen? Sie sind zu sehr damit beschäftigt, groß zu sein, Sie sind zu philosophisch. Sie sind so stark, daß Sie der Schwäche der anderen keineswegs Rechnung tragen. Für Sie ist alles ganz einfach. Verzeihung, ich weiß nicht mehr, was ich Ihnen sage. Ich weine wie ein Kind; ich fühle, daß ich niemals Ruhe finden werde, und daß Sie sich niemals zu meiner Kleinheit erniedrigen können, noch wollen. Andern gegenüber fühle ich mich ebenbürtig. Ich fühle, daß sie meine Schwächen, meine Befürchtungen, meine Eifersüchte haben. Ich fühle, daß ihr unsicherer Wille von der Leidenschaft fortgerissen wird, ich sehe sie wie mich vom Elend des Lebens beschwert. Sie dagegen niemals. Was mich betrübt, betrübt Sie nicht. Was ich träume, darüber lachen Sie. Was ich will, darauf nehmen Sie keine Rücksicht. Sie nähren sich stolz von dem Bewußtsein Ihrer Größe, und Sie würdigen nicht einmal die kleinen Schmerzen der schwächeren Seelen.

An die Fürstin Sayn-Wittgenstein

13. April 1851

Hier sind die ersten Frühlingsveilchen, ich schicke sie Dir, die Du mein ewiger Lenz bist und die Blume meiner Wonne. Glaube mir, Carolyne, ich könnte ebenso toll sein wie Romeo, wenn ich ihn toll fände. Aber da man leben will und zu sterben weiß, was gibt es da noch zu sagen? Wirkliche Moral verspottet die Moral, und echte Philosophie belächelt die Philosophie. Liebe allein weint über die Liebe – ihre stillen Tränen fließen in mir, seitdem Du Dich mir offenbart hast, als sichtbares Zeichen, als Teil von Gott, wie ihn meine Seele erfaßt und liebt.

Meine arme, arme Carolyne!

Du kannst mir nicht einmal schreiben . . Und Du mußt leiden, immer leiden. Wie könnte ich nicht von dem Gedanken zerschmettert sein, zu dem sich noch die Entfernung, die Unruhe, düstere Hirngespinste, meine Verlassenheit und der Zwang der verhaßten Scheu vor dem Urteil der Welt gesellen! Der platte Egoismus, in dem das Gewohnheitsleben dahinpendelt, in dem so viele Stunden der Willenlosigkeit und Ohnmacht eine große Rolle spielen! Meine arme, liebste Carolyne, wie schrecklich elend ich mich ohne Dich fühle, kann ich Dir niemals beschreiben. Essen, trinken, schlafen, leere Worte in die Luft sprechen, ist das Leben? Und was vermag ich anderes ohne Dich zu tun – ohne Dich, die meines Gebetes Seele ist, der Himmelsbogen meiner Erinnerung, der Stern meiner Hoffnungen, die Sonne meines Glaubens – und meine ganze, ganze Liebe! Mein Leben war, bevor ich Dein Herz in meinem schlagen fühlte, ein endloses Warten. „Warten auf einen, der nicht kam", wie der Dichter sagt. Und mein Herz hatte sich zu Stein verwandelt – aber aus diesem Stein hat Gott durch seine Tränen eine sprudelnde Quelle geschlagen, die fortsprudelt bis zum ewigen Leben. Liebe Carolyne, ich will kein Gleichnis, kein Sinnbild, keine Gegenwart, keine Zukunft, nur Dich allein. Du bist das Sein meines Seins und die Seele meiner Seele. Aber ich werde inne, daß das alles nichts als leere Worte sind. Ist es das, was ich sagen will? Nein. „Laßt mich schlafen. To die, to sleep!" Wie das Erwachen auch sei, ich sterbe in Dir und will nichts als in Dir sterben. Gott erbarme sich meiner. Er hat das Gebet des armen Schächers nicht verschmäht. Aus dem gleichen Gefühl sage ich: Herr Jesu, sei mir gnädig!

Liebesglück

Franz von Kobell (1803–1882)

Geh' ich von meinem Liebchen
Nach Haus' in stiller Nacht
Und denk, wie ich so selig
Den Abend zugebracht,
Wie ich bei ihr gesessen
So traulich und so nah,
Und wie ihr schönes Auge
So freundlich zu mir sah:
Dann wogt in meinem Herzen
Unendlich süße Lust,
Die Welt möcht' ich umarmen
Und drücken an die Brust
Und möchte laut es rufen
Hin in die stille Nacht,
Wie wonnig meine Liebe,

Wie reich sie mich gemacht.
Doch manchmal in dem Jubel,
Da fällt mir bange ein,
Der Glücklichen auf Erden,
Nicht viele sollen's sein;
Dann bete ich verstohlen
Zum Sternenhimmel hin:
O werde mir nicht böse,
Daß ich so glücklich bin!

An die Geliebte

Eduard Mörike (1804–1875)

Wenn ich, von deinem Anschaun tief gestillt,
Mich stumm an deinem heilgen Wert vergnüge,
Dann hör ich recht die leisen Atemzüge
Des Engels, welcher sich in dir verhüllt.

Und ein erstaunt, ein fragend Lächeln quillt
Auf meinem Mund, ob mich kein Traum betrüge,

Daß nun in dir, zu ewiger Genüge,
Mein kühnster Wunsch, mein einzger, sich erfüllt?

Von Tiefe dann zu Tiefen stürzt mein Sinn,
Ich höre aus der Gottheit nächtger Ferne
Die Quellen des Geschicks melodisch rauschen.

Betäubt kehr ich den Blick nach oben hin
Zum Himmel auf – da lächeln alle Sterne;
Ich knie, ihrem Lichtgesang zu lauschen.

Jägerlied

Eduard Mörike (1804–1875)

Zierlich ist des Vogels Tritt im Schnee,
Wenn er wandelt auf des Berges Höh:
Zierlicher schreibt Liebchens liebe Hand,
Schreibt ein Brieflein mir in ferne Land.

In die Lüfte hoch ein Reiher steigt,
Dahin weder Pfeil noch Kugel fleugt:
Tausendmal so hoch und so geschwind
Die Gedanken treuer Liebe sind.

Rachelust

Franz von Kobell (1803–1882)

Das Veilchen, das ich dir bringe,
Das Liedchen, das ich dir singe,
Ach daß es zum Herzen dir ginge!
– Ich habe das Veilchen gebracht,
Ich sang dir das Lied bei der Nacht,
Du hast nicht dran gedacht.

Ein anderer schwärmt um dich
Mit Blumen und Lied wie ich,
Der gewinnt dein Gefallen für sich.
Ich möcht' dieser andere sein,
Nur um mich zu rächen allein,
Tät' nimmer dein Begehr
Und bätest du noch so sehr,
Und säng' kein Liedchen mehr,
Und gäb' kein Veilchen her,
Wenn ich nur dieser andre wär'!

Hermann Gilm an Josephine Kögler

Innsbruck, 1. Oktober 1838

Liebe Pepi!

Jahrhunderte früher war ein lustiges Leben in dem Schlosse. Die Liebe bewohnte es; die schöne Philippine harrte dort der schönsten Stunden ihres Lebens, und mancher Baum könnte vielleicht erzählen von Lockenspiel und von aufgeküßten Tränen, und jetzt – die Zeit treibt einen bitteren Scherz mit den Freuden der Menschen. Die Natur hat kein Mitgefühl und keine Erinnerung für sie.

Du warst schön gestern, zart und rein wie eine Wasserlilie, wenn sie hervortaucht aus der kristallenen Flut zur Freude und zur Liebe. Und es hingen graue Wolken um die Berge. Sie saßen da wie alte Spinnerinnen in kalten Wintertagen. Und der Himmel sah so löschpapieren langweilig herab, und in der Ferne brauste der Sturm. Mir ist fast bange geworden um die liebe Maiglocke, die, still sinnend, an meinem Arme hing. In uns war blauer Himmel und Freude, und draußen höhnte uns die Natur mit dem Bilde der Verwesung. In uns keimten des Frühlings Blumen wieder, und draußen riß es den Schmuck der Bäume herab. Und ein anderes Mal, wenn es Nacht war in meiner Seele, wenn Du liebes, sanftes, gutes Wesen nicht bei mir warst und mir die Sehnsucht die Augen schloß, damit ich ungestört Dein Bild denken, den Druck, den unvergleichlich zarten Druck Deiner Hand nachempfinden konnte, da jubelte die Natur, da lächelte sie herab auf ihre blühenden Gefilde, da fuhren die rosigen Wolken wie goldene Krähen der sinkenden Sonne zu, da schlug es so rührend, so lieblich in Busch und Baum. O die Natur hat kein Auge für des Menschen Schmerz und für seine Freude.

Ich danke Dir, Deinen Eltern und dem lieben Gott für den gestrigen

Tag. Ein Sonnenstrahl, ein Blick hinaus ins Grün kann für einen in Kerkernacht Begrabenen nicht mehr Balsam sein, als es für mich der gestrige Tag war. All die Bitterkeit, die der lange Schmerz in meiner Brust häufte, zerrann in Deinem Auge, und nur um eins hätte ich Gott noch bitten mögen, um eine Freudenträne.

Du lächelst wieder; aber Dein Lächeln ist nicht wie ehedem. Es ist nicht mehr die Seele, wie sie in der ersten Frühlingsseligkeit Dir auf das Antlitz brach. Es sind zwar die alten lieben Blumen, aber aus dem duftenden Rahmen schaut die Wehmut, und es liegt der Tau auf ihnen. O daß es Morgentau wäre, Morgentau, der der Rose den Schlaf aus den Augen wäscht und nicht der Abendtau, der so leicht die zarte Farbe einer Blume tötet!

Gute Nacht, meine Liebe! Möge ich Dir in einem freundlichen Bilde erscheinen, daß ich neben Dir stehen kann, wenn Du mit Deinem Vater im Himmel redest!

Dein Hermann

Zu viel

Eduard Mörike (1804–1875)

Der Himmel glänzt vom reinsten Frühlingslichte,
Ihm schwillt der Hügel sehnsuchtsvoll entgegen,
Die starre Welt zerfließt in Liebessegen,
Und schmiegt sich rund zum zärtlichsten Gedichte.

Am Dorfeshang, dort bei der luftgen Fichte,
Ist meiner Liebsten kleines Haus gelegen –
O Herz, was hilft dein Wiegen und dein Wägen,
Daß all der Wonnestreit in dir sich schlichte!

Du, Liebe, hilf den süßen Zauber lösen,
Womit Natur in meinem Innern wühlet!
Und du, o Frühling, hilf die Liebe beugen!

Lisch aus, o Tag! Laß mich in Nacht genesen!
Indes ihr sanften Sterne göttlich kühlet,
Will ich zum Abgrund der Betrachtung steigen.

Die Blumen

Franz von Kobell (1803–1882)

Eine leichte Rose in deinem Haar
Sie brachte mich in Liebesgefahr,
Eine Nelke den Locken zugesteckt
Hat stilles Sehnen oft geweckt.
Wenn solches schon eine Blume kann,
Was fang' ich Armer dann erst an,
Wenn dich ein reicher Brautkranz schmückt
Von einem fremden Buhlen gepflückt.
Ach seit ich daran denken muß,
Mit den Blumen leb' ich in Verdruß
Und wenn ich sie lustig im Garten seh',
So tut es mir im Herzen weh.

Immermann an seine Braut

2. Januar 1839

Als Du vor mir standest, gegen Abend, meine geringen Verse in der Hand, in so lieber, demütiger Unbehilflichkeit – da war es um mich geschehen. Mein ganzes Wesen war eine sanfte Flamme, wie ein Blitz durchzuckte es mich, in diesem Mädchen ruht der ganze Lohn und Preis deiner vielen Mühen und Arbeiten.

Ich habe endlich so viel Stimmung wiedergewonnen, um am Münchhausen von neuem arbeiten zu können. Es ist nun das vorletzte Buch daran, worin ich die Sachen unter den Bauern und mit meinen jungen Liebesleuten zu Ende führe. Es muß, soll das Ganze etwas taugen, dieses Buch der Gipfel und das Meisterstück werden, und ich bin so bewegt, und in solcher Verfassung schreibt man so schlecht. An der Liebesszene arbeite ich mit einem Feuer wie nie, oft aber springe ich auf, weil ich nicht weiterschreiben kann und strecke die Arme in die leere Luft aus.

In mir ist eine wunderbare Mischung der Gefühle gegen Dich, ich habe die ganze Glut des Liebenden und doch auch etwas von der uneigennützigen Zärtlichkeit des Vaters zu Dir. Was ist's doch ein Glück um so eine einfache, offene, fromme Liebe! Wie macht sie das Herz so ruhig und sicher und stark. O bleibe recht, recht ruhig in dem Bewußtsein, daß Du der gute Engel eines Menschen geworden bist. Ich stand recht nahe dem Untergange, wachte oft mit einem schrecklichen Gefühl der Gleichgültigkeit auf, sah ein frühes Altern vor mir, eine trockene Zukunft. Denn über mein Talent habe ich immer sehr bescheiden gedacht, und die Zweifel sind nie ganz von mir gewichen, ob ich eine dauernde Wirkung in der Literatur hervorbringen werde. Worauf schaute ich nun hin? Woran sollte ich mich halten? Aber wenn ich eine liebe Frau haben werde, dann werde ich freilich wissen, wofür ich arbeite und sorge.

10. März 1839

Am Sonntag abend hast Du einen Triumph gefeiert. Nämlich ich las in der zwecklosen Gesellschaft das Buch von Münchhausen, worin die Liebesszenen zwischen Lisbeth und dem Jäger vorkommen und die der eigenste Abdruck meines Gefühls für Dich sind. Ich hätte sie nicht schreiben können, wenn Du mir nicht inzwischen geworden wärest . . .

Karl Leberecht Immermann (geb. 1796), der Dichter des berühmten Baron von Münchhausen, hatte schon längere Zeit mit Elisa von Lützow gelebt, bevor er 1838 Marianne Niemeyer kennenlernte, die er am 2. Oktober 1839 heiratete. Kurz vor seinem Tod am 25. August 1840 wurde ihm noch ein Töchterchen geboren.

Das hat mir unendliche Freude gemacht, denn es bewies mir, daß die Stimme meines Busens Recht gehabt hat, wenn sie rief: Marianne schafft mich erst zu dem, was ich auf Erden werden kann, sie schafft mich auch erst recht zum Dichter. – In der süßesten Gestalt vollendet sich meine Versöhnung mit Welt und Leben, der kalte Spott zieht wie ein gebannter Schatten in den Tartarus und der Fluch wird von meinem Haupte genommen.
Wie ich beglückt bin, das alles Dir zu Füßen zu legen! – Anmut, Schönheit und Frieden bringst Du mir zu, die fehlten mir...

Düsseldorf, den 7. Mai 1839

Du hast meine Bekenntnisse so aufgenommen, wie ich voraus wußte, ernst, dankbar, gütig. Es ist das seligste Verhältnis, was zwischen zwei Menschen sein kann, das unsrige. Alles Stockende und Gehemmte in mir löst sich, und die verborgensten Quellen meines Inneren rinnen nach Dir und lassen Dich bis auf ihren Grund sehen. Immer mehr wirst Du mir ernste Freundin, jede Anschauung, jede Begeisterung meiner Seele werde ich Dir vertrauen dürfen. Alles hast Du in mir verstanden und gefühlt, alles denkst und fühlst Du weiter, was ich in Dir anschlage. Das ist das richtige Verhältnis, das Weib muß nie positiv werden wollen, man sieht es an den größten Genies des Geschlechts, zu denen ich z. B. die Staël zähle, daß, wo sie originell produzieren wollen, doch immer nicht die eigentlich gesunden Schöpfungen, sondern mehr Willkürlichkeiten zum Vorschein kommen. Aber im Empfangen kann das Weib wahrhaft genial sein. Nie fürchte ich, in Dir auf etwas Starres, Ablehnendes zustoßen, immer weiß ich, daß die weichste Regsamkeit mir entgegenquillt. Du bist wie die Laute, die ich rühre, und sie tönt in vollen Akkorden. Laß Dich immer von mir regen und rühren, ich werde keinen rauhen, keinen unheiligen Griff in Deine Saiten tun.
Der Frühling ist wie ein König eingezogen. Die Knospen warteten so lange auf ihn, nun ist alles wie mit einem Zauberschlage grün geworden, die Pfirsiche und Kirschen blühen im Garten und die Nachtigallen schlagen, daß es eine Art hat. Ich streue Dir Blüten in den Brief, blaue Männertreue, Pfirsichblüte und, lache nicht, gelbe Rübsamenblüte. Über dem Garten ist ein prächtiges gelbes Rübsenfeld, was auf hundert Schritt hin duftet und worin hunderttausend Bienen ihr Werk treiben.

Verdruß und Liebessorge

Franz von Kobell (1803–1882)

Nachdem wir lange gestritten
Und fast vor Kummer geweint,
So hat uns mit wechselnden Bitten
Der Friede wieder vereint;

Und später wollten wir wissen,
Warum wir gestritten so sehr,
Wir haben uns beide beflissen,
Und wußt' es doch keines mehr.

Frage und Antwort

Eduard Mörike (1804–1875)

Fragst du mich, woher die bange
Liebe mir zum Herzen kam,
Und warum ich ihr nicht lange
Schon den bittern Stachel nahm?

Sprich, warum mit Geisterschnelle
Wohl der Wind die Flügel rührt,
Und woher die süße Quelle
Die verborgnen Wasser führt?

Banne du auf seiner Fährte
Mir den Wind in vollem Lauf!
Halte mit der Zaubergerte
Du die süßen Quellen auf!

O lieb, solang du lieben kannst!

Ferdinand Freiligrath (1810–1876)

O lieb, solang du lieben kannst!
O lieb, solang du lieben magst!
Die Stunde kommt, die Stunde kommt,
Wo du an Gräbern stehst und klagst.

Und sorge, daß dein Herze glüht
Und Liebe hegt und Liebe trägt,
Solang ihm noch ein ander Herz
In Liebe warm entgegenschlägt.

Und wer dir seine Brust erschließt,
O tu ihm, was du kanst, zulieb,
Und mach ihm jede Stunde froh,
Und mach ihm keine Stunde trüb!

Und hüte deine Zunge wohl!
Bald ist ein böses Wort gesagt.
O Gott, es war nicht bös gemeint –
Der andre aber geht und klagt.

O lieb, solang du lieben kannst!
O lieb, solang du lieben magst!
Die Stunde kommt, die Stunde kommt,
Wo du an Gräbern stehst und klagst.

Friedrich Hebbel

An Elise Lensing

München, 3. September 1840

Mein ganzes Herz, jeder meiner Gedanken war gestern abend, als ich zu Hause war, bei Dir; ich hörte Deine Seufzer, Deine Empfindungen drangen mir in meine Brust, Deine Gedanken vermischten sich mit den meinigen; es trieb mich, Dir aus voller Seele zu schreiben, was ich dachte und fühlte. Aber ich konnte nicht, ich fand keine Korrektur vor, und

Hebbel (1813–1863) lernte Elise Lensing (1804–1854) im Jahre 1835 in Hamburg kennen. Er verließ sie 1846, um sich mit der Wiener Hofschauspielerin Christine Enghaus zu vermählen. Auf Betreiben Christines kam es 1847 zur Versöhnung.

als ich diese gemacht hatte, fühlte ich mich so erschöpft, daß ich mich wider Willen dem Schlaf überlassen mußte. Ich schlief fest und träumte von einer schönen Schlange, die mir nicht, wie diese Tiere doch im Wachen tun, Abscheu einflößte, sondern Wohlgefallen. Ein gutes Zeichen! Auch mit Dir führte der Traum mich zusammen, doch weiß ich nicht mehr wie.

Heute morgen ist mir noch ganz so wie gestern abend, mein Herz ist zugleich erhoben und in Wehmut aufgelöst, alle Quellen des Lebens und der Poesie rauschen auf in Lust und Leid. Arbeiten kann und will ich nicht, so wenig wie einer, dem unerwartet und plötzlich ein himmlisches Sakrament gereicht wird, seinen Beruf, und wärs auch noch so nötig, versehen kann und mag. Ich möchte den ganzen Tag vor Dir auf den Knien liegen und Dich um Vergebung bitten, daß ich Dich so oft gequält, im Tiefsten verletzt, bitter geschmäht habe.

O, es ist oft eine solche Verwirrung in meiner Natur, daß mein besseres Ich ängstlich und schüchtern zwischen diesen chaotischen Strömen von Blut und Leidenschaft, die durcheinanderstürzen, umherirrt. Der Mund ist dann im Solde der dämonischen Gewalten, die sich zum Herrn über mich gemacht haben; und ganz bis ins Innerste zurückgedrängt, sitzt meine Seele wie ein Kind, das vor Tränen und Schauder nicht zu reden vermag und nur stumm die Hände faltet und erst, wenn der Sturm sich gelegt hat, wieder zum Vorschein kommt. Das kommt von der Erinnerung an frühere Jahre, die ich noch nicht ganz los bin, von dem Druck der Gegenwart, von der Furcht vor der Zukunft; auch wohl, weil der Geist oft, wie Jakob, mit Gott ringen muß und dabei in eine Untiefe hineingerät.

Ach wenn ich mich so im einzelnen betrachte, in diesem und dem, was ich getan habe, mein Bild zu erkennen suche, so scheint mir alles eitel Stück- und Fetzenwerk; aber doch glaube ich, wenn ich nicht in gar zu verzweifelten Zuständen bin, daß sich in dem Ganzen auch Spuren des Besseren finden lassen. Wie hoch stehst Du über mir, Du, die Du so ganz Liebe bist, Du, bei der ich von dem Fluch und der Schande unseres ganzen Geschlechts, dem Egoismus, nie etwas entdeckte, nie auch nur so viel als nötig ist, den Menschen im Kampf mit der feindlichen, nichtswürdigen Welt zusammenzuhalten! Niemals, das glaube mir, habe ich Dich verkannt, in meinem Wahnsinn habe ich Dich wohl zuweilen boshaft und gegen mein besseres Wissen und Wollen bespritzt und beschmutzt, aber gleich darauf habe ich auch immer wieder Dein edles Bild mit inneren Tränen (äußere sind mir versagt) reingewaschen. Ach es ist schändlich genug, daß wir uns, trotz des Ekels, den wir an uns selber empfinden, trotzdem daß wir uns in unseren besten Stunden selber stei-

nigen möchten, selbst leiben müssen, daß wir uns selbst lieben müssen, obgleich dies bedingt, daß wir das Bessere hassen müssen.
Aber wohl dem, der wie Du auf Kosten seines äußeren Friedens dies schlechte Grundgesetz der Existenz bricht, um so recht den inneren zu gewinnen. Es ist heraus aus meinem Herzen das Beste, was darin war, nun will ich schließen; ich fühle mich matt wie einer, der sein Blut verlor. Nimms hin, teuerstes Wesen, was Dir gehört! Der Segen dessen, in dem wir alle nach den schönen Worten des Apostels leben,weben und sind, sei mit Dir! Ewiglich, ewiglich

Dein F.

An seine Frau Christine

München, den 22. Februar 1852

Meine teuerste Christine!
Weißt Du, was mich diese drei Tage aufrecht gehalten hat! Einzig und allein der Gedanke an Dich oder vielmehr das Gefühl von Dir! So bist Du mir niemals nah gewesen wie diesmal. Mir war wirklich, als ob die Mütze, die Du mir noch ganz zuletzt mit rührender Emsigkeit stricktest, elektrische Funken ausströmte, ich glaubte zuweilen von Deinen eignen Fingern berührt zu werden, was mir immer so wohl tut! Mit Deinem Kaffee ging ich so sparsam um, daß ich erst auf der Station vor München die letzten Tropfen trank! Ich grub mich hinein in Dich, sah Dein teures Angesicht über mich geneigt, faltete die Hände und schloß die Augen! Das war ein Bild, das mir wie gemalt vorschwebte, obgleich ich selbst ein Teil davon war; es gibt ja auch im Wachen solche Traumzustände, worin sich alles durcheinanderschiebt. Diese einzelnen Momente meiner Reise soll man gern zu meinen Freuden rechnen, denn süßere habe ich nie gehabt, nur nie sie selbst als solche! Dann rief ich so halb-laut vor mich hin: Du guter, guter Pinscher! und in diesen Ausruf ging mehr von meinem Herzen hinein als in tausend Gedichte! Das glaube mir, und darin liegt der Grund, warum bedeutende Dichter so selten oder nie auf Wesen, die zu ihnen gehören und von denen sie sich in ihrem eigenen Bewußtsein kaum noch geschieden fühlen, ein Gedicht machen. Sie können sich ja auch da nicht verleugnen, sie müssen ja auch in einem solchen Fall nach der höchsten Vollendung der Form streben, da sie, wenn sie das nicht wollen, ja beim Brief oder beim simplen Wort stehenbleiben können, und die Form erkältet alles Subjektive, da sie verallgemeinert! Auch habe ich persönlich ein Gefühl dabei, als ob ich auf mich selbst dichtete, da es wahrscheinlich keine Phrase ist, daß Mann und

Weib eins sind! Bei Liebenden ist das etwas anderes, sie sollen erst eins werden und gleichen einem edlen Wein, der in zwei verschiedenen Pokalen funkelt; es ist wenigstens äußerlich noch eine Trennung.

Dein Friedrich

München, den 25. Februar 1852

Meine teuerste Christine!

Wie ich mich gestern freute, als ich Deinen lieben Brief empfing, kann ich Dir gar nicht sagen. Deine bloßen Schriftzüge sind für mich elektrisch, mir ist, als ob ein Teil Deines Wesens in sie übergegangen wäre, so daß ich nie einen Zettel von Dir, und wenn's ein Waschzettel sein sollte, zerreißen könnte. Das weißt Du und hast oft darüber gelacht; es ist aber so. Darum kommt es gar nicht darauf an, ob in Deinen Briefen viel oder wenig steht; mir sind sie wie lebendige Boten Deiner Seele, die mir in ihrer bloßen Existenz immer viel mehr bedeuten als alles, was sie bringen oder melden. Das vergiß nicht; wenn Du mir ein bloßes weißes Blatt mit Deinem Namen schicktest, so wäre ich schon zufrieden. Dein gestriger Brief war nun aber auch obendrein gar lieb und herzig. Mach' Dir keine Sorge um mich; wohl kann ich mich nur da fühlen, wo Du bist, aber die Reise habe ich bis auf einen Schnupfen schon verwunden. Über Titele habe ich gelächelt; seltsam und unerklärlich ist und bleibt es doch immer, daß dem Kinde in so zartem Alter solche Einfälle kommen. Küß' ihn, wenn Du dies liesest, recht ab in meinem Namen, den kleinen Narren; gewiß gefallen ihm meine Küsse besser, wenn ich sie ihm nicht unmittelbar, sondern durch Dich aufdrücken lasse.

Ewig Dein Friedrich

Träumen

Franz von Kobell (1803–1882)

Wenn ich Herr der Träume wär'
Liebchen glaube mir,
Jede Nacht, so wahr ich bin,
Träumte ich von dir.

O im Traume lebt sich schön,
Keine Schranke wehrt
Wie da außen auf der Welt
Was das Herz begehrt!

Führte auch der Vater dich
Fort in fernes Land,
Über Meere reichte ich
Dir die treue Hand.

Schlösse dich ein Felsenturm,
Eine Zelle ein,
Käm' ich wie die leichte Luft,
Flög' zu dir hinein.

Aus des Königs Garten selbst
Brächt' ich Blumen dir,
Küsse gäb' dein lieber Mund
Ungestraft dafür.

Kein Verbot erkennt der Traum,
Jenen kurzen Wahn,
Der uns blüht in seinem Reich,
Feindet er nicht an.

Keine Reue trübt die Tat,
Die man träumend tut,
Denn der nächste Morgen macht
Alles wieder gut.

Auf eine Unbekannte

Friedrich Hebbel (1813–1863)

Die Dämmerung war längst hereingebrochen,
Ich hatt dich nie gesehn, du tratst heran,
Da hat dein Mund manch mildes Wort gesprochen,
Im heilgen Ernst, der dir mein Herz gewann.
Still wie du nahtest, hast du dich erhoben
Und sanft uns allen gute Nacht gesagt,
Dein Bild war tief von Finsternis umwoben.
Nach deinem Namen hab ich nicht gefragt.

Nun wird mein Auge nimmer dich erkennen,
Wenn du auch einst vorübergehst an mir.
Und hör ich dich von fremder Lippe nennen,
So sagt dein Name selbst mir nichts von dir.
Und dennoch wirst du ewig in mir leben,

Gleich wie ein Ton lebt in der stillen Luft.
Und kann ich Form dir und Gestalt nicht geben,
So reißt auch keine Form dich in die Gruft.

Das Leben hat geheimnisvolle Stunden,
Drin tut selbstherrschend die Natur sich kund;
Da bluten wir und fühlen keine Wunden,
Da freun wir uns und freun uns ohne Grund.
Vielleicht wird dann zu flüchtigstem Vereine
Verwandtes dem Verwandten nahgerückt,
Vielleicht – ich schaudre, jauchze oder weine –
Ists dein Empfinden, welches mich durchzückt.

Robert und Clara Schumann

Clara an Robert

Leipzig, den 15. August 1837

Nur ein einfaches „Ja" verlangen Sie? So ein kleines Wörtchen – so wichtig! Doch – sollte nicht ein Herz so voll unaussprechlicher Liebe, wie das meine, dies kleine Wörtchen von ganzer Seele aussprechen können? Ich tue es, und mein Innerstes flüstert Ihnen ewig zu.

Die Schmerzen meines Herzens, die vielen Tränen konnt ich das schildern – o nein! – Vielleicht will es das Schicksal, daß wir uns bald einmal sprechen und dann – Ihr Vorhaben scheint mir riskiert, doch ein liebend Herz achtet der Gefahren nicht viel. Also abermals sage ich „Ja!" Sollte Gott meinen achtzehnten Geburtstag zu einem Kummertag machen? O nein, das wäre doch zu grausam. Auch ich fühlte längst, „es muß werden", nichts in der Welt soll mich irre machen, und dem Vater werd ich zeigen, daß ein jugendliches Herz auch standhaft sein kann.

Sehr eilig! Ihre Clara

Robert an Clara

Leipzig, 18. September 1837

Die Unterhaltung mit Ihrem Vater war fürchterlich. Diese Kälte, dieser böse Wille, diese Verworrenheit, diese Widersprüche – er hat eine neue Art zu vernichten, er stößt einem das Messer mit dem Griff ins Herz.

Was denn nun, meine liebe Clara? Ich weiß nicht was ich anfangen soll. Gar nicht. Mein Verstand geht hier zunichte, und mit dem Gefühl ist ja vollends nichts anzufangen bei Ihrem Vater. Was denn nun? Was denn nun? Vor allem waffnen Sie sich und lassen Sie sich nicht einmal verkaufen. Ich traue Ihnen, ach, von ganzem Herzen, und das erhält mich auch aufrecht – aber Sie werden sehr stark sein müssen, mehr als Sie ahnen. Hat ihr Vater doch selbst die fürchterlichen Worte zu mir gesagt, ihn erschüttere nichts! Fürchten Sie alles von ihm; er wird Sie zwingen durch Gewalt; kann er es nicht durch List. Fürchten Sie alles!

Ich bin heute so tot, so erniedrigt, daß ich kaum einen schönen guten

Robert (1810–1856), der Komponist und Clara, geb. Wieck (1819–1896), die Pianistin, heirateten gegen den starken Widerstand ihres Vaters, der Roberts Lehrer war. Robert stürzte sich 1854 in den Rhein, konnte aber gerettet werden. Er verstarb in der Nervenklinik Endenich bei Bonn.

Gedanken fassen kann; kleinmütig, daß ich Sie aufgebe, bin ich nicht worden; aber so verbittert, so gekränkt in meinen heiligsten Gefühlen, so über einen Leisten geschlagen von dem gewöhnlichsten. Hätte ich nur ein Wort von Ihnen. Sie müssen mir sagen, was ich tun soll. Es wird sonst alles Spott und Hohn in mir, und ich gehe auf und davon. Sie nicht einmal sehen zu dürfen! Wir könnten es, sagte er, aber an einem dritten Ort, in aller Gegenwart, recht zum Spektakel für alle. Wie das so erkältend ist, so nagend! Auch schreiben dürfen wir uns, wenn Sie reisen! Das war alles, was er bewilligte.
Tröste mich, lieber Gott, daß er mich nicht in Verzweiflung untergehen läßt. Ich bin ausgerissen an der Wurzel meines Lebens.

Clara an Robert

Leipzig, 26. September 1837

Zweifeln Sie noch an mir? Ich verzeih es Ihnen, bin ich doch ein schwaches Mädchen! ja schwach: aber eine starke Seele hab ich – ein Herz, das fest und unveränderlich ist. Dies sei Ihnen genug, um jeden Zweifel zu unterdrücken.
Bis jetzt war ich immer sehr unglücklich, doch schreiben Sie mir ein Wort der Beruhigung unter diese Zeilen, und ich werde sorglos in die weite Welt hinausgehen. Vater hab ich versprochen, heiter zu sein und noch einige Jahre der Kunst und der Welt zu leben. So manches werden Sie von mir hören, mancher Zweifel wird sich bei Ihnen regen, wenn Sie dies oder jenes erfahren, doch dann denken Sie – alles das tat sie ja für mich! Könnten Sie jemals wanken? Nun, – so hätten Sie ein Herz gebrochen, das nur einmal liebte.

Clara

Prag, 12. November 1837, abends

Lieber Robert, Dein Brief hat mir eine unaussprechliche Freude gemacht, ich bekam das Zittern im ganzen Körper vor Freude, als mir ihn Nanny einhändigte. Doch nun erlaube mir, erst ein wenig zu zanken und Dir zu sagen, daß Du ein ungestümer Mensch bist. Erst wolltest Du in acht Wochen einen Brief haben, dann in vier Wochen, und nun schreib ich Dir in drei Wochen, und Du beklagst Dich! Ich glaub fast, Du willst mich schon ein wenig im voraus die Herrschaft des Mannes fühlen lassen – schon gut, ich denk, wir werden uns vertragen. – Aber was schreibst Du da von Hoffnungen sinken? Hast Du den Sinn aus meinem Briefe gezogen? Ach Robert, das schmerzt! Leb ich ja doch nur in einer Hoffnung, nur ein Gedanke begeistert mich in meinem Tun und Treiben, und Du kannst so etwas sagen, nein – schreiben? – Laß das nicht weitergehen! – Und nun, was das Verheiraten betrifft, das ist allerdings bedenklich. Wenn nun so ein Diamant käme, der mich so blendete, daß ich Eusebius, Florestan, und wie sie sonst noch heißen, vergäße und Du läsest am Ende in Zeitungen „Verlobung des Fräulein Clara Wieck mit dem Herrn von Perlenschnur oder Diamantenkrone". – Im Ernst aber, bin ich ein kleines Kind, das sich zu dem Altar führen läßt wie zur Schule? Nein, Robert! Wenn Du mich Kind nennst, das klingt so lieb, aber, aber, wenn Du mich Kind denkst, dann trete ich auf und sage: „Du irrst!". Vertraue mir vollkommen. Hab ich Dir nicht einmal geschrieben „die Not bricht Eisen", hilft nichts mehr, so suche ich Ruhe in liebenden Armen. Nun noch – was wollt ich doch gleich? Ich meine den Ring. Also Du wolltest mir ihn wiedergeben? Hm, das wäre halt zu schauen, will mal überlegen! – Du lächelst? Ich auch – eben scheint der Mond herein, „schönen Gruß" – nun nicht wahr, lieber Robert, wir lassen es beim alten, und Du nennst mich fortan Deine treue Clara, nie anders . . . Nun träume recht viel Schönes von einem Mädchen, das so treu geliebt hat wie keines.

Sylvester 1839

Den Neujahrskuß laß Dir geben, mein geliebter Robert, mit welchen Gefühlen ich das neue Jahr betrete, kann ich Dir nicht sagen, es sind freudige aber auch ernste. Ich soll Dir nun bald ganz angehören, das erregt mich freudig, mein ganzes Lebensglück liegt dann aber auch in Deiner Hand. Ein unbegrenztes Vertrauen hab ich zu Dir, Du wirst mich ganz beglücken. Aber auch ich will Dir immer von ganzer Seele ergeben sein, mein ganzes Sinnen und Trachten ist ja Dein Glück. Gib mir Deine Hand, mein Robert, treu will ich mit Dir durchs Leben gehen, alles mit Dir teilen, und, kann ich es, Dir auch eine gute Hausfrau sein. Ach! Ich liebe Dich ja so innig, so ganz unendlich! Bald Dein glückliches Weib, Deine

Clara

Den bängsten Traum

Friedrich Hebbel (1813–1863)

Den bängsten Traum begleitet
Ein heimliches Gefühl,
Daß alles nichts bedeutet,
Und wär uns noch so schwül.
Da spielt in unser Weinen
Ein Lächeln hold hinein;
Ich aber möchte meinen,
So sollt es immer sein!

Moltke an seine Braut

Berlin, den 27. Mai 1841

Mein teures, liebes Mariechen! Da sitze ich nun zwei Tage in Berlin ohne Dich. Die Geschäfte des Tages haben Dein liebes Bild in den Hintergrund meiner Seele gedrängt, „doch, wenn in unsrer engen Zelle das Lämpchen freundlich wieder brennt, dann wird's im eigenen Innern wieder helle, im Herzen, das sich selber kennt", dann lebst Du in meinen Gedanken, ich sehe Deine freundliche Erscheinung und glaube zuweilen, daß Deine Seele mir nahe ist.

Während der Reise hierher hab' ich Dich auf allen Schritten begleitet, ich folgte Dir an Bord des Dampfschiffes, während der Eilwagen über die preußige Grenze fuhr; als die Sonne unterging, sah ich die schwarze Rauchsäule in den grünen Wiesen bei Itzehoe emporwirbeln. Mama war an der Landestelle Euch entgegengekommen, zu Hause dampfte schon der Tee, mein Platz war leer, aber Ihr gedachtet meiner freundlich und erzähltet, was Ihr in Hamburg gesehen und erlebt . . .

Tausend herzliche Grüße an Papa und Mama sowie an Jeannette. Ich hoffe, sie wird uns viel besuchen, denn Du würdest sie doch sehr entbehren. Überhaupt fürchte ich, daß Du Dich anfangs sehr verlassen fühlen möchtest, wenn Du so ganz aus dem liebevollen Kreise scheiden solltest, in welchem Du aufgewachsen bist und wo Dich alle so lieb haben. Möchte ich Dich doch für alles entschädigen können, was Du um mei-

Seine Nichte Marie Burt hatte gerade ihren sechzehnten Geburtstag gefeiert, als der vierzigjährige Helmuth Graf von Moltke (1800–1891) um ihre Hand anhielt.

netwillen aufgeben mußt. Ja, liebe Marie, ich bitte Gott aufrichtig, daß, wenn ich Dich nicht glücklich machen kann, er mich lieber vorher abruft. Laß uns von beiden Seiten guten Willen und Vertrauen mitbringen und Gott das übrige anheimstellen.

Süße Marie, wenn Du abends nach neun Uhr gegen Süden blickst, so wirst Du einen prachtvollen Stern am Horizont aufsteigen sehen. Es ist derselbe, den meine selige Mutter so oft bewunderte. Ich sah ihn nie, ohne an sie dabei zu denken und habe den Gedanken, daß es mein guter Stern ist. Denke dann an mich ...

Nun gute Nacht, teure Marie, schlafe süß und sanft.

Berlin, den 6. Oktober 1841

Wie hübsch magst Du ausgesehn haben in Deinem weißen Kleid mit Atlasbesatz und pink-roses im Haar. Du schriebst bloß von Jeannette: that she looked so sweet, aber Dich selbst hast Du wohl gar nicht im Spiegel gesehen? Aber Du hast mir noch gar nicht genug von Deinem Ball erzählt.

Übrigens ist es hübsch von Dir, daß Du nach dem Taumel eines solchen Abends Dich doch Deines abwesenden alten Freundes erinnert hast. Gewiß, liebe Marie, sehe auch ich mit froher Hoffnung in die Zukunft; denn wenn es ein Glück für mich auf der Welt gibt, so ist es mit Dir und für Dich. Erlebe ich, Dich glücklich und zufrieden zu sehen, dann bin ich es gewiß auch. Wenn meine Erwartungen weniger lebhaft sind, so ist es vor allem die Besorgnis, daß die Deinigen getäuscht werden möchten und weil, je weiter man in diesem Leben vorschreitet, je weniger man von demselben erwarten lernt. Sehe ich Dich aber zufrieden und wirklich glücklich, trotz meiner Verdrießlichkeit, Laune und Empfindlichkeit, so werde ich von mir selbst eine bessere Meinung annehmen und schon dadurch sehr viel heiterer, klarer und mitteilender werden . . .

Berlin. Sonntag abends den 13. Februar 1842

Dein lieber Brief vom 10. kam gestern an und erfreute mich sehr, denn Du scheinst heiter und zufrieden und hast wohl vollauf zu tun mit Deiner Einrichtung. Nun sind es nur noch zehn Wochen, dann bist Du ganz mein eigenes, liebes, kleines Frauchen. – Ich wünsche mir recht die Zeit herbei, wenn wir auch so gemütlich beisammen wohnen werden. Gott gebe seinen Segen dazu. Laß uns nur immer recht aufrichtig miteinander sein und ja niemals schmollen. Lieber wollen wir uns zanken, und noch lieber ganz innig sein. Du hast wohl gemerkt, daß ich manchmal launisch bin; dann laß mich nur laufen, ich komme Dir doch zurück. Ich will aber sehen, daß ich mich bessere. Von Dir wünsche ich freundliches und gleichmäßiges, womöglich heiteres temper. Nachgiebigkeit in Kleinigkeiten, Ordnung in der Haushaltung, Sauberkeit im Anzuge und vor allen Dingen, daß Du mich lieb behaltest. Zwar trittst Du sehr jung in einen ganz neuen Kreis von Umgebungen, aber Dein guter Verstand und vorzüglich die Trefflichkeit Deines Gemüts wird Dich sehr bald den richtigen Takt im Verkehr mit anderen Menschen lehren. Laß Dirs gesagt sein, gute Marie, daß Freundlichkeit gegen jedermann die erste Lebensregel ist, die uns manchen Kummer sparen kann, und daß Du selbst gegen die, welche Dir nicht gefallen, verbindlich sein kannst, ohne falsch und unwahr zu werden. Die wahre Höflichkeit und der feinste Weltton ist die angeborene Freundlichkeit eines wohlwollenden Herzens. Bei mir hat eine schlechte Erziehung und eine Jugend voller Entbehrungen dies Gefühl oft erstickt, öfter auch die Äußerung desselben zurückgedrängt,und so stehe ich da mit der angelernten, kalten, hochmütigen Höflichkeit, die selten jemand für sich gewinnt. Du hingegen bist jung und hübsch, wirst, so Gott will, keine Entbehrungen kennen lernen, jeder tritt Dir freundlich entgegen; so versäume denn auch nicht, den Menschen wieder freundlich zu begegnen und sie zu gewinnen. – Dazu gehört allerdings, daß Du sprichst. – Es kommt gar nicht darauf an, etwas Geistreiches zu sagen, sondern womöglich etwas Verbindliches, und geht das nicht, wenigstens fühlen zu machen, daß man etwas Verbindliches sagen möchte. – Das Gezierte und Unwahre liegt Dir fern, es macht augenblicklich langweilig, denn nichts als die Wahrheit kann Teilnahme erwecken. Wirkliche Bescheidenheit und Anspruchslosigkeit sind der wahre Schutz gegen die Kränkungen und Zurücksetzungen in der großen Welt; ja, ich möchte behaupten, daß bei diesen Eigenschaften eine große Blödigkeit und Befangenheit nicht möglich ist. Wenn wir nicht anders scheinen wollen als wir sind, keine höhere Stellung usurpieren wollen als die uns zusteht, so kann weder Rang noch Geburt, noch Menge und Glanz uns wesentlich außer Fassung bringen. Wer aber in sich selbst nicht das Gefühl seiner Würde findet, sondern sie in der Meinung anderer suchen muß, der liest stets in den Augen anderer Menschen wie jemand, der falsche Haare trägt, in jeden Spiegel sieht, ob sich auch nicht etwas verschoben hat. – Gesteh ich's doch, gute Marie, daß ich diese schönen Lehren von mir selbst abstrahiere. Mein ganzes Auftreten ist nur eine mit Zuversichtlichkeit und usage du monde, Weltgewandtheit, übertünchte Blödigkeit. Die langjährige Unterdrückung, in welcher ich aufgewachsen, hat meinem Charakter unheilbare Wunden geschlagen, mein Gemüt niedergedrückt und den guten edlen Stolz geknickt. Später erst habe ich angefangen, aus mir selber wieder aufzubauen, was umgerissen war; hilf Du mir fortan, mich zu bessern. – Dich selbst aber möchte ich edler und besser, und das ist gleichbedeutend mit glücklicher und zufriedener, sehen, als ich es werden kann. – Sei daher bescheiden und anspruchslos, so wirst Du ruhig und unbefangen sein.

Gerne werde ich es sehen, wenn man Dir recht den Hof macht; ich habe auch nichts gegen ein bißchen kokettieren. Je mehr Du gegen alle verbindlich bist, je weniger wird man Dir nachsagen können, daß Du Einzelne auszeichnest. – Dafür mußt Du Dich in acht nehmen, denn die Männer suchen zu gefallen, erst um zu gefallen, dann um sich dessen rühmen zu können, und Du wirst in der Gesellschaft mehr Witz als Güte finden. Es kann gar nicht ausbleiben, daß ich im Vergleich mit anderen Männern, die Du hier sehen wirst, sehr oft zurückstehen werde. Auf jedem Ball findest Du welche, die besser tanzen, die elegantere Toilette machen, in jeder Gesellschaft, die lebhafter sprechen, die besserer Laune

sind als ich. Aber daß Du das findest, hindert gar nicht, daß Du mich nicht doch lieber haben könntest als sie alle, sofern Du nur glaubst, daß ich es besser mit Dir meine als alle diese. Nur dann erst, wenn Du etwas hast, was Du mir nicht erzählen könntest, dann sei dadurch vor Dir selbst und durch Dich selbst gewarnt. Und nun gib mir einen Kuß, so will ich das Schulmeistern sein lassen.
Noch eins, liebe Marie, wenn Du schreibst, so lies doch immer den Brief, den Du beantwortest, noch einmal durch.
Es sind nicht bloß die Fragen, die beantwortet sein wollen, sondern es ist gut, alle die Gegenstände zu berühren, welche darin enthalten sind. Sonst wird der Briefwechsel immer magerer, die gegenseitigen Beziehungen schwinden und man kommt bald dahin, sich nur wichtiges mitteilen zu wollen. Nun besteht aber das Leben überhaupt nur aus wenig und selten wichtigem. Die kleinen Beziehungen des Tages hingegen reihen sich zu Stunden, Wochen und Monaten und machen am Ende das Leben mit seinem Glück und Unglück aus. Darum ist die mündliche Unterhaltung so viel besser als die schriftliche, weil man sich das Unbedeutendste sagt und wenig findet, was zu schreiben der Mühe wert wäre.
Gute Nacht, liebe, süße Seele.

Täuschung

Franz von Kobell (1803–1882)

Oft hab' ich sehnend geträumt,
Auf einer Insel zu sein,
Umwogt von tobender Flut,
Ganz einsam und allein.

Doch wenn's eine Weile gewährt,
So träumt' ich immer dazu,
Es käm' ein gestrandet' Schiff
Und auf dem Schiff wärst du.

Und brächtest die Liebe mit,
Eine treue Liebe für mich,
Wie ging's da blumig und schön
Und ich vergötterte dich.

Wohl hab' ich die Insel gesehn,
Wohl war ich allein auf ihr,
Doch kam kein gestrandet' Schiff
Mit deiner Liebe zu mir.

Abschiedslied

Volkslied

Ihr Gedanken haltet ein,
Ihr vermehret meine Pein,
Ich erinnre mich der Stunden,
Die schon längstens sind verschwunden;
G'nug, wenn ich mich drein ergib,
Und dich ganz von Herzen lieb.

Wenn ich denk an Zeit und Ort,
Und ich höre noch die Wort',
Die der Lieb ganz unverdrossen,
In mein Herz sind eingeflossen:
Unschätzbar war jeder Kuß,
Den ich jetzt entbehren muß.

Drum so frag ich fernerhin,
Warum ich so traurig bin?
Mein Vergnügen ist verloren,
Und ich bin zum Leid geboren,
Ja ich zweifle, ob ein Tag
Fröhlich mehr zu sein vermag.

Aber nur Geduld, Geduld!
Auf mich weißt du keine Schuld;
Daß das Band, so du zerrissen,
Herz von Herz hat trennen müssen;
Drum soll Hoffnung nur allein
Bloß nach dir gerichtet sein.

Aber nein, ich liebe dich,
Ob gleichwohl du hassest mich;
Willst und kannst du mir nicht werden,
Bleib ich dir doch treu auf Erden.
Nur dies bitte ich allein:
Bis in Tod vergiß nicht mein!

Wenn ich werd' gestorben sein,
So schreib auf mein' Grabesstein:
Hier in dieser kühlen Höhle
Ruhet die getreue Seele,
Die gestorben vor der Zeit,
Bloß aus Lieb und Traurigkeit.

O stille dies Verlangen

Emanuel Geibel (1815–1884)

O stille dies Verlangen,
Stille die süße Pein!
Zu seligem Umfangen
Laß den Geliebten ein!
Schon liegt die Welt im Traume,
Blühet die duft'ge Nacht;
Der Mond im blauen Raume
Hält für die Liebe Wacht.
Wo zwei sich treu umfangen,
Da gibt er den holdesten Schein.
O stille dies Verlangen,
Laß den Geliebten ein!

Du bist das süße Feuer,
Das mir am Herzen zehrt;
Lüfte, lüfte den Schleier,
Der nun so lang' mir wehrt!
Laß mich vom rosigen Munde
Küssen die Seele dir,
Aus meines Busens Grunde
Nimm meine Seele dafür –.
O stille dies Verlangen,
Stille die süße Pein,
Zu seligem Umfangen
Laß den Geliebten ein!

Die goldnen Sterne grüßen
So klar vom Himmelszelt,
Es geht ein Wehn und Küssen
Heimlich durch alle Welt,
Die Blumen selber neigen
Sehnsüchtig einander sich zu;
Die Nachtigall singt in den Zweigen –
Träume, liebe auch du!
O stille dies Verlangen,
Laß den Geliebten ein!
Von Lieb' und Traum umfangen
Wollen wir selig sein.

Der Liebesbrief

Theodor Storm (1817–1888)

Einen Brief soll ich schreiben
Meinem Schatz in die Fern';
Sie hat mich gebeten,
Sie hätt's gar zu gern.

Da lauf ich zum Krämer,
Kauf Tint' und Papier
Und schneid' mir ein' Feder,
Und sitz' nun dahier.

Als wir noch mitsammen
Uns lustig gemacht,
Da haben wir nimmer
Ans Schreiben gedacht.

Was hilft mir nun Feder
Und Tint' und Papier!
Du weißt: die Gedanken
Sind allzeit bei Dir!

Levin Schücking und Luise von Gall

Schücking an Luise von Gall

11. Dezember 1842

Meine liebe, teure, einzige Luise, meine Sehnsucht und mein Hoffen! ... Ich gäbe all meine schriftstellerischen Erfolge für die Tränen, die ich durch ein Gedicht einer guten, einfachen und nichts weniger als empfindsamen Frau abgelockt habe ... Du aber, meine Sehnsucht, bist gütig und lieb genug, mir zu schreiben, daß es Dich freut, wenn man Dich die Ritterdame nennt. Ich will Dich auch dafür liebhaben wie ein Ritter seine stolze Dame, die Herrin seiner Gedanken, und daß ich bloß

auf dem Wege dazu wäre, ist pure Verleumdung; wenn ich das geschrieben, so war es nichts als eine allgemeine psychologische Bemerkung. Ich will mich all meines Kaisertums vor Dir entledigen und nichts sein als Dein Diener und nur den Purpur halten, weil der Purpur die Farbe der Liebe ist. – Wo Sie mich aber am tiefsten gerührt haben, das ist in Ihrem Geständnis offenbart von den tanzenden Schneeflocken. Luise, als wenn ich Dich nur liebte, weil ich in Ellingen oder in Mondsee bin –wo wäre der Fleck, wo Deine Briefe keinen Wert hätten, wo Deine romantische Freundschaft keinen Reiz? Und wenn ich zurück in die Welt gehe, dann wird ja die „ungesehene" Braut, die ferne Luise, zur gesehenen, und ist das nicht doch besser, bindender, fesselnder? Nur der ungesehene Ritter hat dann zu zagen, ob er ein gern gesehener wird.
Ich habe Ihnen schon mal geschrieben, daß etwas von einem Philister in mir steckt: ich habe damit nur sagen wollen, daß ich eine Natur bin, die mehr Neigung für den ruhigen, gemütbefriedigten Zustand hat, als für den aufregenden, die Phantasie reizenden: ich mag eigentlich ein schlechter Bräutigam sein, gewiß aber ein Prachtexemplar von einem Mann, ein schlechter Freund, aber ein desto besserer Bruder . . Darum, Luise, wollt' ich, ich wäre frei, reich und Sie würden meine Frau!

Luise von Gall an Schücking

Darmstadt, 18. Dezember 1842

Ist Ihnen ein Wort bekannt, Levin, welches Übermut heißt? Das Wort paßt für Sie, dies und kein anderes! Da jagt er und jagt und schießt und läßt Fanfaren blasen und wickelt sich eine goldene Schnur um seinen grünen Hut und zieht gelbe Stiefel an wie ein Türke und meint, mir müsse das alles recht sein, wenn ich auch nichts von ihm höre, mich vergessen glaube! Ja, vergessen – das fürchte ich immer! Dann fragt er mich noch ganz naiv: „Gelt, Du hast mich recht lieb?" Darauf rechnet er eben, und darum ist er so übermütig. Que faire? Sogar entschlossen habe ich mich, diesem absoluten Fürsten nun endlich mein Bild zu schicken, denn er muß mich für noch häßlicher halten, als mich die Zeichnung darstellt, sonst würde er nicht so grenzenlos ungalant sein, mich solange auf Antwort warten zu lassen, auf „die zwei liebenswürdigsten Briefe, die je geschrieben wurden". Schmeichler! Oh, über dieses Geschlecht

Die Beziehung zwischen Levin Schücking und Luise von Gall gilt als das interessanteste Beispiel einer brieflichen Liebe. Über die Vermittlung Freiligraths trat der junge Levin mit der dichterisch begabten Schönheit in Kontakt, und lange eh sie sich zum erstenmal sahen, hatten sie ihr Verlöbnis brieflich besiegelt. Die Vermählung fand im Oktober 1843 statt.

der Jäger! Es war eine Ahnung in mir, daß ich immer so gegen die Jagd geeifert; Ahnung, daß sie mir noch einmal meinen Liebsten abspenstig mache. Bilden Sie sich aber nur nicht ein, daß Sie mein Liebster sind; ich kann Sie versichern, Sie sind auch erst auf dem Wege, und zwar eben auf einem sehr schlechten!
Ich bin wahrhaftig viel zu gut gegen Sie, Levin. Ich kann und kann Dir nicht zürnen, Du böses, übermütiges, aber – liebes Kind! Warum schreibst Du aber so verlockende Briefe? Ich bin nur ein armes harmloses Menschenkind und solchem Zauber nicht gewachsen!

Mit Worten, Bitten, Schmeicheleien und Liedern
Bestrickst Du mich, daß ich mich selbst nicht kenne,
Ich kann auf alles Schöne nur erwidern,
Daß ich mit Freuden mich die Deine nenne;
Mit Freuden? Ach, statt bitterlich zu weinen,
Daß ich mich selbst an einen Traum verloren!
Ich glaube fest, ich sei für Dich geboren.
Glaubt's auch der Himmel? Wird er uns vereinen?

Schücking an Luise von Gall

Mondsee, den 21. Februar 1843

Luise, welche Freude hast Du mir durch Dein Bild gemacht! Mag es immerhin Dir nicht gleichen, wie Du sagst, ich habe doch dieselbe Freude, es ist mir dies Bild wie eine Bürgschaft von der Realität unseres Brautstandes, und es ist mir jetzt, als wenn Du mehr mein Eigen und ich Dein sei, als wenn ich so recht für ewig sicher Dich mein wüßte, und das macht mich so fabelhaft, so unaussprechlich glücklich, daß ich Abgötterei mit Deinem Bild treibe, daß ich mit Dir rede, kurz, es anbete. Luise, es ist seltsam, da ich Dich nie sah, und wer es mir früher als möglich unter diesen Umständen gesagt, den hätt' ich ausgelacht, ich liebe Dich nicht allein aus ganzer, ganzer Seele, nein, ich bin auch, was von jenem recht gut getrennt sein kann, obwohl es besser ist, wenn es hinzukommt, rechter, echter und tiefer – den Unterschied kann ich Dir nicht erklären, wenn Du ihn nicht fühlst: weißt Du, man liebt, wenn man sich nach jemand sehnt, ihn als Ergänzung seines Wesens zu sich sehnt, wenn man Blut und Leben für ihn geben möchte; aber man ist verliebt, wenn man, wie's mir jetzt geht, alles auf den einen Gedanken beziehen muß – ich kann nicht mehr von einem weiblichen Schmuck reden hören oder ihn sehen, ohne zu denken, was Du trägst und wie es Dir steht, unsere jun-

gen Fürstinnen nicht spielen sehen, ohne gerührt zu denken, wie Du in dem Alter um Deine Mutter Dich getummelt, und wie Du so engelhaft artig und lieb gewesen sein mußt; keinen neuen Gedanken oder keine neue Blume finden, ohne daß ich sie Dir schenken möchte.
Ist das nicht brav von mir, Luise? Willst Du mich auch mal so lieb haben, wenn ich's recht lange Dir bewiesen und um Dich verdient habe? Luise, es ist bei Gott wahr, wir zwei passen zueinander und sind füreinander von denen, die über unserem Geschick wachen, bestimmt: Ich habe deshalb auch ein so sicheres Gefühl und die bestimmte Ahnung, daß Du mein wirst; weißt Du, man weiß das so vorher, ob etwas eintritt oder nicht, es ist einem so darnach, wie man bei uns sagt. Ich weiß recht gut, wenn ich dies sage, daß sich das alle Verlobte sagen und immer die Wege der Vorsehung darin sehen, daß sie zusammengeführt sind; aber trotzdem sage ich es auch, es ist zu viel wunderbares zwischen uns, hin- und herlaufende Fäden, die uns binden, und an denen die Geister von einem zum anderen gleiten, uns zu trennen, uns zu necken.

21. Februar 1843

Ich sehe zwar in Deinem Gesicht eine große Abgeschlossenheit, eine von einer schalen Welt in den Reichtum des eigenen Innern zurückgedrängte Psyche, aber sonst nur weiche Poesie und – ein Königtum auf Deinem Gesichte. Oh meine Königin.
Und wie schön ist, daß Du so groß bist: weißt Du, daß ich das passioniert liebe; und so dichtes schönes Haar, und Dein Auge ist etwas verschleiert. Oh Gott, meine Königin, wie lieb habe ich Dich; Du arges, stolzes, königliches Weib, ich küsse den Boden, wo eben Dein Fuß stand und wenn Du mir untreu wirst, erdolch' ich Dich: Luise, könnt' ich ein-

mal nur vor Dir knien und mein Gesicht an Deine Knie drückend zu Dir empor sehen, ob Du mich auch so lieb hast ...
Liebe Luise, was sind wir doch eigentlich in einem unendlich seligen, poetischen Verhältnis, wenn man's so recht bedenkt. Es ist sogar merkwürdig! Auf die entferntesten Pole des Daseins gestellt, Du die große Dame, die in der Residenz gepuderte Quadrillen tanzt, und ich ein armer Schulmeister in einem oberösterreichischen Gebirgsdorf; und in der Mitte im Reiche der Empfindung, in den luftigen Regionen der Phantasie, unter dem warmen Äquator der Liebe zusammen kommend, uns so nahe, so vertraut, so eins! Es ist doch schön wie eine Eichendorffsche Novelle, so duftig, so labend.

Luise von Gall an Schücking

Darmstadt, 17. März 1843

Es ist doch wunderbar, Levin, so fremd und so vertraut, so fern und so nah, so ungebunden und so innig verknüpft, so kurz die Bekanntschaft und so weit die Liebe! Wir haben uns beide schon so oft darüber verwundert, ich kann aber den Gedanken doch nicht von mir weisen, ein gütiger, unaussprechlich lieber und sorgender Vater hat uns, seine zwei armen verlassenen Kinder, zueinander geführt, daß wir eins dem anderen Trost und Glück bringen! Was mich so freut, ist, daß Du meiner Liebe so sicher bist! Wir wollen es auch nie machen wie andere Liebesleute und eins an dem anderen zweifeln, wir wollen an unsere Liebe glauben, wie an die Sonne. Oh, Levin, ich habe nie geglaubt, daß ich einem Wesen wie Du begegnen würde, wenn ich auch geahnt, daß es solch ein Wesen gibt. Zuweilen kommt es mir vor, als müßte ich jetzt schon ganz zufrieden, ja glücklich sein, und dann geht es mir gerade wie Dir und ich finde, daß ich nichts habe als die Sehnsucht, Dich zu sehen. Wenn ich Dich nur sehe, ehe ich sterbe!

O sieh mich nicht so lächelnd an

Emanuel Geibel (1815–1884)

O sieh mich nicht so lächelnd an,
Du Röslein jung, du schlankes Reh!
Dein Blick, der jedem wohlgetan,
Mir tut er in der Seele weh;
Mein Herz wird trüb und trüber
Bei deiner Freundlichkeit;
Vorüber ist, vorüber
Der Liebe Zeit.

Ja wär' ich jung und froh wie du,
Und wär' ich so frisch, und wär' ich so rein:
Wie schlüge mein Herz dem deinen zu,
Wie könnten wir selig zusammen sein!
Wie sollte durch's Gemüte
Mir ziehn ein süßer Traum!
Doch so – was soll die Blüte
Am welken Baum?

Mein Leben liegt im Abendrot,
Deins tritt erst ein in den sonnigen Tag;
Mein Herz ist starr, mein Herz ist tot,
Deins hebt erst an den lustigsten Schlag;
Du schaust nach deinem Glücke
In goldne Fernen weit,
Ich blicke schon zurücke
In alte Zeit.

Drum sieh mich nicht so freundlich an,
Du Röslein jung, du schlankes Reh!
Dein Blick, der jedem wohlgetan,
Mir tut er in der Seele weh.
Laß scheiden mich und wandern
Die Welt hinauf, hinab;
Du findest einen andern,
Und ich – ein Grab.

Tage der Sonne

Emanuel Geibel (1815–1884)

Wohl waren es Tage der Sonne,
Die Bäume blühten im Mai,
Dein Blick sprach Liebeswonne –
Das ist vorbei.

Verblüht sind lange die Bäume,
Der Herbst ist kommen geschwind;
Die Träume, die schönen Träume
Verweht der Wind.

Otto Ludwig an Emilie Winkler

Neujahr 1845

Ihr gottlosen Mädchen macht einem nichts als Sorgen! Laß mich nur zu Dir kommen! Ich möchte Dir noch viel sagen, aber geschrieben sieht dergleichen erbärmlich steif aus; ein anders ist's, sich in die Augen zu sehen und auf die schwarzen Kritzel auf dem Papier, und mit tausend Worten ist nicht so viel gesagt, als ein einziger Händedruck sagen kann. Bleibe mir gut und lasse mich bald wissen, ob Du's noch tust. Hauche in Deinen Brief; ich will, wenn ich ihn öffne, Deinen Hauch mit meinem Munde auffangen.

15. Februar 1845

Ich werde alle Tage häßlicher und verbogener; es wird nicht lange dauern, so bin ich so ungestalt, daß Du mich nicht mehr lieb haben kannst. Nur mein Herz bleibt sich gleich. Du kommst mir immer vor, wie frischer grüner Efeu, der sich um eine verwitterte, sinkende Säule rankt, der Efeu kann die Säule nicht halten und sinkt am Ende mit.
Du darfst nur nie vergessen, daß Du vollkommen frei bist und daß Du es wärst, auch wenn wir bereits Mann und Frau wären. Sobald ich Dir nicht mehr gefalle, darfst Du's nur sagen; ich bleibe Dir immer. Versteh' mich nur nicht falsch, mein Liebstes; das Unschöne zu lieben, kann der

Otto Ludwig (1813–1865) war der Dichter des „Erbförster" und des Romans „Zwischen Himmel und Erde".

Mensch sein eigen Herz nicht zwingen und ein Mägdlein in Deinem Alter pflegt nicht weit in die Zukunft zu sehen; was Dir jetzt sehr lieb ist, kann, wenn es auffallend unschön wird und Dein Herz selbst kälter – was den wärmsten Herzen durch reifere Jahre und ruhigeres Vergleichen des sonst geliebten Gegenstandes mit andern, geschieht –, Dir gleichgültiger und gleichgültiger werden und Dir zuletzt sogar mißfallen können, wenn das Mitleiden, was erst eintritt, auch allmählich schweigt. – Verstehe mich nicht falsch; glaube nicht, daß ich Dich für wankelmütig halte; jedem, dem besten Menschen, kann das passieren oder vielmehr wird das passieren. Ich erwarte alles von Dir, was der beste Mensch kann; aber daß Du können sollst, was der beste Mensch kann, das verlange ich nicht von Dir. Hierin nun, bitt' ich Dich, kein Wort mehr; genug. Ich bleibe Dir immer! Versteh mich nicht falsch! Daß Du mich immer liebhaben willst, das weiß ich ja – ob Du es kannst, das weißt Du selbst nicht!

Reudnitz, den 9. März 1845

Mein Mädchen!
Es scheint, als wollt es diesmal gar nicht Frühling werden. So viel Schnee hat in dem alten Leipzig und so lange selten gelegen. Vor meinen Fenstern schellt und klatscht es unaufhörlich. In der Stadt ist man besonders abends seines Lebens nicht sicher vor Schlitten, die von allen Seiten, auch wie geschneit, auf einen loskommen. Weiße Ostern sind uns dies Jahr gewiß. Wenn nur ein schöner Sommer darauf folgt.
Mit Deinem kräftigen, in vollster Blüte dastehenden Baum ists nicht so weit her, mein Lieb. Er war wieder einmal umgefallen. Wie Du schon weißt, war ich einigemal diesen Winter unwohl: Erkältung, geistige Anstrengung und wer weiß was noch ... Du glaubtest, ich wollte Dich mit meinem Geständnis in meinem vorigen Briefe auf die Probe stellen? Nein, es war mir mein völliger Ernst und ist weder Einbildung noch ein bloßes Vorgeben. Dem sei wie ihm wolle. Ich will Dich so liebhaben, als ich irgend kann. Geliebt werden ist eine Wonne. Es ist auch Eitelkeit und Selbstsucht dabei. Aber lieben ist eine stille, heimliche Seligkeit, weil es ein bloßes Geben ist, wofür man nichts zu nehmen verlangt. Aber das ist dummes Zeug. Ich wollte, es wäre Frühling und ich wäre bei – nun rate, bei wem? Sei mir nur achtsam auf Deine Gesundheit! Folgst Du mir nicht, so komme ich nicht. Ist das nicht eine entsetzliche Strafe? – Ich habe doppelten Grund, diese Achtsamkeit von Dir zu verlangen, weil ich so ein Hansdampf bin, der mit krank wird, wenn jemand, dem er gut ist, krank ist.

Bleib gut Deinem Otto

Das Geheimnis

Adolf Friedrich von Schack (1815–1894)

Du fragst mich, Mädchen, was flüsternd der West
Vertraue den Blütenglocken?
Warum von Zweige zu Zweig im Geäst
Die zwitschernden Vögel sich locken?

Warum an Knospe die Knospe sich schmiegt,
Und Wellen mit Wellen zerfließen,
Und dem Mondstrahl, der auf den Kelchen sich wiegt,
Die Violen der Nacht sich erschließen?

O törichtes Fragen! Wem Wissen frommt,
Nicht kann ihm die Antwort fehlen;
Drum warte, Kind, bis die Liebe kommt,
Die wird dir alles erzählen!

Wenn sich zwei Herzen scheiden

Emanuel Geibel (1815–1884)

Wenn sich zwei Herzen scheiden,
Die sich dereinst geliebt,
Das ist ein großes Leiden,
Wie's größres nimmer gibt.

Es klingt das Wort so traurig gar:
Fahrwohl, fahrwohl auf immerdar!
Wenn sich zwei Herzen scheiden,
Die sich dereinst geliebt.

Als ich zuerst empfunden,
Daß Liebe brechen mag,
Mir war's, als sei verschwunden
Die Sonn' am hellen Tag,
Mir klang's im Ohre wunderbar:
Fahrwohl, fahrwohl auf immerdar,
Da ich zuerst empfunden,
Daß Liebe brechen mag.

Mein Frühling ging zur Rüste,
Ich weiß es wohl warum;
Die Lippe, die mich küßte,
Ist worden kühl und stumm.
Das eine Wort nur sprach sie klar;
Fahrwohl, fahrwohl auf immerdar!
Mein Frühling ging zur Rüste,
Ich weiß es wohl warum.

Ferdinand Freiligrath an Ida Melos

19. Mai 1845

Ich segne die Stunde, in der ich Sie zuerst sah, in der wir uns zuerst ein gegenseitiges Vertrauen schenkten! O welch ein Frühling für mich! Das erste Grün zitterte um die Berge, die ersten Schwalben huschten über den Rhein, als ich Ihnen die „Rose" und die Lieder der Landon schickte. Nachher kamen die Nachtigallen und die Goldkäfer, ich saß in der Laube und sah Sie lächeln durch die Blätter, William und Thekla und Alice zogen an uns vorüber, Lisbeth und Oswald träumten ihr Waldidyll, die Blumen dufteten und der Rhein blitzte – ach, es waren Tage, Stunden, Monate, die mir nie, nie aus der Seele kommen werden. Meine Verhältnisse mögen sich gestalten wie sie wollen – ich bleibe Ihnen gut, Ida, ich will, ich kann Sie nimmer vergessen! Und bei Gott, Ihr Vertrauen zu mir soll Sie nie gereuen; „unser schönes Verständnis soll uns nie Weh statt Wohl bereiten!" – Ich weiß es, wir wandeln auf einer schmalen Grenze; ich weiß aber auch ebensowohl, was Ihnen wie mir durch Pflichten gegen die, welche in der Ferne an uns denken, geboten wird; und wie das Herz auch ringt und blutet, ich bin Mann genug, meinem Gefühle nicht blindlings nachzugeben und in knabenhafter Aufwallung neues Weh auf die zu häufen, die mir die Liebsten sind auf der Welt! – Für jetzt sind Sie mir ein heller, lichter Stern, zu dem ich mit liebender Andacht emporblicke, der mir Kraft und Erhebung in die Seele strahlt, wenn ich strauchle, vor dem ich knie still und fromm und gut! –

... Etwas Ernstes soll aber doch hinüberwehen über den zerbrochenen Gartenzaun, der Ihnen vorgestern ein kunstloses Kreuz in die Hand gab, damit Sie mir als Fides erscheinen konnten. Und das ist zuerst mein heißer inniger Dank für Ihre schwesterliche Teilnahme an meinem Geschick, für die Liebe, die Sie meiner Lina zugewandt, für die Tränen, die Sie ihr geweint haben! Teure Ida, wie glücklich haben Sie mich dadurch gemacht, und um wieviel klarer steht jetzt, nachdem Sie es offen und warm mit mir besprochen haben, mein Verhältnis vor mir. Nur das Weib kann Interpret des Weibes sein: Lina ist mir durch Ida näher gekommen, deutlicher geworden! Gönnen Sie mir nur noch kurze Zeit Ruhe! In der Stille von Argenfels, fern von zerstreuenden, oft genug von mir beklagten äußern Einflüssen, will ich mich entschließen – so oder so! Ich muß mich zuvor sammeln; ich bin hier zu bewegt und aufgeregt, auf die ver-

Freiligrath (1810–1876) war der Verfasser vieler exotischer und nach 1844 auch politischer Gedichte. Ida lernte er in Unckel am Rhein kennen.

schiedenste Weise! – Was aber auch vorfällt, Sie erfahren es gleich! Sie, die Güte, die Mitfühlende, die Verständige! Was ist es doch, was mich Ihnen so unbedingt vertrauen läßt, was mich beinahe zwingt, alles in Ihre treue Brust niederzulegen?

Maiwonne

Adolf Friedrich von Schack (1815–1894)

Denkst du der Stunde, als zu zweien
Wir saßen unter duft'gen Maien
Im Brautgemache der Natur?
Als Lippe wir an Lippe drückten,
Indessen über den Beglückten
Der Frühling im Triumphzug fuhr?

Die Wipfel bog er uns zu Häupten,
Hernieder von den Zweigen stäubten
Die Blüten unter seinem Hauch;
Ihm tönte in den Laubenhallen
Das Feierlied der Nachtigallen,
Ihm quoll der Düfte Opferrauch.

Der Himmel jauchzte in Gewittern,
Durch alle Räume ging ein Zittern
Der Liebe und der Werdelust;
Allein die große Jubelfeier
Verstummte vor der Wonne zweier,
Die selig ruhten Brust an Brust.

O Stunde, ewig unvergessen!
Das weite Weltall mögt ihr messen,
Bis wo in Schwindel zagt der Blick,
Doch wenn zwei Wesen ihre Seelen
Im ersten heil'gen Kuß vermählen,
Wo ist ein Maß für solches Glück?

Sie beben stumm und freudetrunken,
Die Erde scheint um sie versunken,
Hinweggeschwunden Raum und Zeit,
Und von der Welt ist nichts geblieben,
Als nur zwei Herzen, die sich lieben,
Allein in der Unendlichkeit.

Mainacht

Adolf Friedrich von Schack (1815–1894)

An deiner Seite so gerne
Durchträum' ich die Frühlingsnacht;
Treu halten die heiligen Sterne
Vor deinem Fenster die Wacht,
Indes wir in Armen uns hangen,
In Seele die Seele versinkt
Und Mund von Mund in langen
Zügen den Atem trinkt.

Aus Wipfeln, drin Vögel brüten,
Wirft sanft der durftende Mai
Seine Knospen und Blüten
Herab auf uns selige zwei,
Und durch die Fensterbogen
Nachtwandelnd weht der Wind
Deine Locken in Wogen
Über mein Haupt gelind.

Wir zittern, wir erblassen
Vor Liebe, und jedem quillt
Im wonnetränen-nassen
Auge des andern Bild.
Ach! Steigt schon im Osten der rote
Schimmer des Morgens empor?
Nein, durch den Himmel lohte
Ein nächtliches Meteor.

Tausend Geheimnisse müssen
Wir noch einander vertrau'n,
Und tausend Küsse noch küssen,
Eh' der Morgen beginnt zu grau'n.
Was scheuchst du mit deinem Gesange,
O Schwalbe, so frühe die Nacht?
Schweig, schweig! und haltet noch lange,
Ihr heiligen Sterne, die Wacht!

Im geheimsten Wald

Johann Georg Fischer (1816–1890)

Wir sprachen bald und schwiegen bald,
Beseligt ich und du,
Und du, geheimster Quell im Wald,
Du sahst und hörtest zu.

Und was die Liebe Liebes dort,
Was ich gefragt, was du,
Es floß als wie die Welle fort,
Und wie die Welle zu.

Und wie die Welle kam und floß
Und schwand und wallte zu,
Der ganzen Welt, die uns umschloß,
Vergaßen ich und du.

Doch weiß ich wohl, so selig lauscht
Uns nimmer deine Ruh,
O Wald, so leis du uns gerauscht,
So leise deck' uns zu!

Richard Wagner

An Minna Planer

Dresden, 28. Juli 1842

Mein bestes Weib, sehr traurig macht es mich, daß Du mich noch so lange allein lassen willst! Liebe Minna, wir dürfen uns durchaus nicht auf lange Zeit trennen, das fühle ich nun wieder von neuem tief und innig. Was Du mir bist, kann mir eine ganze Residenz von 70 000 Einwohnern nicht ersetzen. Habe ich keine Geschäfte, so gräme ich mich umso mehr,

Richard Wagner (1813–1883) war in erster Ehe mit Minna Planer verheiratet, mit der er 1836 nach Leipzig ging. Ab 1865 wohnte er mit der Liszt-Tochter Cosima zusammen, die er 1870 heiratete. In diese Zeit fällt auch die kurze Liaison mit Judith Gautier.

allein zu sein: habe ich mich aber den ganzen Tag abgemüht, kommt der Abend und finde ich Dich nicht zu Hause, so widert mich alle Häuslichkeit, die mir sonst so wohltätig ist, heftig an, und was ich außer dem Hause finde, ist wahrlich nicht imstande, mich nur um eine Minute zu entschädigen. Eine Stelle in Deinem Briefe habe ich noch nicht verstanden: Du spricht von einer Notwendigkeit, uns vielleich noch auf länger zu trennen? – wo ist die Notwendigkeit? Als ich mich, um meinen hochfliegenden Plänen und Hoffnungen (die Du nicht einmal mit mir teiltest) nachzustreben, unter Umständen, die wohl selbst den beherztesten Mann abschrecken konnten, zur Reise aus Rußland aufmachte; als ich mich unter Gefahren jeder Art zu Pillau einschiffte, um eine furchtbare, ungewisse Reise anzutreten, die mich zu einem noch schwankenderen Ziele bringen sollte, sprachst Du damals von einer Notwendigkeit, Dich von mir zu trennen? Damals hätte ich Dir, bei Gott! recht geben müssen! Es fiel Dir aber nicht ein. Als Sturm und Gefahren am größten waren, als Du zum Lohne für alle mit mir erlebten Leiden einen gräßlichen Tod vor Dir sahst, da batest Du mich nur, Dich recht fest zu umarmen, damit wir nur nicht getrennt in die Tiefe hinabsinken! Als wir in Paris am Rande der Hungersnot schwebten, bot sich Dir mehr als eine Gelegenheit, Dich zu retten! Warum sprachest Du damals nichts von einer Notwendigkeit, uns zu trennen? Sieh, damals hätte ich Dir nichts erwidern können. Jetzt aber, da ich fühle, ich habe meine Zukunft immer mehr in meinen Händen; jetzt frage ich Dich, warum sprichst Du nun von dieser Notwendigkeit? Sag mir, was Dich so kleinmütig macht? Komm bald! Montag! Ach, wenn doch Montag wäre!

Mein lieber Südwind, blas noch mehr!
Nach meiner Minna verlangt mich's sehr!

Grüß herzlich! Ade, mein gutes Weib!

Dein Richard

Zürich, 31. Mai 1858

Gute Minna! Ich hatte eine recht schöne Nacht, ruhigen stärkenden Schlaf. Welche Wohltat! Würde sie Dir doch erst wieder in recht vollem Maße zuteil! So fühle ich mich wieder ruhig, klar und gestärkt. Der Blick auf den schönen Garten, dieses angenehme Asyl, ergreift mich; daß auch Du plötzlich, nach jener schweren Nacht, allen Sinn dafür verlieren mußtest, tat mir weh! Ermiß, was ich alles schon durchgelitten hatte; ich, der den Garten pflegen ließ, um Dich zu schonen! Doch! ... Ich bin ruhig und besonnen – wir wollen noch nichts für ganz verschlossen halten. Gott wird helfen, die Herzen klar und besonnen zu machen und aus dem Herzen kommt alles, Gutes und Schlimmes. Fasse Mut! Und was sich auch einst als unvermeidlich herausstellen möge, so vergiß bei keiner Prüfung, die Dir noch vorbehalten sein sollte, daß Dir in mir ein gutes, dankbares und liebevolles Herz lebt; sei gerecht.

An Judith Gautier

Teure Seele, süße Freundin!

Und Du hast mich hier nicht besucht! Wirklich hättest Du auch keine Freude gehabt, mich so zu sehen, fast am Ende meiner Kräfte von Anstrengung und infolge der unaufhörlichen Bitternisse, denen ich ausgesetzt bin, seitdem ich Dich nicht mehr gesehen habe. Ach! Und dennoch, wie hätte es mir neues Leben geschenkt, Dich wieder zu sehen!

O teure Seele, süße Freundin!

Und wie geht es Ihnen? Liebe, liebe Judith! Nicht wahr, das ist Ihr Name? O ich kenne ihn! Und oft geh ich an dem Hause vorüber ... Dort drüben! Aber alles ist verschwunden und die Nibelungen mit Ihnen. An die denke ich nicht mehr, keine andere Erinnerung ist mir geblieben als an das, was dort geschehen ist!

O süße Freundin! Teure Seele, seien Sie gut zu mir!

Teure Seele! Süße Freundin! Immer noch liebe ich sie! Immer bleiben Sie mir das, was Sie sind, der einzige Liebesstrahl in jenen Tagen ... Sie waren für mich voll eines süßen einlullenden und berauschenden Feuers!

O, wie gern wollte ich Sie nochmals küssen, Teure, Süße!

An das Erlebnis Ihrer Umarmungen denke ich als an den berückenden Rausch, an den höchsten Stolz meines Daseins. Es ist ein echtes Geschenk der Götter, die mich nicht unter dem Gram des falschen Ruhms der Nibelungen-Aufführungen wollten erliegen lassen ... In meinen besten Momenten bewahre ich mir eine so süße, wohltuende Sehnsucht, jene Sehnsucht, Sie noch zu umarmen und Ihre göttliche Liebe nie zu verlieren. Sie sind mein, nicht wahr?

Sie sehen mich in wahnsinnig beschwingter Laune. Ach, ich mache Musik, ich pfeife aufs ganze Leben, auf alle Welt. Ich fühle mich geliebt und ich liebe. Endlich mache ich die Musik zum Parsifal.

O Zeit und Raum! O Freude! Damals hätte ich Sie finden sollen. Welche Inspiration fände ich in Ihren Armen! Muß ich das vergessen? Muß ich das vergessen? Nein, aber alles ist vergeblich, alles versinkt. Bestenfalls ist es Elegie.

Du Teure. Schöner Überfluß meines Lebens!

Ein Gefangener

Johann Georg Fischer (1816–1890)

Scheid' oder bleib'
Es bleibt sich gleich,
Dein ist die Herrschaft und das Reich,
Und dennoch bist du nur ein Weib.

Dich faßte meine Hand, ein Himmelsglück,
Du faßtest sie, dann warfst du sie zurück,
Für dich und mich zu ewigem Entbehren
Das schönste Recht der Seelen zu verkehren.

Und dennoch, dennoch bleibt sich gleich,
Dein ist die Herrschaft und das Reich,
Und keine and're Macht besteht darneben.
Wo du erscheinst – und hätt' ich tausend Leben,
Mit tausend Kräften dir zu widerstreben,
Sie stünden still, von deinem Bild umgeben;
Und meiner Gluten beste Flammen zehren
Sich ab an dir, als ob sie Flüche wären
Von dir auf mich, denn du nicht missen kannst,
Auf ewig anziehst, ewig doch verbannst.

Und scheidest du, der Raum, der dich entläßt,
Des Raumes Nichts hält deine Seele fest;
Wo ich die Augen öffne, da bist du,
Und da bist du, schließ' ich das Auge zu,
Denn deine Seele selber wird zum Leib,
Daß ich muß hinsehn'n,
Muß gebunden steh'n,
Indessen heiße Netze mich umweben,
Die mir die Stirn wie Feuerglut versehren.

Scheid' oder bleib',
Es bleibt sich gleich,
Dein ist die Herrschaft und das Reich;
Und ob sich Geister wider dich erheben,
An deiner Angel muß ich ewig schweben
Und dennoch, dennoch bist du nur ein Weib.

Die Zeichen

Adolf Friedrich von Schack (1815–1894)

O Mädchen, durch all' dein Lachen und Singen
Vernehm' ich ein leises Seufzen oft;
Hoch klopft dir das Herz, als wollt' es zerspringen,
Von dem was es fürchtet und träumt und hofft.

Wie Wolken über die blühenden Matten,
Wie über wogende Saaten der Wind,
So ziehen rastlos Gedankenschatten
Über dein lächelndes Antlitz, Kind!

Die Lippen im wachenden Traume bewegst du,
Es ist als pflögst du mit Geistern Gespräch,
Dann plötzlich die Augen zu Boden schlägst du,
Und hocherrötend eilst du hinweg.

Wohl hab' ich die Zeichen erkannt; verhehle,
Törichtes Mädchen, es länger nicht!
Dir flackert im Hauche der Liebe die Seele,
Wie im Odem der Nacht ein Licht.

Das erste Liebeswort

Adolf Friedrich von Schack (1815–1894)

Das war der süßeste der Laute!
Sie sprach's, das erste Liebeswort;
Im Herzen nun trag' ich das traute,
Tiefselige Geheimnis fort.

Allein wo berg' ich meine Wonne,
Daß ich sie wohl behüten mag?
Dein Licht verhülle, läst'ge Sonne!
Verstumme, lärmbewegter Tag!

Weltfern sei meines Glückes Fülle
Begraben, wo sie nichts verrät
Und nur durch Nacht und heil'ge Stille
Des süßen Wortes Nachhall weht.

Theodor Storm

An Bertha von Buchau

Hamburg, 1841

Ich glaubte einmal, die Versicherung Deiner Liebe gehabt zu haben, dann aber wurde es dunkel zwischen uns. Ich sah Dich nicht in langer, langer Zeit, ich hörte nichts von Dir, da konnte ich's länger nicht ertragen, ich kam hierher. Es war mir todesbang zu Sinn, die Leute, mit denen ich verkehrte, waren mir fremd, was ich liebte, ging wie ein Traum an mir vorüber. Als ich Dich in der Kirche sah, da war mir, als fühlte ich einen Strahl der Liebe von Dir zu mir hinüberdringen. Mißverständnisse, durch die so viel Elend anspinnt, dürfen uns nicht trennen. Wenn Du mich liebst, so sei Deine Liebe groß und gläubig – im andern Fall hab so viel Mitleiden mit dem Freunde Deiner Kindheit, ihm ein letztes Wort zu schreiben, damit er mit seinem Leben abschließen kann. Laß mich diesmal nicht vergebens bitten. Einliegende Gedichte bewahre zur Erinnerung Dir zum Unterpfand meiner Liebe – die Deutung liegt in Deiner Hand.

An Constanze Esmarch

Sonntag, April 1844, abends 10.30 Uhr

Ich möchte mein Glück in Deinen Augen lesen, ich möchte ewig von Dir hören, „ich liebe Dich!“ Deine Liebe, meine Constanze, erscheint mir als ein so unerreichbares, so unbegreifliches Glück, daß ich jetzt, da ich an ihrem Vorhandensein nicht mehr zweifeln kann, noch immer fürchten muß, ich könne sie einmal verlieren, und doch weiß ich so gut wie Du selbst, wie rein und gut Du bist, und daß Du, solange Du lebst, nur mich allein lieben kannst; nicht, daß ich diese Liebe vorzugsweise verdiente, sondern nur weil Du selbst so rein bist. O bleibe mir ewig so! Aber ein Totenwurm pickert mir unaufhörlich die Ohren voll; ich will Dir für heute gute Nacht sagen! Hörst Du mich? Gute Nacht!
Du schläfst wohl schon. Deine Briefe nehme ich mit ins Bett und will Dein Papier, worauf Deine liebe Hand geruht, zur guten Nacht küssen und in Gedanken Dich, Dich auf Mund und Auge! Gute Nacht!

Nach einer erfolglosen Romanze mit Bertha von Buchau wandte sich Storm (1817–1888) seiner Base Constanze zu. Der Verlobungszeit von 1844–1846 folgte eine glückliche Lebensgemeinschaft mit seiner „Dange“.

Sonntag, den 7. Juni 1844, Husum

Wer je gelebt in Liebesarmen,
Des Herz kann nimmermehr verarmen,
Und müßt er sterben fern allein,
Er fühlte noch die sel'ge Stunde,
Wo er gelebt an ihrem Munde,
Und noch im Tode wär' sie sein.
Er hat gelebt in ihren Armen –
Wie könnte je sein Herz verarmen?

„Ich hab gelebt in Deinen Armen und ewig, ewig bist Du mein." Ich habe Dir zwei Mal die Verse geschrieben, weil sie alles enthalten, was ich Dir heute liebes sagen kann. Fühlst Du Dich selbst nicht beim Lesen wie von Liebesarmen umschlossen? Sie sind recht aus meiner Gesinnung heraus geschrieben. Laß sie Dir lieb sein. Deine Haarlocke liegt auf meiner Brust, die stets durch Dich bewegt ist. – Süße, süße, junge Nacht!

30. Juli 1844

Gute Nacht, Seele meiner Seele, süße, geliebte Constanze, ich fühle mich so frei, so ganz hingegeben, mein teures heißgeliebtes Weib! O, könnt ich Deine Schönheit jetzt mit Augen schauen, mit meinen Armen Dich umfangen! Hörst Du? Ich liebe Dich! – Liebe, süße Constanze, meine schöne Frau, komm, komm, laß mich meinen Arm um Deinen Leib legen und an Deiner Brust die letzte Neige meiner Jugend trinken.

Husum, 18. Juni 1846

Die Stunden des Mittagszaubers sind noch nicht vorüber; draußen ist es still und glühweiß; hier im Saal ist es lieblich; vor dem einen Fenster sind die Läden geschlossen, das andere ist verhängt; es ist dämmerig und schattig hier – komm, komm, Geliebte! Es ist eine Stunde zum Nichtstun der Liebe; ich schmachte nach Dir; es steht ein ganzes Glas mit Rosen auf dem Tisch. Du glaubst nicht, wie es zärtlich macht, in diese halbgeöffneten, duftenden Kelche zu sehen. Komm, Du süße, reizende Frau! Wir sind allein, ganz allein. Wirf Deinen biegsamen Leib in einer Deiner orientalischen Stellungen aufs Sofa, wie Du es liebst; laß mich zu Deinen Füßen sitzen. Ich will Dir die Strümpfe ausziehen, Du sollst die kleinen Füße nackt in die Sammetschuhe stecken; o, wie das kühl und frei ist! Ich bin sehr verliebt in Dich, süße Frau und ach, Du weißt es, es gibt für mich nichts Gefährlicheres, als Deinen kleinen nackten Fuß zu sehen; es hat mir ja sogar oft genug den Kopf verdreht, wenn noch der weiße Strumpf ihn verhüllte. Deshalb will ich jetzt mit Deinem Fuß nichts mehr zu tun haben, er verführt mich. – Nein, ich will mich zu Dir in die andere Ecke setzen und Deine frischen roten Lippen küssen – sie sind heiß, Dange, aber sie erquicken doch. Du mußt aber nicht ganz einschlafen. – Hör Du, Du weißt, ich kann die Kleider eigentlich nicht leiden, streif sie ab, die braune Lüge, und laß mich an Deiner braunen kühlen Brust liegen. – Bin ich nicht gar zu verliebt in Dich? Zürnst Du, oder darf ich's sein? – Meine süße, geliebte, reizende Frau, laß mich Dich küssen, aber lange, ganz lange, bis daß auch Dich, geliebtes Herz,

Der holde Wahnsinn sanft bezwingt,
Und Deines Lebens zarte Flut unhaltbar mir entgegendringt.

16. Juli 1846

Meine, meine süße Constanze, ich will uns nicht belügen, Dir nur etwas zu sein, kann mich nicht glücklich machen. Ich fürchte im Gegenteil, daß ich Dir nur in dieser Zeit Keime einer unerbittlichen Krankheit sammle, weil ich nicht zu der Überzeugung gelangen kann, daß Du mit der ganzen energischen und enthusiastischen Liebe an mir hängst, deren Dein Herz fähig ist. Ich liege Nacht für Nacht und quäle mich damit, bis der Tag anbricht oder bis ich zum Weinen komme, und mein Körper liegt dann immer in mattem Schweiß, mein Herz ist zu stolz und zu tief, um eine halbe Liebe zu ertragen. Alles, worauf mein Herz Antwort verlangt, übergehst Du in Deinen Briefen – ich fühle es recht gut, Du willst nicht lügen und es mir nicht bloß vormachen, daß Du mich enthusiastisch liebtest und nicht tun, als ob Du von Herzen einstimmtest, wenn ich sage, es seien lauter Einbildungen, daß Du geglaubt, mich mitunter nicht zu lieben; Du willst nicht lügen. – Du schweigst dann lieber. Wenn Du mich wirklich tief und grenzenlos liebtest, so würdest Du ja fühlen, daß Du hierauf nicht schweigen könntest. Aber ich fühle die Mattigkeit Deiner Neigung ja doch aus dem ganzen Brief heraus, es drängt Dich nie dazu, in mir alles zu haben, wie es mich drängt; wenn ich Dich frage, ob Du mir nach dem Tode treu sein willst, so sagst Du, die Frage führe zu nichts gutem. Constanze, mein halbes übriges Leben gäbe ich hin und wäre es noch so kurz, wenn ich nur einmal von Dir so gefragt würde, damit ich doch fühlte, daß es Dir um mehr zu tun sei, als diese paar Tage auf Erden mit mir zu leben. Aber Dir sind solche Fragen fremd, gleichgültig, lästig. Oh, mache es Dir klar, Constanze, wenn Du mich liebtest, was ich so nenne, und wenn Du aus vollem, überfließenden Herzen Deine Sehnsucht nach ewiger Liebe und Treue darstellen könntest, so wäre es ja die größte Glückseligkeit, solche Fragen zu geben und zu beantworten. Zu Schlimmem führen solche Fragen nur,

wenn matte Antworten darauf kommen und der Frager fühlt, daß der Gefragte sie nicht mit vollem Herzen beantworten kann. Oh, fragtest Du mich so, wie glücklich würde mich das machen! Beweisen Dir denn alle diese Fragen nicht, daß Du mir alles bist? Müßte Dich das nicht glücklich machen, statt daß es Dich quält?
Auch dies, was ich hier geschrieben habe, wird Dich nur quälen; wenn Dir an meiner Liebe aus Liebe gelegen wäre, so müßte es Dich in den dritten Himmel heben. Meine süße, liebe Constanze, versuch es nur, mich grenzenlos zu lieben; es ist so süß. – Ach, liebe Dange, ich fang' an zu faseln, – verzeih!
Und nun, liebes, süßes Kind, quäl Dich nicht mit diesem Brief; wenn Du keinen Trost für mich hast, so ist es ja doch kein zu großes Unglück für Dich, so grenzenlos von mir geliebt zu werden. – Ich hätte Dir so gern das Ende Deines Briefes beantwortet – und gebeten –, aber ich habe jetzt nicht das Herz dazu. Ich küssen Deine liebe Hand.

Elise Egloff an Jacob Henle

Trier, 23. September 1845

Liebster, bester Freund!
Mit welcher Spannung ich einem Brief von Dir entgegengesehen habe, kannst Du Dir wohl denken; denn die ganze Zeit suchte ich nur Ruhe und Zerstreuung, die aber nicht immer zu finden waren. Nicht nur um Deinetwillen, es ängstigt mich auch, zu Deinen Verwandten zu gehen, weil ich doch an Bildung ihnen weit zurückstehe und nicht weiß, welchen Eindruck ich auf alle machen werde.
Die nämliche Bitte, welche Du an die Tante gemacht hast, hab' ich auch getan, nämlich, daß wir bei der ersten Begegnung ohne Augenzeugen seien. Denn ich fürchte mich vor diesem ersten Anblick, wenn auch niemand zugegen ist. Freude und Schmerz wird zugleich meine Seele fühlen.
Wie es mir gehen wird, wenn wir unter Menschen sind, weiß ich nicht. Dies läßt sich noch nicht beurteilen, den lieben Gott will ich bitten, daß er mich stärkt, wenigstens die Versicherung kann ich Dir geben, daß ich jede Unannehmlichkeit mit frohem Mut um Deinetwillen ertrage. Auch

Elise Egloff und der Anatomieprofessor Friedrich Gustav Jacob Henle (1809–1885) hinterließen der Nachwelt viele Briefe aus ihrer Beziehung. G. Keller wurde durch Elise zu der Novelle „Regine" angeregt.

eine große Bitte habe ich an Dich, die mir schon längst auf dem Herzen liegt und ich jetzt bei dieser Gelegenheit wage auszusprechen. Da Deine liebste Schwester und Ratgeberin und meine Beschützerin und was sie alles noch mehr ist, einige Zeit bei Dir bleibt, so überlegt doch bitte genau und gut alles in Hinsicht auf die Zukunft. Laßt mich nicht mehr jahrelang in Ungewißheit leben, entscheidet, auf welche Art ihr es am besten findet, ich bin auf alles gefaßt, aufs Gute sowohl wie aufs Gegenteil, denn Du weißt die grenzenlose Liebe, die ich zu Dir hatte und habe und niemals enden wird, es mag auch gehen wie es will, so bist Du mir immer das höchste Gut auf dieser weiten Welt. Aber bei allem fühle ich wohl und weiß es zu gut, daß Du eine höhere Person, die mehr Geist und Vorzüge hat, verdienst. Nun, bester Freund, ich bitte Dich nochmals, überlege es genau, bevor ich Dich sehen darf, fürchte Dich nicht, mich glücklich zu machen, fürchte Dich aber auch nicht, mich unglücklich zu machen. Denn es ist ja besser, daß nur eine Person unterliegt, als wenn Du Dich oder Dein Vater oder eins von Deinen Geschwistern sich verletzt fühlte. Ich zürne niemanden, denn mein Verstand reicht so weit hin, daß ich mir sehr wohl denken kann, daß es Deiner Familie unangenehm sein wird, daß Du Dich eines armen Mädchens angenommen hast. Für heute ein herzliches Lebewohl

Koblenz, den 4. November 1845

Du glaubst also, wir hätten die Rollen getauscht, glaubst Du, ich hätte Dich nicht lieb genug? Da irrst Du Dich wahrhaftig, ich kann Dir meine Versicherung geben, daß ich Dich nicht mehr lieben könnte, denn was ich fühle und denke ist alles Liebe. Warst Du nicht schon längst versichert, ich sollte denken ja, wenn wir nur einen Blick auf die Vergangenheit werfen, ich bin aber fest überzeugt, daß Du ebensoviel Beweise meiner Liebe hattest, als ich bei Dir gefunden habe. War es nicht reine Liebe zu Dir, daß ich doch mit keinem anderen Gedanken mein Vaterland verlassen habe, um es nie wieder zu sehen? Konnte ich damals denken, gerettet zu werden? Um noch einmal in meinem Leben unter meine Bekannten zu kommen? Zu derselben Zeit konnte ich mir freilich keine frohe Zukunft ausmalen. Glaube mir, liebes Herz, wenn ich Dich nicht grenzenlos geliebt hätte und lieben würde, ich hätte nicht alles durchmachen können. Du weißt es aber ebensogut, ich hoffe zwar, daß die Leiden auch zu Ende gehen und der Himmel mich erhören wird. Wohl wußte ich dort, daß Du mich bloß um meiner lieblichen Gestalt wegen liebtest (ich habe sie mir zwar noch nie lieblich gedacht), doch weiß ich solche Zeiten, wo ich nicht ganz zufrieden war, war es unrecht von mir?

Anton Bruckner an Josefine Lang

Sehr geehrtes, liebenswürdiges Fräulein!
Nicht als ob ich mich mit einer Ihnen befremdenden Angelegenheit an Sie, verehrtes Fräulein, wenden würde, nein, in der Überzeugung, daß Ihnen längst mein zwar stilles, aber beständiges Harren auf Sie bekannt ist, ergreife ich die Feder, um Sie zu belästigen. Meine größte und innigste Bitte, die ich hiermit an Sie, Frl. Josefine, zu richten wage, ist, Fräulein Josefine wollen mir gütigst offen und aufrichtig Ihre letzte und endgültige, aber auch ganz entscheidende Antwort schriftlich zu meiner künftigen Beruhigung mitteilen und zwar über die Frage: Darf ich auf Sie hoffen und bei Ihren lieben Eltern um Ihre Hand werben? Oder ist es Ihnen nicht möglich, aus Mangel an persönlicher Zuneigung, mit mir den ehelichen Schritt zu tun? Fräulein sehen, daß die Frage ganz entscheidend ist, das eine oder das andere bitte ich inständigst mir so bald als möglich eben so entschieden, aber gewiß, zu schreiben. Bitte sagen Fräulein Josefine dies Ihren lieben Eltern, aber sonst niemandem (bitte das strengste Geheimnis bewahren zu wollen), und wählen Sie einen aus den vorgelegten zwei Punkten der Frage im Einverständnisse mit Ihren lieben Eltern. Mein treuer Freund, Ihr Herr Bruder, hat bereits mich auf alles vorbereitet und wird auch Sie schon seinem Versprechen gemäß verständigt haben. Nochmal meine Bitte: Wollen Fräulein ganz offen und aufrichtig und ganz entschieden schreiben, entweder: Ich darf um Sie werben; oder gänzlich ewige Absage (kein Mittelding, etwa vertrösten oder umschreiben, da bei mir die höchste Zeit bereits vorhanden ist). (Zudem wird sich Ihr Gefühl nicht leicht verändern, weil Fräulein sehr vernünftig sind). Fräulein dürfen die reine Wahrheit mir unbesorgt sagen, weil selbe in jedem Falle mir Beruhigung gewähren wird.
Mit Handkuß einer möglichst baldigen entscheidenden Antwort entgegenharrend

Anton Bruckner

Der gewaltige Sinfoniker, Organist und Komponist Bruckner (1824–1896) war, wenn es um Liebesdinge ging, etwas unbeholfen. Er wurde mit seinem Werben nie erhört.

Strophen

Adolf Friedrich von Schack (1815–1894)

Mir ist, als müßt' ich geh'n und weinen,
Weil du so schön und hold bist, Kind;
Ich weiß ja, daß die Engelreinen
Nie lang bei uns auf Erden sind.

Bei deinem Scherzen, deinem Singen
Möcht' ich in Andacht niederknien;
Schon seh' ich dich die Flügel schwingen,
Um von den Menschen zu entfliehn.

Doch glaubst du, in den Himmel gehe
Ein Pfad, als durch das Grab allein?
Nein, Mädchen! drum, wenn ich dich sehe,
Wein' ich, daß du so engelrein.

Strophen

Ludwig Bowitsch (1818–1881)

So willst auch du durch Scheiden mich betrüben,
Die einzige von allen meinen Lieben;
Den letzten Stern seh' ich in Nacht verschweben,
Und was mir bleibt, ist – ein verödet Leben!

Ich flehe nicht, du solltest bei mir bleiben –
Der dürre Sand kann keine Blüten treiben,
Und dieses Herz, das Qualen nur umstricken,
Vermag auch nicht, das fremde zu beglücken!

Ich zürne nicht, seh' ich dich von mir schreiten,
Doch weinend denk' ich der vergang'nen Zeiten,
Wo's mir vergönnt, bei harten Schicksalsschlägen
Mein heißes Haupt auf deine Brust zu legen!

So zieh' denn hin und such' in and'ren Armen
Zum Glücke schön'rer Liebe zu erwarmen! –
Dein froher Blick sei meine stille Freude,
Und keiner soll erfahren, was ich leide!

Hyazinthen

Theodor Storm (1817–1888)

Fern hallt Musik; doch hier ist stille Nacht,
Mit Schlummerduft anhauchen mich die Pflanzen;
Ich habe immer, immer dein gedacht,
Ich möchte schlafen; aber du mußt tanzen.

Es hört nicht auf, es rast ohn Unterlaß;
Die Kerzen brennen und die Geigen schreien,
Es teilen und es schließen sich die Reihen,
Und alle glühen; aber du bist blaß.

Und du mußt tanzen; fremde Arme schmiegen
Sich an dein Herz; o leide nicht Gewalt!
Ich seh dein weißes Kleid vorüberfliegen
Und deine leichte, zärtliche Gestalt. – –

Und süßer strömend quillt der Duft der Nacht
Und träumerischer aus dem Kelch der Pflanzen.
Ich habe immer, immer dein gedacht;
Ich möchte schlafen; aber du mußt tanzen.

Unter den Linden

Alexander Kaufmann (1817–1893)

Unter den Linden, den blühenden Linden,
Drum sich die duftenden Reben winden,
Unter den Linden, da lockt mich das Haus –
Liebliche Schenkin, o tritt heraus!

Unter den Linden, den blühenden Linden,
Kühlig umspielt von den säuselnden Winden,
Liebliche Schenkin, bring' Wein, bring' Wein –
Unten da brauset der mächtige Rhein.

Unter den Linden, den blühenden Linden,
Trinken wir Knappen, die kühnen, geschwinden;
Jeder hat äugelnd ein Schätzchen erkürt,
Das er zum wirbelnden Tanze führt.

Unter den Linden, den blühenden Linden,
Reih'n sich die Paare, es fideln die Blinden –
Liebliche Schenkin, o komm zu mir,
Rasch in den Reigen, des Reigens Zier!

Unter den Linden, den blühenden Linden,
Wie doch die Herzen so balde sich binden!
Immer berauschender würzt sich der Plan –
Düfte, ihr habt es uns angetan!

Unter den Linden, den blühenden Linden,
Wird sich ein Plätzchen, ein lauschiges, finden –
Dämmerung sinket, der Tanz ist aus;
Nachtigall schlägt nur im heimlichen Haus.

Unter den Linden, den blühenden Linden,
Nachtigall, plaud're nur nimmer den Blinden;
Hieß es doch morgen in weiter Rund':
Walther küßte schön Hildegund!

Junge Liebe

Ludwig Bowitsch (1818–1881)

I.

Längst verrauscht sind jene Stunden,
Wo ich selig war bei dir –
Und der Schmerz ist längst verwunden,
Daß du Abschied nahmst von mir!

Dennoch gibst du das Geleite
Mir als süßer, milder Traum:
Und ich ruh' an deiner Seite
Unter'm duft'gen Fliederbaum!

Will gestalten sich zum Harme
Meiner Gegenwart Geschick –
Wandle ich an deinem Arme
In die Jugendzeit zurück!

II.

Bist du auch für mich gestorben,
Denk' ich doch noch immer dein –
Und das Glück, das ich erworben,
Wird von ew'ger Dauer sein!

Weht doch stets ein milder Segen
Uns von lieben Toten an,
Die man wohl zu Grabe legen
Aber nicht vergessen kann!

III.

Hätt' ich glücklich dich errungen
Süße, wunderholde Maid,
Wärst du doch wie jede Rose
Abgeblüht im Sturm der Zeit!

Doch nun schau ich voll und reizend,
Dich noch immer vor mir stehn –
Weil ich in des Herbstes Tagen
Dich nicht wieder hab' geseh'n!

Wär'st du mein, du wärst aus fernen
Zeiten nur der Wiederglanz,
Aber, weil ich dich verloren,
So besitz' ich dich noch ganz!

Der Weg wie weit

Theodor Storm (1817–1888)

Der Weg wie weit! Doch labend
Daheim die Ruh!
Und zwischen Nacht und Abend
Geliebte du!

Wunsch

Adolf Friedrich von Schack (1815–1894)

Wenn uns von zitternder Wimper
Die Wonnezähre tropft,
Wenn bebend Lippe an Lippe hängt
Und Ader an Ader klopft,
Was kann uns die Erde noch bieten fortan,
Das matt nicht erbleichen muß?

Sind Ewigkeit und Himmel
Doch unser in jedem Kuß!

Nicht uns, o Herr, nach erloschener Glut
Ein Leben öde und schal!
Hernieder auf unser vollstes Glück
Laß zucken den Wetterstrahl,
Daß, wenn der Küsse heißester noch
Uns brennt auf der Lippen Rot,
Wir, Seele in Seele zerrinnend,
Eins werden im flammenden Tod!

Schließe mir die Augen beide

Theodor Storm (1817–1888)

Schließe mir die Augen beide
Mit den lieben Händen zu!
Geht doch alles, was ich leide,
Unter deiner Hand zur Ruh.

Und wie leise sich der Schmerz
Well' um Welle schlafen leget,
Wie der letzte Schlag sich reget,
Füllest du mein ganzes Herz.

Otto von Bismarck an Johanna von Puttkamer

Schönhausen, 17. Februar 1847

... Wenn Du jetzt traurige Dichtungen, Lenau usw. liebst, so sehe ich darin nicht sowohl einen Umwandlung Deiner ehemals heitern Stimmung, noch weniger einen Widerspruch mit der Gesundheit Deines Herzens, sondern einen Fortschritt in der Empfänglichkeit für und im Verständnis der Poesie. Unschuldige Frühlingslieder sind die Dichtung der Kindheit und der Zwölfjährigkeit, Lerchen und Lämmer.

Tief in der menschlichen Natur, ich möchte sagen, in der unbewußten Erkenntnis des irdischen Elends und Jammers und der unklaren, aber mächtigen Sehnsucht nach bessern, edlern Zuständen, liegt es wohl, daß bei nicht ganz leichfertigen, oberflächlichen Menschen das Hervorheben der Zerrissenheit, der Nichtigkeit, des Schmerzes, die unser hiesiges Leben beherrschen, mehr Anklang findet als eine Berührung der minder mächtigen Elemente, welche die leicht welkende Blume ungetrübter Heiterkeit, deren heimischer Boden nur die Kindheit ist, in uns vorübergehend hervortreiben. Jeder an Verstand und Herz gebildete Mensch wird von allem, was Trauerspiel in Bühne und Wirklichkeit ist, auf eine Weise ergriffen und bewegt, die das Idyllen- und Lustspielartige, in der vollkommensten Form, nie erreichen kann. Auf dem Boden der Heiterkeit (im höhern Sinn) und Zufriedenheit erhaben zu sein, gibt den Begriff der Majestät, des Göttlichen, das der Mensch nur in seltnen bevorzugten Zeiten und Gestalten schwach widerstrahlt. Das irdisch Imponierende und Ergreifende, was mit menschlichen Mitteln für gewöhnlich dargestellt werden kann, steht immer in Verwandschaft mit dem gefallnen Engel, der schön ist, aber ohne Frieden, groß in seinen Plänen und Anstrengungen, aber ohne Gelingen, stolz und traurig. Darum kann das, was es außerhalb des Gebietes der Religion für uns Ergreifendes gibt, nicht heiter und zufrieden sein, sondern uns stets nur als Wegweiser dahin dienen, wo wir Frieden finden.

Wenn Dein Sinn für die Poesie des Herbstes, des Reifs in der Maiennacht und alles dessen, was im Menschen dahin gehört, empfänglicher geworden ist, so beweist das nur, daß Du nicht mehr zwölfjährig bist. Über die Kinder, äußre und innre, wie über die kleinen Bäume im Wal-

Bismarck (1815–1898) lernte seine Braut während seiner Zeit als Deichhauptmann in den pietistischen Kreisen des pommerschen Adels kennen, in die er durch seinen Freund Moritz von Blanckenburg eingeführt worden war. Johanna von Puttkamer und Bismarck heirateten 1847.

de geht der Sturm hinweg, der in den Kronen der alten braust und sie beugt und bricht; wenn sie größer werden, wachsen sie in die Sturmschichte hinein und ihre Wurzeln müssen kräftiger werden, wenn sie nicht untergehen wollen.

Schönhausen, 21. Februar 1847

Johanna, Du bessere Hälfte meiner oder unserer! Deinen Brief vom 18. empfing ich heut und sage Dir zuerst meinen innigsten Dank für die herzliche Liebe, die mich aus ihm anspricht. Liebe kennt keinen Dank und erwartet keinen, sagt jemand, Dank ist ein kaltes Wort. Schadet nicht, ich fühle Dankbarkeit gegen Dich, und liebe Dich doch ...

Sage mir, mein Engel, Du schreibst mit so vieler Ernsthaftigkeit über Porto-Skrupel; bin ich oder bist Du der Pommer, der keinen Scherz versteht? Glaubst Du wirklich, daß mich das etwas angeht, wieviel Porto ein Brief kostet? Daß ich einen weniger schreiben würde, wenn es zehnfach wäre? Diese Idee stimmt mich ungemein heiter, wenn das Dein Ernst war, wie ich nach der Fassung beinahe glaube; und wenn ich Karikatur zeichnen könnte, so würde ich dir mein Profil so sarkastisch-sardonisch-ironisch-satirisch an den Rand malen, wie Du es noch nie gesehen hast. Du erinnerst vielleicht, daß ich mich in Zimmerhausen schon über Deinen Mut gewundert habe, mich, den Halbfremden, anzunehmen in der Eigenschaft, dans laquelle me voilà; daß Du mich aber so wenig kennst, daß Du mich, den geborenen Verschwender, für geizig hälst, zeigt, daß Du Dich mir in blindem Vertrauen hingegeben hast, in Vertrauen, wie es nur eine Liebe geben kann, für die ich Dir Hände und Füße küsse. Du mein Herz, wie wenig kennst Du die Welt! Warum verklagst Du Deinen letzten Brief so sehr? Ich habe nichts darin gefunden, was mir nicht lieb und lieber gewesen wäre. Und wäre es anders, wo solltest Du künftig eine Brust finden, um zu entladen, was die Deine drückt, wenn nicht bei mir? Wer ist mehr verpflichtet und berechtigt, Leiden und Kummer mit Dir zu teilen, Deine Krankheiten, Deine Fehler zu tragen, als ich, der ich mich freiwillig dazu gedrängt habe, ohne durch Bluts- oder andere Pflichten dazu gezwungen zu werden? Du hattest eine Freundin, zu der Du zu jeder Zeit flüchten konntest, von der Du nie abgewiesen wurdest; vermissest Du die in diesem Sinne, in dem Bedürfnis? Meine liebe, liebe Johanna, muß ich Dir nochmals sagen, daß ich Dich liebe; sans phrase, daß wir Freud und Leid miteinander teilen sollen, ich Dein Leid, Du das meine, daß wir nicht vereinigt sind, um einander nur zu zeigen und mitzuteilen, was dem andern Freude macht, sondern daß Du Dein Herz zu jeder Zeit bei mir ausschütten darfst und ich bei Dir, es mag enthalten was es wolle, daß ich Deinen Kummer,

Deine Fehler, Deine Unarten, wenn Du welche hast, tragen muß und will und Dich liebe wie Du bist, nicht wie Du sein solltest oder könntest? Benutze mich, brauche mich, wozu Du willst, mißhandle mich äußerlich und innerlich wenn Du Lust hast, ich bin dazu da für Dich, aber „geniere" Dich nie und in keiner Art vor mir, vertraue mir rückhaltlos, in der Überzeugung, daß ich alles, was von Dir kommt, mit inniger Liebe, mit freudiger oder geduldiger, aufnehme. Behalte nicht Deine trüben Gedanken für Dich und blicke mich mit heitrer Stirn und fröhlichen Augen an dabei, sondern teile mir in Wort und Blick mit, was Du im Herzen hast, mag es Segen oder Leid sein. Sei niemals kleinmütig gegen mich, und erscheint Dir etwas in Dir unverständig, sündhaft, niederdrückend, so bedenke, daß all dergleichen in mir tausendmal mehr vorhanden ist, und ich davon viel zu sehr und innig durchdrungen bin, als daß ich dergleichen bei andern geringschätzig betrachten sollte, bei Dir mein Herz aber anders als mit Liebe, wenn auch nicht immer mit Duldung, wahrnehmen könnte. Betrachte uns als gegenseitige Beichtväter, als mehr wie das, die wir nach der Schrift „Ein Fleisch" sein sollen ...

Dein Knecht B.

Johanna von Puttkamer an Otto von Bismarck

März 1847

Einzig Geliebter – Du bist gewiß krank und so unverantwortlich unbarmherzig grausam, mir nichts zu sagen, bedenkst aber dabei gar nicht, daß ich mich nun erst recht ängstige, und daß ich Ungewißheit mehr hasse als alles auf der Welt! Aber so sehr elend kannst Du doch nicht sein, da Du ja die Elbe up and down eilest – ... und möchte Dir doch nichts zeigen als Liebe, – so warm, so innig, da ich Dir ergeben bin in Gefühlen, Gedanken, ja mit ganzem Herzen ... Schreiben mag ich nicht alles, sagen viel eher, und wenn wir länger beisammen sind, so sollst Du mich lesen wie ein Buch, ich will kein Blatt zudecken, Du sollst sie alle sehen und daher viel Böses und wenig Gutes darin finden; – aber ich habe kürzlich etwas gelesen, was mir Eindruck machte und bitte Dich, nimm es Dir auch zu Herzen, Geliebter: dieses tut weher, als wenn eine geliebte Person uns zum erstenmal etwas verheimlicht und wäre es eine Kleinigkeit.
Liebster Otto, wüßte ich doch nur zuerst ganz gewiß, daß Du nicht krank bist.

Deine Johanna

Otto von Bismarck an seine Frau

Ich dachte viel daran, weshalb ich doch lange und so weit von Dir und den Kindern fort sein muß ... Es werden acht oder neun Monate werden, ehe wir wieder vereinigt sind. Es muß doch des Herrn Wille sein, denn ich habe es nicht gesucht, und es ist mir ein Trost, wenn ich traurig bin, daß ich auch nicht eine Silbe beredet habe, um hierher zu kommen, und der Ehrgeiz nach äußerem Glanz mein Führer zu dieser Trennung nicht gewesen ist. Wir sind nicht auf dieser Welt, um glücklich zu sein und zu genießen, sondern um unsere Schuldigkeit zu tun, und je weniger meine Lage eine selbstgemachte ist, um so mehr erkenne ich, daß ich das Amt versehn soll, in das ich gesetzt bin. Und ich will ja nicht undankbar sein, da ich dennoch glücklich bin, in dem Bewußtsein, so viel Liebes zu besitzen, wenn auch weit von hier und in der Hoffnung eines frohen Wiedersehns.

Der verbrannte Brief

Alexander Kaufmann (1817–1893)

Es kam dein Brief – ich konnt' es nicht ertragen,
Daß noch ein and'res Aug' ihn sollte seh'n:
Es wollten ja nur mir die Zeilen klagen
Der jungen Liebe erstes zartes Fleh'n.

Es brannte just auf meinem Tisch die Kerze;
Ich hielt die teuern Worte an das Licht –

Ach, weiß ich selber, wie ich es verschmerze?
Selbst deinen Namen, Freund, verschont' ich nicht.

Wie bald erloschen die beseelten Funken,
Dann Asche nur und grauer flücht'ger Rauch –
Zuerst ein Lichtmeer, dann in Nacht versunken –
Ach, schwindet so nicht unser Lieben auch?

Rechenstunde

Theodor Storm (1817–1888)

Du bist so ein kleines Mädchen
Und hast schon so helle Augen;
Du bist so ein kleines Mädchen
Und hast schon so rote Lippen!

Nun schau mich nur an, du Kleine,
Auch ich hab' helle Augen,
Und laß dir alles deuten –
Auch ich hab' rote Lippen.

Nun rechne mir doch zusammen:
Vier Augen, die geben? – Blicke!
Und – mach mir keinen Fehler!
Vier Lippen, die geben – Küsse!

Trauerweide

Gottfried Keller (1819–1890)

Es schneit und eist den ganzen Tag,
Der Frost erklirret scharf und blank,
Und wie ich mich gebärden mag –
Es liegt ein Mädglein ernstlich krank.

Das Rosengärtlein ist verschneit,
Das blühte als ihr Angesicht,
Noch glimmt, wie aus der Ferne weit,
Der Augen mildes Sternenlicht.

Noch ziert den Mund ein blasses Rot
Und immer eines Kusses wert;
Sie läßts geschehen, weil die Not
Die Menschenkinder beten lehrt.

„Ich lieb auch deinen lieben Mund,
Lieb deine Seele nicht allein –
Im Frühling wollen wir gesund
Und beide wieder fröhlich sein!

Ich lieb auch deiner Füße Paar,
Wenn sie in Gras und Blumen gehn;
In einem Bächlein sommerklar
Will ich sie wieder baden sehn!

Auf dem besonnten Kieselgrund
Stehn sie wahrhaftig wie ein Turm,
Obgleich der Knöchel zartes Rund
Bedroht ein kleiner Wellensturm!"

Da scheint die Wintersonne bleich
Durchs Fenster in den stillen Raum,
Und auf dem Glase, Zweig an Zweig,
Erglänzt ein Trauerweidenbaum!

Enthülltes Geheimnis

Adolf Friedrich von Schack (1815–1894)

Von meinem Auge sank es wie ein Schleier,
Da ich zuerst dich fand. Mir war,
Als würd' im Tempel mir bei heil'ger Feier
Ein göttliches Geheimnis klar.

Und in die Seele kam mir tiefes Schweigen;
Mit Staunen, wie zum ersten Mal,
Sah ich die hocherhabne Sonne steigen,
Des Mondes milden Dämmerstrahl.

Erst nun ist alles, alles mir erschlossen,
Die Stimmen all' von Wald und Flur
Versteh' ich nun, das Welken und das Sprossen
Der ewig waltenden Natur.

Und was der Weisen Lehren nicht gelungen,
Nur durch der Liebe Zaubermacht,
Die feur'ger redet, als mit Engelzungen,
Hast du es, fast noch Kind, vollbracht.

Gottfried Keller

An Luise Rieter

Hottingen, im Oktober 1847

Verehrteste Fräulein Rieter! Erschrecken Sie nicht, daß ich Ihnen einen Brief schreibe und sogar einen Liebesbrief, verzeihen Sie mir die unordentliche und unanständige Form desselben, denn ich bin gegenwärtig in einer solchen Verwirrung, daß ich unmöglich einen wohlgesetzten Brief machen kann, und ich muß schreiben, wie ich ungefähr sprechen würde. Ich bin noch gar nichts und muß erst werden, was ich werden will, und bin dazu ein unansehnlicher armer Bursche, also habe ich keine Berechtigung, mein Herz einer so schönen und ausgezeichneten jungen Dame anzutragen wie Sie sind. Aber wenn ich einst denken müßte, daß Sie mir doch ernstlich gut gewesen wären, und ich hätte nichts gesagt, so wäre das ein sehr großes Unglück für mich, und ich könnte es nicht wohl ertragen. Ich bin es also mir selbst schuldig, daß ich diesem Zustande ein Ende mache; denn denken Sie einmal, diese ganze Woche bin ich wegen Ihnen in den Wirtshäusern herumgestrichen, weil es mir angst und bang ist, wenn ich allein bin.

Wollen sie so gütig sein und mir mit zwei Worten, ehe Sie verreisen, in einem Billett sagen, ob Sie mir gut sind oder nicht? Nur damit ich etwas weiß: aber um Gottes willen bedenken Sie nicht etwa, ob Sie es vielleicht

In Winterthur lernte Keller (1819–1890) die schöne und frohgemute Luise Rieter kennen, doch die Mutter des Mädchens lehnte den Schriftsteller ab und machte der Romanze 1847 ein Ende. Zwei Jahre später verliebte sich Keller in die musisch äußerst hochbegabte Johanna Kapp, die Tochter des Philosophen und Politikers Christian Kapp. Johanna war etwas schwermütig und Kellers Zuneigung endete in stiller, freundschaftlicher Resignation. Der Brief vom 7.–11. Dezember 1849 wurde von Keller nie abgeschickt.

werden könnten! Nein, wenn Sie mich nicht schon entschieden lieben, so sprechen Sie nur ein ganz fröhliches Nein aus, und machen Sie sich herzlich lustig über mich! Denn Ihnen nehme ich nichts übel, und es ist keine Schande für mich, daß ich Sie liebe, wie ich es tue. Ich kann Ihnen schon sagen, ich bin sehr leidenschaftlich zu dieser Zeit und weiß gar nicht, woher all das Zeug, das mir durch den Kopf geht, in mich hineinkommt. Sie sind das allererste Mädchen, dem ich meine Liebe erkläre, obgleich mir schon mehrere eingeleuchtet haben; und wenn Sie mir nicht so freundlich begegnet wären, so hätte ich mir vielleicht auch nichts zu sagen getraut.

Ich bin sehr gespannt auf Ihre Antwort. Ich müßte mich sehr über mich selbst verwundern, wenn ich über Nacht zu einer so holdseligen Geliebten gelangen würde. Aber genieren Sie sich ja nicht, mir ein recht rundes grobes Nein in den Briefeinwurf zu tun, wenn Sie nichts für mich sein können; denn ich will mir nachher schon aus der Patsche helfen.

Es ist mir in diesem Augenblick schon etwas leichter geworden, da ich direkt an Sie schreibe und ich weiß, daß Sie in einigen Stunden dieses Papier in Ihren lieben Händen halten. Ich möchte Ihnen so viel gutes und schönes sagen, daß ich jetzt gleich ein ganzes Buch schreiben könnte; aber freilich, wenn ich vor Ihren Augen stehe, so werde ich wieder der alte unbeholfene Narr sein, und ich werde Ihnen nichts zu sagen wissen.

Soeben fällt es mir ein, daß man mir vorwerfen könnte: ich hätte wegen einiger scherzhafter Beziehungen und mir erwiesener Freundlichkeit nicht gleich an ein solches Verhältnis zu denken gebraucht; aber ich habe lange genug nichts gesagt und einen traurigen und müßigen Sommer verlebt, und ich muß endlich wieder in mich selbst zurückkehren. Wenn mich eine Sache ergreift, so gebe ich ihr mich ganz und rücksichtslos hin, und ich bin kein Freund von neumodischen Halbheiten.

Aber ich muß schließen. Nochmals bitte ich Sie, verehrtes Fräulein, sich nicht an der Verworrenheit dieses Briefes zu stoßen: es ist gewiß nicht Mangel an Dezenz oder Respekt, sondern nur mein Gemütszustand. Im glücklichen Falle werde ich dann schon einen vernünftigen und klaren Brief schreiben, denn ich bin eigentlich sonst ganz vernünftig. Wollen Sie also die Güte haben, ein Zettelchen mit zwei Worten in den Briefeinwurf zu tun und das sobald als möglich; denn, wie gesagt, ohne sich im mindesten zu bedenken, wenn Sie ungewiß zu sein glauben; das Zukünftige wird sich dann schon geben.

Ihr ergebener Gottfried Keller

Johanna Kapp an Gottfried Keller

7. November 1849

Lieber, lieber Freund!

Ich bin so tief erschüttert, daß ich kaum weiß, wie ich Ihnen schreiben soll und doch drängt mich's dazu. Ihr lieber Brief hat mich furchtbar traurig gemacht, obgleich Sie mir's verbieten. Ich möchte Ihnen danken und tu's auch aus vollem Herzen: aber es kommt mir schrecklich traurig vor, daß ich soviel Unheil anrichte. Es ist mir oft ganz unbegreiflich. In den letzten Tagen hab' ich wohl gefühlt, daß Sie mich gern hatten; aber ich hielt es für eine schöne menschliche Teilnahme und hätte mich auch gefürchtet, etwas mehr zu glauben. Nun aber liegt der Reichtum Ihres schönen Herzens plötzlich vor mir in neuem Glanze, und ich hab' tief aufseufzen müssen! Ich hab's Ihnen schon gestern gesagt, daß ich ebenso glücklich wie unglücklich, weil ich getrennt bin, aber geliebt! Als ich Ihnen vor acht Tagen meine Gedichte gab, da nahm ich mir innerlich vor, Ihnen nie den Namen dessen zu sagen, in dem mein Wesen aufgegangen. Es schien mir selbst Ihnen gegenüber eine Profanation. Aber heute fühl' ich anders; auch anders wie gestern, da ich es Ihnen gegönnt hätte, aber doch um keinen Preis hätte sagen können. Jetzt aber sind Sie's gewiß wert, und ich fühl's, ich bin's Ihnen schuldig, damit Sie mich ganz begreifen und auch verstehen, wie nach so bittern Herzensqualen mir doch noch ein Leben möglich blieb, das bisher nur auf kurze Zeiten mich mit meinem Geliebten vereinte. Es ist allerdings ein tief tragisches Glück, wenn Augenblicke lange Trennungen aufwiegen müssen; aber selbst wenn meine letzte Hoffnung noch schwinden sollte, ein dauerndes Vereintsein zu erreichen, glaube ich dennoch Kraft zu behalten, um die kurzen Momente als Momente zu erfassen und zu genießen, die mein vielbewegtes Leben erhellen. Sie haben in Ihrem schönen Briefe den geliebten Namen selbst ausgesprochen. Der Mann, der Ihrem Kopfe ward, was Ihr edles Herz in mir fand, dieser herrliche Mann ist es und der wundersame Zufall, der Sie uns beide zusammenstellen ließ, hat mich mit stürmischer Freude ergriffen. So mag Ihnen denn das Rätsel gelöst erscheinen, das meine in Schmerzen erblühte Liebe Ihnen sein mußte. Wie verwickelt dieses tragische Verhältnis ist, können Sie aber nicht ahnen; doch glaub ich noch an eine Möglichkeit, die aber mit saurem Kampfe errungen werden muß und nach meinem Gefühl die einzige Versöhnung wäre für das herbe Leid, darunter viele leiden, am meisten die arme, edle Frau, deren Glück ich zerstören mußte.

Erstarren Sie nicht ob den Untiefen, die das Leben hinter anscheinend glücklichen Verhältnissen birgt, verkennen Sie weder mich noch ihn!

Wo Sie nicht alles begreifen, glauben Sie das Gute doch, und lassen Sie mich für immer glauben, daß Sie nie irre an mir werden! Mein Herz ist unwandelbar; aber es ist nicht bloß dem Geliebten treu: es bewahrt auch seinen Freunden eine wahre Zuneigung mit Innigkeit. Ich werde Sie nie vergessen.
Die höchste Gabe, die der Mann einem Weibe bieten kann, ist seine Liebe, und für dies Geschenk muß ich Ihnen danken, so traurig mich's auch macht. Ich hab' Sie wirklich lieb und glaube Sie zu verstehen in der tiefen Innigkeit ihres Wesens ... Ich weiß, was Sie sind, und darum brauchen Sie mir nicht erst zu geloben, etwas Rechtes werden zu wollen ... Ihr wunderschöner Brief hat mich tief ergriffen! ...

Gottfried Keller an Johanna Kapp

Heidelberg, den 7.–11. Dezember 1849

Teure Freundin!
Obgleich ohne Berechtigung, war ich doch in einer Art unbestimmter Erwartung, daß ich heute oder morgen noch etwas Freundliches von Ihnen empfangen würde. Die bittere Notwendigkeit zwang mich zu diesem instinktmäßigen Hoffen, und kein liebevoller Gruß hat je seine Sendung besser erfüllen können als Ihr letzter vor Ihrem Scheiden.
Die Gewißheit, daß nichts Konventionelles in Ihrer Handlungsweise sein kann, hat mir seine Wirkung noch versüßt. Trotz des leidenschaftlichen Lebens, welches ich seit einiger Zeit geführt hatte, hätte ich doch nicht geglaubt, daß es mir noch so elend zumute sein könnte, als es mir vergangene Nacht und den Morgen darauf gewesen ist. Ich war die letzte Woche hindurch sozusagen glücklich gewesen; ich kannte nichts Wünschenswertes mehr, als einige Stunden mit Ihnen zuzubringen; und war ich bei Ihnen, so dachte ich in glücklicher Vergessenheit weder an die Zukunft noch an die Vergangenheit, nicht an mich selbst und nicht einmal an Sie.
Ich hatte von der ganzen Welt genug, wenn ich auf den Bergen hinter Ihnen oder neben Ihnen hergehend ihre Stimme fortwährend hörte und manchmal in Ihr Gesicht sah oder im Zimmer auf Ihre Hände schauen konnte, wenn Sie etwas arbeiteten. Es war gerade kein rühmlicher Zustand, und es ist vielleicht unschicklich, daß ich Sie noch mit diesen Klagen in die Ferne verfolge, Sie, welche genug selbst zu tragen haben. Aber erstens kann ich den heutigen Tag nur dadurch erträglich zubringen, daß ich irgend etwas an Sie schreibe; und dann werden Sie auch,

wenn Sie diese Zeilen erhalten, überzeugt sein können, daß es mir wieder frischer und besser zumut ist.
Ich will ihnen zukünftig nie mehr von meiner Liebe schreiben, sondern ganz vernünftig von Menschen und Dingen, die ich sehe und mit tausend Freuden von Ihnen selbst und Ihrem Schicksale, wenn ich Ihnen auf Ihre Aufforderung irgend etwas gutes oder aufmunterndes sagen kann. Nur muß ich Sie bitten, immer und so lange zu leiden und zu glauben, daß mein Herz an Ihnen hängt, auch wenn ich nichts mehr davon sage, bis ich Ihnen selbst meinen Abfall verkündige; und ich werde fröhlichen Sinnes der erste sein, welcher die drückende Last von Ihnen und mir zugleich nimmt. Daß dies jedoch bald geschehen werde, daran zweifle ich selbst.
Meine Jugend ist nun vorüber und mit ihr wird auch das Bedürfnis nach einem jugendlich poetischen Glücke schwinden; vielleicht, wenn es mir in der Welt sonst gut geht, werde ich auch ein fröhlicher Mensch, der diesen oder jenen Winterschwank aufführt. Mein Herz aber einem liebenden Weibe noch als bare Münze anzubieten, dazu, dünkt mich, habe ich es nun schon zu sehr abgebraucht und werde es ferner noch abbrauchen, bis es nur von Ihnen frei ist. Und was sollte ich auch mit den heiligen und süßen Erinnerungen anfangen! Müßte ich nicht jeden traurigen oder fröhlichen Moment, welchen ich früher verlebt, wie etwas Gestohlenes verbergen und verschweigen? Es wäre mir ganz ärgerlich zu denken, daß ich z. B. die letzte Nacht umsonst so traurig gewesen wäre und Sie ganz aus meinem Gedächtnis vertilgen müßte.
Ich hatte ganz fest geschlafen bis gegen Morgen. Aber um halb drei Uhr erwachte ich, wie wenn ich selbst verreisen müßte. Während ich munter wurde, kam es mir nach und nach in den Sinn, worum es sich handelte. Ich ging ans Fenster und sah jenseits des Neckars Licht in Ihrem Zimmer; es strahlte hell und still durch die helle Winternacht und spiegelte sich so schön im Flusse, wie ich es noch nie gesehen. Obgleich von Schlaf keine Rede war, so hätte ich doch um keinen Preis ein Licht angezündet, aus Furcht, Sie möchten es bemerken; und ich wollte Ihnen mein armseliges Bild nicht noch aufdrängen bei ihrer sonstigen Aufregung. Nach einiger Zeit glaubte ich, einen Wagen hinausfahren zu hören, und bald darauf rollte er zurück über die Brücke.
Jetzt geht sie, dachte ich, drückte mein Gesicht in das Kissen und führte mich so schlecht auf wie ein Kind, dem man ein Stück Zuckerbrot genommen hat. Den ganzen Vormittag war ich dumpf und tot und sagte mir: diese Zeit wird auch vorübergehen! Ja, sonderbarerweise mischte sich in meine Trauer ein Ärger über jene kahlen Jahre, wo ich, wie ich vorauszusehen glaubte, über meinen jetzigen Schmerz lächeln würde.

Und gerade aus diesem Ärger lauschte eigentlich nur meine einzige Hoffnung, die Hoffnung auf jene Zeit der Ruhe und Unbefangenheit. Es war der altbekannte Strohhalm des Ertrinkenden.
Da brachte mir Max nach Tisch Ihr allerliebstes Briefchen, welches mir wie eine Sonne aufging. Ihre lieben Worte versetzten mich bald in die Normalstimmung, in welcher ich nun längere Zeit bleiben werde. Ich wurde so aufgeweckt, daß ich singend in meinen Papieren zu kramen anfing und Sie auf eine Viertelstunde rein vergaß. Darauf machte ich einen tüchtigen Spaziergang und wurde wieder traurig; und nun schreib' ich an Sie. Ich kann Ihnen nicht sagen, wie weich und lind mich Ihr Wunsch überkommen hat: daß ich Ihnen unter allen Lebensverhältnissen gut bleiben möchte. Das ist doch halbwegs das, was ich gewünscht habe, eine Heimat in einem edlen und verständnisreichen weiblichen Herzen; und mehr will ich jetzt nicht . . .
Leben Sie so glücklich und heiter als möglich. Sie können es gewiß und sagen es ja selbst! Ich hoffe bald von Ihren Fortschritten in der Kunst zu hören; ob ich wohl jemals etwas von Ihnen zu sehen bekomme?

Ihr ergebenster Gottfried Keller

Alfred Rethel an Maria Grahl

27. September 1850

Der Himmel und mein Herz vor Sehnen – nach Dir – geliebte Maria, bringen Dir hiermit meinen wärmsten Gruß. – Du unbegreiflich liebliche Taktschlägerin meines Herzens, wie es Dir nur möglich, Deine Liebesgrüße an mich in den verschiedenen Unterbrechungen meiner Reise zu Dir so zur rechten Zeit mir in die Hände, dann in die Seele, ins Herz zu senden . . . wenn nicht, Maria mein, derselbe Geist auch hier wieder tätig ist, der mir bei Deinem ersten Anblick in meinen eilenden und wandelnden Gefühlen plötzlich Stillstand gebot und mich in meinem ganzen Sein zu Deinen Füßen, zu Deinem Herzen bannte! Du Augapfel meiner Seele, erst jetzt kann ich in den Himmel sehen und er blühte so mehr, viel mehr als bloße Sterne.
Geliebte Maria, bald an meinem Herzen.

Dein Alfred

Von dem Maler und Graphiker Alfred Rethel (1816–1859) stammen die Kaiserbilder im Aachener Rathaus und die Holzschnittfolge „Totentanz". Seine Brautbriefe wurden erst nach seinem Tod aufgefunden.

18. Juni 1851

Von ganzem Herzen, mein Engel, meine Maria, beeile ich mich, Deiner klagenden Liebe entgegenzukommen und sie dann in meine Seele zu schließen als herrlichstes Zeichen meines großen Glücks. – Du liebst mich, Maria, und gießt diese Überzeugung eine unendliche Freude in mein Herz – Du liebes Mädchen! Auch ich habe ein unendliches Verlangen nach Dir – all mein Hoffen hängt an Deinem Halse, verlangt von Dir einen Liebessegen, mein ganzes Leben, alles, alles, die ganze Welt vom erhabensten bis zum gewöhnlichsten wird an Deinem Herzen, in Deiner Lieblichkeit, Du Feine, nur erst einen rechten Wert erhalten, und mit welcher Lust werde ich alles, was in meinen Kräften, in all meinem Dichten und Trachten, mein ganzes Wirken nur vermag, Dir Geliebte reichen, Du bist der Preis meines Lebens; ich kann nicht ohne Dich sein, es wäre unmöglich, mich ohne Dich in der Welt wiederzufinden. Nein, der Allmächtige läßt nichts Unheimliches geschehen, er ist in Gnaden uns zugetan, und besonders ich fühle diesen heilenden Balsam, den er mir so herrlich und liebevoll durch Dich in meine Seele, meinem so verwilderten Herzen hineinsteckt. Daß ich bald immer bei Dir sein werde, ach, das ist kaum zu fassen, nein, Maria, wir werden durch unsere augenblickliche Trennung unserer Liebe teilhaftiger! Und dann kommt die Zeit des Festes, so Gott will, eines langen Festes!

Via mala!

Gottfried Keller (1819–1890)

Wie einst die Tochter Pharaos
Im grünen Schilf des Niles ging,
Des Auge hell, verwundrungsgroß
An ihren dunkeln Augen hing;
Wie sie ihr Haupt, das goldumreifte,
Sehnsüchtig leicht flutüber bog,
Um ihren Fuß das Wasser schweifte
Und silberne Ringe zog:

So seh ich dich, du träumrisch Kind,
Am abendlichen Rheine stehn,
Wo seine schönsten Borde sind

Und seine grünsten Wellen gehn.
Schwarz sind dein Aug und deine Haare,
Und deine Magd, die Sonne flicht
Darüber eine wunderbare
Krone von Abendlicht.

Ich aber wandle im Gestein
Und wolkenhoch auf schmalem Steg,
Im Abgrund schäumt der weiße Rhein
Und Via mala heißt mein Weg!
Dir gilt das Tosen in den Klüften,
Nach dir schreit dieses Tannenwehn,
Bis hoch aus kalten Eiseslüften
Die Wasser jenseits niedergehn!

Die Stunde schlug

Theodor Storm (1817–1888)

Die Stunde schlug, und deine Hand
Liegt zitternd in der meinen,
An meine Lippen streiften schon
Mit scheuem Blick die deinen.

Es zuckten aus dem vollen Kelch
Elektrisch schon die Funken;
O fasse Mut und fliehe nicht,
Bevor wir ganz getrunken!

Die Lippen, die mich so berührt,
Sind nicht mehr deine eignen;
Sie können doch solang' du lebst,
Die meinen nicht verleugnen.

Die Lippen, die sich so berührt,
Sind rettungslos gefangen;
Spät oder früh, sie müssen doch
Sich tödlich heimverlangen.

Fritz Reuter an seine Braut

Thalberg, 6. November 1846

... Gute Nacht, süße Luise, ich werde diese Nacht gewiß träumen von sechs bis acht Last kulturfähigen Bodens und dreischüriger Wiesen und von mir als Herrn darauf und von Ihnen als meine Herrin. Und über Jahr und Tag soll's kein Traum mehr sein, sondern die handgreifliche Wirklichkeit, wenn Sie es so wollen. Darum gute Nacht! Schöne Herrin der sechs Last kulturfähigen Ackers und drei dreischürigen Wiesen, und möge der lustige Gott der Träume mich ihnen vor die Augen führen in landwirtschaftlichen Stulpenstiefeln und Sporen und grünem goldbeknopftem Jagdschniepel, die Reitpeitsche in der Hand und den Mund voll Sport, damit Sie morgen lachen können und meinen Geburtstag heiter begehen; – Ach! Wie gerne hörte ich Sie lachen! Gute Nacht!

Mai 1851

Meine liebe, einzig geliebte Luise!

Ich weiß, Du hast die Gewohnheit, meine Briefe für Dich in Einsamkeit zu lesen. – So tue es auch dieses Mal!

Mein Schreiben ist traurigen Inhalts, und nur Deine Liebe und Gewißheit, ohne Dich nicht leben zu können, gibt mir den Mut zu der Nachricht, daß ich wieder gefallen bin. – Ach, das ist schlimm! So lange habe ich mich gut gehalten; so lange bin ich mutig geblieben und nun so kurz vor dem Ziele, so kurz vor dem jahrelang ersehnten Ziele! – Es ist wahr, der Anfall war kurz und leicht, leicht überstanden. Nur zwei Tage setzte ich meine Stunden aus. Aber ich fühle es, in der Sache selbst ist dadurch nichts geändert.

Luise, meine engelgleiche Luise, laß noch einmal Deine Liebe zur verzeihenden werden! Glaube mir: so kann es nicht wieder werden bei Deinem Hiersein, bei einer noch so engen beschränkten Häuslichkeit! Ich habe ja seit meinem 14. Jahre nicht gewußt, was Häuslichkeit ist. Bedenke, daß ich unmöglich so plötzlich, mit einem Schlage nicht einen Fehler ablegen kann, der sich so allmählich eingeschlichen! Bedenke, daß keine große Tat ausgeführt ist, wo nicht besondere Umstände halfen! Und ist nicht die Entwöhnung von einem so alle Sinne in Anspruch nehmenden und alle freien Entschlüsse lähmenden Laster ein Großes, und wo sind bisher die besonderen Umstände? Was hilft mir dazu? Die Idee Deiner Liebe? – Ach, Ideen kämpfen vergebens gegen die kleinen oder großen

Fritz Reuter (1810–1874) verfaßte plattdeutsche Gedichte und beschäftigte sich mit sozialen Themen. Wegen Mitgliedschaft in einer Burschenschaft von 1833–1840 in Haft.

Schwächen des täglichen Lebens! Bedenke, daß alle meine Unterhaltung bisher in einem Wirtshausleben bestanden hat, daß mich sogar das tägliche Bedürfnis dorthin gerufen hat! – Aber laß Deine holde Gegenwart erst zur Wirklichkeit werden und Deine Liebe zur versöhnenden Tat! Dann wird es anders. Gestern abend saß ich so einsam hier im Zwielicht und dachte daran, ob Du es mir bewahren könntest, und da wurde mir so vertrauend zu Sinn. Ich dachte, wenn Du hier wärest, dann würde alles gut sein, dann müßtest Du mir vergeben. Ach, wenn so ein Anstoß vorüber ist, dann ist mir so krank, so reuevoll ums Herz; dann ist mir, als könnte es nie wiederkommen, als müßte ich besser werden und zuletzt doch gut, als könnte ich nicht untergehen in dieser frevelhaften Lust, und ich weiß, Du glaubst auch nicht daran! Gott wird in meiner Brust durch Deine Liebe jede gute Stimme wecken, damit ihm dieselben Lieder singen, und Du wirst mein liebes, liebes Wiesing sein und bleiben.
So könnte ich fort und fortfahren; denn das Herz ist mir sehr voll – wenn das wahr ist, daß dieser Zustand ein körperlicher ist, so ist es gewiß schlimm, daß er noch einmal wiedergekehrt ist, aber nicht so schlimm, als wenn er früher wiedergekehrt wäre und lange nicht so schlimm, als hätte er noch länger auf sich warten lassen.
Vielleicht würde er gerade durch die Ehe, als Ehe, geheilt. Gewiß ist es aber, daß er im Abnehmen ist, und daß er aufhören wird.
Meine liebe, teure Luise, denke an mich freundlich! Zeige mir diesen Brief, wenn Du einst fürchtest, daß ich auf Abwege geraten könnte, und denke Dir mich so, als wenn Du mir mein Haar streicheltest und sagtest: Du siehst heute so gut aus! – Unter meinem Fenster ist Hornmusik. Sie zaubert mir die Hoffnung auf manchen Liederabend ins Herz!

Albert Lortzing an seine Frau

Berlin, 17. Juni 1851

Mein liebstes Weib!
Einliegend sende ich Dir zwanzig Taler von meiner Gage, fünf habe ich zurückbehalten. Du wolltest zwar edelmütigerweise diesmal nichts haben, aber es beunruhigt mich, Euch so karg versorgt zu wissen. Meinetwegen mache ich mir keinen Kummer, ich schlage mich durch. Auch sind meine Bedürfnisse sehr einfach. Wären sie es vielleicht immer so ge-

Lortzing (1801–1851) war Opernkomponist, Regisseur, Kapellmeister und Dichter. Bekannt sind vor allem „Zar und Zimmermann" und der „Wildschütz".

wesen, brauchten sie es jetzt nicht so zu sein. Aber der Mensch denkt manchmal törichterweise, wenn er den Geist anstrengt, müsse er dem Körper etwas bieten, um jenen wieder zu stärken, namentlich, wenn ihm die geistigen Produkte etwas eingebracht haben, und das scheint gefehlt zu sein. Jetzt küsse ich Euch wieder tausendmal, indem ich mich der angenehmen Hoffnung hingebe, daß das briefliche Küssen bald aufgehört haben wird.

Theodor Fontane an seine Frau

Brüssel, d. 17. April 1852

Meine liebe, arme Herzensfrau!

... Heute früh erhielt ich Deinen lieben Brief (für den ich Dir danke, so viel Schweres er auch enthielt) und setzte mich auf eine sonnenbeschienene Bank des Parkes, um Deine lieben, traurigen Zeilen durchzulesen.

... Mein liebes, armes Herz, was soll ich Dir für Trost sagen! Ich habe selber nicht viel, und Du weißt, ich kann nichts sprechen und schreiben, was mir nicht von Herzen geht. Ich kann Dir nur zurufen, was ich Dir schon so oft zugerufen habe: „laß uns mit Ergebung tragen, was der Himmel über uns verhängt." Wir sind beide nicht vom christlichen Märtyrergeschlecht und werden es schwerlich zur Freudigkeit des Leidens bringen, aber laß' uns wenigstens Fassung darin finden, daß wir nichts andres tragen, als was uns bestimmt ist und von Anfang an bestimmt war. Übrigens sollst Du nicht alles ohne mich durchmachen, entweder – und das gebe Gott – hab' ich die große Freude, Dich schon im Sommer zu mir zu rufen, oder ich verlasse London zu Ende August und steh' Dir in der schweren Zeit, so gut ich's kann, zur Seite. Vorläufig ist mir Deine Reise nach Liegnitz ein großer Trost. Du wirst da manches tun und hören müssen, was Dir nicht gefällt; im großen und ganzen aber wird man Dir mit wahrer, herzlicher Liebe begegnen, und das bleibt auf die Dauer doch das beste.

Daß Du mal wieder mit der Menschheit zürnst und mir schreibst: „keine Katze habe sich um Dich gekümmert", scheint mir ungerecht zu sein.

Fontane (1819–1898) war in Berlin Apotheker und hatte dort Kontakt zu literarischen Kreisen. Mit 27 Jahren gab er seinem Leben eine entscheidende Wende: er heiratete, gab seinen Apotherkerberuf auf und wurde Kriegsberichterstatter und Theaterkritiker. Seine schriftstellerische Laufbahn begann ab 1870.

Ich glaube, wir haben beide den Fehler: von den Menschen mehr zu verlangen, als wir verlangen dürfen und namentlich mehr, als wir ihnen bieten. Wir haben diesen Fehler nicht von Natur, aber durch die Umstände und Verhältnisse, die uns gereizt und als Folge davon ungerecht gemacht haben. Dir wird die Zeit jetzt lang. Als Du schriebst, waren elf Tage vergangen, und wie oft haben wir wochenlang allein gesessen! Wer hat mich besucht, als ich Ende vorigen Jahres krank und niedergeschlagen die Tage abwickelte?! Die Menschen lieben nur das Glück, den Glanz und die lachenden Gesichter, und zuletzt: wer will es ihnen verargen?!

Nun leb mir wohl, küsse den Kleinen und schreibe bald Deinem

Theodor

Reinmar des Alten Frühlingsminne

Joseph Viktor von Scheffel (1826–1886)

„Ich sach vil wunneklichen stan
die heide mit den bluomen rot
der vîol der ist wol getan."
her Reinmar der alte.

Vielwonniglich sah ich erblühn
Die Heide mit den Blumen rot,
Das Veilchen hebt sich aus dem Grün,
Die Nachtigall hat alle Not
Wohl überwunden, die sie zwang;
Zergangen ist des Winters Drang,
Drum schallt ihr Sang.

Da ich des Laubes Grünen sah,
Da stellt' ich all mein Trauern ein,
Von einem Weibe mir geschah,
Daß ich muß allzeit fröhlich sein:
O Frühlingwonne, frischer Mut!
Nun soll mich alles dünken gut,
Was jene tut.

Sie schuf mich jeder Sorge bar
Und nimmer ficht mich Trübsal an,
Vieltausend andre Frau'n, fürwahr,

Sie hätten Gleiches nicht getan . . .
Die Gütige ist mein Wendeleid
Und steht als Freundin mir bereit
Trotz allem Neid.

Daß je noch Kummer mich versehrt,
Des leb' ich sonder Angst noch Harm,
Ergeht es, wie mein Wille gehrt,
Schmiegt sie sich bald in meinen Arm;
So mir der Schönen würd' ein Teil,
Das deuchte mich ein großes Heil,
Um Gold nicht feil

Daß ich so holdes Herz ihr trage,
Zwar ursacht's andern Bitterkeit,
Doch werd' ich nimmer bang noch zage,
Denn sieglos bleibt der Gegenstreit.
Was hilft euch alle arge List?
Wißt ihr denn, was ergangen ist
Seit kurzer Frist?

Barbara Allen

Theodor Fontane (1819–1898)

Es war im Herbst, im bunten Herbst,
Wenn die rotgelben Blätter fallen,
Da wurde John Graham vor Liebe krank,
Vor Liebe zu Barbara Allen.

Seine Läufer liefen hinab in die Stadt
Und suchten, bis sie gefunden:
„Ach, unser Herr ist krank nach dir,
Komm, Lady, mach ihn gesunden."

Die Lady schritt zum Schloß hinan,
Schritt über die marmornen Stufen,
Sie trat ans Bett, sie sah ihn an:
„John Graham, du ließest mich rufen."

„Ich ließ dich rufen, ich bin im Herbst
Und die rotgelben Blätter fallen,
Hast Du kein letztes Wort für mich?
Ich sterbe, Barbara Allen."

„John Graham, ich hab ein letztes Wort,
Du warst mein all und eines;
Du teiltest Pfänder und Bänder aus,
Mir aber gönntest du keines.

John Graham, und ob du mich lieben magst,
Ich weiß, ich hatte dich lieber,
Ich sah nach dir, du lachtest mich an
Und gingest lächelnd vorüber.

Wir haben gewechselt, ich und du,
Die Sprossen der Liebesleiter,
Du bist nun unten; du hast es gewollt,
Ich aber bin oben und heiter."

Sie ging zurück. Eine Meil oder zwei,
Da hörte sie Glocken schallen;

Sie sprach: „Die Glocken klingen für ihn,
Für ihn und für – Barbara Allen.

Lieb Mutter, mach ein Bett für mich,
Unter Weiden und Eschen geborgen;
John Graham ist heute gestorben um mich,
Und ich sterbe um ihn morgen."

Sehnsucht

Therese Dahn (1845–1929)

Wohl ward noch nie in Menschentagen
Solch' Sehnen hin- und hergetragen,
Als zwischen dir und mir.

Auf heißer Lieder hohen Wellen
Im Rhythmus uns're Seelen schwellen,
Bis sie in eins gewogt.

Dann schlagen lohend rote Flammen
In einem hellen Brand zusammen
Und leuchten durch die Welt.

Alte Liebe

Joseph Viktor von Scheffel (1826–1886)

Einstens stand mein Herz in Gluten;
„Lösch sie aus!" war dein Gebot,
Und die jungen Gluten ruhten
In sich selbst verglimmt und tot.

Von der Asche wohl verdecket
Blieb ein Fünklein nur zurück;
Weh! zu neuem Brand erwecket
Ward es jüngst durch deinen Blick.

Und jetzt lodern wilde Flammen,
Schlagen hoch zum Dach hinaus,
Schlagen ob dem First zusammen,
Und der Brand verzehrt das Haus!

Joseph Viktor von Scheffel an Emma Koch-Heim

Liebe, teure Emma,
Ich danke Dir von Herzen, daß Deine Erinnerung an lichte Tage u. glückliche Stunden gedenkt. Wir werden noch viele u. glücklichere verleben, wenn Du einmal Deine schöne Einsamkeit u. ein trauliches Nest, um zu ruhen, gefunden ... Denn auch meine Seele fliegt zu Dir, mehr als Du ahnst und glaubst. Einstweilen ist das Schicksal zu nehmen wie es kommt, u. ich spreche mir die Hoffnung aus, daß wir uns bald u. lang und innigst wiedersehen mögen...

Dein alter Vetter
Josephus

Maulbronn, 5. Mai 1870

Liebste,
Da läßt sich nicht mehr viel schreiben – ich habe nicht geglaubt, daß, wenn man sich lieb hat, man sich lieber haben kann – bleib mir gut – ich schicke tausend Küsse zum Abschied, morgen wird heimgereist – schreib mir recht bald freundlich nach Karlsruhe.

Joseph

Thun, 5. Okt. 1874

Geliebteste,
„Mir fehlt noch immer die Stimmung zu einem Brief für Dich." Auch darin kreuzen sich meine Gedanken mit den Deinen – Dein Bild wandelt mit mir, täglich, stündlich, unvergeßlich – wie vor 20 Jahren, da ich Dir den Lenauschen Spruch schrieb

Träumend will der Blick sich senken
Durch die tiefste Seele geht
Mir ein süßes Dein Gedenken
Wie ein stilles Nachtgebet.

Darum auch heute nur einen Gruß u. eine Blume, die ich fand, als meine Gedanken bei Dir ... waren ...

Joseph

Scheffel (1826–1886), von dem u. a. seine Kneiplieder weite Verbreitung fanden, traf mit seinem Werben bei Emma Koch-Heim auf kein Gehör. Er blieb ihr in einer Seelenfreundschaft weiterhin treu.

Ludwig Tieck an Ida von Lüttichau

(1853)

... Ein unnennbares Entzücken ergriff mein ganzes Wesen; ich zitterte und ein Tränenstrom, so innig durchdringlich, wie ich ihn nie vergossen hatte, floß aus meinen Augen. Ich mußte stille stehen, um diese Vision ganz zu erleben, und so wie mein Herz in der höchsten Freude zitterte, so war mir, völlig überzeugend, als wenn ein zweites, seliges, liebendes Herz an meinem Busen klopfte.

Wie schon gesagt, dies war der höchste Moment meines ganzen Lebens; ich konnte mich in Freude überseliger Lust der tiefsten Tränen in der Entzückung nicht erwehren. Wie lange diese berauschende Zeit mich ergriff, kann ich nicht sagen ... Ich habe mir nie verschwiegen, daß die beiden schaflosen Nächte, die Musik, die Aufregung der Natur, alles

Ludwig Tieck (1773–1853) wollte eigentlich Schauspieler werden, wurde aber von seinen Eltern zum Studium der Theologie bestimmt. Schon früh erkannte er seine Fähigkeiten und wandte sich ganz der Literatur zu. Der letzte Brief an seine langjährige Freundin entstand kurz vor seinem Tode.

dies zusammen jene große, übernatürliche Entzückung in mir vorbereitete; der Mensch kann dergleichen vielleicht nur einmal erleben. Ein alter Patriarch hätte an jener Stelle, wo mir diese Vision begegnete, einen Stein zum Andenken gesetzt. Achtzig Jahre bin ich nun alt, und der Rückblick auf diese Momente ist mir der wundervollste, rätselhafteste meines langen Lebens geblieben. Diese unbeschreibliche persönliche Liebe, diese fühlbare, überzeugende, ist mir niemals wieder begegnet, und doch halte ich mich für hoch beglückt, daß ich diesen Zustand erleben konnte. Noch mehrere Stunden währte das entzückte Ergießen meiner Tränen; ich konnte mich in den gewöhnlichen Zustand des Lebens lange nicht wieder hineinfinden . . .

Klaus Groth an Doris Finke

Düsternbrook, den 27. August 1858

Wie ich es aushalten soll ohne Sie, unendlich Geliebte, das verstehe ich nicht. Schlaf und Wachen sind bei mir fast dasselbe geworden, Nacht und Tag eins. Viel tausendmal habe ich Ihren Namen genannt im Geräusch der Menschen und in der Stille der Dunkelheit. Mitten im Schlummer sind meine Träume geflossen und haben mich geweckt. Um des Himmels willen gib mir ein irdisches Zeichen, Geliebteste, ich weiß es sonst nicht auszuhalten, irgendetwas, was Ihrer Person nahe gewesen, was Sie berührt haben, sei es auch nur ein Stückchen Band von Ihrem Hute, das Ihre Wange umfaßt hat. Solange ich Sie bei mir hatte, dachte ich nur daran, Ihre Stirn und Augen zu betrachten und selig zu sein über jede Bewegung, nun Sie fort sind, ergreift mich eine so furchtbare Sehnsucht, daß ich sie nicht zu tragen weiß.

Was auch kommen möge, schon was mir der Himmel gewährt hat ist mehr, als ich Unwürdiger verdiene, ist genug, um mein ganzes Leben wieder mit Begeisterung zu füllen, mich hoch zu halten über alles Gewöhnliche. Daß ich Ihr Auge habe sehen dürfen, daß Sie mich mit Teilnahme angeblickt, meine überströmende Seele beruhigt mit mildem Wort, daß ich Ihre reine Stirn mit meinen Lippen habe berühren dürfen. Bleiben Sie mir, o bleiben sie mir! Was ungewöhnliches in mir sein mag, Sie können es zum hohen Wuchse treiben wie das Eichbäumchen, das Sie mitgenommen! Was Sie auch finden könnten, eine tiefere, reinere

Klaus Groth (1819–18997, niederdeutscher Dichter, bemühte sich vor allem um die norddeutsche Dialektlyrik.

Liebe finden Sie auf Erden nicht. Sagen, o sagen Sie mir ein tröstliches Wort mehr, beruhigender Engel! Geben Sie mir Mut, die Kräfte, die in mir schlummern, wieder zu wecken zum Schaffen, das schon bei mir keinen Wert, weil kein Ziel mehr hatte. Dann könnte ein Ruhm mir süß werden, wenn ich Ihren teuren Namen daran knüpfen könnte, wie der Lauras und Beatrices sollte er durch Jahrhunderte leben.
Praktische Dinge bespreche ich heute nicht, selbst meine Hände zittern. Aber glauben Sie, auch dort kann ich, wenn ich will, wenn ich wollen kann. Wenn's sein muß, bin ich innerhalb eines Jahres Professor. Ich habe einflußreiche Freunde, der Herzog von Gotha zählt dazu, Humboldt ist mein besonderer Freund, dem mein „Quickborn", wie er sagt, seine alten Tage erquickt. Ein Zeichen von Ihnen, Geliebte! Ich breche sonst den Fensterknopf ab, den Sie öfter angefaßt haben.
Immer gehen mir die Strophen durch den Kopf, die von mir sind.

Wo Dein Fuß gegangen,
Wo gehaucht Dein Mund,
Wo Dein Blick gehangen.
Da ist heil'ger Grund.

Geh' ich jetzt alleine,
Wo Du je gewallt,
Seh' ich immer Deine
Weihende Gestalt.

Ewig Ihr Klaus Groth

Kiel, 27. Juni 1859, morgens

Laß Dich die Grübeleien nicht verdrießen, mein süßes Kind, es ist auch nur eine andere Form meiner Neigung für Dich, ein anderes Kleid des Ewig-Einen, das uns verbindet. Es wird alles Glück und Freude, wenn Du erscheinst, habe Geduld mit meiner leidenschaftlichen Natur, die sich nicht ganz bezwingen läßt durch vernünftige Überlegung.

Abschied

Joseph Viktor von Scheffel (1826–1886)

Deine Locken laß mich küssen,
Trinken deiner Augen Licht,
Einmal noch, und dann nicht wieder,
Denn ich weiß den Weg der Pflicht.

Deine Hand reich mir zum Scheiden,
Neig dein kindlich Angesicht
Einmal noch, und dann nicht wieder,
Denn ich weiß den Weg der Pflicht.

Peter Cornelius an seine Braut

Weimar, 27. März 1865

Meine über alles geliebte Bertha!
Ich knie zu Deinen Füßen und küß unaufhörlich Deine Hand! Selige, wonnige Braut! Ich bin Dein, Du bist mein, des sollst Du gewiß sein. In uns ist die Liebe! O, welch ein Jubel! ... Alle Schönheit, alle Güte des Himmels ist in Dir, Du meine liebe Braut – diese jetzige Trennung, meine Bertha, ist unsere heiligste Hochzeit – denn unsere Sehnsucht zueinander ist nun erst das unauflösliche Band, das uns umschlingt – ach, meine Bertha! Und wären wir Engel, es werden Augenblicke kommen, wo wir in Inbrunst erlahmen, wenn uns Gott zusammen gibt – aber siehe! jetzt diese Sehnsucht, wie unendlich! Wie unaufhörlich!
Siehst Du, Herz – so erzähle ich Dir von allem, was mich bewegt. Alles, was Du von mir hören mögest, und wär's aus dem tiefsten Dunkel meines Herzens und meine Erlebnisse, will ich Dir beichten, als früge mich der liebe Gott – und es ist mir eine Wollust, in ein liebendes Herz, wie Deines, jede Last, jeden Staub zu schütteln, daß es ihn mitträgt oder in Blüten, in Gutes wandelt.
... Teuerste Bertha! Heute morgen vor dem Aufstehen schloß ich noch einmal das Auge, da sah ich Dein Auge lebendig wie einen Blitz über dem meinen leuchten, ganz wie es lebt und lacht. Du wirst sehen, Gott gibt uns eine besondere Kraft der Sympathie als Weihegeschenk unserer Liebe. Bertha, Du ziehst mich im langen Kuß an Deinen Mund, und Du wehrst mich nicht, wenn ich selig lang zu Deinen Füßen knie! Gelt, mein Herz, wir sind glücklich?

Dein Peter, der liebe

Weimar, 4. April 1865

Du mein Heil, meine Freude, Glück meines Lebens! In jedem Deiner Worte empfinde ich so innig, wie unaussprechlich lieb Du mich hast – eine Kirche voll Andächtiger mit Psalmen und Chorälen und Orgelschall

Cornelius

kann Gott nicht mehr danken und preisen als ich für dies Geschenk! Auf welche Höhe ist mein Leben dadurch erhoben, wie weit hinter mir liegt nun jene Trübnis. Nun hab' ich zwei Herzen, nun hab' ich einen Geist für Kunst und einen, der mir den Himmel auf die Erde träumt. Du lieb Geschöpf, Du Erfüllung jahrelanger glühender Wünsche! Wie hab' ich darum gebetet, bis ich zuletzt mit einer ermüdeten Sehnsucht ganz den Atem anhielt, und in der dumpfen peinlichen Stille, die dann entstand, ertönte das Wort Deiner Liebe.

Weimar, 6. Juni 1865

Unermeßlich, unerschöpflich strömt das Glück auf mich herein in kristallnen kühlen Wogen, es ist Deine Liebe, meine angebetete Frau! Ich bade drin, ich schlürfe davon, es ist mein Element ... O, wie entzückt es mich – so wie Du körperlich schön geworden bist seit Deiner Liebe, bist Du es auch geistig! Welche Wonne ist es, einen Brief von Dir zu lesen. O mein liebes Frauchen, zärtlich und unaufhörlich schlägt mein Herz zu Deinen Füßen! Meine Bertha, Du bist schön geworden, laß Dich ein bißchen von mir preisen, laß mich Dein Spiegel sein, meine süße Frau! Ach möchten alle guten Genien mitwirken, daß wir nun bald Mann und Frau sein können. Du hast mir einmal die Reise nach Italien versprochen, ach, Herz, ich geb sie drein! Dein linkes Auge ist Venedig, Dein rechtes Florenz, und jedes Wort aus Deinem süßen Munde, oh Du heißgeliebte Frau, ist ein Chor aus der sixtinischen Kapelle. Ewig funkelt mir Dein Brillantsternchen im Sinn, – o wie Du damit so schön geschmückt warst! Ja es liegt eine Musik in solchen Edelsteinen, wenn sie einen geliebten Hals zieren; ich begreife, wie man stehlen, wie man sein Leben wagen kann, um der Geliebten einen schönen Schmuck zu schenken.

Ich fühle wohl

Gottfried Keller (1819–1890)

Ich fühle wohl, warum ich dich,
O teures Weib, so sehr geliebt!
Und besser ging ich, als ich kam,
Von reinem Feuer neu getauft,
Und hätte meinen reich'ren Gram
Nicht um ein reiches Glück verkauft.

Dämmerstunde

Theodor Storm (1817–1888)

Im Sessel du, und ich zu deinen Füßen,
Das Haupt zu dir gewendet, saßen wir;
Und sanfter fühlten wir die Stunden fließen,
Und stiller ward es zwischen mir und dir;
Bis unsre Augen ineinander sanken
Und wir berauscht der Seele Atem tranken.

Anzengruber an Mathilde Kammeritsch

Gainfahrn, den 27. August 1865

Mein liebenswürdigstes Fräulein!

Da ich schon einmal das Glück genieße, mit Ihnen in Korrespondenz zu stehen, und Sie die Güte haben, meine Briefe zu beantworten, so drängt es mich, aus mehr als einer Ursache, mich für das liebe Schreiben zu bedanken, das ich von Ihnen unterm 19. d. M. erhielt.

Mein Fräulein, ich stehe an einem Wendepunkte meines Lebens, als Schauspieler steht es mir frei, Österreich zu verlassen, auswärts mir Anerkennung und Existenz zu erringen – aber mein vorwiegend dichterisches Talent möchte gern im vaterländischen Boden wurzeln, mein hiesiges Engagement hat sich plötzlich gelöst, ich stehe sozusagen, wieder „frisch"; dem wäre abgeholfen, wenn ich in das theaterreiche Ausland zöge – aber ... ich müßte doch vieles lassen, vielem entsagen im Vaterlande, und ich hätte wohl einen tiefen, heiligen Anstoß, der mich alles wagen hieße, um im Lande zu bleiben und – glücklich zu sein. –

Mein Fräulein, wenn einer offen und ehrlich ist, so bin ich's! – Als Mann, der so spricht, wie er denkt und fühlt – hätte ich Ihnen – der Gespielin meiner Jugend, meiner reizenden Freundin und dem fleckenlosen, reinen ehrlichen Mädchen etwas zu sagen – was sage ich etwas – vieles, wenn auch in wenig Worten – vieles – und sei Gott mein Zeuge, keine Silbe, die ein Mädchen von den Lippen eines Mannes erröten machen müßte.

Soweit habe ich mich ausgesprochen – schriftlich; ich bin es Ihrer Ehre schuldig, wenn ich jetzt mit einer Bitte, mit meiner innigen Bitte vor Sie trete, ohne Sie mißtrauisch machen zu wollen. Ich bitte Sie, Ihnen, Ihnen allein das Angedeutete sagen zu dürfen – hören Sie mich, vom 8. September ab bin ich wieder in Wien, sind Sie dem armen Dichter, der bis heute freilich noch sorgend und ringend allein steht, ein wenig gut – so bestimmen Sie ihm Ort und Stunde einer Zusammenkunft, ohne Ihrer durch Arbeit in Anspruch genommenen Zeit Abbruch zu tun – sollte Ihr Herz jedoch bereits versagt und Sie dem Dichter nicht mehr sein wollen als Freundin, dann seien Sie offen und schlagen Sie mir die Zusammenkunft rund ab.

Um uns gegenseitig jede Peinlichkeit zu ersparen, bitte ich Sie um ein paar Zeilen, die Ihr überlegtes „Ja" oder „Nein" ausdrücken mögen, –

Ludwig Anzengruber (1839–1889) hatte ein bewegtes Leben. Bevor er sich 1871 der Schriftstellerei widmete, war er Buchhändler, Schauspieler und Beamter. Von seinen Liebesbriefen ist nur jener erhalten, den er als 26jähriger an eine Schauspielerkollegin schrieb.

mehr nicht –. Ich spreche nichts von meinen Gefühlen, sie sollen stumm sein – lassen Sie Ihr Herz dagegen offen sprechen – ich erwarte die Entscheidung: die Bewilligung meiner Bitte – oder die offene Rückweisung im Laufe dieser Woche. Folgt keine Zeile, dann ist Schweigen auch eine Antwort – aber Ihr Freund verbleibt doch in allen Lagen des Lebens

Ihr treu ergebener
Ludwig Gruber

Elisabeth von Österreich an Ludwig II. von Bayern

Mein großmächtiger schwarzer Löwe!
Ich könnte einen Expreßzug nehmen um die Erde und zu Dir fahren. Schließlich gehts auf dem Postweg eiliger. Mein Brief dringt direkt zu Dir. Ich hab nur eine Viertelstunde in der flachen Stromschnelle meiner Geschäftigkeit. Vieles ist von mir zu Dir unterwegs, Wünsche, Grüße, Gedanken. Wie finden sie Dich? In Geschäftigkeit wie nicht? Bei steigendem Frostgefühl wie nicht? Als großmütigen Verschwender Deiner Schätze an eine Welt, die wir niemals zur Dankbarkeit erziehen? Niemals! Hörst Du? Hörst Du? Du schüttelst Dein dunkles Löwenhaupt. Ich bin froh um Deine Ungläubigkeit. Es gibt nichts schöneres auf Erden als Jugend, Enthusiasmus, Vertrauen: Soll ich Dir raten? Wenn Dich die Stadt grämt, nimm Dein ganzes Königreich und das ganze Jahrhundert in den Rucksack und steige in die Berge, wo Deine Alpen am höchsten sind! Kraft und Schönheit sind heroisch und eigenbeinig und immer gute Steiger. Im Lenz kamst Du zur Krone. Sie wurde Dir in einem schwarzen Schleier gereicht. Im Lenz sind frische, grüne Triebe, Naturlaute, warme Hingabe. Sind das nicht köstliche Dinge? Scher' Dich weder um rechts noch um links! Ein Schwertschwinger, der geradeaus zielt und seinen Feind hochnimmt! Auf meinem Weg, dem einsamen, habe ich gestern Stimmen gehört von Waisenknaben, klar und quellend wie aus der Höhe über den Wolken. Das ist fast herb in seiner Reinheit. Gleich nachher Frauen. Schau, wie das anders ist! Satter und wärmer und schon leidenschaftlich verarbeitet. Da sitzt der menschliche Dämon drin, auch

Kaiserin Elisabeth wurde 1837 geboren und war ab 1854 mit Franz Joseph verheiratet. 1898 wurde sie in Genf ermordet. Ludwig II., geb. 1845, ab 1864 König, förderte Wagner und stürzte die Staatsfinanzen durch seine phantastischen Schloßbauten in den Ruin. 1885 unter ungeklärten Umständen im Starnberger See ertrunken.

mancher helle und lustige. Die ganze Skala ist glutvoller, durchlebter. – Und nun grabe, schaufle, baue, Du Lenzkönig voll Schönheit und Kraft! Sorge, daß Dein Schicksal nicht klein und alltäglich werde, daß es Dich nicht platt drücke an flacher Gewöhnlichkeit! Kümmere Dich nicht um den ganzen historischen und moralischen Apparat der Kleinen und das ächzende oder prahlende Geklapper! Er arbeitet leer. Das Große! Das „Große gigantische Schicksal, welches den Menschen erhebt, wenn es den Menschen zermalmt". Nun mache beide Hände auf, daß ich alle Liebe hineintun kann, die ich für Dich im Herzen trage!
Mit ganzer Seele

Elisabeth

Heinrich von Treitschke an Emma von Bodmann

Kiel, 24. Oktober 1866

Tausend Dank, mein Lieb, für Deine schönen Briefe. Du redest immer so, als ob Deine Briefe gedankenlos und leer wären; und doch tut mir Dein Geplauder so wohl, ich habe eine solche Freude an dieser Vertraulichkeit der Seelen, daß ich nicht begreife, wie ich dies Glück je habe entbehren können. Jawohl ist es ein Glück, unverdientes Glück, das mich gerade Dein Herz finden ließ. Der Unabhängigkeitssinn ist in mir so stark; ich konnte schon als Student das Zusammenleben mit einem Freunde nicht ertragen und habe oft gezweifelt, ob ich dazu geschaffen sei, mich für mein Leben an ein Weib zu binden. Ich wundere mich nicht, daß es so viele unglückliche Ehen gibt: starkes nachhaltiges Gefühl ist unter den Menschen nicht viel häufiger als scharfer Verstand, und auch für einen Mann von heißem Herzen bleibt es, bei der oberflächlichen Weise des Verkehrs in unseren Gesellschaften, doch immer ein Würfelspiel, ob die Stimme in seiner Brust ihn nicht getäuscht hat. Du zeigst mir mit jedem Tage mehr, daß die Neigung, die mich zu Dir zog und von der ich mir selbst keine klare Rechenschaft geben konnte, vernünftiger war als die mit kältestem Blute gefaßten Entschlüsse. Du bist jetzt schon ein Teil meines Wesens geworden, mein Herz, und es vergeht kein Tag, wo ich nicht fühlte, daß meine Seele freier und reiner sein würde, wenn Du bei mir wärest.

Treitschke (1834–1896), der Verfasser der „Deutschen Geschichte im 19. Jahrhundert", verlobte sich mit seiner Braut Emma von Bodmann 1866. In den späteren Auseinandersetzungen stand sie ihm mutig zur Seite.

Sehnsucht

Julius Grosse (1828–1902)

Sehnsucht, auf den Knien
Schauest du himmelwärts.
Einzelne Wolken ziehen,
Kommen und entfliehen,
Ewig hofft das Herz.

Liebe, himmlisch Wallen
Goldener Jugendzeit.
Einzelne Strahlen fallen
Wie durch Pfeilerhallen
In das Leben weit.

Einsam in alten Tagen
Lächelt Erinnerung;
Einzelne Wellen schlagen,
Rauschen herauf wie Sagen:
Herz, auch du warst jung! –

Du ganz allein

Robert Hamerling (1830–1889)

Du bist ganz einzig in der Welt,
Denn sieh', du hast mich nie gekränkt –
Mich nie gekränkt, indessen mir
Die schnöde, freche, kalte Welt
Den Todespfeil ins Herz gesenkt.

Ich möchte gern begraben sein
An einem fernen, stillen Ort:
Denn der Gedanke macht mir Pein,
Daß die, die fressend Gift geträuft
In meines Lebens Blütenhain,

Mit einer falschen Träne noch
Beflecken meinen stillen Schrein,
Und stören meiner Ruhe Port.

Du aber komm – komm Jahr für Jahr,
Und knie' an meinem Leichenstein;
Häng' einen grünen Kranz darauf
Und widme eine Träne mir –
Laß niemand andern bei mir sein:
Du hast das Recht, du ganz allein.

Buch des Lebens

Wilhelm Busch (1832–1908)

Haß, als minus und vergebens,
Wird vom Leben abgeschrieben.
Positiv im Buch des Lebens
Steht verzeichnet nur das Lieben.
Ob ein Minus oder Plus
Uns verblieben, zeigt der Schluß.

Die gegeißelte Psyche

Conrad Ferdinand Meyer (1825–1898)

Wo von alter Schönheit Trümmern
Marmorhell die Säle schimmern,
Windet blaß und lieblich eine
Psyche sich im Marmelsteine.

Unsichtbarem Geißelhiebe
Beugt sie sich in Qual und Liebe,
Auf den zarten Knieen liegend,
Enge sich zusammenschmiegend.

Flehend halb, und halb geduldig,
Trägt sie Schmach und weiß sich schuldig,
Ihre Schmerzensblicke fragen:
Liebst du mich? und kannst mich schlagen?

Soll dich der Olymp begrüßen,
Arme Psyche, mußt du büßen!
Eros, der dich sucht und peinigt,
Will dich selig und gereinigt.

Liebesrunen

Joseph Viktor von Scheffel (1826–1886)

Ist der leser kluoc
hat er an kunste genuoc.
Eb. von Erfurt.

Hoch auf rotem Gefelse vor schlanker Fichten acht
Eben gleicher Zahl Buchstaben ich gedacht.
Leider ward mir nimmer Schreibens Kunst gelehrt,
In der Fichten Rinden einhieb ich sonst mit dem Schwert.

Stetig vor den Augen schwebt das zarte Bild
Einer, die mein lodernd Sehnen niemals stillt.
Nimmer darf die Zunge, wie sie heißt, verkünden,
Ahi, wer weiß den süßen Namen doch zu ergründen?

Täuschungen

Robert Hamerling (1830–1889)

Suchte lange dich im Walde,
Wähnte schon dein Kleid zu sehen:
Doch es war nur einer Taube
Weißer Flügel im Gebüsch.

Wähnte deinen Gruß zu hören:
Doch es war nur das Geflüster
Eines Bächleins, das, mit Blumen
Plaudernd, über Kiesel rann.

Zwischen Zweigen sah ich blendend
Deine gold'nen Haare blinken:
Doch es war ein Sonnenblitz nur,
Der sich durch die Wipfel stahl.

Und ich glaubte schon zu wittern
Deines Odems wonnig Wehen;
Ach, ein Hauch nur, duftbeladen,
War's, der von den Linden kam.

Sank zuletzt in süße Träume,
Träumte deinen Kuß zu spüren;
Aber, ach, es war der Lenz nur,
Welcher lächelnd mich umfing.

Hier in dieser weiten Runde

Robert Hamerling (1830–1899)

Hier in dieser weiten Runde
Ist kein Hügel, keine Kluft,
Die nicht eine süße Stunde
Still mir ins Gedächtnis ruft:
Ja, hier ist so steil kein Berghang
Und so tief kein grünes Tal,
Wo ich nicht geheim in Liebe
Und in Lust geschwelgt einmal.

Keine traute Stelle gibt es,
Keine Grotte, keine Schlucht,
Wo nicht Sehnsucht, wonnebebend,
Einmal ein Asyl gesucht;
Keine blumenreiche Stelle,

Keinen moos'gen Waldesgrund,
Wo besiegelt nicht mit Küssen
Ward der allerschönste Bund.

Jetzo schweif' ich still und einsam
Durch die Täler, über Höh'n:
Wo die Wonne süß geflüstert,
Öde Wipfel schaurig weh'n;
Und es seh'n die Liebesgötter,
Die umschwebten diesen Plan,
Mit Dämonenangesichtern
Grinsend aus dem Strauch mich an.

Detlev von Liliencron an Helene von Bodenhausen

Köthen, 9. Mai 1871

Gestatten Sie, daß ich noch einmal Ihnen nahen darf, um Ihnen brieflich Lebewohl zu sagen. Könnt' ich ganz so schreiben, wie mir ums Herz ist, so würden diese Zeilen nicht jene gekünstelten Formen annehmen dürfen, in denen ich sie schreiben muß. Dies soll und darf kein Liebesbrief sein – dieser Brief soll Ihnen nur noch einmal sagen, wie grenzenlos schwer mir der Abschied wird. Er soll Ihnen sagen, wie mein ganzes Leben hindurch ich mich erinnern werde jener einen Stunde unseres kurzen Frühlingstraumes. Vom ersten Augenblick an habe ich Sie geliebt, Helene, ich habe mein möglichstes getan, um diese Liebe zu unterdrükken; wenn ich allein war, in meiner Stube, brach ich zusammen. Ich wußte, daß es so kommen müsse, und verzeihen Sie mir jene bittern, herben Tropfen, die ich hineinpressen mußte, selbst in der einzigsten Stunde, in der wir allein gewesen sind. Den Ring, Helene, den Ring! habe ich in der schrecklichsten Nacht meines Lebens hineingeworfen in den Teich der Fasanerie. Kein Mensch soll ihn je wieder sehen. Und nun leb wohl, Helene! Ach, nur einmal habe ich Sie so nennen dürfen, nur einmal in diesem ganzen Leben – leb wohl, meine süße, süße Helene, leb wohl! – Eine Bitte nur habe ich, vergessen Sie so bald wie möglich unseren kurzen Liebestraum. Nur einen Wunsch: Werden Sie glücklich. Dies soll und darf ja kein Liebesbrief sein, und ich muß schließen, wie ich angefangen habe: Gnädiges Fräulein! Genehmigen Sie die Versicherung meiner vollkommensten Hochachtung. Ihr gehorsamster

Fritz Freiherr von Liliencron

Kellinghusen, den 4. Juni 1872

Meine süße, geliebte Helene!

Als ich heute abend von einem weiten Spaziergange nach Hause kam – lag in meiner Stube auf meinem Schreibtisch ein Brief. Es war Deine Handschrift. Ich wurde, glaube ich, totenbleich. Als ich ihn aufriß, fand ich deinen Glückwunsch, Deine Blumen! – Es ist mir wie ein Gruß aus den Höhen des Himmels. Ich kann es nicht fassen. Dieser Brief wird wohl lauter Durcheinander sein – verzeihe es mir – es ist so schwer,

Der preußische Offizier, Vogt und freie Schriftsteller Liliencron (1844–1909) versuchte sein Glück in drei Ehen. Helene von Bodenhausen lernte er 1871 kennen,. 1878 kam es schließlich zur Heirat. Wegen zu großer charakterlicher Verschiedenheit wurde die Ehe 1885 wieder geschieden.

mich zu fassen in diesem Augenblick. Oh, Helene, meine Lenotschka! daß Du auch an mich denkst! Die Menschen – ich selbst – haben mir soviel vorgeredet, welche Sünde es sei – noch weiter Dir zu schreiben oder je in Verbindung wieder zu treten. Viele Briefe an Dich habe ich angefangen, verbrannt oder verwahrt. Ich selbst halte es für eine Sünde – Dir zu schreiben. Kalt und streng und herzlos sollte ich Dir gegenübertreten – Dir – Dir, Helene! O mein Gott, mein Gott! – In all meine Leiden und Qualen kommt heute Dein Brief – Deine Blumen. – Und laß es Sünde sein – aber ich muß Dir danken – Ich muß Dir sagen – wie ich, wenn es sein könnte überhaupt, mehr und mehr Dich liebe – ich liege zu Deinen Füßen. Ich küsse Deine Hände, Deine süßen, lieben Augen, Deinen Mund, – Helene! – ich liebe Dich mehr wie je. – Ich habe unsäglich gelitten – mehr als Du je wirst ahnen können. – Auf allen Wegen, in meinen Gedanken und Träumen stand nur Dein Bild vor meinen Augen. – Und Dein Bild nur wird mich bis zum Grabe verfolgen. Nur Du bist meine einzigste, wahre Liebe – nur Dich, nur Dich habe ich lieb. – Ich weiß nicht, was ich schreibe, es ist wohl lauter Wirrwarr und Durcheinander – verzeihe es mir – ich kann nicht anders. – Meine Lenotschka! wie habe ich Dich lieb, so unbeschreiblich, so unsäglich. –
Oh, könnte ich Dir meine Briefe an Dich, meine Tagebücher an Dich zeigen. Oft als wären wir verheiratet und ich wäre nur zufällig weit, weit von Dir entfernt – oft unsinnig und schwärmerisch – oft als wenn wir verlobt wären – aber: doch meistens als wären wir verheiratet – dann schreib ich Dir all meine Sorgen, meine Freuden und Leiden. – Es ist mir, als wenn ich lange im Gefängnis geschmachtet und nun die Sonne seit langem wieder zum ersten Male sehe! Und die Sonne, die ewige Sonne bist Du – Du – Helene!
Jetzt habe ich die eine Bitte an Dich. Darf ich Dir schreiben wie vor einem Jahr? Darf ich Dir wieder alles sagen, alles schreiben? Darf ich Dir wieder alle Sorgen, alles das, was mich bewegt, – schreiben? Ich liebe Dich so innig, so dringend; antworte mir darauf in wenigen Worten. – Du bist ja die Einzigste auf dieser Erde, der ich alles sagen kann; Du bist ja die Einzigste, die mich versteht, die Einzigste von allen Menschen.

Dein Fritz

Berlin, nachts, Linden-Hotel (dicht bei Friedrichsstraße) Mai 1877
Lenotschka! Lenotschka!
Ich bin wie toll – wie wahnsinnig. Ich kann nicht ohne Dich leben – ich kann es nicht. Liebe Helene! Ich sterbe ja vor Sehnsucht – meine Stimmung ist entsetzlich. Heut abend ging ich in ein Konzert, um Musik zu hören. Ich sehe nur Dich – – Dich, Helene! Ich will sterben, wenn Du

nicht mein eigen wirst. – Ich kann nicht länger leben! Ach! Ich liebe Dich!

Ich liebe Dich

Die Tränen stürzen mir aus den Augen –

. . . .

Ich kann nicht leben ohne Dich – ich habe so bitterlich geweint. Verzeih' – verzeih' – ich kann es ja nicht – ich kann es ja nicht. Helene! Helene! Komme doch – Komm! Ich trage Dich wohin du willst. Ich sterbe ja zu Deinen Füßen. Laß mich sterben, laß mich sterben. Nun erst fühle ich ganz, wie nur du es bist. Nur Du. Es ist ja jeder Schlag meines Herzens nur für Dich.

Mein Herz klopft zum Zerspringen. Ach! Ich weine – weine seit vielen Jahren. Es ist ja nur eine grenzenlose Leidenschaft.

Ich war in Potsdam! Weil Du da warst. Nur Du — Du! Helenka – ach! komm – komme, Helenka! komm zur mir.

Ich will mein Herzblut für Dich lassen.

Es ist zur rasendsten Leidenschaft geworden. – Und wenn ich kalt auch äußerlich erschien – ich kann es so, bei Menschen, nicht ausdrücken. Aber allein – bin ich wie außer mir. Ach! Komm! Komm! Komm in meine Arme – an mein Herz!

Helene! Mädchen! Helene!

Ich sterbe ja! Der Tod ist nichts bitteres mehr für mich. Jetzt will ich ja gerne sterben. Aber sehen muß ich Dich – noch einmal nur –

noch ein Mal!

Madonna! Madonna!

Ich bin mit meinem Schmerz allein – mit meiner Liebe! Ich weiß nicht, welches Stück gegeben wurde – ich weiß von nichts– nichts! Nur Du stehst vor mir. – Nur Du, – nur Du!

Ach, ich liebe Dich!

Ich liebe Dich!

Es ist ja gegen die Natur! Gegen die Gesetze die uns das natürliche Leben vorschreibt. Immer nur die Konvenienz! Die Konvenienz! Und mit einem verbindlichen Lächeln muß man sterben.

5 Uhr morgens

Ich bin todmüde. Droschken fahren unaufhörlich. Berliner Leben kennst Du ja. Ich küsse noch einmal Dein Bild.

Leb wohl!

Ich habe Dich ja je und je geliebt. Ich bin schon im Traum! Gute Nacht! Gute Nacht!

Dein Fred

Minnelied

Gustav Kastropp (1844–1925)

Ich sah dich wieder, du stolze Maid,
Im heimlichen, dämmernden Scheine der Nacht;
Das hat mir gebracht
Viel Weh und Leid,

Und hat mich in Bande geschlagen,
Das muß ich dir klagen!
Denn all' meine Lieder umsingen dich,
Mein Herz und Gemüt umschlingen dich,
Möcht ewig nun
An deinem Herzen ruh'n,
Bezwingen dich
Durch meine Liebe zu süßem Vereine,
O sei die Meine!

Und wenn ich ferner dich meiden muß,
Und trennen mich Himmel und Hölle von dir,
Gewähre du mir
Nur einen Kuß
Von deinem seligen Munde,
Damit ich gesunde!
Mit deinen Armen umstricke mich,
Mit deinen Küssen ersticke mich
Ein einziges Mal,
Mit aller Lust und Qual
Beglücke mich!
Dann wandle sich alles in Trümmer und Scherben,
Dann will ich sterben!

Friedrich Nietzsche an Mathilde Trampedach

Genf, den 11. April 1876

Mein Fräulein! Sie schreiben heute abend etwas für mich, ich will auch etwas für Sie schreiben. – Nehmen Sie allen Mut Ihres Herzens zusammen, um vor der Frage nicht zu erschrecken, die ich hiermit an Sie richte: Wollen Sie meine Frau werden? Ich liebe Sie, und mir ist es, als ob Sie schon zu mir gehörten! Kein Wort über das Plötzliche meiner Neigung! Wenigstens ist keine Schuld dabei, es braucht also auch nichts entschuldigt zu werden. Aber was ich wissen möchte, ist, ob Sie ebenso empfinden wie ich – daß wir uns überhaupt nicht fremd gewesen sind,

Nietzsche (1844–1900) schrieb diesen Brief an die Holländerin Mathilde Trampedach während seiner Baseler Professorenzeit. Das Mädchen lehnte freundlich ab. Bräutigam wurde der ins Vertrauen gezogene gemeinsame Freund von S.

keinen Augenblick! Glauben Sie nicht auch daran, daß in einer Verbindung jeder von uns freier und besser wäre, als er es vereinzelt werden könnte. Wollen Sie es wagen, mit mir zusammen zu gehen als mit einem, der recht herzlich nach Befreiung und Besserwerden strebt? Auf allen Pfaden des Lebens und des Denkens?
Nun seien Sie freimütig und halten Sie nichts zurück. Um diesen Brief und meiner Anfrage weiß niemand als unser gemeinsamer Freund von S. Ich reise morgen um 11 Uhr mit dem Schnellzuge nach Basel zurück, ich muß zurück: meine Adresse für Basel lege ich bei. Können Sie auf meine Frage ja! sagen, so werde ich sofort Ihrer Frau Mutter schreiben, um deren Adresse ich Sie dann bitten würde. Gewinnen Sie es über sich, sich schnell zu entschließen, mit ja: oder nein – so trifft mich ein briefliches Wort von Ihnen bis morgen um 10 Uhr Hotel Garni de la Poste. Alles Gute und Segensvolle für immerdar Ihnen wünschend

Friedrich Nietzsche

Die Lieb', die deinem Hause naht

Friedrich Willibald Wulff (1837–1898)

Die Lieb', die deinem Hause naht,
Von aller Welt gesehn,
Die weise ab von deiner Tür,
Und heiß sie weitergehn.

Die Lieb' jedoch, die in der Nacht,
Im Sturme zu dir flieht,
Die lasse ein, doch still, so daß
Sie niemand kommen sieht.

Hans Freiherr von Bülow an Marie Schanzer

Meiningen, 23. Mai 1882

Ach, Geliebte, wenns Dir möglich ist, teile und stärke meinen Glauben an eine übermenschliche, an eine höhere Intervention in meinem Leben! Es hat dieser Glaube ein so Tröstendes über die Vergangenheit, ein so Ermutigendes für die Zukunft. Laß mich keinen abgedroschenen Gemeinplatz sagen, wenn ich Dich meinen Engel nenne!

Habe ich Dir schon erzählt, daß mir Brahms heute geschrieben hat, aus freien Stücken? Das kommt selten vor – darauf kann ich mir was einbilden. Aus Christiania hatte ich ihm zum Geburtstage gratuliert – per Draht natürlich, nicht weils effektvoller, sondern weil ich meine Feder für Deinen Dienst zu reservieren hatte. Ich gebe Dir seinen Brief als eine Kostbarkeit.

Was ich von Brahms halte, weißt Du: nach Bach und Beethoven der Größeste, der Erhabenste unter allen Tondichtern. Seine Freundschaft halte ich nach Deiner Liebe für mein wertvollstes Gut. Sie bezeichnet eine Epoche in meinem Leben, sie ist eine moralische Eroberung. Ich glaube, kein Musikerherz in der Welt – selbst das seines ältesten Freundes Joachim nicht – empfindet so tief, hat sich so tief in die Tiefen seines Geistes eingetaucht wie das meinige. Oh seine Adagios! Religion!

Bülow (1830–1894), der Pianist und Kapellmeister, war in erster Ehe mit Cosima Liszt verheiratet, die später Wagners Frau wurde. Marie Schanzer (1857–1941) stammte aus Wien und wurde Bülows zweite Frau.

Dein Wesen ist Enthusiasmus wie auch das meinige. Die Rezensentenbosheit, mit der ich so viel „aufwarte“, ist nur die Kehrseite, die natürliche Ergänzung. Als Weib hast Du das Privileg, dieses Revers entbehren zu können. „Ihr“ (d. h. für mich lediglich Du) habt die Schwingen; bei uns, die wir im Kampfe sie schonen müssen, erscheinen sie, wenn vorhanden, häufig in ein Futteral eingepackt, das genauso aussieht wie ein Buckel. Bucklige sind aber bekanntlich boshaft. Hinkt dies Gleichnis? Das tun sie alle. Ich könnte es übrigens besser formulieren. Doch nein – versuch Du's. Ich möchte Dich so gern zur Mitarbeiterin gewinnen. Du hast einen großen Vorrat von Anmut und Geschmack, dessen Umfang Dir selber noch gar nicht zum Bewußtsein gelangt ist. Gar häufig begegnet mir in Deinen Briefen ein Wort, eine Wendung, die ganz einzig, ganz individuell sind und mich deshalb entzücken, mit freudigem Stolze erfüllen...

Meine Tochter – sprechen wir lieber jetzt nicht von ihr. Du wirst sie, so Gott will, kennenlernen. Das ist ein wunderbares Wesen! Für die wäre mir kein mir bekannter Mann innerlich vornehm genug. Die Beziehungen zwischen ihr und mir sind eigentlich metaphysischer, übernatürlicher Art. Ich glaube in ihr mein bestes Teil zu erkennen, mich selbst gewissermaßen als ihren Zerrspiegel. Wenn jemand unsere Verbindung zu segnen hätte, so wäre sie, sie es allein!...

Sonntag abend, 16. Juli 1882

Marie!

Ich habe im heutigen Briefe etwas wichtiges zu sagen vergessen – nicht das erste Mal – ich glaube auf all den letzten Bogen war es ebenfalls zu vermissen. – Hast Du's vermißt. – Aber doch nichts verloren geglaubt, nur „verlegt“? Ich habe Dir lange, so kommt es mir vor, gar nichts davon gesagt, daß ich Dich immer, unausgesetzt und grenzenlos – liebe, daß alles was ich an Herz besitze, Dein, Dir leidenschaftlich ergeben ist. Heute ist Sonntag – ich darf Dir das Geständnis meiner Liebe wieder erneuern, die ja, wie wir es unter uns ausgemacht haben, kein Wochentagsartikel zum trivialen Gewohnheitsgebrauch sein soll, sondern ein Feiertagsgegenstand, kein Repertoirestück sondern ein Festspiel. Könntest Du jetzt in meinen Blicken lesen, die auf Deine mir so ungenügenden Bilder geheftet sind, Du würdest nicht daran zweifeln, wie untrennbar Du mir in die Seele gewachsen bist. Ja, ich liebe Dich!

Und glaube nur ja nicht, daß die Gegenliebe, die Du mir gewährst – mein kostbares Eigen jetzt und für den Rest meines Lebens – meine Empfindung für Dich dämpft und schwächt. Nein! Liebtest Du mich nicht, ich hätte den Landsturm meiner Willenskraft aufgeboten, Dich mir aus dem Sinn zu schlagen, und wer weiß, ob es mir nicht hätte glükken mögen. Deine Gegenliebe bestärkt mich aber aufs feurigste in meiner Leidenschaft für Dich, der ich mich ohne jede Verstandesbangigkeit hingeben kann, weil ich sie als erwidert für eine Naturnotwendigkeit, für ein himmlisches Fatum anerkennen muß.

Und doch! Liebst Du mich wirklich wieder? Bin ich denn liebenswürdig genug? Hast Du Dir's nicht in den Kopf gesetzt, Du müßtest, wollest mich lieben, hast Dich darauf kapriziert, willst es durchsetzen – aus Charakter, gewissermaßen aus point d'honneur? Oder liebst Du nur die Liebe, und mich für Liebe eigentlich so unqualifiziertes Individuum nur deshalb, weil ich Dir mit der Standarte dieses allmächtigen Begriffes zur rechten Stunde in den Weg getreten bin? Denke nach, meine Teure, zu Deinem eigenen Heile, ob Du mich nicht durch das von Dir gespendete Gefühl verklärst, verschönerst, veredelst – und ob nicht, wenn Du einmal aus Deiner Selbstbezauberung erwachst, eine entsetzliche Ernüchterung sich Deiner bemächtigen könnte?

Du sollst ganz Herrin über mich sein, so weit ich selbst Herr über mich bin; ich freue mich auf alle Deine Willensregungen und werde mich ganz als Dein Eigentum zu benehmen suchen. Du bist so reich – ein Lächeln von Dir, ein Ausdruck der Zufriedenheit, das ist so lohnend, so ermutigend, – man möchte Dir alles zu Liebe tun, Neues erfinden, Dir Unbekanntes hervorsuchen, um Deinen Beifall zu gewinnen: Ach, ich möchte ein anderer, besserer Kerl sein, Dir zu – dienen. Möchtest Du nicht zu häufige, nicht zu herbe Enttäuschungen mit mir durchzumachen haben.

Karl Stauffer-Bern an Lydia Escher

6. April 1890

Liebe Lydia!

Am grünen Donnerstag war ich in Rom und erkundigte mich bei dem Direktor des Irrenhauses über Dein Befinden. Er teilte mir mit, daß Du zufrieden mit Emil irgendwohin gereist seiest. Es war das die erste Nachricht, die ich über Dich einzuziehen imstande war seit meiner Verhaftung. Du weißt am besten, was Dir frommt, und es steht mir nicht zu, über Dich zu richten. Hast Du mich aber verraten, so magst Du verantworten, was Du getan hast. Du weißt wohl, daß Du das einzige Weib

Die Liebe zu Lydia Escher war im Leben des vielseitigen Karl Stauffer-Bern (1857–1891) einem Maler, Graphiker, Bildhauer und Dichter, ein tragisches Kapitel.

bist, welches ich je liebte, und daß meine ganze Kraft, seit ich Dich kenne, nur auf Deiner moralischen Unterstützung fußte – und alles, was ich tat, nur geschah, um Dir zu gefallen. Du weißt auch, wie ich das Menschenmögliche tat, um der Versuchung zu widerstehen, daß Du nicht nur mich, auch meine ganze Familie unglücklich machst, vernichtest, meine Mutter, meine Geschwister, wenn Du mich verläßt. Du hast mich zerbrochen, mein Herz, meine Kraft, alles, alles. Habe ich Das verdient? In Ketten und Fesseln, in Schande und Krankheit dacht ich nur meine Liebe. Ist es möglich, hast Du wirklich kein Herz? Du weißt wohl, daß ich unschuldig bin an den unerhörten Verbrechen, deren man mich beschuldigt. Willst Du mich völlig vernichten, bitte, mach' die Sache kurz. Du hast mit einem reichen Leben voll Feuer und Liebe gespielt und es zerstört. Ach, ich kann es immer noch nicht glauben, Du kannst mich nicht zertreten wollen, denke, Er wird einst meine Seele von Dir fordern.
Du kennst mich ganz, ich liege vor Dir wie ein offenes Buch. Mach' ein Ende, so oder so. Ich will alles ertragen, sage mir meinetwegen, daß Du Dich in Deinen Gefühlen für mich getäuscht, aber gib nicht zu, daß ich in Schande untergehen muß. Ich habe ja nie gewagt, Dich mein zu nennen, ich war glücklich in Deiner Nähe; das Bewußtsein, eine Seele zu besitzen, die mich wirklich liebt, wie eine Schwester liebt, hätte mir für mein ganzes Leben genügt. Du wolltest es anders und hast mich damit zu Grunde gerichtet. Alles, jede Hoffnung, jede Lust, alles, alles, ist hin, vorbei, alles.
Bevor ich mich dessen entledige, was für mich ohne Deine Liebe und Freundschaft keinen Wert mehr hat, möchte ich von Dir noch zwei Zeilen, es ist so wenig, was ich fordere, gewähr's mir.
Du kannst mein Verderben nicht wollen; es ist unmöglich, unmöglich.
Ich kann nicht mehr. Dein Carl

Zwei

Gustav Falke (1853–1916)

Drüben du, mir deine weiße
Rose übers Wasser zeigend,
Hüben ich, dir meine dunkle
Sehnsüchtig entgegenneigend.

In dem breiten Strome, der uns
Scheidet, zittern unsre blassen
Schatten, die vergebens suchen
Sich zu finden, sich zu fassen.

Und so stehn wir, unser Stammeln
Stirbt im Wind, im Wellenrauschen,
Und wir können nichts als unsre
Stummen Sehnsuchtswinke tauschen.

Leis, gespenstisch, zwischen unsern
Dunklen Ufern schwimmt ein wilder
Schwarzer Schwan, und seltsam schwanken
Unsre blassen Spiegelbilder.

Gustav Freytag an Ilse

Wiesbaden, 1. April 1890

Liebe, liebe Ilse, geliebtes Leben!
Den holden Gruß der Geliebten vom Sonntag erhielt ich heut 8 Uhr und eile, darauf zu antworten. Dieser Zettel kommt an einem Tage, wo die Geliebte übermäßig in Anspruch genommen ist. Sie braucht nichts, was darin steht, lesen als das eine, daß ich selig wäre, wenn ich neben Ilslein stehen könnte mit verklärtem Gesicht und Ringwechsel. Und gerade herausgesagt, jedoch in höchstem Vertrauen: das gesamte Männervolk, wie es auf Erden wandelt, besteht aus Dummteufeln. Wären Sie klüger und hätten sie Augen, so würden sie sämtlich keine andere als mein Ilslein lieben, wählen und begehren. Es gibt viele, denen diese Wahrheit zuweilen aufdämmert, und mir bleibt nur die inbrünstige Bitte an das Schicksal, daß die Halbheit und Unschlüssigkeit ihnen erhalten bleibe. Denn mein Leben wäre sonst ein unablässiges Hauen und Niederschlagen. Als klarer, murmelnder Quell begann's. Jetzt ists ein mächtiger Strom geworden, der über alle Acker meines Lebens dahinfluten will und gar nicht mehr in seinen Ufern zu halten ist. Und wenn ich mich verwundert frage, wie das gekommen ist, so merke ich nur, es war dieses Leibliche und dieses Seelische und dieses Geistige, alles zusammen Ilse, mein prächtiges, holdes, warmherziges, kluges Weib, zu der ich in Leidenschaft und in Andacht von meinen Knien aufblicke, die ich an meinem Herzen festhalte und die ich mit beiden Händen am Haupt festhalte, ihr die Stirn zu küssen. Wenn sie die Zeilen liest, legt sie ihr Staats-

Ein erfrischender Brief an die Altersliebe des Schriftstellers Gustav Freytag (1816–1895).

kleid an. Wie reizend und schön sie aussieht, ahne ich nur. Das ist an diesem Tage mein Kummer. Aber im geheimen soll mein Weib in ihrem Schmuck doch denken, daß sie ihn auch für mich trägt, und ich flehe, daß sie mich, den unsichtbaren, an ihre Seite denke und ihr Haupt an meine Schulter, meine Hand segnend auf ihrem Scheitel. Ihr möchte ich die Unsterblichkeit bereiten, soweit diese dem Menschen auf Erden vergönnt ist, und ihr Wesen, ihre Gestalt möchte ich kommenden Geschlechtern lieb und vertraulich machen. Die Geliebte, die Freundin, das Weib eines Dichters, des trotzigsten, der jetzt im Lande lebt, ist die Ilse. Ach, geliebte Ilse, in goldenen Wolken schweben wir. Unser Reich ist nicht von dieser Welt. Dennoch trage Deinen Nacken gehoben; denn wir sind im Reiche der Geister gefürstet. – Denke immer mein, wie ich am Festtage Deiner gedenke! Guten Tag, Ilse! Von guter Vorbedeutung sei der Festtag auch für uns beide.

Ild.–G.

Brautlied

Isolde Kurz (1853–1944)

Glieder bei Gliedern gelöst,
Schlaf in die Lider geflößt,
Herzen, die ruhiger pochen,
Und kein Wort mehr gesprochen,
Nur in befriedigter Brust
Eins noch des andern bewußt.

Lippen, die küßten sich wund,
Küßten die Herzen gesund,
Weg das Siechen und Sehnen,
Seufzer und Küsse und Tränen.
Liebe ward wieder ein Kind,
Schuldlos, wie Selige sind.

Horch und die Glocke erscholl,
Mahnt, daß die Stunde nun voll.
Leicht wie Flaum ist das Leben,
Das sich der Liebe gegeben.
Sterne, o neiget den Blick
Auf ein vollkommnes Geschick!

Droben rudert ein Schwan
Milchweiß schimmernde Bahn,
Hell das Gefieder von Sternen
Zieht er durch himmlische Fernen,
Rudert nach Traumland voraus,
Sucht der Glückseligen Haus.

Weile, du goldener Schwan.
Stunde, den Flügel halt an.
Über dem bräutlichen Dache
Leis beziehet die Wache.
Bleibt in der Sel'gen Revier –
Traumland und Glücksland sind hier.

Glückes genug

Detlev von Liliencron (1844–1909)

Wenn sanft du mir im Arme schliefst,
Ich deinen Atem hören konnte,
Im Traum du meinen Namen riefst,
Um deinen Mund ein Lächeln sonnte –
Glückes genug.

Und wenn nach heißem, ernstem Tag
Du mir verscheuchtest schwere Sorgen,
Wenn ich an deinem Herzen lag
Und nicht mehr dachte an ein Morgen –
Glückes genug

Rudolf Diesel an seine Frau Martha, geb. Flasche

Augsburg, 3. Juli 1895

Mein geliebtes Weib!
Einen Abschiedsgruß sollst Du doch noch haben, mit der Versicherung, daß ich Dich liebe, mich nach Dir sehne und Dir, sobald ich nur kann, nacheilen werde!
Mein Motor macht immer noch große Fortschritte; ich bin jetzt so weit über allem, was bisher geleistet wurde, daß ich sagen kann, ich bin in diesem ersten und vornehmsten Fache der Technik, dem Motorbau, der Erste auf unserem kleinen Erdbällchen, der Führer der ganzen Truppe diesseits und jenseits des Ozeans. Schwillt Dir nicht die Brust bei diesem Worte? Fast möchte ich selbst stolz werden, wenn ich dazu Anlagen hätte. So aber freue ich mich stillvergnügt, innerlich, ohne Sang und Klang, befriedigt in dem Bewußtsein, daß ich eine nützliche Tat vollbracht und glücklich, daß unsere Zukunft gesichert ist, denn das ist sie jetzt . . .

Der Ingenieur Rudolf Diesel, geb. 1858 in Paris, hatte trotz der Erfindung des nach ihm benannten Motors so große wirtschaftliche Sorgen, daß er sich vom 29. auf den 30. September 1913 das Leben nahm.

Die treue Blume

Hermann Löns (1866–1914)

Vom Himmel ist ein Stern gefallen,
Der dort so freundlich hat gelacht,
Die schönste Blume mußte welken,
Es fiel ein Reif um Mitternacht;
Nun heißt es scheiden,
Ach ja, und meiden,
Ich muß allein
Und einsam sein.

Ich habe einen Strauß gewunden
Von Rosen und Vergißnichtmein,
Damit mein Schatz in fernen Landen
Gedenken soll in Treue mein;
Nun heißt es scheiden,
Ach ja, und meiden,
Ich muß allein
Und einsam sein.

Und wenn die Rosen auch verwelken,
Es blühet das Vergißmeinnicht,
Es blüht die Liebe, es blüht die Treue,
Sie blühen, bis das Herze bricht;
Nun heißt es scheiden,
Ach ja, und meiden,
Ich muß allein
Und einsam sein.

Offenbarung

Angelika von Hörmann (1843–1921)

Ob schüchtern auch dein Mund verhehle,
Was jeder Schlag des Herzens ruft,
In deinem Auge liegt die Seele
Wie auf dem Blumenkelch der Duft.

Sei wie du willst, sei ernst und schweigsam,
Sei kalt wie die Novembernacht,
Dämm' der Gefühle Flut unbeugsam
Zurück in deines Herzens Schacht –

Was frommt's, die Fenster zu verdunkeln
Des Saals, erhellt vom Lichterkranz,
Die kleinste Ritze sagt's mit Funkeln,
Daß drinnen wogt des Festes Glanz.

Die Freude

Ludwig von Hörmann (1837–1924)

An A.

Hoch wogt die Freude in deiner Brust,
Es glühen die blassen Wangen,
Als wäre zur Stund im Herzensgrund
Ein Röslein aufgegangen.

Wie heiter du blickst! wie fröhlich dein Sinn
Weit über des Tages Sorgen
Hinaus sich schwingt und jubelt und singt,
Eine Lerche im blauenden Morgen.

Und wie ich dich seh' so beglückt, da fühlt
Auch mein Herz selig sich wandeln,
Denn lächelt dein Blick, ist froh mein Geschick
Und freudig mein Schaffen und Handeln.

Wie immer du bist, ob traurig ob froh,
Verschwistert sind unsere Lose;
Tief trag' ich bewußt in bangender Brust
Als Dorn dich oder als Rose.

Liebesode

Otto Erich Hartleben (1864–1905)

Im Arm der Liebe schliefen wir selig ein.
Am offnen Fenster lauschte der Sommerwind,
Und unsrer Atemzüge Frieden
Trug er hinaus in die helle Mondnacht.

Und aus dem Garten tastete zagend sich
Ein Rosenduft an unserer Liebe Bett
Und gab uns wundervolle Träume,
Träume des Rausches – so reich an Sehnsucht!

Otto Julius Bierbaum an Bruneti Lotti

Rigi, Sonntag abends, 10. August 1901

Mein Einziges!
Da sitze ich nun hier ohne Dich, aber ich bin doch nicht unglücklich, denn ich fühle so innig, wie kaum je vorher, wie lieb ich Dich habe, und wie sicher und heilsam diese Liebe ist, kein Irrtum und Irrlicht, sondern Wahrheit und Klarheit.
Anfangs habe ich mich in Dein schönes Gesicht verliebt; das werden auch schon andere getan haben, und das muß jedem so gehen, der für Linie und Farbe Augen hat, aber nun geht meine Liebe auf Dein ganzes Wesen, von dem Deine Gesichtszüge nur das schöne Anzeichen sind, und diese Empfindung für Dich als Ganzes kann niemand so haben wie ich. Ich fühle, daß Du von Grund aus gut und klar bist, d. h. keine Falschheit, Bosheit, Schiefheit in Dir ist, und ich glaube, daß Du ein ähnliches Gefühl von mir hast. Ich weiß, daß auch mein eigentliches Wesen gut und klar ist, aber ich habe so viel Schmähliches erlebt, daß oftmals Empfindungen in mir wach werden, die mich an mir selber irre werden lassen, und im allgemeinen ist mein Kern jetzt bitter und nicht süß. Ich war, meine liebe Gemma, unglücklicher als Du fühlen kannst; ich habe überhaupt nicht mehr gelebt außer in den paar Augenblicken,

Dieser Brief von Bierbaum (1865–1910) an Bruneti Lotti steht mit am Anfang der Beziehung zwischen „Gemma" und dem Verfasser von Romanen und Gedichten.

wo ich dichtend mir ein Leben vorspielte; alle andere Zeit war entweder Dumpfheit oder Betäubung. Seitdem ich Deine Liebe habe (ach, ich wage manchmal noch immer nicht, daran zu glauben), beginne ich wieder zu leben; und ich will, will, will glauben, daß das nicht bloß ein Beginn bleiben soll. Freilich wirst Du, Du Liebe und Gute, oft Geduld mit mir haben müssen, denn es kann nicht ausbleiben, daß Rückfälle eintreten, und die Wunden der Seele heilen langsamer als die des Körpers, aber ich habe die getroste Zuversicht in Dich, daß Du liebevolle Kraft genug dazu haben wirst. Fürchte Dich nicht! Ich rede nur davon, weil mich der Gedanke bedrückt, daß Momente kommen könnten, wo Du an mir zweifeln könntest, aber ich hoffe, daß ich alle Anfechtungen überwinden und nicht mehr in diese Stimmungen verfallen werde, in denen ich selber an mir verzweifle. Nein, es wird alles gut gehen, Liebste; Du hast schon Wunder an mir getan und wirst solche Wunder noch mehr tun. Du bist wirklich eine Fee für mich und mein guter Genius.
Eben erhalte ich die gute Botschaft, daß Deine Brüder einverstanden sind. Ich freue mich von ganzem Herzen darüber, habe aber nie daran gezweifelt, denn wie hätten sie anders entscheiden können, da sie Dich ja so lieben. Nun wollen wir aber alles so schnell als möglich betreiben, denn ich sehne mich mit ganzer Inbrunst darnach, mit Dir vereint zu werden.
Ich küsse Dich, mein schönes Glück, so von Herzen, als es ein Mensch vermag, der voll Liebe und Dankbarkeit ist, und bin aus ganzer Seele und immer
Dein Giulio

Sehnsucht

Ricarda Huch (1864–1947)

Um bei dir zu sein,
Trüg ich Not und Fährde,
Ließ ich Freund und Haus
Und die Fülle der Erde.

Mich verlangt nach dir,
Wie die Flut nach dem Strande,
Wie die Schwalbe im Herbst
Nach dem südlichen Lande.

Wie den Alpsohn heim,
Wenn er denkt, Nachts alleine,
An die Berge voll Schnee
Im Mondenscheine.

Ludwig Thoma

An Marion

München, 4. September 1905

Süßer Liebling, mein liebster Schatz!
Ich muß ein paar Zeilen an Dich schicken, denn ich meine, wenn Du mich nur halb so liebst wie ich Dich, dann freuen Dich auch ein paar Worte. Und wenn sie auch nichts enthalten, als die Versicherung: »Ich habe Dich lieb. Ich kann den Tag nicht erwarten, wo Du mir gehörst.« Ich folge Dir mit meinem Auge in Berlin, ich sehe Dich alte Bekannte grüßen. Ich weiß ja, daß es nicht mehr sein wird, aber schon der Gedanke, daß andere dies glauben, quält mich. Und muß mich quälen bis zu dem Augenblick, wo ich Dich in meine Arme nehme für immer. O Liebling, süßer zarter Liebling, nimm Dich in acht vor meinem Kusse, daß ich Dich nicht totdrücke, wenn ich Dich wiedersehe. Noch vier Tage! Leb wohl! Du! Mein Herz brennt, und so viele Flammen schlagen heraus nach Dir. Ich küsse Dich tausendmal und noch einmal. Du!

Immer Dein Ludwig

Leise Lieder …

Christian Morgenstern (1871–1914)

Leise Lieder sing ich dir bei Nacht,
Lieder, die kein sterblich Ohr vernimmt,
Noch ein Stern, der etwa spähend wacht,
Noch der Mond, der still im Äther schwimmt;

Denen niemand als das eigne Herz,
Das sie träumt, in tiefer Wehmut lauscht,
Und an denen niemand als der Schmerz,
Der sie zeugt, sich kummervoll berauscht.

Leise Lieder sing ich dir bei Nacht,
Dir, in deren Aug mein Sinn versank,
Und aus dessen tiefem, dunklen Schacht
Meine Seele ewige Sehnsucht trank.

Wandlung

Joseph Schrattenholz (1847–1909)

Im kühlen, lachenden Monat Mai,
Von jungem Grün umgeben,
Da saß ich mit dir, mein Leben,
Im stillen, lauschigen Gartenhaus
Und über uns rauschte der Regen.

Wie war so frisch das zarte Laub!
Die Vögel, wie hell sie sungen!
Die Hände innig verschlungen,
Die Wange an Wange, so saßen wir
Und über uns rauschte der Regen.

Am schwülen, düsteren Sommertag,
Das Laub fiel von den Zweigen,
Da saß ich in finsterem Schweigen
Am selben Platz, im selben Haus,
Und über mir rauschte der Regen.

Das ist dasselbe Haus nicht mehr,
Das sind auch andere Bäume,
Gedanken, Worte und Träume!
Die Hand ist leer, die Wange kalt,
Und über mir rauschet der Regen.

Mädchengebet

Agnes Miegel (1879 – 1964)

Ich bitte dich, Herrgott, durch Christi Blut,
Bewahr' mir meinen lieben Liebsten gut!

Ich bitte dich, Herrgott, aus Herzensgrund,
Daß mich mein Liebster küßt auf meinen Mund!

Kniefällig bitt' ich dich, bei meiner Seligkeit,
Gib, daß er stirbt, wenn er ein' andre freit.

Gruß

Richard Dehmel (1863–1920)

Schlaflos lieg ich, wie im Fieber
Starr ich in ein Schattenmeer:
Endlich glänzt vielleicht ihr lieber
Augenstern darüber her.

Endlich – und zwei Seelen brächten
Solchen Gruß sich durch die Welt,
Wie aus hohen Sommernächten
Stern zu Stern vom Himmel fällt.

Richard Dehmel an seine Frau

Genf, 7. August 1910

...Heut fühle ich geradezu körperlich, wie schweigsam die liebe Seele wird, wenn sie sehr viel zu sagen hat. Ich möchte die ungeheuren Schneekissen des Hochgebirgs vor Dir ausbreiten und Dich hineinstrekken zu mir, nichts als die heiße blaue Himmelsglocke über uns, und stumm mit Dir sterben. In dem Hotel, wo Napoleon frühstückte, hat ein Engländer im Gästebuch als sein natif-land »The World« eingeschrieben und dahinter die Bemerkung gesetzt: »I am afraid to come home in the dark«. Charles Simon lachte, als wir es lasen, mich hat es bodenlos erschüttert. Der Mann kam von den Bergen, ich stieg hinauf; auch Bonaparte war hinaufgestiegen, bis er hinabstieg »home in the dark«. Ich habe ein paar Minuten allein in dem zerrissenen Lehnstuhl gesessen, der dort zum Andenken an den Welterschütterer aufbewahrt wird; was mir da alles durch Leib und Seele ging, das könnte ich nicht aussprechen, und wenn alle Dichter aller Völker und Zeiten ihren Geist in mir zusammentäten. Ich habe geweint wie nie zuvor.

Ja mein einziges Herz, das mit mir fühlt, soweit es menschenmöglich ist, laß uns selig sein in dem Gedanken: Unser Leben ist ein Kampf um den Geist! Um den Geist der Liebe, der alles zusammenhält, was wir mühsam in Zeichen und Worte zerlegen! Und jedem, der ebenso liebreich kämpft, wollen wir uns verschwistert fühlen, auch wenn er vielleicht etwas eitler sich abmüht...

Dehmel, geb. 1863, aus der Mark, ist besonders als Lyriker hervorgetreten; er war auch ein ausgezeichneter Alpinist, bestieg 1913 den Montblanc, dem Volke verbunden nahm er mit über fünfzig Jahren am Weltkrieg als Freiwilliger teil, gest. 1920. I am afraid...: »Mir graut es davor, heimzukehren in das Dunkel.«

Sehnsucht

Alfred Friedmann (1845–1923)

Es standen noch die Stoppeln
Vom letzten Ährenjahr,
Als schon die gold'ne Primel,
Ein Lenzgruß, sichtbar war.

Es hingen noch die Nester
Im winterkahlen Baum,
Als schon die Frühlingsstimmen
Durchschwirrten öden Raum.

Es deckten Leichentücher
Noch schneeig Feld und Moor,
Da brachen schüchtern Veilchen
Schon ahnungsvoll hervor.

Es zittert an den Ästen
Noch manch' vergilbtes Blatt,
Da waren schon die Knospen
Des Winterschlafes satt.

Ein holder Liebesfrühling
Brach einst für mich herein,
Soll nur in meinem Herzen
Kein Liebeslenz mehr sein?

Das Mädchen spricht:

Lulu von Strauß und Torney (1873–1956)

1

Ich hab' nicht gebetet seit jenem Tag,
Da ich dem Liebsten im Arme lag.

Wohl falt' ich die Hände am Abend spät –
Sein Nam' ist Segen und Nachtgebet.

Wohl rufen die Glocken am Sonntag früh, –
In seligem Sinnen vergeß ich sie.

Und dennoch ist mirs so fromm zu Sinn,
Als ob ich dem Herrgott ganz nahe bin!

2

Und trät heut der Tod zu mir daher,
Ich glaub', er machte mir das Herz nicht schwer!

In eines stillen Abends Dämmergraun
Müßt' er mir leise in die Türe schaun,

Ich hört' ihn wohl, doch säh ich mich nicht um –
Und zög er mich in seine Arme stumm,

Dann schlöss' ich süß erlöst die Augen zu
Und dächte lächelnd: Liebster, das bist du . . .

Die Raben schreien

Max Dauthendey (1867–1918)

Die Raben schreien wie verwundet
Und prophezeien Nacht und Not.
Der Frost hat jede Tür umstellt
Und der Hungerhund bellt.
Wir halten uns immer enger umschlungen,
Im Küssen fanden wir noch kein Wort,
Die Lerchen haben sich tot gesungen
Und Wolken wälzten den Sommer fort.
Doch dein Haupt, das in meinem Arm sich wiegt,
Weiß nicht mehr, wo die Erde liegt.

Du

Richard Schaukal (1874 – 1942)

Wie aus tiefen Wäldern bist du,
Wo keine schweren Menschen gehen.
Wie in der Waldquelle
Seh ich mich rein und wahr in dir.
Ich bin ein heißer unzufriedener Mensch
Mit einem herrischen Kinderherzen.
Tau liegt auf meinen Haaren aus den Nächten der Sehnsucht,
Meine Hände zittern nach Glück.
Und meine Seele kann fliegen
Hoch über den Tagen:
Ich seh ihr nach und staune,
Lächle und weine.
Manchmal aber bin ich wie ein König . . .
Und alles ist dein,
Dein ward es ohne Schenken,
Du kamst und es war dein,
Ich bin so sicher, dein zu sein mit allem.

Die beiden

Hugo von Hofmannsthal (1874–1929)

Sie trug den Becher in der Hand
– Ihr Kinn und Mund glich seinem Rand –
So leicht und sicher war ihr Gang,
Kein Tropfen aus dem Becher sprang.

So leicht und fest war seine Hand:
Er ritt auf einem jungen Pferde
Und mit nachlässiger Gebärde
Erzwang er, daß es zitternd stand.

Jedoch, wenn er aus ihrer Hand
Den leichten Becher nehmen sollte,
So war es beiden allzuschwer:
Denn beide bebten sie so sehr,
Daß keine Hand die andre fand
Und dunkler Wein am Boden rollte.

Lisa Weise an Rainer Maria Rilke

H., im Juli 1919

Ich sollte schweigen und mir genug sein lassen an der Musik Ihrer Lieder, in denen die Süße Chopinscher Nocturnos und die verhaltene Kraft Beethovenscher Largosätze schwingt. Ich sollte schweigen – aber ich würde mir wie beraubt vorkommen und wie um einen großen Verlust trauern, wenn ich dem Impuls, Ihnen zu danken, nicht nachgäbe. Bitte, zürnen Sie nicht!

Ich bin Ihnen seltsam nahe, schon durch Tage und Wochen. Ihre Lieder berühren mich wie etwas Wiedergefundenes. Wenn auch die unlösbaren Fragen und die ungewissen Antworten des Herzens nicht ganz beschwichtigt werden, so wird doch die tiefe Einsamkeit, in der ich mit meinem kleinen Kind hier lebe, durch den reinen Beistand Ihrer Kunst milder und weniger lastend. Und das ist ja unendlich viel.

Lassen Sie mich danken für die »Erfahrungen«, die Ihre Lieder aussprechen und die so viel Tröstungen enthalten, als das Herz anzunehmen willig und würdig ist.

Liebeslied

Rainer Maria Rilke (1875 – 1926)

Wie soll ich meine Seele halten, daß
Sie nicht an deine rührt? Wie soll ich sie
Hinheben über dich zu andern Dingen?
Ach gerne möcht ich sie bei irgendwas
Verlorenem im Dunkel unterbringen
An einer fremden stillen Stelle, die
Nicht weiterschwingt, wenn deine Tiefen schwingen.
Doch alles, was uns anrührt, dich und mich,
Nimmt uns zusammen wie ein Bogenstrich,
Der aus zwei Saiten eine Stimme zieht.
Auf welches Instrument sind wir gespannt?
Und welcher Geiger hat uns in der Hand?
O süßes Lied.

Eifersucht

Else Lasker-Schüler (1869–1945)

Denk' mal, wir beide
Zwischen feurigem Zigeunervolk
Auf der Haide!
Ich zu Deinen Füßen liegend,
Du die Fiedel spielend,
Meine Seele einwiegend,
Und der brennende Steppenwind
Saust um uns!

...Aber die Mariennacht verschmerz' ich nicht!
Die Mariennacht
Da ich Dich sah
Mit der Einen...
Wie duftendes Schneien
Fielen die Blüten von den Bäumen.
Die Mariennacht verschmerz' ich nicht,
Die blonde Blume in Deinen Armen nicht!

Drei Briefe aus dem Zweiten Weltkrieg

Harry Mielert
(geboren 1912, gefallen 1943) an seine Frau

24. August 1943

Ich kann an nichts denken, was außer unserer Liebe ist. Alles begegnet schon nach kurzem Weg dem reißenden Strom meiner Sehnsucht nach Dir. Es ist furchtbar schwer, das Blut und die Seele den Gesetzen des Schicksals zu unterwerfen und sich binden zu lassen wie einen Sklaven, wo es doch so gewiß ist, daß Freiheit, Schönheit, Sinn und Leben nur in der Liebe sein kann! Diesem elenden »Muß« immer wieder zu folgen, kann auf die Dauer nicht zu ertragen sein. Und doch ist es ja die große Leistung aller Liebenden, die Trennung durchzuhalten und aus ihr die schöpferische Kraft sich bilden zu lassen, die uns wieder »auf morgenroten Flügeln« zueinanderzwingt. So lange müssen wir warten, immer den Mächten anheimgegeben und unterworfen. Feiern und ehren wollen wir die hohe Macht der Liebe, die uns immer wieder aus diesem Jammertal einer Knechtschaft die Freiheit bringt...

Dr. Max Aretin-Eggert
(geboren 1905 in Straßburg, gefallen 1944) an seine Frau

In Halle, 31. Oktober 1943

Mein Liebes!...Daß Du bei mir warst auf all meinen Wegen, dort, wo ich in der Zeit zu Hause bin, brauche ich Dir wohl nicht zu versichern. Ich trage Deine Liebe zu mir ernst, verschwiegen und in Sorge um Dich und mich. Meine Liebe zu Dir, liebste Rosemarie, beglückt und bestürzt mich zugleich, weil sich in ihr mir neue Fernen und Weiten eröffnen, die ich bisher nicht gekannt habe.

Eine jede echte und innige Beziehung von Mensch zu Mensch ist so etwas Einmaliges und Einziges, daß es dazu einen Vergleich nicht gibt. Vergleiche sind Brücken, auf denen das Verglichene nur hinkt. Wo aber zwei Menschen, statt nach außen und auf andere zu sehen, nur sich selbst recht geben, ihrer Eigen-Art und ihrem Blute entsprechend, da können sie sich nicht verfehlen, auch dann nicht, wenn sie sich wehe tun müssen.

Ich nehme Dich in die Arme und küsse Dich in dankbarer Freude.

Charlotte Zettler
(geboren 1920, bei einem Luftangriff am 17. April 1945 umgekommen) an ihren Bräutigam

Schwandorf, 8. März 1945

Mein Lieber!
Noch immer habe ich keine Nachricht von Dir, überhaupt erreicht uns die Post nur noch sehr spärlich. Komm nur, wenn es irgend geht, so bald wie möglich kurzerhand her. Auf dem Standesamt erfuhr ich, daß Du wohl außer der Heiratserlaubnis nichts brauchst, weil Du ja aus Deinem Wohnort die Papiere nicht mehr beibringen kannst. Schreib mir nur gleich, ob Du noch etwas benötigst. Wenn Du hier bist, werden wir heiraten und sind Mann und Frau. Man soll es sich jetzt nicht noch schwer machen. Ich möchte so gerne ein Kind, trotz allem. Jetzt hindert mich ja kein Studium mehr. Es soll sein wie eine kleine Knospe, die inmitten von Eis und Schnee das Leben verkörpert. Ich will mit dem Kinde eines der Werkzeuge werden, mit denen die Natur gelassen sagt: Es geht weiter!

Maß der Liebe

Marie Luise Kaschnitz (1901–1974)

Wie du mir nötig bist? Wie Trank und Speise
Dem Hungernden, dem Frierenden das Kleid,
Wie Schlaf dem Müden, Glanz der Meeresreise
Dem Eingeschlossnen, der nach Freiheit schreit.

So lieb ich dich. Wie dieser Erde Gaben
Salz, Brot und Wein und Licht und Windeswehen,
Die, ob wir sie auch bitter nötig haben,
Sich doch nicht allezeit von selbst verstehen.

Und tiefer noch. Denn auch die ungewissen
Und fernen Mächte, die man Gott genannt,
Sie drangen mir zu Herzen mit den Küssen,

Den Worten deines Mundes und die Blüte
Irdischer Liebe nahm ich mir zum Pfand
Für eine Welt des Geistes und der Güte.

Schreiber und Empfänger der Briefe

Antonie Adamberger 394
Marie Gräfin d'Agoult 493
Altdeutscher Liebesbrief (um 1350) 25
Ludwig Anzengruber 586
Max Aretin-Eggert 620
Ernst Moritz Arndt 402
Achim von Arnim 324
Bettina von Arnim 325
Prinzessin Augusta von Sachsen-Weimar 456

Pauline Bassenge 307
Ludwig van Beethoven 302
Magdalene Beheim 60
Marie Behrends 473
Sophie Bernhardi-Tieck 204
Henriette von Bernstorff . . . 438
Johanna Biedermann 388
Otto Julius Bierbaum 610
Otto von Bismarck 556
Helene von Bodenhausen . . . 594
Emma von Bodmann 588
Albrecht von Brandenburg . . 34
Brautbrief 146
Bettina Brentano 322
Clemens Brentano 327,364
Friederike Brion 235
Anton Bruckner 549
Marie Gräfin von Brühl 350
Bertha von Buchau 544
Georg Büchner 489
Lotte Buff 162,259
Hans von Bülow 600
Heinrich von Bülow 409
Gottfried August Bürger . . . 180

Karl von Clausewitz 350
Peter Cornelius 582
Friedrich Creuzer 346

Caroline von Dacheröden . . . 225
Luise von Degenfeld 116
Richard Dehmel 614
Rudolf Diesel 606
Diotima 279
Annette von Droste-Hülshoff . 459

Friederike Ebmann 360
Elise Egloff 547
Erzherzogin Elisabeth, Prinzessin von Württemberg 224
Elisabeth von Österreich . . . 587
Fanny Elßler 219
Lydia Escher 602
Constanze Esmarch 544

Caroline von Feuchtersleben . 285
Johann Gottlieb Fichte 232,241
Doris Finke 579
Karoline Flachsland 165
Friederike Flittner 215
Theodor Fontane 572
Georg Adam Forster 207
Therese Forster 207
Anna Magdalena Francke . . . 124
August Hermann Francke . . 124
Franz von Österreich 224
Franz Stephan von Lothringen 145
Ursula Freher 70
Ferdinand Freiligrath 534
Gustav Freytag 604
Prinz Friedrich Wilhelm . . . 248
Katharina Fröhlich 441

Luise von Gall 524
Carl Friedrich Gauß 312
Judith Gautier 540
Friedrich Gentz 218
Hermann Gilm 501
Junker Glauburg 70
J.W. Ludwig Gleim 156
J. W. von Goethe . . 235, 259, 273, 322
Clementine von der Goltz . . . 300
Joseph von Görres 368
Johann Christoph Gottsched . 141
Maria Grabl 567
Elisabeth Graun-Schwinck . . 218
Fanny Greipl 464
Philippine Griesheim 377
Franz Grillparzer 441
Klaus Groth 579
Sophie von Guetermann 153
Karoline von Günderode . . . 346

Christine Hebbel 510
Friedrich Hebbel 508
Johann Gottfried Herder . . . 165
Jacob Henle 547
Therese Heyne 207
Franszиska von Hohenheim . . 230
Friedrich Hölderlin 270,280
Gabriele von Humboldt 409
Wilhelm von Humboldt 225

Hedwig Lucie von Ilten 128
Jobst Hermann von Ilten . . . 128
Karl Leberecht Immermann . . 504

Karoline Jagemann 367
Johann Friedrich I., der Großmütige 50
Mathilde Kammeritsch 584
Johanna Kapp 564
Herzog Karl August von Weimar 367
Karl Ludwig von der Pfalz . . 116
Herzog Karl von Württemberg 230
Anna Luise Karsch 156
Charlotte von Kathen 403
Gottfried Keller 562
Justinus Kerner 360
Johann Christian Kestner . . . 162
Hans von Khevenhüller 106
Heinrich von Kleist 293,314
Marie von Kleist 314
Friedrich Gottlieb Klopstock . 148
Emma Koch-Heim 577
Josephine Kögler 501
Eva König 169
Theodor Körner 388,394
Margarethe Kuffner 39
Louise Adelgunde Victorie Kulmus 141
Herzog Peter von Kurland . . 182

Josefine Lang 549
Katharina von Lassaulx 368
Johann Anton Leisewitz . . . 174
Nikolaus Lenau 473
Charlotte von Lengefeld . . . 264
Elise Lensing 508
Molly Auguste Leonhardt . . . 180
Gotthold Ephraim Lessing . . 169
Georg Christoph Lichtenberg . 238
Margarete Lichtenberg 238
Gräfin Dorothea Lieven . . . 419
Detlev von Liliencron 594
Franz Liszt 493
Albert Lortzing 571
Prinz Louis Ferdinand von Preußen 342
Otto Ludwig 530
Ludwig II. von Bayern 587
Käthe Luther 45
Martin Luther 45
Ida von Lüttichau 578

Maria Theresia 145
Caroline Mayer 315
Luise von Mecklenburg-Strelitz 248
Dorothea von Medem 182
Philipp Melanchthon, der Jüngere 39
Ida Melos 534
Sophie Mereau 331
Klemens Fürst Metternich . . 419
F.L.W. Meyer 209
Caroline Michaelis 195
Julie Michaelis 468
Harry Mielert 620
Meta Moller 148
Helmuth Graf Moltke 517
Eduard Mörike 475
Kurfürst Moritz von Sachsen . 49
Johanna Motherby 402
Wolfgang Amadeus Mozart . .222,249
Charlotte von Münchhausen . 377
Carl von Mutius 416

Luise Nast 271
Philipp Nathusius 325
Marianne Niemeyer 504
Friedrich Nietzsche 598

Johanna Osthof 312

Jean Paul 285,315
Balthasar Paumgartner 60
Friedrich Christoph Perthes . 251
Karoline Perthes 251
Heinrich Pestalozzi 158

Landgraf Philipp von Hessen . 39
Minna Planer 538
Fürst Pückler-Muskau 447
Johanna von Puttkammer . . . 556

Elise Prinzessin Radziwill . . . 451
Johanna Rahn 232,241
Ferdinand Raimund 424
Luise Rau 475
Minna Reichenbach 327
Alfred Rethel 567
Fritz Reuter 570
Luise Rieter 562
Rainer Maria Rilke 618
Ritterlicher Liebesbrief 30
Karl von Roeder 438
Philipp Otto Runge 307

Anna von Sachsen 34
Margarethe von der Sale 39
Carolyne Fürstin Sayn-Wittgenstein 497
Sophie Seyler 174
Sibylla Herzogin von Sachsen . 50
Gretchen von Speeth 480
Anton Matthias Sprickmann . 184
Marie Schanzer 600
Gerhard von Scharnhorst . . . 247
Joseph Viktor von Scheffel . . 577
Friedrich Wilhelm Schelling . . 195
Albrecht Scheurl 33
Charitas Scheurl 33
Christoph Scheurl 56
Sabina Scheurl 56
Charlotte von Schiller 265
Friedrich von Schiller 262
Karl Friedrich Schinkel 448
Susanne Schinkel 448
August Wilhelm Schlegel . . . 200
Caroline Schlegel 200
Friedrich Schleiermacher . . . 353
Johann Christian Schneiden . . 110
Christian Friedrich Daniel Schubart 188
Levin Schücking 459,524
Clara Schumann 514
Robert Schumann 514
Anna Schultheß 158
Friederike Schultz 241
Karl Stauffer-Bern 602
Charlotte von Stein 260
Adalbert Stifter 464
Theodor Storm 544

Tegernseer Liebesbriefe (1170) 7
Ludwig Thoma 612
Ludwig Tieck 578
Mathilde Trampedach 598
Heinrich von Treitschke . . . 588

Philipp Unzelmann 215
Henriette Vogel 298
Jenny Voigts 184
Christiane Vulpius 275

Antonie Wagner 424
Richard Wagner 538
Wilhelm Waiblinger 468
A.W.E. von Wallenstein, Herzog von Friedland 95
Isabella Herzogin von Wallenstein 95
Karl Maria von Weber 405
Albert von Wedell 381
Otto von Wedell 300
Lisa Weise 618
Friederike Caroline Weißenborn 136
Zacharias Werner 241
Christoph Martin Wieland . . 153
Pauline Wiesel 342
Prinz Wilhelm von Preußen . 456
Henriette von Willich 353
Emilie Winkler 530
Christiane Zettler 621
Luise Gräfin von Zedlitz-Leipe 416
Wilhelmine von Zenge 293
Gottfried Zorn 136

Für die Genehmigung zur Wiedergabe einiger Briefe danken wir u.a. dem Rainer Wunderlich Verlag, Tübingen (aus: KRIEGSBRIEFE GEFALLENER STUDENTEN 1939–1945) und dem Verlag R. Piper & Co., München (aus: DIE STIMME DES MENSCHEN).

Verzeichnis der Lieder und Gedichte nach ihren Verfassern

Hans Assmann von Abschatz (1646–1699)
Bedörnte Rosen 114
Die fremde Regung 118
Die Kuß-Scheue 116
Dietmar von Äist (um 1150–1200)
Es dünket mich wohl tausend Jahr 13
Tagelied 14
Hartmann von Aue (1175–1210)
Dies wären meine schönen Tage 14
Joachim Beccau (1690–1755)
Die Eifersucht in einer Kantata 133
Johann von Besser (1654–1729)
Was frag ich denn darnach . 123
Ludwig Bowitsch (1818–1881)
Junge Liebe 553
Strophen 550
Clemens Brentano (1778–1842)
Der Spinnerin Lied 338
Hochzeitsgesang 313
Gottfried August Bürger (1747–1794)
Das harte Mädchen 193
Der Liebeskranke 184
Gegenliebe 186
Lust am Liebchen 181
Wilhelm Busch (1832–1908)
Buch des Lebens 590
Adelbert von Chamisso (1781–1838)
Der vortreffliche Mantel . . 368
Eid der Treue 357
Ich kann's nicht fassen . . . 363
Küssen will ich, ich will küssen 348
Verratene Liebe 373
Matthias Claudius (1740–1815)
Die Liebe hemmet nichts; sie kennt nicht Tür noch Riegel 155
Gottlieb Sigmund Corvinus (1677–1746)
Der schlimme Traum 131
Daniel von Czepko (1605–1660)
Angst und Hohn der Liebe Lohn 90
Simon Dach (1605–1659)
Hochzeitslied 88
Therese Dahn (1845–1929)
Sehnsucht 576
Max Dauthendey (1867–1918)
Die Raben schreien 617
Richard Dehmel (1863–1920)
Gruß 613
Annette von Droste-Hülshoff (1797–1848)
An 461
Brennende Liebe 455
Junge Liebe 452
Christian Graf Eck (1645–1706)
Die Augensprache 114
Joseph von Eichendorff (1788–1857)
Andenken 384
Das zerbrochene Ringlein . 372
Die Nachtigallen 395
Heimweh 371
Leid und Lust 388
Liebesglück 374
Nachtzauber 384
Gustav Falke (1853–1916)
Zwei 603
Johann Georg Fischer (1816–1890)
Ein Gefangener 540
Im geheimsten Wald 538
Paul Fleming (1609–1640)
An einen Ring 91
Ein getreues Herze wissen . 96
Liebesqual 93
Theodor Fontane (1819–1898)
Barbara Allen 575

Ferdinand Freiligrath (1810–1876)
O lieb, solang du lieben kannst! 507
Alfred Friedmann (1845–1923)
Sehnsucht 614
Emanuel Geibel (1815–1884)
O stille dies Verlangen! . . . 523
O sieh mich nicht so lächelnd an 529
Tage der Sonne 530
Wenn sich zwei Herzen scheiden 532
Johann Wolfgang von Goethe (1749–1832)
Abschied 306
An die Erwählte 337
Das Wiedersehen 299
Der eifersüchtige Knabe . . 311
Der untreue Knabe 214
Die Liebende 321
Erster Verlust 301
Freudvoll und leidvoll . . . 347
Mignon 291
Mit einem gemalten Band . . 203
Nähe des Geliebten 305
Neue Liebe, neues Leben . . 256
Rastlose Liebe 278
Sehnsucht 231
Warum gabst du uns die tiefen Blicke 268
Wechsellied zum Tanze . . . 341
Wonne der Wehmut 246
Johann Christoph Göring
Als er von seiner Liebsten reisen mußte 88
Georg Greflinger (1620–1677)
Über der Liebsten Gegenliebe 106
Julius Grosse (1828–1902)
Sehnsucht 589
Andreas Gryphius (1616–1664)
Auf seine und seiner Ehegeliebten Vermählung . 104
Christian Gryphius (1649–1723)
Falsche Doris, deine Tränen . 120
Karoline von Günderode (1780–1806)
Die eine Klage 326
Die Einzige 335
Überall Liebe 349
Zwei Augen wie Sterne . . . 340
Johann Christian Günther (1695–1723)
Als er der Phillis einen Ring mit einem Totenkopf überreichte 137
Die verworfene Liebe 140
Robert Hamerling (1830–1889)
Du ganz allein 589
Hier in dieser weiten Runde . 592
Täuschungen 591
Otto Erich Hartleben (1864–1905)
Liebesode 610
August Adolf von Haugwitz (1645–1706)
Er verbrennt ihre Briefe und Liebesgeschenke 116
Friedrich Hebbel (1813–1863)
Auf eine Unbekannte 512
Den bängsten Traum begleitet 517
Heinrich Heine (1797–1856)
Der Brief, den du geschrieben 487
Ei, kennt ihr noch das alte Lied 471
Es glänzt so schön die sinkende Sonne 462
Es treibt mich hin, es treibt mich her! 471
Es war ein alter König . . . 462
Ich lag und schlief 474
Mit deinen blauen Augen . . 481
Morgens send ich dir Veilchen 493
Morgens steh ich auf und frage 488
Sorge nie, daß ich verrate . . 484
Was treibt und tobt mein tolles Blut? 457
Heinrich VI. (1165–1197)
Gruß 12
Markgraf Heinrich von Meißen (1234–1288)
Trost 24

Hugo von Hofmannsthal (1874 – 1929)
Die beiden 618
Christian Hoffmann von Hofmannswaldau (1617 – 1699)
An Albanie 108
Auf den Mund 109
Wo sind die Stunden 113
Markgraf von Hohenburg (1190 – 1225)
Dem König folg ich 23
Friedrich Hölderlin (1770 – 1843)
Aus Menons Klage 290
Die Liebe 284
Ja eine Sonne 290
Ludwig Heinrich Hölty (1748 – 1776)
Die Liebe 164
Die Mainacht 161
Ernst Christoph Homburg (1605 – 1681)
Was ist die Liebe 90
Angelika von Hörmann (1843 – 1921)
Offenbarung 608
Ludwig von Hörmann (1837 – 1924)
Die Freude 608
Ricarda Huch (1864 – 1947)
Sehnsucht 611
Johann Georg Jakobi (1740 – 1814)
An die Liebe 157
Marie-Luise Kaschnitz (1901 – 1974)
Maß der Liebe 621
Gustav Kastropp (1844 – 1925)
Minnelied 597
Alexander Kaufmann (1817 – 1893)
Der verbrannte Brief 559
Unter den Linden 552
Gottfried Keller (1819 – 1890)
Ich fühle wohl 584
Trauerweide 560
Via mala! 568
Justinus Kerner (1786 – 1862)
Wie dir, so mir 364
Friedrich Gottlieb Klopstock (1724 – 1803)
Das Rosenband 145
Franz von Kobell (1803 – 1882)
Die Blumen 503
Liebesglück 498
Rachelust 500
Täuschung 521
Träumen 511
Verdruß und Liebessorge . . 506
Konradin (1252 – 1268)
Ein Kind an Jahren 24
Theodor Körner (1791 – 1813)
An die Liebliche 386
Der von Kürenberg (1150 – 1200)
Wenn ich steh alleine 12
Isolde Kurz (1853 – 1944)
Brautlied 605
Else Lasker-Schüler (1869 – 1945)
Eifersucht 619
Nikolaus Lenau (1802 – 1850)
Bei Übersendung eines Straußes 472
Frage nicht 487
Stille Sicherheit 463
Detlev von Liliencron (1844 – 1909)
Glückes genug 606
Conrad Ferdinand Meyer (1825 – 1898)
Die gegeißelte Psyche . . . 590
Hermann Löns (1866 – 1914)
Die treue Blume 607
Agnes Miegel (1879 – 1964)
Mädchengebet 613
Christian Morgenstern (1871 – 1914)
Leise Lieder 612
Eduard Mörike (1804 – 1875)
An die Geliebte 499
Das verlassene Mägdlein . . 486
Frage und Antwort 506
Gesang zu zweien in der Nacht 488
Jägerlied 500
Nur zu! 485
Peregrina 482
Schön-Rohtraut 491
Zu viel 502

Wilhelm Müller (1794–1827)
Der Liebe Morgenröte . . . 431
Einer aus vielen 408
Liebesgedanken 413
Mit dem grünen Lautenbande 408
Vereinigung 418
Vor ihrem Fenster 414
Benjamin Neukirch (1665–1729)
Als er sie das erstemal küßte . 127
Neukirchsche Sammlung
Die gezwungene Liebe . . . 124
Nibelungenlied (um 1200)
Siegfried und Kriemhild . . 13
Novalis (Friedrich von Hardenberg) (1772–1801)
Hätten die Nüchternen . . . 302
Ich sehe dich in tausend Bildern 306
Martin Opitz (1597–1639)
Ach Liebste, laß uns eilen . . 87
An seine Freundin 90
Das Fieberliedlein 92
Einer Jungfrauen Grabüberschrift 93
August Graf von Platen (1796–1835)
Des Glückes Gunst 446
Tristan 454
Rainer Maria Rilke (1875–1926)
Liebeslied 619
Friedrich Rückert (1788–1866)
Böser Wunsch aus Liebe . . 428
Der gescheiterte Kuß 432
Die Liebeszeichen 454
Glückliche Rettung 446
Ich hatte mich entschlossen . 430
Ich liebe dich 432
Ins Auge geblickt 435
Kehr ein bei mir 443
Liebesandacht 444
Meine Freundin 436
Sympathie 435
Adolf Friedrich von Schack (1815–1894)
Das erste Liebeswort 542
Das Geheimnis 532
Die Zeichen 542
Enthülltes Geheimnis 561
Mainacht 536
Maiwonne 535
Strophen 550
Wunsch 554
Richard Schaukal (1874–1942)
Du 617
Joseph Viktor von Scheffel (1826–1886)
Abschied 581
Alte Liebe 576
Liebesrunen 591
Reinmar des Alten Frühlingsminne 573
Johann Scheffler, genannt Angelus Silesius (1624–1677)
Die Liebe, wenn sie neu . . . 112
Johann Hermann Schein (1567–1643)
O Sternen Äugelein 81
Friedrich von Schiller (1759–1805)
An Emma 258
An Minna 217
Der Triumph der Liebe . . . 220
Die Begegnung 240
Die Erwartung 288
Ich bekenne es freimütig . . 277
David Schirmer (1623–1683)
Als seine Marnia gestorben . 108
Joseph Schrattenholz (1847–1909)
Wandlung 613
Gottlieb Stolle (1673–1744)
Als er sie vergebens suchte . 130
Theodor Storm (1817–1888)
Dämmerstunde 585
Der Liebesbrief 524
Der Weg wie weit 554
Die Stunde schlug 569
Hyazinthen 551
Rechenstunde 560
Schließe mir die Augen beide 555
Gottfried von Straßburg (um 1210)
Tristan und Isolde 16
Lulu von Strauß und Torney (1873–1956)
Das Mädchen spricht 616

Andreas Tscherning (1611–1659)
An eine abwesende Buhlschaft 98
An eine Jungfrau, die einen Alten heiratet 100
Ludwig Uhland (1778–1862)
Bauernregel 422
Der Liebesbrief 416
Der Ring 437
Der Schmied 452
Die Abgeschiedenen 417
Die Nonne 422
Die Zufriedenen 429
Erstorbene Liebe 432
Hans und Grete 412
Hohe Liebe 434
Ihr Brief 412
Liebeserklärung 417
Nähe 434
Seliger Tod 430
Untreue 451
Vorabend 444
Wie kann aus diesem Röselein 436
Walther von der Vogelweide (1168–1228)
Die verschwiegene Nachtigall 17
Die Zauberin 19
Mich hat ein Halm gemachet froh 22
Nehmet Fraue diesen Kranz . 18
Georg Rudolf Weckherlin (1584–1653)
An die Marina, ein Rundumb 80
Ihr Herz ist gefroren 83
Küß 78
Christian Weise (1641–1708)
Die künftige Liebste 112
Marianne von Willemer (1784–1860)
Westwind 370
Friedrich Willibald Wulff (1837–1898)
Die Lieb', die deinem Hause naht 600
Julius Wilhelm Zinkgref (1591–1635)
Lied 82
August Wilhelm Zuccalmaglio (1803–1869)
Es fiel ein Reif 470

Von unbekannten Dichtern
Aber meine Liebe nicht . . . 151
Allein ohn' allen Zweifel dein 32
An eine gehaubte Braut . . . 139
Bleib noch, mein lieb Gespiel 20
Dat du myn Leevsten bist . . 130
Der Maie 47
Die Aderlässe 146
Die Brünnlein, die fließen . 22
Die Klage 51
Die Samstag-Nacht 255
Die Sonne scheint nicht mehr so schön 395
Du Beherrscher unserer Sinne 101
Es ist ein Schnee gefallen . . 63
Es wollt ein Mädchen Wasser holen 53
Flattersinn 150
Hab ich Lieb 27
Heimlicher Liebe Pein . . . 392
Ich armes Käuzlein kleine . 59
Ich hört ein Sichlein rauschen 72
Ik weet en Frauken amoreus 56
In meines Vaters Garten . . 129
Jungbrunnen 59
Lebewohl 119
Leichter Sinn 257
Lieben und doch nichts genießen 137
Liebesklage 136
Liebesglück 358
Machs wie du willst 100
Macht der Liebe 339
Nun bin ich einmal frei von Liebesbanden 70
O läg' ich im Grab! 245
Sehnsucht 103
Taglied 26
Tannhäuser 36

Wach auf 46
Wenn der Mai 28
Wenn ich des Morgens früh aufsteh 58
Wie schön blüht uns der Maien 73
Willst du dein Herz mir schenken? 84
Zum Stelldichein 130

Volkslieder
Abschied 396
Abschied von der Geliebten 250
Abschiedslied 522
Ach Gott, wem soll ich's klagen 136
All mein Gedanken 29
Aufkündigung 206
Bei dem Freien ist Gefahr . 126
Bis in den Tod 398
Bitt' um ein kleines Zeichen . 398
Das schwarze Band 179
Der Falsche 393
Die Grausame 282
Die Linde im Tal 211
Die Überraschte 390
Doch treu 173
Dort niedn in jenem Holze . 58
Erklärung 397
Es geht eine dunkle Wolke herein 74
Es ist führwahr ein harte Plag 86
Innsbruck, ich muß dich lassen 34
Kann denn ein Aug' erschauen 43
Kein Ernst 205
Liebesgruß aus der Ferne . . 304
Liebesseufzer 192
Liebestreu 375
Mein jung frisch Herz ist hocherfreut 102
Mein jung frisch Herz ist mir verwundt 65
Mein Lieb ist wie der Morgenstern 138
Mir will die Nacht nicht weichen 44
Mühlrad 78
Nachtlied 105
O Fraue zart und feine . . . 98
Sah ich im Abendreihen . . 76
Schau ich in eure Augen . . 48
Schlaft ihr schon, ihr schönen Augen 269
Seid ihr so stolz von Sinnen . 54
Stille Liebe 278
Traum 385
Unverändert 201
Was gehts die andern an . . 202
Weine nur nicht so sehr . . . 245
Weiß ich ein schönes Röselein 64
Weiß mir ein Blümlein blaue 31
Wenn ich ein Vöglein wär . 118
Wie soll ich es denn tragen . 114
Zum Lachen 342
Zwei Röselein 400
Zwei Wasser 84

Für freundliche Genehmigung zum Abdruck von Gedichten der jeweils in Klammer genannten Autoren sind wir u.a. folgenden Verlagen zu Dank verpflichtet: Claassen-Verlag, Düsseldorf (Marie Luise Kaschnitz), Eugen Diederichs Verlag, Düsseldorf (Lulu von Strauß und Torney), S. Fischer Verlag, Frankfurt/M. (Richard Dehmel), Insel-Verlag, Frankfurt/M. (Hugo von Hofmannsthal, Ricarda Huch, Rainer Maria Rilke, Richard Schaukal), Kösel-Verlag, München (Else Lasker-Schüler), Verlag Albert Langen – Georg Müller, München (Max Dauthendey), Mundus-Verlag, Stuttgart (Isolde Kurz, Agnes Miegel).

Verzeichnis der Gedichte und Lieder nach ihren Überschriften und Anfängen

Aber meine Liebe nicht (Vom Kaiserstuhl) 151
Abschied (Goethe) 306
Abschied (Volkslied) 396
Abschied (Scheffel) 581
Abschiedslied (Volkslied) . . . 522
Abschied von der Geliebten (Aus Würzburg) 250
Ach Elslein, liebes Elslein (Volkslied) 84
Ach Fräulein zart, du bist mein Herz und Leben (Unbekannter Dichter) 100
Ach Gott, wem soll ich's klagen (Volkslied) 136
Ach, könnt ich dich doch lieben (Volkslied) 205
Ach Liebste, laß uns eilen (Opitz) 87
Ach, um deine feuchten Schwingen (Willemer) 370
Ach, wer bringt die schönen Tage (Goethe) 301
Albanie, gebrauche deiner Zeit (Hofmannswaldau) 108
Allein ohn allen Zweifel dein (Liederbuch der Klara Hätzlerin) 32
All meine Gedanken (Lochheimer Liederbuch) . . . 29
Als er der Phillis einen Ring mit einem Totenkopf überreichte (Günther) 137
Als er sie das erstemal küßte (Neukirch) 127
Als er sie vergebens suchte (Stolle) 130
Als er von seiner Liebsten reisen mußte (Göring) 88
Als seine Marnia gestorben (Schirmer) 108
Als sie den Hochgemuten (Nibelungenlied) 13
Alte Liebe (Scheffel) 576
An ... (Droste-Hülshoff) . . . 461
An Albanie (Hofmannswaldau) 108
An deiner Seite so gerne (Schack) 536
Andenken (Eichendorff) . . . 384
An die Erwählte (Goethe) . . . 337
An die Geliebte (Mörike) . . . 499
An die Liebe (Jakobi) 157
An die Liebliche (Körner) . . . 386
An die Marina, ein Rundumb (Weckherlin) 80
An eine abwesende Buhlschaft (Tscherning) 98
An eine gehaubte Braut (Deliciae poeticae) 139
An eine Jungfrau, die einen Alten heiratet (Tscherning) . . 100
An einen Ring (Fleming) . . . 91
An einem Samstag Nacht (Vom Kaiserstuhl) 255
An Emma (Schiller) 258
Angst und Hohn, der Liebe Lohn (Czepko) 90
An Minna (Schiller) 217
An seine Freundin (Opitz) . . 90
Auf eine Unbekannte (Hebbel) 512
Auf den Mund (Hofmannswaldau) 109
Aufkündigung (Volkslied) . . 206
Auf seine und seiner Ehegeliebten Vermählung (A. Gryphius) 104
Aus Menons Klage (Hölderlin) 290

Barbara Allen (Fontane) . . . 575
Bat ich lang' das schöne störrige Adamsrippchen (Rückert) 432
Bauernregel (Uhland) 422
Bedörnte Rosen (Abschatz) . . 114
Bei dem Freien ist Gefahr (Volkslied) 126

Bei meines Buhlen Haupte (Unbekannter Dichter) 57
Bei Übersendung eines Straußes (Lenau) 472
Bis in den Tod (Volkslied) . . 398
Bitt um ein kleines Zeichen (Volkslied) 398
Bleib noch (Unbekannter Dichter) 20
Böser Wunsch aus Liebe (Rückert) 428
Brautlied (Kurz) 605
Brennende Liebe (Droste-Hülshoff) 455
Buch des Lebens (Busch) . . . 590

Cynthia, du güldnes Licht (Venusgärtlein) 105

Dämmerstunde (Storm) 585
Da nachts wir uns küßten, o Mädchen (Chamisso) 373
Das erste Liebeswort (Schack) 542
Das Fieberliedlein (Opitz) . . 32
Das Geheimnis (Schack) 532
Das harte Mädchen (Bürger) . 193
Das Mädchen spricht (Strauß und Torney) 616
Das Rosenband (Klopstock) . 145
Das schwarze Band (Volkslied) 179
Das Veilchen, das ich dir bringe (Kobell) 500
Das verlassene Mägdlein (Mörike) 486
Das war der süßeste der Laute (Schack) 542
Das Wiedersehen (Goethe) . . 299
Das zerbrochene Ringlein (Eichendorff) 372
Dat du myn Leevsten bist (Unbekannter Dichter) 130
Dein Bildnis wunderselig (Eichendorff) 384
Deine Locken laß mich küssen (Scheffel) 581
Dem König folg ich (Markgraf von Hohenburg) 23
Dem Schnee, dem Regen (Goethe) 278
Den bängsten Traum begleitet (Hebbel) 517
Denk' mal, wir beide (Lasker-Schüler) 619
Denkst du der Stunde, als zu zweien (Schack) 535
Der Brief, den du geschrieben (Heine) 487
Der eifersüchtige Knabe (Goethe) 311
Der Falsche (Volkslied) 393
Der gescheiterte Kuß (Rückert) 432
Der Himmel glänzt vom reinsten Frühlingslichte (Mörike) 502
Der Liebe Morgenröte (Müller) 431
Der Liebesbrief (Uhland) . . . 416
Der Liebesbrief (Storm) 524
Der Liebeskranke (Bürger) . . 184
Der Maie (Unbekannter Dichter) 47
Der Ring (Uhland) 437
Der schlimme Traum (Corvinus) 131
Der Schmid (Uhland) 452
Der Spiegel dieser treuen, braunen Augen (Mörike) . . . 482
Der Spinnerin Lied (Brentano) 338
Der Triumph der Liebe (Schiller) 220
Der untreue Knabe (Goethe) . 214
Der verbrannte Brief (Kaufmann) 559
Der vortreffliche Mantel (Chamisso) 368
Der Weg wie weit! (Storm) . . 554
Des Glückes Gunst (Platen) . . 446
Die Abgeschiedenen (Uhland) 417
Die Aderlässe (Vom Kaiserstuhl) 146
Die Augensprache (Eck) . . . 114
Die Begegnung (Schiller) . . . 240
Die beiden (Hofmannsthal) . . 618
Die Blumen (Kobell) 503
Die Brünnlein, die fließen (Unbekannter Dichter) 22
Die Dämmerung war längst hereingebrochen (Hebbel) . . 512
Die Eifersucht (Beccau) 133

Die eine Klage (Günderode) . 326
Die Einzige (Günderode) . . . 335
Die Erwartung (Schiller) . . . 288
Die fremde Regung (Abschatz) 118
Die Freude (L. v. Hörmann) . 608
Die gegeißelte Psyche (Meyer) 590
Die gezwungene Liebe (Neukirchsche Sammlung) . . 124
Die Gleichgültigen (Goethe) . 341
Die Grausame (Volkslied) . . . 282
Die große Königin, Frau Minne (Straßburg) 16
Die Klage (Unbekannter Dichter) 51
Die künftige Liebste (Weise) . 112
Die Kuß-Scheue (Abschatz) . 116
Die Lieb', die deinem Hause naht (Wulff) 600
Die Liebe (Hölty) 164
Die Liebe (Hölderlin) 284
Die Liebe fiel ins Grübchen am Kinn (Rückert) 446
Die Liebe hemmet nichts (Claudius) 155
Die Liebende (Goethe) 321
Die Liebeszeichen (Rückert) . 454
Die Liebe, wenn sie neu ... (Scheffler) 112
Die Linde im Tal (Volkslied) . 211
Die Mainacht (Hölty) 161
Die Nachtigallen (Eichendorff) 395
Die Nonne (Uhland) 422
Die Raben schreien (Dauthendey) 617
Die Samstag-Nacht (Vom Kaiserstuhl) 255
Die soll nicht meine Freundin sein (Rückert) 436
Die Sonne scheint nicht mehr so schön (Unbekannter Dichter) 395
Die Stunde schlug (Storm) . . 569
Dies wären meine schönen Tage (Hartmann von Aue) . . 14
Die treue Blume (Löns) 607
Die Überraschte (Volkslied) . 390
Die verschwiegene Nachtigall (Walther von der Vogelweide) 17
Die verworfene Liebe (Günther) 140
Die Zauberin (Walther von der Vogelweide) 19
Die Zeichen (Schack) 542
Die Zufriedenen (Uhland) . . 429
Dir ist die Herrschaft längst gegeben (Uhland) 451
Doch treu (Volkslied) 173
Dort hoch auf jenem Berge (Volkslied) 78
Dort niedn in jenem Holze (Frankfurter Liederbüchlein) . 58
Drüben du (Falke) 603
Du (Schaukal) 617
Du Beherrscher unsrer Sinnen (Unbekannter Dichter) 101
Du bist die Ruh (Rückert) . . . 443
Du bist ganz einzig in der Welt (Hamerling) 589
Du bist so ein kleines Mädchen (Storm) 560
Du fragst mich (Schack) 532
Du ganz allein (Hamerling) . . 589
Du stellest dich so wilde (Abschatz) 116

Eid der Treue (Chamisso) . . . 357
Ei du angenehmes Weibchen (Deliciae poeticae) 139
Eifersucht (Lasker-Schüler) . . 619
Eifersucht wie quälst du mich! (Beccau) 133
Ei, kennt ihr noch das alte Lied (Heine) 471
Ei, mein Herzchen, ei, mein Schätzchen (Aus Unterfranken) 150
Ein andrer möchte pflügen (Tscherning) 98
Eine leichte Rose in deinem Haar (Kobell) 503
Einen Brief soll ich schreiben (Storm) 524
Einer aus vielen (Müller) . . . 408
Einer Jungfrauen Grabüberschrift (Opitz) 93
Eine Schale des Harms (Hölty) 164
Ein Feuer sonder Feuer, ein lebendiger Tod (Homburg) . . 90

Ein Gefangener (Fischer) . . . 540
Ein getreues Herze wissen (Fleming) 96
Einig süßes Mündelein (Weckherlin) 78
Ein Kind an Jahren (Konradin) 24
Einstens stand mein Herz in Gluten (Scheffel) 576
Ein zärtliches Küßchen (Volkslied) 202
Enthülltes Geheimnis (Schack) 561
Erklärung (Volkslied) 397
Erschrick nicht vor dem Liebeszeichen (Günther) . . . 137
Erster Verlust (Goethe) 301
Erstorbene Liebe (Uhland) . . 432
Er verbrennt ihre Briefe und Liebesgeschenke (Haugwitz) . 116
Es blühet keine Rose (Unbekannter Dichter) 339
Es dünket mich wohl tausend Jahr (Dietmar von Aist) . . . 13
Es fiel ein Reif (Zuccalmaglio) 470
Es geht eine dunkle Wolke herein (Volkslied) 74
Es ging an einem Morgen (Uhland) 437
Es glänzt so schön die sinkende Sonne (Heine) 462
Es hat ein Kind mir diese Nacht (Uhland) 416
Es ist ein Schnee gefallen (Unbekannter Dichter) 69
Es ist fürwahr ein harte Plag (Volkslied) 86
Es kam dein Brief (Kaufmann) 559
Es sang vor langen Jahren (Brentano) 338
Es schneit und eist den ganzen Tag (Keller) 560
Es stand ein Lind im tiefen Tal (Volkslied) 211
Es standen noch die Stoppeln (Friedmann) 614
Es stehen drei Sterne am Himmel (Goethe) 311
Es treibt mich hin, es treibt mich her! (Heine) 471
Es war ein alter König (Heine) 462
Es war ein Knabe frech genug (Goethe) 214
Es waren zwei Königskinder (Volkslied) 375
Es war im Herbst, im bunten Herbst (Fontane) 575
Es wollt ein Mädchen Wasser holen (Unbekannter Dichter) . 53

Fahr hin, verhaßtes Band (Haugwitz) 116
Falsche Doris, deine Tränen (Chr. Gryphius) 120
Fern hallt Musik (Storm) . . . 551
Flattersinn (Aus Unterfranken) 150
Frage nicht (Lenau) 487
Frage und Antwort (Mörike) . 506
Fragst du mich, woher die bange (Mörike) 506
Freudvoll und leidvoll (Goethe) 347
Freund, noch einen Kuß mir gib (Chamisso) 348
Früh, wann die Hähne krähn (Mörike) 486

Gegenliebe (Bürger) 186
Geh' ich von meinem Liebchen (Kobell) 498
Gesang zu zweien in der Nacht (Mörike) 488
Gestern abends in der stillen Ruh (Volkslied) 390
Gestern schienen (Rückert) . . 454
Gestorben war ich (Uhland) . 430
Glaube nit, daß ich dich hasse (Volkslied) 201
Gleich wie der Morgenstern dem Menschen gibt das Licht (Opitz) 90
Gleich wie ein armer Mensch aus irdischem Verstand (Weckherlin) 83
Glieder bei Gliedern gelöst (Kurz) 605
Glückes genug (Liliencron) 606
Glückliche Rettung (Rückert) . 446
Gruß (Heinrich VI.) 12
Gruß (Dehmel) 613

Hab ich Lieb (Unbekannter Dichter) 27
Hand in Hand, und Lipp auf Lippe (Goethe) 337
Hans und Grete (Uhland) . . . 412
Haß, als minus und vergebens (Busch) 590
Hat dir nicht dein Ohr geklungen (Rückert) 435
Hätten die Nüchternen (Novalis) 302
Heimlicher Liebe Pein (Unbekannter Dichter) 392
Heimweh (Eichendorff) 371
Herz, mein Herz, was soll das geben? (Goethe) 256
Hier in dieser weiten Runde (Hamerling) 592
Hoch auf rotem Gefelse (Scheffel) 591
Hoch wogt die Freude in deiner Brust (L.v. Hörmann) . 608
Hochzeitsgesang (Brentano) . 313
Hochzeitslied (Dach) 88
Hohe Liebe (Uhland) 434
Hör ich das Pförtchen nicht gehn (Schiller) 288
Horch, wie still wird es im dunkeln Hain (Lenau) 463
Hörst du nicht die Quellen gehen (Eichendorff) 384
Hyazinthen (Storm) 551

Ich armes Käuzlein kleine (Unbekannter Dichter) 59
Ich bekenne es freimütig (Schiller) 277
Ich bitte dich, Herrgott (Miegel) 613
Ich denke dein beim Strahl der Morgenröte (Körner) 386
Ich denke dein, wenn mir der Sonne Schimmer (Goethe) . . 305
Ich folg dem König, wohin er will (Markgraf von Hohenburg) 23
Ich freue mich der Blumen rot (Konradin) 24
Ich fühle wohl (Keller) 584
Ich ging im Wald spazieren (Volkslied) 400
Ich grüße mit Gesang die Süße (Heinrich VI.) 12
Ich hab die Nacht geträumet (Volkslied) 385
Ich habe genug (Günther) . . . 140
Ich hab ein Liebchen (Eichendorff) 374
Ich habe, Sylvia, dich einmal nur geküßt (Neukirch) 127
Ich hab' nicht gebetet (Strauß und Torney) 616
Ich hatte mich entschlossen (Rückert) 430
Ich hör meinen Schatz (Uhland) 452
Ich hört ein Sichlein rauschen (Unbekannter Dichter) 72
Ich kanns nicht fassen (Chamisso) 363
Ich küsse deine Hand (Volkslied) 282
Ich lag und schlief (Heine) . . 474
Ich saß bei jener Linde (Uhland) 429
Ich liebe dich (Rückert) 432
Ich meine sonst keine (Volkslied) 397
Ich muß ja recht lachen (Volkslied) 342
Ich sah so frei 193
Ich scheide nun (Unbekannter Dichter) 103
Ich sah dich wieder, du stolze Maid (Kastropp) 597
Ich sehe dich in tausend Bildern (Novalis) 306
Ich tret' in deinen Garten (Uhland) 434
Ich wollte, daß du so häßlich würd'st (Rückert) 428
Ihr Brief (Uhland) 412
Ihre Lippen, Wangen, Mund (Göring) 88
Ihr Gedanken haltet ein (Volkslied) 522
Ihr Herz ist gefroren (Weckherlin) 83

Ihr wisset, was für schwere Klagen (Weckherlin) 80
Ick weet en Frauken amoreus (Unbekannter Dichter) 56
Im Arm der Liebe (Hartleben) 610
Im Frühlingsschatten fand ich sie (Klopstock) 145
Im geheimsten Wald (Fischer) 538
Im kühlen, lachenden Monat Mai (Schrattenholz) 613
Im Mittel aller Lust, die Glück und Zeit mir geben (Abschatz) 118
Im Sessel du, und ich zu deinen Füßen (Storm) 585
Im Sommer such ein Liebchen dir (Uhland) 422
Im stillen Klostergarten (Uhland) 422
In den trüben, in den kalten (Lenau) 472
In einem Garten unterm Weißdornzelt (Unbekannter Dichter) 26
In einem kühlen Grunde (Eichendorff) 372
In Liebesarmen ruht ihr trunken (Uhland) 434
In meines Vaters Garten (Unbekannter Dichter) 129
Innsbruck, ich muß dich lassen (Volkslied) 34
Ins Auge geblickt (Rückert) . . 435
In seiner Liebsten Armen (Dach) 88
Ist dieses nun das süße Wesen (Fleming) 93

Ja eine Sonne (Hölderlin) . . . 290
Jägerlied (Mörike) 500
Je höher die Glocke (Müller) . 413
Jetzt kommt die schönste Stunde (Aus Unterfranken) . 358
Jungbrunnen (Unbekannter Dichter) 57
Junge Liebe (Bowitsch) 553
Junge Liebe (Droste-Hülshoff) 452

Kamerad, erhebe dich zum Wandern (Volkslied) 245
Kann denn ein Aug' erschauen (Volkslied) 43
Kann ich im Herzen heiße Wünsche tragen? (Günderode) 349
Kehr ein bei mir (Rückert) . . 443
Kein Ernst (Volkslied) 205
Kennst du das Land, wo die Zitronen blühn (Goethe) . . . 291
Kleine Blumen, kleine Blätter (Goethe) 203
Komm heraus, o du schöne, schöne Braut (Brentano) . . . 313
Küß (Weckherlin) 78
Küssen will ich, ich will küssen (Chamisso) 348

Längst verrauscht sind jene Stunden (Bowitsch) 553
Laß mich schlafen, liebste Seele (Corvinus) 131
Laßt fahren eur Verlangen (Zinkgref) 82
Lebewohl (Unbekannter Dichter) 119
Leichter Sinn (Aus Stuttgart) . 257
Leid und Lust (Eichendorff) . 388
Leise Lieder (Morgenstern) . . 612
Lieben, das läßt sich nicht zwingen (Neukirchsche Sammlung) 124
Lieben und doch nichts genießen (Deliciae poeticae) . . 137
Liebesandacht (Rückert) . . . 444
Liebeserklärung (Uhland) . . . 417
Liebesgedanken (Müller) . . . 413
Liebesglück (Aus Unterfranken) 358
Liebesglück (Eichendorff) . . 374
Liebesglück (Kobell) 498
Liebesgruß aus der Ferne (Volkslied) 304
Liebesklage (Unbekannter Dichter) 136
Liebeslied (Rilke) 619
Liebesode (Hartleben) 610
Liebesqual (Fleming) 93
Liebesrunen (Scheffel) 591
Liebesseufzer (Volkslied) . . . 192
Liebestreu (Volkslied) 375

Liebe Tochter, was klagst du so sehr (Chamisso) 368
Lied (Zinkgref) 82
Lust am Liebchen (Bürger) . . 181

Machs wie du willst (Unbekannter Dichter) 100
Macht der Liebe (Unbekannter Dichter) 339
Mädchengebet (Miegel) 613
Maß der Liebe (Kaschnitz) . . 621
Mainacht (Schack) 536
Maiwonne (Schack) 535
Meine Freundin (Rückert) . . 436
Mein jung frisch Herz ist hoch erfreut (Volkslied) 102
Mein jung frisch Herz ist mir verwundt' (Volkslied) 65
Mein Liebchen soll so sein (Weise) 112
Mein Lieb ist wie der Morgenstern (Volkslied) 138
Mein Schatz, der ist auf die Wanderschaft (Unbekannter Dichter) 392
Mein, was hat dich doch betrogen (Volkslied) 173
Mich hat ein Halm gemachet froh (W.v.d. Vogelweide) . . . 22
Mignon (Goethe) 291
Minnelied (Kastropp) 597
Mir ist, als müßt' ich geh'n und weinen (Schack) 550
Mir leuchten zwei Sterne (Eichendorff) 388
Mir tut's so weh im Herzen! (Bürger) 184
Mir will die Nacht nicht weichen (Volkslied) 44
Mißtrauest, Liebchen, du der flücht'gen Stunde (Chamisso) . 357
Mit deinen blauen Augen (Heine) 481
Mit dem grünen Lautenbande (Müller) 408
Mit einem gemalten Band (Goethe) 203
Möcht wissen, was sie schlagen (Eichendorff) 395
Morgen muß ich fort von hier (Unbekannter Dichter) 119
Morgens send ich dir Veilchen (Heine) 493
Morgens steh ich auf und frage (Heine) 488
Mühlrad (Volkslied) 78
Mund! der die Seelen kann (Hofmannswaldau) 109

Nachdem wir lange gestritten (Kobell) 506
Nach meiner Lieb viel hundert Knaben trachten (Unbekannter Dichter) 51
Nächst, als zugleiche lagen (Opitz) 92
Nachtlied (Venusgärtlein) . . . 105
Nachtzauber (Eichendorff) . . 384
Nähe (Uhland) 434
Nähe des Geliebten (Goethe) . 305
Nehmet, Fraue, diesen Kranz (W.v.d. Vogelweide) 18
Nein, die Augen warten nicht (Eck) 114
Neue Liebe, neues Leben (Goethe) 256
Nimm die Rose von den Dörnern (Czepko) 90
Noch seh' ich sie – umringt von ihren Frauen (Schiller) 240
Nun bin ich einmal frei von Liebesbanden (Unbekannter Dichter) 70
Nun will ich aber heben an (Unbekannter Dichter) 36
Nur zu (Mörike) 485

Ob mir dein Mund, ob deine Wang' auch fehle (Uhland) . . 412
O Brief, o Donnerwort (Schirmer) 108
Ob schüchtern auch dein Mund verhehle (A. v. Hörmann) . . 608
Offenbarung (A. v. Hörmann) 608
O frage nicht, was mich so tief bewegt (Droste-Hülshoff) . . 461
O Fraue zart und fein (Volkslied) 98

Oft hab' ich sehnend geträumt (Kobell) 521
Ohn dich muß ich mich aller Freuden maßen (Unbekannter Dichter) 63
Oh stille dies Verlangen! (Geibel) 523
O küsse mich nicht mit hundert Küssen (Müller) 408
O läg' ich im Grab! (Aus dem Hanauer Land) 245
O lieb, so lang du lieben kannst! (Freiligrath) 507
O Mädchen, durch all' dein Lachen und Singen (Schack) . 542
O sei in keinem Augenblick (Rückert) 444
O sieh mich nicht so lächelnd an (Geibel) 529
O Sternen Äugelein (Schein) . 81
O wär' ich Sturm, wär' ich Orkan (Uhland) 417

Peregrina (Mörike) 482

Rachelust (Kobell) 500
Rastlose Liebe (Goethe) . . . 278
Rechenstunde (Storm) 560
Reine Lieb ists, die nichts zwinget (A. Gryphius) 104
Reinmar des Alten Frühlingsminne (Scheffel) 573
Rosen blühn auf deinen Wangen (Abschatz) 114

Sah ich im Abendreihen (Volkslied) 76
Samstags auf Sonntag (Volkslied) 398
Schad' um das schöne, grüne Band (Müller) 408
Schatz, du bleibst hier, und ich muß fort (Aus Würzburg) . . . 250
Schau ich in eure Augen (Volkslied) 48
Scheid' oder bleib' (Fischer) . . 540
Schlaflos lieg ich (Dehmel) . . 613
Schläfst du noch, mein Leben? (Dietmar von Aist) 14
Schlaft ihr schon, ihr schönste Augen (Volkslied) 269
Schließe mir die Augen beide (Storm) 555
Schon prangt im Silbertau die junge Rose (Mörike) 485
Schön-Rohtraut (Mörike) . . . 491
Schönster Schatz auf dieser Erden (Vom Kaiserstuhl) . . . 151
Schwarzes Band, du bist mein Leben (Volkslied) 179
Seh ich deine Wangen glühen (Müller) 431
Sehnsucht (Unbekannter Dichter) 103
Sehnsucht (Goethe) 231
Sehnsucht (Grosse) 589
Sehnsucht (Dahn) 576
Sehnsucht (Friedmann) 614
Sehnsucht (Huch) 611
Sehnsucht, auf den Knien (Grosse) 589
Seid ihr so stolz von Sinnen (Volkslied) 54
Sei fröhlich, bald ehrlich, betrübtes Geblüte (Greflinger) 106
Selig durch die Liebe (Schiller) 220
Seliger Tod (Uhland) 430
Siegfried und Kriemhilde (Nibelungenlied) 13
Sie trug den Becher in der Hand (Hofmannsthal) 618
Sind wir geschieden (Volkslied) 304
So hab ich endlich dich gerettet (Uhland) 417
Sorge nie, daß ich verrate (Heine) 484
So reise denn auch du, du freundlicher Smaragd (Fleming) 91
So willst auch du durch Scheiden mich betrüben (Bowitsch) 550
Steig ich auf den Veigelesbaum (Aus Stuttgart) 257
Stille Liebe (Volkslied) 278
Stille Sicherheit (Lenau) 463
Strophen (Bowitsch) 550
Strophen (Schack) 550
Stürmt, ihr Gedanken, auf mein Leben (Volkslied) 192

Suchte lange dich im Walde (Hamerling) 591
Süße Freundin, noch einen, nur einen Kuß noch (Goethe) . . . 299
Sympathie (Rückert) 435

Tage der Sonne (Geibel) 530
Tageslied (Dietmar von Aist) . 14
Taglied (Unbekannter Dichter) 26
Tannhäuser (Unbekannter Dichter) 36
Täuschung (Kobell) 521
Täuschungen (Hamerling) . . 591
Trauerweide (Keller) 560
Traum (Volkslied) 385
Träumen (Kobell) 511
Träum' ich? Ist mein Auge trüber? (Schiller) 217
Tristan (Platen) 454
Tristan und Isolde (Straßburg) 16
Trocknet nicht, trocknet nicht (Goethe) 246
Trost (Heinrich von Meißen) . 24

Überall Liebe (Günderode) . . 349
Über dem Brünnlein nicket der Zweig (Droste-Hülshoff) . . . 452
Über der Liebsten Gegenliebe (Greflinger) 106
Um bei dir zu sein (Huch) . . 611
Und willst du wissen, warum (Droste-Hülshoff) 455
Unter den Linden (Kaufmann) 552
Unter der Linden (Walther von der Vogelweide) 17
Untreue (Uhland) 451
Unverändert (Volkslied) . . . 201

Verdruß und Liebessorge (Kobell) 506
Vereinigung (Müller) 418
Verratene Liebe (Chamisso) . 373
Via mala! (Keller) 568
Viel wonniglich sah ich erblühn (Scheffel) 573
Vom Himmel ist ein Stern gefallen (Löns) 607
Von allen Freuden wollt ich gehn (Heinrich von Meißen) . 24
Von dir, o Liebe, nehm ich an (Jakobi) 157
Von meinem Auge (Schack) . . 561
Vorabend (Uhland) 444
Vor ihrem Fenster (Müller) . . 414
Wach auf! (Unbekannter Dichter) 46
Wandlung (Schrattenholz) . . 613
Warum gabst du uns die tiefen Blicke (Goethe) 268
Warum ich wieder zum Papier mich wende? (Goethe) 321
Was frag ich denn darnach (Besser) 123
Was gehts die andern an? (Volkslied) 202
Was ist die Liebe (Homburg) . 30
Was streift vorbei im Dämmerlicht (Uhland) 444
Was treibt und tobt mein tolles Blut? (Heine) 457
Was zieht mir das Herz so? (Goethe) 231
Wechsellied zum Tanze (Goethe) 341
Weine nur nicht so sehr (Volkslied) 245
Weiß ich ein schönes Röselein (Volkslied) 64
Weiß mir ein Blümlein blaue (Volkslied) 31
Weit in nebelgrauer Ferne (Schiller) 258
Wenn der Mai (Unbekannter Dichter) 28
Wenn der silberne Mond durch die Gesträuche blickt (Hölty) . 161
Wenn die Schönheit, die ich ehre (Volkslied) 278
Wenn ich des Morgens früh aufsteh (Unbekannter Dichter) 58
Wenn ich ein Vöglein wär (Volkslied) 118
Wenn ich Herr der Träume wär! (Kobell) 511
Wenn ich nur darf in deine Augen schauen (Müller) 418
Wenn ich steh alleine (Der von Kürenberg) 12

Wenn ich, von deinem Anschaun tief gestillt (Mörike) 499
Wenn ihr Freunde vergeßt (Hölderlin) 284
Wenn mein Schatz krank will sein (Vom Kaiserstuhl) 146
Wenn, o Mädchen, wenn dein Blut (Bürger) 186
Wenn sanft du mir im Arme schliefst (Liliencron) . . 606
Wenn sich zwei Herzen scheiden (Geibel) 532
Wenn uns von zitternder Wimper (Schack) 554
Wer die Schönheit angeschaut mit Augen (Platen) 454
Wer die tiefste aller Wunden (Günderode) 326
Wer dir ins Auge hat geblickt (Rückert) 435
Wer in die Fremde will wandern (Eichendorff) 371
Westwind (Willemer) 370
Wie aus tiefen Wäldern (Schaukal) 617
Wie dir geschah, so solls auch mir geschehen (Kerner) 364
Wie dir, so mir (Kerner) . . . 364
Wie du mir nötig bist (Kaschnitz) 621
Wie einst die Tochter Pharaos (Keller) 568
Wie freut es mich, in dunkeln Abendstunden (Müller) 414
Wie heißt König Ringangs Töchterlein (Mörike) 491
Wie ist ganz mein Sinn befangen (Günderode) 335
Wie kann aus diesem Röselein (Uhland) 436
Wie schön blüht uns der Maien (Unbekannter Dichter) 73
Wie sehr ich dein, soll ich dir sagen? (Lenau) 487
Wie selig, wer sein Liebchen hat (Bürger) 181
Wie soll ich es denn tragen (Volkslied) 114
Wie soll ich meine Seele halten (Rilke) 619
Willst du dein Herz mir schenken (Unbekannter Dichter) . . 84
Wir sprachen bald und schwiegen bald (Fischer) 538
Wir waren neugeboren, himmlisch helle (Uhland) 432
Wo bist du denn, mein holdes Licht (Stolle) 130
Wo gehst du hin, du Stolzer? (Volkslied) 393
Wohl ward noch nie in Menschentagen (Dahn) 576
Wohl waren es Tage der Sonne (Geibel) 530
Wo ist denn mein Schätzel (Aus dem Hanauer Land) . . . 245
Wonne der Wehmut (Goethe) 246
Wo sind die Stunden (Hofmannswaldau) 113
Wo sind doch deine Sinnen (Tscherning) 100
Wo von alter Schönheit Trümmern (Meyer) 590
Wunder nimmt mich immer (Walther von der Vogelweide) 19
Wunsch (Schack) 554

Zierlich ist des Vogels Tritt (Mörike) 500
Zu lieblich ist, ein Wort zu brechen (Goethe) 306
Zum Lachen (Volkslied) 342
Zum Stelldichein (Unbekannter Dichter) 130
Zu viel (Mörike) 502
Zwei (Falke) 603
Zwei Augen wie Sterne (Günderode) 340
Zwei Ding' wünsch' ich auf Erden (Volkslied) 398
Zwei Röselein (Volkslied) . . . 400
Zwei Wasser (Volkslied) . . . 84